日蓮聖人における「法華経の行者」の研究

鈴木隆英 著

山喜房佛書林

序　文

著者鈴木隆英師は数奇な人生を送った。都立白鷗高校からお茶の水女子大学に進学しようとしたにもかかわらず、お寺を継承する女性に学問は不要と宣告されたのが、おそらく最初の人生の蹉跌ではなかったのかと思う。自ら学資を稼ぎ立正大学に進んだ女史は、当時、鋭い論文を相次いで著した高木豊教授に刺激されて、『大日本国法華経験記』に深い関心を持ち、四百枚の卒業論文を書いた。高木豊氏は東京文理科大学に進み、日蓮聖人の思想と行動に心を牽かれ、やがて立正大学仏教学部に職を得て、日蓮研究に熱中した学匠である。貧窮生活のなかで、ひたすら研究に打ち込むその姿に、多くの学生が畏怖を感じたのであった。本書の著者・鈴木隆英師もその一人であろう。寺の跡継ぎとして結婚を果たし、恙無く人生を歩むつもりが、夫を失い、住職となって自坊を守った。子息が優秀な人材で、東京大学印度哲学科を卒業し、大学院修士課程・博士課程を経て、東京大学助手として奉職。その後、山口県立大学に奉職。現在、教授として活躍中の鈴木隆泰氏である。

安定した老後のなかで、女史は若き日を思い起こし、あらためて遺された課題の研究に促されたものであろうかと思う。

本論文の課題は、平安期の「法華経の持経者」を克服した日蓮聖人の「法華経の行者」の自覚の世界をあきらかにすることにある。著者は言う。「本研究の視点は、日蓮聖人の遺文にみられる《法華経の行者》の自覚の表明の面とその表記とを整理し、その淵源を《平安期持経者》特に『大日本国法華経験記』にたずねることによって、比較検討することにある。更にはその根源を『法華経』にたずねることになる」と。

そこで先ず、平安期持経者に関する先行研究を三種に認識する。

《A類　持経信仰が日蓮聖人の祖流である事及び『法華験記』について。》

このことについて、家永三郎氏〔故　東京文理科大学教授〕と高木豊氏の論攷を検証する。いずれも持経者が叡山全体にひろがっていたとする。重厚な論議であるので、適切な理解から脱するかも知れないが、家永氏が在家往生にもふれているのに対し、高木氏は智解の否定や験力・経力・信力の側面に関心を寄せ、殊に鎌倉仏教の特色である信力の強調に注目するとすることに関心を寄せている。

《B類 『験記』以外の持経者及び東国持経者群。》

川添昭二氏〔九州大学名誉教授・福岡大学名誉教授〕は、『法華験記』以外に散見する持経者像を指摘する。著者は、「東国持経者群の信仰が、日蓮聖人に架橋する」との指摘に関心を示している。

《C 類 日本の風土・地勢による山林修行者とアウト・ロウの聖者たち。》

中尾 堯氏〔立正大学名誉教授〕は「アジア・モンスーン地帯に位置する…豊かな森林におおわれた深山幽谷」のなかでの「独特な修行によって、超絶的な験力を得た聖者」が民間に交わっての信仰儀礼に注目し、そこに鎮源が百二十八話を『大日本国法華経験記』に収めた背景があるとする。著者は、この風土に根ざしたとする説に関心を寄せているのである。

こうした歴史家の論説に耳を傾けながらも、著者は、『法華経』における「受持」の用例を丹念に拾い上げて、八十有余箇所あることを確認しつつも、日蓮聖人が挙げる用例が、譬喩品・安楽行品・神力品・薬王品・陀羅尼品・勧発品の六品十一箇所に限定されていることを検証する。

こうした問題意識を基幹として、本書の全体は、つぎの各章によって構成される。

序 章

第一章 平安期持経者の様相。第二章 日蓮聖人における「持経者」および「法華経の行者」関する研究

第三章 鎌倉期の日蓮聖人における「持経者」および「法華経の行者」について

第四章 佐渡期の日蓮聖人における「持経者」および「法華経の行者」について

第五章　身延期の日蓮聖人における「持経者」および「法華経の行者」について
終　章

繰り返しになるが、序章は問題提起に費やされる。
第一章において、平安期の「持経者」についての考証。
第二章において、本論文の中心的関心のもとに、考究の主題についての論攷を述べ、
第三章「鎌倉期」。第四章「佐渡期」。第五章「身延期」における、日蓮聖人遺文の検証を展開し、
終章において、新知見を整理する。
という構成となっている。

著者は、ひとくちに「法華経の行者日蓮」として認識されてきた日蓮聖人像について、あらためて「持経者」という切り口から、日蓮聖人の宗教における修行者としての意識とその具象について、検証したと言えようか。大胆な問題解析の意識をもとに、各章にわたって綿密な検証を行なった本論文は、日蓮聖人の宗教の研究に、新たな一ページを切り拓く研究として認識されることであろう。

思えば、八十歳を迎えようとする人生の晩年を迎えつつも、一心に問題研究に対峙し、江東区から世田谷区の北川前肇教授のもとへ通って指導を受け、研究に専念した今は亡き女史の姿を思い、駄文を弄する次第である。

平成二十九年二月十六日

立正大学名誉教授
渡邊　寶陽

目次

序　章

一．本研究の動機

私が本研究にこころざした動機は、日蓮聖人の六十一年の波乱に満ちた生涯が「法華経の行者」として貫徹していることにあった。

日蓮聖人は、みずからを「法華経の行者」と称されている。日蓮聖人の生涯は、けっして平坦ではない。そこで、日蓮聖人の「立教開宗」以後の生涯を簡潔にたどっておきたい。

（一）立教開宗

日蓮聖人は、建長五年（一二五三）四月二十八日、清澄寺持仏堂の南面において、自己の体得した法華経至上の信解を説かれた。日蓮聖人は、立教開宗に先立つこと約十数年、煩悶と懐疑の中で、一切の経論、一切の宗旨を究明し批判することのできる「日本第一の智者」とならねばならぬとの思いから、虚空蔵菩薩へと立願された。

　生身の虚空蔵菩薩より大智慧を給りし事ありき。日本第一の智者となし給へと申せし事を不便とや思シ食シけん。明星の如くなる大宝珠を給て右の袖にうけとり候し故に、一切経を見候しかば八宗並に一切経の勝劣粗《ほぼ》是を知りぬ。（『清澄寺大衆中』『定遺』一一三三頁）

そして日蓮聖人の求道・遊学について鈴木一成氏は次の如く記している。

　出家（十六歳）された翌年、即ち歴仁元年、聖人は鎌倉へ向って求道の旅に立った。（略）鎌倉に在ること約四年、主として念仏と禪とを学び、仁治三年の始め、二十一歳の春、一まず清澄に帰省され、その年、再び比叡山遊学の途に登った。（略）叡山に在ること十一年、深く伝教大師の真意を探り、慈覚智証等の邪義を知り、その間、或は三井の園城寺に、南都六宗、高野、京都に赴き、かくして清澄に在って発願した如く、一切の宗旨を究尽して積年の疑いは漸く解決された。仏の真意、解脱の鍵は建長四年の秋、三十一歳にして把握されたのである。（『日蓮聖人正伝』二二頁。取意）

そして特筆すべきは、『涅槃経』の「依レ法不レ依レ人」の一句との衝撃的な出会いであった。

家に二の主あれば其家必ずやぶる。一切経も又かくのごとくや有るらん。何れの経にてもおはせ、一経こそ一切経の大王にてはをはすらめ。（略）いかんがせんと疑ふところに一つの願を立つ。我れ八宗十宗に随はじ、天台大師の専ら経文を師として一代の勝劣をかんがへしがごとく、一切経を開きみるに、涅槃経と申す経に云く依レ法不レ依レ人等云々。依法と申スは一切経、不依人と申スは仏を除き奉りて外の普賢菩薩・文殊利師菩薩乃至上にあぐるところの諸ノ人師なり。此経に又云フ、依二テ了義経一ニ不レレ依了義経一ニ等云々。此経に指ところ了義経と申スは法華経、不了義経と申スは華厳経・大日経・涅槃経等の已今当の一切経なり。されば仏の遺言を信ずるならば、専ら法華経を明鏡として一切経の心をばしるべきか。随て法華経の文を開き奉れば、此法華経は於二テ諸経の中一ニ最在二リ其上一ニ。（『報恩抄』一一九四頁）

そして、その法華経のみを受持することを勧められ、そのことを『開目抄』には、次のように記されている。

これを一言も申シ出すならば父母・兄弟・師匠ニ国主の王難必来ルべし。いわずば慈悲なきににたりと思惟するに、法華経・涅槃経等に比二辺を見るに、いわずわ今生は事なくとも、後生は必無間地獄に堕べし。いうならば三障四魔必競起るべしと知ぬ。二辺の中にはいうべし(1)

との二者択一の不退転の決意を以て臨まれたのである。

『開目抄』には、つづけて、

宝塔品の六難九易これなり。我等ほどの小力の者須弥山はなぐとも、我等ほどの無通の者乾草を負いて劫火にはやけずとも、我等ほどの無智の者、恒沙の経々をばよみをぼうとも、法華経は一句一偈を末代には持ちがたしととかるるはこれなるべし。今度強盛の菩提心をこして退転せじと願しぬ。(『定遺』五五七頁)

とある如く、仏滅後における法華経弘通の至難さを説く。

日蓮聖人は、立教開宗の時点ですでに法華経を弘め、人々に伝えることにより必ず出来する迫害、法難を予期し「法華経の行者」として生き貫こうとする強い意志と覚悟を定められていた。つまり「法華経の行者」としての忍難慈勝の生き方を選ばれたのである。更に立教開宗の時点迄にすでに立てられたであろう三大誓願について次のように記されている。

詮ずる所は天もすて給ヘ諸難にもあえ、身命を期とせん。(略)本ト願を立ッ。(略)我レ日本の柱とならむ、我レ日本の眼目とならむ、我レ日本の大船とならむ、等とちかいし願、やぶるべからず(『定遺』六〇一頁)

この死身弘法の精神と、日本国を救わんとする大願は「法華経の行者」として生きる日蓮聖人を、終生、支えつづけた。

更に、この一文を付け加えよう。

但日蓮一人計此事を知りぬ。命を惜て云はずば国恩を報ぜぬ上、教主釈尊の御敵となるべし(『一谷八道御書』『定遺』九九三頁)

つまり、この日本国において、現在から、「法華経の行者」たらんとする者は、日蓮聖人ただ一人である。

更に、

日本国の今の代にあたりて此国亡亡たるべき事をかねて知り候しに、此こそ仏の説かせ給て候況滅度後の経文にあたりて候へ。此を申シいだすならば、仏の指せ給ヒて候未来の法華経の行者なり。(『三沢抄』『定遺』一四四五頁)

とも記し、仏の未来記を実証する「法華経の行者」たる意気は揚々である。

法華最勝の立場からの法華信仰の勧奨は必然的に諸宗批判・否定となり、とりわけ、日蓮聖人は浄土教批判をくり返された。

当時、清澄寺には浄土教が波及していた。師道善房も念仏者であり、清澄寺住持と思われる円智房や住僧実成房も熱心な念仏者であった。さらに安房国東条郷の地頭東条景信も念仏者であり、清澄寺や近辺には念仏者が多かった。かれらの信仰する浄土教を否定し、法華信仰を説く日蓮聖人に対して、かれらの憎しみは強まった。一層圧力をかけたのが地頭景信で、このため道善房は「地頭景信がをそろしといゐ[2]」、「法華経の故に地頭におそれ[3]」をいだいた。道善房は景信の圧力、円智・実成房のおどしにはさまれて、ついに弟子日蓮の清澄寺退出を黙過せざるを得なかった。この時、景信は、日蓮聖人殺害を企んでいたという。立教開宗時における第一の法難である。

(二) 清澄山の下山と『立正安国論』の執筆

日蓮聖人は清澄山を去って鎌倉へと出られた。そして弘通の日々を過ごされる中で、富木氏を教化された。建長八年(一二五六)には、雷雨・霖雨、大地震。正嘉元年(一二五七)八月二十六日には大地震、それ以降、文応元年(一二六〇)にかけて、鎌倉を中心として東国に天変地変、凶作、飢饉、疫病等の災害が打ちつづいた。

『立正安国論』の冒頭に[4]、これらの状況を記述されている。つぎつぎに起こる災害の渦中にいた日蓮聖人は、このような災害が何故に続発するのかという疑問を抱き、さらにその疑問は日蓮聖人の眼を政治権力に向けさせていった。日蓮聖人は宗教的思索のなかで、諸人の苦しむ災害続発の根拠・解答を求め、法華経を中心とする諸経の閲読の結果、『守護国家論』[5]『災難興起由来』[6]『災難対治抄』[7]を撰述される。

これらに一貫する論旨は、国に種々の災難が続発する原因は法然浄土教にあり、その対策は正法である法華経に帰することであるとする。そして日蓮聖人は、これらの災害から救済する唯一の方策を究明して『立正安国論』に集約し、文応元年（一二六〇）七月十六日、「天台沙門日蓮」の名のもとに得宗被官宿屋左衛門入道を通じて、当時政界最高権力者であった北條時頼に上奏された。

その要旨は、近年の災害続出は、世の人々が悉く正法に背き悪法に帰依したために国土守護の善神が国を去り、聖人は所を辞して還らないため、悪魔・悪鬼が来たったためである。正法とは法華経であり、悪法・邪説とは法然浄土教であり、その禁圧を進言する。すなわち、その方策は、すべての人々が浄土教への施を止め、正法に帰することであり、もしこのような対策をしなければ、薬師経・大集経・金光明経・仁王経にいう三災七難のうち、未だ現われぬ他国侵逼《しんぴつ》難・自界叛逆難が起こるであろう。もし、これまでの信仰、とりわけ法然浄土教の信仰を改めて、実乗の一善たる法華経に帰依するならば、この世界は仏国であり、衰亡することなく、十方悉く宝土であるから身心ともに安全となるであろうとし、改信と法華経への帰依を強く勧められている。又、聖人が『立正安国論』を執筆・上奏されたのは、法難を見越し「法華経の行者」たることを実証せんためであったと思われる。

なぜ、政界の権力者に対し、一介の僧である日蓮聖人が、このような上申をされたのであろうか。『一昨日御書』（文永八年九月十二日、平左衛門尉頼綱へ。朝師本）に「夫知二ル未萌一者ハ六正ノ聖臣也。

弘ニムル法華一ヲ者ハ諸仏之使者也(8)」とある。『日蓮聖人御遺文講義』第一巻、宗要篇(9)（鈴木一成著。日蓮聖人遺文研究会）によれば、「六正の聖臣」とは『貞観政要』巻三、論擇官第七に、

之を進むるに六正を以てし、之を戒むるに六邪を以てする時は、厳ならずして自励し、勧ならずして自ら勉めん。

とあり、六正とは聖臣、良臣、忠臣、智臣、貞臣、直臣の六である(8)。更に『貞観政要』（原田種茂著。巻第三、明治書院。二一八～九頁）によれば、つぎのような解釈がみられる。

故に説苑に曰く、人臣の行《おこない》に、六正あり、六邪あり。六正を修むれば則ち栄え、六邪を犯せば則ち辱めらる。何をか六正と謂ふ。一に曰く、萌芽未だ動かず、形兆未だ見《あら》はれざるに、照然として独り存亡の機を見て、豫《あらかじ》め未然の前に禁じ、主をして超然として顕栄の処に立たしむ。此の如き者は聖臣なり。中略。四に曰く、明かに成敗を察し、早く防ぎて之を救ひ、その間《かん》を塞《ふさ》ぎ、其の源を絶ちて、禍を転じて以て福と為し、君をして終に已に憂無からしむ。此の如き者は智臣なり。中略。六に曰く、国家昏乱するとき、為す所、諛《へつら》はず。敢て主の厳顔を犯し、面《ま》のあたり主の過失を言ふ。此の如き者は直《ちょく》臣なり。

とあり、日蓮聖人の場合は、就中、一、四、六が該当するであろう。世に「貞観の治」といわれるように、唐の貞観の時代、おだやかな政治が行われた理由は、皇帝に対して意見を奏進することのできる諫議大夫が複数人、おかれていたためであるとされる。

日蓮聖人の『立正安国論』献策の胸中には、この『貞観政要』の「六臣」の事があったであろう。

日蓮聖人は、仏法と世法の両面を見挫えられていた。

又、『一昨日御書』末尾に「安レシ世ヲ安レスルヲ国ヲ為レシ忠ト為レス孝ト矣。是偏ニ為ニ身ノ不レ述ヘ之ヲ。為レ君ノ為レ仏ノ為レ神ノ為ニ一切衆生一ノ所レ令ニムル言上一セ也(9)」とあり、此の書の前々日即ち文永八年九月十日に、

平左衛門尉に対し『立正安国論』を以て、諫暁を為されたわけである。そして、此の書の当日、午後に日蓮聖人は捕縛されている。

なお、『一昨日御書』の「弘ムル二法華ヲ一者ハ諸仏之使者也」[10]には、法華経の行者意識が、現われていると見る。

ひるがえって前述の、時頼へ上奏した『立正安国論』は黙殺された。しかし、上申を聞き知った浄土教徒は激怒し、日蓮聖人に法論をいどんだ。その時期は明らかではないが、おそらく『立正安国論』上申の文応元年（一二六〇）七月十六日から、間もないころであろう。鎌倉浄土教を代表する新善光寺の道阿道教と良安寺能安であった。この法論は日蓮聖人がかれらを一言二言で論伏したという。この結果、かえって浄土教徒の日蓮聖人に対する襲撃が激しくなり、その後は無知の道俗を相語らい、昼夜にわたって草庵に押しかけ、刀杖をもって襲いかかったばかりでなく、ついに草庵を焼打にした。

> 国主の御用モなき法師なればあやまちたりとて科あらじとやおもひけん。念仏者並に檀那等、又さるべき人々も同意したるとぞ聞へし。夜中に日蓮が小庵に数千人押シ寄せて殺害せんとせしかども、いかんがしたりけん、其の夜の害もまぬかれぬ[11]。

(三) 伊豆流罪

弘長元年（一二六一）五月十二日、幕府は日蓮聖人を逮捕し、伊東八郎左衛門の預りとして、伊豆伊東に配流した。最初の王難つまり国家権力による弾圧であった。伊豆流罪の理由は『御成敗式目』第十二条の「悪口の科」[12]によるという説や、又、『立正安国論』の主張が法華信仰と浄土教攻撃に重点があるにしても、結果的には幕府批判になっているとしている。

(四) 伊豆流罪赦免

伊豆で日蓮聖人は一年九ヵ月の流謫の生活を送られる。念仏者たちの迫害はくり返されたらしい。

やがて弘長三年（一二六三）二月二十二日、日蓮聖人は伊豆流罪を赦され鎌倉に帰られた。帰って来た日蓮聖人の前に現出したのは、流罪中の弘長二年（一二六二）、金沢実時の招きによる律宗叡尊の鎌倉来化に続く、弟子忍性の鎌倉進出であり、忍性は師叡尊の築いた地盤を中心として北条氏一門、幕府上層部と結びつき、後年、日蓮聖人はこの忍性と対決するが、ここに浄土教・禅宗に加えて律宗という新らしい批判の対象が現出した。

（五）小松原法難

鎌倉に帰られた日蓮聖人は、その年か翌文永四年（一二六七）ごろ、母の病気看護のために安房に帰省された。母の平癒後、文永元年十一月十一日、西条華房に向かう日蓮聖人一行約十名が、東条の松原の大路にさしかかった時、東条景信はじめ多くの念仏者が一行に襲いかかり、応戦できるものはわずか三、四人で、弟子一人は討死、二人は重傷を負い、日蓮聖人自身も頭に疵を受けられ、左手を折られる大難であったが、幸い危機を脱した。西条華房に向かう日蓮聖人の随行者十名は、鎌倉からの随行者と考えるよりも、むしろ当地で日蓮聖人の信奉者となった人々であろう。そうした日蓮聖人の弘通活動を見るにつけても、以前からの宿怨に加えて、景信の日蓮聖人への憎しみはいっそう強くなっていたであろう。

これより約一箇月後の『南條兵衛七郎殿御書』には、この法難の様子が述べられている。

うちもらされていままでいきてはべり。いよいよ法華経こそ信心まさり候へ。第四ノ巻ニ云ク而モ此経ハ者如来ノ現在スラ猶多シ二怨嫉一況ヤ滅度ノ後ヲヤ。第五ノ巻ニ云ク一切世間多クシテレ怨難シレ信シ云々。日本国に法華経よみ学する人これ多シ。中略。法華経の故にあやまたるゝ人は一人もなし。されば日本国の持経者はいまだ此経文にはあわせ給はず。唯日蓮一人こそよみはべれ。我不愛身命但惜無上道是也。されば日蓮は日本第一の法華経の行者也。[13]

とあり、「日本国の持経者」は汎称であるが「日本第一の法華経の行者也」との自称は、真蹟遺文中、初見と思われる。

即ち、日蓮聖人は、一連の迫害・弾圧を体験して、法華経「法師品」の「如来現在猶多怨嫉況滅度後」[14]、「安楽行品」の「一切世間多怨難信」[15]の経文を自己のものとし、「日本第一の法華経の行者」の確信に達したのである。この「法華経の行者」は、「勧持品」にいう「我不愛身命但惜無上道」[16]の決意のもとに、仏の未来記と合致して法難を蒙る受難者であると共に、更に法華経弘通の誓願のもと、値難忍受の柱としていくのである。

文永二年（一二六五）終りのころ、日蓮聖人は再び安房に帰り、翌文永三年正月六日に『法華題目抄』を著述されている。小松原法難後一年足らずのうちに帰省し、清澄寺に登山し得たのは、既に、景信・円智房の死去があったからである。

又、鎌倉を中心に法華信仰を勧奨し、諸宗批判を展開された。そして日蓮聖人の周辺には既に信奉者となっていた富木常忍についで、太田乗明・曽谷教信・四條頼基・波木井実長・池上宗仲等が檀越になり、弟子も増えていった。かれらを大師講や『摩訶止観』の談義などによって教導するとともに、門弟の結束・組織化をおこなっていった。「法華経の行者」は、後事を託し、法華経弘通を更に進めるべき弟子・檀越の育成強化に力を注がれたのである。

（六）蒙古来牒

やがて、文永三年（一二六六）一度目の蒙古来牒につづき、文永五年正月、蒙古の使者は大宰府に到着、いわゆる蒙古国書である。これは日本の服属を求めたもので、応じなければ武力を用いても、それを強要するものであった。国書は直ちに鎌倉に送られ、二月七日幕府は朝廷に奉上し、評定の結果、蒙古の国書に対して従わず、武力を以て異国の侵略を撃退することとなった。

この蒙古来牒は、日蓮聖人が九年前の文応元年（一二六〇）に上申した『立正安国論』において警告・予言された「他国侵逼難」が的中したことになる。日蓮聖人は一層の自信を深めるとともに、日蓮聖人に師事する門弟に師説の正当性を確信させ、諸宗批判をさらに激化させた。

文永五年（一二六八）四月五日、『安国論御勘由来』[17]を送り、予言の的中を指摘し、幕府の反省を促された。当世、高僧達のごとき法華経謗法者の祈請はかえって仏神の瞋恚を増しますます国土を破壊するもので、この対策を知る者は法華経正法の源流がある叡山を除いて、日本には日蓮ただ一人であり、もしこれを用いなければ定めて後悔するであろうというものであった。『立正安国論』における法然浄土教を災害の原因とした主張に、禅宗を加えている。この時期、同じ主張をくり返す自己を、幕府が断罪しないのは不思議であると考え、やがての弾圧を予想し、流罪・死罪を恐れず余命を法華一乗主義のために投げ出そうとの強い決意と覚悟をされていた。文永六年（一二六九）十一月二十八日、『金吾殿御返事』[18]には、その事が切々と述べられている。

同年十二月八日、日蓮聖人は改めて『立正安国論』を書写し、その奥書に「既ニ勘文叶レフ之ニ準[19]レシテ之ニ思レフニ之ヲ未来亦可レキ然ル歟。此書ハ有レル徴《しるし》文也。是偏ニ非ニス日蓮之力一ニ法華経之真文ノ所レノ至ス感応歟」と結んでいる。

文永八年（一二七一）七月ごろ、律宗忍性・浄土教の然阿良忠・道阿道教等は、日蓮聖人の法華経のみを是とし余他の仏教を一切否定する是一非諸の専修的・排他的な主張や、日蓮聖人の門弟が本尊である弥陀・観音などの彫像・画像を焼き捨てたり、さらに日蓮聖人が凶徒を室中に集め、法華経守護と称して兵杖を蓄えている行動は、思想的にも行動的にも危険な存在であるとして、日蓮聖人と門弟を幕府に訴えた。日蓮聖人は門弟の本尊を破棄する等の行為は否定したが、兵杖に関しては「為ニノ法華経守護一ノ弓箭兵杖ハ仏法ノ定ムル法也[20]」と肯定された。又、種々の箴言を受けられた。

（七）龍口法難

先述した『一昨日御書』の前々日、平左衛門尉に『立正安国論』一巻を進覧し、結果的に「不快の見参」に終った翌々日、文永八年（一二七一）九月十二日申時、日蓮聖人は侍所平頼綱の指揮のもとに草庵で逮捕された。

この時、日蓮聖人は頼綱に、

日蓮は日本国の棟梁なり。予《われ》を失フは日本国の柱橦《はしら》を倒すなり。只今に自界反逆難とてどしうちして、他国侵逼難とて此の国の人々他国に打チ殺サルるのみならず、多くいけどりにせらるべし。建長寺・寿福寺・極楽寺・大佛・長楽寺等の一切の念仏者・禅僧等が寺塔をばやきはらいて、彼等が頸をゆひのはまにて切らずば、日本国必スほろぶべしと申シ候了ンヌ。[21]

と諫められた。いわゆる第二の諫暁である。この時、日蓮聖人は懐中の法華経を取り出され、「有諸無智人悪口罵詈等及加刀杖者我等皆能忍[22]」とある勧持品の経文を含む第五巻をもってさんざんに打たれたが、「ただ法華経を弘通する計リの大科なり[23]」として、いよいよ「法華経の行者」たるの現証とし、その悦びを語られている。

日蓮聖人は朝敵・謀反人のごとく鎌倉の小路をひきまわされた。途中、八幡諌暁をなされたともいう。

若尓ラハ者此大菩薩は宝殿をやきて天にのぼり給フとも、法華経の行者日本国に有ルならば其所に栖ミ給フべし。法華経ノ第五ニ云ク諸天昼夜ニ常ニ為レ法ノ故ニ而モ衛二護ス之一ヲ[24]。

そして酉時には、佐渡の守護大仏《おさらぎ》宣時の預りとして佐渡流罪が決定した。翌十三日の丑の時（午前二時頃）に鎌倉を出発し相模本間の依智に向かった。午前二時という不自然な時間は、それは「外には遠流と聞ヘしかども、内には頸を切ルと定めぬ[25]」のためであったであろう。予期したとおり依智への途上、龍口において内密に頸を切ろうとしたが、この斬首は幸い果たされず、表向きの罪名通り佐渡に流罪となった。

この弾圧は日蓮聖人のみならず、弟子・檀越にも徹底的に加えられた。弟子筑後房日朗ら五人の門弟は、おそらく日蓮聖人の逮捕と同時期に逮捕、禁獄された。さらに日蓮聖人とともに佐渡へ流罪に処せられた弟子もいた。弾圧は檀越にも及び、妙一尼の夫某は所領を没収され、四條頼基も所領没収・御内追放の処罰にあおうとしたが、主君江馬光時の庇護により辛くもその適用を免れた。信仰を捨てなかった門弟に厳しい処置がとられたため、弾圧を恐れた人々は信仰を捨て転向していった。九月十二日以降、転向者は続出し「千が九百九十九人は堕ちて候」(26)というほど、徹底的であった。

この龍口法難は、日蓮聖人をして「法華経の行者」の確証をいよいよ増さしめた。

> 法華経は紙付に音をあげてよめども、彼の経文のごとくふれまう事かたく候か。中略。過去の不軽菩薩・覚徳比丘なんぞこそ、身にあたりてよみまいらせて候けるとみへはんべれ。中略。末法に入ては此日本国には当時は日蓮一人みえ候か。中略。今日蓮法華経一部よみて候(27)。

の如く「ふれまう」とは行動・行為のことである。ここに「法華経の行者」の呼称はなく、むしろ「持経者」的ニュアンスともとれるが、ここに於て日蓮聖人は、平安期持経者と一線を画した、法難により法華経を色読した「真の持経者」を見出し、それは、まさに「法華経の行者」と合致したのではないだろうか。『五人土籠御書』の「各々は法華経一部あそばして候へば」(28)も同趣であり、牢中の弟子への情愛溢れる「法華経の行者」・日蓮聖人である。

又、『転重軽受法門』には

> 不軽菩薩の悪口罵詈せられ、杖木瓦石をかほるも、ゆへなきにはあらず。過去の誹謗正法のゆへか(29)とみへて、其罪畢已と説レて候へば、不軽菩薩の難に値ゆへに過去の罪の滅スルかとみへはんべり

の如く、涅槃経の「転重軽受」法門を引いて、日蓮聖人は、この弾圧を覚悟のこととして受けとめ、罪科に処せられてこそ過去の謗法罪をも消すことができ、弾圧を受けた宗教的意味を自らも考え、門弟にも教え、受難をプラスに転化していかれた。

（八）佐渡流罪

文永八年（一二七一）十月十日、日蓮聖人は佐渡に向って依智を出発された。十二日を経て、越後寺泊の津についたのは同月二十二日だが、海を渡って佐渡に到着した日は明らかではない。

『寺泊御書』において日蓮聖人は、以下の如く揚々の意気を見せる。

勧持品ニ云ク有テ二諸ノ無智ノ人一悪口罵詈ス等云々。日蓮当レリ二此経文一ニ。汝等何ソ不レル入二此経文一。及加刀杖者ト云々。日蓮ハ読メリ二此経文一ヲ。汝等何ソ不レル読マ二此経文一ヲ。常在大衆中欲毀我等過等云々。向国王大臣婆羅門居士等云々。悪口而顰蹙数数見擯出。数々とは度々也。日蓮擯出度々。流罪ハ二度也。法華経ハ三世説法ノ儀式也。過去ノ不軽品ハ今ノ勧持品。今ノ勧持品ハ過去ノ不軽品也。今ノ勧持品ハ未来可レシ為二不軽品一。其時ハ日蓮ハ即可シ為ル二不軽菩薩一。中略。日蓮ハ八十万億那由他ノ諸ノ菩薩ノ為テ二代官一ト申ス之ヲ。彼ノ諸菩薩ノ請ル二加被一ヲ者也。[30]

そして以後、文永十一年三月までの四年間を流人として佐渡で過ごされることになるのであるが、それは「彼ノ国へ趣ク者は死は多ク、生は希なり。」[31]（『法蓮鈔』）な生活であった。

到着当初から翌年の夏ころまでは、塚原三昧堂に住された。その名称からすれば、日蓮聖人は両墓（埋《うめ》墓・詣り墓）制にもとずく、埋墓近傍におかれたと考えられる。この陰惨な環境は、この時期における預り人依智六郎左衛門尉、守護大仏宣時、さらに鎌倉幕府の日蓮聖人に対する態度を示すものである。加えて、同時に流罪された弟子や自ら望んで随行した弟子たちもいて、衣食の乏しさも、佐渡の風雪のきびしさも身にしみとおることであった。日蓮聖人が唯一人でなかったことは、救いである。

こうした外的条件以上に、日蓮聖人にとって深刻なことは、それまでの日蓮聖人に対する批判と懐疑であった。

或人難二シテ日蓮一ヲ云ク不レシテ知レ機ヲ立二テ麤《あらき》義一ヲ値レフト難ニ。或人云ク如二キハ勧持品一ノ者深位ノ菩薩ノ義也。違二スト安楽行品一ニ。或人云ク我モ存二レトモ此義一ヲ不レト言云々。或人云ク唯教門計リ也。[32]

の如くである。特に第四の疑難は、日蓮聖人の説くところは教相門（理論面）ばかりで、観心門（実践面）についての理論的提示がないではないかという批判である。

（1）『開目抄』述作

これに対し、日蓮聖人は、門弟・檀越に対してと同様に、まず自分自身に答えねばならなかった。そして、未だ身の存亡も危い状況下で「当身の大事」としての遺言ともなすべき大切なことを示さねばならなかった。

このような危機的状況の中で、『開目抄』は文永九年（一二七二）二月、塚原の雪中での著作である。『開目抄』は周知のごとく

夫一切衆生の尊敬すべき者三ッあり。所謂主・師・親これなり。又習学すべき物三ッあり。所謂儒・外・内これなり。

と初まり、習学すべきものを従浅至深して行く。そして法華経最勝にたどりつき、法華経の中心が二乗作仏・久遠実成であることの再確認をする。この二つの再確認は、流人の逆境と内外からの懐疑と批判に対して、なお法華経を捨てぬことの表明であり、その法華経択一主義を一層、貫徹していこうとしていることを明示されている。

第二に、その法華経こそ、これを弘める者の値難についての未来記であったことの確認である。わけても「勧持品」の二十行の偈を我が身に当たるものとして、しばしば引用し、同偈の中の「我不愛

身命但惜無上道」の誓いを己れの決意としていた。したがって、勧持品より安楽行品をとるべきだとした批判に日蓮聖人は、なお勧持品を自己の行動の指針として選びとったことを表明されたのである。

第三に、仏の未来記を実証した者・予言された者の自覚の表明である。未来記は、それが実証された限りにおいて、未来記たり得る。前引の勧持品のように、迫害・弾圧をうけること（値難）によって、そのことを予言した未来記は、はじめて未来記たり得る。日蓮聖人は、自己を未来記に即応し、それを実証した者とし、自己の値難の経歴によって未来記を未来記たらしめた者として規定された。それは、

　日蓮より外の諸僧、たれの人か法華経につけて諸人に悪口罵詈せられ、刀杖等を加《ッ》る者ある。日蓮なくば此一偈の未来記《ハ》妄語となりぬ。[33]

といい切るほど強烈な自覚であった。

そして度重なる、法華経ゆえの法難について、宝塔品の六難九易を引き、

　我等程の小力の者須弥山はなぐとも、我等程の無通の者枯草を負て劫火にはやけずとも、我等程の無智の者恒沙の経々をばよみをぼうとも、法華経は一句一偈《モ》末代に持《チ》がたしと、とかるるはこれなるべし。今度強盛の菩提心をこして退転せじと願しぬ。既に二十餘年が間此法門を申《ス》に、日々月々年々に難かさなる。少々の難はかずしらず。大事の難四度なり。二度はしばらくをく、王難すでに二度にをよぶ。今度はすでに我《カ》身命に及《フ》。其上《ヘ》弟子といひ、檀那といひ、わずかの聴聞の俗人なんど来て重科に行《ハ》る。[34]

と述べられ、更に、

　されば日蓮が法華経の智解は天台伝教には千萬が一分も及《ッ》事なかれども、難を忍び慈悲《ノ》すぐれたる事《ハ》をそれをもいだきぬべし。定で天の御計《ヒ》にもあづかるべしと存ずれども、一分のしるし

もなし。いよいよ重科に沈ム。還て此事計リみれば我身の法華経の行者にあらざるか。又諸天善神等の此国をすてて去リ給ヘるか。かたがた疑はし。而ルに法華経の第五の巻勧持品の二十行の偈は日蓮だにも此国に生レずは、ほとをど世尊は大妄語の人、八十萬億那由佗の菩薩は提婆が虚誑罪にも堕ぬべし。経に云ク有諸無智人悪口罵詈等、加刀杖瓦石等云々。[35]

と述べられる。この反問は、日蓮聖人が「法華経の行者」たる確固たる自負の表明にほかならない。更に「日蓮が強義経文に普合せり」[36]の如き堂々の自信を述べられる。この予言され、予言を実証した者の自覚こそが、流謫の日蓮聖人を支えていたのである。

第四に罪の自覚と滅罪の弁証である。日蓮聖人は値難によって、仏語＝未来記の真実であることと自己の法華経の行者たることを証された。しかしまた、同じ値難によって、自己の滅罪が可能であるという。日蓮聖人は値難により前世の謗法罪を自覚し、同じ値難によって滅罪を果たそうとされた。それを果たした典型は、法華経に説く不軽菩薩であった。法華経自体では、この菩薩の罪を限定していないが、日蓮聖人はそれを前世での法華経誹謗の罪＝謗法罪と規定し、自らにも当てはめられた。罪業の確認も罪の滅除もともに法華経とその弘通に集約することによって、法華経択一主義＝行動的には「法華経の行者」を貫徹されたのである。

第五に、法華経弘通者としての使命感の再確認である。日蓮聖人は、かつて、どのようなことがあろうとも自ら「日本の柱・日本の眼目・日本の大船」となろうとの誓いを立て、その「ちかいし願、やぶるべからず」と再び誓われるのである。柱・眼目・大船にあらわされる日蓮聖人の願いは、要するに日本の宗教的運命の荷い手たることの決意であった。しかし、この使命感を充足するためには再び折伏により法華経信仰を勧奨していかなければならなかった。それは又、迫害・弾圧をもたらすものであった。

こうして日蓮聖人は『開目抄』において、それ迄以上に、法華経弘通の決意を披瀝して、門弟にもそのことを伝え、かれらの間にわだかまっていた懐疑を払拭し、その信仰の貫徹を願われた。だれよりも日蓮聖人自ら、「日蓮が流罪ハ、今生ノ小苦なれば、なげかしからず。後生には大楽をうくべければ、大いに悦ばし」[37]との逆説的な心情を門弟に示されたのであった。

かくして『開目抄』において、日蓮聖人は、「法華経の行者」に成り切ったのである。

（2）『観心本尊抄』述作

『開目抄』撰述の二月、北條時宗の庶兄時輔や名越時章・教時らが異図ありとして誅せられる事件が起こっている。この事件が北條氏一門内部の争いであったことから、これを同氏討として自界叛逆難のあらわれとされ、蒙古来牒の他国侵逼難と共に、日蓮聖人の予言の現証となっていく。

この年の春、日蓮聖人は塚原から石田の郷一谷に移され、名主一谷入道に預けられた。塚原から一谷への移住は、農耕不能な埋墓近傍の荒地から――それも農耕不能な十月から二月――農耕可能な一谷において、弟子と下人による農耕自給生活への始まりである。そして日蓮聖人自身は、思索と述作の生活を、この一谷で続けて行かれるのである。

『如来滅後五五百歳始観心本尊抄』（以下、『観心本尊抄』と略）の述作は、こうした一谷での生活が一回転した同十年（一二七三）の四月二十五日である。日蓮聖人は、かつての実践についての理論的提示がないとの批判に答え、それ以上に、法華信仰による救済の理論の樹立を達成しなければならなかった。配流以後の、身に及ぶ危機的状況は払拭され、農耕も一回転して、自給的な流人生活への見とおしもついた。『観心本尊抄』は、沈静なスタイルで述作されている。

日蓮聖人は、第一に本書で事の一念三千とよぶ理論を樹立して、末法の凡夫の救済の可能を提唱されたが、その理論の根拠に、天台大師智顗の一念三千の理論（『摩訶止観』第五）を、おかれている。

一念三千の理論は、十界互具の考えを踏まえている。天台大師は己心に十界互具を観ずること（観心）を勧めたが、日蓮聖人は、末法濁悪の凡夫には、これが不可能であり、凡夫が仏界を具えることは信じ難いとして、これを超克する方法を提示された。それが、第二であり、日蓮聖人は受持唱題を以て、衆生の救済は達成されると述べられる。

　釈尊ノ因行果徳ノ二法ハ妙法蓮華経ノ五字ニ具足ス。我等受二持スレハ此五字一ヲ自然ニ譲リ二与ヘタマフ彼ノ因果ノ功徳一ヲ。(38)

しかし、そのためには、末法の衆生・われわれの「信」が必須条件である。そのことによってのみ成仏が達成される。いう迄もなく「妙法蓮華経」は単なる経の題号ではなく、教主釈尊の側からいえば、この五字は釈尊の因位の修行、果位の功徳、そして釈尊が付属した要法であり、衆生の側からいえば、受持の対象＝行法であり、譲与によって証得する証法としての五字である。しかも、その「此本門ノ肝心於二テハ南無妙法蓮華経ノ五字一ニ仏猶文殊薬王等ニモ不レ付二属シタマハ之一。（中略）但召シテ地涌千界一ヲ説テ二八品一ヲ付二属シタマフ之一ヲ」(39)の如く、いわゆる「本化の菩薩」への結要付属であり、「其本尊ノ為レ体……」(40)に示される虚空会の儀相そのままに、その会座において日蓮聖人が釈尊から面《ま》のあたり、授けられた妙法五字なのである。

第二に、此土＝娑婆世界の復権である。初期以来、日蓮聖人の批判の最大の対象は浄土教であった。その浄土教は厭離穢土・欣求浄土を基本的な発想とし、厭離すべき穢土は此土＝娑婆世界にほかならない。日蓮聖人は、釈尊の久遠実成の開顕（発迹顕本）と受持譲与を踏まえて、娑婆世界を常寂光土＝永遠の浄土に転換させることによって、此土の復権を達成しようとされた。

　今本時ノ娑婆世界ハ離レ三災一ヲ出二タル四劫一ヲ常住ノ浄土ナリ。(41)仏既ニ過去ニモ不レ滅未来ニモ不レ生セ。所化以テ同体ナリ。此レ即己心ノ三千具足三種ノ世間也。

この「四十五字法体段」は、その究極の世界である。

第三に、信行の対象としての本尊の様相の提示である。本書におけるその文章を具象化したと考えられるのが文字曼荼羅である。それまでの仏像等のように仏師・絵仏師等、専門技術者の手を介することなく、一管の筆、一枚の紙により図顕が可能な本尊であり、何よりも、他の手段では顕わし得ない神妙の本尊なのである。そこには渾身の魂が込められ、そしてわれわれ衆生が信を致して妙法五字を受持する時、その会座に列なることの出来る、開かれた無限の空間なのである。

第五に、「妙法蓮華経」の五字のにない手・弘め手としての地涌の菩薩の出現の強調である。又、正像に無き大地震大彗星等の災難は「四大菩薩可レキ令二ム出現一セ先兆ナル歟。(42)」と述べられる。ここにおいて、邪法の流布による災害の興起というそれまでの悲観的・否定的な災害観は、災害を地涌の菩薩の出現の先兆とする肯定的な災害観に転換していくのである。

そして、かの有名な以下の一節を以て、『観心本尊抄』を結ぶ。

天晴スレハ地明ナリ。識二ル法華一ヲ者ハ可レキ得二世法一ヲ歟。不レル識二ラ一念三千一ヲ者ニハ仏起二シ大慈悲一ヲ五字ノ内ニ裹二ミ此珠一ヲ令シメタマフ懸二ケ末代幼稚ノ頸一ニ。四大菩薩ノ守二護シタマハンコト此人一ヲ大公周公ノ攝二扶シ成王一ヲ四皓ガ侍二奉セシニ惠帝一ニ不レル異者也。(43)」

日蓮聖人は歴史と社会を負い、過去と未来をかんがみて、法華経を生きた、たぐい希なる宗教者である。

又、『開目抄』が日本および日本人の宗教的運命のにない手たることの自覚と決意を表明したのに対して、『観心本尊抄』は、そのにない手が宗教的運命を開拓していくためにまさに、にない弘めるべき法としての題目と題目による救済がいかにして可能であるかを示されたのである。その点からいってても、両書は、まさしく相互補完の関係にあるといえよう。

こうして日蓮聖人は『開目抄』『観心本尊抄』の述作を通して、自らを立ち直らせ、それ迄以上に、思想を深化させていかれた。日蓮聖人のこの立ち直りと新らしい出発とは、門弟についても同じであった。入牢されていた門弟も赦され、門弟間の動揺も静まっていくにつれ、弟子たちも再び弘経をはじめるようになり、特に日蓮聖人に随従した日興・日頂らは佐渡での弘経をした。又、日蓮聖人と弟子たちを預った名主たちを、日蓮聖人は自説の信奉者に変えていかれた。このような日蓮聖人や弟子たちの動きが顕著になるのは、文永十年（一二七三）の頃からである。日蓮聖人の膝下佐渡での動きは著しく、遂にその動きを禁ずる命令が大仏宣時から出るに至ったほどである。

いっぽう、鎌倉では、門弟たちの日蓮聖人赦免を促進する動きが、かなり早くからみられる。そういうなかでの有力な線は、大学三郎による安達泰盛への働きかけであろう。加えて日蒙関係も次第に切迫してきていた。

（九）佐渡流罪赦免

ついに文永十一年（一二七四）二月十四日付で流罪赦免が発令され、この知らせが佐渡の日蓮聖人のもとに届いたのは三月八日のことである。

ようやく日蓮聖人は四年におよんだ流罪生活から解き放たれた。苦しかったとはいえ、この地での生活の中で、さまざまな知的生産がおこなわれたのである。佐渡出発は三月十三日、当地の人々に心をひかれながらも、この時の日蓮聖人に、赦免を踏まえてある種の自負と期待があったに相違ない。それから、ほぼ十二日間の旅程を経て、再び鎌倉の土を踏みしめたのは同月二十六日のことであった。

（十）第三の国諫

鎌倉に帰られた日蓮聖人は、四月八日召喚されて平頼綱と見参した。

さきにはにるべくもなく威儀を和げてただしくする上、或入道は念仏をとふ、或俗は真言をとふ、或人は禪をとふ、平ノ左衛門尉は尓前得道の有無をとふ。一々に経文を引ヒて申す。平ノ左衛門尉は上《かみ》の御使のようにて、大蒙古国はいつか渡り候べきと申ス。日蓮答テ云ク、今年は一定也。(44)

の如く、頼綱の態度は、丁重であった。頼綱は当時、得宗被官中最有力者として侍所所司の任にあり、蒙古防衛体制の中枢部にあった人物と考えられる。その主目的は、日蓮聖人に蒙古襲来の時期を問うためであった。頼綱の日蓮聖人への認識が非常に高まっていることを示している。

しかし、襲来への対策について二人は全く背離した。日蓮聖人は、問題を宗教的にとらえ、蒙古調伏のための密教重用をとどめるよう具申したのである。承久の変に台東両密の真言師が武家調伏を祈ったにもかかわらず公家方が敗北した先例を挙げ、この度の密教重用は前者の轍を踏む結果を招き、亡国の憂目をみるだろうというのである。頼綱は、この意見を採用しなかった。このころ鎌倉は雨に恵まれなかったので、加賀法印定清をして雨を祈らせていた。幕府のこの処置は、日蓮聖人の自説と相容れるものでなかった。(45)

日蓮聖人は、鎌倉での再度の活躍への抱負や幕府要路者の日蓮聖人の意見開陳に対しての肯定的受けとり方もあろうとの期待を抱いていたに相違ない。しかし、それは頼綱との会見や真言師の祈祷などによって潰え去った。第三の国諫は容れられなかったのである。

三度国をいさめんにもちゐずば国をさるべしと。(46)

かくて日蓮聖人は、文永十一年五月十二日鎌倉を出て、途を甲斐国身延にとられた。

(十一) 身延入山と山中の日々

かくて日蓮聖人は五月十七日身延に着かれた。

いまださだまらずといえども、たいし（大旨）はこの山中心中に叶て候へば、しばらくは候はんずらむ。結句は一人になて日本国に流浪すべきみ（身）にて候。又、たちどまるみ（身）ならば

けさん（見参）に入候べし。(47)

入山当日、富木氏への書簡である。この時日蓮聖人の胸中にあったのは、挫折感と漂泊の思いであった。しかし、此山は心中に叶っているともする。身延は檀越波木井実長の所領の一部であった。日蓮聖人は暫くの間、ここに滞在するとしながら、いずれは再び漂泊の旅に出るはずであった。しかし結果的にはこのまま身延にとどまり、九年に及ぶ歳月を過ごされることになる。そして六月十七日に西谷の庵室に入るまでの一ヶ月間、近隣の遊化に過ごされたが、弘安五年の秋に至るまで一歩も山を下られなかった。

このように長期の滞在となったのは、甲斐・駿河の門弟たちの身延への訪問、波木井氏の敬待などによったであろうし、さらにこの年の十月の蒙古襲来も、その一因であろう。

まさに隠栖生活であるが、伝統的な隠者の観照的なものではない。時期に応じ問題をとらえての述作、弟子の育成、檀越の教導などをおこなって、弘経者の役割に専念される。わけても檀越の教導のためにもっぱら書状を送り、さまざまな機会に自説を書き記していて、信仰の勧奨を熱心におこなわれている。

入山後の、波木井での宗義に関する最初の著作は、五月二十四日に記されたとする『法華取要抄』である。

問フ云ク如来滅後二千余年ニ龍樹・天親・天台・伝教ノ所レ残シタマヘル秘法トハ何物ソヤ乎。答テ曰ク本門ノ本尊ト与ニ戒壇一与ニ題目ノ五字一也。(48)

とあって、遺文中で〈三大秘法〉の名目を最初に三秘各別の形をとって顕わされたものとされている。五月から六月にかけて記された『聖密房御書』(49)では〈真言破〉が主眼であり、身延における折伏の対象が、真言・天台の二宗に及んでいることを示す一書である。

入山の年の十月、蒙古がはじめて襲来したが、大風が起こり兵船二百余艘が漂没するにいたって、連合軍は侵入をあきらめて退出していった。日蓮聖人にとって、この襲来には、二つの意味があった。一つには他国侵逼難の的中であり、二つには、それにもかかわらず、蒙古が敗退したことである。前者による確信よりも、後者のもたらす孤絶感の方が強かった。

（1）『撰時抄』述作

こうしたなかで日蓮聖人は、法華経の流布を信じ願ってやまず、その願いを、翌建治元年（一二七五）『撰時抄』のなかに披瀝された。「釈子日蓮述」と署名された本書は「夫レ仏法を学せん法は必ず先づ時をならうべし(50)」と始まる。時をならい時を知ることは、仏教を学ぶ上に必須のことであった。注目すべきは教法流布の前後を時の内容としたことで「権経の題目流布せば実経の題目モ又流布すべし(51)」と、かつて批判した浄土教の流布は題目の流布するはじまり、前段階であるとされたことであり、ここに題目流布の必然性に対する確信がある。日蓮聖人は仏教の展開過程＝歴史のなかに、題目流布の必然性と、それを実現する弘通者たることを自らも願い、門弟にもそれを慫慂されたのである。

（2）道善房への報恩

さて、建治二年七月二十一日の『報恩抄』は師道善房の訃報を聞かれた日蓮聖人が、同じく旧師であった義浄房・浄顕房のもとに日向をして届けさせている一書である。

「仏法をならはん者の、父母・師匠・国恩をわするべしや(52)」と知恩・報恩を強調された。世俗の世界では、父母・師匠・国主の恩を思い、それに報いることであり、それらに絶対的に随順することが報恩を意味するが、日蓮聖人の強調する報恩の道は、これら世俗のあり方とは異なるものであった。日蓮聖人は世俗の報恩より出世間の報恩を優先させ、それを真実の報恩とし、そのためには仏教を習いきわめ智者にならなければいけない。そうなることによって、父母・師匠・国主（主人を含む）を救済することができ、報恩の道をまっとうすることができるとするのである。「内典ノ仏経ニ云ク棄レテ恩ヲ入二ルハ無為一ニ真実報恩ノ者ナリ等云々[53]」との経文にもとづいてのことである。折伏はまた、日蓮聖人においては報恩の道の実践であり、予測通りに法難を蒙る歳月を送られたが、法華経弘通の故の受難であったからこそ、その功徳によって父母・師匠も救われるとの確信を述べられる。

『報恩抄』は題号の示すように、日蓮聖人の出家・修行・弘通のすべてを報恩の達成に凝集している。それはまた、日蓮聖人の出世間主義が報恩という中世社会における基本的な倫理を宗教化したことでもある。これは、日蓮聖人の出家以来の信念だったのである。だからこそ、日蓮聖人は『立正安国論』を上奏した。そしてこのことは日蓮聖人のみならず、日蓮聖人の門弟においても僧俗を問わず、信奉しなければならないことであった。在俗の檀越にとって、このことはすこぶる困難なことであった。かれらは一人の子として親に仕え、一人の従者として主人をもつ身であった。世俗の世界に生きるものに対するこの考えと実践との慫慂は、やがて檀越の或る者たちに、親や主人との間に緊張関係をもたらす必然性をはらんでいた。―例えば建治年間における四條金吾と主君江馬光時をめぐる信仰上の対立・所領没収、又、池上父子の争い・勘当、そして弘安年間での熱原法難による農民たちの殉教など―

いっぽう『撰時抄』でもそうであったが、本抄でも日蓮聖人は密教を批判された。空海はもちろんだが、それまでの天台法華宗の円仁・安然らに加えて円珍に対しても叡山の密教化を促進し法華信仰を後退させたと非難し、自らを最澄の真意を継承するものとして位置づけた。すでに日蓮聖人は天台僧の意識は払拭していたが、そのことと最澄敬慕の情念とは別であり、それは前期から歿年の頃までも天台大師講を営んで智顗を鑽仰したことに共通する。最澄滅後の日本天台宗の否認、密教批判の点でも、『撰時抄』『報恩抄』は相互補完の関係にあり、日蓮聖人の密教批判を示している。それが蒙古問題にかかわる幕府の密教重用の事実を踏まえてのことであるのはいうまでもないであろう。日本および日本人の宗教的運命をになおうとする日蓮聖人にとって、密教は、それを果たし得ないばかりか、亡国の状況をもたらすものとの意識があった。さらに源平内乱・承久の変の結果を密教による敗戦の先例とするなどは、日蓮聖人の密教批判の現実的根拠であり、それにかわり得るのが法華仏教であるとは、日蓮聖人のかわらざる確信であった。

さて、身延での日蓮聖人の隠栖は、古代以来の隠者の跡を追うものではなかった。心静かな隠栖生活を求める気持は、あった。ただ自らもつとめ、ひとにも勧奨してきた法華信仰が門弟のなかに定着するにつれ、その信仰の深化を促進し、その信仰の故におこるさまざまな疑問にこたえねばならぬ状況が徐々に発生してきたのである。「人はなき時は四十人、ある時は六十人[54]」という如く、門弟たちは短期長期のいずれであれ師説の傾聴と修行に励み、又、日蓮聖人は、地方に散在していた弟子をも呼び寄せ、その再教育をもおこなわれている。そして必要に迫られ新堂の建設が弘安四年に落成した[55]。こうして日蓮聖人の教説が門弟の間に浸透し、かれらの日常生活においてそれが実行されていくにつれ、弟子や檀越に、さまざまな葛藤・トラブルが生じていった。日蓮聖人はそれらの渦中にある門弟・檀越に対して、信仰の貫徹を要請し、事細かな指示を与え、激励し、情愛溢れる慰めの言葉を送られている。

日蓮聖人は身延において、多くの著述や書状を遺している。真筆の存在するもの（含、断片現存）一四七篇、曽存は一七篇、それに直弟の書写本を加えると、『昭和定本日蓮聖人遺文』正篇収録の四三四篇中、二九一篇が身延で書かれている[56]。

書状が信仰生活の指針であったのに加えて、信仰生活の中心に据えるべきものとして、書き与えたのが、文字による曼荼羅本尊である。現存一二七鋪のうち、一一四鋪を、日蓮聖人は身延において図顕されている。(57) その気力と意欲は、決して並み並みのものではない。

日蓮聖人は、終生、休暇は、おろか、休養や、ほっとする間もない程、多難で多忙な日々を送られた。門弟たちのトラブル解決のために心を痛め、そのストレスや、流罪生活や身延のきびしい気候、加えて衣食の欠乏、何よりも度重なる法難による肉体への影響、いかに頑健気丈な日蓮聖人も健康を損なわれていった。

すでに、建治三年（一二七七）頃から下痢になやまされはじめている。寒気のきびしく湿気も多い身延での生活は、この病状を一層、促進したであろう。翌年には大事にいたったが、四條金吾の投薬などで、ようやく小康を得ている。しかし、その後も、ひき続きなやまされ、檀越に、身も心も弱っていることを告げている。

(十二) 身延出山と入滅

ついに弘安五年（一二八二）、日蓮聖人は療養のため、身延を下り、常陸の温泉に向って進発された。釈尊が晩年の八箇年、法華経の会座とされたという天笠の霊鷲山にもなぞらえた身延山を出山することを決意されたのである。

身延から甲斐下山・河口を経て、駿河竹下に出て、武蔵池上郡の檀越池上宗仲の館に着いたのは九月十八日であった。この道すがら、日蓮聖人はすでに死を覚悟したのか、到着の日、身延の波木井実長に宛て、九年に及んだ外護を感謝し、墓を身延の沢に建てるよう依頼されている。(58) もはや常陸への進発も叶わぬまでに病状は進んでいた。翌十月八日には、日昭・日朗・日興・日向・日頂・日持の六人を本弟子に指定した。かれらは後に六老僧とよばれた最高弟であり、没後の門弟の中心に六人を据えられたのである。

やがて弘安五年十月十三日辰刻（午前八時ごろ）、ついに日蓮聖人は、寂然として、その数奇多難な六十一年の生涯を閉じられた。遺骸は荼毘に付され、遺骨を身延に納め、墓所が定められ、やがて身延山久遠寺となっていく。

以上、遺文に直参しながら、日蓮聖人の生涯に亙って検討を加えた結果、聖人が選びとった法華経択一主義に基き、聖人が法華経の行者たらんとされ、そして立教開宗から『立正安国論』上呈を経て死身弘法の折伏による数々の法難に遭遇されて、法華経の行者たり得たこと、更にその法華経の行者は何を為すべきかとされたことが明らかとなった。

そして「法華経の行者」たることは、仏の未来記を実証することだったのである。

聖人は、値難によって仏語＝未来記の真実であることと、自己の法華経の行者たることを証されたのである。

二．本研究の視点と方法

本研究の視点は、日蓮聖人の遺文にみられる「法華経の行者」の自覚の表明の面とその表記とを整理し、その淵源を「平安期持経者」特に『大日本国法華経験記』（以下、『験記』と略）にたずねることによって、比較検討することにある。更にはその根源を『法華経』にたずねることになる。

その方法を基として、日蓮聖人独自の「法華経の行者」の特徴を、より鮮明とすることにある。「法華経の行者」の意識と内容は、その生涯において、時を経るに従い、又、法難の重なり即ち色読に応じて、やがて上行菩薩の自覚に高揚し、そして門弟・檀越にまで、法華経の行者の呼称は及んでいる。

又、一方、日蓮聖人遺文を拝読すると、法華経の実践者を意味する表記として、「持経者」「持つ」「受持」等の語句が、後年に至るまで随所に散見する。

もちろん、「法華経の」持経者であり、「法華経を」持つ人、「法華経を」持つ、「法華経の」受持である。そして勿論「法華経」の行者である。

では、日蓮聖人における、その「法華経」とは何か。この一事が、論者の心中に居挫わって離れない。それを見極めなければならない。それは決して、いわゆる單なる法華経ではない。日蓮聖人自らが感得された「法華経」であろう。

「法華経の行者」と自ら称せられた日蓮聖人にとって、自己の存在を認識し、しかも、行動の軌範となるものは「法華経の」と規定されているように法華経という釈尊の教えであった。聖人における法華経との関わりは、自己存在の本質を本門法華経の世界に看取せられたことであって、法華経・教主釈尊との宗教的永遠の境界に「仏子」として、あるいは「仏使」としての自己を認識されたことだといえよう[59]。

北川前肇氏は、ここに、まず大きな指針を示されている。更に同氏は、日蓮聖人は文字で現わされている法華経を「法華経は釈迦牟尼仏也[60]」と説示され、法華経の文字は「生身の釈迦如来[61]」と述べられ、日蓮聖人が法華経の一一の文字を人格的釈尊として受けとめていることがうかがえると述べる。

確信できることは、日蓮聖人は法華経の一一の文字を人格的釈尊として受容されていることであり、更に日蓮聖人は、法華経説法の会座にあって釈尊より教法を伝授されたという実感にあるということである。このことは「法華経の行者」とは如来使であり、本門に立脚する聖人にとっては「本化地涌の菩薩」にほかならない。繰り返しになるが、日蓮聖人にとっての「法華経」とは釈尊から、まのあたり拝受する梵音声であり、仏陀そのものなのである。その故に日蓮聖人は「法華経の行者」として法華経に捨身することができたのだと思われる。

又、

其中に法華經は釋迦如來の御志を書キ顯ハシて、此音聲を文字と成シ給フ。佛の御心はこの文字に備ハれり。たとへば種子と苗と草と稲とはかはれども心はたがはず。釋迦佛と法華經の文字とはかはれども、心は一ッ也。然レば法華經の文字を拝見せさせ給フは、生身の釋迦如來にあひ進《まい》らせたりとおぼしめすべし[62]。

と述べられる。

加えて論者は『法師品』の「衣座室の三軌」を想起した。即ち「若有二善男子善女人一。如来滅後。欲下為二ノ四衆一説中是法華経上者。云何応レ説。是善男子善女人。入二如来室一。著二如来衣一。坐二如来座一。（中略）如来室者。一切衆生中大慈悲心是。如来室者。柔和忍辱心是。如来座者。一切法空是[63]。」である。この「三軌」を深奥に秘して、日蓮聖人は、忍難慈勝の「法華経の行者」の生涯を生きられたのではないだろうか。

さて、前述した如き、日蓮聖人における「法華経の行者」と「持経者」とは、どのような位置関係にあるのか。又、「持経者」における「法華経」とは、はたして「法華経の行者」における「法華経」と同様なのか否か。恐らくは否であろう。

「持経者」と「法華経の行者」とは、色読の有無によって峻別されるとされている。即ち迫害・法難を受けることで法華経の「未来記」を実証・体験するか否かである。

又、日蓮聖人は仏の梵音声たる「未来記」を実証するために法難を呼び寄せるべく『立正安国論』を上奏された。つまり「法華経の行者」たることは、日蓮聖人における、「仏使」としての選択である。「仏使」「如来使」「地涌の菩薩」たらんことを選択された日蓮聖人にとって「法華経の行者」たることは必然的生き方であった。

即ち方法として、聖人遺文を綿密に辿り、その中で、「法華経の行者」及び「持経者」関連語句を抽出し、そのニュアンスを弁証しなければならない。

「法華経の行者」には、それを示す各要素・要因が存在している。

反面、聖人遺文中の「持経者」には、前代以来の持経者、又、法華経と他経（念仏）を兼修して聖人に敵対する者、又、一方、法華経自体に見出せる「歎美持経者」「受持是経典者」等が、「法華経の行者」と同義とされている例があり、一概に判じがたいといえる。

そして溯源して、（鎌倉期以前としての）「平安期持経者」の様相を把握したい。そのためには、先学の研究史を概観する。又、当時、法華経霊験譚として著名であった『験記』における持経者像を抽出し、各種往生伝との比較対照のもとに、分析し表示し検証する。

平安期持経者は、日蓮聖人における持経者にどのように架橋するだろうか。日蓮聖人遺文中の持経者には多様性があり、それぞれにニュアンスも異なる。平安期持経者の一形態であった、法華経の「経読み」としての巷間の持経者もあれば、又、ほとんど「法華経の行者」に近似する「持経者」もある。

そのためにも、次に、日蓮聖人における「持経者」についての先学の研究及び、日蓮聖人における「法華経の行者」についての先学の研究史を概観し類別して述べる。

これらの多面性と歴史性を、になった上での、日蓮聖人の「法華経の行者」への飛躍と絶対性があると看取するものである。

三・平安期持経者の様相

（一）平安期持経者に関する研究

ここに、先学の研究による平安期持経者を、その特徴及び独自性によって、A類、B類、C類の三類に分けて検討する。又、同著者の論であるが、意趣が異なるため、D類として、聖・聖人について別項を設けて、各説を述べる。

A類　持経信仰が日蓮聖人の祖流である事及び『法華験記』について

ここに類別したのは、家永三郎氏と高木豊氏である。

家永三郎氏(64)は、民間の沙弥聖乃至在俗の信徒の間に流通していた持経信仰が、日蓮聖人の唱題の直系の祖流となっていること、奈良朝以来、法華経が衆経の王として広く上下に流布していたことに関連し、法華経の受持を行業とする「持経者」という特殊の信仰者を発生せしめ、「持経者」と記録される者は奈良朝にすでにあり、平安朝に入り法華経の流布と共に持経者が増大したのであり、そして『法華験記』の成立、そこには専持法華者が少くなかったことを述べ、日蓮聖人の宗教成立の原因として持経者信仰があったことを強調する。注目すべきは、日蓮聖人の唱題の直系の祖流が持経者信仰にあったとすることである。

又、法華経の験徳に対する信仰が強かったこと更に、日蓮聖人の宗教に影響のある先駆的悪人及び在家往生が見られると述べていることである。

高木豊氏(65)は、日蓮聖人における法華経の行者が、法華経持経者からつながるとして、橋川正氏の論を引き「法華経の行者日蓮を、先行した法華経持経者の群につながる宗教者として把握した」と述べる。次いで同氏は『法華験記』に言及し専修と兼修いずれもが持経者といえ、但し〈持経者〉の呼称は僧に限っていること、そして持経者の呼称は十一世紀前半以降、一世紀後においても、ほぼ同じように使用されていたこと等を述べる。更に同氏は、慈円の『愚管抄』を引いて、後白河法皇の妹の上西門院も持経者として扱われていると述べ、法華経では受持法華経者は比丘＝僧に限定されていないこと、したがって比丘に限って持経者の呼称を使用した鎮源よりも、在家の女性をも持経者と称した慈円の方が法華経の用例に適合していると述べる。そして鎮源が持経者と称した僧の持経の意味は、一、受持、読誦、憶念・憶持、二、信念による経の受持、三、名号受持の中、第二の教説受容の意味であるとする。したがって、法華経の教説を受容し、法華経に勧める五種の行のいずれか、または幾つか、あるいはそのすべてを実践した僧が持経者であったであろうと述べる。

同氏は、又、持経信仰の様相として、「智解の否定」「験徳の論理」「数量的信仰と苦行」「後世利益」「験力・経力・信力」を挙げ、鎌倉仏教の特色である信力の強調が『験記』にはすでにあらわれていると述べる。更に同氏は『験記』持経者の存在形態として、寺院定住・山林定住・山林修行・遊行の四型態を指摘し最も多いのは寺院定住で特に叡山に定住して持経生活を営んだ僧が最多であり、叡山三塔に散在し、持経生活が叡山全体にひろがっていたこと、同時に関係深い多武峯・法隆寺、法輪寺などにも伝播していたと述べる。更に数少ない遊行持経者は一つは自行のための遊行(「世間称一宿聖」)、二つは化他勧持の遊行であるとする。聖の地方進出・民間布教の活発化と同じく、持経者による法華経勧持のための遊行や如法修行の勧進が一層展開していくのであると述べる。

高木豊氏は、家永三郎氏の説を承けながらも、特に『験記』中の持経者について詳説していることが特徴である。

B類　『験記』以外の持経者及び東国持経者群

川添昭二氏(66)は『法華験記』以外に散見する持経者として、例えば藤原道長も持経のために法華経を書いているから一応、持経者といえようし(『御堂関白記』長和四、閏六・二三)、又、源頼朝が持経者であったことは(『吾妻鏡』治承四・七・五)、『平家物語』や『源平盛衰記』、日蓮聖人遺文等に敷衍されていると述べる。

特記すべきは、日蓮聖人出生の地である東国地方の平安末・鎌倉初期における持経信仰の実体を述べていることである。そしてそれら東国持経者群の信仰が、日蓮聖人に架橋することを述べる。

C類　日本の風土・地勢による山林修行者とアウト・ロウの聖者たち

中尾堯氏[67]は、日本の地勢、特にアジア・モンスーン地帯に位置する日本は豊かな森林におおわれた深山幽谷が大部分を占め、都市や村落から隔絶された世界が随所に形作られていた。そのため俗世を離れ、神秘的な景観に恵まれた山林の中で、独特な修行によって超絶的な験力を得た聖者たちが、平安時代の後期から鎌倉時代にかけて民間に交わり、さまざまな信仰儀礼や行動様式を創出・展開して行く。祖師信仰はこうして生成し、聖者崇拝の延長線上に、日本仏教の特色をなしていると述べる。

かれらは、当時一般に聖・持経者などと呼ばれる、国家仏教の枠外にあるアウト・ロウの僧たちで、密教・浄土教・法華経などの信仰を身上とし、それぞれの経文に示された作法にしたがって修行を続け、験力をもって現わされる霊験は広く人々に知られるようになり、これらの聖者のうち、とくに法華経の修行者に関心を持った鎮源は百二十八話を『大日本国法華経験記』に収めた。そして、「聖」「持経者」「上人」などによって、日本という風土の伝統的な信仰世界は、平安中期から後期にかけての仏教と深く関わり始めたのであると述べる。

D類　聖・聖人について

ここでは、高木豊氏と川添昭二氏の説を述べる。

持経者・聖・聖人についてはその関連性が深い。『験記』においても「持経者聖」「持経者聖人」

などの呼称が存在する。

高木豊氏(68)は、聖＝ヒジリの語義につき二つの意味づけ（日知り、火知り）を述べ、彼等が他と異なる能力の持主であったこと＝非凡人＝として、又、非凡人である「真人」はヒジリと訓まれ、宗教の分野だけでなく、学問・文学・芸能においても適用され、仏教の分野におけるヒジリとしてあらわれる早い例は『日本霊異記』であるとする。そして天台系、なかでも横川系の僧に聖が多く、かれらが貴族・庶民に結縁し、法華と念仏との伝達者であったと述べる。又、聖の存在形態を、第一は隠遁聖、第二は遊行聖、第三が両者の中間的存在ともいえる別所聖として、聖に共通するのは、かれらが本寺から離去したことであり、聖が既成教団の枠外の宗教者といわれる所以であり、この点が聖の公約数的性格であると述べる。

川添昭二氏(69)によると、時代と地域を異にするに従い、聖の概念の内容も複雑・多様化するが、聖発生の当初は、聖の概念は、苦行的性格が濃厚であって、民衆の私願が託せられたのは断穀不食の苦修練行であったと述べる。

また、この初期の聖たちの宗教的行業の内容は『験記』に見られるような、法華の持者と前代以来の念仏行者との系譜を引くもので、元来持経者的な験者形態が優位しており、その中から念仏的なものが分化してきたと思われると述べている。また『験記』の内容分類中、持経者・沙弥・聖の概念が同一視乃至混同視されているとも述べる。

そして、特に日蓮聖人における持経者、法然・親鸞における聖・沙弥の間の歴史的関係に注目している。

（二）『大日本国法華経験記』における持経者像

『大日本国法華経験記』[70]（略『験記』は賢哲のためでなく愚暗のために法華経の霊益・験徳を示すものであった）（『験記』序）。しかし『験記』は漢文体である。おそらく撰者鎮源は、有識者（特に僧侶）が、この書を読み、庶民・大衆のために易しく解説・教化することを意図したのであろう。

『験記』成立年代は各説あるが『験記』序にしたがい長久年間（一〇四〇～一〇四四）とする。ここでは『験記』を第一文献とし、『験記』の前後に亘る諸伝にとりあげられたものに、わずかに視線をのばしてみた。

『験記』各條の標目は一二九條[71]である。もちろん『験記』に所載された者たちは、法華経の行状を主眼としている。ただし、その行状の評価が『験記』と諸往生伝とでは異っている場合が多い。

方法としては、特徴をもつと予想される諸群に『験記』所載者を分類し、その中で個々の標目者のもつ要素を分析し並べてみることによって、かえって、その群としての特性をつかむものである。

第一に、いわゆる「持経者」についてでは、まず『験記』所載者（一二九名）の中から「持経者」と呼称されている一群（二四名）をとり出し、その構成要素を分析表示（第一表、表はすべて第一章に記載）してみた。第一表該当者には、現状では出典を見出せなかった。『験記』以後の諸伝の原拠となったと思われるものは多い。往生伝に転用された六例は、そこでは「持経者」の呼称を削除されている。又『元亨釈書』[72]では〃感進〃に、『本朝高僧伝』[73]では〃読誦〃にいれられた確率の高い一群である。

第一表をもとに「持経者」の特性を見ると

◎構成員は比丘に限られている。

（一）行業について

○法華専修者として記された例が多い。

○兼修行業四例は、或期間に専修者であるか或は専修意識を以て他の行業を統摂していると見える。兼修されるものには「顕密学習」「受学真言」等と記されて、行業というより学文と名づくべきものを主としている。

臨終時のみに「念仏」を修するものがあるが、「持経者」に法華専修の傾向を見ることができる。

専修、兼修者に通じて読・誦行を具備するのが通例であり、「持経者」に法華経読誦行は不可欠の要素である。

ほかに解説・書写・止観・懺法と記されるものがあるが、これらは該当者も少なく、「持経者」には二次的行業とされている。

（二）行相について

行相とは行処（外相）と、その修行にあたる姿勢（内相）をも含める。

（A）山林定住・廻峯者

(イ)深山に定住して苦修練行すると記される者（七例）。諸峯往還の後に定住する者もあり、吉野山、愛宕山などの山岳信仰の所在地がそこである。この内、持経仙と名づくべきものがあり、法師品の文に依拠しながら、人跡未踏の山中での修行のもたらす超絶的能力の獲得を以て得果に準ずるとされている。

(ロ)山中の寺院に定住する者（三例）。

(ハ)山林又は山中寺院を廻行する者（二例）。これらには、本寺を離去絶縁した者が多い。

（B）世路経営・遊行者

本寺から巷間に出て行った者が多い。

㋑山林定住以後に世路を経営（田畑の耕作）する者（一例）。㋺華洛に下住するか或は世路経歴する者（三例）。㋩「世間称㆓一宿聖㆒」の如き遊行形態をとる者（一例）。

以上の三類には読誦行と共に利他行が顕著である。

（C）その他の自覚的修行者

寺院に居住しているのが通例である。

㋑諸霊験（長谷寺、金峰山、住吉など）の祈請対象への祈願を目的として、巡礼、参籠する者（四例）。山中寺院が霊験処にあたっている場合が多いが、環境を重視したというより祈請対象が霊験著名である点で（A）と対比できる。㋺守護を加えられることによって「倍生信力」して法華経を読誦する者。これら二類における自覚的精進の契機が、第一表（三）異事と符号していること即ち現に与えられた利益によって法華経への信頼感が倍増する。

以上の（A）（B）（C）は行処を主として見た場合、それぞれ多少の出入はあるが『摩訶止観』二十五方便・具五縁の中の〝閑居静処〟にあてはまるといえる。さらに、第一表にあげた標目者は、これら（A）（B）（C）のどれかにあてはめることができ、天台系（最も多い）、南都系、真言系の各本寺において受戒出家したことがあると見られる。すなわち呼称されるところの「持経者」とは正式出家僧であり、それ以後、自覚的に法華経を読誦する形態・姿勢に視点をおかれている。

（三）結縁（行用）について

（A）「持経者」の誦経を媒体として結縁させる場合

結縁なさしめる者としての「持経者」には「音声微妙」「其声深遠」等が附随している場合が多い。先述したように「持経者」に法華経読誦が不可欠とされていることから、（三）の（A）に該当していない「持経者」にも潜在的な聞経結縁者が予想される。特に（二）の（B）の世路経営、遊行者において、その機会と対象は多かったであろう。その場合、〝誦経〟は、「持経者」の生活手段となっていたかもしれない。

（B）徳行結縁

「持経者」の主として可視的徳行を媒体として結縁させる場合。徳行の内容は（四）の異事の三類に通じる。「持経者」が結縁させるというのは、自己の持経功徳の余残として記されている。

（四）異事（行力）について

記される処の超絶的能力を異事と総称した。

（A）守護・給仕・讃歎・供養

「持経者」に働きかけて、これらをなすものは、「持経者」の自行としての持経の完遂を助発するために顕現する。この内、「普賢菩薩」によって守護される者が最も多い。懺法乃至半行半坐三昧との関係が考えられる。ほかに「文殊・観世音・毘沙門・十羅刹女・天童」など、法華経中に直接的典拠を見るものがある。又、「金峰山蔵王・熊野権現」などの山岳信仰とも密着している諸霊験の祈請対象と、道教中の用語とも見える「神人・神女」などがある。

（B）験力・自在力

「持経者」に備わるものとしての験力・自在力は、持経という行為と経力との相応の上に発現され、この内、験力は、主に世間においての治病・悪霊邪気の降伏を内容としている。先述した（三）の（A）の場合と同じく、これらが生活手段であったことも予想される。自在力は山林定住・廻峰者に多く見られ、その内容は六根清浄として捕捉できる。ただし『験記』の記述は「仙人神力」（十八條）の如く外面的超絶性を宣揚している。

（C）往生瑞相

夢想と臨終瑞相とがこれに当り、専修者として記される者に、これらが多いことから持経が往生のための一大善根とされていたことが考えられる。

特に専修者たる薩摩国持経沙門某[74]（十五條）は自行完遂の実現を焼身往生においた類例である。以上、異事（行力）において顕著であったのは、「普賢」と「夢想」（以上は、『観普賢菩薩行法経』・『観無量寿経』に主に依っているであろう）であった。口唱（読誦）によって観想（観仏）を成じようとすることが、「持経者」の到達点であるならば、「持経者」における読誦行は、それがいかに鮮烈であっても、口唱行業として独立した価値を与えられるとは言えまい。

（五）その他の要素について

（A）所居の土（依報）

（a）浄土・（b）都率天を記された者は少数であるが、これら以外で成仏を後世にかけると記される場合は多い。「持経者」には特定の土を指すとは限らないが、得果を来世に期待する傾向が見える。

（B）聖・聖人の呼称

特に行相と異事の超絶性を記された者に対する尊称として考えられる。但し法華修行者以外の山林苦行僧にも適用されている[75]。転訛しながら一般的超絶者への呼称となった聖・聖人の範疇の中で「持経者」がとらえられるのであり、それは「持経者聖人」（十一條）・「法華聖」・「法華聖人」（十七條）に示される如くである。

聖・聖人が重複して呼称される場合が多く、聖と聖人とは同種の概念と見ることができよう。但しどちらか片方だけの場合、聖人は山林苦行僧に、聖は遊行僧に充てられていると見える。

ここで、『験記』における「持経者」について、記されるところの雑多な要素の典拠・解釈を法華経に求めることができ、又それらの基軸に「経力」を置いている点において、「持経者」は、聖・聖人とは別に設けらるべき、持経者の塑像ではなかったか、と考える。

第二に「持経」者についてでは、ここに「持経」者とは、第一表にあげた者以外の『験記』所載者の中で、「持経」を行業とするか、或は経巻として所持していると記される一群（四十名）である。これらを「持経者」構成要素を基準としながら、特に「持経」の内容について分析表示した（第二表）。付表には、出典と『験記』以後の諸伝にのせられているものとを挙げた。第二表該当者（「持経」者）には、『日本往生極楽記』を出典とする者が一例（聖徳太子）ある。又、『験記』がそれ以後の諸伝の原拠となっていると思われる者も多い。『拾遺往生伝』への転用者は多い。

さて、第二表を基として見た「持経」者の特性は以下のようである。

◎構成員は比丘、沙弥、優婆塞、優婆夷に亘っている。

（一）行業としての「持経」

読誦行と併記されるのが通例である。しかも「持経」が特記される所以は、

●「偏持法華」「能持法華」等と記される場合。法華経に則る行為と、法華経を専修するという態度とを総括している。

「持経」が読・誦行を内包した法華経行業の総称として扱われているといえる。「持経」者における法華経関係行業は、「持経者」（第一表）の場合に準じ、更にその意味を拡大している。

（二）所持品としての「持経」

該当者すべてが、読・誦行を含むところの行業としての「持経」と併記されている。しかも所持

経（法華経の経巻）が特記される所以は、

（A）来世へ。臨終に際し、或は往生瑞相たる夢想の中で所持すると記される場合で、大半が浄土への往生者とされ、臨終時に経巻を執った者のうちには、死骸となっても誦経した（三九、四一、六三条）。このように来世に関する場合の経巻は、現世の行業としての「持経」功徳が経力と相応することによって仏果に至る証拠とされていると見える(76)。

（B）宿因を示す証拠となる場合。先世に所持していた経巻に現世でめぐり遇うか、或は宿因を告げる夢想中の姿が経巻を執っている。該当者は比丘のみである。

（C）現世での不断念誦を示す場合。

以上、所持品としての「持経」の三類は、三世に亘る法華経との念の相続不断を示したものと見られ、行業としての「持経」の意味を拡大している。

(三)　行相以下の要素について

（1）比丘について

●行相では（A）の中にいわゆる〃持経仙〃は見出せなかった。但し第一表にも見た愛宕山での修行者は顕著である。この中に愛宕山が地蔵信仰乃至文殊信仰と結びついて、五台山の五会念仏の移入としての常行常坐三昧を想定させる記述をもつものがある。（C）に該当した者には叡山住僧が圧倒的に多い。

●結縁では（A）の誦経結縁が比丘に限られていること。

●験力・自在力及び聖・聖人の呼称(77)も又、比丘に限られている。

これらによって「持経」者のうちでも、比丘と在俗者とは、主として外相の超絶性の有無によって区別されているといえる。

さて、以上のように、「持経者」に準ずる構成要素をもっているが、行業の側から見た場合、第二表の「持経」者たる比丘には、徳行結縁の内容または験力の基盤を、法華経以外の行業に範疇を置くものがある。(78) そして、ここに専修者と記される者の大半と、兼修者の中でも法華経行業への傾斜が顕著であり、特に結縁・異事の基盤を経力に置くと思われる者とは、第一表の「持経者」すなわち持経者の塑像と同型であると考えてよいであろう。

従って、比丘に関する限り、持経者とは「持経」(法華経関係行業の総称としての)者の謂であるか、又はその強烈な者のことであると言えよう。

(2) 在俗者について

●行相。外相が世路経営者であるのは当然といえようが、内相として出家を志向する者が大半である。この中に悪業者(79)と、山里を往還する者(80)とがあり、これらの行相は比丘の中の巷間へ再出家した者と共に在俗修行形態として一括される。

●結縁・異事について。結縁の内、(B) 徳行結縁欄に該当した在俗者が三例あり、これらが他に結縁させる媒体は、その往生瑞相(二例)と加護(一例)である。誦経を媒体としない点に注目したい。

異事の中では、「観世音」による守護を記された者(三例)が目立っている。

以上のように、在俗「持経」者は、比丘における持経者(第一表・第二表に亘る持経者の塑像)に比せば、その行状に緩みを見ることができる。だが、そのことにかえって新らしい動向を窺えるかもしれない。

第三に、「持経者」(第一表)、「持経」者(第二表) 以外についてでは、

（一）標目にあげられた者とは別人の持経者を内容中に含む『験記』所載者

ここにとりあげる一群（一二名）は、標目者自身は「持経者」とは呼称されないが、「持経」者である場合（三例）がある。いずれも法華経関係行業をもっている。以下、標目者と内容中の持経者との関係を述べる。

（1）標目者が比丘である場合

㋑紀伊国完背山法華経死骸（十三條）は誦経と自己の本縁を語ることで、熊野参詣途次の持経者を随喜結縁せしめている。[81]

㋺先世に、内容中の持経者によって結縁せしめられたと記する者（七名）。

（2）標目者が比丘以外の場合

㋑現世において持経者に値遇結縁し、持経者供養することで抜苦・昇天するもの。[82] わずかの修善と、それによる得果への時間的短縮の傾向を窺えよう。

㋺持経者を誹謗したことにより現悪報を受け、後世の受苦を約される者。[83] ㋑の裏面的証左といえよう。

㋩越後国乙寺猿（一二六條）は、前世から現世に亘って同一持経者と値遇し、人身を得た現世の修善（法華経書写供養）によって来世の得果を約されている。

以上、（1）（2）を通じて顕著であるのは、種益から脱益に至る経力乃至、念の相続の強調と、持経者による結縁の重視である。

（二）その他の『験記』所載者

ここでは、これ迄に扱った者以外の残り五六名について、出典および『験記』以後の諸伝に載せられた者を挙げて第三表とした。

（1）比丘について

㋑「持経者」に準ずると思われる者。

読誦行を有し、それが他行業を凌駕しているもので、行相以下の各要素が「持経者」に準ずる記述をもつものは十七名[84]である。次に行相（B）に入る者の内に、罪人に結縁させるために偸盗罪を犯す者（二二條）と肉食妻帯の「施陀羅」の如き者（七三條）があり、共に聖・聖人と呼称されている。これらが持経者と呼称されていないことによって持経者ではないと考えられた場合は、ここにあげた一群はおそらくは、その行相において先述した塑像としての持経者の枠をはみ出すものをもっていたためである。それは（A）においては「仙人」への偏向という、（B）においては「持経者」とは異なった次元での聖・聖人であるという、（C）においては高位の僧官に就き学匠であるという要素ではなかったろうか。

㋺「持経者」に準じないと考えられる比丘（十七名[85]）には、慧解と講経を主とした者が多い。西方願生者と悪業者で、わずかの法華経行業をもつものもある。『験記』中の比丘の中で『日本往生極楽記』を出典としたものは、ここに限られている。行相において「持経者」からはみ出る部分と、第二表の兼修比丘に見た験力等の基盤が法華経以外にあるという要因は、ここでは更に拡大されている。

（2）比丘以外のものについて

ここでの二二例[86]の大半が往生、上生者とされている。ただし、『霊異記』→『三宝絵詞[87]』→『験記』という記載経路をとった者[88]は、現報譚としてとらえられ、これまでにあげた『験記』以後の諸伝に転載されていないこととも併察して、これらにおける行状が、畏敬渇仰すべき超絶性を欠いている点が指摘されよう。往生・上生者に通ずるのは、法華経読誦と弥陀念仏が全く併修されていること。これらは法華経関係者ではあるが、持経者の塑像からは最も離れている者たちである。『験記』には、〃狭義の持経者〃像と〃広義の持経者〃像とがあると思われる。前者は「持経者」（第一表）に見た持経者の塑像に、あてはめることのできると思われる者達と言えよう。その出典を『験記』以前の諸伝（この場合、本邦撰述にかぎる）に見出し難かった。『験記』によって紹介（或は創作）されたと見られる点からも、これらにかけた（撰者の）期待の大きかったことを推測できよう。

後者は、法華経関係の行業（五種法師）のいずれかを自ら行じたことのある真俗の男女と言えよう。前者を原型（基本型）とすることができれば、後者は、その変型（応用型）となるであろう。撰者鎮源は、一方では法華経乃至法華僧への畏敬渇仰の念を喚起し、他方ではその霊益を身近な在俗者にも充てるという、いわば強弱とりまぜた二本立てによる一般者への〃勧持〃を意図していたのかも知れない。

特に正式出家僧において、規範的な教団の枠をはずれた（或は超えた）行相を強調されたと見える点、口唱行業が大きくとりあげられていた点等は、注目されねばならない。但し、全般的には観想的行法と口称（唱）行法とは併存し、それは又、浄土往生への志向とも結びついていた。

従って、『験記』における持経者の行状は、叡山天台の影響と、それを脱却して行くこととの両面から成り立っていると言えるであろう。

このことは、近くは『往生要集』との関連性を想起させるのであり、法華・弥陀信仰が牽引しながら分離して行く一ポイントに『験記』を置いて見ることが可能であると考える。尚、持経者における苦行性（数量的、或は時間的）は、主として験力を身に付けることであった。又、一二六条に顕著な如く、聞経結縁による不思議の実現など、持経者は「法華経」の経力を自らも信じ、他をも信ぜしめている。

四．日蓮聖人における「持経者」および「法華経の行者」に関する研究

（一）日蓮聖人における「持経者」に関する研究

日蓮聖人における「持経者」に関する研究の先学の諸説を、その特徴により、A類、B類、C類、D類、E類の五類に類別し検討する。

A類 「昼夜十二時の法華経の持経者」

山川智應氏(89)は、伊豆流罪中の四恩抄において「昼夜十二時の法華経の持経者」に着目し、流罪の身即ち法華経を身を以て色読しているにも係らず『行者』といわず、当時法華経修行者の汎称たる『持経者』とのみいっているのは、深く注意を要するとしている。（私註、『四恩抄』は依用することができない。真蹟現存、曽存なく、直弟子の写本もないため）

B類 持経信仰が唱題の祖流であること及び経典本尊

家永三郎氏(90)は、前時代の持経信仰が日蓮聖人の唱題の直系の祖流となっているとする。

又、法華経の内容的価値に対する畏敬が、たとひ浄土宗の念仏の形式から示唆を受けたとは云へ、直ちに唱題の如き行を成立せしめるものではないのであって、その間には一つの中間的な段階を挿入して考へるところが必要であり、日蓮の経典本尊の思想はこの段階に位置を占めるとする。そして日蓮聖人の宗教が、持経者の専持法華の延長であり、その歴史的関連は天台教学との関係よりも一層大きな意味があり、更に悪人成仏の思想も、念仏宗の教理から導かれたものであると同時に、持経者の信仰にも同じ要素があったと述べる。更に同氏は、日蓮聖人が、かつて念仏・謗法の教えを信じていたことが、今や法華専持の熱情として転用され、その結果としての「謗法者」側からの反撃すなわち

大小の迫害が、経文との符号によってますます信念が確証され、やがて上行菩薩の自覚を産み出すに至ったと述べる。

C類　持経者が法華経受持者であり、前代の唱題の例、及び受持と功徳の自然譲与

高木豊氏(91)は、法華経自体に溯源し、持経者の呼称を見出し、そして持経者が法華経受持者であることを認承する。又、受持の使用例の三様として、第一が憶念・憶持であり、第二は、それを踏まえた上での教説受容、第三が名号受持であるとする。第三では「普門品」・「陀羅尼品」を引き、日蓮聖人は、これを文証として唱題の根拠としたと述べる。更に同氏は唱題が日蓮聖人の創始ではなく、前代平安期にも用例のあること及び、日蓮聖人の唱題が、前代の唱題の大衆化と理論化に意義のあることを述べる。そして前代の唱題の例を挙げ、更に日本仏教において、はじめて唱題について説いたとされる『修禅寺相伝私注』の成立を日蓮聖人以前との前提に立っている。

同氏は、日蓮聖人の唱題思想に及び、まず『守護国家論』『法華題目抄』を挙げ、前書では但唱題目の根拠を示し、後書においては〈法華経の行者〉として、法華経の教説を自らも実践し、人にもそれを勧奨した日蓮聖人の、唱題思想を凝縮したものとする。次に同氏は〝初期日蓮の唱題思想〟と銘打って日蓮聖人の唱題思想の内容が、第一に受持＝唱題として受持に行の形態を賦与したこと、第二に受持は信心として表明され、信心為本の態度が唱題の行と相即していること、第三に、悪人・女人成仏を可能にした提婆品重視、第四に一遍唱題というべき考えについて、第五に唱題による往生成仏の可能性について述べる。

更に同氏は〝受持と功徳の自然譲与〟に着目し、特に『開目抄』『観心本尊抄』を引いて、譲与が〈自然〉に行なわれるとは、佐渡以前の唱題思想と一線を画し、かつこれを深めたものとする。この功徳の自然譲与という考え方こそ、佐渡流謫生活のなかで、日蓮聖人が獲得したものであるとする。そ

して日蓮聖人の唱題思想は、この〈自然〉の観念に到達したことによって、はじめて源空の影響下から脱出したといえるのではなかろうかと。日蓮聖人は、この時期、平安時代、とりわけ平安末期の法華信仰をうけとめて、その信仰を唱題の行為に凝縮し、唱題の理論化を達成したと述べる。

又、同氏は、持経者と唱題信仰の関係につき、日蓮聖人が檀越に持経生活を勧めたこと等を指摘し、日蓮聖人の「法華経の行者」の自覚も、こうした持経生活者指導にあたるものの意識の表れでもあったのではないかと述べる。(92)

D類 「持経者」と「法華経の行者」との交錯・共在性

川添昭二氏は(93)『法華験記』所載の持経者蓮長法師(第六〇)を挙げて、日蓮聖人が、「蓮長」から「日蓮」に改名したこととの符合を述べる。又、日蓮聖人が『南條殿御返事』で、頼朝が日本国の武士の大将となったのも、その持経信仰による事を説いている。次いで同氏は、持経者信仰と日蓮聖人の信仰についての根源的関連について、日蓮聖人は、持経者が薬王品信仰を狂信的自虐往生の方向に結晶させたのに対し、大小の法難迫害を媒介として法華経の色読体験に回施させ、法華経弘通を支える価値観・使命観を深化させる方向に把り、日蓮聖人は持経者の世界を単なるモノマニアとして捨離したのではなく、その信力を法華経弘通の根源的推進力に昇華させたと述べる。

同氏は、遺文中に現れる持経者という名称に関連あるものを列記し、正元元年「守護国家論」から弘安五年「読誦法華用心鈔」に至る迄、三十三例を挙げ、日蓮聖人の遺文における「持経者」なる名辞の比重の程度を述べる。更に同氏は山川智應氏の論説を挙げ、山川氏は弘長二年四月の『四恩鈔』にあらわれる持経者の言葉を境にして、翌月の『教機時国鈔』の末文にはじめて法華経の行者とあり、そこに法華経を単に受持する者と、身口意三業に実行し、国家世界に実行せんとする行者との相違があり、しかも行者は神力別付・勧持修行の上行菩薩の行化に名けたとしているが、行者なる言葉は

『女人往生鈔』（『定遺』三四五頁、文永二年）に「法華経を行じて」とあるのを始めとして、成句的には『主師親御書』『守護国家論』等にみえ、姉崎正治氏の説の如く、法華経行者の明確な意識は弘長元年の『推地書』あたりからあらわれ始めており、『四恩鈔』を境に、日蓮聖人が持経者との明確な訣別を告げて法華経行者に転進したと段階的に区別することには難があるように思うと述べる。日蓮聖人にあっては、法華経の行者と法華経の持者・持経者すなわち法華経修行者の汎称とは同一であるという観念が後年まで見られる。又、後年まで同義同質に扱っている法華経の行者、或いは持経者なる用語に交って「法華経を持つ」という語が、『女人往生鈔』を初見として、前二者と交錯しながら、日蓮聖人の法華経色読を表現する重要な一用語となっていると述べる。（私註、傍線遺文依用不能―真蹟現存、曽存せず、直弟子の写本でもないため）

そして、本化事行の確立がみられるにもかかわらず現象的には信仰形態として二者の連続・共在がみられ、そこに持経者の系譜に立つ歴史を負うた日蓮聖人の姿がある。このような意識のもとに日蓮聖人は、信徒の獲得にあたって持経信仰をすすめ、持経信仰にあった者には、さらにこれを深化するように指導し、これらの持経者的信仰者を講的組織に結集することによって日蓮宗教団の原初形態が組成されたとみられると述べる。

E類　日蓮聖人の法華唱題の独自性

浅井円道氏は、高木豊氏の『平安時代法華仏教史研究』中、特に第八章の「法華唱題とその展開」について、教学者の立場から「法華唱題の源流と展開」の一稿を草している。(94)

要するに、天台宗先学の例としては、法華三昧を修するとき、行道の際に三宝に南無する一環として唱題があり、また講経開始のときに唱題する例もあることを日蓮聖人は示している。つまり与えて考えれば天親・龍樹にも唱題の微少な事例があり、南岳・天台には法華三昧中に唱題の一齣があると日蓮聖人は認める。しかし自行ばかりでなく、広く人に唱題を勧める、つまりお題目で仏道修行を包括する南無妙法蓮華宗を樹立したのは自分を以て嚆矢とすると日蓮聖人は確信していたと述べる。更に叡山の朝題目夕念仏は、朝題目ではなくて、六根懺のための朝講法華理であったとする。又、法然は世間に持経者が多くいたことは知っていたが、遂に唱題する人を見聞しなかった模様であり、つまり日蓮聖人より四十年前の世界においても唱題する人は余程稀薄だったのであろうと述べる。

そして、修善寺決の唱題に及び、高木氏は「本書を日蓮以前に成立したものとの前提」に立ち、「法然浄土教と、『私註』(決)の語る唱題思想に、唱題の先例——ひいては法華八講・法華写経における題名のよみあげ、礼拝・結縁の行為から先取りできるであろう唱題の可能性——を加えた三つが、ほかならぬ日蓮聖人の唱題行成立の要因であったことを再確認しておきたい」と述べているが、浅井氏は、法然の称名念仏は浄土三部経という経の段階に於て既に定立されている行であるが、日蓮聖人の唱題は法華経の文上には一切勧められていない行であるということであると述べる。

更に法然念仏にしても唱題の先例にしても修禅寺決にしても、それらは題目仏教建立のヒントではあり得ても、厳然たる経文証拠とはなり得ないのであって、それだけで題目仏教を広布するには、日蓮聖人としては心もとなかったであろうとし、日蓮聖人が題目仏教を確信を以て広布した根拠は、正統の天台学つまり日蓮聖人が「教学」とされたものによって法華経の底意を読んだ結果の所産であると思うと述べている。

「日蓮聖人における持経者に関する研究史」が、遂に受持—唱題に迄、凝縮したことを注記する。

（二）日蓮聖人における「法華経の行者」に関する研究

日蓮聖人における「法華経の行者」に関する先学の研究を、その特徴及び独自性により、A類からL類までに類別し、比較検討する。

A類　貫徹した「法華経の行者」の一生

姉崎正治氏[95][96]は、終始、「法華経の行者」に徹する。法華経のみが仏の真実教であり、末法の今の時から以後世界を支配すべき教だということを見開いたことが、法華経の行者の一生の基本となったと述べる。

立教開宗以降、経中の仏説通りの迫害の連続—伊豆流罪—（私註、『教機時国抄』は依用できない）と法華経加護の信仰の深まり、又佐渡流罪生活も身延隠棲も、その一面は滅罪の生活であった。更に「法華経の行者」であることが、折伏、迫害、過去の謗法罪、仏の未来記にとどまらず、門下の教導わけても日常生活での女性等へのきめ細やかな情愛を含めてのことである。

又、同氏は、法華経行者の生活は、釈尊が地涌の菩薩に委託された使命の遂行にあり、五綱の組織と共に法華経行者の三世聯絡の関係を明らかにするを要すと述べる（私註、『上行菩薩結要付属口伝』は依用できない。真蹟現・曽存なく、直弟子の写本でもない）。又、聖者としての日蓮聖人の二面、一は久遠本仏の弟子としての上行菩薩との脈絡と、一は末法行者として多難の生活を経べき勧持品の体験者、若しくは過去に謗法の衆生に虐待された不軽菩薩との聯絡である。そして聖者としての日蓮聖人の自覚の推移が、本尊の顕示につづきやがて上行菩薩の任命を受け、実現されると述べる。

更に身延入山・隠遁の意義につき、法華経の行者は、世を遁れることによって世を救おうとしたのであり、内には折伏の烈火を蓄え、国のため法のために不断の祈祷を凝らしていたとする。

姉崎正治氏が、日蓮聖人の生涯を通じての「法華経の行者」を描いたのに対し、他の先学は、その中の重要部分・ポイントに着目して論を展じている。

B類　『開目抄』と『観心本尊抄』、受持＝信

茂田井教亨氏(97)は、『開目抄』と『観心本尊抄』を対比する。『開目抄』では、日蓮聖人は自分が本当の法華経の行者であるかどうかの問いつめの結果、経文という鏡に自己を照らし合せて勧持品所説の法華経の行者にまちがいないとの確信に達した。

又、「数々の二字」は伊豆と佐渡の二つの流罪であり、『開目抄』で法華経の行者になり得た日蓮聖人は『観心本尊抄』において、その法華経者は何をなすべきかを示したのである。更に日蓮聖人にとっての不軽品と勧持品が教一であることを述べ、行軌上の変化はあっても教自体は変らないという信仰があるとする。そして、日蓮聖人は法華経の行者と成り得たことによって、日本国の人々の苦を救うことができたことの悦びを一念三千の実践の回向として語られていると述べる。又、受持とは一念信解の信であり、受持＝信があって行も自然に出て来るのであり、受持、持つということは、常に法華経の心の中に自分がいるということ、法華経の心が自分の中にあるということであると述べる。又、末法の人は本未有善であるから、目をさまさせるために日蓮聖人の折伏が出てきたのであるとする。

C類　慈悲心による色読―「仏使日蓮」

兜木正亨氏(98)は、日蓮聖人の生涯は法華経色読の生涯であり、そこから「仏使日蓮」、(上行菩薩の再生)の自覚が生れ、「法華経の行者日蓮」の舞台が展開された。それは思いつきや神がかり的な皮相なものでなく、多年の修学と修練を重ねた結果の境地であり、それ故に迫害・苦難にもめげず、難の重なることは法華経の行者の証であり、仏使としての責を果たすものとして悦びとされたとする。

日蓮聖人は、止みがたい慈悲心から法華経を弘め、自らは一宗の祖師をもって任じたのではないと述べている。

D類　「法華経の行者」と「罪の自覚」

田村芳朗・宮崎英修氏及び、間宮啓壬氏がこの類別に該当する。

田村芳朗・宮崎英修氏(99)は、『開目抄』は「法華経の行者」としての自覚と「罪の自覚」の書であるという。そして「法華経の行者」の自覚の確立にいたるまでの経緯を、書簡を通して弟子中に語っていて、その確立は文永十一年正月十四日付で富木氏に宛てた『法華経行者値難事』を以て当てるべきとする。「法華経の行者」の自覚確立の時期において注意を要する。

間宮啓壬氏(100)は、日蓮における二つの宗教的自覚、一つは「法華経の行者」としての自覚であり、もう一つは、過去世において自己が謗法の罪を犯してきたとの自覚である。「法華経の行者」としての自覚は、日蓮四三才に系年される『南條兵衛七郎殿御書』において明確にされ、それ以降、根本的な自己規定として日蓮が一貫し表明しつづけたものであり、その自覚の意味は、久遠仏における衆生救済の意志を自己の実践によって実現していこうとする自覚であり、一方、過去世での謗法罪の自覚は、佐渡流罪期に至って頻繁に表出され、その自覚の意味は、久遠仏における衆生救済の意志に背いてきたとの自覚であるとする。日蓮において実際は、過去に謗法の罪を犯してきたとの自覚が、「法華経の行者」の自覚を持って実践する動機を与えていたのではないかと述べる。日蓮にとっては妙法五字自体が久遠仏そのものであり、但し妙法五字は無條件に久遠仏になるとされるのではなく、そのためには、衆生に法華経への「信」が要求され、その信が妙法五字の受持という形で実践される時、妙法五字は久遠仏として受持者に「仏種」を「自然譲与」する働きを持つと見ることができるのであり、その信は法華経に対する専一なる信でなければならないと述べる。次に謗法に関して、末法の衆生が謗法の者であるというネガティヴな認識から、久遠仏がまさにそのような衆生を救済しようと意志していること、それを日蓮に確信させたのが法華経における「後ノ五百歳於二閻浮提一広宣流布セン」という予言であったとする。又、「法華経の行者」としての実践は法華弘通にのみ限られず、謗法の折伏という実践を伴うものでなければならないのであり、「法華経の行者」としての行為は法華経によって要求され、受難は「法華経の行者」の証であったとする。又、法華経の陀羅尼品では、諸天・守護神が法華経の護持者を守護することを誓っているのに、「法華経の行者」と自覚する自己には守護はなく、度重なる受難のみがあると日蓮は実感したが、自己の受難そのものが、自己が「法華経の行者」であることの明確な証に他ならなかったのであると述べる。又、「権経を行ぜしには此の重罪いまだをこらず」として、法華経の実践のみに滅罪の道を見出し、不軽菩薩に自身を、なぞらえるのであり、過去世の謗法罪の自覚は、滅罪という点においても、「法華経の行者」として実践し続ける動機を日蓮に与えて行くのであると述べる。特に「謗法」についてネガティヴな認識から日蓮聖人のアクティヴな行動が起こってくることに着眼している。

E類　一介の「民が子」から殉教の使徒へ

田村芳朗氏(101)は、日蓮聖人の出自について、一介の「民が子」として生まれたことは予言者ないし殉教者日蓮に、まことにふさわしいと述べる。その一介の「民が子」が長じて「一介の僧」として『立正安国論』を上奏したのである。

ここから大きな転機が訪れ、その苦難が日蓮聖人をして警世の預言者から、殉教・殉難の使者へと転進させ、伊豆流罪を契機として「法華経の持経者」から「法華経の行者」へと転じて行き（私註、『四恩抄』『教機時国抄』は依用できない。前述。）、佐渡流罪が一段と拍車をかけ忍難殉教の使徒の自覚へと高めて行くと述べる。

F類　末法における法華経流布の担当者

池上潔氏(102)は、日蓮の行動が、法華経の予言に合致し、末法を法華経流布の「時」と体験的に認識したことは、自身ほど法華経に忠実であり、法華経を如法に実践した者はいないという意識をもたらし、所謂法華経の行者としての自覚が生れてくると述べる。

又、小松原法難後の『南條兵衛七郎殿御書』に、はじめて法華経の行者という言葉で自己を表現しているとする。

その後、法華経の行者の自覚が強化されることは同時に、より一層の法華色読の結果であり、法華経流布時たる「末法」の認識の昂まりを意味し、それは「後五百歳中広宣流布……」の文証を現証することであると述べる。

即ち、日蓮こそ末法における法華経流布の担当者であるとする。

G類　「学僧」そして「受肉の法華経」

川添昭二[103]氏は、日蓮聖人は、たゆまない学道精進に裏付けられた法華経徹信の人であり、そこから諸宗批判、それにともなう迫害、それを契機とする信仰内観の深化が出てくるとする。そして日蓮聖人は何よりも学僧であり、学僧というのは単なる知解（学）だけでなく、宗教実践（僧）をともなった者であるとし、「日蓮とはどんな人だったのか、端的に言え」と言われたら、ためらわずに「法華経の行者」であったと答えようとし、茂田井教亨氏によれば「日蓮とは受肉の法華経なのである」とし、日蓮の法華信仰は、諸経教の徹底した比較検討の末に択一された徹魂の帰投から得られたものであると述べる。

次に同氏は、受難の体験こそが「持経者」と「法華経の行者」とを峻別すると述べる[104]。

H類　法華経の布施行（求法と弘教）の実践

上田本昌[105]氏は、法華経に現れた布施行について、求法者としての行と、弘教者としての行を述べる。

日蓮聖人は法華経に現れた布施行について、これを末法における法華経行者の「行」として受容されていったのであるとする。まず求法者としての行は「法の為の故に身命を惜しまず」という態度であり、雪山童子の如く、我が身を惜しまず法を求めることによって求道者として完成した暁には、ただちに弘教者として、求め得た正法を未知の衆生に弘宣して行かなくてはならないのであり、即ち身命を捨て法を求め（財施）、身命を惜しまず法を弘通（法施）という法・財両施の完成をみることができると述べる。又、行者とは、弘教を使命とした本仏の特使であり法華経所説の「如来使」「能持是経者」であり、この「仏使」とは末法の「法華経の行者」の意であると述べる。

日蓮聖人自身の問題としては、それは勧持品の色読者であり、不軽品の「持法華経者」、神力品の「斯人行世間……」の「斯人」でなくてはならない。つまり如説修行の「法華経の行者」でなければならないとするが、弟子檀越に対しては「唱題の者」をもって、地涌本化の弟子と定めて「能持是経者」としている。又、同氏は、従来の佐前・佐後説にこだわらず、日蓮聖人の思想的内面と、表面に顕わされた本化菩薩の信仰的立場、即ち「行如来事」の行業の面から考察する。開宗の直前、既に聖人の心奥には仏使としての覚悟が秘持されていたと見られ、開宗以来における前半は色読法華・如説修行の忍難弘教であり仏使としての遂行であったとする。そして、行者としての自覚表明は『立正安国論』以来忍難弘教による「未来記の実践」をふりかえってみた上で「経文に我が身普合せり」との境地に至った時のものであろうとする。

Ｉ類　宗祖、「波乱万丈の行者」＝仏使＝日本大使＝上行菩薩の再誕

佐々木馨氏[106]は、やや異ったアプローチの仕方をする。即ち、法然・栄西・親鸞・道元そして日蓮たちは、ひとたびは共通して旧仏教々団の殿堂の比叡山＝天台教学の門を叩いているが、法然を皮切りに新仏教者たちは、各自の宗教的課題に即しながら、自ら教導者たるべく、末法の世なればこそ受容される新らしい教説を発見していった。鎌倉新仏教における導く人＝宗祖の誕生であるとする。六人

の宗祖の中でも、実は日蓮だけが、はなはだ復古的であり、『立正安国論』の上呈は体制志向の表象であると述べる。この『立正安国論』の上呈↓却下を大きな契機として、日蓮の体制志向は変容を余儀なくされ、日蓮の六一年にわたる生涯は「波乱万丈の行者」と称される所以であるとする。

更に同氏は、日蓮研究史を思想史の領域に限定して一瞥する時、二つのアプローチの仕方が支配的であるとして、一つは「持経者から日蓮へ」という系譜論を軸にして念仏・禅・真言宗排撃の思想史的意味を考えて日蓮の思想形成を把握しようとする場合であり、いま一つは右の系譜論を基軸にしつつも、主として日蓮の思想そのものの特質を、たとえば「国家観」「法華至上主義」という形で探ろうとする場合であると述べる。更に院政期文化の営みである『往生伝』『法華験記』は当時の信仰的実態とみるよりは、むしろ貴族意識の反映の所産とみなすべきであるのに加えて、その中に描かれた模範的な呪述的行為を事とし、学解を否定するアウトロウでなければならない、つまり世俗の世界から一歩でも遠ざかることに持経者はその存在理由を求めていたのであり、このような持経者に、日蓮を二重写しにしてその思想形成を捉えようとすることは可能性の発見という点では首肯されても、日蓮の全体像の中でどれほどそれが説得力を有するか疑わしいと思われると述べていることに、深く留意したい。[107]

又、『法華経』の行者は『法華験記』にみる『法華経』の修行者＝持経者とは次の点で峻別されるという。即ち「法華経世界」から正法たる『法華経』を日本に弘通する目的で派遣された仏使であり、又、日本から精選されて「法華経世界」に仕えるという強固な使命感を有した、いわば選ばれた人＝日本大使なのであり、この仏使＝日本大使の使命感を端的に表現するのが、「三国四師」観という天台宗的系譜であり、上行菩薩の再誕という意識であると述べている。

J類　値難と成仏、釈尊からの題目付属

佐藤弘夫氏は、[108]法華経において値難を忍受するものすべて成仏の記別を与えられていることを、日蓮聖人は我が身に引き当て、迫害の渦中にあるみずからの成仏を確信するに至ると述べる。

法華経ゆえに命に及ぶ迫害を蒙る日蓮こそは、末法におけるはじめての法華経色読者＝法華経の行者であり、従来の持経者に対するみずからの独自性を鮮明にしているとする。

更に同氏は、[109]日蓮聖人の予言能力について『聖人知三世事』において、聖人としての自身の洞察力を強調するが、その能力の由来については「日蓮が尊貴なるにあらず。法華経の御力の殊勝なるによる」として、予言を自分だけがなし得る聖なる行為とはみなさなかったと述べる。地涌の菩薩の呼称にしても、特別のカリスマであることを示すものではなく、この世でなすべき使命を自覚した時だれもが地涌にほかならないというのが、日蓮の一貫したスタンスだったとする。法華独勝の立場を確立した日蓮は、さらに法華経の権威を彼自身に移し替えようと試み、その媒介となるものが「法華経の行者」の自己規定であるとする。

そして、過去の謗法罪を「転重軽受」し、更に不軽菩薩との重ね合せにより、迫害により罪障を消滅し悟りに到達することを自身と門弟に語り聞かせるのであると述べる。

又、佐渡在島中の日蓮聖人を訪れて来た幼な子連れの女人に対し、その求道心を嘉し「日本第一の法華経の行者の女人」と称して日妙聖人の号を与えていると述べる。

又、法華経では、釈尊が仏滅後の衆生救済のために、この経を地涌の菩薩に授けたと記されているが、能力の劣った末法の衆生が「五種法師」といわれる伝統的な修業に耐えられるわけがない。仏が万人の成仏を期してこの経を授けたとすれば、その内容は必ずやだれもが可能な実践形態であるにちがいない。唱題こそが、それにふさわしい。しかし、法華経の本文と題目とはいったいどのような関係にあるのか。流罪地佐渡での孤独と呻吟の中で、日蓮はこの問題を突き詰めるべく思索と唱題を重ね、ついに一つの解答――釈尊が地涌の菩薩に授けた法が題目であること、そして自身がその時の虚空会に在して釈尊から付属を受けたこと――を得たのだと述べる。次に熱原法難で捕えられた農民たちが南無妙法蓮華経・南無妙法蓮華経と唱え乍ら、刑に処せられた強信に対し「法華経の行者」と呼称し、みずからの命と引き換えに法を求めた、釈迦の前生たる「雪山童子」にも等しいとする。

K類　捨身と殉教、不軽菩薩との教法と時代の同一視、未来記の現実化＝真の持経者・法華経の行者

北川前肇氏(110)は、日蓮聖人が、東條松原の法難を契機として「法華経の行者」の意識から「日本第一の法華経の行者」という自覚を明確化し、それは、法華経に説示される信心の困難さ、弘通者に対する迫害の予言の文を、身体に読んだという認識が存したからであり、すなわち法師品「如来現在猶多怨嫉況滅度後」、安楽行品「一切世間多怨難信」等の文を色読したということであると述べる。又、法華最勝と他宗謗法の根源の把捉が日蓮聖人の内面に止まらず、対社会化、歴史化される言動となる時、迫害は当然の予想であり、同時に、「知る」ことから「発表」への段階に至るまでの精神的煩悶、葛藤を免れることはできないであろうとし、『開目抄』に「二辺の中にはいうべし」という「二者択一」に逢着し難易二行の難行を選ばれたと述べる。その時期は「立教開宗」の建長五年四月二十八日であったと思われ、即ち釈尊の真実義たる法華経に身命を捧げ、生涯を通じて法華経弘通遂行を決断されたのであり、それは釈尊に対する誓願であり、宗教的体験における回心であり、その回心は捨身と殉教を志向すると述べる。そして日蓮聖人の受難・色読に対する内省は自身の謗法罪として述べられ、不軽菩薩と重ね合わされる。又、聖人は、不軽菩薩の値難、罪業にのみ共通性を見出されるのではなく、法華経の行者として流布すべき教法、及びその時代を同一視されていると述べる。そして聖人が色読を強調された理由は、その一つとして、我々人間はこの娑婆国土を離れず、この世で苦しみ

と対決して行かねばならないという認識であり、現実からの逃避を否定し、時間的には過去の歴史を背負い、未来をも責任をもつということであり、現実の矛盾、理想との相剋の中で、苦悶し、歯ぎしりをして邁進する姿が菩薩行なのではないだろうかと述べる。

(三)同氏は、「法華経の行者」と自ら称せられた日蓮聖人にとって、自己の存在を認識し、しかも行動の規範となるものは「法華経の」と規定されているように、法華経という釈尊の教えであり、聖人における法華経との関わりは、自己存在の本質を本門法華経の世界に看取せられたことであって、法華経・教主釈尊との宗教的永遠の境界に「仏子」として、あるいは「仏使」としての自己を認識されたことだと。そこに本門の教主釈尊と自己との、生命的な源の関わりを認識されていて、しかも仏使として活動される聖人にあっては、聖人の全存在が法華経のなかに生き、同時に、聖人が末法の今時に法華経を法華経たらしめているという相互の深い結びつきを見るのであり、それは宗教的な本感応妙の世界としか表現しえないものと述べる。更に、聖人は虚空会上の発迹顕本された世界、その会座にあって釈尊のみことばを聴聞しているという宗教的実感を持ち、それは日常的時間を超越した法華経のもつ宗教的永遠の時間に聖人みずから会入されていることを意味すると述べる。そして『観心本尊抄』の「其本尊ノ為レ体……」あるいは『法華取要抄』にも同様の宗教的情景を述べられ、聖人は法華経の説法の会座に列している自己の存在を、その説相のなかに確認されていたことが知られると述べる。又、『守護国家論』から『法華玄義』に及び、末法凡夫の信行として、法華経への随順、信仰を強調され、この法華経を信ずる者は真の持経者であり、読経の声は出さなくとも、仏陀釈尊は滅後でありながら、つねにましまして梵音声をもって説法せられるとし、末代凡夫の法華経信仰の重要性と易行性を強調し成仏の道を示されたと述べる。そして聖人が難信難解の随自意の教えに帰命され、それを伝道されることは、その代償として法難がひき起されることを意味し、又、聖人は「未来記」の文を漠然と読まれたのではなく、死罪を覚悟のうえで法華経に捨身され、つまり聖人は積極的に法華経のなかに自己を没入され、身命を賭して法華経の「未来記」の文との合一化をはかろうとされたのであり、二度の流罪を体験された聖人は「勧持品」の「数数見擯出」の文が、自己自身の肉体を媒介として歴史の場に真実化されたという認識をもたれるのであると。そして日蓮聖人は、仏の「未来記」を扶け、如来の実語を、この現実の世界に検証することが「法華経の行者」の使命であると断言され、三類の強敵という「未来記」は日蓮聖人の法華色読により日本国当世と合致し、それは法華経の行者の証明にとどまらず、釈尊が未来の一切衆生を救済せしめようという本願の真実性も証明するものであると述べる。又、日蓮聖人は『摩訶止観』の予言通り多くの法難を受けることで、いよいよ法華経が正法であるという確信を深められ、自ら真の法華経の行者であるという自覚が高まり、更に「勧持品」の二十行の偈文を妙楽大師の注釈によって、具体的に三類の強敵に配釈されたのは、『唱法華題目抄』が初見のようであると述べる。そして日蓮聖人をただ未来の災難興起を予言した人とするのは妥当ではなく、釈尊の未来記を現実化し色読する仏使こそ、末法に遣わされた如来使であり「法華経の行者」とする。つまり、法華経、釈尊の予言＝「未来記」に符合する仏使、「予言された人」として自己規定されていると述べる。

L類　「有能受持是経典者」＝法華経の行者と同義、唱題が受持の概念中に入る事

庵谷行亨氏[112]は、日蓮聖人が地涌の菩薩に着目されたのは、立教開宗の時期であろうと思われること、そして佐渡期において日蓮聖人は、真実の法華経の行者として生きる自身の立場を、繰り返し問題提起するとともに、地涌の菩薩としての自覚を折にふれ、吐露されていると述べる。法華経の教えに立脚すれば、如来滅後の法華信仰者とは地涌菩薩に集約され、なかでももっとも重要な任を荷うのは上首の第一上行菩薩であり、地涌菩薩が釈尊から付属された要法の弘通に邁進された結果、経文説示の

通り数々の値難体験を経る中で、自身こそ法華経所説の末法の行者であることの証を得られるのであると述べる。更に日蓮聖人を真実の末法の法華経の行者と確定したものは、文永八年（一二七一）の一連の事件であったと述べる。

上行菩薩に特定して五字の付属と末法弘通の必然性を述べられたのは、文永十一年（一二七四）の『法華取要抄』が最初であり、「上行菩薩所伝ノ妙法蓮華経ノ五字」との表現は、自身の五字弘通の身に、上行菩薩の姿を重ね合わされたものと考えられ、聖人の実践に裏づけられた上行自覚の表明と見ることができ、その表出は、文永十年（一二七三）の『観心本尊抄』あたりから始まり、その後も各書の中で、上行菩薩について言及を続けるなかで、時には相対化した表現を通して、自身と上行菩薩との一体化を、法華経実践のなかに確立していこうとされていたようだと述べる。

次に同氏(113)は、「法華経の行者」観は、更に突きつめて「受持」に当面することから、「受持」を追及する。

法華経（妙法華）における受持の用例は、「大正蔵経」によると、八十有余箇所（二十八品中二十品）であるが、聖人の二十有余箇所に及ぶ用例は、その内、譬喩品・安楽行品・神力品（二箇所）・薬王品（二箇所）・陀羅尼品・勧発品（四箇所）の六品十一箇所に限られるとする。まず譬喩品の引文「但楽受二持大乗経典一乃至不レ受二余経一偈一」は『守護国家論』・『下山御消息』・『滝泉寺申伏』等に見られ、譬喩品における受持の語が、他の経論（閣権経、就実経）の「持つ」・「護る」・「流布する」等の語句と共通した概念を有っていることを意味していると述べる。次に薬王品は二箇所(a)「若復有人……是人所レ得功徳不レ如下受二持此法華経乃至一四句偈一其福最多上」・(b)「有三能受二持是経典一者亦復如レ是。於二一切衆生中一亦為第一二」から引用されており、特に(b)の『真言諸宗違目』では、法華経の色読をもって、自らを、諸宗の師に勝れると述べ、つまり「経文に当る日蓮」こそが「有能受持是経典者」であり、この用例における受持は色読の概念を有していると述べる。『太田殿許御書』では「有能受持是経典者」の文を受けて「法華経行者勝㆓一切之諸人㆒之由説㆑之」と表現し、「法華受持者」が「法華経の行者」と換言される用例であるとする。『四條金吾殿女房御返事』では、「薬王品の十喩は法華経と諸経の勝劣を説示しているように見えるが、仏の御心は一切経の行者と法華経の行者の勝劣を示されることにある」（取意）として、「有能受持是経典者」とは「法華経の行者」を指していると考えられると述べる。又、『撰時抄』『報恩抄』を挙げ、総じて薬王品の引用例は「法華受持者」の最勝を証すものであり、そのゆえに、「受持法華経者」の文が「法華経の行者」と換言されたり、「日蓮」と表現されたりすると述べる。次に陀羅尼品の引文（「汝等但能擁㆘護受㆓持法華名㆒者㆖福不㆑可㆑量㆑」）は、『守護国家論』・『法華題目抄』等に見られ、前書では、唱題の功徳を証すため、安楽行品・提婆品・涅槃経名字功徳品と共に引用されている。陀羅尼品は、「受持法華名者の擁護」が「福不可量」であることは「受持法華名者」の「福不可量」はすでにその前提とされていることであり、「法華経の題目」を「唱」えることが「受持法華名」を証文とすることであり、唱題が受持の概念の中にあることを意味しているとする。後書も同様に、正法華経総持品・添品法華経陀羅尼品と共に唱題の経証として引用されていると述べる。そして総じて「受持」の語句は（1）他の語句と並記（譬喩品・薬王品(a)、「持つ」・「譲る」・「流布する」・「五種法師」等に共通した概念を有つ。（2）唱題（神力品・陀羅尼品）。（3）供養の賞讃（薬王品(a)・(b)）、供養も又受持に繋がる。（4）信（勧発品(a)・(b)）。（5）主体的法華経実践（薬王品(b)・勧発品(c)・(d)）、「受持法華経者」が「法華経の行者」と同義に用いられていると述べる。

同氏は、日蓮聖人が地涌の菩薩に着眼された時期を立教開宗の時とし、又、如来滅後の法華信仰者とは地涌菩薩に集約され、中でも最重要な任を荷うのは上首上行菩薩であり、上行菩薩に特定して五字の付属と末法弘通の必然性を述べられたのは『法華取要抄』が最初であるとしていることは、特色である。

更に同氏は「法華経の行者」観は、突きつめて「受持」に当面することから「受持」を追及する。法華経（妙法華）における受持の用例は八十有余箇所（二十八品中二十品）であり、日蓮聖人の用例は二十有余箇所に及ぶ。特に『真言諸宗違目』では、「経文に当る日蓮」こそが、薬王品の「有能受持是経典者」であり、この「受持」は色読の概念を有していると述べ、「有能受持是経典者」とは「法華経の行者」を指していると考えられるとするのは卓見である。更に陀羅尼品の「受持法華名者」は唱題が受持の概念の中にあることを意味し、総じて「受持」の語句は「持つ」…「唱題」、「供養」、「信」、「主体的法華経実践」の意味を有し、「受持法華名者」が「法華経の行者」と同義に用いられていると述べている。

五．本研究の構成

以上の先行研究即ち、三．平安期持経者の研究及び、四．日蓮聖人における「持経者」および「法華経の行者」に関する研究を、私なりに、まとめた。そのことを前提として、第一章　平安期持経者の様相、第二章　日蓮聖人における「持経者」および「法華経の行者」に関する研究を詳説した。

第三章から第五章は、日蓮聖人の生涯を鎌倉期、佐渡期、身延期の三期に分け、この三期を各章に配当して、それぞれにおける、遺文中の「持経者」および「法華経の行者」を検証した。

ところで本研究をまとめるにあたって、今日までの歩みを記してみると、かえりみれば、私が昭和四十三年三月、本学大学院仏教学専攻博士課程三年間の単位を取得して以来、三十九年を経て、平成二十年四月、同博士後期課程に再入学させて頂けたことは有難いことであった。

末文となったが、以来五年間、本論文を作成するにあたり、主として北川前肇教授には、世話のやける駄馬を叱咤激励の御厚情、そして人として信仰者としての道標を示して頂き、御指導賜ったことを深く感謝申し上げる。特に北川令夫人の御温情は忘れがたい。

更に庵谷行亨教授には、お心を煩わせ、御指導、深謝申し上げる。又、渡邊寶陽名誉教授の御指導に深謝申し上げる。

そして、先学諸先生方の著書、論稿を通じての学恩に、更には曽て直接に御指導賜った、特に宮崎・高木・浅井教授に合掌し深謝申し上げる。

また、立正大学日蓮教学研究所の研究員諸氏には御協力頂き、心から御礼申し上げる。

【註】

（1）『開目抄』（『定遺』五五六～五五七頁）

（2）『報恩抄』（『定遺』一二三九頁）

（3）『本尊問答抄』（『定遺』一五八五頁）

（4）『定遺』二〇九頁

（5）『定遺』八九～一三六頁　本書は、法然浄土教『選擇集』を根底から批判し、末法の時代における衆生救済と国土の安穏は法華経のみに限られていることを明かす。七科十六門の科文を立て、完備した構成のもとに、法然の『選擇集』が正法を破壊し衆生を悪道に導き入れ、国土に災害をもたらす謗法の悪書として告発し、糾弾する。特に第四科では、このような謗法者を対治しなければならないと説く経文として『仁王経』『大集経』『涅槃経』『金光明経』等を挙げ、謗法対治の任に当るべき者として国主を想定している。

本書の浄土教批判で注目されるのは、曇鸞・道綽・善導の三人を肯定し、又、源信の立場を念仏往生を説いた『往生要集』よりも法華一乗を明かした『一乗要決』にあったと力説し、浄土教批判を法然一人に集中していることであり、又、日蓮聖人は末法救済の論理として唱題成仏論を展開し、法華経の題目の功徳を強調し、唱題受持を勧奨している。

なお、特記すべきは、本書には、法華経の一一の文字に一切経・一切の諸仏が具足していると説かれていることである。

（6）『定遺』一五八～一六二頁　古代の中国での愚王が礼教を破ったために災難が出来したことに始まり、それに対して黄帝などは五常を以って国を治め、この五常とは仏法渡来後は五戒である。五常（五戒）を破れば、天変地妖が起るのであり、今世の変災は上下万人が『選擇集』を信ずる故に、国土人民が礼儀を破り禁戒を犯すからである。そして釈尊を大聖人と号する。又、『選擇集』を信ずる謗法の者が難に値わないのは業の不定とする。そして謗法者への供養を留め、苦治を加えるべきであり、謗法を呵責しなければ、七難が必ず起り国土・万民が乱れる。つまり災難興起の由来が謗法の存在であることを明かし、諸経を挙げて対治し、法華経の正法によらなければならないとする。論旨が『立正安国論』に類似することから『立正安国論』の草案とも考えられている。

（7）『定遺』五〇一～二頁　本書は建長から正嘉・正元のころに、鎌倉を中心として全国各地に地震・大風・飢饉・

疫病等の天災地変が続出し、人々は苦しんでいたため、日蓮聖人は、改めて法華経を中心に一切経を調べなおして災厄の原因をきわめ、その起こるべき必然性と、それを実証する歴史的現証を広く求めた結果、これらの災厄は禅・念仏等の邪法が流行し、正法の流布が止められたために、日本を守護すべき天照・八幡等の神々や仏法守護の諸尊・諸天が守護の力を失い、この国を捨て去ったことによるのである。故にこの災厄を止める方法は禅・念仏の邪義、特に法然浄土教の謗法を禁断するにある。本書は『守護国家論』『災難興起由来』と一連の遺文であり、『立正安国論』述作の草案と見るべきものである。

(8) 『定遺』五〇一〜五〇二頁
(9) 鈴木一成著『日蓮聖人御遺文講義』(一九五七)第一巻、三三六〜三三七頁
(10) 『定遺』五〇二頁
(11) 『下山御消息』、『定遺』一三三〇頁
(12) 『御成敗式目』(『貞永式目』)第一二条、「悪口ノ科ノコト」
(13) 『南條兵衛七郎殿御書』、『定遺』三二七頁
(14) 『正蔵』第九巻、三一頁B
(15) 『正蔵』第九巻、三九頁A
(16) 『正蔵』第九巻、三六頁C
(17) 本書は『定遺』では、文永五年四月五日、法鑒房へ与えられた書簡である。『定遺』四二一〜四二四頁
(18) 太田氏へ。『定遺』四五八〜四五九頁
(19) 『安国論奥書』、『定遺』四四三頁
(20) 『行敏訴状御会通』、『定遺』五〇〇頁
(21) 『撰時抄』、『定遺』一〇五三頁
(22) 『正蔵』第九巻、三六頁B
(23) 『神国王御書』、『定遺』八九二頁
(24) 『諫暁八幡抄』、『定遺』一八四九頁
(25) 『下山御消息』、『定遺』一三三二頁

(26)『新尼御前御返事』、『定遺』八六九頁
(27)『転受軽受法門』、『定遺』五〇八頁
(28)『五人土籠御書』、『定遺』五〇六頁
(29)『転重軽受法門』、『定遺』五〇七頁
(30)『寺泊御書』、『定遺』五一四〜五一五頁
(31)『法蓮鈔』、『定遺』九五三頁
(32)『寺泊御書』、『定遺』五一四頁
(33)『開目抄』五五九頁
(34)『定遺』五五七頁
(35)『定遺』五五九頁
(36)『定遺』五四九頁
(37)『定遺』六〇九頁
(38)『定遺』七一一頁
(39)『定遺』七一二頁
(40)『定遺』七一二〜一三頁
(41)『定遺』七一二頁
(42)『定遺』七二〇頁
(43)『定遺』七二〇頁
(44)『定遺』九七九頁
(45)『種々御振舞御書』、『定遺』九八〇〜八二頁（取意）
(46)『種々御振舞御書』、『定遺』九八二頁　『礼記典礼』に「三諫而不レ聴則逃レ之」といい、『孝経』諫争章の註に「事レ君之礼、値二其有一レ非、犯二厳顔一、以レ道諫争、三諫不レ納奉レ身以退」とあるによる。
(47)『富木殿御返事』、『定遺』八〇九頁
(48)『法華取要抄』、『定遺』八一五頁

(49)『聖密房御書』、『定遺』八二〇～八二七頁
(50)『撰時抄』、『定遺』一〇〇三頁
(51)同右書、同右一〇四八頁
(52)『報恩抄』、『定遺』一一九二頁
(53)『報恩抄』、『定遺』一一九二頁
(54)『兵衛志殿御返事』、『定遺』一六〇六頁
(55)『富城入道殿御返事』、『定遺』一八八八頁
(56)高木豊稿「日蓮の生涯」(『日蓮の生涯と思想』講座仏教２（一九七二・五月刊）、監修、坂本日深編集、田村芳朗・宮崎英修。春秋社)。五六頁に依る
(57)同右書、五六頁に依る
(58)『波木井殿御報』、『定遺』一九二四頁
(59)北川前肇著『日蓮教学研究』(一九八七・六・二〇発行）一九頁
(60)同右書、二一頁
(61)同右書、二一頁
(62)『定遺』六六六頁
(63)『正蔵』第九巻、三一頁c
(64)家永三郎著『中世仏教思想史』(昭和22・8・2。一九四七初版）に依る
(65)高木豊著『平安時代法華仏教史研究』(昭和48・6・1。一九七三刊）に依る
(66)川添昭二著『日蓮とその時代』(平成11・3・10。一九九九刊）に依る
(67)中尾堯著『日蓮信仰の系譜と儀礼』(平成11・2・1。一九九九刊）に依る
(68)高木豊著『平安時代法華仏教史研究』に依る
(69)川添昭二著『日蓮とその時代』に依る
(70)横川首楞嚴院鎮源撰（続群書類従伝部所収）、長久二年（一〇四一）『仏教史年表』(法藏館)
(71)ただし八四條は欠文のため、実際にとり上げたのは一二八標目である

(72) 大日本仏教全書第百一冊所収

(73) 同右百二・百三所収

(74) 「三年籠山。読二誦千部法華一。巳作二是思惟一……若我出レ山。交二雑人間一。染二着世習一。還作二悪業一。被レ牽二邪見一。癈二円乗善一。我不レ愛二身命一。但念レ生二極楽一。不レ如二焼身供養一……」

(75) たとえば、持金法師（十七條）は「般若聖」「般若聖人」と記される山林定住者

(76) 「持二誦最勝王経一」の光勝沙門に対する法蓮法師（四八條）、「受二持金剛般若一」の持金法師に対する持法沙門（十七條）。この二例、中国の僧伝からヒントを得た『験記』撰者の創作であろう。十七條の骨子（諸天供給）は、『宋高僧伝』巻四・窺基伝の道宣を訪れる箇所（正蔵五〇・七二六a）に類似している

(77) 聖徳太子（一條）に於ける「大聖人」の呼称については、
1、聖徳太子が観世音化身としてとらえられ、又、「其作法如レ僧」と記されていること、
2、『ヒジリ語源考』の中の所謂スメラミコトに適用される聖人の呼称としても捉えられること、
が考えられる

(78) たとえば、嵯峨定昭（四一條）における験力は大仏頂真言を誦することによる加持である。源信（八三條）における結縁とは「構二弥陀迎接相一。顕二極楽荘厳之儀一」によって、参集者が「結二往生業一……植二菩提因一」なのである

(79) 香隆寺比丘某（七六條）は専修者であるが、「無慚破戒悪僧也。唯持二法華経寿量一品一。毎日不レ闕必誦レ之」と記され、第一表の「持経者」の枠をはみ出た持経者としてとらえたい

(80) たとえば一〇二條源雅通は「一生殺生不善」「多作二悪業一」であるが、提婆品の「不生疑惑者不堕地獄餓鬼畜生乃至蓮華化生」の文を朝暮の口実とし、臨終時にも口唱した

(81) 天台山（叡山を指す）東塔住僧であったが、六万部法華転読の願なかばに此処（紀伊国完背山）で死去した。死後も誦経を続け、満願の時は都卒上生すべきこと

(82) 第二表との重複者（九七條）と、一二八條紀伊国道祖神

(83) 九六條軽咲持経者沙弥。出典として『霊異記』上一九・三宝絵詞巻中が考えられる

(84) 第三表㋑にあげた十五名と、二一條愛太子山光日法師・五六條丹州長増法師

(85) 第三表㈢の十二名と、二三条叡山宝幢院道栄出山・二九条定法寺別当法師・六二条蘭城寺僧某・八四条丹後国某甲（不書）・八五条仏師感世法師（内容中には沙弥とある）
(86) 第三表（2）の十二名と、優婆塞三名（一一二条奥州壬生良門・一一五条周防国判官代某・一一六条筑前国優婆塞）、優婆夷五名（一一九条女弟子紀氏・一二二条筑前国盲女・一二三条山城国久世郡女人・一二四条越中国立山女人・一二九条紀伊国牟婁郡悪女）、動物二例（一二五条信乃国蚰鼠・一二七条朱雀大路野干）
(87) 大日本国仏教全書第百十一冊所収
(88) 第三表（2）にあげた四例のほかに、山城久世郡女人（いわゆる蟹満寺説話）があるが、『験記』の記述は大幅に異っている。
(89) 山川智應著『日蓮聖人』一五七～一六〇頁
(90) 家永三郎著『中世仏教思想史研究』九三～一〇二頁、三八〇～三八三頁、四三一～三七頁、四七五～七六頁
(91) 高木豊著『平安時代法華仏教史研究』三八〇～二頁、四四八～九頁、四六五～九頁、四七二～六頁、四八一～二頁
(92) 高木豊著『日蓮とその門弟』三四頁
(93) 川添昭二著『日蓮とその時代』四七～五〇頁、五一～五六頁
(94) 浅井円道稿「法華唱題の源流と展開」（『大崎学報』一四二号）三～四頁、四～七頁、九～一二頁、一五～一八頁
(95) 姉崎正治著『法華経の行者と云ふ意義』（『法華』五巻四十五号）一六～一七頁
(96) 姉崎正治著『法華経の行者日蓮』七〇頁、九二頁、九六頁、一一六頁、一三八頁、一四九～一五〇頁、一五九頁、一八九頁、一九七頁、二〇九頁、二四七頁、二六九頁、三四二～三四三頁、三八三頁、四一四頁
(97) 茂田井教亨著『法華経者の精神』一六～一八頁、六八～九頁、九〇～一〇〇頁、一〇五頁、一六七～一六九頁、一七六頁、一八五頁、一八七頁、二〇〇～二〇一頁
(98) 兜木正亨稿「法華経の行者日蓮の生涯」（『大法輪』二七巻一〇号）九〇頁、九四～九五頁
(99) 坂本日深監修、田村芳朗・宮崎英修編集『日蓮の生涯と思想』（講座仏教二）一六〇頁、一九七～一九八頁
(100) 間宮啓壬稿「日蓮の宗教的自覚に対する一考察」―法華経の行者と謗法の者―（『論集』第一六号、印度学宗教学会）四一～四三頁、四七～四八頁、五二～五五頁、五七頁

(101) 田村芳朗著『日蓮』殉教の如来使（NHKブックス）一六頁、四八～四九頁、五三頁、六〇～六一頁、七六頁、八六頁、九八～九九頁、一〇四～一〇五頁
(102) 池上潔稿「日蓮における法華経行者の自覚と末法観の展開」（『立正史学』二一・二二合併号）二八～二九頁
(103) 川添昭二稿「わたしの日蓮」（『法華経行者日蓮』佐々木馨編、吉川弘文館）二頁
(104) 川添昭二著『日蓮』その思想・行動と蒙古襲来。四六頁
(105) 上田本昌著『日蓮聖人における法華仏教の展開』（平楽寺書店）八〇～八一頁、八五～八八頁、九六頁、九八頁、一〇一頁
(106) 佐々木馨稿「日蓮の生涯」（『法華経の行者日蓮』吉川弘文館）一九～二〇頁、二九頁、三七頁
(107) 佐々木馨著『日蓮の思想構造』（吉川弘文館）七七～七八頁、九〇～九三頁
(108) 佐藤弘夫著『日蓮』一四一頁、一四八頁、二〇四～二〇五頁、二〇七頁、二三七頁、二四一頁、三〇六～三〇七頁
(109) 佐藤弘夫稿「予言思想と蒙古襲来」（『法華の行者日蓮』）七三頁
(110) 北川前肇稿「日蓮聖人における法華経色読の一考察」（『仏教学論集』一〇号、立正大学仏教学研究会）六三頁、七三頁
(111) 北川前肇著『日蓮教学研究』（平楽寺書店）、一九～二〇頁、二一頁、二八～二九頁、八一頁、八七頁、八九頁、九一～九二頁、一〇二～一〇三頁、一一一頁、一二一頁、一三〇頁、一六八～一六九頁
(112) 庵谷行亨稿「日蓮聖人における上行自覚の表明」（『宗教研究』六九巻四輯）二三九～二四〇頁
(113) 庵谷行亨著『日蓮聖人教学研究』一〇八～一一二頁、一一二～一一三頁、一一三～一一四頁、一一七～一一八頁

第一章　平安期持経者の様相

本章では、まず先学の研究をとり上げ、それらを負いながら論を進めて行く。

ここに、先学とは、家永三郎、高木豊、川添昭二、中尾堯等の諸氏であり、その多くは著書である。

次に、論者は『大日本国法華経験記』（以下、『験記』と略）に着目し、本書における持経者像を探るため、その構成要素を分類し、諸往生伝との比較検討を行なう。

持経者における「経」とは、勿論「法華経」のことである。以上を論点として本章を進めて行く。

又、持経者は一般には「じきょうしゃ」と訓んでいるが、この訓みのほかに、じぎょうじゃ・じきょうじゃの訓みもある。後二者は『日本古典文学大系』所収の作品の中にある持経者に付せられたルビを抽き出したものである。[1] ただ近世の日蓮宗僧侶の手になる音義類に、これを限ってみれば、日遠の『法華随音句』・日相『法華経音義補闕』・日容『法華初心略音義』・某『法華経音義』等いずれも持経者の「者」の字は濁音としている。[2]

第一節　平安期持経者に関する研究

本節では、先学の研究の跡を追いながら、まず、はじめに『日蓮聖人遺文辞典』歴史篇（身延山久遠寺刊）の「じきょうしゃ」の項を全文引用する。

じきょうしゃ〔持経者〕「じぎょうしゃ」「じきょうじゃ」ともよんでいる。経を受持する者の呼称で、「歎美持経者」（法華経）、「是持経者」（無量義経）とあり、もと持律者に対する存在であったが、法華経をとりわけ受持、読誦する者を持経者とよぶようになった。その場合、在家の法華受持読誦を持経者とよぶことはまれで、法華経受持読誦の僧をよぶことが多かった。また、平安中期以降叢出した聖（ひじり）のなかで、とりわけ法華受持読誦にいそしむ者を持経者・持経聖などとよんでいる。持経者は、自行あるいは化他のために法華経を受持読誦することが極めて熾烈で、六万部を読誦して六万部聖とよばれた者、法華経を読誦しながら遊行して一処に留まらないため一宿聖とよばれた者もいたし、この持経者を擁護した護法の霊験譚も伝えられている。持経者の様相は『大日本国法華経験記』や諸種の「往生伝」に見られる。行動的には極めて熱狂的で専修的傾向が著しいが、その信仰と行動の理論化を果さなかった。貴顕衆庶の依頼に応じて読誦する者も多く、『法華題目鈔』に「法華経を持経者によます」（四〇四頁）とあるはそれである。日蓮は『守護国家論』では「手に法華経一部八巻を執らざれども、この経を信ずる人は昼夜十二時の持経者」（一一一頁B）としたが、のちには、法華経色読の体験により、持経者に対して、法華経の行者の意識を強めていった（『南条兵衛七郎殿御書』三二七頁C）とともに、「抑法華経を持と申は、経は一なれども、持事は時に随て色々なるべし。或は身肉をさひて師に供養して仏になる時もあり。又身を牀として師に供養し、又身を薪となし、又此経のために杖木をかほり、又精進し、又持戒し、上の如くすれども仏にならぬ時もあり。時に依て不定なるべし」（『法蓮抄』九五一頁B・C）といって持経の概念を拡大した。ここに見える杖木を蒙るとは正に法華経の行者の証であった。日蓮は読誦を専ら職業的なものとした持経者に対して、真実の持経の意義を確立しようとしてもいた。高木　豊『平安時代仏教史研究』（高木　豊）

持経者の要項及び、日蓮聖人における持経者から法華経の行者までの流れをも述べ、日蓮聖人が真実の持経の意義を確立しようとしていたという。

さて、**家永三郎氏**は、民間の沙弥聖乃至在俗の信徒の間に流通していた持経信仰が、日蓮聖人の唱題の直系の祖流となっていること、奈良朝以来、法華経が衆経の王として広く上下に流布していたことに関連し、法華経の受持を行業とする「持経者」という特殊の信仰者を発生せしめ、「持経人」と記録される者は奈良朝にすでにあり、平安朝に入り法華経の流布と共に持経者が増大したこと。そして『法華験記』の成立、専持法華者が少くなかったこと、日蓮聖人の宗教成立の原因として持経者信仰があったこと、それには法華経の験徳に対する信仰が強かったこと及び先駆的悪人往生等を以下の如く述べている。

民間の沙弥聖乃至在俗の信徒の間に流通した持経信仰が、日蓮の唱題の宗教の最も直系の祖流となってゐることを見出すのである。平安朝に於ける法華経受持の信仰が朝野にわたって極めてひろく弘通してゐたことはここに云ふ迄もないことであって、遠く唐僧詳の法華伝記に始る法華経の験徳の鼓吹は我が国にも伝はって、寧樂朝以来法華経は衆経の王としてひろく上下に尊重せられたのであるが、就中本朝法華験記や往生伝の類に見られる通り、法華経の受持を以て行業とする「持経者」なる特殊の信仰者を発生せしめた処に重要な歴史的意義が存するのである。日本霊異記によれば既に寧樂時代から「年八歳以前誦二持法華経一」したり（巻上第十八）「常誦二持法華大乗一以レ之為レ宗」したりする（巻下第一）「持経人」のあったことが見えるが、平安朝に入り法華経の流布と共にこの種持経者の数はいよいよ増し、遂に長久年間僧鎮源をして本朝法華験記によく百三十人近くの正伝を列ねしめる程の盛況を見たのであった。彼等持経者の信仰が、仏教史家の常に云ふ通り、雑駁な内容をもち法華信仰としての純粋性を缺いてゐたことは否めないが、しかし彼等の内には「以レ誦二法花一為二一生業一習二真言一瑩二三密鏡一」（法華験記巻中第六十三）「昼読二法華経一夜念二弥陀仏一」（日本往生極樂記禪静延叡伝）と云ふ様な雑信仰の状態にあるものと共に、又「従二初発心一専持一乗」（法華験記上雲浄法師）「只誦二法花一不レ読二他経一不レ習二俗典一不レ持二真言一不レ学二顕教一、但一心読二法華経一」（同恵増法師）と云う専持法華の行を固守した人々の尠くなかったことも決して見逃してはならないのである。（中略）さきに私は日蓮の戒律否定、悪人成仏の思想が念仏宗の教理から導かれたものであることを論証した。日蓮の宗教にさう云う内容を注入した直接の原因が念仏宗のそれにあったことは確かに事実であるが同時にこの持経者の信仰の方にも、やはりそれと同じ要素が存在したのであって、彼等持経者の内には「形雖二比丘一心似二在俗一、手持二弓箭一懐納二刀剣一、見二諸鳥獣一必射二殺之一、若見二魚鳥一必食二噉之一」と云った生活を送りながら「唯持二法華経寿量一品一毎日不レ闕必誦レ之」することによって首尾よく往生伝中の人物となった香隆寺比丘某（験記巻中）の如き人物のあったことは、單なる先駆者としても浅からぬ意味があるのである。（中略）そこに悪人成仏思想の前提が出来上ってゐる。（中略）「常在二法華経持者房一昼夜聞二法華一」いた狗（験記中永慶法師）をして其善根によって畜身を転ぜしめた程の絶大なる力を有する法華経の験徳に対する信仰は、やがて他日この経典を無二の救済者と仰いで絶対の帰依を捧げる日蓮の宗教の如きものを産み出す萌芽を十分に含んでゐたと云って差支へないのである。在家往生も亦敢て浄土宗からの影響をまたずとも、法華験記の内に多数の在俗者の正伝の立てられている事実から考えられるのである(3)。

さて、**高木豊氏**の研究は特に綿密である。

まず、日蓮聖人における法華経の行者が、法華経持経者からつながるとして以下の如く述べる。

戦前すでに橋川　正は、法華経の行者日蓮を、先行した法華持経者の群につながる宗教者とし

て把握した。(4)

この引用は次章でおこなうべきであったろうが、平安期持経者に関連しているため、引用した。

次いで高木豊氏は、『法華験記』に言及し専修と兼修いずれもが持経者といえ、但し、〈持経者〉の呼称は、僧に限っていること、『験記』に基づいて構成された『今昔物語』所収の法華経霊験譚では持経者を僧に限っていながら、その適用範囲をひろげていること、そして持経者の呼称は十一世紀前半以降、一世紀後においても、ほぼ同じように使用されていたこと等を、指摘している。

平安時代の持経者＝法華経受持者の宗教生活や臨終時の瑞相等をまとめあげたのは、鎮源の『法華験記』三巻である。本書所収の一二八人―目録によれば一二九人だが、下巻第八十四丹後国某は欠文―に深浅、篤薄の違い、専修と兼修の違いこそあれ、そのいずれもが法華経受持者、つまり持経者といえよう。しかし、子細に観ていけば、鎮源が収録者すべてに亘って〈持経者〉の呼称を用いていないことに気づくのである。『験記』は下巻第九十四の美濃国沙弥薬延以下に在家者―沙弥・入道・尼・俗人―の伝を掲げた。すなわち、『験記』収載の約三分の一が在家で、それ以外は出家＝僧＝比丘である。ところが、鎮源はこの在家の者を指して持経者とは呼んでいないのである。例えば、紀延昌の女の如きは、専ら法華経を読み、臨終にも誦経して入滅したほどの法華篤信者であったが、鎮源は持経者の呼称を用いていない。したがって、鎮源においては、持経者の呼称はまず以て僧に限って使用していたというべきであろう。


この『験記』に基づいて構成されたのが『今昔物語』所収の法華経霊験譚である。(中略)まず第一に、先にみた『験記』における持経者の呼称を僧に限って使用したことが、『験記』に基づいて説話構成をしていた『今昔物語集』にもうけつがれていたことである。第二に、そのことを継承しながら、『今昔物語集』の撰者がこの呼称の適用範囲をひろげていることである。本集において始めて持経者と呼ばれたものも『験記』の用例に微せば、不自然ではないのである。むしろ、他の例をみれば、なぜ『験記』が持経者と呼ばなかったかが不思議なほどである。この『験記』成立年代は長久年間（一〇四〇～一〇四四）、『今昔物語集』のそれは嘉永年間（一一〇六～一一〇七）といわれる。[著者註(六)] したがって、第三に、右に見た持経者の呼称は、十一世紀前半以降、一世紀後においても、ほぼ同じように使用されていたことになるのである。[5]

次いで、高木豊氏は、慈円の『愚管抄』を引いて、後白河法皇の妹の上西門院も持経者として扱われていることを説く。

著者註（六）　山田忠雄他注『今昔物語集』（日本古典文学大系本）の解説に拠る。

慈円はその著『愚管抄』に建久三年（一一九二）の後白河法皇の死去を叙べた。慈円はそれに関連して「法皇ハ法華経の部数ナド数万部ノ内ニ百部ナドニモオヨビケリ……御イモウトノ上西門院モ持経者ニテ、イマスコシハヤクヨマセ給ケレバ、ツ子ニ読アイマイラセンナド、仰セラレケリ」と法皇の同母妹上西門院を「持経者」と呼んだ。出家に限って使用された呼称を、ここでは在家女人の法華篤信者に用いている。[6]

更に、高木豊氏は『験記』の成立年代について、宮崎円遵氏、藤本了泰説、橋川正氏、川添昭二氏などの諸説を挙げ、各説を考究の結果を、以下の如く述べている。

僅かの違いだが諸説が提出されている。この場合成立年代云々の論拠は一にかかって本書の鎮源序の末尾「長久之年季秋の月記矣」の文章にある。この「之年」を之＝元年と見る宮崎円遵氏[著者註(九)]・之＝三の誤字として三年を主張する藤本了泰説[著者註(一〇)]がある。これに対して橋川　正は仁平三年（一一五三）書写の高野山宝寿院本の奥書にある「長久二年鎮源著」を根拠に二年成立説を主張した。……川添氏はきめ手がないとして長久年間とし、重松氏も同じである。ところが鏡島寛之は、下巻第八十七信誓阿闍梨の記述の末尾に、信誓は「長久四年、年七十猶在世矣」とあるに注目して、誤植・誤写でなければ、本書の撰述年時として信頼すべき長久二年＝橋川説も不安ならざるを得ないと指摘した【著者註（38）鏡島寛之「法華験記」研究序説（『文化』一巻二号）】（中略）さらに長久五年は十二月に寛徳と改元したから、鎮源序の「長久之年季秋」とこの長久四年とを併せ考え、その成立を長久四年または五年（一〇四三・四）とすべきではなかろうか。(7)

著者註（九）　宮崎円遵氏は『験記』撰述年代を問題としたのではない。氏は「源信和尚の別伝に就いて（『中世仏教と庶民生活』所収、二四九頁）の中で、『験記』を「長久元年九月完成した」と述べられている。

著者註（一〇）　藤本了泰稿「僧伝の編纂と其形態」（史学会編『本邦史学史論叢』上巻所収）。

さて、高木豊氏は『験記』等を総括して、法華経では、受持法華経者は僧に限定されていないこと、そして鎮源が持経者と称した僧の持経の意味を述べ、持経者の基本的行は、法華経読誦であると規定し、以下の如く述べる。

法華経では受持法華経者は比丘＝僧に限定されていなかった。したがって、比丘に限って持経者の呼称を使用した鎮源よりも、在家の女性をも持経者と称した慈円の方が法華経における用例に適合しているといえよう。そして鎮源が持経者と称した僧の持経の意味は、上述三例（一、五種法師の修行の一つとしての受持、読誦・憶念・憶持）二、信念による経の受持―「信力の故に受け、念力の故に持つ」。三、名号受持、の中、第二の教説受容の意味である。したがって、法華経の教説を受容し、法華経に勧める五種の行のいずれか、または幾つか、あるいはそのすべてを実践した僧が持経者であったということであろう。そしてその場合、持経者の基本的行は読・誦であり、それに終始するものもあれば、それと念仏を兼修するものもあれば、読誦に加えて解説・書写の行を積み重ねたものもあった。このように、持経者から法華経読誦の行を捨象することはできない(8)。

ここでは持経者＝受持法華経者の意味が、明確に規定されている。

次に、論者が『験記』において検証することと方法論は異なるが、同氏は持経信仰の様相として、「智解の否定」「験徳の論理」「数量的信仰と苦行」「後世利益」「験力・経力・信力」を挙げ、鎌倉仏教の特色である特に信力の強調が『験記』にはすでにあらわれていると述べる(9)。

又、同氏は『験記』持経者の存在形態として、寺院定住・山林定住・山林修行・遊行の四つに分かれ、最も多いのは寺院定住で特に叡山に定住して持経生活を営んだ僧が最多であるとする。そして叡山のそれは同寺三塔に散在して、持経生活が叡山全体にひろがっていたこと、同時に関係深い多武峯、法隆寺、法輪寺……などにもそれが伝播していたことを見るのであると述べている(10)。

そして、山林定住の地として『験記』で目立つのは愛宕山である。又、山林修行＝山林を経廻する修行者＝が聖人と呼ばれていない理由は、世人の目に触れることがすくなかったからではないか。これに対して、山林定住者はむしろ山林修行者や遊行者によって見出され、その宗教生活が伝えられたという形で『験記』に収録されたのではないか(11)と述べている。

又、『験記』における持経者の別所居住はわずか一例で、延暦寺座主陽生僧都は「臨知命時、占竹林別所」めたという(12)（第四十二條）。後の別所占定・設立・開発の動きの最も早い例の一つと考えるのであると述べる。

更に『今昔物語集』の時期（十二世紀前半頃）では、すでに黒谷別所は造成されていたから、『験記』に基づいた同書が、黒谷を「黒谷ト云フ別所」として、黒谷別所既存を示した。『験記』から『今昔』への過程のなかで、黒谷別所は形成されて行くのであると述べている(13)。

更に、遊行持経者についていては、数は少ない。遊行持経者は遊行の目的により二つに分けることができる。一つは自行のための遊行である。……『験記』における遊行持経者を代表する一宿聖行空は日夜六部ずつ誦経し、住処も定めず、五畿七道行道せざるなく、世間でも一宿聖と称したという（第六十八條）。

この行業もまた、他のためよりも自らの後生のためであったと考えられる。遊行必ずしも化他のためではない。これら自行のための遊行に対するは、もとより化他勧進の遊行である。理満（第三十五條）は「以読誦法華為一生所作」し、大江の傍で渡守として諸人を渡したり、「或時在華洛、慈諸病悩人、求所薬物而与之」えた。理満にも自行の読誦はあったが、勧持・化他の故に『験記』に書き留められたのであろう。自行と化他の遊行持経者の二つの型は『験記』以後もなお続いて共存するのであるが、聖の地方進出・民間布教の活発化と同じく、院政期にいたれば、持経者による法華経勧持のための遊行や、如法修行の勧進がいっそう展開していくのであったと述べている。[14]

さて、**川添昭二氏**は、『験記』を中心としながら精緻な研究を行なっている。ただし、高木豊氏を先に引用したため、重複する部分も多いので、川添氏の特徴的な面をピックアップしてみたい。

『法華験記』以外に散見する持経者にしても、例えば、藤原道長も持経のために法華経を書いているから一応持経者といえよう（『御堂関白記』長和四、閏六・二十二）。『愚管抄』第六後白河法皇崩御の段には上西門院を持経者であるといい、源頼朝が持経者であった事は（『吾妻鏡』治承四・七・五）、『平家物語』や『源平盛衰記』、日蓮遺文等に敷衍されてよく知られている。[15]

と述べている。

又、日蓮聖人の出生の地である東国地方の平安末鎌倉初期における持経信仰の実体について、川添昭二氏は、それがいかなるものであったかという、地域的側面を考慮に入れた二者の連関については資料に制約があって容易にうかがい得ない。ただ二、三の事実から試論めいた見通しをつけておこう。東国における念仏の行者については弘長二年（一二六二）以後弘安元年（一二七八）以前、行仙によって上野国でかかれたと推定される金沢文庫本の『念仏往生伝』があり源空の専修念仏創立以後の最初の往生伝として、不完全な残簡であるけれども、或程度まとまってその信仰の状況をうかがう事ができる。[著者註(二九)] しかるに東国における持経信仰については『法華験記』もそれ以外の所見もごく僅かである。東国人の沙門良算はその性強急であり、懈怠を離れ、出家以後は永く穀塩を断ち、読誦法華以外余業なく、深山絶域を所住とした。その目的とした宗教的境涯は煩悩不浄の身体を棄捨して、微妙清浄不壊の仏果を得る所にあり、[16]苦行性に裏付けられたストイックな東国的持経信仰の特色を発揮するものである。（『法華験記』四十九）

著者註（二九）　宮崎圓遵「金沢文庫新出の往生伝」『龍谷史壇』十三号、一九三四年三月、宮崎圓遵著作集第三巻、思文閣出版、一九八七年二月に再録。家永三郎「金沢文庫本念仏往生伝の研究」『仏教史学』二巻二号、一九五一年五月『中世仏教思想史研究』改訂増補版に再録。

と、述べて『験記』中に東国持経者がいたことを気づかされた。

続いて、同氏は持経者とは呼ばれていないが次のように述べている。

『閑居友』上には、あづまのかたにとしたけたるひじりがあり、人をみると「我深敬等不敢軽慢、所以者何、汝等皆行菩薩道、当得作仏」の文をとなへておがんだ。証如聖がこのつとめをして家ごとにあるいた事を伝え、「かようによろづの人に仏性のおはしますを知りなば、人をにくみあざけることなどもをのづからとどまる中だちともなるべし」（あづまの方に不軽おかみける老僧の事）、と述べているのは、法華経常不軽品の、人間性の根底に仏性を発見し、それを人間関係の基本的エレメントとして拡大する菩薩行の実践を示すものである。（中略）更に『古事談』第三僧行には、次のような話をのせている。京から東国に修行にきた僧が武蔵国に留まり、そこの国人と双六をうって散々にうちまけ、勝った男はかけの替りに馬と替えようとしたが、熊谷入道の末流をくむ一向専修の僧徒達がこれを見て不便に思い、各々布を出し合って請け留めようとした。勝った男も三百段の所をその半分にまけてやろうといった。この念仏者達は僧にこの恩を思い知って専修念仏になれといったが、この僧は、たとい馬の値になって縄をつけられ陸奥の方につれて行かれようとも法華経をすてて一向専修には絶対になれないと断って、縄をつけられ陸奥の方におい立てられて行ったというのである。

『沙石集』述作の前後（流布本によると、弘安二年（一二七九）起筆、同六年秋成稿）には、持経者と念仏者との信仰的対立は深刻なものとなっていたらしい。鎮西で千部の法華経を読んだ持経者が念仏者のすすめで念仏門に入り、雑行を修した罪を悔い、舌くい切ってくるい死したというのもこの間の事情を語るものであろう[17]（『沙石集』一浄土門の人神明を軽んじ罰を蒙る事）。法華信仰者の強烈性と実践性を示し、又、時代は少し先走っているが、持経者と念仏者との信仰的対立を伺い知ることができる。

更に、川添氏は、東国持経者群の存在と、日蓮聖人の信仰に架橋する東国持経者の法華信仰について以下の如く述べる。

前引『古事談』の箇所は、一応後人加筆の事も考えられるし、又直接に東国土着の持経者の信仰を物語るものではないけれども、一般に「外よりうかれ来たる持経者」（『発心集』第三）といわれる遊行的持経者の東国での状況をうかがい得るものである。法華経に対する至信は絶対不動のものとなっており、この物語の背後には同様な性質の東国持経者群の存在が想像される。日蓮出世とこの物語の発生伝播の前後をにわかに判断することはできないが、ともかくも前引の二、三の説話とも併せて禁欲苦行に基礎づけられた意志的な信仰、並びに法華経に対する至純な信仰という点で、日蓮の信仰に架橋する東国持経者の法華信仰の一斑をうかがう事ができる。[18]

さて、次に、持経者・聖・聖人についてはその関連性が深い。『験記』においても「持経者聖」「持経者聖人」などの呼称が散在する（後述）。

ここで聖・聖人に関する（特に聖について）、先学の研究を述べてみたい。

まず、**高木豊氏**は、聖＝ヒジリの語義につき二つの意味づけを述べ、彼等が他と異なる能力の持主であったこと＝非凡人＝として、又、非凡人である「真人」はヒジリと訓まれ、宗教の分野だけでなく、学問・文学・芸能においても非凡な才能の所有者がヒジリと称せられたこと、それが仏教の分野におけるヒジリとしてあらわれる早い例は『日本霊異記』であることを以下のように述べる。

> 聖＝ヒジリの語義については、日知りと火知りの二つの意味づけがなされている。農業社会においては、月日の変化は生産に重要な意味をもっていた。したがって、どんな時季にどんな生活や行事をなすべきかの判断を下すことに長じた人を日知り＝聖と呼び尊んだ。[著者註（一二）] 日知之御子・日知の御世などはこのような心情をもとにしたことばである。そしてそれは延喜の聖主・聖代などのことばとして用いられて行くのである。いっぽう、ヒジリを神聖な火の管理者と考える説もある。これは『古事記』にみえる日本武尊が日数をたずねたのに対して「御火焼の老人」がそれに答えた話に論拠を置く説で、日数を答え得たのは、火の管理者が同時に日を数えることができ、日の吉凶を知っていたからだとするのである。さらにそうした点から、ヒジリは原始的な宗教者一般の名称であったと考えるのである。[著者註（一三）] 日知り・火知りのいずれにせよ、そう呼ばれたものが、他と

異なる能力の持ち主であったこと、換言すれば、凡に対する非凡なタレントであったことは疑えない。すでに指摘のあるように著者註（一四）、『日本書紀』の「先日臥手道飢者、其非凡人、為必真人也」の文章の、非凡人である真人はヒジリと訓まれている。また、慈善宿弥宗人を礼聖、紀夏井を真書之聖と呼んだ例や、橘良利＝覚運が囲碁の上手で碁聖と称せられ、『古今集』序では「かきのもとの人まろなむ、うたのひじりなりけり」と人麻呂が歌聖となり、『新猿楽記』では、形態が「猿楽之仙（ヒジリ）」と呼ばれた。著者註（一五）仙をヒジリと訓じれば、藤原公任が選んだ三十六歌仙とは三十六人の歌仙＝歌聖にほかならないのである。以上の例に徴せば、宗教の分野だけでなく、学問・文学・芸能においても非凡な才能の所有者がヒジリと称せられたことを知るのである。(19)

著者註（一二）　和歌森太郎著『年中行事』七頁。
著者註（一三）　五来重著『高野聖』三三頁以下。
著者註（一四）　菊地勇次郎稿「平安仏教の展開」（家永三郎監修『日本仏教史―古代篇』所収）および同「聖について」（『歴史教育』一四巻九号）。二五九～二六二頁）。
著者註（一五）　堀一郎著『わが国民間信仰史の研究』六頁。

仙を聖（ヒジリ）と訓むとなると『験記』における「持経者仙人」も該当する（後述）。

更に高木豊氏は、

こうした異常な能力や非凡な才能の所有者としてのヒジリが、仏教分野におけるヒジリとしてあらわれる早い例は、『日本霊異記』である。『霊異記』の段階では、なおヒジリの概念は多面的であるといわれる。しかし乞食の沙弥を「隠身之聖人」、行基を「隠身之聖」と記し、撰聖と蔑称された女性が異常な能力を発揮して舎利菩薩と呼ばれた話などを含んでいて、次第にヒジリの概念が仏教の分野で樹立されていくことを著者註（一七）示しているのである。さて、『文徳実録』斉衡元年（八五四）の条には、有名な米糞聖人の話を掲げる。備前国貢進の優婆塞は「断穀不食」で、勅により神泉苑に置かれた。人びとはこれを見んとして雲集し、このため市里は数日に及んで人が出はらったほどで、世人はこの優婆塞を聖人と呼んだ。しかし、後に優婆塞の断穀不食は、虚偽であるとわかって声価は暴落、米糞聖人と蔑称されたというのである。この記述に、官僚的貴族の合理的思考を見取ることができるとともに、[著者註（一八）]聖人の呼称が世人民間から付与されたものであること、その具体的理由が断穀不食という常人にできぬ非凡な行業にあったことを知るのであって、先の非凡者＝聖の規定とつながっている[20]（後略）。

著者註（一七）『日本文徳天皇実録』斉衡元年七月廿二日条。

著者註（一八） 大隅和雄稿「聖の宗教活動」（『日本宗教史研究』所収）五二頁。

次いで高木豊氏は、聖を詳細に分類して次の如く述べる。

天台系の聖

『本朝文粋』巻十三によれば、三善道統は応和三年（九六三）「為空也上人供養金字大般若経願文」を草し、天元五年（九八二）「奝然上人入唐時為母修善願文」を慶滋保胤が書き、大江匡衡は正暦二年（九九一）「為仁康上人修五時講願文」を作った。空也はもとよりだが、入宋巡礼に旅立つ奝然や五時講勤修の仁康も上人と呼ばれている。仁康もまた良源の弟子といわれ、かつ源信の霊山釈迦講の講習の一人であった。この仁康と同じ講衆の一人がほかならぬ『験記』の撰者鎮源であったのである。[著者註（二四）]（中略）若干の例を除けば、ヒジリと呼ばれた空也・行円・性空・増賀・仁康らはいずれも天台系の僧である。しかも、性空・増賀・仁康・行円は横川系の僧であったし、空也についても同様で、空也と慶滋保胤と横川との関係を重ね合わせれば、空也にも横川との結びつきを考えざるを得ないであろう。論拠とした史料の叙述者の信仰の傾向やその交際圏などを考慮にいれなければならないとしても、十世紀末、十一世紀初頭にあらわれる聖・上人は、天台系の僧、それも横川に関係深い僧が多かった。そのことはまた、当時叡山に膨湃として興りつつあった法華（法華経読誦・書写・講経）と念仏の行業が、これら聖をとおして、貴族や民間に流れこんで行くことでもあった。かれら聖はこの法華と念仏の伝達者であった。道長・実資ら上級貴族と聖の結縁、保胤の如き中下級貴族との結縁ばかりでなく、空也・行円・性空ら聖と結縁する庶民の姿も漸くこの頃からあらわれてきた。この時期が平安仏教史上の画期であることは、聖に即しても確かめることができるのである(21)。

著者註（二四）　井上光貞著『日本浄土教成立史の研究』一六二頁。

以上の如く、天台系、なかでも横川系の僧に聖が多く、かれらが貴族・庶民に結縁し、法華と念仏との伝達者であったことが克明である。

更に高木豊氏は『験記』及び「往生伝」における持経者と聖の関係について以下の如く述べる。

「往生伝」における持経者と聖

以上の段階を経て、長久年間鎮源は『験記』を編纂した。本書には持経者聖人などの呼称がみられ、持経者が聖と呼ばれた例があり、持経者の呼称こそないが、内実は持経者と同じともいえるような光日（21）・慶日（65）・眞遠（71）らはいずれも聖・聖人と記されていて、持経者と聖が同義語的関係にある。この『験記』成立後ほぼ六十年にして成立した大江匡房の『続本朝往生伝』を含めて、五種の「往生伝」が撰述された。これらの往生伝に聖が頻出するのは周知のことで、院政期の聖の活躍の投映であるが、この往生伝では、持経者と聖はどうであったろうか。

康和三年～天永二年（一一〇一～一一一一）成立という『続本朝往生伝』にあらわれる聖は真縁一人である。真縁は愛宕山月輪寺に住し、「常起誓願曰、法華経文、在霊鷲山及余諸住所、日本国豈不入余所乎。然者則面奉見生身之仏、為充此願、専修法華」してついに生身の仏を見るを得たという。真縁の愛宕山居住は『験記』持経者の同所居住に通ずるし、なによりも真縁が「専持法華」の上人であったことは、もともと真縁が持経者と呼ぶにふさわしい僧であったことを示していよう。したがって匡房は『験記』に即せば持経者というべき真縁を、聖の概念のなかに包みこんだのであって、持経者よりも聖の概念が大きくなりはじめたといえよう。三善為康の『拾遺往生伝』（天永二年＝一一一一〜保延五年＝一一三九）に成立は九五人の往生人伝を収め、そのうち六八人が僧で、さらにその約半分に当る三一人が聖である（中略）。匡房の『続本朝往生伝』よりも聖の数が多いばかりでなく、持経者を聖の中に包みこんでいく傾向は強いのである。持経者と聖の等置関係は、為康においては大小不等の関係を明確化したといえるのであって、もと『験記』に胚胎していたこの関係は、為康において明確になった。その理由は、為康の時代における聖の多様な存在と行業にあったと考えるのである。[22]

以上の如く、聖の存在の拡大化を伝える。

さて、**川添昭二氏**によると、聖の概念は以下の如くである。

聖の語義及び変遷については、堀一郎氏の力篇『我が国民間信仰史の研究』宗教史編第一篇第一章（創元社、一九五三年一一月）に詳細であるが、一応中世初期頃までに使用された語例をみると、聖・聖人とは、呪験行者・念仏行者・起塔造像写経等の修善行者・社会事業等の菩薩行を積んだ修行者などに対して付せられたものである事は確かであるが（同上書九頁）、とくに浄土教の遁世的僧侶を指している場合が注意される。[23]

そして時代と地域を異にするに従い聖の概念の内容も複雑・多様化するが、聖発生の当初は、聖の概念は苦行的性格が濃厚であって、民衆の私願が拖せられたのは断穀不食の苦修練行であったと述べ[24]

る。

また、この初期の聖たちの宗教行業の内容は、『験記』に見られるような、法華の持者と前代以来の念仏行者との系譜を引くものであり、何れかといえば、元来持経者的な験者形態が優位しており、その中から念仏的なものが分化してきたと思われると述べている。[25]

ここでは、持経者的な験者形態が優位していることに注目したい。

次いで同氏は、『梁塵秘抄』[補註]を引き、聖の行業として、「山寺行ふ聖こそ」「法華読誦する声はして、確の正体まだ見えず」等と詠って、共に「あはれに尊きもの」としており、『法然上人行状絵図』の著者が、先ず持経者群が官制的に先行出現したのに対し、後に叡山の常行堂を中心に『阿弥陀経』が自然に民間に流布して来たのである事を強調しているのも故なしとしない[26]、と述べる。

また『験記』の内容分類中、持経者・沙弥・聖の概念が同一視乃至混同視されている[27]とも述べている。

さて、初期の聖の苦行的性格が中世に入っても持戒的なものとして中世聖に要請されることにつき、同氏は以下の如く述べる。

ヒジリの概念は種々の歴史的経過を辿って上昇転化、或いは低俗化の傾向を生じ、種々の職能を分担継承するに至るが、初期の苦行的性格は中世に入っても持戒的なものとして中世聖に要請される宗教形態の第一に考えられて強く残存持続する。例えば聖が「後世者」と同義異語に使用せられ(『一言芳談』)、「遁世聖」(『沙石集』一ノ三)、「上人」(同四ノ三)、或は「遁世者なる上人(同説話拾遺・裏書)と同義異語であっても、その性格の主内容は乞食中心の清貧の高唱をモットーとする出家無妻の持戒にあって、そこには明らかに、顕密教団の莫大な荘園を基礎とする放恣貪婪かつ修道精神喪失の生活態度に対する根底的批判と訣別とが看取されるのである[28]。

つづいて、同氏は興味深い引用を以下に述べる。

この初期聖の苦行的性格を持戒的なものとして宗教行業の中核にすえて行った中世聖に対し、初期聖の苦行的性格をそのまま直受継承して行ったのは法華の持者たちである。さらにこの聖・持経者に対し、往生伝類や『今昔物語』等に数多く見られる沙弥生活者は、持経者の苦行的性格や、聖の出家持戒に対して、宗教と治生産業との相即を高唱する在家畜妻の犯戒無戒の立場に立つものであり、聖と沙弥とはその戒律固執と犯戒無戒とにおいて異相を呈するが如きでありながらも、共に念仏為本である事において本質的には同一であり（井上薫「ひじり考」『ヒストリア』第一号）、この三者は持経者の日蓮における、聖・沙弥の法然・親鸞における、共に両者の間に歴史的関係が存在していると思われる。(29)

以上、持経者・聖・沙弥の関係を明確にし特に日蓮聖人における持経者、法然・親鸞における聖・沙弥の間の歴史的関係が明瞭である。

更に、聖が中世文化を成立せしめて行く端的の担い手であったことを以下の如く述べる。

さらに叡山を離れて京に住み、人の請いに従って経を読み、また京を出て所々の霊験所を流浪するような聖も多く（『法華験記』五十二、『今昔物語』十五ノ十二）彼等が京都の民衆を相手に宗教活動を行った事が推察され、官符を以て京都在住の僧侶の住所である車宿を破却せざるを得なくなった（『新抄格勅符抄』長保元・七・二十七新制）対象の中にはかかる形態をとる京都在住の聖群があった事と思われる（『小右記』長元四・七・六、『台記』康治三・正・十四）。さらに叡山を離れ、心に任せて諸国を流浪するもの（『法華験記』十一、『今昔物語』十三ノ一）、或は阿弥陀の聖という事をして行く法師（『今昔物語集』二十九ノ九）もいた。かような分布をもつ聖たちは、広義の文化伝播の意味からいって、中世文化を成立せしめて行く端的の担い手であったと言えよう[30]。

さて、**中尾堯氏**は、ユニークな着目をしている。「聖者信仰と祖師信仰」と題する第一章の中で、日本の地勢と聖者との関係を述べ、それらが、やがて民間に交わり、平安時代の後期から鎌倉時代にかけて、聖者の時代を展開したとして、以下の如く述べる。

とくにアジア・モンスーン地帯に位置する日本は、豊かな森林におおわれた深山幽谷の地勢が大部分を占め、都市や村落から隔絶した世界が随所に形作られていた。このように俗世を離れ、神秘的な景観に恵まれた山林のなかで、独特な修行によって超絶的な験力をえた聖者たちが、その能力に熱い期待が寄せられ、広く敬まわれるようになった。仏教がようやく庶民化の段階にさしかかったとされる、平安時代の後期から鎌倉時代にかけて、大勢のこのような聖者たちが民間に交わり、さまざまな信仰儀礼や行動様式を創出し、展開させて行く。まさに聖者の時代であったといっても、過言ではなかろう。（中略）「祖師信仰」はこうして生成し、聖者崇拝の延長線上に位置しながら、日本仏教の特色をなしている[31]。

次いで、山林修行の聖者は聖・持経者などと呼ばれ、苦修練行によって超絶的験力を身につけたとし、『法華験記』に触れて、以下の如く述べる。

平安時代のなかば頃から、大峯・葛木など近畿地方の山岳をはじめとする各地の高山は、山林修行を行う僧侶によって満たされていた[32]。かれらは、当時一般に聖・持経者などと呼ばれる、国家仏教の枠外にあるアウト・ロウの僧たちで、人跡絶えた深山のなかで苦修練行することによって、想像を絶するような超絶的な験力を身につけていた。かれらは密教・浄土教・法華経などの信仰を身上とし、それぞれの経文に示された作法にしたがって修行を続け、験力をもって現される霊験は広く人々に知られるようになった。これらの聖者のうち、とくに法華経の修行者に関心を持った比叡山首楞厳院の僧鎮源は、「余、幸に妙法繁盛の域《さかい》に生まれて、鎮《とこしなえ》に霊験得益の輩（の話）を聞」き、その百二十八話を『大日本国法華経験記』（『法華験記』と略称）に収めた。本書の中には、山林修行に身を置く聖者の修行の姿や、かれらがあらわすまことに奇異な霊験などが、数多く物語られている。(33)

さらに『験記』中、際立った者たちの行状の例を以下の如く、同氏は引用する。

『法華験記』に登場する聖者で、もっともよく名を知られているのは、今の兵庫県姫路市にあたる播磨国書写山に円教寺の基を開いた性空上人であろう。第四十五話に収められた記事には、法華経の修行を身上としたかれの異相の姿が、次のように描き上げられている。

幼少の日より、老滅のときに至るまで、面に微を含みて、顔の色は慈悲あり。軟語を吐きて、永く麁言《そごん》を離れ、一乗（『法華経』）を受持して、偏に仏恵を期せり。練行の昔を尋ぬるに、人の跡も通わず、鳥の音も聞かざる深山幽谷に、廬《いおり》を結びて住せり。

性空は、想像を越える深山に住む、いわゆる山居の聖者で、法華経の教えを身に受けて昼夜に実践を怠ることのない、慈悲深い僧であった。世間から遥かに隔絶されて、人跡絶えた深山での清浄な修行が、周囲に神秘的な雰囲気を醸し出すうえで、大きな意味を持ったのである。(34)

『法華験記』には、このような聖者の物語が多く見られ、山中他界ともいうべき境域には「吉野奥山持経者某」を挙げ、(35)また、次のように述べる。

死者を送り祖霊の宿る山中の聖域は、いまや仏教修行の聖地としての観念を強くあわせ帯びるようになる。これを具体的に物語る事例の一つは、自らの臨終の場として山中の聖域を選ぶことである。たとえば、第十六話にあらわれる愛太子山鷲峰の仁鏡聖は、若き日より法華経の修行に身を置き、山中修行を重ねて並外れた霊力を身につけた持経者であったが、老年に及んで臨終の場にふさわしい聖地を求め、ついに京都の西北にある愛太子山（＝愛宕山）を選んでここに入山した。（中略）この山中に分け入ることが出来たのは、非日常の境域に住み、苦修練行によって世俗を越えようとする聖者たちだけである。いまや死霊の住む神聖な場所と観念されていた山中他界は、深山での苦修練行によって世俗を越えた聖者たちによって、その扉を開かれたのである。（中略）いまや、山岳信仰ないし自然物崇拝という人々の信仰習俗や宗教観は、仏教における浄土教＝阿弥陀信仰と、法華経＝経典信仰と、密教＝修験との三によって、意義づけられ説明されるようになった。平安時代の中期から後期にかけての仏教は、このように伝統的な信仰世界と深くかかわり始めたのであり、その旗手をつとめたのは、「聖」「持経者」「上人」などと称される聖者たちである。(36)

以上の如く、「聖」「持経者」「上人」などによって、日本という風土の伝統的な信仰世界は、平安中期から後期にかけての仏教と深く関わり始めたのである。

第二節　『大日本国法華経験記』における持経者像

平安仏教から鎌倉仏教への質的転換を想定できると考えた場合、その推移を跡づけるためには、一般信仰受容層に滲透していったであろう具体的信仰者の様相を知ることが必要であろうと思われる。(37)このような場合、とりあげられるものに、平安時代成立のいわゆる七往生伝等が目されている。ここでは、法華経関係者という枠組みのなかで、『大日本国法華経験記』(38)（以下、『験記』と略）所載者に焦点をあわせ、『験記』の前後に亘る諸伝にとりあげられたものについて、わずかに視線を伸ばしてみた。

『験記』各條の標目は一二九條[39]である。もちろん『験記』に所載された一群は、法華経の行状を主眼としている。ただし、その行状の評価が、『験記』といわゆる往生伝とでは異っている場合が多い。これらについては、『験記』所載者の個々の事例を原拠とし、また『験記』と諸伝とに重複してのせられる者との記述上の同異を標挙し比較してみるという作業を積極的に行なわなければならない。

ひるがえって、「なぜ、持経者が問題となるのか」というと、日蓮聖人の宗教成立を考える場合、この持経者の存在は、やはり重要な前提であると思われる。前述した如く、そのような点を積極的に考察したのが家永三郎氏であった。[40]そして戦後、川添昭二氏は家永氏の論究を承けて『法華験記』を主軸に、持経者の示した信仰の様相を考え、日蓮聖人における持経信仰を検討した。[41]

これら先学諸氏の研究を受けながらも、本節では、まず『験記』を第一文献とし、それに諸往生伝をからませながら、地道に分類していくことから始めたい。

『験記』は、賢哲のためにではなく愚暗のために、行状を通じた法華経の霊益を宣揚するものであった（『験記』序）。かかる撰述意図が一般信仰者への勧持を前提とするものである限り、『験記』の文面を基準として、その中で抽出される信仰形態をみることも、一つの試みではないだろうか。

本節は、以上の観点から、また『験記』をも含めた諸往生伝を各思想の実践記録とみる近来の一傾向にたすけられて、[42]『験記』における〝持経者〟像がどのようなものであったかを探ろうとするものである。方法としては、特徴をもつと予想される諸群に『験記』所載者を分割し、そのなかで個々の標目者（『験記』各條のはじめにあげられた標題にあたるもの―多くは人名）のもつ要素を解体し、並べてみることによって、かえってその群としての特性をつかもうと、もくろむものである。

第一項　「持経者」について

先ず、『験記』所載者（一二九名）のなかから、「持経者」と呼称されている一群（二四名）をとり出し、その構成要素を分析表示してみた（第一表）。尚、第一表の付表には、『験記』と諸伝との重複者をあげた。

第一表該当者には、現状では出典を見出せなかった。但し『験記』以後の諸伝の原拠となったと思われる者は多い。往生伝に転用された六例は、そこでは「持経者」の呼称を削除されている。又、『元亨釈書』(43)では〝感進〟に、『本朝高僧伝』(44)では〝読誦〟にいれられた確率の大きい一群と言えよう。

さて、第一表を基に「持経者」の特性を見ると、以下の如くである。

◎構成員は、比丘にかぎられている。

（二）行業について

●法華専修者として記された者が多い。兼修行業を併記されたなかの四例(45)は、或期間専修者であるか、あるいは専修意識を以て他の行業を統摂していると見える。兼修されるものには「顕密学習」「受学真言」等と記される場合が多く、行業というより学文と名づくべきものを主としている。又、臨終時のみに「念仏」を修する者があり『往生要集』(46)の臨終行儀を、そこに援用したとも考えられよう。

これらによって、「持経者」に法華専修の傾向を見ることが可能であろう。

●専修・兼修者に通じて、読・誦行を具備するのが通例と言える。「持法華」とのみ記されている二例にも、その内容に読・誦行が推定できると思われるため、「持経者」に法華読・誦行が不可欠の要素とされていると言えよう。この中で多く誦することを宣揚して記される者があり、不断念仏などと対応する数量主義的傾向(47)を窺えるであろう。

〈第一表〉『験記』中の「持経者」構成要素一覧

構成要素		法華専修者																	
構成要素＼験記各條と標目者		一一條 吉野奥山持経者某	一五條 薩摩国持経沙門某	一七條 持法沙門	一八條 比良山持経者蓮寂仙人	三二條 多々院持経者法師	三五條 法華持経者理満法師	五八條 廿七品持経者蓮尊法師	六六條 神明寺睿実法師	六八條 一宿沙門行空	七〇條 蓮秀法師	七二條 光空法師	七五條 斉遠法師	八〇條 七巻持経者明蓮法師	八一條 越後国神融法師	八六條 天王寺別当道命阿闍梨	八八條 持経者蓮尊法師	九三條 金峰山転乗法師	小計
(一)法華関係行業	読・誦	○			○	○		○		○		○		○	○	○		○	10
	持			○															1
	読・誦・持										○		○						2
	読・誦・ほか		○				○		○										3
	読・誦・持・ほか																○		1
(二)行相	(A)山林定住・廻峯者	○	○	○	○	○			○				○		○				8
	(B)世路経営・遊行者						○		○	○	○	○							5
	(C)その他							○						○		○	○	○	5
(三)結縁	(A)誦経結縁								○					○	○	○			4
	(B)徳行結縁	○	○	○	○	○	○		○				○						8
(四)異事	(A)守護～供養	○		○	○	○	○	○	○	○	○	○	○	○	○	○	○	○	16
	(B)験力・自在力	○			○				○						○	○			5
	(C)往生瑞相		○	○			○			○	○					○			6
(五)その他 (A)	(a)浄土		○	○			○			○	○								5
	(b)都卒天				○									○		○			3
(五)その他 (B)	(a)聖	○		○			○		○	○					○				6
	(b)聖人	○		○	○	○	○		○			○			○		○		9

他との兼修者								
四〇條 播州平願持経者	五二條 仁慶法師	五七條 遁鬼害持経者法師	五九條 古仙霊洞法空法師	六一條 好尊法師	八七條 信誓阿闍梨	九一條 妙昭法師	小計	計
		○		○	○		3	13
			○				1	2
							0	2
	○						1	4
○						○	2	3
○		○	○			○	4	12
	○						1	6
				○	○		2	7
						○	1	5
○	○		○				3	11
○		○	○	○	○	○	6	22
						○	1	6
○	○						2	8
○	○						2	7
							0	3
							0	6
○			○				2	11

（註）　標目に「持経者」と呼称されない者は、内容中にそれを含んでいる。

尚、法華経関係行業では、ほかに解説、書写、止観、懺法と記されるものがある。これらは該当者も少なく、「持経者」には二次的行業とされている如くである。

（二）行相について

ここにいう行相には、行処（外相）と共に、その修行にあたる姿勢（内相）をも含めようとするものである。

（A）山林定住・廻峯者

（イ）深山に定住して苦修練行すると記される者（十一・十五・十七・十八・四〇・五九・六六條）。諸峯往還の後に定住する者があり、又、吉野山・愛宕山などの山岳信仰の所在地が、その行処に当っている場合のあることが注目されよう。

このうち「仙人」となる者は、〝持経仙〟と名づくべきであろう。法師品(48)の文を依拠としながら人跡

〈第一表付表〉第一表所載者と諸伝との記載関係

諸伝（験記以後・その記載処）＼験記	法華専修者 一五條	一七條	三五條	五八條	五九條	六六條	六八條	七二條	七五條	八〇條	八六條	八八條	九三條	小計	兼修者 四〇條	五二條	八七條	小計	計
続本朝往生伝						十四								1				0	1
拾遺往生伝														0	巻中・三	巻上・二五		2	2
三外往生記	三		二				十二							3				0	3
元亨釈書		巻十二・感進	巻十一・感進	巻十九・願雑・霊恠	巻十八・願雑・神仙	巻十一・感進	巻十一・感進	巻九・感進	巻十二・感進	巻十九・願雑・霊恠	巻十九・願雑・霊恠	巻十二・忍行	巻十九・願雑・霊恠	12	巻九・感進		巻九・感進	2	14
本朝高僧伝				巻六八・読誦	巻七四・願雑・神仙	巻四八・感進	巻六八・読誦	巻四七・感進	巻五三・感進	巻六八・読誦	巻六八・読誦	巻六六・浄忍	巻六八・読誦	10	巻六八・読誦	巻七一・願雑・楽邦	巻六八・読誦	3	13

未踏の山中での修行のもたらす超絶的能力の獲得を以て、得果に準ずるとされているようである。（ロ）山中の寺院に定住する者（三二・七五・八一条[49]。（ハ）山林又は山中寺院を廻行すると思われる者（五七・九一条）。

これらの三類には、本寺を離去・絶縁（再出家）した者あるいはそれを想定できる者が多い。山林という環境を特別に設定して法華読・誦にあたるという点が注目されよう。

（B）世路経営・遊行者

これらには、（A）と逆に本寺から巷間に出て行った形態を見ることができよう。

（イ）山林定住以後に、世路を経営（田畠の耕作）する者（六六条）。（ロ）華洛に下住するか或は世路経歴する者（三五・五二・七〇条）。（ハ）「世間称二一宿聖一」（六八条）の如き遊行形態をとる者。

以上の三類には、読・誦行と共に利他行が顕著と言え、自行完遂を目的とすると見えた（A）と対照できよう。このうち、六六条が山林苦行によって得た能力を世間において転用したことは見逃せまい。又、六八条は行基的布教形態[50]、三五条はそれに準ずる者としてとらえられよう。「牽二世路一。雖レ具二妻子一。心猶帰二信大乗一」（七〇条）に顕著な如く、これらは身は世路に在りながら、その精神的姿勢において本質的出家を標榜するものとしていわゆる再出家者とすることができるであろう。

（C）その他の自覚的修行者

寺院に居住しているのが通例と言える。

（イ）諸霊験（長谷寺、金峰山、住吉など）の祈請対象に祈願することを目的として、巡礼・参籠する者（五八・八〇・八六・九三条）。山中寺院がその霊験処にあたっている場合が多いが、環境を重視したのではなく祈請対象が霊験著名である点に於いて（A）と対比できよう。このうちの大半は、宿因の夢告以後、「倍々精進」して法華経に通利するのである。

（ロ）守護を加えられることによって「倍生信力」して法華を読・誦する者。

これら二類における自覚的精進の契機が、第一表（三）異事の（A）と符号していること即ち現に与えられた利益によって法華経への信頼感が強まることが、特徴と言えよう。

以上の（A）・（B）・（C）は、行処を主として見た場合、夫々に多少の出入はあるが、『摩訶止観』[51]二十五方便、具五縁の中の〝閑居静処〟の三類（上・中・下根）にあてはまると言える。そこに撰者の意識（横川首楞厳院住僧としての）の介在を予想できよう。又、それらの姿勢を支えるものとして、同じく具五縁の中の〝持戒清浄〟〝息諸縁務〟を適用していると考えられる。

更に、第一表にあげた標目者は、これら（A）・（B）・（C）のどれかにあてはめることができ[52]、天台系（最も多い）・南部系・真言系の各（本）寺に於いて受戒出家したことがあると見られる者達である。すなわち呼称されるところの「持経者」とは、正式出家僧であり、それ以後或はその中で、自覚的に法華経を読誦する形態・姿勢に視点を置いてとらえられていると、考えることができるであろう。

（三）結縁（行用）について

（A）「持経者」の誦経を媒体として結縁させると記される場合である。結縁をなさしめる者としての「持経者」に、「音声微妙」「其声深遠」等が附随している場合が多い。これは〝舌根清浄〟として考えられようが、結縁される者には「聞者流涙」「随喜讃歎」の如き効果のあることが記されている。

先に述べたように「持経者」に法華読・誦が不可欠と考えられることから、（三）の（A）に該当していない「持経者」にも潜在的な聞経結縁者のあることを予想できよう。特に（二）の（B）の世路経営・遊行者において、その機会と対象は多かったであろうと考えられる。しかも、その場合、「誦経」は「持経者」の生活手段となっていたかもしれない。

（B）徳行結縁

「持経者」の主として可視的な徳行を媒体として結縁させると記される場合である。徳行の内容は、(四)の異事の三類に通ずるため、(三)の(B)に該当していない「持経者」にも、その徳行によって結縁された者のあることを予想できよう。

以上、結縁の二類に通じて、「持経者」が結縁させるというのは、自己の持経功徳の余残として記されていると見える。

(四)異事(行力)について

この場合、記されるところの超絶的事柄を異事と総称してみた。

(A)守護・給仕・讃歎・供養

「持経者」に働きかけて、これらをなすものは、「持経者」の自行としての持経の完遂を助発するために顕現すると見ることができる。このうち、「普賢菩薩」によって守護される者が最も多い。この点に、懺法ないし半行半坐三昧との関係が考えられよう。守護等を与えるものとしては、ほかに「文殊・観世音・毘沙門・十羅刹女・天童」などの法華経中に直接的典拠を見るものがある。又、「金峰山蔵王・熊野権現」などの山岳信仰とも密着している諸霊験の祈請対象と、道教中の用語とも見える「神人・神女」などが記されている。これらの顕現が持経功徳とされている点に、撰者乃至は当時の信仰者における雑信性の一端を見ることができるだろう。

ともあれ、「持経者」にとって守護乃至供養は、必要に応じて顕現すべき潜在的要素とされているようである。

(B)験力・自在力

「持経者」に備わるものとしての験力・自在力は、持経という行為と経力との相応の上に発現される如く記されている。このうち、験力は、主に世間においての治病・悪霊邪気の降伏を内容としている。

「慈悲・看病抜苦。更非二凡夫所作一」のように徳行として記され、「依二経威力聖人気分一病悩除愈」(以上、引文二例共に六六條)を強調している。但し、先述した(三)の(A)の場合と同じく、これらが生活手段であったことも予想できよう。

次に、自在力は山林定住・廻峯者に多く見られ、その内容は実は六根清浄として捕捉できるものなのである。但し、『験記』の記述は「仙人神力」(十八條)の如く、外面的超絶性を宣揚している。

(C)往生瑞相

夢想と臨終異相とがこれに当り、該当者の大半が(五)の(A)の(a)と組み合っている。又、専修者として記された者に、これらの記述がある場合が多いことから、持経が往生のための一大善根とされていたことが考えられよう。

特に、専修者たる薩摩国持経沙門某[53](十五條)は、自行完遂の実現を焼身往生に置いた類例と言えよう。前述した仙人になる類例と併せて、「持経者」が得果を可視的に実証する傾向をもっていると考えることもできよう。

以上、異事(行力)に於いて顕著であったのは「普賢」と「夢想」(以上は、『観普賢菩薩行法経』・『観無量寿経』に主に依っているであろう)であった。口唱(読誦)によって観想(観仏)を成じようとすることが、「持経者」の到達点であるならば、「持経者」における読誦行は(それが如何に鮮烈であっても)、口唱行業として独立した価値を与えられているとは言えまい。すなわち『験記』の記述は、教相と観心とが或は依経と行状とが、からみ合いながら分岐していこうとする時点に於いて捉えられるだろう。

(五)その他の要素について

(A)所居の土(依報)

（ａ）浄土・（ｂ）都卒天を記された者は少数と言えるが、これら以外の者で成仏を後世にかけると記される場合は多い。又、（ａ）の中には指方立相の浄土とは見えないものがある。

以上によって、特定の土を指すとは限らないが「持経者」には、得果を来世に期待する傾向のあることが考えられよう。

（Ｂ）聖・聖人の呼称

特に行相と異事の超絶性を記された者に対する尊称として考えられる。但し法華修行者以外の山林苦行僧にも適用されている。[54]

千々和実氏の「ヒジリ語原考」[55]は、その語原を、神仙術の目的とされた〃真人 Shinjin〃であろうとしている。

従って、転訛されながら一般的超絶者への呼称となった聖・聖人の範疇の中で「持経者」がとらえられるのであり、それは「持経者聖人」（十一條）「法華聖・法華聖人」（十七條）に示される如くである。

さて、聖・聖人の呼称が、(二)の（Ａ）（特に（イ））と組み合う者は遁世聖として、(二)の（Ｂ）の（特に（ハ））と組み合う者は遊行勧進聖として考える事ができよう。更に、この前者には道仙との合揉を、後者には民間浄土教の布教形態への移行を見ることができるかも知れない。又、『梁塵秘抄』に詠じられる山林苦行の聖と巷間での経読みとは[56]（これらの今様が、『験記』の時点に合うものと考えられた場合）、[57]一般者に映った法華僧の二型態と言えるであろう。

聖・聖人が重複して呼称される場合が多く、聖と聖人とは同種の概念と見ることができよう。但し、どちらか片方だけの場合、聖人は山林苦行僧に、聖は遊行僧に充てられていると見える。しかし、これが撰者の意識的操作か或は一般的概念を踏まえた上でのことであるかは、問題であろう。[58]

さて、聖・聖人の呼称を記されない「持経者」は多い。つまり、ここでは「持経者」の呼称が優先しているのである。

ここで、『験記』に於ける「持経者」について、恐らくは撰者の意図とすべきであろう次のことが言えよう。すなわち、記されるところの雑多な要素の典拠・解釈を法華経に求めることができ、又それらの基軸に「経力」を置いている点において「持経者」は、聖・聖人とは別に設けらるべき持経者の塑像ではなかったか、と。

第二項　「持経」者について

ここに「持経」者とは、第一表にあげた者以外の『験記』所載者の中で、「持経」を行業とするか或は経巻として所持すると記される一群（四十名）を指している。これらを「持経者」構成要素を基準としながら、特に「持経」の内容について分析表示してみた（第二表）。尚、付表には、出典と『験記』以後の諸伝に載せられているものとを挙げた。

第二表該当者（「持経」者）には、『日本往生極楽記』[59]を出典とする者が一例（聖徳太子）ある。又、『験記』がそれ以後の諸伝の原拠となっていると思われる者も多い。このうち、『続本朝往生伝』[60]に転載された二例は『本朝高僧伝』では〝浄慧〟にいれられている。この〝浄慧〟は、第一表には該当者がなかった部門である。『拾遺往生伝』[61]への転用者は多い。『後拾遺往生伝』（中一四）『本朝新修往生伝』[62]（十一）にある行範は『験記』とは別人のようである。

さて、第二表を基にして見た「持経」者の特性は、次のようなものである。

◎構成員は、比丘・沙弥・優婆塞・優婆夷・に亘っている。

〈第二表〉『験記』中の「持経」者構成要素一覧

構成要素		験記各条と標目者	小計	七七条 行範法師	七六条 香隆寺比丘某	七四条 播州雪彦玄常聖	六七条 竜海寺沙門某	六四条 千手院広清法師	五五条 愛太子山朝日法秀法師	四八条 法蓮法師	四七条 越後国鎣取上人	四五条 播州書写山性空上人	三九条 叡山円久法師	三一条 醍醐僧恵増法師	二八条 源尊法師	二六条 黒色沙門安勝	二五条 叡山西塔春命	二四条 頼真法師	一四条 志摩国嶋洞宿雲浄法師	一〇条 吉野山海部峰寺広恩法師	八条 出羽国竜華寺和尚
				比丘 専修者																	
(一)	法華関係行業	持	1							○											
		持・読・誦	14	○	○	○	○	○				○		○	○	○	○	○	○	○	○
		読・誦・ほか	3						○		○		○								
(二)	所持経	(A)来世へ	3						○				○								○
		(B)宿因	1											○							
		(C)現世	1								○										
(三)	行相	(A)山林定住・廻峯者	6			○			○		○	○	○						○		
		(B)世路経営・遊行者	1							○											
		(C)その他	11	○	○		○	○						○	○	○	○	○		○	○
	結縁	(A)誦経結縁	4				○					○	○						○		
		(B)徳行結縁	5							○	○	○								○	○
	異事	(A)守護～供養	12	○				○	○			○		○	○	○	○	○	○	○	○
		(B)験力・自在力	2			○				○											
		(C)往生瑞相	4					○	○				○					○			
	その他 (A)	(a)浄土（極楽）	6			○		○	○				○					○	○		
		(b)都卒天	0																		
		(c)釈迦仏浄土	0																		
		(d)宝威徳上王仏土	0																		
	その他 (B)	(a)聖	5			○				○	○	○									○
		(b)聖人	8				○		○	○	○	○							○	○	○

(1)											(2) 比丘以外のもの													
兼修者											専修者									兼修者				
一六條 愛太子山鷲峰仁鏡聖	二〇條 叡山西塔蓮坊阿闍梨	四一條 嵯峨定昭法師	五〇條 叡山西塔法寿法師	五一條 楞厳院境妙法師	六三條 西塔明秀法師	七一條 西塔宝幢院真遠法師	八二條 多武峯増賀上人	八三條 楞厳院源信僧都	九〇條 加賀国尋寂法師	小計	一〇二條 左近中将源雅通	一〇七條 大隅椽紀某	一〇九條 加賀国翁和尚	一一〇條 肥後国官人某	一一三條 奥州鷹取男	一一四條 赤穂郡盗人多々寸丸	一一八條 加賀国前司源兼隆朝臣女	一二一條 奈良京女	小計	一條 伝灯仏法聖徳太子	九七條 阿武大夫入道沙弥修覚	一〇四條 越中国前司藤原仲遠	一一七條 女弟子藤原氏	小計
										0									0					0
			○	○		○	○	○	○	6	○	○	○	○	○	○	○	○	8		○		○	2
○	○	○			○					4									0	○		○		2
○	○	○	○		○					5								○	1					0
							○			1									0	○				1
				○						1		○	○					○	3			○		1
○	○						○			3									0					0
						○			○	2	○	○	○	○	○	○	○	○	8		○	○	○	3
		○	○	○	○			○		5									0	○				1
										0									0					0
		○		○		○		○	○	5	○			○				○	3					0
○	○	○	○	○		○		○		7		○		○	○	○	○		5		○		○	2
○	○	○								3									0					0
○		○	○	○				○	○	6	○		○					○	3	○		○	○	3
		○	○	○			○	○	○	6	○			○	○			○	4	○				1
○										1									0		○	○		2
										0							○		1					0
										0									0				○	1
○							○			2									0					0
				○		○	○	○	○	5									0	○				1

〈第二表付表〉第二表所載者と諸伝との記載関係

(1) 比丘

諸伝	験記	専修者 八條	一〇條	二五條	二八條	三一條	三九條	四五條	四八條	六四條	七四條	小計	兼修者 一六條	二〇條	四一條	五〇條	五一條	七一條	八二條	八三條	九〇條	小計
(上) 出典と見られるもの	霊異記	下六										1										0
	三宝絵詞	巻中	巻中									2										0
	日本往生極楽記											0										0
(下) 験記以後の諸伝	続本朝往生伝											0							一二	九		2
	拾遺往生伝									上二六		1			上六	上八	上二四				中七	4
	後拾遺往生伝											0										0
	三外往生記					十四						1										0
	本朝新修往生伝											0										0
	元亨釈書	巻十九・願雑・霊佐	巻十二・感進	巻十九・願雑・霊佐	巻十九・願雑・霊佐	巻十九・願雑・霊佐	巻十一・感進	巻十一・感進	巻十二・感進		巻十一・感進	9	巻十一・感進	巻十一・感進	巻十一・感進			巻九・感進	巻十・感進	巻四・慧解	巻十七・願雑・士庶	7
	本朝高僧伝	巻六八・読誦	巻五三・感進	巻六八・読誦		巻六八・読誦		巻四九・感進	巻四八・感進	巻六八・読誦	巻六六・浄忍	8	巻五三・感進	巻六八・読誦	巻四八・感進	巻七〇・願雑・楽邦	巻七一・願雑・楽邦	巻六八・読誦	巻九・浄慧	巻十・浄慧		8

(2) 比丘以外					
専			兼		小計
一〇二條	一一〇條	一二一條	一　條	一〇四條	
					0
			巻中		1
			一		1
					0
中十五	中二一	中二九			3
					0
					0
					0
巻十七・願雑・王臣		巻廿一・志・拾異	巻十五・方応	巻十七・願雑・王臣	4
			巻六九・願雑・応化		1

（註）『験記』八三條源信は『首楞厳院二十五三昧結縁過去帳』とそれ以外の史料に依ると思われる。

（一）行業としての「持経」

読・誦行と併記されるのが通例である。しかも「持経」が特記される所以は、

●「偏持法華」「能持法華」等と記される場合。法華経に則る行為と、法華経を専修するという態度とを総括していると考えられる。このうち、読・誦行と併記されない一例（四八條）は、第一表の十七條と相似する類例であり、共に法華経以外の経を持つ沙門に対する者として「能持法華経」と記されているのである。[63] このような場合、読・誦行が予想されるにもかかわらず「持経」のみを記していることは、「持経」が読・誦行を内包した法華経行業の総称として扱われていることを示していると言えよう。

●「悉皆憶持」「憶持不忘」等と記される場合。法華経の文に通利することを直接的行為としながら、法華経への念の相続を強調していると考えられる。

以上により、「持経」者における法華経関係行業は、「持経者」（第一表）の場合に準じ、更にその意味を拡大していると言えよう。

（二）所持品としての「持経」

該当者すべてが、読・誦行を含むところの行業としての「持経」と併記されている。しかも所持経（法華経の経巻）が特記される所以は、

（A）来世へ。臨終に際し、或は往生瑞相たる夢想の中で所持すると記される場合である。該当者の大半が浄土への往生者とされている。臨終時に経巻を執った者のうちには、死骸となっても誦経したことを強調される例（三九・四一・六三条）がある。

このように来世に関する場合に記される経巻は、現世の行業としての「持経」功徳が経力と相応することによって、仏果に至ることの証拠とされている(64)と見える。

（B）宿因を示す証拠となる場合。先世に所持していた経巻に現世でめぐり遇うか、或は宿因を告げる夢想中の姿が経巻を執っていることを記述内容としている。該当者は比丘に限られている。

（C）現世での不断念誦を示す場合。たとえば「若行二道路一。若人与語。手持二経巻一。眼視二経文一部数多積及一万部。」（五一條）の如くであり、在俗者にも該当者が多い。

以上、所持品としての「持経」の三類は、通じて言えば三世に亘る法華経との念の相続不断を示したものと見られ、行業としての「持経」の意味を拡大するものと言えよう。

（三）行相以下の要素について

（1）比丘について

●行相では、（A）の中にいわゆる〝持経仙〟は見出せないようである。但し、第一表にも見た、愛宕山での修行者は顕著である。この中に愛宕山が地蔵信仰乃至文殊信仰と結びついて、五台山の五会念仏の移入としての常行常坐三昧をも想定させる記述をもつものがある(65)。次に行相（B）の三例の内、妻帯・在家僧として記されている尋寂法師は、『元亨釈書』では〝士庶〟とされている。（C）に該当した者には叡山住僧が圧倒的に多い。このうち教団内部に止住して遁世的姿勢をとるものに、「山門

閉レ跡。不レ好二郷里一」（二五條）・「雖レ廻二世路一。心在二山林一。専思二隠居一」（六四條）と記されるものがある。この六四條（千手院住僧）に於ける世路が教団乃至その周辺を指していると考えられるならば、第一表の（二）の（B）の世路経営・遊行者とは、教団にまつわる世路を遁れていわゆる世路に投じた者と言わねばなるまい。また、（C）ではほかに、第一表（二）の（C）の（イ）と全く同じ類例（諸霊験での祈請・参籠→宿因の夢告→自覚的精進）がある。

●結縁では、（A）の誦経結縁が比丘に限られていることは、読誦行乃至舌根清浄が専門僧のためのものであることを示唆しよう。

●験力・自在力及び聖・聖人の呼称[66]も又、比丘に限られている。

すなわち、これらによって「持経」者のうちでも比丘と在俗者とは、主として外相の超絶性の有無によって区別されていることが考えられる。

●所居の土（依報）を記されたのが、（a）（b）の二類であることは、第一表と同じである。

さて、以上のように、「持経者」（第一表）に準ずる構成要素をもってはいるが、これをふり返って行業の側から見た場合、第二表の（「持経」者たる）比丘には、徳行結縁の内容又は験力の基盤を、法華経以外の行業の範疇に置くものがある。[67]従って、ここに専修者と記される者の大半[68]と、兼修者のなかでも法華経行業への傾斜が顕著であり特に結縁・異事の基盤を経力に置くと思われる者（六三・七一・八二條など）とは、第一表の「持経者」すなわち持経者の塑像と同型であると考えてよいであろう。これらはいづれも正式出家者の階梯を踏んだことがあると見られる。

従って、比丘に関する限り、持経者とは「持経」（法華経関係行状の総称としての）者の謂であるか、又はその強烈な者のことであると言えるのではないだろうか。

（2）在俗者について

●行相。外相が世路経営者であるのは当然と言えようが、内相として出家を志向する者が大半である。このなかに悪業者[69]と山里を往還する者[70]とがある。これらの行相は、比丘のうちの巷間へ再出家したというべき者と共に在俗修行形態として一括されよう。但し、比丘の場合は教団からいわゆる世間へ、在俗者の場合はいわゆる世間から本質的出家へ、という二方向において対応している。

●結縁、異事について。結縁のうち、(B)徳行結縁欄に該当した在俗者[71]が三例ある。これらが他に結縁をさせる媒体は、その往生瑞相(一〇二・一二一條)と加護(一一〇條)である。誦経を媒体としない点に注目したい。

異事の中では、「観世音」による守護を記された者(一〇七・一一三・一一四條)が目立っている。これらは日頃から法華経第八巻を持ち、毎月十八日には「持斉精進」している。観音を「念持」「称念」することによって危難を遁れるのである。但し、此の内に浄土往生者である場合がある。観音による現報譚は、『日本国現報善悪霊異記』に既に顕著であった[72]。『験記』では、法華経力とその利益の時間的延長(来世への)が強調されている如くである。法華・弥陀同体思想ともからんで、弥陀脇侍としての観音信仰と考えることもでき、法華易行化の経路とその荷い手とを予想できるであろう。

以上によって、在俗「持経」者は、比丘における持経者(第一表・第二表に亘る、持経者の塑像)に比せば、その行状に緩みを見ることができよう。だが、そのことにかえって新らしい動向を窺えるかも知れない。

第三項　「持経者」(第一表)・「持経」者(第二表)以外について

(一)　標目にあげられた者とは別人の持経者を内容中に含む験記所載者

ここにとりあげる一群(一二名)は、標目者自身は「持経者」とは呼称されないが、「持経」者である場合（第二表と重複する者、三例）がある。いずれも法華経関係行業をもっている。その構成要素の分析表を示すことは、此処では割愛した。以下、標目者と内容中の持経者との関係に、問題を絞って見る。

（1）標目者が比丘である場合

（イ）紀伊国完背山誦法華経死骸（十三條）は、誦経と自己の本縁を語ることによって、熊野往詣途次の持経者を随喜（結縁）せしめている。これは、第二表の比丘の内、（二）の（A）に於いて死後も誦経した者に準じよう。[73]

（ロ）先世に、内容中の持経者によって結縁せしめられたと記される者が七名ある。これらには、第一表・第二表に亘っていた行相の（C）の（イ）と同じく、宿因の夢告以後の自覚的「摂持」を見ることができる。[74]

（2）標目者が比丘以外の場合

（イ）現世に於いて持経者に値遇結縁し、持経或は持経者供養をすることによって抜苦・昇天するもの。[75]わずかの修善と、それによる得果への時間短縮の傾向を窺えよう。

（ロ）持経者を誹謗したことにより現悪報を受け、後世の受苦を約される者。[76]（イ）の裏面的証左と言えよう。

（ハ）越後国乙寺猿（一二六條）は、前世から現世に亘って同一持経者と値遇し、人身を得た現世の修善（法華経書写供養）によって来世の得果を約されている。

以上、（1）・（2）を通じて顕著であるのは、種益から脱益に亘る経力乃至念の相続の強調と、持経者による結縁の重視とであろう。従って、持経者は経力の媒体者、持経は経力に支えられた現世での必然的行為として、「持経者」乃至「持経」の内容を補強することができよう。

(二) その他の『験記』所載者

ここでは、これまでに扱った者以外の、残り五六名について述べよう。これらについての構成要素の分析表は此処には割愛し、出典及び『験記』以後の諸伝に載せられている者を挙げて第三表としている。これによって、「持経者」或はそれに準ずる者との同異を見る便宜としたい。

(1) 比丘について

㋑「持経者」に準ずると思われる者。読・誦行を有し、それが他行業(法華関係及びそれ以外)を凌駕していると記される者で、行相以下の各要素が「持経者」に準ずる記述をもつのは十七名[77]である。これらについては、管見では『験記』以前に出典を見出せなかった。

この十七名の内で顕著な事例をとりあげて見よう。

まず、行相(A)に該当する者の内、四四條陽勝仙人[78]は、叡山に対し「信施気分。炎火充塞。諸僧身香。腥膻難レ耐焉」と述べている。これによって、再出家者を輩出せしめた一理由としての教団内部の様相を、験記撰述の時点を遡ってとらえられるであろう。次に行相(B)に入る者の中に、罪人に結縁させるために偸盗罪を犯す者(二二條)と、肉食妻帯の「施陀羅」の如き者(七三條)があり、共に聖・聖人と呼称されている。又、行相(C)に該当する者のうち、「近代行人。或竭二外相難行苦行一。不レ知二内心観念観行一。或有レ施二捨依報珍財一。無レ致二正報持戒信力一」(四六條叡山安楽院叡桓上人)の記述がある。この前半は山林苦行者に後半は世路経営者に向けられた、外相尊重の風潮への批判と見られよう。

〈第三表〉「その他の『験記』所載者」と諸伝との記載関係

(1) 比丘

ⓘ「持経者」に準じると思われる者

験記	諸伝	(上)出典と思われるもの 霊異記	三宝絵詞	日本往生極楽記	(下)験記以後の諸伝に記載されたもの 続本朝往生伝	拾遺往生伝	三外往生記	元亨釈書	本朝高僧伝
九条	奈智山応照法師							巻十二・忍行	巻六六・浄忍
二条	春朝法師							巻十二・忍行	巻六六・浄忍
三三条	雲州蓮蔵法師							巻十二・感進	巻五三・感進
三四条	愛太子山好延法師					中六	四		
三八条	石蔵仙久法師						一三		
四四条	叡山西塔宝幢院陽勝仙人							巻一八・願雑・神仙	巻七四・願雑・神仙
四六条	叡山安楽院叡桓上人							巻十一・感進	巻六八・読誦
四九条	金峰山薢獄良算聖							巻十一・感進	巻五三・感進
五四条	珍蓮法師							巻九・感進	巻六八・読誦
六〇条	蓮長法師							巻十一・感進	巻六八・読誦
六五条	摂州菟原慶日聖人					上二七		巻十一・感進	巻五〇・感進
六九条	基燈法師							巻十一・感進	巻六八・読誦
七三条	浄尊法師					上二八			巻七一・願雑・楽邦
七八条	覚念法師					上十二			巻七〇・願雑・楽邦
七九条	仏蓮上人							巻十一・感進	巻五〇・感進
小計		0	0	0	0	4	2	11	13

㋺「持経者」に準じないと思われる者

験記	諸伝	(上)出典と思われるもの 霊異記	三宝絵詞	日本往生極楽記	(下)験記以後の諸伝に記載されたもの 続本朝往生伝	拾遺往生伝	三外往生記	元亨釈書	本朝高僧伝
二条	行基菩薩	中七	巻中	二					巻六四・檀与
三条	比叡山建立伝教大師					上三		巻一・伝智	巻二・法本
四条	叡山慈覚大師		巻中	四				巻三・慧解	巻六・浄慧
五条	叡山無動寺相応和尚					下一		巻十・感進	巻四六・感進
六条	叡山西塔平等坊延昌僧正			十六				巻九・感進	巻四七・感進
七条	無空律師			七				巻十九・願雑・霊恠	
一二条	奥州小松寺玄海法師			二六					巻六八・読誦
一九条	法性寺尊勝院僧道乗法師					上二九		巻十九・願雑・霊恠	巻五五・感進
三七条	六波羅密寺常読師康仙法師					中二		巻十九・願雑・霊恠	
四二条	陽生僧都					上七		巻十・感進	巻四八・感進
四三条	叡山西塔具足房実印大僧都						五	巻四・慧解	巻九・浄慧
九二条	長円法師							巻九・感進	巻六八・読誦
小計		1	2	5	0	5	1	10	10

(2) 比丘以外のもの										
	條									
沙弥	九四條	沙弥薬延				中八		巻十七・願雑・士庶		
沙弥	九五條	筑前入道乗蓮				中九		巻十七・願雑・士庶		
比丘尼	九八條	比丘尼舎利	下十九	巻中				巻十八・願雑・尼女		
比丘尼	九九條	比丘尼釈妙				中二七		巻十八・願雑・尼女		
比丘尼	一〇〇條	比丘尼願西			四〇			巻十八・願雑・尼女		
優婆塞	一〇一條	宮内郷高階良臣真人			三三			巻十七・願雑・王臣		
優婆塞	一〇三條	右近中将藤原義孝			三四			巻十七・願雑・王臣		
優婆塞	一〇五條	山城国相楽郡報恩善男	中六	巻中						
優婆塞	一〇六條	伊賀国報恩善男	中十五	巻中						
優婆塞	一〇八條	美作国採鉄男	中十三	巻中						
優婆塞	一一一條	伊予国越智益躬			三六					
優婆夷	一二〇條	大日寺近辺老女				中二八		巻二九・志・拾遺		
小計			4	4	3	1	4	0	8	0

（註）『験記』三條伝教大師は、『伝教大師行状』・『伝教大師行業記』を、四條慈覚大師は『慈覚大師伝』を、出典とすると思われる。

これらが、持経者と呼称されていないことによって持経者ではないと考えられた場合には、次のことが言えよう。ここにあげた一群は恐らくは、その行相に於いて先述した塑像としての持経者の枠をはみ出すものを持っていたためであると。即ち、それは（A）に於いては「仙人」への偏向という、（B）に於いては「持経者」とは異なった次元での聖・聖人であるという、（C）に於いては高位の僧官に就き学匠であるという、部分（或は要素）ではなかったであろうか。

㋺「持経者」に準じないと考えられる比丘・十七名[79]には、慧解を主とした者（講経が多い）と、西方願生者（読・誦・書写は法華経関係以外の行業に補足されている場合が多い）と、悪業者で且つわずかの法華経行業をもつ者とが顕著と言えよう。『験記』中の比丘の中で『日本往生極楽記』を出典しているると思われる者は、ここに限られている。㋑に見た如き、行相に於いて「持経者」からはみ出る部分と、第二表の兼修比丘に見た験力等の基盤が法華経以外にあるという要因は、ここでは更に拡大されていると言えよう。

（2）比丘以外のものについて

ここに扱う二二例[80]の大半が往生・上生者とされている。但し、『霊異記』→『三宝絵詞』[81]→『験記』という記載経路をとった者[82]は、現報譚としてとらえられよう。これまでにあげた験記以後の諸伝に転載されていないこととも併察して、これら現報譚に於ける行状が、一般的適用性又は畏敬渇仰すべき超絶性を欠いている点を指摘できよう。

さて、往生・上生者に通ずるのは、法華読誦と弥陀念仏という口唱行業が、全く併修されている場合の多いことである。又、標目者自身には行業が見出せない場合が、優婆夷に二例（一二〇・一二九条）と動物とにある。この場合書写による追善供養が抜苦・昇天をもたらすとされている。尚、自己の行業として生前に書写供養をする者には、財力のあることが想起できるであろう。

けだし、これらは、法華経関係者ではあるが、持経者の塑像からは最も離れているものたちであると考えることができよう。

『験記』には、〃狭義の持経者〃像と〃広義の持経者〃像とがあると思われる。

前者は「持経者」（第一表）に見た持経者の塑像に、あてはめることのできると思われる者達と言えよう。その出典を『験記』以前の諸伝（この場合、本邦撰述にかぎる）に見出し難かった。『験記』によって紹介（或は創作）されたと見られる点からも、これらにかけた（撰者の）期待の大きかったことを推測できよう。

後者は、法華経関係の行業（五種法師）のいずれかを自ら行じたことのある真俗の男女と言えよう。前者を原型（基本型）とすることができれば、後者は、その変型（応用型）となるであろう。

撰者鎮源は、一方では法華経乃至法華僧への畏敬渇仰の念を喚起し、他方ではその霊益を身近な在俗者にも充てるという、いわば強弱とりまぜた二本立てによる一般者への〝勧持〟を意図していたのかも知れない。

特に正式出家僧において、規範的な教団の枠をはずれた（或は超えた）行相を強調されたと見える点、口唱行業が大きくとりあげられていた点等は、注目されねばならない。但し、全般的には観想的行法と口称（唱）行法とは併存し、それは又、浄土往生への志向とも結びついていた。

従って、『験記』における持経者の行状は、叡山天台の影響と、それを脱却して行くこととの両面から成り立っていると言えるであろう。

このことは、近くは『往生要集』との関連性を想起させるのであり、法華・弥陀信仰が牽引しながら分離して行く一ポイントに『験記』を置いて見ることが可能であると考える。尚、持経者における苦行性（数量的、或は時間的）は、主として験力を身に付けることであった。又、一二六條に顕著な如く、聞経結縁による不思議の実現など、持経者は「法華経」の経力を自らも信じ、他をも信ぜしめている。

第三節　小　結

第一節　平安期持経者に関する研究

持経者の「経」とは『法華経』である。正確には鳩摩羅什訳『妙法蓮華経』である。

わが国において、持経者は、すでに奈良時代より存在し、平安時代・院政期におよんで漸次増大した。

「専持法華」等を旨とする法華専修者と、真言・念仏などの兼修者があり、雑修性が際立っている。持経者には「読誦法華」が必須条件であり持経者から法華経読誦の行を捨象することはできない。また、民間の沙弥・聖乃至在俗の間に流通していた持経信仰が、日蓮聖人の唱題の直系の祖流となっている。

さらに日蓮聖人の戒律否定、悪人成仏の思想が念仏宗からも影響されたものであると同時に持経者信仰の方にもそれと同じ要素が存在した。

法華経聞法により畜身を転ぜしめた程の絶大なる力を有する法華経の験徳に対する信仰は、やがて他日、この経典を無二の救済経と仰いで絶対の帰依を捧げる日蓮聖人の宗教の如きものを産み出す萌芽を充分に含んでいる。

持経信仰の様相として「智解の否定」「験徳の論理」「数量的信仰と苦行」「後世利益」「験力・経力・信力」があり、鎌倉仏教の特色である信力の強調が『験記』には、すでにあらわれている。

持経者と呼称される者は正式出家僧の階梯を踏みながら本寺を離去する様相が顕著である。一つには叡山の腐敗、堕落、二つには荘園制度の没落化が背景にあり、つまり彼らは、出世栄華の道とはかけ離れた者たちであり、自らが発心し、自らが持経生活を選び、新らしい道を切り拓こうとする者たちであった。

また『験記』持経者の存在形態として、寺院定住、山林定住、山林修行、遊行の四つのタイプがあり、最も多いのは寺院定住である。なかでも叡山三塔に散在した天台系の特に横川系の持経者が多い。と同時に多武峯、法隆寺、法輪寺などにもそれが伝播していた。山林定住の地として『験記』で目立つのは愛宕山である。又、山林修行＝山林を経廻する修行者＝が聖人と呼ばれている。『験記』における持経者の別所定住は、わずか一例で延暦寺座主陽生僧都である。『験記』において山林定住者が、あまり選ばれていない理由は世人の目に触れることがすくなかったためであり、山林定住者は、むしろ山林修行者や遊行者によって見出され、その宗教生活が伝えられたという形で『験記』に収録されたのである。遊行持経者についても数は少ない。遊行目的の一つは自行のため、二つは化他勧進の遊行である。遊行持経者の二つの型は『験記』以後もなおつづいて、聖の地方進出、民間布教の活発化と同じく、院政期には持経者による法華経勧持のための遊行や、如法修行の勧進が、いっそう展開している。

先述した如く持経者は比丘＝僧に限られていたが、慈円の『愚管抄』によると、後白河法皇の妹の上西門院も持経者として扱われている。法華経では、受持法華経者は比丘＝僧に限定されていない。したがって、比丘に限って持経者の呼称を使用した鎮源（『験記』撰者）よりも在家の女性をも持経者と称した慈円の方が法華経における用例に適合しているといえよう。また、藤原道長も持経者と称せられている。

そして鎮源が持経者と称した僧の持経の意味は、五種法師の修行の一つとしての受持（特に、憶念・憶持）、二に信念による経の受持、三に名号受持の中、第二の信念による経の受持の意味である。また、平安末鎌倉初期における、日蓮聖人出世の地である東国地方にも、苦行性・実践性に裏づけられたストイックな持経者が存在した。

さて、次に持経者・聖・聖人については関連性が深く『験記』においても「持経者聖」「持経者聖人」などの呼称が存在する。

聖＝ヒジリの語義については、日知りと火知りの二つの意味づけがなされている。ヒジリは原始的な宗教者一般の名称であった。

かれらが他と異なる能力の持主であったこと＝非凡人＝として、又、非凡人である「真人」はヒジリと訓まれ、宗教の分野だけでなく、学問・文学・芸能においても非凡な才能の所有者がヒジリと称され、それが仏教の分野における早い例は『日本霊異記』である。

持経者もそうであったが、天台系、なかでも横川系の僧に聖が多く、かれらが貴族・庶民に結縁し、法華と念仏との伝達者であった。『験記』成立後の諸往生伝にも聖が頻出し、それは院政期の聖の活躍の投影であった。

特に『拾遺往生伝』においては、持経者を聖が包みこんで行く傾向が強く、聖の拡大化といえよう。聖の存在形態は、隠遁聖、遊行聖、その中間的存在の別所聖があり、別所聖は集団生活を営み、そして聖に共通するのは、持経者と同じく、本寺から離去し、既成教団の枠外の宗教者である。

また、初期の聖たちの宗教行業の内容は、『験記』に見られる如き法華経の持者と前代以来の念仏行者の系譜を引くものであり、元来、持経者的な験徳が優位していて、その中から念仏的なものが分化してきたともいわれる。

そして初期聖の苦行的性格を持戒的なものとして宗教行業の中核にすえて行った中世聖に対し、初期聖の苦行的性格をそのまま直授継承していったのが法華の持者たちである。

さらに、この聖・持経者に対して宗教的治生産業との相即を高唱する在家畜妻の犯戒無戒の立場に立つ沙弥の一群があり、これらは持経者の日蓮聖人における、聖・沙弥の法然上人・親鸞上人における如く共に両者の間に歴史的関係が存在する。

また、山岳信仰ないし自然物崇拝という人々の信仰習俗や宗教観は、仏教における浄土教＝阿弥陀信仰と、法華経＝経典信仰と、密教＝修験との三によって意義づけられ、平安時代の中期から後期にかけての仏教は、このような伝統的な信仰世界と深くかかわり始めたのであって、その旗手をつとめたのが、「聖」「持経者」「上人」などと称される聖者たちであった。

第二節　『大日本国法華経験記』における持経者像

方法としては、特徴をもつと予想される諸群に『験記』所載者を分類し、その中で個々の標目者のもつ要素を分析し並べてみることによって、かえって、その群としての特性をつかむものである。

第一項　「持経者」について

まず『験記』所載者（一二九名）の中から「持経者」と呼称されている一群（二四名）をとり出し、その構成要素を分析表示（第一表）してみた。第一表該当者には、現状では出典を見出せなかった。『験記』以後の諸伝の原拠となったと思われるものは多い。往生伝に転用された六例は、そこでは「持経者」の呼称を削除されている。又『元亨釈書』では〝感進〟に、『本朝高僧伝』では〝読誦〟にいれられた確率の高い一群である。

第一表をもとに「持経者」の特性を見ると

◎構成員は比丘に限られている。

（一）行業について

○法華専修者として記された例が多い。

○兼修行業四例は、或期間に専修者であるか或は専修意識を以て他の行業を統摂していると見える。兼修されるものには「顕密学習」「受学真言」等と記されて、行業というより学文と名づくべきものを主としている。

臨終時のみに「念仏」を修するものがあるが、「持経者」に法華専修の傾向を見ることができる。専修、兼修者に通じて読・誦行を具備するのが通例であり、「持経者」に法華経読誦行は不可欠の要素である。
　ほかに解説・書写・止観・懺法と記されるものがあるが、これらは該当者も少なく、「持経者」には二次的行業とされている。

（二）行相について

行相とは行処（外相）と、その修行にあたる姿勢（内相）をも含める。

（A）山林定住・廻峯者

㋑深山に定住して苦修練行すると記される者（七例）。諸峯往還の後に定住する者もあり、吉野山、愛宕山などの山岳信仰の所在地がそこである。この内、持経仙と名づくべきものがあり、法師品の文に依拠しながら、人跡未踏の山中での修行のもたらす超絶的能力の獲得を以て得果に準ずるとされている。

㋺山中の寺院に定住する者（三例）。

㋩山林又は山中寺院を廻行する者（二例）。これらには、本寺を離去絶縁した者が多い。

（B）世路経営・遊行者

　本寺から巷間に出て行った者が多い。

㋑山林定住以後に世路を経営（田畑の耕作）する者（一例）。㋺華洛に下住するか或は世路経歴する者（三例）。㋩「世間称㆓一宿聖㆒」の如き遊行形態をとる者（一例）。

以上の三類には読誦行と共に利他行が顕著である。

（C）その他の自覚的修行者

　寺院に居住しているのが通例である。

㋑諸霊験（長谷寺、金峰山、住吉など）の祈請対象への祈願を目的として、巡礼、参籠する者（四例）。山中寺院が霊験処にあたっている場合が多いが、環境を重視したというより祈請対象が霊験著名である点で（A）と対比できる。㈢守護を加えられることによって「倍生信力」して法華経を読誦する者。これら二類における自覚的精進の契機が、第一表（三）異事と符号していること即ち現に与えられた利益によって法華経への信頼感が倍増する。

以上の（A）（B）（C）は行処を主として見た場合、それぞれ多少の出入はあるが『摩訶止観』二十五方便・具五縁の中の〝閑居静処〟にあてはまるといえる。さらに、第一表にあげた標目者は、これら（A）（B）（C）のどれかにあてはめることができ、天台系（最も多い）、南都系、真言系の各本寺において受戒出家したことがあると見られる。すなわち呼称されるところの「持経者」とは正式出家僧であり、それ以後、自覚的に法華経を読誦する形態・姿勢に視点をおかれている。

(三)　結縁（行用）について

（A）「持経者」の誦経を媒体として結縁させる場合。

結縁なさしめる者としての「持経者」には「音声微妙」「其声深遠」等が附随している場合が多い。先述したように「持経者」に法華経読誦が不可欠とされていることから、(三)の（A）に該当していない「持経者」にも潜在的な聞経結縁者が予想される。特に(二)の（B）の世路経営、遊行者において、その機会と対象は多かったであろう。その場合、〝誦経〟は、「持経者」の生活手段となっていたかもしれない。

（B）徳行結縁

「持経者」の主として可視的徳行を媒体として結縁させる場合。徳行の内容は(四)の異事の三類に通じる。「持経者」が結縁させるというのは、自己の持経功徳の余残として記されている。

（四）異事（行力）について

記される処の超絶的能力を異事と総称した。

（A）守護・給仕・讃歎・供養

「持経者」に働きかけて、これらをなすものは、「持経者」の自行としての持経の完遂を助発するために顕現する。この内、「普賢菩薩」によって守護される者が最も多い。懺法乃至半行半坐三昧との関係が考えられる。ほかに「文殊・観世音・毘沙門・十羅刹女・天童」など、法華経中に直接的典拠を見るものがある。又、「金峰山蔵王・熊野権現」などの山岳信仰とも密着している諸霊験の祈請対象と、道教中の用語とも見える「神人・神女」などがある。

（B）験力・自在力

「持経者」に備わるものとしての験力・自在力は、持経という行為と経力との相応の上に発現され、この内、験力は、主に世間においての治病・悪霊邪気の降伏を内容としている。先述した（三）の（A）の場合と同じく、これらが生活手段であったことも予想される。自在力は山林定住・廻峰者に多く見られ、その内容は六根清浄として捕捉できる。ただし『験記』の記述は「仙人神力」（十八條）の如く外面的超絶性を宣揚している。

（C）往生瑞相

夢想と臨終瑞相とがこれに当り、専修者として記される者に、これらが多いことから持経が往生のための一大善根とされていたことが考えられる。

特に専修者たる薩摩国持経沙門某（十五條）は自行完遂の実現を焼身往生においた類例である。以上、異事（行力）において顕著であったのは、「普賢」と「夢想」（以上は、『観普賢菩薩行法経』・『観無量寿経』に主に依っているであろう）であった。口唱（読誦）によって観想（観仏）

を成じようとすることが、「持経者」の到達点であるならば、「持経者」における読誦行は、それがいかに鮮烈であっても、口唱行業として独立した価値を与えられるとは言えまい。

(五) その他の要素について

(A) 所居の土(依報)

(a) 浄土・(b) 都率天を記された者は少数であるが、これら以外で成仏を後世にかけると記される場合は多い。「持経者」には特定の土を指すとは限らないが、得果を来世に期待する傾向が見える。

(B) 聖・聖人の呼称

特に行相と異事の超絶性を記された者に対する尊称として考えられる。但し法華修行者以外の山林苦行僧にも適用されている。転訛しながら一般的超絶者への呼称となった聖・聖人の範疇の中で「持経者」がとらえられるのであり、それは「持経者聖人」(十一條)・「法華聖」・「法華聖人」(十七條)に示される如くである。

聖・聖人が重複して呼称される場合が多く、聖と聖人とは同種の概念と見ることができよう。但しどちらか片方だけの場合、聖人は山林苦行僧に、聖は遊行僧に充てられていると見える。

ここで、『験記』における「持経者」について、記されるところの雑多な要素の典拠・解釈を法華経に求めることができ、又それらの基軸に「経力」を置いている点において、「持経者」は、聖・聖人とは別に設けらるべき、持経者の塑像ではなかったか、と考える。

第二項　「持経」者について

ここに「持経」者とは、第一表にあげた者以外の『験記』所載者の中で、「持経」を行業とするか、或は経巻として所持していると記される一群（四十名）である。これらを「持経者」構成要素を基準としながら、特に「持経」の内容について分析表示した（第二表）。付表には、出典と『験記』以後の諸伝にのせられているものとを挙げた。第二表該当者（「持経」者）には、『日本往生極楽記』を出典とする者が一例（聖徳太子）ある。又、『験記』がそれ以後の諸伝の原拠となっていると思われる者も多い。『拾遺往生伝』への転用者は多い。

さて、第二表を基として見た「持経」者の特性は以下のようである。

◎構成員は比丘、沙弥、優婆塞、優婆夷に亘っている。

(一) 行業としての「持経」

読誦行と併記されるのが通例である。しかも「持経」が特記される所以は、

●「偏持法華」「能持法華」等と記される場合。法華経に則る行為と、法華経を専修するという態度とを総括している。

「持経」が読・誦行を内包した法華経行業の総称として扱われているといえる。「持経」者における法華経関係行業は、「持経者」（第一表）の場合に準じ、更にその意味を拡大している。

(二) 所持品としての「持経」

該当者すべてが、読・誦行を含むところの行業としての「持経」と併記されている。しかも所持経（法華経の経巻）が特記される所以は、

(A) 来世へ。臨終に際し、或は往生瑞相たる夢想の中で所持すると記される場合で、大半が浄土への往生者とされ、臨終時に経巻を執った者のうちには、死骸となっても誦経した（三九、四一、六三條）。このように来世に関する場合の経巻は、現世の行業としての「持経」功徳が経力と相応することによって仏果に至る証拠とされていると見える。

（B）宿因を示す証拠となる場合。先世に所持していた経巻に現世でめぐり遇うか、或は宿因を告げる夢想中の姿が経巻を執っている。該当者は比丘のみである。

（C）現世での不断念誦を示す場合。

以上、所持品としての「持経」の三類は、三世に亘る法華経との念の相続不断を示したものと見られ、行業としての「持経」の意味を拡大している。

㈢　行相以下の要素について

（1）比丘について

●行相では（A）の中にいわゆる〃持経仙〃は見出せなかった。但し第一表にも見た愛宕山での修行者は顕著である。この中に愛宕山が地蔵信仰乃至文殊信仰と結びついて、五台山の五会念仏の移入としての常行常坐三昧を想定させる記述をもつものがある。（C）に該当した者には叡山住僧が圧倒的に多い。

●結縁では（A）の誦経結縁が比丘に限られていること。

●験力・自在力及び聖・聖人の呼称も又、比丘に限られている。

これらによって「持経」者のうちでも、比丘と在俗者とは、主として外相の超絶性の有無によって区別されているといえる。

さて、以上のように、「持経者」に準ずる構成要素をもっているが、行業の側から見た場合、第二表の「持経」者たる比丘には、徳行結縁の内容または験力の基盤を、法華経以外の行業に範疇を置くものがある。そして、ここに専修者と記される者の大半と、兼修者の中でも法華経行業への傾斜が顕著であり、特に結縁・異事の基盤を経力に置くと思われる者とは、第一表の「持経者」すなわち持経者の塑像と同型であると考えてよいであろう。

従って、比丘に関する限り、持経者とは「持経」（法華経関係行業の総称としての）者の謂であるか、又はその強烈な者のことであると言えよう。

（2）在俗者について

●行相。外相が世路経営者であるのは当然といえようが、内相として出家を志向する者が大半である。この中に悪業者と、山里を往還する者とがあり、これらの行相は比丘の中の巷間へ再出家した者と共に在俗修行形態として一括される。

●結縁・異事について。結縁の内、（B）徳行結縁欄に該当した在俗者が三例あり、これらが他に結縁させる媒体は、その往生瑞相（二例）と加護（一例）である。誦経を媒体としない点に注目したい。

異事の中では、「観世音」による守護を記された者（三例）が目立っている。

以上のようにに、在俗「持経」者は、比丘における持経者（第一表・第二表に亘る持経者の塑像）に比せば、その行状に緩みを見ることができる。だが、そのことにかえって新らしい動向を窺えるかもしれない。

第三項　「持経者」（第一表）、「持経」者（第二表）以外について

（一）標目にあげられた者とは別人の持経者を内容中に含む『験記』所載者

ここにとりあげる一群（一二名）は、標目者自身は「持経者」とは呼称されないが、「持経」者である場合（三例）がある。いずれも法華経関係行業をもっている。以下、標目者と内容中の持経者との関係を述べる。

（1）標目者が比丘である場合

㋑紀伊国完背山法華経死骸（十三條）は誦経と自己の本縁を語ることで、熊野参詣途次の持経者を随喜結縁せしめている。

㋺先世に、内容中の持経者によって結縁せしめられたと記する者（七名）。
（2）標目者が比丘以外の場合
（イ）現世において持経者に値遇結縁し、持経者供養することで抜苦・昇天するもの。わずかの修善と、それによる得果への時間的短縮の傾向を窺えよう。
（ロ）持経者を誹謗したことにより現悪報を受け、後世の受苦を約される者。（イ）の裏面的証左といえよう。
（ハ）越後国乙寺猿（一二六條）は、前世から現世に亘って同一持経者と値遇し、人身を得た現世の修善（法華経書写供養）によって来世の得果を約されている。
以上、（1）（2）を通じて顕著であるのは、種益から脱益に至る経力乃至念の相続の強調と、持経者による結縁の重視である。
（二）その他の『験記』所載者
ここでは、これ迄に扱った者以外の残り五六名について、出典および『験記』以後の諸伝に載せられた者を挙げて第三表とした。
（1）比丘について
㋑「持経者」に準ずると思われる者。

読誦行を有し、それが他行業を凌駕しているもので、行相以下の各要素が「持経者」に準ずる記述をもつものは十七名である。次に行相（B）に入る者の内に、罪人に結縁させるために偸盗罪を犯す者（二二條）と肉食妻帯の「施陀羅」の如き者（七三條）があり、共に聖・聖人と呼称されている。これらが持経者と呼称されていないことによって持経者ではないと考えられた場合は、ここにあげた一群はおそらくは、その行相において先述した塑像としての持経者の枠をはみ出すものをもっていたためである。それは（A）においては「仙人」への偏向という、（B）においては「持経者」とは異なった次元での聖・聖人であるという、（C）においては高位の僧官に就き学匠であるという要素ではなかったろうか。

㋺「持経者」に準じないと考えられる比丘（十七名）には、慧解と講経を主とした者が多い。西方願生者と悪業者で、わずかの法華経行業をもつものもある。『験記』中の比丘の中で『日本往生極楽記』を出典としたものは、ここに限られている。行相において「持経者」からはみ出る部分と、第二表の兼修比丘に見た験力等の基盤が法華経以外にあるという要因は、ここでは更に拡大されている。

（2）比丘以外のものについて

ここでの二二例の大半が往生、上生者とされている。ただし、『霊異記』→『三宝絵詞』→『験記』という記載経路をとった者は、現報譚としてとらえられ、これまでにあげた『験記』以後の諸伝に転載されていないこととも併察して、これらにおける行状が、畏敬渇仰すべき超絶性を欠いている点が指摘されよう。往生・上生者に通ずるのは、法華経読誦と弥陀念仏が全く併修されていること。これらは法華経関係者ではあるが、持経者の塑像からは最も離れている者たちである。

【註】

（1）三種の訓み方について、それぞれ一例のみをあげる。
じきょうしゃ＝『今昔物語集』巻十二第五、大系本第三巻一九一頁、ただし、ヂキョウシヤ。

じぎょうじゃ＝『愚管抄』巻第六、大系本二七八頁、ただし、ぢぎょうじゃ。

じきょうじゃ＝『平家物語』巻十六、大系本上巻四一三頁

（2）いずれも兜木正亨編『法華音義類聚』乾・坤に所収。

（3）家永三郎稿「日蓮の宗教の成立に関する思想史的考察」（『中世仏教思想史研究』所収）、九三頁〜九五頁

（4）高木豊著『平安時代法華佛教史研究』三七六頁

（5）高木豊著『平安時代法華仏教史研究』三七七頁〜三七八頁

（6）高木豊著『平安時代法華仏教史研究』三七八頁

（7）高木豊著『平安時代法華仏教史研究』三九二〜三九三頁

（8）高木豊著『平安時代法華仏教史研究』三八三頁

（9）高木豊著『平安時代法華仏教史研究』四一七〜四二三頁

（10）高木豊著『平安時代法華仏教史研究』三九五頁

（11）高木豊著『平安時代法華仏教史研究』三九五〜三九六頁

（12）高木豊著『平安時代法華仏教史研究』四〇〇頁

（13）高木豊著『平安時代法華仏教史研究』四〇〇〜四〇一頁

（14）高木豊著『平安時代法華仏教史研究』四〇一頁

（15）川添昭二著『日蓮とその時代』三五頁

（16）川添昭二著『日蓮とその時代』四五頁

（17）川添昭二著『日蓮とその時代』四五〜四六頁

（18）川添昭二著『日蓮との時代』四六頁

（19）高木豊著『平安時代法華仏教史研究』三八四頁

（20）高木豊著『平安時代法華仏教史研究』三八四〜三八六頁

（21）高木豊著『平安時代法華仏教史研究』三八六～三八七頁
（22）高木豊著『平安時代法華仏教史研究』三八七～三八九頁
（23）川添昭二著『日蓮とその時代』四頁
（24）川添昭二著『日蓮とその時代』四頁
（25）川添昭二著『日蓮とその時代』四頁
（26）川添昭二著『日蓮とその時代』四頁～五頁
（27）川添昭二著『日蓮とその時代』五頁
（28）川添昭二著『日蓮とその時代』五頁
（29）川添昭二著『日蓮とその時代』五頁～六頁
（30）川添昭二著『日蓮とその時代』一〇～一一頁
（31）中尾堯著『日蓮信仰の系譜と儀礼』一～二頁
（32）中尾堯稿「題目講の機能と性格」（久保田正文先生古稀記念論文集『宗教社会学とその周辺』日新出版、一九七五）
（33）中尾堯著『日蓮信仰の系譜と儀礼』三頁
（34）中尾堯著『日蓮信仰の系譜と儀礼』三～四頁
（35）中尾堯著『日蓮信仰の系譜と儀礼』四頁
（36）中尾堯著『日蓮信仰の系譜と儀礼』四～八頁
（37）重松明久稿「往生伝よりみたる浄土教の展開」（同『日本浄土教成立過程の研究』第二編）には、『大日本国法華経験記』は、七往生伝（『日本往生極楽記』以降、『本朝新修往生伝』まで）中の一伝とされている。
（38）横川首楞嚴院鎮源撰（続群書類従伝部所収）、長久二年（一〇四一）『仏教史年表』（法藏館）
（39）ただし八四條は欠文のため、実際にとり上げたのは一二八標目である。
（40）家永三郎稿「日蓮の宗教の成立に関する思想史的考察」（同『中世仏教思想史研究』所収）。
（41）川添昭二稿「法華験記とその周辺―持経者から日蓮へ―」（『仏教史学』八巻三号）。
（42）例えば註（37）にあげた研究、など。
（43）大日本仏教全書第百一冊所収。

（44）大日本仏教全書第百二・百三所収。

（45）四〇條は山林修業中は読誦専修であるが、死時を期して「即捨二衣鉢一……修二弥陀念仏及法華懺法一。作二是誓願一。弟子今生偏持二法華一……」とある。五九條は、四〇條とは逆に「顕密学習」以後に山林に籠居して法華経を専持している。五七・九一條の「念仏」は「念法華」と置き代えることができよう。

（46）『正蔵』巻八四所収。

（47）数的念仏を記されたものとして、『拾遺往生伝』（巻中の清原正国・射水親元、巻下の定秀聖人・阿闍梨聖全など）、『後拾遺往生伝』（巻中の入道忠犬丸、巻下の尼妙蓮など）が顕著である。従って、数的読誦の方が先行していると思える。

（48）「若人在二空閑一。我遣二天竜王。夜叉鬼神等一。為作二聴法衆一」（十一條）。「寂莫無二人声一。読二誦此経典一。我尓時為現二清浄光明身一」（十八條）。

（49）八一條に直接的記述はないが、「檀那」等を記されることから、推定し得よう。

（50）平林盛得稿「民間浄土教の系譜に関する一試論」（『書陵部紀要』十二号所収）には、行基、空也の布教形態として（1）遊行頭陀　（2）菩薩行　（3）苦修練行（4）知識勧進　（5）奇瑞霊応・文殊応現　（6）沙弥優婆塞形態の尊重、という堀一郎氏の分類をあげている。

（51）『正蔵』巻四六所収。

（52）本山・師匠との関係を『験記』に明記されていない者（十七・五七・六八・八一・八八・九一條）にも、「出家」「守禁戒」「上人」等の記述があり、八八條（蓮昭）は『三井続統記』に記載されている。又、「誦」特に多誦は専門僧以外に採用されることの少ない行業と思われることも、一つの決め手となろう。

（53）「三年籠山。読二誦千部法華一。巳作二是思惟一……若我出レ山。交二雑人間一。染二着世習一。還作二悪業一。被レ牽二邪見一。癡二円乗善一。我不レ愛二身命一。但念レ生二極楽一。不レ如二焼身供養一……」

（54）たとえば、持金法師（十七條）は「般若聖」「般若聖人」と記される山林定住者。

（55）『学芸大研究報告』第五集所収。

（56）『梁塵祕抄』巻二・一八九など。

（57）『梁塵祕抄』巻二・四四三。

(58)『験記』には「一宿聖」と記されている行空は、『三外往生記』では「一宿聖人」と記されている。

(59)群書類従伝部所収。

(60)群書類従伝部所収。

(61)続群書類従伝部所収。

(62)続群書類従伝部所収。

(63)「持㆓誦最勝王経㆒」の光勝沙門に対する法蓮法師（四八條）、「受㆓持金剛般若㆒」の持金法師に対する持法沙門（十七條）。この二例、中国の僧伝からヒントを得た『験記』撰者の創作であろう。十七條の骨子（諸天供給）は、『宋高僧伝』巻四・窺基伝の道宣を訪れる箇所（正蔵五〇・七二六ａ）に類似している。

(64)たとえば「年来所持経力六万九千三百余仏。各放㆓光明㆒……前後囲続。将㆓去極楽㆒」（一二一條）。

(65)「夫愛太子山。地蔵竜樹久住利生之処。不㆑異㆓唐朝文殊影向五台山㆒矣。如㆑是思惟攀㆓登愛太子山㆒」（十六條）。尚、五台山の五会念仏と叡山の常行念仏との関係については、塚本善隆「常行堂の研究」（『芸文』十五の三・四所収）・同『唐中期の浄土教』（東方文化学院京都研究所研究報告・第四冊）を参照。

(66)聖徳太子（一條）に於ける「大聖人」の呼称については、
1、聖徳太子が観世音化身としてとらえられ、又、「其作法如㆑僧」と記されていること、
2、『ヒジリ語源考』の中の所謂スメラミコトに適用される聖人の呼称としても捉えられること、
が考えられる。

(67)たとえば、嵯峨定昭（四一條）における験力は大仏頂真言を誦することによる加持である。源信（八三條）における結縁とは「構㆓弥陀迎接相㆒。顕㆓極楽荘厳之儀㆒」によって、参集者が「結㆓往生業㆒……植㆓菩提因㆒」なのである。

(68)香隆寺比丘某（七六條）は専修者であるが、「無慚破戒悪僧也。唯持㆓法華経寿量一品㆒。毎日不㆑闕必誦㆑之」と記され、第一表の「持経者」の枠をはみ出た持経者としてとらえたい。

(69)たとえば一〇二條源雅通は「一生殺生不善」「多作㆓悪業㆒」であるが、提婆品の「不生疑惑者不堕地獄餓鬼畜生乃至蓮華化生」の文を朝暮の口実とし、臨終時にも口唱した。

(70)「身雖㆑在㆑俗。作法似㆑僧……若有㆓食料㆒。随㆑身往㆓至空閑静処㆒……若食尽失。又出㆓里辺㆒」（百九條）。

(71) 卒都婆中の妙の一字の化人の守護で、羅刹鬼の難を免れるのである。
(72) 群書類従雑部所収。たとえば、巻上・三十一、巻下・七など。
(73) 天台山（叡山を指す）東塔住僧であったが、六万部法華転読の願なかばに此処（紀伊国完背山）で死去した。死後も誦経を続け、満願の時は都卒上生すべきこと。
(74) 第二表との重複者（二六・七七条）と、二七条備前国盲目法師・三〇条山城国加美奈井寺住僧・二六条叡山朝禅法師・五三条横川永慶法師・八九条越中国海運法師（『本朝高僧伝』巻六八〝読誦〟にいれられている）。
(75) 第二表との重複者（九七条）と、一二八条紀伊国道祖神。
(76) 九六条軽咲持経者沙弥。出典として『霊異記』上一九・三宝絵詞巻中が考えられる。
(77) 第三表㋑にあげた十五名と、二一条愛太子山光日法師・五六条丹州長増法師。
(78) 「元慶三年始登二叡山一」、延喜二三年（九二三）には既に仙人となって金峰山にいた。
(79) 第三表㋺の十二名と、一三条叡山宝幢院道栄出山・二九条定法寺別当法師・六二条蘭城寺僧某・八四条丹後国某甲（不書）・八五条仏師感世法師（内容中には沙弥とある）。
(80) 第三表（2）の十二名と、優婆塞三名（一一二条奥州壬生良門・一一五条周防国判官代某・一一六条筑前国優婆塞）、優婆夷五名（一一九条女弟子紀氏・一二二条筑前国盲女・一二三条山城国久世郡女人・一二四条越中国立山女人・一二九条紀伊国牟婁郡悪女）、動物二例（一二五条信乃国蚰鼠・一二七条朱雀大路野干）。
(81) 大日本国仏教全書第百十一冊所収。
(82) 第三表（2）にあげた四例のほかに、山城久世郡女人（いわゆる蟹満寺説話）があるが、『験記』の記述は大幅に異っている。

【補注】

第一節（八九頁）、『梁塵秘抄』歌の省略部分を追補する。

「山寺　行ふ聖こそ　あはれに尊きものはあれ、行道　引声阿弥陀経　暁　懺法　釈迦牟尼仏」（No.一九〇）

「大峰　行ふ聖こそ　あはれに尊きものはあれ　法華経　誦する声はして　確かの正体　まだ見えず」（No.一八九）

第二章　日蓮聖人における「持経者」および「法華経の行者」に関する研究

日蓮聖人における持経者についての先学の直接的研究は、管見では多くを見出せなかった。その殆どが著書の一部である。だが内容は豊富である。

法華経の行者に関しての研究は比較的多いが、著書のタイトルに既に『法華経の行者日蓮』と付しているものなど、日蓮聖人の全生涯を著述している。勿論、日蓮聖人における各時代・各時期において、それぞれの変容と深化・拡大化・更には綜合化までが考えられよう。

ここに各節を分けたが、実質的には判然と分かちがたい点もある。又、関連事項をも含めた。まずは、各節にしたがって論を進めて行く。

第一節　「持経者」について

ここに、先学とは山川智應、家永三郎、川添昭二、高木豊、浅井円道氏である。

まず、**山川智應氏**は、伊豆流罪中の『四恩抄』を引いて、流罪により「昼夜十二時の法華経の持経者」[1]となれたことを、以下の如く趣意を述べている。

日蓮はこの伊豆流罪中に、二つの大切な著述をしている。一つは四恩抄と名づけ、一つは教機時国抄と名づける。

〃法華経持者としての四恩抄〃

「四恩抄」は流罪せられてから八ヶ月目の弘長二年正月十六日に、房州、天津の工藤左近尉吉隆へ遣はしたものだが、消息というより一個の著述で、その趣意は、此の流罪について二つの大事がある。一には大きな悦びだ。此の娑婆世界は忍土といひ、仏を能忍というは、十方の浄土と異りたる穢土であるから、正法を弘めるには忍辱が肝心だからで、仏の在世すら仏に種々の魔障があり、「況や滅後をや」と経に説かれ、在世よりは正法、正法より像法、像法より末法と、正法弘通に難が多くなるべしとある。日蓮、仏学に励んでより二十四五年、殊にこの法華経を信じてから六七年になるが、種々のさはりで読誦とては、一日に一巻を事としてゐるが、或は一品或は題目ばかりの事もあった。然るに「去年の五月十二日から、今年の正月十六日に至るまでの二百四十餘日の程は、昼夜十二時〔二十四時間〕に法華経を修行し奉ると存じてゐる。その故は、法華経（弘通）の故に、かかる身となったことだから、行くも往《とどま》るも坐るも臥すも、法華経を読み行ずることである。人間に生を受けて是ほどの悦びは、何事か（これに比べるものが）あらうぞ。凡夫の（世の）習ひで、我と励み菩提心を発して後生を願っても、自ら思ひ出し、十二時の間には（やっと）一時二時《ひとときふたとき》こそは励むことであるのに、（今の）この身は、思い出さないでも、経を読まないでも、法華経を行じているのであらう。無量劫の間に六道四生を輪廻した間には、或は謀叛を起したり、強盗夜打などの罪でこそ、国主から禁めを蒙り、流罪死罪にも行はれたでもあろう。（今の）この身は、法華経を弘めようとする心の強盛なる為めによって、悪業の衆生に讒言せられて、かういう身となったのであるから、定めて後生の勤めとはなるであらうと覚えられる。これほどのわざとならぬ昼夜十二時の法華経の持経者は、末代には有りがたいことであらうぞ。又止め度もなくめでたい事がある。無量劫の間六道に廻ったのには、多くの国主に生れ値って、或は寵愛の大臣関白ともなったらう。さすれば国を給はり財宝官祿の恩をも蒙ったらうが、法華経流布の国土の主に値ひ奉り、其の国で法華経の御名を聞いて修行し、これを行じて讒言を蒙り、流罪に行はれまいらせた執政には、未だ値ひまいらせなかったであらう。法華経には、是の法華経は無量の国の中において、乃至名字だけも聞くことはできない。何に況や見ることを得、受け持ち読み誦んずることをや云々といはれている。だからこそこの讒言の人と執政こそ、我が身には恩の深い人でおはすのである！」（後略）（私註　『四恩抄』は依用できない。真蹟現・曽存なく、直弟子の写本なし）

この四恩抄には、流罪の身をば、身を以って読みつつある、即ち『色読』してゐるとしているが、それに係らず『行者』(2)といはず、当時法華経修行者の汎称たる、『持経者』とのみいってゐるのは、深く注意を要する。

次に**家永三郎氏**は、前時代の持経信仰が日蓮聖人の唱題の最も直系の祖流となっているとして、以下の如く述べる。

我々はそこに、同じ法華信仰でありながら山門寺門の所謂顕密の學匠の間で成長した天台教學とは別に、民間の沙彌聖乃至在俗の信徒の間に流通した持經信仰が、日蓮の唱題の宗教の最も直系の祖流となつてゐることを見出すのである。平安朝に於ける法華經受持の信仰が朝野にわたつて極めてひろく弘通してゐたことはここに云ふ迄もないことであつて、遠く唐僧詳の法華傳記等に始る法華經の驗德の鼓吹は我が國にも傳はつて、寧樂朝以來法華經は衆經の王としてひろく上下に尊重せられたのであるが、就中本朝法華驗記や往生傳の類に見られる通り、法華經の受持を以て行業とする「持經者」なる特殊の信仰者を發生せしめた處に重要な歴史的意義が存するのである。日本靈異記によれば既に寧樂時代から「年八歳以前誦二持法花經一」したり（巻上第十八）

「常誦㆓持法華大乘㆒以㆑之爲㆑宗」したりする（巻下第二）「持經人」のあったことが見えるが、平安朝に入り法華經の流布と共にこの種持經者の數はいよいよ増し、遂に長久年間僧鎭源をして本朝法華経驗記によく百三十人近くの正傳を列ねしめる程の盛況を見たのであった(3)。

そして同氏は、日蓮聖人の経典本尊についても以下の如く述べる。

日蓮の宗教の教理的背景をなす天台教學の思想的優越性は、いはゞ日蓮の法華經に對する畏敬憑依の念を強化せしめた理由に數へられるのであって、その點これらの教理は一般の宗教の場合と異り、信仰を合理的に辯證する神學理論であるよりもかへつて信仰を成立せしめる原因となつてゐると見なしてよいと思ふが、法華經の内容的價値に對する畏敬がたとひ淨土宗の念佛の形式から示唆を受けたとは云へ、直ちに唱題の如き行を成立せしめるものではないのであって、その間には一つの中間的段階を挿入して考へるところが必要ではなからうか。日蓮の經典本尊の思想は恰もこの段階に位置を占めるのである。稱名念佛は信者と佛との人格的信頼の關係の上に成立するのであるが、この關係を繼受して唱題の行を導くためには、佛を一應經典に代換することを要した。日蓮が「三十一相の佛の前に法華經を置たてまつれば必純圓の佛云々」（木絵二像開眼之事(4)、五二六頁）と佛像を佛たらしめる爲めに法華經を附加する必要あるを説き、進んで「釋迦佛と法華經の文字とはかはれども心は一也。然らば法華經の文字を拜見せさせ給は生身の釋迦如來にあひ進らせたりとおぼしめすべし」（四條金吾殿御返事、八八三頁）「妙の文字は三十二相八十種好圓滿せさせ給釋迦如來にておはしますを、我等が眼つたなくして文字とはみまいらせ候也」（妙心尼御前御返事(5)、一九四七頁）と經典と佛との等質を説くに至ったのはこの必要に(6)基づいてゐる。かくてここに「法華經八巻一巻一品或は題目を書て本尊と可㆑定」（唱法華題目鈔、三四〇頁）と云ふ經典本尊の思想が成立し、これに「問云、然者汝云何釋迦を以て本尊とせずして法華經の題目を本尊とするや。答……佛は所生、法華經は能生。佛は身也、法華經は神也」（本尊問答鈔[7]、一七九五—六頁）と云ふ教理的理由が與へられ、更に一歩進んで「法華經は佛にまさらせ給事星と月とともしびと日のごとし」（窪尼御前御返事[8]、一八五一頁）と經の佛に對する優越性を示すことによつて經典の本尊たる地位は不動のものとなつたのである。[9]

次いで同氏は、日蓮聖人の専修唱題が称名念仏から示唆されてはいるが、それ以上に、日蓮聖人の宗教が、持経者の専持法華の延長であり、その歴史的関連は天台教学との関係よりも一層大きな意味があり、更に悪人成仏の思想も、念仏宗の教理から導かれたものであると同時に、持経者の信仰にも同じ要素があったことを述べて、次のように論証する。

その行ずる處は今の引用によつて分る様に專ら經典の讀誦にあつたが、これが一度稱名念佛の形式から示唆される時、一轉して專修唱題となる可能性は十分認められる處であらう。日蓮は親鸞や一遍が沙彌教信を追慕した如くにはこれら沙彌聖の信仰と自己の立場との聯關を自覺しなかつたけれど、曾て山川智應博士の指摘[著者註（一）]された如く「法華經の行者」なる自稱を使用するに至る以前は自ら「法華經の持經者」（四恩抄[10]、四二〇頁）と稱してゐたのであつて、日蓮の宗教が持經者の專持法華の延長となることは日蓮の意識とも敢えて抵觸するものではなく、その歴史的聯關は天台教學との關係よりも一層大きな意味があると云はなければならない。

さきに私は日蓮の戒律否定、惡人成佛の思想が念佛宗の教理から導かれたものであることを論證した。日蓮の宗教にさう云ふ内容を注入した直接の原因が念佛宗のそれにあつたことは確かに事實であるが、同時にこの持經者の信仰の方にもやはりそれと同じ要素が存在したのであつて、彼等持經者の内には「形雖㆓比丘㆒心似㆓在俗㆒、手持㆓弓箭㆒懷納㆓刀劍㆒、見㆓諸鳥獸㆒必射㆓殺之㆒、若見㆓魚鳥㆒必食㆓噉之㆒」と云つた生活を送りながら「唯持㆓法華經壽量一品㆒毎日不㆑闕必誦㆑

之」することによつて首尾よく往生傳中の人物となつた香隆寺比丘某（驗記巻中）の如き人物のあつたことは、單なる先蹤としても淺からぬ意味がある。(11)

著者註（一）　この事實と、佐渡御書所見の専修「念佛者」であった「數年が間」との時間的關係には少しく疑問とすべき點があるが、山川智應博士は、日蓮が十七歳の年に祕密圓多羅義集を書寫してゐる事實（金澤文庫本奥書）を擧げて、既にこの時念佛の行者ではなかった證とされた。

更に、同氏は、日蓮聖人が、かつて念仏・謗法の教えを信じていたことが、今や法華経専持の熱情として転用されたとして以下の如く述べる。

専修念佛の徒の充滿は法華經を信ずる彼の眼にはとりも直さず謗法の徒の充滿を意味する。たとひ一人一人の信徒に法華經を謗るの意志はなくとも、捨閉閣拋を説くこの法門への歸依はすなはち謗法の行爲と何等異ることはない。念佛と自經との兩立し難きは、千中無一の謗法の舌の根未だ涸かぬ日蓮自らが體驗によつて知る處、今や新らしく法華經の傘下に投じた彼が曾て法華經を誹つたその鋭い鋒を逆まにして念佛の徒に向つたのは必然であり、曾ての念佛者としての專一なる信仰は今や其儘法華經專持の熱情として轉用されることとなるのであつた。(12)

又、同氏は、謗法の事実によって印象せられた末法の意識と、この末法悪世を克服する唯一の救済力としての法華経に対する日蓮聖人の憑依の加重、「謗法者」側からの反撃すなわち日蓮聖人に加わった大小の迫害が実に「有諸無智人悪口罵詈等及加刀杖者等云々」の経文（法華取要鈔所引一〇三九頁）との符号によりその信念がます／＼確証され、ここに上行菩薩の自覚を産み出すに至ったことを以下の如く述べる。

謗法の事實によつて印象せられた末法の意識は「於二末法一者大小權實顯密共有レ教無二得道一、一閻浮提皆爲二謗法一畢。爲二逆縁一但限二妙法蓮華經五字一」(13)（法華取要鈔、一〇四二頁）とある通りこの末法悪世を克服する唯一の救済力としての法華經に對する憑依を一層加重せしめ、同時に「正嘉元年大地大震、同二年春大雨失レ苗、夏大旱魃枯二草木一[14]、秋大風失二菓實一、飢渇忽起萬民令二逃脱一、如二金光明經文一。豈非二選擇集失一乎」（守護國家論、二五二頁）「所レ謂自二建長八年八月一至二正元二年二月一大地震非時大風大飢饉大疫病等種々災難連連于レ今不レ絶。……法華經等諸大乘經雖レ在二國中一一切四衆生二捨離心一不レ起二聽聞供養志一[15]。故國中守護善神一切聖人捨二此國一去、無二守護善神聖人等一故所二出來一災難也」（災難對治鈔、三〇二頁）とあらゆる災害を皆この謗法の報に歸することによつて害惡の根源たる念佛宗徒（法華取要鈔、一〇四一頁）に對する折伏を激化せしめ、而してその結果として必然的に起る「謗法者」側からの反撃すなはち日蓮に加はつた大小の迫害が更に「有諸無智人惡口罵詈等及加刀杖者等云々」の經文（法華取要鈔所引[16]、一〇三九頁）との符号によつてその信念がますます確證されることとなり、ここに他に例なき上行菩薩の自覺をも産み出すに至つたと考察されるのである[17]。

次に**川添昭二氏**は、まず『法華験記』所載の持経者蓮長法師を挙げて、日蓮聖人が、「蓮長」から「日蓮」に改名したことを、奇しくも符合していると、以下の如く述べる。

> 『法華験記』に持経者蓮長法師の伝をのせているが、蓮長は日本国中の一切の霊験所に詣でて千部の法華経を読誦し、最後に手に非時鮮白の蓮華を執り、知識が花の縁を問うたのに対し、「是妙法華経、亦是仏性蓮華」といって入滅したという（六十、『今昔物語集』十三ノ二十八、『元亨釈書』第十一感進四ノ三）。
>
> これで想起されるのは日蓮が日蓮と名乗る以前には蓮長と称していたのを、「夫婦共に法華の持者」といわれた四条氏にあてた書状で「明かなること日月にすぎんや、浄きこと蓮華にまさるべし

や、法華経は日月と蓮華となり、故に妙法蓮華経と名く、日蓮又日月と蓮華との如くなり」（「四条金吾女房御書」『定遺』四八四頁）といって日蓮と改名したという所伝である。先の蓮長といい、蓮長─日蓮の改名といい、所伝とはいえ、一味本質的に相通ずるものあるを感じる。[18]次いで同氏は、以上のような持経者信仰と日蓮聖人の信仰とについての根源的関連について以下の如く述べる。

「女の殊に持たむは、薬王品に如くはなし」（『梁塵秘抄』第二）といわれ、妙経の真髄といわれた（本田日生『法華経講義』下巻）薬王品に関する信仰を中心に、前行持経者の信仰と日蓮の信仰との間に如何なる姿相で根源的関連が把握できるか一考を加えておこう。

法華経中の薬王菩薩本事品の意は、喜見菩薩が仏の滅度を見て悲観懊悩して仏を恋い、海此岸の梅檀を薪として仏身を供養し、八万四千の高塔を立て、なお未だ足らずとして百幅荘厳の臂を燃すこと七万二千歳、かくて無量の人をして菩提心を起さしめて色心三昧に住せしめこれによって身もとの如く自然に還って復した、というもので、法華経そのものの構成から言えば、一切衆生喜見菩薩とは、即ち愛の心を以て一切衆生を見るを誓願とするという名の菩薩で、其の誓願の結果として現一切色身三昧を得たものである。此の三昧は妙音や観音が種々に身を現じて衆生済度に従事する根本力となっているといわれる（木村泰賢『仏教学入門』一三四頁、大東出版社）。

『法華験記』第九話に熊野奈智山の応照を伝して、法華転誦の時薬王品に至る毎に喜見菩薩の焼身焼臂を恋慕随喜し、遂に日本最初の焼身供養を行った事を述べている。同じく第十五話には薩摩国持経沙門某が極楽に生ぜんには焼身供養にしかじとして焼身往生をした事を伝えている。

この薬王品信仰が日蓮にあっていかにうけとめられたかというに、日蓮は常啼、善財、薬王、普明の求法の跡を偲び、その内特に薬王菩薩の故事については、薬王菩薩は「法華経の御前に臂を七万二千歳が間ともし」（「日妙聖人御書」、『定遺』六四三頁）とも、「日本国に紙なくば皮をはぐべし、日本国に法華経なくて、知れる鬼神一人出来せば身をなぐべし、日本国に油なくば臂をともすべし」（同六四五頁—六四六頁）などと諸所に引用している。

日蓮は、持経者が薬王品信仰を狂信的自虐往生の方向に結晶させたのに対し大小の法難迫害を媒介として法華経の色読体認に回施させ、法華経弘通を支える価値観・使命感を深化させる方向に把った。と同時に日蓮は持経者の世界を単なるモノマニアとして捨離したのではなく、その信力を法華経弘通の根源的推進力に昇華させたのである。(19)

以上の如き、持経者の薬王品信仰を日蓮聖人は、大小の法難迫害を媒介として法華経の色読体験に回施させたことを述べている。

更に川添氏は、日蓮聖人の法華経行者の自覚確立が、持経者意識といかにからみあっているかを考察し、遺文中の持経者という名称に関連するものを以下の如く引用している。

日蓮の宗教形成を考えるに当たって、以上のような諸点から持経信仰を媒質として把握したのであるが、法華経弘通の使命感を端的に表現する法華経行者の自覚確立が、持経者意識といかにからみあっているか、以下考察を進めてみよう。

その理解の用意の一つとして、試みに遺文中に現れる持経者という名称に関連あるものを真偽未決（※印）・要検討の分を含めて左に列記してみる。系年は『定遺』による。

	系年	出典	名辞
1	正元元年	守護国家論	持経者、（二ケ所）
2	〃	〃	持経之人

3	正元二年	災難退治鈔	持経之人
4	文応元年	唱法華題目鈔	持経者、（二ケ所）
5	〃	立正安国論	持経之人
6	弘長元年	善神擁護鈔	持経者
7	〃	※同一鹹味御書	法華の持者、（三ケ所）
8	弘長二年	四恩鈔	持経者
9	文永元年	南条兵衛七郎殿御書	持経者
10	文永三年	法華題目鈔	持経者、（二ケ所）
11	文永八年	四条金吾女房御書	法華の持者
12	文永九年	開目抄下	一乗の持者
13	文永十年	本尊抄	持経者
14	〃	波木井三郎殿御返事	法華経の持者
15	文永十一年	上野殿御返事	（法師品の持経者の文）
16	文永十二年	曽谷入道殿許御書	持者
17	建治元年	法蓮鈔	（法師品の文）
18	〃	撰時抄	一乗の持者
19	〃	国府尼御前御書	持経者
20	〃	高橋殿御返事	（法師品の文）
21	建治二年	松野殿御消息	持経者
22	建治二年	忘持経事	持経者

23	建治二年	報恩抄上	持者
24	建治三年	下山御消息	法華経の持者
25	〃	法華経二十重勝諸教義	（法師品の文）（本満寺本）
26	弘安元年	太田左衛門尉御返事	法華経の持者
27	弘安三年	※当体蓮華鈔	法華の持者
28	弘安五年	※読誦法華用心鈔	持経者

以上大体目にふれた範囲内で適宜取捨しながら右の表を得たのであるが、これによって日蓮の遺文における「持経者」なる名辞のもつ比重の程度が分かる。

しかしこの間における日蓮の用語はかならずしも一定しておらず、同一語でも概念の内容を異にしていたり、或いは異語同義であったりして取捨に少なからぬ困難を感ずる。

元来持者といい、行者というも、法華経のみに限らず信仰対象の区別によって呼ばれた一般的な呼称である。例えば不動の持者（『発心集』第五）、阿弥陀経の持者（『古今著聞集』第三十）、千手の持者（『愚管抄』第六、『沙石集』六ノ四、『源平盛衰記』第十八）、千手陀羅尼の持者（『古今物語集』十四ノ冊二、『宇治拾遺物語』巻第二、『十訓抄』第七）、念仏の行者（『沙石集』二ノ六、同八ノ十三）、弥勒の行者（同二ノ八）、地蔵の行者（同八ノ七）、等の如きそれである。(20)

更に、山川智應氏の持経者から法華経行者への論説を挙げた上、以下の如く自説を展開する。

山川智応氏は弘長二年正月の「四恩鈔」（『定遺』二三七頁）にあらわれる持経者の言葉を境にして、翌月の著である「教機時国鈔」の末文にはじめて法華経行者（『定遺』二四五頁）とあり、そこに法華経を単に受持する者と、身口意三業に実行し、国家世界に実行せんとする行者との相違があり、しかも行者は神力別付・勧持修行の上行菩薩の行化に名けたものである、といっている。著者註(30)日蓮における持者、行者の区別については肯かれる説である。しかし行者なる言葉は建長五年(『定遺』は文永二年に系年)の「女人往生鈔」(『定遺』三四五頁)に「法華経を行じて」とあるのを始めとして、成句的には「主師親御書」(『定遺』四八頁、系年建長七年)、「総在一念鈔」(『定遺』八五頁、正嘉二年)、「守護国家論」(『定遺』一三二頁、一三三頁)等にみえ、姉崎正治氏の説の如く、法華経行者の明確な意識は弘長元年の「椎地書」(『定遺』二二七頁)あたりからあらわれ始めており、著者註(31)「四恩鈔」を境に、日蓮が持経者との明確な訣別を告げて法華経行者に転進したと段階的に区別する事には難があるように思う。

日蓮にあっては、法華経の行者と法華経の持者・持経者すなわち法華経修行者の汎称とは同一であるという観念が後年までみられる。勿論右表の27 28は古来真偽未決の書で重要視はできないが、文永十一年の「弥源太入道殿御返事」には(『定遺』八三一頁)、

「但し当世は我も法華経をしたりと毎レ人申候、時に法華経の行者はあまた候」

と同視しており、更に法華経法師品の持経者を説く文の「有レ人求二仏道一、而於二一劫中一合掌在二我前一以二無数偈一讃、由二彼讃仏一故得二無量功徳一、歎二美持経者一其福復過レ彼」(21)を解釈して、著者註(32)

「文の心は釈尊ほどの仏を三業相応して一中劫が間ねんごろに供養し奉るよりも末代悪世の世に法華経の行者を供養せん功徳はすぐれたりととかれて候」(「国府尼御前御書」、『定遺』一〇六二頁、建治元年、真蹟七紙完佐渡妙宣寺蔵、及び「高橋殿御返事」、同一〇九三頁参照)

と、持経者と行者を同義語に解している。

然しそれかといって、首尾全同ではない。山川氏の説の如く、持経者は日蓮にあっては一箇の対

立者として思惟されている。その最も明白な対立意識の見えるのは文永元年の「南条兵衛七郎殿返事書」で、これには、

「法華経の故にあやまたるゝ人は一人もなし、されば、日本国の持経者はいまだ此経文にはあわせ給はず、唯日蓮一人こそよみはべれ、我不愛身命但惜無上道是也。されば日蓮は日本第一の法華経行者也」（同三二七頁、真蹟断片、興師本完）

とあり、特にこの文の直前に東条松原の難を詳細に叙述しており、此の法難の実物体験がこの対立意識を際立たせているのは勿論である。ここに日蓮のいう持経者は法華経の色読体験の事無き、余業をも併修する者を指しているようである。

建治二年の「忘持経事」には（『定遺』一一五〇頁、真蹟完）

「自ㇾ此第一好忘者、所謂今世天台宗学者等与二持経者等一、誹二謗日蓮一、扶二助念仏者等一是也」

とあって、同じく対立者としての持経者が考えられている。一方、前述のように後年まで同義同質に扱っており又法華経の行者、或いは持経者なる用語に交って、「法華を持つ」という語が、建長五年（一二五三）の「女人往生鈔」（『定遺』三四五頁）を初見として、前二者と交錯しながら、日蓮の法華経色読の体験を表現する重要な一用語となっている。

個性は多面的な統一、豊富複雑な全一という事を意味する。日蓮は確かに持経者を天台沙門的立場として、法華経色読の体験の深まりにつれて克服していくが、日蓮における持経者と行者、二者の対立乃至蝉脱といわれるものは、同質的基盤の上における問題であり、完全な異質者としての永遠なる訣別ではなかった。その故に宗教意識としては、法華を媒介とした持経者と行者の分別、すなわち本化事行の確立がみられるにもかかわらず現象的には信仰形態として二者の連続・共在がみられるのである。そこに持経者の系譜に立つ、歴史を負うた日蓮の姿がある。

このような意識のもとに日蓮は、信徒の獲得にあたって持経信仰をすすめ持経信仰にあった者に対しては、さらにこれを深化するように指導している。これらの持経者的信仰者を講的組織に結集する事によって日蓮宗教団の原初的形態が組成されたとみられるのである。著者註(33)、(22)

著書註(30)　山川智応『日蓮聖人伝十講』二四六―二四七頁、二六二頁、新潮社、一九二一年初版、一九三二増補版、一九四二年、新潮文庫に入る。同『日蓮聖人』一五七―一六三頁、新潮社、一九四三年一月。

(31)　姉崎正治『法華経の行者日蓮』一三七―一三八頁、博文館、一九一六年一〇月初版。一九三三年改訂新版。一九八三年一月、講談社学術文庫に入る。

(32)　日蓮の遺文そのものが法華経の達意的解釈であることはいうまでもない。

(33)　注(2)所引高木豊「日蓮」、川添昭二「千葉氏と日蓮宗の関係」『日本歴史』一〇六号―一〇七号、一九五七年四月、五月。

〔追記〕『法華験記』のテキストについては、藤井俊博編著『大日本国法華経験記校本・索引と研究』が諸本を集成している。

さて、次に**高木豊氏**は、法華経自体に遡源し、持経者の呼称を見出し、そして持経者が法華経受持者であることを確認して、〈受持〉の意味を三様に分類して、以下の如く述べる。

翻って、法華経自体に遡源してみれば、もとより、持経者の呼称をみることはできるのである。例えば、「歎美持経者」「供養持経者」(法師品)[23]というようにである。この持経者が受持法華経者を意味することは、前引に全く類同の文として「讃美受持者」(神力品)[24]「常当勤供養受持法華者」(法師品)[25]を挙げ得ることからも首肯できよう。しかし、法華経には持経者の名称はそれほどあらわれはしないのである。持経者よりも、受持者・受持法華経(是経)者などの表現をとることの方が多い。したがって、持経者が法華経受持者であることは明瞭であり、その名もここに由来するのであるから、持経者を考える場合には、むしろ、この〈受持〉の意味を考えることが必要であろうし、その解明は史上簇出した持経者の原型を明らかにすることにもなろう。そのため、まず法華経にいう受持の意味につき検討しておきたい。法華経以外の経典における受持の意味にも説きおよび、かつそれとの比較をも試みるべきであろうが、いまは法華経のみに限らざるを得ない。羅什訳法華経における受持の使用例を検討すると、共通の意味をもちながらも、三様の使い方があったと考えられる。

第一は、最もよく知られた例で、法師品の「若復有人、受持・読・誦・解説・書写妙法華経乃至一偈」[26]の文にみる、五種法師・五種の修行の一つとしての受持である。この種の受持は読誦行とともに、「於後末世法欲滅時、受持・読・誦・斯経典者」(安楽行品)[27]、「我滅後、諸善男子善女人受持・読・誦是経典者」(分別功徳品)[28]の如く、五種の修行の代表的なものであった。しかし、五種の修行の一つである受持とはなんであったろうか。他の四つの、読・誦・解説は口業に、書写は身業に相当されて具体的な行為であるのに対して、これは意業に相当するとされている如く、抽象的であるが、法華経乃至一偈をも受持するという文脈からいえば、経文を心に受けとめ、その受けとったものを持続しておくことである。梵文法華経のこの箇所が「僅かに一詩頌でも心にとどめ、読誦し、説明し、書き、書いて記憶し」と訳される[著者註(八)]のを参照すれば、心にとどめること、つまり記憶して忘れないこと=憶念・憶持が五種の修行の一つとしての受持であったとしてよいであろう。これが、受持の第一の用例である。

ところで、この受持はまた「信力の故に受け、念力の故に持つ」と解釈されている[著者註(九)]。信念による経の受持である。しかし、この場合は、第一の記憶として忘れざることを意味する受持=憶念・憶持の意味を踏まえた上での、法華経の教説受容を意味するのではなかろうか。そのように考える論拠は、方便品に「汝等当一心信解、受持仏語[29]」といい、法師品に「聞是法華経、聞已信解受持者、当知是人得阿耨多羅三藐三菩提[30]」とあり、神力品に、「於我滅度後、応受持斯経、是人於仏道決定無有疑[31]」などの経文である。信解と受持とが相即的であることが特徴的である。ことに法師品の引文は、梵文法華経の文脈では、「この説経を聴き、聴いて熱心にもとめ、悟り、理解し、受け入れる者たちは」と訳され[著者註一〇]、教説受容の意味が強いのである。この種の受持は五種の修行を包括するもので、信解受持＝信仰を意味しよう。これを便宜上教説受容の受持と呼んでおきたい。これが、受持の第二の使用例である。そして、この教説受容の受持により五種行が如説修行として行為化されていくのである。

第三は名号受持である。第二の教説受容を意味して受持の概念をひろげたのに対して、これは受持の対象を集約している。次のような経文がみられる。

　衆生皆応受持観世音菩薩名号……[32]

　若有人、受持六十二億恒河沙菩薩名字……[33]

　若復有人、受持観世音菩薩名号……[34]

　受持観世音菩薩名号、得如是無量無辺福徳之利。（普門品[35]）

　仏告諸羅刹女、善哉、善哉、汝等但能擁護受持法華名者、福不可量……[36]（陀羅尼品）

　我当以神通力守護能受持普賢菩薩名者（勧発品[37]）

第一の用例は経典・経文の受持であったが、ここでは受持の意味がそれとほぼ同様でありながら、受持の対象は菩薩の名号と法華経の題名である。しかし、名号受持とは具体的になんであろうか。それは菩薩の名号や経の題名を念じ称えることであろう。現に普門品では「称観世音菩薩名、皆悉断壊即得解脱（『正蔵』九巻、五六頁c）」とあり、その後に観音の名号受持を勧めているし、また周知のように、「念彼観音力」することの功徳の強調もあって、名号受持が称念であることを知るのである。この普門品の例に則れば、普賢の名号受持も全く同一であるし、「受持法華名」も同じである。そして、法華経の題号を称えることは称題＝唱題にほかならないのである。法華経自体において、のちの日蓮にみるような意味での唱題を勧めたのではないにしても、ともあれ、この経文を拠りどころとして、唱題が導き出されるのは十分予想できよう。事実、後章に述べるように、日蓮はこれを文証として、唱題の根拠とした。日蓮的な唱題の文証としては強い説得力を持たないにせよ、唱題の論拠を法華経そのもののなかに求めれば、自らこの経文に着目せざるを得ないのである。(38)

著者註（八）　坂本幸男・岩本　裕校註『法華経』中巻一四三頁（岩本訳）

（九）　同右『法華経』中巻三三九頁の坂本幸男氏の註に拠る。なお、この出典は『大智度論』である。

（一〇）　同右『法華経』中巻一五五頁（岩本訳）

更に、同氏は、唱題が日蓮聖人の創始ではなく、前代平安期にも用例のあること及び、日蓮聖人の唱題が、前代の唱題の大衆化と理論化に意義のあること等を以下の如く述べる。

古代の法華仏教と中世のそれとを分かつメルクマールの一つとして、唱題の有無があげられよう。確かに、中世法華仏教の実質的内容をになった日蓮とその門徒は、法華経の首題を唱えることを以て、己れの宗教生活の中心に据えたのであったし、専唱題目・但信口唱は日蓮門徒の特色であった。そのことから、唱題を日蓮教団に独特的のものとする宗派的見解もみられるのである。しかし、すでに先学の指摘もあるように、法華唱題の事実が、平安時代の法華仏教のなかにあったこともまた、確かなことである。それ故、唱題それ自体は必ずしも日蓮とその門徒のユニークさの証しにはならないのである。むしろ、そのことを前提にすれば、日蓮は、あるいは中世法華仏教は、すでに古代にはじまっていた法華唱題の理論化を達成しようとした点において、歴史的意義をもつものといえよう。それはいっぽうで、人びとの法華信仰の実践を直截かつ簡明な唱題に凝縮したという点において、それまでの法華仏教をいっそう大衆化し得たとともに、いっぽうでその直截かつ簡明な唱題による救済の理論を樹立深化するという思想的営為を行なっていたのである。

しかしそれにしても、その大衆化と理論化とは中世にいたり突如として達成されたのではない。そこにいたるまでには、長い法華信仰の歴史があったし、法華信仰の飛躍的な展開を促す歴史的状況―宗教的問題状況と社会的問題状況―と人びとの営なみがあったのである。こうした点を検討することは、単に中世的、あるいは日蓮的法華仏教の前提を明らかにすることばかりでなく、平安時代の法華仏教のになった課題を明らかにすることであり、いわば、平安時代の法華仏教それ自体に光を当てることでもある。

そこで、まず、平安時代における法華唱題の事例の蒐集と、その理論化の動向の考察を試み、法華信仰がどのような道筋を辿って唱題の行為として表出されるかを検討し、そうした平安時代における法華唱題を日蓮がどのように展開させたか、いわば、古代法華仏教から中世法華仏教への転換をみていくこと、これらを本章の課題としたいのである(39)。

同氏は、日蓮聖人已前の唱題の事例について、以下の如く詳説する。長い引用となる。

法華信仰の直截な実践とその表現が唱題であることは周知のところである。少なくとも、唱題は法華信仰の凝縮とそれによる大衆化をもたらした。日蓮はこれをさらに、専唱題目に収束して、自己の宗教の根本に据え、かつ理論化した。この唱題形式の成立を以て、日蓮の宗教の成立とみる論者もあるように著者註(一)、日蓮の宗教の実践的形態は唱題である。しかし、それは日蓮の創唱になるものでなく、日蓮以前において、すでに行なわれていた。この点については家永三郎氏が早く先例をあげられた。まず、氏の挙例[著者註(二)]を辿り、それに二、三の例をつけ加えたい。

第一例は永長元年（一〇九六）に死んだ橘守輔の場合で、守輔は「毎昏向西二手合掌、唱弥陀宝号、称法花題目」さらに法華経寿量品の偈（自我偈）を誦したという。

第二例は天仁三年（一一一〇）の法華経百座講説における説経のなかにあらわれる例である。昔、隋の世に法華経読誦の力がないので、「タヾ首題ノ名字バカリ」を「トナヘタテマツ」れと教えられた一沙弥が「南无一乗妙法蓮花経トノミトナヘ」て、経を読誦できないことを恥じて投身し失神する。その間に地獄に堕ちたが、獄卒の鉄杖が鼎に当った音に驚き、「南无妙法蓮花経ト声アゲテイヒ」たるに、「鉄ノ湯カヘツテ清涼ノ池トナリ……我モ人モ、皆ハチスノ花ノウヘニヰ」た。閻魔王も「大キニヨロコビテフシオガミテ云、更ニカヘリテ弥ヨ法華ノ首題ヲトナヘヨト云トミルニイキカヘ」ったという話（同年三月四日）、また温州の「無悪不造ナリシウハソク」孫居が乞食沙門を「アザケリワラヒテクチマネヲセムタメニ、クチヲユガメ、声ヲヒガマシ、妙法蓮花経トタヾ其ノ声ヲヒガマシツヽ申」したが、「ソラゴトニテモ、マコトニテモ、妙法蓮花経ト一ト度トナヘツル」功徳によって堕地獄を免れた話（同六月廿六日）などである。前者は唐僧祥の『法華伝記』巻第五「宋法華台沙弥十九」が出典である。『法華伝記』では、沙弥は投身以前に唱題を教えられたことなく、誦経だけを教えられたのみで、地獄で「誦法花題目」すとあるが、説経では「南無妙法蓮花経」と声をあげていったとある。つまり、唱題したことになっていて、原典の内容をさらに具体化し、かつ進めているのである。

後者は出典未詳の話とされているが、法華経を誦す乞食を嘲り、口まねする話は『日本霊異記』上巻十九・中巻十八に収める。これは『三宝絵詞』中九・『法華験記』巻下九六などにうけつがれ、『今昔物語集』巻第十四「山城国高麗寺栄常謗法花得現報語第廿八」は、『霊異記』の二話を折衷して成したろうといわれる。著者註(三)しかし、例えば『今昔物語集』に「謗法花得現報語」とあるように、いずれも法華経を誦す乞食を軽賤して口がゆがんでしまう報いを得た話である。これに対して、六月廿四日の説経では、前引のように、嘲り口まねして唱題したにもかかわらず、「ソラゴトニテモ……南无妙法蓮花経ト一ト度トナヘツル」功徳により、堕地獄を免れている。ここでは、口まねした孫居よりも、唱題の功徳と法華経の救済性を主にしているのであって、『霊異記』やそれを継承した説話よりも、説経の方が、法華経講讃の法座にふさわしいといえるし、のちにもふれる唱題思想展開の一齣と考えられるのである。

ただし、民間仏教、私度僧の立場にたつという『霊異記』において、嘲って口まねした者の口がゆがんでしまったとして、現報を記した理由は、まさしく『霊異記』の立場に由来するものといってよいであろう。すなわち、この乞食法師に民間私度僧の反映をみるのであって、正統的な官僧、あるいは貴族から軽賤されながらも、民間布教に従事した私度僧の怒りの方に、法華経の救済性よりもウエートが置かれていたと考えるのである。別な例だが、『霊異記』が長屋王失脚の理由を、王が沙弥を打擲したことに求めて、たとえ賤形たりとも、袈裟を着たものは恐れざるべからずといっているのも、これに通ずるのであろう。

さらに、家永氏は前掲三例によって、「尠くとも思想の上に於てはその（唱題）の意義確定していたと考えられるのみならず」、『栄花物語―たまのむらぎく』において、藤原道長が子頼通の病悩に際して「としごろつかうまつりつる法花経たすけさせ給へ」と祈ったこと、『今昔物語集』巻第十三「愛宕山好延持経者語第卅九」で好延が「音ヲ挙テ法花経我レヲ助ケ給ヘト三度叫」んだこと、同集巻第十九「貧女弃子取養女語第卅三」で貧女が養子のため「我年来読奉ル所ノ法花経助ケ給ヘト心ヲ至シテ念ジ」たこと、などをあげて「唱題なる行の形態の出現が左程唐突でない」ことを考えさせられるという。

家永氏の以上の挙例に若干他の例を加えることができる。もとより渉猟諸書にわたって網羅したものではなく、管見に入った僅かの例にすぎない。以下、唱題、または題目重視の例を年代順に列挙する。

菅原道真の場合

第一例は、菅原道真が元慶五年（八八一）に草した「吉祥院法花会願文」[著者註(四)]にあらわれる。恐らく唱題の例として最も古いもので、先の橘守輔に先立つこと二世紀である。

この法華会は道真が亡き両親のために修した法会である。道真の母伴氏は亡去の日（貞観十四＝七九五年正月十四日）、道真が幼時病んだころ観音像造立を思い立ったことを語り、この実現を命じた。父是善も生前（元慶四＝八八〇年八月三十日歿）道真に母への報恩としても、法華講経を命じている。しかし、この実現以前に是善もまた不帰の人となった。道真は元慶五年観音像を新造して、八月二十一日から二十四日まで、僧供と観音の讃仰・法華の講経を行なった。二十一日、この由来を願文に記して、その末尾に、

南無観世音菩薩　南無妙法蓮華経　如所説如所誓　弟子考妣　速証大菩提果　無辺徳无量善根普法界　皆共利益……

と記した。みられるとおり、唱題を文字にあらわしているのであって、観音菩薩・法華経は前に記したように、道真にとり、先考先妣の遺命・遺誡の中心であったから、「南無」の二字は、子として両親の菩提の証されんことの祈請の凝縮したものといえるのである。管見では、この唱題が年次も確かで、最も早い例である。

覚超の場合

第二例は十世紀末の例である。これは近時発見された覚超の『修善講式』（著者註（五））にみる例である。『修善講式』は永延三年（九八九）の起草で、この修善講はこの歳ばかりでなく、二年後の正暦二年（九九一）にも行なわれた。覚超はこの『講式』のなかで、

南无大恩教主尺《(釈)》迦大師七反打　南无一乗妙法蓮花経七反打　南无恒順衆生普賢大士五反打　南无三世仏母文殊師利菩薩五反打　已上中台礼了

と記した。みられる如く、他の礼拝の対象と同じく「七反打」とあるように、明らかに唱題したことを示している。覚超の名を記憶させる行実は幾つかあろうが、法華信仰史上に特筆されるべきは、かの長元四年（一〇三一）横川埋納の「如法経篇記」である。誰しもいうように、これは近づく末法を前提とした埋納である。しかし、覚超はこれに先立つ永延三年すでに唱題までしているのである。もとより『修善講式』において、「南无」と冠した、換言すれば、帰依の心を表明した対象は、前掲に加えて、

極楽化主弥陀如来・念仏三昧甚深経典・大慈大悲観世音菩薩・大慈大悲大勢至菩薩・当来導師弥勒慈尊・滅罪生善金光明王・地蔵菩薩・虚空蔵菩薩

等々で、申すまでもなく、専唱題目ではない。しかしそれにしても、覚超の唱題は、現在のところ、十世紀における唯一の例として尊重されねばならないし、この唱題の事実がのちの如法経埋納につらなっていく覚超の法華信仰の表明であったと考えざるを得ないのである。さらに、この唱題が「南无妙法蓮華経」でなく、「南无一乗妙法蓮花経」であったことにも意を留めておきたいと思う。

以上によって、覚超に唱題の行業のあったことを知り得たが、覚超に見出すことのできたこの事

実は、覚超を育成した叡山そのもののなかにはなかったであろうか。予想される如く、覚超の師源信と、その源信と比肩をうたわれる檀那院覚運にそれを見ることができるのである。

著者註（一）川添昭二「日蓮の宗教形成過程に於ける念仏排撃の意義」（『仏教史学』四巻三～五号）

（二）家永三郎「日蓮の宗教の成立に関する思想史的考察」（同『中世仏教思想研究』所収）

（三）山田忠雄他校注『今昔物語集』日本古典文学大系本三―三一三頁の頭注に拠る。

（四）『菅家文草』第十一（日本古典文学大系本五九九頁）

（五）赤松俊秀「藤原時代浄土教と覚超」（同『続鎌倉仏教の研究』所収）

さて同氏は、日本仏教において、はじめて唱題について説いたとされる。『修禅寺相伝私注』の成立時と唱題思想を以下のように述べる。

日本仏教において、はじめて唱題について説いたとされるのは『修禅寺相伝私注』である。[著者註（三二）] しかし、本書成立の時期について異説が対立する。島地は本書を藤原末期乃至源平時代の初期叡山飯室の成算の『心地教行決』（一〇三五～五四年）以後、忠尋の『漢光類聚鈔』（一一二八年）以前のほぼ七十年の間に成立したと推定する。[著者註（三三）] 塩田義遜も忠尋（史上の忠尋は一〇六五～一一三八年）前後、藤原末期のものと考え、[著者註（三四）] 硲 慈弘は「凡そ鎌倉初期の末から中期にかけての所産とすべきであろう」という。[著者註（三五）] 最も時代を下げて考えるのは執行海秀で、本書や本書の姉妹篇といわれる『漢光類聚鈔』は「大体鎌倉中期より末期の頃の成立に係るもの」と主張している。[著者註（三六）] 論者それぞれがいう、藤原時代、源平時代、鎌倉初期・中期・末期という時期の区分は漠然としていて明瞭ではない。島地のいう藤原末期・源平時代とは、人をあげれば忠尋の時代で、十二世紀前半、院政期である。硲・執行のいう鎌倉初・中・末期は、承久の変（一二二一）以前を初期、それ以後文永・弘安の役（一二七四・八一年）にいたる時期を中期、以後鎌倉幕府滅亡（一三三三年）までを末期とする一般的見方によれば、それぞれ、十三世紀前半・後半にあたるのであって、『修禅寺相伝私注』は、論者の成立時期推定によって、十二世紀前半から十三世紀後半にいたる間を浮動しているといわねばならない。

このように、成立時期が確定しないのは、本書がいわゆる中古天台の口伝法門を筆録したことに由来している。口伝法門の恒で、年次を記さざることが多く、また記したとしても、その儘依用できないのであって、教理・思想の前後関係による時期の設定は、その基準となるべき教理・思想の成立時期を確定すべき文献学的操作が未開拓であるために、しばしば堂々めぐりをくり返しているのである(著者註(三七))。ただ、これらの説は、日蓮以前に本書の成立を認めるか、日蓮の同時代、またそれ以後の成立とするかに大きく分かれるのである。その争点は、いうまでもなく、日蓮の思想に――具体的には唱題思想に――中古天台の影響を認めるかにある。ここでは、中古天台の成立を院政期とする立場に沿って、本書を日蓮以前に成立したものとの前提から考えていきたい。

『相伝私注』の唱題思想

さて、『修禅寺相伝私注』のうち、左記の抄文は論者の注目するところであった。

(一)臨終之時唱南無妙法蓮華経。由妙法三（法・仏・信）力之功、速成菩提、令不受生死身……
　如是妙法有三力不共徳、行一行円満……故臨終之行者可唱法華首題。
　問、若依止観元意、生仏自不二無迷覚相。此時何別授如此劣相観行乎。
　答、摩訶止観意在即事而真有無不二(著者註(三八))。

(二)臨終一念三千観者(著者註(三九))、妙法蓮華経是也。妙即一念、法即三千、是故与一念三千名異義同也。臨終時専心応唱妙法蓮華……

(三)和尚深秘行法伝云、図絵十界形像十処安之。毎向一像各一百反可行礼拝。口可唱難妙法蓮華経。心可念……昼一時夜一時可修此行。大師為末世鈍機密授此法要。若欲出生死証菩提、先可用此修行也著者註（四〇）。

唱題思想の明瞭な表明であり、（二）（三）が（一）をうけていることはいうまでもない。（一）にいう、臨終唱題すれば、再び生死の身を受けずとする論拠は妙法三力の功に由来するのであって、三力それぞれの功徳たる理由は次のとおりである。

妙法三力

初法力者、釈迦如来本行菩薩道時、修諸行願、五百塵点劫昔、速成仏道、自五百遠劫久思惟説此経。三世十方諸仏、自利利他功徳、八万法蔵最要号為妙法。故唱妙法号人過去曽成諸仏行願入行者身内、未来諸仏行願亦可来入。三世行願速来行者身内成就……次仏力者、不思議変勝経云、我従阿私仙聞於妙法、今成無上道。若有衆生於此微妙法一念信。爾時我十方諸仏現其人前、隠微妙身、或現小身、令行者願必応成就矣、釈迦如来五百大願中第五十二云、我有微妙法、若有衆生至心受持者、速成無上道、於第二生不受生死身。若不爾者不取正覚。次信力者、玄師伝云、生疑不信者、設雖値妙法於出離生死証得菩提、生猶予心、此人妙法不信輩也。或従知識、或従経巻、聞妙法蓮華経於生死更不怖者、是名信法華人。是信心力也。著者註（四一）

すなわち、法力については「妙法を釈迦本行菩薩道の行願に依る八万法蔵の最要と釈し」て、これを唱えれば、三世の行願速かに行者の身内において成就するという(40)。仏力は悲華経に説く釈迦五百の大願によるもので、「若不爾者不取正覚」とは、観無量寿経の第十八願に寄せて述べたものであろうといわれる。信力は行者が聞法して生死を怖れざるを指している。これら法・仏・信の三力の功徳によって菩提を成じ得るとするのである。

島地大等は右の文章により、次の諸点を指摘した著者註（四二）。

一、行門止観に於て平生と別時と臨終とを分かちたること、

二、特に臨終の行門に於て唱題の事修を容認したること、
三、この唱題は決定無疑の信力を予想すること、
四、唱題は万行円満の勝行なること、
五、大体の意味に於て往生思想に富めること、
六、即事而真を止観の元旨とすること、
七、十界形像を本尊と為すること、

さらに一～五は「少なくとも『往生要集』(41)を中心としたる浄土念仏の思想との関聯を暗示す。蓋し平生と臨終と別時を分つは、浄土門系の特色にして天台本来の思想に非ず」といい、二は観無量寿経下中下品の説に似同し、一・二の臨終に局りて唱題を教えるのは、唱題思想がなお過度期に属していることを示すもので、四・六の解釈はあるが、他面に劣相観行といい末世鈍機といっていて、未徹底の信仰である。六は唱題思想の本門思想の高潮に由来することが知られ、七は日蓮の十界大漫荼羅・本門の本尊を聯想させるなどを述べて、いずれの点にも阿弥陀信仰の横溢に徴して、往生思想の影響甚大なるを思わせ、法華唱題の成立は『往生要集』および類本の思想に容易ならざる関係を有するものであることを察するべきだという。

『修禅寺相伝私注』の引文および島地の指摘にみるように、唱題はいっぽうでは臨終の行儀として勧められている。この臨終唱題の勧奨から直ちに連想できるのは、『往生要集』第六別時念仏第二臨終行儀において十事にわたって説いた「臨終勧念」著者註(四三)であるが、それとともに、『要集』(42)の勧念を原拠として、実際に臨終念仏、それも称名念仏が行なわれたことを想起するのである。

著者註(三二)　『伝教大師全集』第五巻所収。本書は「修禅寺相伝私注」と「修禅寺相伝日記」とに分かれるが、本書の構成は、(一)一心三観、(二)一念三千、(三)止観大旨、(四)法華深義の四節に分かれ、(三)以下を

「日記」に収める。本稿ではこれを「私注」に統一して掲げた。なお、本書の古写本一帖が金沢文庫にあり、身延山久遠寺には、日朝（一四二二～一五〇〇）および日意（一四四四～一五一九）の所持本があり、刊本では寛永九年刊（一六三二）本が古い（渋谷亮泰編『昭和現存天台書籍綜合目録』二九四頁）。

（三三）島地大等前掲論稿

（三四）塩田義遜「唱題思想の根拠とその帰結」（『棲神』二九号）

（三五）硲　慈弘『日本仏教の開展とその基調』下巻一一六頁。ただし、硲は同書三七頁では『漢光類聚鈔』そのものが、若し前述のごとく、果たして鎌倉初期の製作とするならば、本書は少くとも平安末期の所産といわねばならぬ」といい、これを以て、中古天台院政期発祥の証左とするのである。

（三六）執行海秀「日蓮聖人数学の思想史的研究の一考察」（『大崎学報』九二号）

（三七）この点を開拓しようとしたのが硲　慈弘で、その成果は『日本仏教の開展とその基調』下巻に集成されている。

（三八）『伝教大師全集』第五巻七四～六頁

（三九）同　右第五巻八七頁

（四〇）同　右第五巻一〇九頁

（四一）同　右第五巻七四～六頁

（四二）島地大等前掲論稿

（四三）『往生要集―大文第六別時念仏―第二臨終行儀』

次に同氏は、日蓮聖人の唱題思想に及び、遺文中の表明について、以下の如く述べる。

まず、『守護国家論』そして『法華題目抄』である。

『守護国家論』の唱題思想

日蓮の法華信仰弘通開始以来、歿年にいたる約三十年間は、鎌倉期（建長六年～文永八年、一二五三～七一）・佐渡期（文永八年～同十一年、一二七一～七四）・身延期（文永十一年～弘安五年、一二七四～八二）の三期に分けることができる。[著者註(四九)]

第一期の鎌倉期において、唱題につき最も体系的にふれているのは、文永三年（一二六六）の『法華題目抄』である。しかし、正元元年（一二五九）作の『守護国家論』にも、日蓮の唱題思想が表明されている。

『守護国家論』は四百余篇を超えるという日蓮の遺文のなかで、最も正統的な構成をもつ著作である。その唱題論は、大文第六の「明依法華・涅槃行者用心」[著者註(五〇)]すなかで、第二「但唱法華経名字計可離三悪道」きやという問いにはじまっている。まず但唱題目により三悪道を離れ得る論拠として、次の経文を挙げる。

法華経安楽行品云　文殊師利、是法華経、於無量国中、乃至名字不可得聞。

法華経陀羅尼品云　汝等但能擁護受持法華名者　福不可量。

法華経提婆品云　聞妙法華経提婆達多品、浄心信敬不生疑惑者、不堕地獄・餓鬼・畜生（生十方仏前）

大般涅槃経名字功徳品云　若有善男子・善女人、聞是経名、生悪処者無有是処[著者註(五一)][43]。

涅槃経を引いたのは、「涅槃経為法華経流通故引之」と断ったように[44]、涅槃経を法華経の流通分として考えていたからである。

唱題の論拠は法華経陀羅尼品と涅槃経名字功徳品である。涅槃経の経文をそのまま解釈すれば、涅槃経名＝題目を聞くということになるが、わざわざ註を付しているように、法華経の流通分、したがって法華経と同一視していたことからの引用である。しかし、それにしても、唱題の論拠としては必ずしも適切とはいえない。いっぽう、三悪趣＝三悪道を堕ちることを免れ得る論拠は、提婆品の「浄心信敬……」の文で、以上の三文字により、但唱題目に三悪趣を免れる功徳ありとしている。

『守護国家論』は、これに次いで「但雖聞法華題目無解心者、如何脱三悪趣乎[45]」と発問し、これに「生法華経流布国聞此経題名生信、依宿善深厚、設今生雖悪人無智、必為過去宿善故、聞此経名至信者、故不堕悪道[46]」と答える。ここにおいて、おのずから過去の宿善とはなにかが問われる。日蓮はこれに応じて法華経譬喩品・法師品および涅槃経の文を引いて、「設無解心、聞此法華経不謗大善所生也。……設雖一字一句、信此経宿縁多幸也[47]」と、法華経を信受するものは、すでに過去において諸仏を供養したものであり、解心なくとも三悪道を免れると説く。さらに問は進んで、「設雖信法華経、随悪縁不堕三悪道乎[48]」という。ここにいたって日蓮は、はじめて経文を引くことなしに自己の見解を述べ、権経の悪知識・悪師に遇って、法華信仰を退転するならば必ず三悪道に堕ちるといい、このように、法華経信奉者がこれを捨て悪知識に随従する以外は、「於世間悪業者、不及法華功徳。故不可堕悪道也[49]」と、信仰退転以外はいかなる悪業と雖も、法華題目の功徳を消すことはできないというのである。

以上のように、日蓮はまず但唱題目の根拠を示した。しかし、それは必ずしも唱題の論拠としては説得的ではなく、むしろ護持・受持の論拠にふさわしいといえよう。引文の四は三悪道を免れ得る論拠であった。それ故、知解なきものの救いについては疑問がでてくるのは当然で、日蓮はこれに対して、無解者・悪人と雖も悪道に堕ちず、世間の悪業を犯すと雖も、法華の功徳を消すことはできないと述べた。唱題それ自身の展開よりも、法華信仰の必要と功徳についての論述である。しかし、この信仰と功徳こそ、法華唱題の根底になければならないものであり、無解者・悪人成仏を可能にさせる根拠であった。世間の悪業よりも、悪知識随従を堕地獄の因とするのは、日蓮の特色の一つであるが、ここにも、宗教的問題を世間のことよりも高い次元に置く日蓮の考えがあらわれている。

『法華題目抄』の唱題思想

『法華題目抄』は、鎌倉期の日蓮の著作のなかで最も明確に唱題思想を示したものである。その内容をみる前提として、次のような点をあげておかねばならない。

本書の著作年次は文永三年（一二六六）である。これより先弘長元年（一二六一）、日蓮は三年に亘って伊豆で流謫生活を過ごし、赦免の翌文永元年（一二六四）には、安房の地頭で念仏者であった東条景信に襲撃され、弟子を殺されたばかりでなく、自身も傷を負った。こうした受難のなかで、日蓮が〈法華経の行者〉の自覚を抱いていったことは、よく知られている[著者註（五二）]。したがって、本書は〈法華経の行者〉として、法華経の教説を自らも実践し、人にもそれを勧奨した日蓮の、唱題思想を凝縮したものであった。

しかし第二に、日蓮は本書を「根本大師（最澄）門人」として撰んだ。『立正安国論』を天台沙門として提出したのに対して、ここでは最澄の門人として自己規定をしているのである。本書が女性の檀越に与えられたことは、内容からみて間違いない。それ故、『立正安国論』提出におけるような時の権勢者に対する顧慮があった[著者註（五三）]とは考えられないから、日蓮その人に最澄の門人たる意識があったことになる。この天台沙門から最澄の門人たる意識表明を次のように解釈できよう。『立正安国論』以後の迫害弾圧によって、日蓮は〈法華経の行者〉の自覚を抱懐し、当時の天台僧侶と自己を画別して、日本天台宗の創始者最澄へ直参したのであって、日蓮は最澄の行実と教説を超克したとの自覚をまだもっていなかったのではないか[50]、と。

著者註（四九）　従来、日蓮が清澄寺を退出して鎌倉に出たのは、日澄の『日蓮聖人註画讃』などに拠って、建長五年（一二五三）のことであったとされてきた。しかし、これには確固たる裏付けはない。普通、伝承を書き込んだと解され、日澄の頃には、かかる伝承があったのだとされて、これを依用してきたのであるが、一歩退いて考えれば、かかる叙述には、文字通りの伝承と、行実のブランクを著者特有の解釈、あるいは橋渡しによってふさぐ場合とがあるといわねばならない。しかも、近代以前においては、これは伝承、これは解釈というように、区別した叙述ではない。況んや、宗教者の伝記叙述における作為においては当然である。したがって、単に、特定の時代に叙述された伝記にあるからといって、それが当時伝承されていたこととして直ちに依用するのは慎むべきであろう。日蓮の清澄退出年次は、現在でも、建長五年と信じられている。しかし、筆者は、恐らく、建長六年九月三日以後であろうという仮説を提出した(高木　豊「清澄の日蓮」—『金沢文庫研究』十二巻六号所載)。

(五〇)　唱題にふれた個所がどのような文脈であるかを示すため、次にその構成を掲げる。

Ⅰ　明於如来経教定権実二経　(1)明出大部経次第摂流類　(2)明諸経浅深　(3)明定大小乗　(4)明且可捨権就実

Ⅱ　明正像末有仏法興廃　(1)明爾前四十余年内諸経与浄土三部経於末法久住不久住　(2)明法華・涅槃経与浄土三部経竝諸経久住不久住

Ⅲ　出選択集謗法縁起

Ⅳ　出可対治謗法者証文　(1)明以仏法付属国王大臣竝四衆　(2)正明謗法人処王地可対治証文

Ⅴ　明難値善知識竝真実法　(1)明難受人身難値仏法　(2)明雖受難受人身難値仏法値悪知識故堕三悪道　(3)正明為末代凡夫善知識

Ⅵ　明依法華・涅槃行者用心　(1)明在家諸人以護持正法可離生死依持悪法堕三悪道　(2)明唱法華名字*計可離三悪道　(3)明涅槃経為**法華経成流通

Ⅶ　随問而答

＊の名字は本文では「題目」。＊＊の為以下は「為法華経流通説之」となっている。

(五一)　『守護国家論』(『昭和定本日蓮聖人遺文』一一七～八頁)。

(五二)　こうした点については、高木　豊『日蓮—その行動と思想』を参照していただきたい。

(五三)　山川智応『日蓮聖人伝十講』を参照。

更に同氏は〝受持と功徳の自然譲与〟に着目し、特に『開目抄』『観心本尊抄』を引いて日蓮聖人の唱題思想展開を考察し、譲与が〈自然〉に行なわれるとは、佐渡以前の唱題思想と一線を画し、かつこれを深めたものとして以下の如く論ずる。

受持と功徳の自然譲与

日蓮は佐渡流謫生活（一二七一～七四）・身延隠栖期（一二七四～八二）においても、「捨広略好肝要。所謂上行菩薩所伝妙法蓮華経五字也。[著者註（五八）]」「問云、法華経一部八巻二十八品の中に何物か肝心。答云……一切経は皆如是我聞の上の題目、其経の肝心なり。大につけ小につけて、題目をもて肝心とす。……如是我聞の上の妙法蓮華経の五字即一部八巻の肝心。亦復一切経の肝心[著者註（五九）]」と題目を法華経の肝要・肝心とする考えをいっそうとぎすまし、堅持していった。鎌倉在住期以来の唱題思想をいよいよ煮つめていったことは明らかである。

かかる唱題思想の展開の上で、ひいては日蓮の宗教思想展開の上で注目されるのは、佐渡の流謫生活で、四年に及んだ流謫生活は幾つかの収穫をもたらした。『開目抄』（文永九年＝一二七二）『観心本尊抄』（文永十年）など、日蓮の代表作はまさしくこの時期の産物であり、これらは日蓮の到達した孤高の境地の表明でもあった。[著者註（六〇）]そうして佐渡における唱題思想展開を考察する素材としては、『開目抄』よりも『観心本尊抄』がふさわしく、わけても、本書の次の文章は注目に値いする。

（1）末代凡夫出生信法華経、人界具仏界故也。問云、十界互具仏語分明。雖然、我等劣心具仏法界難取信者也[51]。

（2）釈尊因行果徳二法妙法蓮華経五字具足。我等受持此五字、自然譲与彼因果功徳[52]。

（3）不識一念三千者、仏起大慈悲、五字内裏此珠、令懸末代幼稚頸。……[53]

『観心本尊抄』の論点の一つは、十界互具・一念三千の考え方により、衆生と雖も仏界を具すのだということにあった。しかし、そのことを理論的に肯定したにしても、古代以来の末法五濁の危機意識とそこに生きる人間の劣機としての自覚からすれば、(1)に述べるように、この理論は信じ難かった。ここにおいて、日蓮は(2)のように、法華経の教主釈尊の因果の功徳が自然に譲与されるとすることによって、唱題による成仏を可能としたのである。五字の受持とは、すでに指摘したように、唱題にほかならない。唱題によって、人ははじめて仏の功徳を譲与され、しかも唱題すれば、〈自然〉にその功徳が譲与されるというのである。(3)もまた、このことを仏の側からいったものであり、題目は末代幼稚のもののために与えた宝珠であった。自然年齢の幼稚のものに対する親の慈悲を考え、そこで、単なる年齢上の幼稚なものに限らず、末代幼稚のために題目の意義あることを指摘しておいたが、(2)・(3)に見える日蓮の考え方はまさしくそれに適合しているといえよう。

ともあれ、『観心本尊抄』においては、題目は仏の与えた宝珠であり、それ故に、唱題すれば、功徳は自然に授与されるのであって、前期の経力による成仏から、〈自然譲与〉に進展したといえよう。この〈自然譲与〉を、『修禅寺相伝私注』にいう仏・法・信の妙法三力と対照すれば、仏力に値いしよう。確かに、後者が唱題を仏の大願としたのは、仏が末代幼稚のものに宝珠を授けたのだという日蓮の主張は対応する。しかし、日蓮はそこにとどまらず、一歩進めて、仏の功徳の自然譲与を説くのである。この功徳の自然譲与という考えこそ、佐渡流謫生活のなかから、日蓮が獲得したものである。そして、譲与が〈自然〉に行なわれるとは、まさしく佐渡以前の唱題思想と一線を画し、かつこれをいっそう深めたものといわねばならない[54]。

著者註（五八）『法華取要抄』（『昭和定本日蓮聖人遺文』八一六頁）
（五九）『報恩抄』（同　右一二四〇頁）
（六〇）『観心本尊抄』（同　右七〇二〜二一一頁）

次に同氏は、日蓮聖人の唱題思想が、自然譲与・自然益身・自然当意の観念に到達したことの位置づけを、以下の如く述べる。

日蓮の唱題思想が自然譲与・自然益身・自然当意の観念に到達したことの位置づけである。日蓮の法華唱題が実は源空の称名念仏を模倣したものであったことは、家永三郎氏の指摘されたとおりであろう。しかし、日蓮の唱題思想は、この〈自然〉の観念に到達したことによって、はじめて源空の影響下から脱出したといえるのではなかろうか。なぜなら、源空の教説をいっそう深化した親鸞の宗教の特色を信心為本とし、日蓮もこの親鸞の信心為本の立場に近いとするならば、その信心為本によって成立する〈自然〉の観念は、まさしく日蓮と源空を画し、源空の称名の意味を一歩進めたものであったといわざるを得ないのではないかと考えるからである。

日蓮の宗教成立の指標を唱題形式の成立に求め、それを支えた日蓮の思想を探ってきたのであるが、以上のように考え、日蓮の唱題思想の確立を、〈自然〉の観念への到達に求めたい。そして、それを表出した『開目抄』（文永九年＝一二七二）『観心本尊抄』（文永十年）述作を含む佐渡こそ、日蓮の唱題思想確立の時期であったと考えるのである。さらにいえば、日蓮はこの時期、平安時代、とりわけ平安末期の法華信仰をうけとめて、その信仰を唱題の行為に凝縮し、唱題の理論化を達成したのであった。(55)

高木豊氏は、別著において、持経者と唱題信仰との関係につき、日蓮聖人が檀越に持経生活を勧めたこと等を指摘し、日蓮聖人の「法華経の行者」の自覚も、こうした持経生活者指導にあたるものの意識のあらわれでもあったのではないか等を、以下の如く述べる。

筆者は日蓮と先行した持経信仰との関連だけでなく、かれの周囲に集まったもののなかには持経生活者があったこと、檀越のなかには臨終唱題をおこなったもののあること、日蓮が檀越に持経生活を勧めたことを指摘し、日蓮の「法華経の行者」の自覚も一つにはこうした持経生活者の指導にあたるものの意識のあらわれでもあったのではないかと考えた。それは、確かに持経者——日蓮の系譜をえがくことができるが、日蓮と同時代の持経信仰が、とりわけ東国においてどのような形であったかを探り、それと日蓮との関係を考える必要もあるのではないかと考えたからである。

その後、**川添氏**は「法華験記の周辺——持経者から日蓮へ——」で『法華験記』を分析して、智解否定・験得の論理・数量的と苦行等の特色を析出し、さらに鎌倉期の説話集によって東国の持経信仰の様相を考察して、日蓮の持経信仰が『験記』の世界に系譜をひくものであること、日蓮の「行者」とは持者・持経者＝法華修行者の汎称であることなどを指摘した。なお、この持経者それ自体の分析をおこなったものに堀一郎『わが国民間信仰史の研究』第一部がある。

従来、持経信仰・持経者についての史料は主として『験記』や各種の「往生伝」および説話集が使われたが、さらにこの上に、平安時代の日記・記録に散見する持経者の行動に留意して、持経者像の構成に努めることが、推し進められるべきであると考える。しかし、それとともに重要なのは、院政期に集中してあらわれる「往生伝」の持経者的形態の段階規定が可能かどうかの検証である。いいかえれば、持経者を含む古代末期＝院政期の仏教が、宗教史の段階として鎌倉仏教に対し独自のものたり得るかどうかということで、これは鎌倉仏教の把握にかかわる問題である。

日蓮に即していえば、かれは自覚の発展を法華の持者から行者へという形で表現したのだが、このことがそのまま院政期仏教から鎌倉仏教への発展の内容として捉えることができるかどうかということである。静態的・系譜的にみれば、確かに日蓮とその門弟の法華信仰は前代のそれを継承しかつ同時代の法華信仰と重なり合う部分をもつが、その法華信仰が集団のダイナミズムの中心として作用すれば、かれらの諸宗排撃と専修的行動を喚び起こすのであって、そこにこそ、日蓮と門弟の集団的特異性があった。あたかも「往生伝」的浄土教に対する法然浄土教の決定的な違いが、その集団的一向専修の行動にあるように、前代および同時代の持経信仰に対する日蓮とその門弟の違いも、専持法華の集団的行動と、それがもたらした集団的行動の禁圧にあったと考える。単に専修的傾向とのみいってしまえば「往生伝」にあらわれる人びとの宗教生活のなかにもそれはあった。

しかしそこにないのは、専修的傾向をいっそう思想として純化していくこと、その思想と宗教が信奉者を創出し組織化していく過程のなかで必然的に生み出した排他的・非寛容な集団行動とそれに対する反発と圧迫であった。日蓮の宗教の確信が専持法華にあるとすれば、その系譜の確認とともに、それがそれぞれの段階において、いかなる動態をとったかを考えることが必要であろう。川添氏のいうように、日蓮が「山門の忠実な再興者」として出発していきながら、ついに天台法華宗のなかに埋没してしまわないで、別箇の集団を形成した——あるいは他律的にそうせざるを得なかった——理由を、天台宗と日蓮の宗教の共通母胎である法華信仰の、両者におけるあり様のちがいからも考える必要を痛感するのである。

「山門の忠実な再興者」として出発した日蓮が、そのことと法華信仰を紐帯にして、天台僧を門弟にしたにもかかわらず、やがて天台僧の社会圏から疎外されざるを得なかった問題は、法華信仰のあり様のちがいとして考えねばならないであろう。そしてそのことは、法華思想史上における日蓮を正統と異端の角度からとらえることになると思うのである。[56]

更に、**浅井円道氏**は、高木豊氏の『平安時代法華仏教史研究』中、特に第八章の「法華唱題とその展開」について、教学者の立場から「法華唱題の源流と展開」の一稿を草した。以下、数箇所を引用する。

このように中国・日本では法華経は懺悔滅罪の功力を持った経であると古来信仰されてきたという事実を踏まえて、高木先生のレポートを顧みると、

地獄の湯が唱題によって清涼の池となったという法華百座講説の話（四三一頁）

堕地獄を免れた温州の孫居の話（四三二頁）

炎魔王宮で唱題した或る王が炎王に礼拝されたという宝物集の話（四四二頁）

等は法華経は六根懺悔の経として位置づけられてきたという仏教界全般にわたる通念に基づいた結果の物語であるといえよう。あるいは少なくとも教学に違背してはいない。

また「往生伝の臨終誦経」（四五六—九頁）、「在家の臨終誦経」（四五九—四六一頁）、「臨終誦文」（四六一—二頁）などの例も、法華経が五欲の罪業を清算する功力を持った経であるところから、臨終時には誦経・誦文して生前の罪障を消滅したのちに往生しようという風が生じたのではないかと推測することができよう。[57]

そして日蓮聖人は、持経・唱題の先例として次の四類を述べるとする。

一に当世念仏者無間地獄事に

以二テ釈摩訶衍論・法華論等ノ論一ヲ勘レフルニ之ヲ、一切経ノ初ニハ必有二南無ノ二字一[著者註②]（定遺三一四頁）

とあり、釈摩訶衍論は一巻初丁に「頂二礼円満覚ト覚所証法蔵ト並ニ造論大士及諸賢聖衆一」と三宝に帰依する偈があり、法華論は巻首に「頂二礼ス正覚海ト浄法ト無為僧一トヲ」の頌があり、これを指すかとは啓蒙三十四巻六十七丁の説である。なお月水抄に

南無一乗妙典と唱へさせ給事、是同じ事には侍れども、天親菩薩、天台大師等の唱させ給候しが如く、只南無妙法蓮華経と唱させ給べき歟（同二九三頁）

とて、ここでは天親を南無妙法蓮華経と明瞭に唱えた先例としている。

二に南岳慧思・天台智顗の法華三昧行法に唱題の先例を求める場合がある、今の月水抄にも天親と共に天台が見えていたが、さらに当体義抄に

此等大師等唱二フル南無妙法蓮華経一ト事ヲ自行真実ノ内証ト被二シ思食一サ也。南岳大師ノ法華懺法ニ云南無妙法蓮華経文。天台大師ノ云ク南無平等大慧一乗妙法蓮華経文。又云稽首妙法蓮華経云云。又帰命妙法蓮華経云云。伝教大師最後臨終十生願記云南無妙法蓮華経云云（同七六七頁）

また法蓮抄に

天台云稽首妙法蓮華経一帙八軸四七品六万九千三八四一一文文是真仏（同九五〇頁）

また内房女房御返事に

南無と申ス字は敬フ心也、随フ心也。故に阿難尊者は一切経の如是の二字の上に南無等云云。南岳大師云ク南無妙法蓮華経云云。天台大師云ク稽首南無妙法蓮華経云云（同一七八五頁）

右のうち法蓮抄は一々文々是真仏のことに引文の主意があり、唱題の先例としての引文ではないが、一応挙げておいた。

さて、当体義抄および内房女房御返事所引の南岳の法華懺法は不現存。注法華経第一巻裏第一紙

に

菩提流支訳法花論云

経曰帰命一切諸仏菩薩

南(岳)懺悔　天(台)略法華経　(定本注法華経上巻一二七頁)

とあり、あるいは聖人は南岳のものを所持しておられたかも知れない。

当体義抄に「又云稽首妙法蓮華経」、法蓮抄に「天台云稽首妙法蓮華経」云云、内房抄に「天台大師云稽首南無妙法蓮華経」(本満寺本には南無の二字なしと)は略法華経の文であるから、実は伝天台作である。また当体義抄の『伝教大師最後臨終十生願記』なる書は一切の天台書籍目録にその名を見ない。

天台大師の法華三昧は先引の法華三昧懺悔であるが、その「初入道場正修方法第四」に十段の差定がある中の第四「請求三宝方法」の段は、はじめ仏宝を奉請して釈迦牟尼仏、過去多宝世尊、釈迦牟尼十方分身諸仏に対する一心奉請を羅列し、次に

一心奉請南無妙法蓮華経中一切諸仏

とあるのは、南無「妙法蓮華経中一切諸仏」であるから、厳密には唱題の例ではない。次に法宝を奉請して

一心奉請南無大乗妙法蓮華経

一心奉請南無十方一切常住法

という。ここに唱題の類例を見る。次に僧宝を奉請する中に

一心奉請南無妙法蓮華経中普賢菩薩等一切諸大菩薩摩訶薩

一心奉請南無妙法蓮華経中舎利弗等一切諸大声聞衆

とあるのは、南無「妙法蓮華経中……」であって、唱題の例ではない。

第六の「礼仏方法」の段でも法華経中の一切の三宝に敬礼する。はじめに本師釈迦牟尼仏、次に過去多宝仏、以下十六回にわたって計十八回「一心敬礼」し、次に法宝では

一心敬礼大乗妙法蓮華経……


という。これも唱題の類例としてよかろう。

第八の「行道法」の段では、「法華経一部」本尊[著者註③]を「旋遶三匝乃至七匝三七匝七七匝百匝」して行道しながら

南無十方仏　南無十方法　南無十方僧
南無釈迦牟尼仏　南無多宝仏　南無釈迦牟尼分身仏
南無妙法蓮華経
南無文殊師利菩薩　南無普賢菩薩

を一心に称える。ここに明確な唱題の例があるが、しかしこれは島地大等「唱題思想について」（『教理と史論』収）もいうように、「この唱題は三宝随一の格に在りて法宝当分の信仰」であり、「法華唱題の独立的分化は支那にありて遂に成立するに至らず」である。三昧儀を永年研究している塩入良道氏も立正大学での講演の折、同じようなことを云われた。従って当体義抄が挙げる天台の唱題は、右のような格において唱題することもあったということに外ならない。

なお、法華三昧のときの唱題とは別に、妙密上人御消息に

総じて日本国に仏法渡リて于今七百余年也（略）いまだ法華経の題目をば弥陀の名号の如く勧められず。唯自身一人計リ唱え、或は経を講ずる時講師計リ唱る事あり（同一一六三―四頁）

とある。講経のとき唱える題目とは、高木先生レポートの『法華八講その他の講会においてもか

かる唱題は行なわれたのではなかろうか』（四三九頁）に相当する。（中略）[58]

著者註② 「一切経初必有南無二字」とは、例えば法華経も「如是我聞」の前に頌があり、

on namah sarva-bodhisattvebhyah.

という。その訳は天親の法華論の

経日帰命一切諸仏菩薩。如是我聞

に当たる。なお後引の内房抄に「阿難尊者は一切経の如是の二字の上に南無等云云」というもの、この事情を指す。

③ 第一の「厳浄道場法」の段に「於二道場中一敷二好高座一安二置法華経一部一。亦未三必須レ安二形像舎利並余経典一、唯置法華経」という。

そして、法華信仰の例としての受持し読誦し書写し解説することは世間に流布していたわけであり、高木氏のいわゆる「臨終誦文」も通例となっていることを各遺文を引いて述べる。だが南無妙法蓮華経と唱える人はいないと、日蓮聖人の目には映っていたとする。

四には世間の法華信仰の例で、主師親御書に、

世間の人人我も持チちたり、我も読ミ奉り、行じ候に、敵なきは仏の虚言か、法華経の実ならざるか（同四八頁）

人ごとに此経をよみ書キ説キ候（同四九頁）

とあるによれば、世間に真の行者はいないにしてもともかくも法華経を受持し読誦し書写し解説することは世間に流布していたわけである。また唱法華題目抄に

世間の道俗の中に僅かに観音品、自我偈なんどを読み、適マ父母孝養なんどのために一日経等を書ク事あれば（同一九二頁）

とあるによれば、一品、一偈の読誦や一日経の書写をなすこともあったわけである。次に念仏者

追放宣状事の南都奏状の中に

本ト誦ニシ八軸十軸之文一ヲ積ニメル千部万部之功一ヲ者モ永ク以テ廃退シ（同一二五九頁）

というによれば、八軸＝法華一部経、十軸＝法華三部経を読誦する者、千部万部を読誦する専門家もいたわけである。また立正安国論の冒頭に

或ハ仰ニキテ病即消滅不老不死之詞一ヲ崇ニメ法華真実之妙文一ヲ（同二〇九頁）

とあるから薬王品の「此経則為閻浮提人病之良薬若人有病得聞是経病即消滅不老不死」の二十八文字を誦する法華信仰者も居たことを示している。これは高木先生のいわゆる「臨終誦文」の例ではないが、除病のために誦文する例か。同じく立正安国論の

或ハ止ニメテ四百余回之如法経一ヲ成ニシ西方浄土之三部経一ト或ハ停ニメテ天台大師講一ヲ為ニス善導講一ト（同二二三頁）

や、南条兵衛七郎御書の

されば日本国の持経者はいまだ此経文にはあわせ給はず。唯日蓮一人こそよみはべれ。我不愛身命但惜無上道是也（同三二七頁）

の文によれば、世間には天台大師講を修する者や法華経の経巻を持つ持経者もいたわけである。

また聖愚問答抄には

ことさらうち任せて諸人読マるる八巻の中の観音経（同三六三頁）

という消息を伝えている。

これらの遺文により、世間には法華経乃至一品一句を読誦したり書写したりする人は居るが、南無妙法蓮華経と唱える人はいないと聖人の目には映っていたことがわかる。(59)

そして、以上の四類を要して、以下の如く述べる。

以上の四類を要するに、天台宗先学の唱題の例としては、法華三昧を修するとき、行道の際に三宝に南無する一環として唱題があり、また講経開始のときに唱題する例もあることを聖人は示している。中古天台の檀那流玄旨帰命坦のことにも触れておられるが、聖人がこの相承を本当に認知しておられたか否かは、議論の分かれるところであろう。結局するところは妙密上人御消息に

　総じて日本国に仏法渡リて于今七百余年也。或は弥陀の名号、或は大日の名号、或は釈迦の名号等をば、一切衆生に勧め給へる人人はおはすれども、いまだ法華経の題目南無妙法蓮華経と唱へよと勧メたる人なし。日本国に限らず、月氏等にも仏滅後一千年の間（略）漢土に仏法渡リて数百年の間（略）いまだ法華経の題目をば弥陀の名号の如く勧められず。自身一人計リ唱へ、或は経を講ずる時、講師計リ唱る事あり（同一一六三―四頁）

また三大秘法抄に

　題目トハ者有二二意一。所謂正像与二末法一也。正法には天親菩薩・龍樹菩薩・題目を唱へさせ給ヒしかども、自行ばかりにしてさて止《やみ》ぬ。像法は南岳、天台亦題目計リ南無妙法蓮華経と唱へ給ヒて、自行の為にして広く他の為に不レ説。是レ理行の題目也。入二テ末法一ニ今日蓮が所レノ唱ル題目ハ異二リ前代一ニ、亙二テ自行化他一ニ南無妙法蓮華経也（同一八六四頁）

といわれるところに聖人の唱題史観の要約があろうか。つまり与えて考えれば天親・龍樹にも唱題の微少な事例があり、南岳・天台には法華三昧中に唱題の一齣があると聖人は認める。しかし自行ばかりでなく、広く人に唱題を勧める、つまりお題目で仏道修行を包括する南無妙法蓮華経宗を樹立したのは自分を以て嚆矢とすると聖人は確信しておられたわけである。[60]

更に叡山の朝題目夕念仏に及び、次に法然房源空の目に映った世間の持経者の行の形態を述べる。かくて恐らく源信が開始したと思われる朝法華夕念仏は「朝題目」ではなくて、六根懺のための

朝講法華理であった。ここでついでに、聖人の開宗に先立つこと四十年の法然房源空の目に映った世間の持経者の行の形態をも眺めてみよう。まず「阿弥陀経の大意をのべ給ひける御詞」の中に持経者の発生に関する意見があって面白い。

法華経と最勝王経とは諸宗の学徒兼学すべきよし、桓武天皇の御時、宣旨を下されて定置れしかば、演説者とて法華を解説する師は多くなりたりけれども、暗誦する人なかりければ、法華を暗誦すべきよしかさねて宣旨を下されけるのち、持経者多くいできたれり、法花は加様に宣下によりてこそ流布せられたれ（昭和新修法然上人全集四八七頁）

と、ここでは法華経暗誦の人を始めとする読誦の人を持経者と称し、解説の人を演説者と呼んでいる。

次に法然が持経者を批判する言葉をみると、まず選択集では散善中の「読誦大乗」について

又有二読誦大乗ノ行一。人皆以為ラク読二誦セハ大乗経一ヲ即可二往生一、若無二読誦行一者不レト可二往生一。就レ此有レ二、一者持経、二者持呪。持経トハ者持二般若法華等ノ諸大乗経一也。持呪者持二随求尊勝光明阿弥陀等諸神呪一也。凡ソ散善ノ十一人皆雖レ貴而於二其中一此ノ（持戒・菩提心・解第一義行・読誦大乗）四箇行ハ当世之人殊所レ欲之行也。以二此等行一殆抑二フ念仏一ヲ（同三四三頁）

参照　無量寿経釈（同九四頁）

観無量寿経釈（同一一四頁）

法然聖人御説法事（同二〇四頁）

念仏大意（同四〇六頁）

熊谷の入道へつかはす御返事（同五三五頁）

念仏往生要義抄（同六八二頁）等

と持経者・持呪者の読誦大乗の行を紹介し、これを非機失時と誡める。その実際に当っての教導の一例に次のようなのがある。「法華読誦の尼に専修念仏を示されける御詞」に

仁和寺にすみける尼、上人にまいりて申やう、みづから千部の法華経をよむべきよし、宿願の事ありて七百部はすでによみをはれり。しかるにとしすでにたけ侍ぬ。のこりの功いかにしてをへ侍べしともおぼえ侍らずとなげき申ければ、としよりたまへる御身には、めでたく七百部まではよみ給へるものかな。のこりをば一向念仏になされ候べしと（同七三六頁）

と、こうして調べてみると、法然は世間に持経者が多くいたことは知っていたが、遂に唱題する人をば見聞しなかった模様である。つまり聖人より四十年前の世界においても唱題する人は余程稀薄だったのであろう。(61)

さて、修禅寺決の成立の年代及び日蓮聖人の唱題の根拠について同氏は以下の如く述べる。
さて、修禅寺決の唱題であるが、高木先生は「本書を日蓮以前に成立したものとの前提」（四四九頁）に立ち、

法然浄土教と、『私注』（決）の語る唱題思想に、唱題の先例―ひいては法華八講・法華写経における題名のよみあげ、礼拝・結縁の行為から先取りできるであろう唱題の可能性―を加えた三つが、ほかならぬ日蓮の唱題行成立の要因であったことを、再確認しておきたい（四六四～四六七頁）。

といわれる。これについては異論も多かろうが、且く措く。ただ一二私にいいたいことは、法然の称名念仏は浄土三部経という経の段階に於て既に定立されている行であるが、聖人の唱題は法華経の文上には一切勧められていない行であるということである。浄土三部経の中でも無量寿経の四十八願の第十八は念仏往生の願である。従って中国では浄土三師、日本では源信等も称名を

行なった。聖人の唱題の経文証拠は、高木先生も守護国家論により安楽行品の経文は「何況得見受持読誦」、「何況擁護具足受持」を況出するための言葉にすぎないのであって、称名が経の本筋、主流を形成しているのと比べて、いかにも弱々しい典拠である。従って、見てきたように天台にも伝教にも遂に唱題の行を形成した形跡はない。

理証・文証・現証の三証具足を重んじ、依法不依人の仏遺言を守った聖人が、経文の文上では薄弱な根拠しか有しない唱題行なのに、何を根拠として題目仏教を立てられたのか。このことは大いに問われねばならぬ問題であると思う。その遠因としては、高木先生が鋭意探索された唱題の先例ということがあったことは確かであろう。特に講経の首の唱題や法華三昧のときの唱題については聖人も先例たることを認められた。

しかし法然念仏にしても唱題の先例にしても修禅寺決にしても、それらは題目仏教建立のヒントではあり得ても、厳然たる経文証拠とはなり得ないのであって、それだけで題目仏教を広布するには、聖人としてはいかにも心もとなかったであろう。

聖人が題目仏教を確信を以て広布した根拠は、正統の天台学つまり聖人が「教学」とされたものによって法華経の底意を読んだ結果の所産であると思う[62]。

「日蓮聖人における持経者に関する研究史」が、遂に「唱題」に迄、凝縮したことを注記する。

第二節　「法華経の行者」について

法華経の行者について、まず『日蓮聖人遺文辞典』教学篇（身延山久遠寺刊）の該当項を、全文引用する。

ほけきょうのぎょうじゃ【法華経の行者】

法華経如説修行の者。法華経の教説に随って修行し実践する者。日蓮が法華経の経文（教主釈尊の予言）の通りに修行し実践することの意義を明らかにした言葉。日蓮は一二歳の時、清澄寺に登り道善房に師事して修学し、一六歳の時に出家し、鎌倉・比叡・三井・南都等に遊学した。『妙法比丘尼御返事』（一五五三頁）に「十二・十六の年より三十二に至るまで二十余年が間、鎌倉・京・叡山・園城寺・高野・天王寺の国々寺々あらあら習ひ回り」とあるように、真実の仏法を求めて講学研鑽を重ねた。その結果、法華経こそ一切経の肝心であり、最勝真実の教えであるとの結論に達したのである。さらに日蓮は、法華経は白法隠没する末法の時代にこそ弘められ、人々を救い、その教えが実現されなければならないことを要請しているのであり、同時にその担い手の出現を要望していることをも知ったのである。そして法華経は、法華経こそ唯一真実の教えであると知った者に対し、如説修行の実践を命じているのである。法師品には「此の経は如来の現在すら猶ほ怨嫉多し、況んや滅度の後をや」（『開結』三一三頁）と説かれ、宝塔品に仏滅後の法華経受持弘教の困難を六難九易をもって示し、（同三三九頁）、勧持品には二十行の偈に三類の敵人による法華経弘通者への迫害を説き（同三六三頁）、安楽品にも「一切世間に怨多くして信じ難く」（同三八六頁）と説いている。いずれも仏滅後において法華経を信行し弘通する者に対し、種々の怨嫉迫害が加えられることを予言している。日蓮は煩悶し「進退谷まった」（『報恩抄』一一九八頁ＢＣ）が、仏の呼びかけに応じ死身弘法の覚悟を決め、「二辺の中にはいうべし」（『開目抄』五五七頁Ｂ）と決断し、法華経の弘通に身命を捧げ、法華経の行者としての道を歩むこととなったのである。日蓮は、これらの経文を仏の未来記と受け止め、自己の法華経弘通と値難忍受の宗教活動の支えとしたのである。さらに不軽品には、威音王仏の像法の時代に、不軽菩薩は二十四字の法華経を行じ、杖木瓦石の難を被りつつ、それを忍んで法華経を弘通したことが説かれている（『開結』四八八頁以下）。日蓮は、この不軽菩薩の化導を、末法悪世の謗法者充満の時代における法華経弘通の方軌を説示したものであると受け止め、末法の日本国において一切衆生救済のため逆化折伏下種の弘経を実践したのである。そして「二十余年が間、此の法門を申すに、日々月々年々に難かさなる。少々の難はかずしらず。大事の難四度なり」（『開目抄』五五七頁B）と述べているように、法華経弘通に伴って種々の迫害弾圧を被ることとなったのである。日蓮は法華経の行者の資格について、「小失なくとも大難に度々値ふ人をこそ滅後の法華経の行者とはしり候わめ」（『報恩抄』一一九九頁BC）と、受難の現証を行者の条件として挙げている。そして「仏滅後一千八百余年が間に法華経の行者漢土に一人、日本に一人、已上二人、釈尊を加え奉りて已上三人なり」（同一二二九頁BC）と、インド・中国・日本の三国法華弘通史を概観した日蓮は、釈尊は法華経を説き九横の大難に値い、滅後の像法の時代の智顗と最澄とは、釈尊と法華経の精神とを正しく継承し弘通する過程に、南三北七ないし南都六宗の迫害怨嫉を受けたと、この三師を法華経の行者として選び出したのである（『観心本尊抄』七〇九頁A、『顕仏未来記』七四三頁B往見）。しかし智顗・最澄の二師は命に及ばんとするほどの大難には値わなかったが、日蓮は「大事の難四度なり、二度はしばらくをく。王難すでに二度にをよぶ。今度はすでに我が身命に及ぶ」（『開目抄』五五七頁B）と自ら記しているように、「況滅度後」と説く法華経の予言通りに仏在世以上の受難迫害を被ったのである。日蓮は『開目抄』に「されば日蓮が法華経の智解は、天台・伝教には千万が一分も及ぶ事なけれども、難を忍び慈悲のすぐれたる事はをそれをもいだきぬべし」（五五九頁B）といい、『法華行者値難事』には「仏記の如くんば、末法に入りて法華経の行者有るべし（略）所謂琉璃殺釈と乞食空鉢と寒風索衣とは仏世に超過せる大難なり。恐らくは天台・伝教も未だ此の難に値ひたまはず。当に知るべし、三人に日蓮を入れ四人と為して法華経の行者末法に有るか。喜ばしきかな、況滅度後の記文に当れり」（七九七―八頁A）と延べ、さらに「日蓮は日本第一の法華経の行者なる事あえて疑ひなし」（『撰時抄』一〇四八頁A）と、日蓮自身が末法における法華経の行者たる確信を表明しているのである。すなわち日蓮は、末法の法華経修行者として法華経を経文の通りに実践し弘通し、それに伴う数々の受難を体験する中で、仏の予言、未来記たる経文と自らの体験とを重ね合せ、受難が法華経色読を意味し、法華経の行者としての真実性を証明する現証であるとして、法華経の行者の自覚を確立し、確信を深めていったのである。

法華経の行者という呼称は、早くは建長七年（一二五五）の『主師親御書』にみえる。法師品の「況滅度後」の文を引用して、「法華経の行者を、悪み嫉む者多からん事は雲霞の如くならんと見えたり」（四八頁）とあり、末代悪世に法華経を弘通する者には怨嫉の難が多いはずであるが、いまだ難の現れないのは「仏の虚言か、法華経の実ならざるか」、日蓮が「実の行者にてはなきか」と疑問を提示している。日蓮が立教開宗の当初から法華経弘通に伴う受難の必然を覚悟していたことを示す文である。次いで正元元年（一二五九）の『守護国家論』に「法華経の行者を破せんが為」（一三二頁B）、「法華経の行者は心中に四十余年・已今当・皆是真実・依法不依人等の文を存して」（一三三頁B）とみえるが、これらは法華経を信奉し修行する者という意味で用いられている客観的表現であって、受難色読の行者という宗教的自覚に立つものではない。しかし文応元年（一二六〇）七月の『立正安国論』上奏に端を発し、同年八月二七日の松葉谷法難、弘長元年（一二六一）五月一二日の伊豆法難、文永元年（一二六四）一一月一一日の東条法難、文永八年（一二七一）九月一二日の龍口法難等の大難は、それが公的権力によるものか、私的怨恨に発するかの別はあっても、いずれも日蓮の法華経弘通に伴って生じたものである。日蓮はこれらの体験を経て、平安時代以来の持経者の伝統を継承しながら、持経者とは異なる独自の世界を築き上げていったのである。すなわち持経者とは多くの経典の中から特に法華経を選び取り、それを受持・読・誦・解説・書写する五種の修行を積む者をいうのであるが、日蓮は持経者たちがいまだ経験しなかった受難の体験をもって、持経者の世界から法華経の行者へと飛躍したのである。

弘長二年一月、流罪地伊豆で著された『四恩鈔』には「昼夜十二時の法華経の持経者は、末代には有がたくこそ候らめ」（二三七頁）と配流の所感を述べているが、翌二月「本朝沙門日蓮」の名で撰述された『教機時国抄』には、「日蓮仏語の実否を勘ふるに、三類の敵人之有り。之を隠さば法華経の行者に非ず。之を顕さば身命定めて喪はんか」（二四五頁）と法華経の行者の使命を述べ、法師品・勧持品・安楽品・寿量品および『涅槃経』巻九如来性品の「寧喪身命終不匿王所説言教」（『正蔵』一二巻四一九頁a）の文と灌頂の『涅槃経疏』（『正蔵』三八巻一一四頁b）等の、死身弘法の文証を引用して、「此等の本文を見れば三類の敵人を顕さずんば法華経の行者に非ず。之を顕すは法華経の行者なり」（二四五頁）と述べている。日蓮は建長五年四月二八日の立教開宗の当初から法華経弘通に伴う迫害受難を覚悟していたが、松葉谷・伊豆の二難の体験を経て、『四恩抄』の自己が真に法華経を読む持経者であるという悦びから、ここに「法華経の行者」という主体的自覚に昂揚されたのである。東条法難直後の『南条兵衛七郎殿御書』において、日蓮は受難の体験について「第四の巻に云く、而も此の経は如来の現在すら猶ほ怨嫉多し。況んや滅度の後をや。第五の巻に云く、一切世間に怨多くして信じ難し等云云。日本国に法華経をよみ学する人これ多し。人のめ（妻）をねらひ、ぬすみ等にて打はらるる人は多けれども、法華経の故にあやまたるる人は一人もなし。されば日本国の持経者はいまだ此の経文にはあわせ給はず。唯日蓮一人こそよみはべれ。我不愛身命但惜無上道是なり。されば日蓮は日本第一の法華経の行者なり」（三二七頁c）と述べ、日本第一の法華経の行者と宣明したのである。すなわち法華経の行者とは、経文の予言通りに迫害弾圧を被り、しかも「我不愛身命但惜無上道」の不退転の決意のもとに、仏勅を奉じて末法悪世に弘経を展開していく者の謂である。文永八年九月一二日の竜口法難は日蓮のみならず多くの弟子・檀越にも徹底的な弾圧が加えられた。この時、日蓮は平頼綱に対し『立正安国論』上奏に次ぐ第二の国主諫暁を行っている（『撰時抄』一〇五三頁A）。日蓮は謀叛人のごとく鎌倉の小路をひきまわされ、佐渡流罪と決定したが、「外には遠流と聞こえしかども内には頸を切ると定めぬ」（『下山御消息』一三三二頁C）とあるように、内密に竜口で斬首しようとしたが果たせず、佐渡流罪となった。一〇月一〇日鎌倉を出発。同二二日寺泊から富木常忍に宛て流罪の心境を書き送った『寺泊御書』に日蓮は、数々の大難に値い、今また流罪の身となって、法華経の「況滅度後」の文を読み、勧持品の二十行の偈を如実に色読し体現した確信から、「日蓮は八十万億那由陀の諸菩薩の代官と為（し）て之を申す」（五一五頁A）と述べている。これは翌年の『開目抄』における本化地涌上行の応現としての自覚公表にいたる先駆として、勧持品に説く迹化の菩薩の代官たることを表明した注目すべき一文である。翌文永九年二月、「かたみ」「一期の大事」として書き上げた『開目抄』において日蓮は、「法華経の第五の巻勧持品の二十行の偈は、日蓮だにも此の国に生れずば、ほとをど世尊は大妄語の人、八十万億那由陀の菩薩は提婆が虚誑罪にも堕ちぬべし。経に云く、有諸無智人、悪口罵詈等、加刀杖瓦石等云云（略）日蓮なくば此の一偈の未来記は妄語となりぬ」（五五九頁B）といい、「又云く、数々見擯出等云云。日蓮法華経のゆへに度々ながされずば数々の二字いかんがせん。此の二字は天台・伝教もいまだよみ給はず。況や余人をや。末法の始のしるし、恐怖悪世中の金言のあふゆへに、但日蓮一人これをよめり（略）日蓮なくば誰をか法華経の行者として仏語をたすけん」（五六〇頁B）と述べている。仏滅後の法華経弘通者の迫害受難を予言した経文の数々は、受難以前の日蓮には客観的文証としての未来記であったが、法華経弘通の実践と受難の体験を経た後の経文は、仏の実語であったのである。実に日蓮における死身弘法、殉教の菩薩行の実践は、仏の未来記の成就のためであり、仏の未来記を証しするためのものであった。さらに『顕仏未来記』にも法師品・勧持品・安楽品・不軽品・薬王品の文を引いて、「此の明鏡に付きて仏語を信ぜしめんが為に、日本国中の王・臣・四衆の面目に引き向へたるに、予よりの外には一人も之無し。時を論ずれば末法の初め一定なり。然る間、若し日蓮無くば仏語虚妄と成らん（略）我が言は大慢に似たれども、仏記を扶け如来の実語を顕さんが為なり」（七四一頁B）との経文を主体的に受容された表現がみられ、同書の結びには仏の未来記を実現した確信に基づく三国四師の表明がなされたのである（七四三頁B）。日蓮は未来記としての経文を自己の受難という現証によって立証し、未来記（予言）を実語とするのである。すなわち「未来記→実践→受難→実語」の仏語検証の過程を無限に繰り返すのが、法華経の行者である。かくして仏の予言＝未来記としての法華経の客観的文証が、日蓮の主体的実践によって体現され、その真実が顕された時、その真実を証明した日蓮自身が仏の予言した法華経の行者に他ならないのであり、ここに末法救済の導師としての立場が確立されたのである。そして宝塔品の六難九易、勧持品の二十行の偈を正しく色読立証し、仏に予言された末法の大導師、本化上行菩薩の応現たる霊格者であることを明らかにした日蓮は、「我日本の柱とならむ、我日本の眼目とならむ、我日本の大船とならむ」（六〇一頁B）との三大誓願を発表したのである。これは末法の一切衆生に法華経を信奉させ、堕地獄の苦を脱れさせるという立教開宗の日の本願を、末法救済の導師として改めて表明したものであり、それはまた「涅槃経に云く、一切衆生の異の苦を受くるは悉く是れ如来一人の苦なり等云云。日蓮云く、一切衆生の同一の苦は悉く是れ日蓮一人の苦と申すべし」(『諫暁八幡抄』一八四七頁BC)との代受苦思想の発言に連なるものである。さらに末法の導師日蓮が弘通する法門を明示した文永一〇年の『観心本尊抄』において、寿量品の「遺使還告」を釈して四依に四類(小乗・大乗・迹門・本門)を分かち、本門の四依たる「地涌千界は末法の始めに必ず出現すべし。今の遣使還告は地涌なり」(七一七頁A)と述べて、末法の依師としての立場を明らかにしている。日蓮は謗法呵責、折伏下種の仏記実現のための弘経活動を経て、自己の立場を「日蓮は閻浮第一の法華経の行者なり」(『撰時抄』一〇一九頁A)と、日本から世界へと飛躍拡大せしめ、それはまた謗法断絶と法華経広布の確信ともなり、「日蓮が慈悲曠大ならば南無妙法蓮華経は万年の外未来までもながるべし。日本国の一切衆生の盲目をひらける功徳あり。無間地獄の道をふさぎぬ」(『報恩抄』一二四八頁BC)との表明となったのである。日蓮における法華経の行者の自覚と確信とに、日蓮の法華経受容における実践的傾向と仏の未来記実現のため歴史的世界形成の担い手たらんとする宗教的主体性とをみることができる。本文引用遺文の外、出典多数。なお「一乗の行者」とみえるのも、法華経の修行者、実践者の意で、法華経の行者と同義。ただし『開目抄』(五九九頁B)、『種種御振舞御書』(九七一頁B)は不軽菩薩を、『破良観等御書』(一二七九頁)は日蓮を、『兵衛志殿御返事』(一四〇三頁A)は檀越の池上氏(右衛門大夫宗仲)を、それぞれ「一乗の行者」と呼ぶ。(63)

(小松邦彰)

以上、日蓮聖人の出家・修学から、二十余年に亘る遊学と『法華経』の選択、しかし仏滅後において法華経を如説に実践する者には法師品、宝塔品、勧持品、安楽行品に説かれる如く種々の怨嫉迫害が加えられること、そして日蓮聖人は仏の呼びかけに応じて死身弘法の覚悟を決め（『開目抄』）、法華経の弘通に身命を捧げ、法華経の行者としての道を歩むこととなった点。又、法華経の行者の資格について「小失なくとも大難に度々値ふ人を法華経の行者とは知り候はめ」（『報恩抄』）と、値難の現証を法華経の行者の条件として挙げ、受難が法華経色読を意味し、法華経の行者としての真実性を証明する現証であるとして、法華経の行者の自覚を確立して、確信を深めていったこと。

法華経の行者という呼称は、早くは、建長七年（一二五五）の『主師親御書』にみえること。そして『立正安国論』の奏上に端を発し四大法難の度に、これらの体験を経て、平安時代以来の持経者の伝統を継承しながら、持経者とは異なる独自の世界を築き上げていったことを述べている。つまり持経者の世界から法華経の行者への飛躍であったと、述べる。又、受難以前の日蓮聖人には客観的文証としての未来記であった経文の予言は、受難の体験を経た後には、仏の実語となったこと、すなわち「未来記→実践→受難→実語」の仏語検証の過程を無限にくり返すのが、法華経の行者である。そしてここに末法救済の導師という立場が確立され、謗法呵責、折伏下種の仏記実現のための弘経活動を「日蓮は閻浮第一の法華経の行者なり」（『撰時抄』）と日本から世界へと飛躍拡大せしめたのである、と述べている。又、「一乗の行者」とみえるのも法華経の行者と同義である、と。

さて、まず、**姉崎正治氏**は「法華経行者と云ふ意義」と題して、一文を草している。以下、その要項を引用する。

然し、如何に深遠の理論でも、又宏大な理想でも、その眞理を自分の生命に活現し、その理想を世に實行する人がなくば、畢竟空論空理に過ぎない。而して之を自分の身に活現するには、その人の性格が根本に強烈の意志力があると共に、又眞理に基き、過去現在未來に亙つての明智透察あるを要する。此なくば、熱情は終に狂熱に終らざるを得ない。然るに法華經は、一方末法悪世に處する豫言的勸誡として、熱情を激勵すると共に、又三世に亙る眞理の生命を説示し、意志の力と理智の光りと雙び具へた大經典である。

日蓮上人は、此の如き眞理の理解に基いた信仰に依り、又此の如き勇猛の熱情、意志の力を、此の法華經の感化から得て、その一生を貫き、現在の一生を永遠の過去に聯絡し、又將來萬年の理想を打ち立て、此の如き意味で、法華經の生命を自分の身に活現した人、即ち法華經の行者であった。(64)

そして、日蓮聖人の法華経行者としての生活は、始めから上行菩薩の自覚や予言者末法導師の覚悟で始まったものではなく、やはり人間としての疑問煩悶で始まっており、清澄山の小僧蓮長は、雑多な仏教経典や宗派の中で何が真の仏の教であるかという疑問を発し、その煩悶は自分一人のことではなく、その当時の混乱した時勢を己れ一身に引き受けての煩悶であった。そして鎌倉に叡山に道を求め、帰着する所は法華経のみ仏の真実教であり、末法の今の時から以後世界を支配すべき教だということを見開いたのである。この解決が法華経行者の一生の基本となったのである。以下、同氏の本文を引用する。

然るに、蓮長は意を決してその實行に進み、先ず故郷に歸り、生年三十二歳の初夏、その信仰を宣布するに當つて、太陽を立命人とし、而して後に之を人間に傳へた。その最初の宣教に於て、上人(今は日蓮)は、法華經のみ眞實であるといふ事を説く爲に、當時行はれて居た禪宗や念佛を痛撃した。その爲に諸人の怒を受け、僅に殺害を逃れて清澄山を脱け出した。末法の世に法華經を弘むる者は、迫害を受けるぞといふ經中の佛説は、現前の事實となつて、法華經行者の一生は、玆に經文に説いてある通りの門出《かどで》をした。經文は單に文字でなく、日連が血と肉との事實であるといふ覺悟は、一生の門出に於て深く心に浸み込んだ。

次に鎌倉に出て、衆人の怨なす間に、自分の教を傳へるについても、法華經の行者には、刀杖瓦礫が加はるとの經文も、段々事實になつて來た。又大地震や疫癘など、天地の變災や世の中の悲惨事を見るにつけては、末法惡世の徴候は歴々と見え、且つ法華經に背く國には、災害が來るといふ佛讖も事實となつて來た。此の觀察に基いて、政府に對して警告を發した。念佛門徒の亂暴な迫害が之に續き、終には理非も糺さすに伊豆の國に流罪に處せられた(65)。

又、小松原法難は、法華経加護の信仰をいよいよ深く、やがて龍口法難で虎口を脱れて再生を得、再び流罪の身となり、佐渡への途次、寺泊での静慮は、法華経行者の精神生活に最も重大な転機を、もたらした。それは、「法華経の行者は何故にかくまで多難の生を送るべきか」という問題であった。以後、三年間の佐渡流罪生活も、八年余の身延隠棲も、その一面においては滅罪の生活であり、独り過去から積み来たった自分の罪障ばかりでなく、日本国乃至全世界の衆生の悪心を折伏することであった。

此の如くにして法華經の行者は、始は法華經を眞實の教として之を信奉するに始まり、その信仰を貫く爲に重なる大難を受けて、自ら法華經の實行者たる自覺に到達し、而してその多難なる行者の生活について深い意味を尋ねて、終に法華經中に現はれて居る菩薩聖者と自分自らとの間には、心靈相結び、血脈相通ふ實を經驗するに至つた。即ち山なす大難に依つて、自他共に法華經の眞理に背き來つた謗法の罪を滅する滅罪の生活と、法華經の眞理に依つて、人間世界に佛國淨土を齎らすべき使命を帯びた聖者の生活と、此の二つは表裏左右相助けて、法華經行者といふ自

覺の内容を作り上げた。(66)

以上の如く、法華経の行者として迫害を激発して、その多難な一生が衆生の同共滅罪を促進するということ、又、その感化を受けて同じく法華経の信行に生きつつある者の異体同心の修行に、地涌菩薩の出現が事実として現われているという事、これらの実際の経験が衆生一同の真理を活き活きと示したのである。理論を転じて実行事実として活かした事、悲観から大楽観を生み出した事、衆生の生活に異体同心の社会的共同団結を高調した事、これらは日蓮聖人の法華経主義の特色である、としている。

次いで、かの著名なる姉崎正治著『法華経の行者日蓮』をとりあげたい。これは大著である。かつて本書を読みふけった時、論者は無上の感激を覚え、血涌き肉踊る思いで、日蓮聖人を讃仰し信奉し、自身もそうあらねばと決意した。そして今、本書を詳細に読んで見ると、まず、姉崎氏においては、日蓮聖人は全生涯を通じて、終始一貫「法華経の行者」であると連呼していることに気づく。極限すれば日蓮聖人は誕生の当初から「法華経の行者」としての素質と才能と強靭な体力と鋭敏な感覚を既に内包していたといえよう。

日蓮聖人は本仏釈尊・法華経を選び、本仏釈尊・法華経に選ばれた比類なき人であった。勿論、状況により年代により、その「法華経行者」認識が深化し、拡大化している。

そして「法華経の行者」であることが、単に折伏、迫害、過去の謗法罪、仏の未来記等にとどまらず、門下の教導、とりわけ日常生活での女性等へのきめ細やかな情愛のことばをも含めての「法華経の行者」なのである。

まず、十二歳で清澄へ。そして十六歳で出家して蓮長となった日蓮聖人の転心期の煩悩について同氏は以下の如く述べる。

清澄山の小僧蓮長が転心期の煩悩は、先ず仏法所宗《しょしゅう》中、何れが真仏教であるかという形で現われたが、その中には、当時並に将来の仏教に関する大問題が伏在し、仏法と共に、王法即ち国家社会の問題も、続いて現わるべき運命を有して居た。

然らば小僧蓮長は何人であつて、又如何に此等の問題を解釈せんとし、又その解決の為に如何なる戦を起こし、如何に多難の生活に踏み入ったか。その生活は即ち法華経行者の一生であった。(67)

そして立教開宗についての追懐の文である。

「此恩を報ぜんが為に、清澄山に於て仏法を弘め、道善師房を導き奉らんと欲す」[b] とあり、又後には、「四月廿八日午ノ時」[c] 等、その追懐の文は多いが、何れも皆畢生の覚悟を定めて此の一段の決行に至つた事を語る。「日本国に此を知れる者、但《たゞ》日蓮一人なり。これを一言も申し出だすならば、父母、兄弟、師匠、国主の王難、[d] 必ず来るべし。いはずば慈悲なきに似たり。」[e]「日蓮世を恐れて之を言はずんば、仏敵とならんか。」[f] 予期に違わず、先ず東条景信が威嚇となり、それから北条の権臣等の頑強な迫害が之に続いて来た。然らば、此の一挙は、実に折伏《しゃくぶく》戦闘の旗揚であった。その折に迫害を受け追放の身となつた事は、通常の意味では敗北である。然し「法華経行者」に敗北はない。(68)

著者註b　六四九〔一五四三〕(『定遺』四七四)
c　一八七五〔六一一〕上、五二頁参(同右、一六七二)
d　父母等の圧迫、国主為政者の迫害
e　開目抄　七六九(『定遺』五五六)
f　一〇七八〔一六〇六〕(同右、八五三)

次に、特に如来神力品第二十一の結要付属と「日蓮」の名の由来と「斯の人」とは自らを指すと解した。

「法華経の行者」は実に此の身読主義の実行結果であった。

此の眼光と意気込とを以て十二品に対すれば、流通の意味は新しい光を放ち、活きた生命を得て来る。その中には、勧説あり激励あり、予言、保証あり、奮戦の号令と共に忍耐の慰籍あり、進軍の鼓音と共に勝利の凱歌もある。例えば、如来神力品《にょらいじんりきほん》第二十一は、一方に於ては仏陀が妙力を説いて、「如来一切所有《しょう》の法、如来一切の自在神力《じんりき》、如来一切の秘要蔵、如来一切の甚深《じんしん》の事」(69)が皆此の法華一経に収まつて居る事を示したものである。然しそれと共に、此の秘要蔵たる法華経を弘通し、仏陀が委託を実行すべき法華経行者の重大な使命と、その使命成就の保証も、その中に現われて居る。即ち法華経の行者が如何に世を感化するかを説いて、「日月《にちがつ》の光明が諸の幽冥《ゆうみょう》を除く如くに、斯の人は世間に行《ぎょう》じて能く衆生の闇《やみ》を滅す」(70)とある文句は、先に「日蓮」という名を説明する時に引用した(71)通りであるが、b 日蓮上人は、その精神を汲んで、「斯の人」は即ち日蓮自らを指す者だと解釈した。

著者註b　上、五一頁

そして、法華経の真理を体験する実行方法その悉くを自分の生命に実現することであったと述べる。

次の問題は、法華経の真理を体験する実行方法如何という事になる。此の問題に対しても、天台大師始め諸家各々種々の見解があり、又その方法修行を試みたのであるが、日蓮上人の主義は、文字の法華経に説いてある功徳《くどく》、光栄、理想を悉く自分の生命に実現しようというにあった。此の「法華経色読《しきどく》」主義から云えば、法華経の実体は、之を他に求むべきでなく、信者行者自らがその実体なのである。法華経を信ずる者は「即持仏身《そくじぶつしん》」a であつて、一切衆生が即ち妙法蓮華経の当体《とうたい》（実体）である、特には日蓮始め、その弟子等、法華経の生命を体現しつつある者が、即ち法華経である。此の修行によつて愈よ法華経を信ずる者は、今まで文字や下界の事として見て来た法華経が自分自身であつて、「法華経の功徳《くどく》」というのは自分自らの真価であり、光栄である事を悟る。[b] 此に至つて、諸法実相の理も、宝塔や地涌の神変も、如来久遠の長寿も、弘通《ぐづう》の得益《とくやく》も、皆自分自らの生命にある。此が仏法の体験、法華経の実現である。(72)

著者註a　一一二六〔八二六〕

　　b　此が本尊鈔の趣意下第十六章

そして次の如く述べる。

「法華経の行者」たる意識は、その活動の輪廓背景たる五綱の宣明と共に明確になつて来た。此処で注意すべき事は、「法華経の行者」という自覚の発達が、此の如く伊豆流罪に於て、一段の醇熟を遂げた一事である。一体、末法に法華経を弘めるには逆化折伏《ぎゃくけしゃくぶく》が必要であるという考は、開教の決心と共に見極《みきわ》めはあり、その信念は開教と共に故郷の迫害で的確になり、安国論の先徴動機となつた正嘉以来の変災は、末法悪世の現証を齎らし、折伏戦の奮進については伊豆流罪の二週間前、駿河なる椎地《しいじ》氏への書簡にその覚悟を宣べて曰く、

　末法《まつぽう》には法華経の行者必ず出来《しゅつらい》すべし。但し大難来りなば、強盛《ごうじょう》の信心、彌々《いよいよ》悦びをなすべし。……大難なくば法華経の行者にはあらじ。……僧も俗も、男も女も、（法華経の）一句をも人に語らん人は、如来《にょらい》の使《つかい》と見えたり。(73)[e]

著者註e　四一〇―一一〔九四九〕（『定遺』二二七）

さて、小松原の難後、南条氏への書簡において、日本国の持経者が、未だ法華経の経文に値わず、日蓮聖人一人が、これを読み、そして法華経の行者を初めて宣言したと述べる。

此の小松原の難は、今までの暴徒襲撃に比して遙に大難であった。武装した数百人に待ちうけられ、弟子等も殺され、武人たる吉隆さえ命を失い、上人自も眉間《みけん》に疵を被り、左の手を打ち折られた。[a] 予々《かねがね》の憎怨を晴らそうと宿敵景信に待ち設けられて、而かも一死を逃れ得たについては、法華経の加護を重ね〳〵感ぜざるを得ない。先の南条氏への書簡は、先ず五綱を重説して後、法華経行者の覚悟を勧説し、自らの多難の例を示し、尚続けて多怨難信《たおんなんしん》等の経文を引用して曰く、

日本国《にほんこく》に法華経を読み学《がく》する人、是れ多し。人の妻《め》をねらひ、ぬすみ等にて打ちはらるる人多けれど、法華経の故にあやまたるる人は、一人もなし。されば日本国の持経者《じきょうしゃ》は、名ばかりにて、未だ此の経文には値《あ》わせ給はず、唯日蓮一人こそ読《よ》みはべれ。「我不愛身命《がふあいしんみょう》、但惜《たんじゃく》無上道《むじょうどう》」是れ也。されば日蓮は、日本第一の法華経《ほけきょう》の行者《ぎょうじゃ》。[b]

「日蓮は日本第一の法華経の行者也」[c]。上人の一生を支配した覚悟を表する此の一句は、実に此処で始めて現われた(74)。

著者註 a 一八七六〔六一一〕（『定遺』六七三）
b 五二四〔二八一〕（『定遺』三二七）
c 此等の文字図版第六

次いで龍口法難に及ぶ。

此の如くにして、此一日の活劇とそれにつゞく頸《くび》の座《ざ》は、法華経行者の一生に於ける最大転機として、前後の事々一大戯曲をなし、上人自身の追懐にも常に強く現われている。されば、此の戯曲的活劇を活き〳〵と書き伝えた御振舞御書が最も有名になり、後人の記事も多く此に基く様になつたのは当然である。而して、此一書が真作であるという事に就ては、山川智応君の研究論議があり、[e] 其の論点は確であり、又記事は当事者以外に想像では書き得ない事が多くある。然し、

その書は安房の人々に見せる為に、後年光日尼へ書き送つた物で、目的は通俗に日蓮の行動を記述するにあり、今日では本文にも多少の異同を生じているのであるから、その注意を以て見るべきである。其中でも十二日の夜の引廻しに関する記述は最も戯曲的色彩に富み、その八幡社頭の「諫言」の如きは、少くともありそうな事、或は当にあるべき事と考えられる。即ち上人の信念又感想として、法華経守護の役を勤める八幡大菩薩が、法華経行者の刑に引かれて行くを見捨てる筈はないという意気は、後年の述作にも述べてあり、[a] 十二日夜、社頭で何かの諫言又は喝破があつたという事は想像し得る(75)。

著者註e　「研究」二巻二七二以下

a　神国王書　一三六四（五三〇）—六五（『定遺』八九二〜三）

そして聖者としての日蓮聖人の二面、その抱負と覚悟を述べる。

聖者《しょうじゃ》として日蓮上人の自覚には二面あって、一は久遠本仏の弟子たる由来から見て、上行菩薩との脈絡と、一は末法行者として、多難の生活を経べき勧持品の体験者、若くは又（同じ事に帰着するが）、過去に謗法《ほうぼう》の衆生に虐待された不軽《ふきょう》菩薩との聯絡である。前者は純粋に聖者としての抱負、後者は滅罪の行者としての覚悟である。勿論此二面には、離すべからざる聯絡があるが、而かも多怨難信《たおんなんしん》の現前の境に於ける仏勅、未来に対する理想を思い来つては、地涌《じゆ》上行の使命が意識の大部分を占めて居る。前者を罪の意識と称すべくんば、後者は聖者の自覚である(76)。

次に佐渡での生活中、法華経の修行の二面について述べる。

相州鎌倉より北国佐渡国、その中間《ちゅうけん》一千余里に[c]及べり。山海はるかにへだて、山は峨々、海は濤々、風雨時にしたがふことなし。山賊海賊充満せり。宿々《しゅくじゅく》とまりとまり、民の心、虎の如し、犬の如し、現身に三悪道《さんなくどう》の苦をふるか。[d]

此佐渡国は畜生の如くなり。又法然が弟子充満せり。鎌倉に（て）日蓮をにくみしより百千万億倍にて候。[e]

此の如く三悪道（地獄、餓鬼、畜生）の生活をするのも、思へば法華経の為であつて、法華経の行者が三類の強敵に責められるのも、他面又人間の悪心が悪道に堕して、自ら地獄を現ずる、それを法華経行者が身に体験するに外ならぬ。法華経の修行は、一面謗法《ほうぼう》の者に対する折伏であるが、他面又行者自らの滅罪の行である。(77)[f]

著者註c　四丁一里
d　日妙書　八六五〔一〇六五〕参、上記一谷入道書（『定遺』六四七）
e　呵責謗法滅罪鈔　一〇二二〔四九一〕（『定遺』七八九）
f　上、一五〇頁　下、第二十章参

次いで『開目抄』を引き、自己の使命を確かめ、遺言となし、益々、法華経の行者たる出発点でもあつたと述べる。

日蓮といひし者は、去年九月十二日子丑《ねうし》の時に頸《くび》刎《は》ねられぬ。此の魂魄佐土《さど》ノ国にいたりて、返年《かえるとし》の二月、雪中に書《しる》して有縁《うえん》の弟子へ贈れば、畏《おそろ》しくて怕《おそろ》しからず。見ん人いかにをぢぬらん。此は釈尊多宝十方の諸仏の、未来日本国当世をうつし給ふ明鏡《みようきよう》なり。かたみとも見るべし。[a]

此の如く、自分の生活に対する問題を究め来つて、自己の使命を確め、其旨を雪中に記したのは、不幸にして佐渡の雪中で命終ろうとも、此を以て遺言とするという意味であった。故に、四月四条金吾の使に託して本書を本土に送り、それを富木入道に知らせるに当つても、曰く、

日蓮臨終、一分も疑なく、頭《こうべ》を刎ねらるゝの時は、特に喜悦あるべく候。……ほゞ経文を勘《かんが》へ見るに、日蓮、法華経の行者たること疑なきか。……摂受折伏《せうじゆしやくぶく》の二義、仏説に依る、敢て私曲《しごく》

にあらず、万事霊山浄土《りょうぜんじょうど》を期《ご》す。[b]

但し此の遺言は又将来に対する宣言であり、行者がこれから佐渡なり其他なり、余命を保つ間は之を続けるのみならず、滅後に遺すべき事業、末法万年の指導に関する序分出発点である。(78)

著者註a　八〇四〔六六〕参、御振舞書　一四〇三〔四〇二〕以下、勧持品の偈等に依つて行者多難の必然なる事を説明し、（『定遺』五九〇）

b　四月十日　富木入道書　八三五―三六〔四六八〕（『定遺』六一九～二〇）

そして法華経行者の滅罪生活も成道も、衆生同共の因果連絡があり、折伏は自らの滅罪のみならず、一切衆生の覚醒と仏道精進のためとして、以下の如く述べる。

法華経行者の滅罪生活は、一般の業因、悪行の為に苦悩を受けるのとは、撰を異にした点がある。一般人の罪報は、只自己の罪業の為に受動的に苦報を受け、因果の理を意識しないで苦むのであるが、行者の多難は、明確に罪業の意識をもつて、滅罪の為に進んで苦悩を忍受し、自ら好んで敵人を激発するのである。

日蓮は、此因果《このいんが》（世間一般）にはあらず。……日蓮つよく法華経の敵を責むるに依て、一時に聚《あつま》り起《おこ》れる也。……当世《とうせい》の王臣《おうしん》[a]なくば、日蓮が過去《かこ》謗法《ほうぼう》の重罪消し難し。日蓮は過去の不《ふ》軽《ぎょう》（菩薩）の如く、当世の人々は、彼の軽毀《きょうき》の四衆の如し、[b]人は変はれども因《いん》は是れ一也。父母《ぶぼ》を殺せる人異《こと》なれども、同じ無間《むけん》地獄《じごく》におつ。いかなれば、不軽《ふきょう》の因を行《ぎょう》じて、日蓮一人釈迦仏とならざるべき。又彼の諸人は跋陀婆羅《はつだはら》等[c]と云はれざらんや。(79)

堕獄にしても、成仏にしても、因同じければ果同じく、滅罪も成道も、衆生同共《どうぐ》の因果聯絡がある。而して今の折伏《しゃくぶく》戦闘は、日蓮が法華経の行者として、自らの滅罪を果すのみならず、又此に依つて一切衆生の覚醒を促し、仏道に進める所以である。自分の試練は又同時に衆生の救である。(80)

著者註　a　日蓮に迫害を加える
　　　　b　不軽菩薩を軽毀し迫害した衆
　　　　c　終に不軽に帰依した

そして、身延入山、隠遁の意義を述べる。

法華経行者の隠棲は、勿論此の如き風流三昧《ふうりゅうざんまい》ではなかつた。外見には副わぬ汪洋たる大希望と、熱烈なる大抱負とを抱いて、宇宙と感応する偉人聖者《しょうじゃ》の生活であつた。この聖者は、末法の導師たるべき使命に活き、而かも濁悪《じょくあく》混乱の末世に活動したのである。世を憂えての隠棲といつても、通常の意味の憂世とは、全然趣意を異にしたものがある。伯夷叔斉や陶淵明の遁世にも、世を憂うる情はあつた、然し彼等は世を憂えて世に背いた。法華経の行者は、世を憂えて世を遁れた、然し世を遁れる事に依つて、世を救わうとしたのである。外見は隠遁の如くに見えても、内には折伏の烈火を蓄え、国の為、又法の為に、不断の祈禱を凝らしたもの、即ち身延の隠棲であつた。[81]

上行菩薩の任務は、末法悪世の救済の実行にあり、特に身延山中での滅罪生活では未来万年の熱祷を籠めている所以であり、不軽菩薩の忍受生活と上行菩薩の受けた久遠の使命とは、表裏一体である事実の体験を以下の如く述べる。

然しながら上行菩薩の任務は、戒行《かいぎょう》や理解《りげ》を主とする正像二時と全く趣を異にし、末法悪世の救済を実行するにある。悪世悪民を化導《けどう》するには、第一に彼等を謗法の重罪から引き出すを要し、此の滅罪の為には、与《よ》同罪《どうざい》の理に基き、同共《どうぐ》信行《しんぎょう》の教に依つて、先ず自らの滅罪を実行して、之を衆に及ぼすを要する。是れ亦法華経の行者が、開教以来の忍受生活で実行し来り、特に身延に退き、山中の滅罪生活で未来万年の熱禱を籠めている所以である。不軽菩薩の忍受生活と上行菩薩の受けた久遠の使命とは、表裏一体である事実は、佐渡の流謫生活から身延の熱禱生活にかけて、法華経の行者日蓮が、歴々之を身に体験するに至つた。然らば、今や重大な一転機を経て、行者の生活に一段を劃するには、広宣流布《こうせんるふ》疑なき未来の理想成就に向つて、地《じ》涌《ゆ》の聖衆《しょうじゅ》が天職を実行するを要する。(82)

次に、女性に対しても、謗法を責めるなど、男性に対すると異なることなく強い信心を勧めている。上野時光の母は、悟道の進んだ人であつたと見え、それへの書簡には生死問題が多く示してある。[f] その外、折伏を主義とする上からは、婦人に対しても、謗法を責め、謗法の悪国に処する心得を説いた点では、男子と異なる事なく、建治弘安の間にかけては、国難に関聯して強い信心を勧め、此が[e]婦人等にも強い感化を与えたのである。[g] 阿仏房尼が、謗法罪の事を問うたに対しての説明の如きは、その内容に於ては、婦人に対するだけの教訓でなくて、強く謗法罪の観念を表して居、只その最後に左の言がある。

尼御前《あまごぜん》の御身《おんみ》として、謗法《ほうぼう》の罪の浅深軽重《せんじんきょうじゅう》の義を問はせ給ふ事、まことに有りがたき女人《にょにん》にておはすなり。竜女《りゅうにょ》に豈劣るべきや。「我れ大乗の教を闡《ひら》いて苦の衆生《しゅじょう》を度脱《どだつ》せん」とは是れなり。……相構《あいかま》へ相構へて、力あらん程は謗法《ほうぼう》をば責めさせ給ふべし。日蓮が義を助け給ふ事、不思議に覚え候ぞ。[h](83)

著者註 f　一例　一〇五二〔九五八〕（『定遺』三三一）
　　　g　乙御前母一二九二〔一〇六九〕（『定遺』一〇九九）
　　　h　一三一六〔七〇九〕『定遺』一一一〇頁

又、建治三年から翌弘安元年の夏にかけて流行した疫癘や飢饉に関し、悪鬼が法華経行者をねらうことを以下の如く述べる。

謗法の国に此災あるは自然であるが、それにしても、上人自らも亦病み、又その信徒でも疫病にかかる者がある。信徒の中で此点について疑を起した者もあつた。そこで之に対する答は、一は共業所感《ぐごうしょかん》と、一は悪鬼が特に法華経行者を邪魔者として、之に仇する、との二点に帰着し、六月廿六日に、一は四条金吾へ、一は富木入道へ手紙を出した。前者[d]には、此の疫病が通常の身の病でなく、心の病も交り、謗法の結果である事を論じ、又自分の病が快方に向う事を知らせてある。後者[e]は、前と同様の点の外に、特に悪鬼が法華経行者をねらうということを説いてある。即ち法華経の行者も疫に罹る所以を説明して曰く、

著者註d　一七三八―三九（八九四―九五）（『定遺』一五三三）
　　　e　二〇九八―二一〇三（三四三―四七）（『定遺』一五一七―二二二）遺文録には、此書を弘安五年に編してあるが、元年にすべきもの。

善と悪とは、無始《むし》よりの左右《さう》（相対抗）の法也。権教《ごんぎょう》並に諸宗の心は、喜悪は等覚《とうがく》（仏位）に限る若し爾《しか》らば等覚までは互に失《とが》あるべし。法華宗の心は、一念三千、性悪《しょうあく》、性善妙覚《しょうぜんみょうがく》の位になお備われり。元品《がんぽん》の法性《ほッしょう》は梵天帝釈等と顕われ、元品《がんぽん》の無明《むみょう》は第六天の魔王と顕われたり。善神は悪人をあだむ、悪鬼は善人をあだむ。末法《まッぽう》に入りぬれば、自然《じねん》に悪鬼は国中に充満せり、瓦石草木《ぐわしゃくそうもく》の並《なら》び滋《しげ》きが如し。善鬼は天下に少し、聖賢《しょうけん》まれなる故也。此疫病《やくびょう》は、念仏者、真言師、禅宗、律僧等よりも、日蓮が方にこそ多く病み死《し》ぬべきにて候が、いかにとして候やらん、彼等よりも少《すくな》く病み、少《すくな》く死に候は、不思議に覚え候。人の少き故か、又御信心の強盛《ごうじょう》なるか。[a]

……此の三十余年の三災七難等は、一向に他事を雑《まじ》えず、日本一同に日蓮をあだみて、……上一人より下万民に至るまで、前代未聞《ぜんだいみもん》の大瞋恚《だいしんに》を起せり。見思未断《けんじみだん》の凡夫《ぼんぷ》の、元品《がんぽん》の無明《むみょう》を起す事、これ始めなり。神と仏と法華経に祈り奉らば、愈々増長すべし。但し法華経の本

門をば法華経の行者につけて除き奉る。結句《けっく》は勝負《しょうぶ》を決せざらん外は、此災難止《や》みがたかるべし。……止観《しかん》に三障四魔と申すは、権経《ごんきょう》を行ずる行人《ぎょうにん》の障りにはあらず、今日蓮が時、具《つぶ》さに起これり。……観念既にまさる故に、大難又色まさる。(84)b

著者註　a　二二〇〇―一（三四五）（『定遺』一五二〇）
　　　　b　二二〇二―三（三四六―四七）（『定遺』一五二二）

次いで、ここで**茂田井教亨氏**の『法華経者の精神』につき、述べなければならない。本著には茂田井氏の強烈な信仰心が充満していて胸を打たれる。尚、講話形式のため、そのまま引用する。まず法華経の読み方について、

さて、法華経を読むということですが、それはどういうことなのでしょうか。どのお経でも、その経をよく受持《じゅじ》せよということが説かれていると思うのですが、法華経はその点が強いのです。法華経ほど受持《じゅじ》・読《どく》・誦《じゅ》・解説《げせつ》・書写《しょしゃ》という、いわゆる五種法師《ごしゅほっし》を強調しているお経は少ない。法華経ほど五種の修行を強調し、これを必ず説の如く修行せよと強調した経典は少ないのではないかと思います。

そこで、読むということは一体どういうことかということですが、読むということはいろいろに解釈できるのです。昔から口読《くどく》（口で読む）、心読《しんどく》（心で読む）、色読《しきどく》（身で読む）といわれている、三つの読み方があります。これは日蓮に『土牢御書』という遺文がありまして、土牢に入れられた弟子の日朗《にちろう》に対して与えられた手紙ですが、この中に日蓮はつぎのように述べております。

「日蓮は明日《あす》佐渡国へまかるなり。今夜のさむきにつけても、ろうのうちのありさま思ひやられていたはしくこそ候《そうら》へ。あはれ殿は法華経一部を色心《しきしん》二法共にあそばしたる御身なれば、

父母六親一切衆生をもたすけ給ふべき御身也。法華経を余人《よじん》のよみ候は、口ばかり、ことばかりはよめども心はよまず。心はよめども身によまず。色心二法共にあそばされたるこそ貴く候へ[85]」

日蓮の弟子が法華経を受持し、日蓮に従っているために、同罪として牢に入れられたのですから、とりもなおさず法華経のための難を受けたことになります。こういうのを色読といっております。法華経を身に読んでいるということです[86]。

以上のように述べる。

そして、迫害と法華経の行者について『開目抄』を引いて次のように述べる。

日蓮はしばしば迫害をうけ、一番の迫害は佐渡へ流されたことです。このとき日蓮は五十歳でたいへんな苦労をしますが、その一番の苦労のさなかに、最もボリュームのある著述をしています。それが『開目抄』です。この本は、日蓮が自分は本当の法華経の行者であるかどうかという、問いつめを行ない、そしてついに自分は行者にまちがいないという確信に到達するというものです。経文と自己の矛盾の照らしあわせをしたのです。経文という鏡に自己を照らしあわせながら、自分は法華経の行者にまちがいはないという確信に到達するのが『開目抄』です。

(中略)

そこで、日蓮は『開目抄』の中で法華経という明鏡に自分を照らして、自分の罪を反省していくのですけれども、一言一句でも法華経と違ったら自分はだめなんだという厳しいものでした。もし、自分がちがっていたら、「命をもめしとられかし」といっております。そして、私ほど法華経の文の通り読んだ人は、まずいないのではないかと断言します。天台大師も伝教大師も数数擯出《しばしばひんずい》せられるほどは読んでいないというのです。法華経の勧持品《かんじほん》に「数数見擯出《さくさくけんひんずい》[87]」という語がでてまいります。法華経の受持者がしばしば追放されるという受難のことですが、日蓮は度々の迫害のあと佐渡に流されて、はじめて「数数の二字、これを読めり」といいました。つまり、一度は伊豆の伊東に流され、二度目が佐渡ですから「数数」といえるわけで、自分が勧持品に説かれている通りの法華経の行者であると確信をもったわけなのです。(88)

次いで『観心本尊抄』(89)に及ぶ。

ところが、日蓮は『開目抄』を書いて後、『観心本尊抄』という書物を書いております。これが日蓮の思想としては最高のものです。そして『観心本尊抄』は、『開目抄』なしではでてこなかったのです。『開目抄』で法華経の行者となりえた日蓮は、その法華経者は何をなすべきかを示したのが『観心本尊抄』なのです。

『開目抄』では、日蓮が法華経の中にとびこんでしまって、法華経にしばられ、にっちもさっちもいかなくなっております。それから『本尊抄』へいきますと、逆に今度は、法華経を日蓮の精神と肉体のなかで自由にしてしまいます。それが法華を転ずることでありましょうが、これは『開目抄』のように、すっかり法華経者となりきらなければ、そこまではいけないということなのです。ですから、法華経に転ぜられることがなければ、法華経を転ずることはできないというのが、私の考えなのです。(90)

次に「法華経を持たん者」つまり受持について「法師功徳品」を引いて次のように述べる。

「法華経を持たん者」という表現についてであります。法師功徳品を拝見しますと、

「若善男子、善女人、受持是法華経、若読、若誦、若解説、若書写、是人当得、八百眼功徳、千二百耳功徳、八百鼻功徳、千二百舌功徳、八百身功徳、千二百意功徳、以是功徳、荘厳六根、皆令清浄」（若し善男子善女人、是の法華経を受持し、若しは読み、若しは誦し、若し

は解説し、若しは書写せん。是の人当に八百の眼の功徳、千二百の耳の功徳、八百の鼻の功徳、千二百の舌の功徳、八百の身の功徳、千二百の意の功徳を得べし。是の功徳を以て六根を荘厳し、皆、清浄ならしめん(91)

とあるのです。そして六根の一つ一つの清浄を得る功徳のところです。必ず、「若善男子善女人受持此経」とか「受持是経」とあって、つぎに「若読若誦」というふうに続くのです。六根全部、このような文字が置かれているということは注目すべきことと思うのです。つまり、「この経を受持する」ことが第一の条件で、受持した上で「読誦解説書写」と四種の行が述べられている。私は梵文が読めないので原典については何もいえませんが、漢訳妙法蓮華経の法師功徳品の五種修行は、「受持」の一行を別格に置き、次にあとの四種を並べているのです。(92)

次に不軽菩薩の「但行礼拝」について「受持」に及び、次の如く述べる。

受持は、法華経の実現を意味するもので、法華経が私の肉体をかりて自己を実現することなのです。私が受け持《たも》つことなのですけれど、それは私の方が法華経に没入した形でもって、法華経の方が私の体をかりて自分を現わしている姿なんです。それが行動として読誦解説書写という形を取るのです。不軽がただ礼拝を行じたのもそのようなわけからでして、道元が「礼拝得髄」といった意味は、その辺からも理解できると思います。(93)

更に日蓮聖人にとっての不軽品と勧持品が教一であることを以下のように述べる。

ですから、日蓮にとっては、この品は非常に重要な意味をもつのでして、さきに出しました『寺泊御書』の「現在の勧持品は過去の不軽品、過去の不軽品は現在の勧持品。現在の勧持品は未来不軽品たるべし」(94)という遺言は、そこから生まれたものです。たしかに、不軽品は釈尊の本事として時間的には属しましょう。勧持品の行軌は末法弘通の忍難として現在に属するものです。しかし、その過去の行軌である不軽の行軌が、やがて未来の行軌を規定するという意味は、日蓮の予見ではあっても、そこに「教一」として一貫されるものがあるからです。たとい、行軌上の変化はあっても、教自体の本質は変わらないという信仰があるのです。ですから、「彼の像法の末と是の末法の初とは全同」という認識が生まれるのです。つまり、経法の絶対性が歴史認識を規定している、とでもいうのでしょうか。こういう問題が、ここにあるのです(95)。

そして、不軽菩薩の迫害に日蓮聖人自身をなぞらえて以下の如く述べる。

日蓮もまた、他宗を批判することによって迫害されましたから、日蓮は自分の過去の罪によるのだといっております。日蓮は『観心本尊抄』で、「この時、地涌の菩薩はじめて世に出現せり。ただ妙法蓮華経の五字をもって幼稚に服せしむ。因謗堕《いんぼうだ》悪必因得益《あくひついんとくやく》とはこれなり。我弟子これを惟《おも》へ(96)」といっております。「この時」とは鎌倉時代です。ということは、日蓮は他宗の徒を怒らせて、謗らせることによって相手を悪に堕とすけれども、必ず得益があるんだということなのです。倒れても立ちあがることができるのが、法華経の力なのです。邪堕を接する。立ちあがらせるのが宗教の世界です(97)。

そして、日蓮聖人は法華経の行者と成り得たことによって、日本国の人々の苦を救うことができたことの悦びを一念三千の実践の回向として語られていると述べる。

仏種の話にもどりますと、日蓮は『観心本尊抄』のなかで、「不軽菩薩は所見の人において仏身を見る」といっております。人を見て、ただちに仏だといってしまうのです。ということは、自分も仏であれば、人も仏である。自分も悪人であれば、人も悪人であるという、日蓮の一念三千という思想です。ここから日蓮は『立正安国論』を書き、そして最後、『報恩抄』では、自分が法華経の行者と成り得たことによって、日本国の人々の苦を救うことができたといっております。

それは一念三千の数理を実践体得した悦びが、日本の人々に回向《えこう》されて、そういう言葉が吐けたのです。つまり、自分の受難贖罪は、一念三千で日本の国の人達にも共業《ぐうごう》として同時に置き換えられるというのです。(98)

次に日蓮聖人が、きびしい迫害にあいながら法華経の行者になろうとしたことは、まさに、法華経を一心に受持することであり信、なのだと。

是の故に汝等如来の滅後に於て、応当《まさ》に一心に受持・読・誦し解説・書写し、説の如く修行すべし。(99)

日蓮が、きびしい迫害にあいながらも法華経の行者となろうとしたのはここなのであります。この一心に受持するということが大事なのです。受持については前にも詳しく述べました。この受持ということは、私の考えでは信であります。信心です。この信は一念信解《いちねんしんげ》です。(100) この一念信解をお説きになったのは、分別功徳品第十七の後半です。(中略)そして南無妙法蓮華経の七字になりますと、「南無」というのが受持なのです。南無によって私たちがつかみえたところの信心が、そのまま五字の姿になってきます。仏と衆生が一体になって、すなわち、五字が七字になって、また七字が五字の姿になっておちつくわけなのです。それを一念信解というのです。(101)

更に、受持とは実践であると述べる。

そして、この経を受持するのが実践であります。このような法華経の受持者は、太陽や月の光が、あらゆる暗やみを除くように、この人(地涌の菩薩)が世間に弘教《ぐきょう》して、衆生のやみを滅して、無量の菩薩をして、つまるところ一乗の教えに住めしめるであろう。最後は教える者も、教えられるものも菩薩となります。

是の故に智有らん者　此の功徳の利を聞いて

　　我が滅度の後に於て　斯の経を受持すべし
　　是の人仏道に於て　決定して疑ひ有ること無けん(102)(103)

更に、五種法師は受持の中に入ってしまい、受持＝信があって行も自然に出て来ると述べる。

　神力品の長行に、受持・読・誦・解説・書写という五種法師(104)がありました。長行では、五種修行をお説きになったにもかかわらず、偈では受持ということしかお述べになっていないのです。要するにこれが信なのでして、これがあれば、読・誦・解説・書写はもう受持の中に入ってしまうのです。受持という信があって、経がわかり、行も自然にでてきて、悟りも自然にその中に入ってくるのです。ですから、決してこれが悟りであるというものが、別にあるのではないのです。受持することが本当にできれば、悟りといってもよいでしょう。ですから、この偈では、受持という言葉が七ヵ所もでてきます。
　受持、持つということは、常に法華経の心の中に自分がいるということです。逆にいえば、法華経の心が自分の中にあるということです(105)。

そして、日蓮聖人の折伏は因謗堕悪必因得益の末法の下種であるとして以下の如く述べる。

　日蓮は折伏《しゃくぶく》をしました。だまって法華経を読んでいたのではだめで、相手を怒らせて法を説く。因謗堕《いんぼうだ》悪必因得益《あくひついんとくやく》といいました。折伏によって下種するのです。それが末法下種ということです。なぜならば、末法の人は本未有善であるからです。善をまだもっていません。仏種を忘れてしまっている、あるいは落としてしまっているからです。だから、目をさまさせるために日蓮の折伏がでてきたのです(106)。

終りに、日蓮的認識における法華経認識について以下の如く述べる。いわゆる「末法の法華経」である。

日蓮的認識における法華経認識とは、「強盛の菩提心ををこして退転せじ」と誓った聖人の肉体と精神とに宿った、いわゆる「末法の法華経」なるものである。恐らく、これは一般的なものではなかったであろう。すなわち、「当世も法華経をば皆信じたるやうなれども、法華経にてはなきなり」と喝破して「日蓮が強義、経文には普合せり」と一線を画したところの法華経が、日蓮的認識における法華経だったのである[107]。

さて、再び、論稿に戻ろう。**兜木正亨氏**は「法華経の行者の生涯」と題して、日蓮はその生涯を法華経にささげ、「法華経の行者」の名乗りをあげるにふさわしい業績を残し、又、法華経を習学するにあたって天台大師や伝教大師その他の人々があるが[108]、日蓮はそれらの教学をただ理論とし、また古典として自己隔絶的に現実を離れて見たのではないと述べる。

日蓮の生涯は法華経を色読（身をもって読む）の生涯です。したがってその実績の表面を見ただけでは、その生涯の意義を理解することはできません。日蓮は遺文の中に自らを語ったところが非常に多く、それらの中に法華経と自身とについて各所に述懐されていますが、これを要するに、本師釈迦牟尼仏と自身を法華経を通して直結されたものと言ってよいとおもいます。本化の弟子、上行《じょうぎょう》ボサツ（釈尊より法華を付されたボサツ）の再生とも、または法華経の行者と言われるのもこれによるものです。上行ボサツは法華経如来神力品に説かれる。地中涌出《ゆしゅつ》の宿習の弟子で、法華経を弘める第一線の任務をおびた首席のボサツでありますが、日蓮こそこの重責をになったボサツの生れ変りであると言うのです[109]。

そして、法華経の色読から「仏使日蓮」の自覚が生れ、「法華経の行者日蓮」の舞台が展開される。一言にしていえば、ひとつには法華経を身をもって読んだということ、ふたつには仏滅後の時代観が、先例を無視し――というよりはそれを無効のものとして、新らしく踏み切ったところにあると言ってよいと思います。その立場から、「仏使日蓮」の自覚が生れ、「法華経の行者日蓮」の舞台が展開されたのです。しかし、それは思いつきや、神がかり的な皮相なものではなく、多年の修学と修練を重ねた結果、到達した境地であって、それ故に身に余る迫害や苦難にめげず、難の重なることは法華経の行者たることを証するものであり、仏使としての責を果すものであると、むしろこれを悦びとし、心に大いなる満足を感ぜられているのです(110)。

度重なる法難の中で、『開目抄』の文章を引いて以下の如く述べる。

日蓮が法華経の智解は天台・伝教には千万が一分も及ぶことなけれども、難を忍び、慈悲のすぐれたること、おそれをもいだきぬべし(111)。

日蓮の法華経を弘めることは、止みがたい慈悲心からであることはこの文からも汲みとることができますが、自らは一宗の祖師をもって任じたのでないことは「日蓮は何れの宗の元祖にもあらず、末葉《まつよう》にもあらず」と表明されていることによって明らかです(112)。

そして、『立正安国論』に始まる大小の法難について、以下の如く述べている。

伝道時代・戦闘生活の頂点は『立正安国論』の述作と上書です。経論に照らして理路をただし、世相と人心を憂えてとるべき道を示したこの書は、文応元年（一二六〇）七月、前執権最明寺時頼に上書されました。この書は表向きは幕府のとりあげるところとなりませんでしたが、日蓮の真意はこれによって幕府に伝えられ、これを知って日蓮の言動をにくむ人々は一段と反感を強くし、上下に大きな影響を与えることになりました。そして、このまきかえしは四度の大難、その他の数知れぬ小難となって日蓮の身にふりかかったのです。四度の大難の第一は『安国論』上書の翌八月二十七日に松葉ヶ谷草庵の夜襲となっておそいかかりましたが、「国主のおん用ゐなき法師なれば過《あやま》ちたりとも科《とが》あらじや思いけん、念仏者並に檀那《だんな》等、又さるべき人々も同意したるぞと聞えし、夜中に日蓮が小庵に数千人押寄せて、殺害せんとせしかども、如何したりけんその夜の害も免れぬ。然れども心を合せたる事なれば、寄せたる者も科《とが》なくて大事の政道を破る」と書かれているように極楽寺入道宗時らが陰の力となっていたと見られています。その第二難はそれより十ヵ月ほどのちの弘長元年（一二六一）五月十二日、ようやく再建された松葉ヶ谷の草庵に帰って鎌倉の伝道について間もなく、突然罪人として捕えられて由比ヶ浜から伊東へ流されました。これは時の執権長時によって一ぺんの取り調べもないという、理不尽な処置によるものですが、長時の父重時は日蓮が批難した極楽寺良観の帰依者だったためであろうとされています。日蓮は配所にあっても伝道をつづけられ、伊豆では船守弥三郎、伊東八郎左衛門らが教化を受け、受難を教法の実証として思案を深め、『四恩抄』、『教機時国抄』などの重要な著作をされています。伊豆に三年を送った日蓮は弘長三年（一二六三）ゆるされて鎌倉に帰りましたが、大難の第三は翌文永元年郷里に母の病を見舞ってのち、十一月十一日工藤吉隆の邸に向う途中、房州小松原で東条景信を首班とする大ぜいの念仏者に襲撃され、「日蓮はただ一人、十人ばかり、ものの要にあうものは三四人なり、いるやはふるあめのごとし、うつたちはいなづまのごとし、弟子一人は当座にうちとられ、二人は大事の手にて候、自身もきられ、打たれ結句にて候し程に、いかが候けんうちもらされていままでいきてはべり、いよいよ法華経こそ信心まさり候へ(113)」とは、受難一カ月後の消息に書かれているところです。弟子一人は殺され、二人は深傷《ふかで》をおい、自身も切られ打たれるという惨状でした。

その第四は文永八年（一二七一）九月十二日、平ノ頼綱《よりつな》のひきいる捕史の一群が松葉ケ谷の庵室をとりかこんで法門談義中の日蓮を捕え表向きは佐渡へ島流しということにして内々にこの夜竜ノ口の刑場で極刑に葬り去ろうとたくらまれていたのです。日蓮はつねに「身は随えられても心は随えられず」とし、受難と迫害の増すごとに法華経への信心を深め「日蓮は世間には日本第一の貧しき者なれども、仏法を以って論ずれば一閻浮提《えんぶだい》（世界）第一の富める者なり」との安心《あんじん》をもっておられました。日蓮は竜ノ口の難を回顧して、「日蓮といひし者は去る年九月十二日子丑の時に頸《くび》刎《は》ねられぬ」(114)と述懐して、これを生涯の一転期とされています(115)。

次に再び著書（『日蓮の生涯と思想』講座仏教二、**田村芳朗・宮崎英修**編集）である。同書によると『開目抄』撰述の意図は以下の如くである。

『立正安国論』を宗教的社会活動の第一歩として発足した聖人は、周知のような種々の迫害に遭遇し、いわゆる「法華経の行者」としての地歩を確保されていった。そしてその自覚を確立せしめたものは、いうまでもなく佐渡への流罪である。弘長元年（一二六一）五月には伊豆に流竄《るざん》せられ、文永八年（一二七一）九月には佐渡への配流なのでる。すなわち、『勧持品』の「数数見擯出《さくさくけんひんずい》」を佐渡の配流によって、まさに色読し得た聖人の悦びと自覚は、椽大《てんだい》の筆を振って『開目抄』一篇を選述せしめたのである(116)。

更に、行者の自覚と罪の自覚について以下の如く述べる。

周知のように、本抄は聖人自身の「法華経の行者」としての自覚の書であるとされている。本抄を考察する以上、その点に触れないわけにはいかないのだが、別項の拙論もあるし、重複を避けて「罪の自覚」について一言触れておこう。けだし、「行者の自覚」といっても、「罪の自覚」の半面がわからないと、「行者の自覚」の半面も正しくは理解されないであろう。

「我無始よりこのかた悪王と生れて、法華経の行者の衣食田島等を奪とりせしことかずしらず。

当世日本国の諸人の法華経の山寺をたうすがごとし。又法華経の行者の頸を刎《はねる》こと其数をしらず。此等の重罪はたせるもあり、いまだはたさゞるもあるらん。果すも余残いまだつきず。生死を離るゝ時は、必ず此重罪をけしはてゝ出離すべし、功徳は浅軽なり。此等の罪は深重なり。権経を行ぜしには此の重罪いまだをこらず、鉄を熱《やく》にいたうきたわざれば、きず隠れてみえず。度々せむればきずあらわる。麻子《あさのみ》をしぼるにつよくせめざれば油少きがごとし。今日蓮強盛に国土の謗法を責れば、此大難の来るは過去の重罪今生の護法に招き出せるなるべし。[117][118]」

そして、「法華経の行者」の自覚の確立に至るまでの経緯を遂一、書簡を通して弟子中に語っていることが、特記される。

日蓮の生涯のなかでももっとも重要な一節は、なんといっても、われこそは末法時中における「法華経の行者」であるとの自覚の確立したことでなくてはならないのであるが、その自覚の確立にいたるまでの経緯をも、かれは逐一その書簡を通して弟子中に語っているのである。それもまた、宗教者の文献としてまことに稀有、そして珍重すべきことでなければならない。

では、そのような自覚がはっきりと日蓮の胸中に確立したのは何時か。それは、詮ずるところ、文永十一年（一二七四）正月十四日付をもって富木氏に与えられた「法華行者値難事」（法華行者難に値《あ》う事）と称する書簡をもって当てるべきものであろうと思われる。それはまず、

「法華経の第四に云く、『如来現在、猶多怨嫉、況滅度後』（如来の現在すら、なお怨嫉おおし、いわんや滅度の後をや）等云云。」（『定遺』七九六頁）

というあのよく知られた一節にはじまり、ついで、自己が政治的権力によって与えられた難を語ったのち、

「恐らくは、天台、伝教もいまだこの難に値ひ給はず。当《まさ》に知るべし、三人に日蓮を入れ、四

人となして、法華経の行者末法にあるか。喜ばしい哉、『況滅度後』の記文に当れり。悲しい哉、国中の諸人の阿鼻獄に入らんこと。茂きを厭うて子細にこれを記さず。心を以てこれを推せよ。(119)」(原文は漢文体)と結ぶ。(120)

さて、**田村芳朗氏**の著述をひもとこう。この著書は日蓮聖人の生涯に亙っているため、法華経の行者に関する文章も多く、要所をピックアップすることになる。

まず、日蓮聖人の出自について、

一介の「民が子」として生まれたということは、予言者ないし殉教者日蓮に、まことにふさわしいことといえよう。(121)

と、述べている。

特に『立正安国論』における予言について、

主人すなわ日蓮は、正法の消えうせたときには国土に種々の災難がおこることを説いた経文を拾い集め、列挙した。そうして、このままでいけば、経文に説かれた最大の難、すなわち他国侵逼《しんぴつ》(他国侵入)と自界叛逆《はんぎゃく》(自国内乱)の難がおこるだろうと警告した。これが未来にたいする日蓮の予言といわれるものである。のちに、この予言が事実となって現われる。他国侵逼についていえば、文永五(一二六八)年および翌年の蒙古の国書到来、文永十一(一二七四)年および弘安四(一二八一)年の蒙古襲来が、それにあたる。自界叛逆については、文永九(一二七二)年二月の北条時輔《ときすけ》の反乱があげられる。(122)

以上の如く述べている。そして『立正安国論』上奏により、いよいよ殉教・殉難が襲いかかってくるのである。

『立正安国論』を通しての日蓮の警告は、しかし為政者の耳をかたむけさせるにたらず、逆に弾圧をもってはね返ってきた。ここから、日蓮の人生に大きな転機が訪れることになる。苦難にみちた人生が、いよいよ日蓮に到来するのである。その苦難が、日蓮をして警世の預言者から殉教・殉難の使徒へと転進させることにもなる(123)。

そして伊豆流罪を契機として「法華経の持経者」から「法華経の行者」へと転じて行く。更に、佐渡流罪が、一段と拍車をかけて行くと述べる。

末世悪国において『法華経』を広めようとするとき、迫害を覚悟しなければならないことは、『法華経』自身が説くところである(124)。ひいては、勧持品《かんじほん》第十三などに忍難捨命の布教が強調されてもくる。日蓮は伊豆流罪を契機として、その部分に目をつけ、『教機時国鈔(125)』などに引用しつつ、一般的な信仰者としての「法華経の持経者」から忍難の布教者としての「法華経の行者」へと転じていく。進んでは、みずから世直しのため、仏国土建設のために末世悪国に生まれきたったとの自覚を持つにいたる。

これに一段と拍車をかけることになるのが、佐渡流罪である。すなわち、佐渡流罪は「法華経の行者」を忍難殉教の使徒の意味へと高めていき、日蓮は天台・伝教の二師をこえて釈迦に直結し、釈迦から直接に末世布教の使命を付与されたとの独立意識をいだくにいたる。そのはしりは、すでに伊豆流罪中に見られるといえよう。というのは、伊豆流罪中に著わされた『教機時国鈔』や『顕謗法鈔』に、はじめて「本朝沙門　日蓮」という著名があがっており、これは天台沙門からの独立が意識されだしたことを示すものである(126)。

又、小松原法難のあとの『南条兵衛七郎殿御書』には、以下の如く説かれているとする。

釈迦を通しての歴史主義の主張から、さきにあげた教・機・時・国・序の歴史主義的な教判が『南条兵衛七郎殿御書』(127)に改めて論じられてくる。そうして、有限な、苦難に満ちた現実世界における忍難捨命の実践が説きすすめられてもくる。その実例として、小松原法難のことが書き記されたのである。

小松原法難の記事のあとでは、『法華経』勧持品第十三の「我身命《しんみょう》を愛せず、但《ただ》無上道を惜しむ」(128)という句を引用しつつ、「されば日蓮は日本第一の法華経の行者也」と強い自覚を表明するにいたっている。南条七郎にも死を覚悟して信仰に徹するよう、励ましたが、末尾においては、「但し又法華経は今生《こんじょう》のいのりともなり候なれば、もしやとしていきさせ給候はば、あはれとくとく見参して、みづから申しひらかばや。語はふみにつくさず、ふみは心をつくしがたく候へばとどめ候ぬ」と結んだ。(129)

次に文永六年、三位房日行に与えた『法門可被申様之事』に及んで、以下の如く述べる。

『法門可被申様之事』(130)のはじめに、「釈尊は我等が親父也」とか「釈尊は我等が父母なり」などと強調しているところである。、ここから、ひいては釈迦によって特別に選ばれ、つかわされた聖徒であり、使徒であるとの意識をいだくようにもなる。使徒ということについては、『法華経』の法師《ほっし》品《ほん》第十に、人生の苦難にたえて真理の実践に励む者は「如来使」であるとたたえられており、日蓮は、そこを次第に読みとり、自己にあてはめていく。こうして日蓮は、法としては『法華経』を、仏としては釈迦を第一にかかげ、その下に諸経・諸仏を服せしめつつ、みずからは聖なる殉教の使徒として反権・超俗の法戦に身を投じていったのである。(131)

やがて、竜口法難。松葉ヶ谷の草庵を襲われた際の様相である。

そのとき、ちょうど懐中にしていた『法華経』は第五巻にあたる部分で、その巻には、「悪口罵詈《あっくめり》等し、及び刀杖《とうじょう》を加うる者あらん。我等皆まさに忍ぶべし」（勧持《かんじ》品《ほん》第十三）とて忍難殉教を説いた章があり、その巻によって打たれたことは、まさに日蓮をさして上記のことばが説かれたものであると感得し、不思議の思いにひたるとともに、うれしさが胸にこみあげ、悲憤の怒りをこらえたという。すなわち、「うつ杖も第五の巻、うたるべしと云ふ経文も五の巻、不思議なる未来記の経文也」[132]（『上野殿御返事』五十八歳）、「法華経の第五の巻をもて、日蓮が面《おもて》を数箇度《すかど》打ちたりしかば、日蓮は何とも思はず、うれしくぞ侍《はべ》りし」[133]（『妙密上人御消息』五十五歳）などと追懐するところである。苦難が増大するにつれて、日蓮は、『法華経』に予告された忍難殉教の仏使と自己とが符号することに不思議さを感じつつ、みずから殉教の使徒意識を高め、そこに誇りと慰めを見いだしていったことが知られる。[134]

そして、佐渡流罪。門下にも迫害が及び、なぜこのような苦難にあわねばならないのかを述べる。日蓮また佐渡流罪にさいして、「世間の疑といゐ、自心の疑と申し、いかでか天扶《たす》け給はざるらん」（『開目抄』曾真　五十一歳『定遺』五六一頁）と嘆じ、「定《さだん》で天の御計《はから》ひにもあづかるべしと存ずれども、一分のしるしもなし。いよいよ重科に沈む。還《かえつ》て此の事を計りみれば、我が身の法華経の行者《ぎょうじゃ》にあらざるか。又、諸天善神等の此の国をすてゝ去り給へるか。かた〴〵疑はし」（『定遺』五五九頁）（同上）と疑問を投じている。[135]

この疑問に対し、受難は、むしろ「法華経の行者」であることを証明づけるものであると、以下の如く述べる。

『法華経』法師品第十では、[136]そのような菩薩を強調して、忍難殉教の「如来使」とたたえた。従地涌出品《じゅうじゆじゅつぽん》第十五[137]にいたると、この娑婆《しゃば》世界の大地から上行《じょうぎょう》菩薩を頭とする菩薩集団が涌出（地《じ》涌《ゆ》の菩薩）し、仏の前に現われ、そうして仏によって、かれらこそ本来の弟子であることが明かされる。これは、苦しい現実から逃避せず、その中を生きぬいていこうと努める人びとこそ菩薩であり、仏使であることを象徴的に表現したものである。次の如来寿量品《にょらいじゅりょうほん》第十六(138)では、釈迦が本来、永遠の仏（久遠仏《くおんぶつ》）であることを明かす。これは、歴史的釈迦は超歴史的な永遠の釈迦（久遠釈尊）の現実に活現したものであることを示している。さらに注意すべきことは、その永遠の仏が限りなく菩薩行を実践していると説かれていることである。これをわれわれにあてはめれば、釈迦にならって不滅の真理ないし永遠の生命を現実の中に活現するように努めるべきであり、その限りない努力・実践に即して永遠の生命（久遠仏）が感得されるということである。

日蓮は佐渡流罪の前後から、『法華経』の右のごとき部分に目をそそぐようになり、その部分に教えられて、受難はむしろ「法華経の行者」であることを証拠づけるものであるとの結論に達し、そこから、苦難にあうことを誇りとし、かえって喜びとするにいたる(139)。

次に**池上潔氏**は「日蓮における法華経の行者の自覚と末法観の展開」と題して、以下のように述べる。

日蓮の行動が法華経の予言に合致し、末法を法華経流布の「時」と体験的に認識したことは、ひるがえって自身ほど法華経に忠実であり、法華経を如法に実践した者はいないという意識をもたらした所謂法華経の行者としての自覚が生れてくる。伊豆伊東の配流が赦免された翌年の文永元年十一月に安房国東条郷小松原において、日蓮は地頭東条景信の襲撃をうけた。この事件の翌十二月の「南条兵衛七郎殿御書」に、この時の様子をのべたなかで、

日本国に法華経よみ学する人これ多。人のめをねらひぬすみ等にて打はらるゝ人は多けれども法華経の故にあやまたるゝ人は一人なし。されば日本国の持経者はいまだ此経文にはあわせ給はず。唯日蓮一人こそよみはべれ我不愛身命但惜無上道是也。されば日蓮は日本第一の法華経

行者也。[140]

と、はじめて法華経の行者という言葉で自己を表現している。この後、日蓮が自己自身を法華経流布時の到来を認識する当体として行動し、数々の法難に遭遇し、法華経流布時としての「現在」という認識が確固たる信念になるに随つて法華経の行者たるの自覚も深化してくる。即ち法華経の行者の自覚が強化されることは同時に、より一層の法華経色読の結果であり、法華経流布時たる「末法」の認識の昂まりを意味するものである。日蓮は「後五百歳中広宣流布於閻浮提無令断絶」の文証を身をもつて現証するにつれて、法華経流布の正傍について後五百歳の流布こそ仏の目的とするところであり、法華経本来の指向する「時」であるとしたが、末法においては誰のために説法されたものかというのに対して、

末法中以日蓮為正也。問曰其証拠如何答曰況滅度後文是也。疑云日蓮為正正文如何答云有諸無智人悪口罵詈等及加刀杖者等云云。問云自讃如何答曰喜余身故難堪自讃也。(法華取要鈔　一〇三九頁)[141]

とのべ、日蓮こそ法華経が末法において流布する目的であるとしている。これはまた日蓮が法華経を如法に修した結果としていわれることであるから、同時に日蓮こそ末法今時における法華経の流布を顕現する者、即ち末法における法華経流布の担当者ということが出来よう。こうした法華経の行者の自覚の高揚されきたつたゆえんとして日蓮の活動が経典の所説に叶つているとすることは、前々のべるように「後五百歳中広宣流布於閻浮提無令断絶」の文証が現証されてくることを意味するものであり、換言すると、法華経を色読するがために諸難に遭遇することは、それ自体が後五百歳において法華経を伝道するものに必然的に加えられるものであれば、末法における法華経の流布も必然的であるとし、また法華経の流布すべき「時」が「今」であり、そのなか

に自身があることを日蓮に意識せしめるにいたつたのである。(142)

次に**川添昭二**氏は、日蓮聖人は、たゆまない学道精進に裏付けられた法華経徹信の人であり、そこから諸宗批判、それにともなう迫害、それを契機とする信仰内観の深化が出てくると。そして日蓮聖人は何よりも学僧であり、学僧というのは単なる知解（学）だけではなく、宗教実践（僧）をともなった者であるとしている。以下、原文を引用する。

日蓮とはどんな人だったのか、端的に言え、と言われたら、ためらわずに「法華経の行者《ぎょうじゃ》」であったと答えよう。日蓮直参《じきさん》への精進を貫いた日蓮宗学者茂田井《もたい》教亨《きょうこう》（一九〇四―二〇〇〇）の表現を借りれば、「日蓮とは、受肉《じゅにく》の法華経なのである」。日蓮の法華経信仰は、諸経教の徹底した比較検討の末に択一《たくいつ》された徹魂《てっこん》の帰投《きとう》から得られたものである。(143)

次に川添昭二氏の著書中、一節だけを引用する。

伊豆配流・東条松原法難を頂点に、『国家論』の公表『安国論』の上申以来、日蓮にはさまざまの迫害・弾圧が加えられたが、日蓮はこれを宗教的体験の深化としてうけとめた。『法華経』をひろめるものは種々の難にあうという『法華経』の本文を実践するものとして自らを規定し、「法華経の行者」の自覚を明らかにした。『法華経』に説く受難の体験なしに、ただ単に、『法華経』を信奉しひろめる「持経者《じきょうしゃ》」と区別したのである。(144)

受難の体験こそが、「持経者」と「法華経の行者」とを峻別するのである。

さて、**上田本昌氏**は、まず、日蓮聖人は法華経に現れた布施行について、これを末法における法華経行者の「行」として受容されていったのであり、即ち、正法の法施に徹しられたのであると、述べる。

まず、求法者としての行は、先の法華経における「行」と同様であって、「法の為の故に身命を惜しまず」という態度である。聖人は出家得度以来、たえまなく正法を求め続け、鎌倉を始めとして、叡山・高野・奈良・京都の各寺を巡歴し、研鑽に止暇断眠の星霜を送ったことは周知のごとくである。

「雪山童子の身をなげし、楽法梵志が身の皮をはぎし、身命に過《ギ》たる惜き者のなければ、是を布施として仏法を習へば必仏となる。身命を捨る人他の宝を仏法に惜《ム》べしや。」[著者註(1)]

と述べているが、これはまさしく先の法華経で説かれた布施行を指したものといえよう。我が身を惜しまず法を求めることによって、はじめて求道者の完成が得られることになる。しかし、この求道者は完成の暁にはただちに弘教者として、その求め得た正法を未知の衆生に弘宣して行かなくてはならない。つまり「上求菩提」から、「下化衆生」への進展によって菩薩としての道が開かれることになるのである。

特に聖人の場合は、本化仏使としての自覚に立ち、末法の導師としての道を進まれたのであるから、法・財の両施にわたって、法華経所説の布施行を実践色読されたものといえよう。即ち、身命を捨て法を求め（財施）、さらに身命を惜しまず法を弘通した（法施）という法・財両施の完成をみることができるといえるのである。「死身弘法」という聖人の行動は、法・財両施の最も崇高な形での顕現であったといえよう。「死身」は財施の最も純粋化したものであり、正法の「弘法」は、あらゆる法施の中での最高に位する布施行であるから、聖人の実践活動はそのまま法華経の説く「行」を、色読していったことになると同時に、「布施」の精神を最もよく表したものであったと考えられるのである。[145]

著者註（1）　佐渡御書『定遺』六一一頁

更に、行者とは、弘教を使命とした本仏の特使であるとして以下の如く述べる。

「仏使」と言うのは、聖人が所依の経典として、常に重きをおいた法華経所説の「如来使」[著者註(2)]であり、「能持是経者」[著者註(3)]を意味するものである。特に仏滅後の末法濁世にあって、法華経を「如説修行」し、弘通する者をもって、「本化の仏使」と指定し、その意義を最も顕著に、聖人自身体得しているのである。即ち聖人のいう「仏使」とは、末法における「法華経の行者」の意に外ならない。

「行者」とは弘教を使命とした本仏の特使であり、「本化」と称される所以もまたここに存するのである。末法に法華経を持つことはその経典が示すごとく難事であり、まして弘教は「六難九易」[146]に明らかなごとく、「三類の強敵」と対処しなくてはならない「不惜身命」の覚悟が、要請されてくるのである。[147]

著者註（2）　法師品に「如来使如来所㆑遣行㆓如来事㆒」（大正蔵九―三〇下）とある。

（3）　神力品に「能時㆓是経㆒者令㆓我及分身滅度多宝仏一切皆歓喜㆒」（大正蔵九―五二中）とある。

日蓮聖人における仏使の問題は、「地涌の菩薩」としての自覚をいかに持つかについてであり、それを以下のように述べる。

聖人における仏使の問題は、「地涌の菩薩」としての自覚をいかにして持つかということであり、それは如来の所遣として、末法に法華経を弘める使命に徹することを意味するものであるといえよう。「日蓮末法に生れて上行菩薩の弘め給ふべき所の妙法を先立て粗ひろめ」[著者註(7)]という謙虚な出発は、やがて龍の口から佐渡にわたり、開宗以来の忍難弘教を回顧し、勧持品の「経文に我が身普合[著者註(8)]」をとげたことから、「日蓮は幼若なれども、法華経を弘むれば釈迦仏の御使ぞかし。[著者註(9)]」という仏使の強調となり、さらに「地涌の菩薩のさきがけ日蓮一人也。[著者註(10)]」との自信に満ちた声となって発せられるに至っている。これは色読法華の結果として体得された仏使の声であるともいえよう。即ち、「地涌の菩薩の出現に非ずんば唱えがきた題目」と述べて、末法における法華経受持者をすべて地涌の仏使と同様に扱いつつも、その一面聖人自身の問題として考えた時は、法華経にいう如説修行者をもってこれに当て、極めて厳しい態度でのぞまれていることがわかるのである。いわゆる、これを聖人「一期の大事[著者註(11)]」としてみた場合、それは勧持品の色読者でなくてはならないし、また不軽品の「持法華経者」でなくてはならないのであり、さらに神力品の「斯人行世間、能滅衆生闇[著者註(12)]」の「斯人」でなくてはならないとするのである。このように聖人は弟子檀越に対しては「唱題の者」をもって、直ちに地涌本化の弟子と定めて「能持是経者」としておられるのであるが、自身の問題として見た時は、これを如説修行の「法華経の行者」であると規定し、「我不愛身命、但借無上道[著者註(13)]」の色読者でなくてはならないと思考し、その具体例を不軽菩薩の中に見出しているように思えるのである。[148]

著者註（7）　諸法実相鈔『定遺』七二五頁
（8）　開目鈔『定遺』五六〇頁
（9）　種々御振舞御書『定遺』九七六頁
（10）　諸法実相鈔『定遺』七二五頁
（11）　不軽品（大正蔵九―五〇中）
（12）　神力品（同右、九―五二中）
（13）　勧持品（同右、九―三六下）

更に、自身と門弟檀越に対しての〝行〟の在り方について以下の如く述べる。

従って、ここでいう如説修行とは、単なる経文の五種行の一行一行にこだわることなく、経典全体の中に示された能持是経者としての在り方を採用して、実践することを意味するものと解しえよう。換言すれば、門弟檀越に対しては、唱題受持の易行道を勧められ、聖人自身は極めて難行な如説修行の行者としての不惜身命をもって一貫された処に、本仏の勅を奉じたとする「本化仏使」としての上首の自覚を持ち、「さきがけ」としての使命に徹していたからであろうと考えられるのである(149)。

そして、同氏は、従来の佐前・佐後説にこだわらず、日蓮聖人の生涯を思想的内面と、表面に顕された本化菩薩の信仰的立場、即ち「行如来事」の行業の面から考察して、以下の如く述べる。

> 仏使の問題に関する限り、開宗の直前、既に聖人の心奥には、仏使としての覚悟が何等かの形で、秘持されていたと見ることができよう。もし、仏使としての覚悟がなければ、迫害重畳たる法華経行者の道を、単身で歩み出されることは、恐らく困難であったろう。さらに「釈尊出世の本懐」たる法華経を把握されたとき、「日本国に此を知れる者、但日蓮一人なり。これを一言も申し出すならば、父母兄弟師匠に国主の王難必ず来るべし。乃至今度強盛の菩薩心を起して退転せじと願しぬ。」著者註(16)との悲壮な発願がなされ、既に仏使としての覚悟が、「但日蓮一人」の上に秘められていたことを看過するわけにはいかないであろう。
>
> 即ち、聖人のこうした覚悟は、開宗と同時に行動化され、「行如来事」の実践となって顕れたと解しうるのであり、経文に「普合」すべく、仏使としての活動が展開して行ったものということができるであろう。事実、聖人の開宗以来における前半は、色読法華・如説修行の忍難弘教であり、「大難は四ヶ度、小難数知れず」という凡人ではなしえない勇猛精進であり、本化地涌の菩薩の「さきがけ」であったことに相異ないと言えよう。即ち、佐前のこうした聖人の中に、かえっ

て「本化の末法応生」を感じとることができるのであって、人間性の中に「仏使上行」としての霊格を秘事し、実践行動の面では、まったく仏使としての使命を遂行してきたことがわかるのである。

これはやがて、龍口法難から佐渡に移って、開宗以来の行跡をふりかえり、「経文普合」の自覚と共に、本化菩薩の信仰的立場から仏使・法華経行者の地位を確立し、ついに「日蓮なくば此一偈の未来記は妄語となりぬ」と言う自信に満ちた表明がなされるに至ったのである。[150]

著者註（16） 開目鈔『定遺』五五六頁

更に、上行菩薩を遣使還告の仏使として指名して別付属したことにつき次のように述べる。

仏は「所詮迹化・他方大菩薩等ニ以二テ我内証寿量品一ヲ不レ可二授与一ス。末法ノ初謗法ノ国悪機ナル故ニ止レメ之ヲ、召二テ地涌千界ノ大菩薩一ヲ寿量品ノ肝心タル以二テ妙法蓮華経ノ五字一ヲ令レ授二与閻浮ノ衆生一ニ也」著者註（23）と、内証寿量品の肝心たる妙法五字を、地涌千界の大菩薩の上首たる本化上行等の四士にたくし、閻浮提の衆生に授与されたとするのであるが、悪世末法に妙法五字を弘める人師は、勧持品に予言されているごとく、三類の強敵に会うこととなり、忍難弘教の大士でなくてはならない。つまり末法の仏使上行は、法華経の如説修行が約束されていることになり、脇士として教主の教法を如法に実践する者でなくてはならないであろう。即ち末法の導師たる資格は、身をもって法華経を実践していくことのできる「法華経の行者」でなくてはならないことになる。[151]

著者註（23） 観心本尊抄『定遺』七一五頁

そして、行者としての自覚及びその表明の時期を以下の如く述べる。

こうした「行者」としての自覚の表明は、『立正安国論』著者註（29）提出以来の忍難弘教による「未来記の実践」をふりかえってみた上で、「経文に我が身普合せり」という境地に至った時のものであろうと考えられる。

前にも述べたが、聖人は立教開宗の当初より、すでに仏使上行としての自覚を、内証として持っておられたとする説もあるが、たしかに自覚・内証としては持っておられたとしても、その表明をされる段階にまでは、未だ立ち至っておられなかったものとも考えられるのである。「経文に、その弘教の行動が、ぴったり一致符合した」という段階は、やはり竜口から佐渡を経た上で、到達した境界であるといえるのではなかろうか。著者註(30)(152)

著者註(29)　開目鈔『定遺』五六〇頁

(30)　三沢鈔（一四四六頁）において、佐前の法門を、仏の爾前経と同様に扱い、佐後をもって仏の真実開顕に比するのも、その一つである。

本化地涌のさきがけ＝遺使＝上行菩薩＝法華経の行者でありその弟子檀那も「妙法五字を弘むる者」は流類として本化地涌の一人なのであると述べる。

また『開目抄』でいう「法華経の行者」に当るものといえよう。従って「地涌の菩薩のさきがけ」という考え、その後に二陣三陣と続く者のあることを予想された言葉であり、「弟子檀那」も「妙法五字を弘むる者」は、流類として本化地涌の一人なりという説が、法師品の文から成立することになろう。

㋠「日蓮と同意ならば地涌の菩薩たらんか。地涌の菩薩にさだまりなば釈尊久遠の弟子たる事あに疑んや。経に云く我従二リ久遠一来教二化ス是等ノ衆一ヲとは是也。」著者註(36)

㋡「末法にして妙法蓮華経の五字を弘めん者は男女はきらふべからず、皆地涌の菩薩の出現に非ずんは唱へがたき題目也。」著者註(37)

このように、聖人自身の「地涌・遺使」たることを明かすと同時に、その門下流類もひとしく地涌の出現たることを開顕された一文といえるのであり、まさしく前記法師品の経文を、体験を通して注釈された祖文と見なすことができるであろう。(153)

著者註（36） 諸法実相鈔『定遺』七二六頁
（37） 同 同 同

更に**佐々木馨氏**は、平安末期から鎌倉期にかけての激動の政治世界、天災地変の発生や飢饉の続出の中での「末法思想」。しかし旧仏教教団は現世の縮図のように俗化、こうしたなか、一遍をのぞくいわゆる鎌倉新仏教者と呼ばれる法然・栄西・親鸞・道元そして日蓮たちは、ひとたびは共通して旧仏教教団の殿堂の比叡山＝天台教学の門を叩いているとする。

以下、原文を引用する。

こうして法然を皮切りに新仏教者たちは、各自の宗教的課題に即しながら、自ら教導者たるべく、末法の世でも、いな末法の世なればこそ受容される新しい教説を発見していった。鎌倉新仏教における導く人＝宗祖《しゅうそ》の誕生である。(154)

六人の宗祖の中でも、実は、日蓮だけが旧仏教教団に対する捉え方が他と異なり、はなはだ復古的である。日蓮の特異性はこれだけではない。だれの目から見ても、日蓮の時の権力者北条時頼《ときより》に対する『立正安国論《りっしょうあんこくろん》』の上呈は体制志向の表象である。しかし、「法華経《ほけきょう》」の国家採択を求めるその思いのたけも、時頼をはじめとする幕府要路者には届かなかった。

日蓮を待ち受けていたのは、非情の上呈却下と無惨な弾圧であった。この『立正安国論』の上呈↓却下を大きな契機として、日蓮の体制志向は変容を余儀なくされる。それゆえ、私たちが日蓮の実像を探ろうとするときには、どうしてもそこに、思想変容があることに留意しなければならない。日蓮の六一年にわたる生涯は、決して平坦ではなかった。「波乱万丈の行者」と称する所以《ゆえん》もそこにある。

その波乱の生涯は、他でもなく『立正安国論』の上呈が引き金となった佐渡流罪を一大転換として大きく変容し、その中に「法華経世界」が構築されていく(155)。

日蓮は国主諫暁《こくしゅかんぎょう》という儒教の政治的行動性にもとづき、『立正安国論』を名目的国主たる幕府・時頼に上呈した。そしてその中で、念仏宗の退治と正法＝法華経への絶対的な帰依を力強く説いた。

上呈の結果はどうであったろうか。『立正安国論』がいかにその世界の中で自己完結したものであっても、ついぞ幕府・北条時頼にとりあげられることはなかった。上呈が黙殺はおろか、日蓮は流罪《るざい》に処される身となったのである。上呈の翌年、弘長《こうちょう》元年（一二六一）五月、日蓮は伊豆に配流《はいる》された。公権力の発動による最初の弾圧であった。日蓮はその流罪中に『顕謗法抄《けんほうぼうしょう》』(156)を認《したた》め、改めて謗法の意味を考えた。その結果、自ら捉えてきた念仏宗＝謗法という意識は、流罪によって矯正されるどころか、かえって強化されることとなった。伊豆の流謫《るたく》生活は、日蓮の謗法意識と法華経の行者《ぎょうじゃ》意識を、より一層とぎすませたといっていい(157)。

やがて、小松原法難、これを機に「法師品」の「此経は如来の現在すら怨嫉多し。いわんや滅度の後をや」の経文を改めて読み返し『法華経』を弘通する者には必ずや怨敵・迫害をともなうことを自覚するに至る。

そして龍口法難、佐渡流罪に及び、「勧持品」の「数数見擯出……」にもとづき、たびたび罪科に処せられることにより自らの重罪を消していくことに「値難忍受」の表明に至り「転重軽受」の意識も表明する。

以下、聖人自らの法華経の行者誹謗についての同氏の原文を引用する。

その謗法罪を悟り懺悔《ざんげ》をはじめるのは、寒さと飢えの中での深い思索を通した「佐渡御書」においてであった。

日蓮も過去の種子已《すで》に謗法なれば、今生に念仏者にて数年が間、法華経の行者《ぎょうじゃ》を見ては、未だ一人も得る者あらざれば、千中無一などと笑ひし也。(158) 今謗法の酔さめて見れば、酒に酔へる者父母を打ちて悦びしが、酔さめてのち歎きしが如し。

日蓮にとって、自ら犯した過去の謗法罪とは、かつて念仏宗の立場から法華経の行者を謗《そし》ったことであった。その謗法の罪を、いま酒からさめた者が歎くように、深く懺悔しているのである。

日蓮がこのように懺悔することは、何を意味するのであろうか。それは他でもなく、『法華経』の石や杖で打たれても、追われても、よくこれを忍受して、先世の謗法罪を消した「常不軽菩薩《じょうふきょうぼさつ》」に自らを重ねていくことであった。(159)

そして「従地涌出品」「如来神力品」を通して自らの仏使意識をより一層強固なものとし、上行菩薩の御使いとなり、日蓮聖人にとっては、この仏使意識のもと、現実の娑婆世界に『法華経』＝五字の題目の弘通意識を極限にまで燃焼させた思想的結晶が「三国四師」観である、という。

更に、佐々木馨氏は、日蓮研究史を思想史の領域に限定して一瞥する時、次の二つのアプローチの仕方が支配的であるとして次の如く述べる。

一つは「持経者から日蓮へ」という系譜論を軸にして念仏・禅・真言宗排撃の思想的意味を考えて日蓮の思想形成を把握しようとする場合である。(著者註1) いま一つは右の系譜論を基底にしつつも、主として日蓮の思想そのものの特質を、たとえば「国家観」(著者註2)「法華至上主義」(著者註3) という形で探ろうとする場合である。

前者のアプローチの仕方は、遠くは鎌倉新仏教の成立を系譜論的に捉えようとされた橋川正[著者註(4)]とそれを思想史的見地から発展的に実証化された家永三郎[著者註(5)]にその起点を求めることができる。後者のアプローチは巨視的な研究史の理解に立てば、宗教改革的視点に立脚しつつ、鎌倉新仏教を解明されようとした原勝郎[著者註(6)]を否定的に摂取された黒田俊雄[著者註(7)]以来定着したものであろう。[(160)]

著者註(1)　代表的なものに、川添昭二「法華験記とその周辺」(『仏教史学』八巻三号)、池上尊義「日蓮宗成立の前提―十羅刹女信仰にみる日蓮における持経者の系譜―」(『歴史教育』一五七)、同「日蓮にみる現世利益信仰―持経者的伝統との袂別―」(宮崎英修・茂田井教亨編『日蓮聖人研究』平楽寺書店、一九七二年)がある。

(2)　藤井学「中世における国家観の一形態―日蓮の道理と釈尊御領を中心に―」(読史会編『国史論集』一所収、一九五九年)

(3)　高木豊『日蓮とその門弟』(弘文堂、一九六五年)二六九頁。

(4)　橋川正『総合日本仏教史』二六〇―二六一頁。

(5)　家永三郎「日蓮の宗教の成立に関する思想史的考察」(『中世仏教思想史研究』、法蔵館、一九七六年)。

(6)　原勝郎『日本中世史』(冨山房、一九〇六年)二五一―二七二頁。

(7)　黒田俊雄「鎌倉仏教における「一向専修」と「本地垂迹」」(『史林』三六巻四号)。

更に院政期文化の営みである『往生伝』『法華験記』は当時の信仰実態と見るよりも貴族意識の反映の所産として次の如く述べる。

翻って、思想史的日蓮研究の主流の一つである「持経者から日蓮へ」という系譜論的な方法論には次の理由で疑点をさしはさまざるをえない。すなわち、大隅和雄が主張されるように[著者註(8)]、院政期文化の営みである『往生伝』『法華験記』[著者註(9)]は当時の信仰的実態とみるよりはむしろ、貴族意識の反映の所産とみなすべきであるのに加えて、その中に描かれた模範的な呪術的行為を事とし、学解を否定するところのアウトローでなければならない。つまり、世俗の世界から一歩でも遠ざかることに持経者はその存在理由を求めていたのである。このような持経者に、日蓮を二重写しにしてその思想形成を捉えようとすることは可能性の発見という点では首肯されても、日蓮の全体像の中でどれほどそれが説得力を有するかは疑わしいと思われるからである。[161]

著者註（8） 大隅和雄「聖の宗教活動—組織と伝道の視点から—」（『日本宗教史研究』一、法蔵館、一九六七年）、同「古代末期における価値観の変動」（『北海道大学文学部紀要』一六巻一号）。

（9） 日蓮は法華信仰者・持経者の集成ともいうべき『法華験記』や『往生伝』を語ろうとはしない。この理由については、高木豊『日蓮とその門弟』を参照するに、なお多少の疑点をさしはさまざるをえない。

そして「持経者」と「法華経の行者」とを峻別して次のように述べる。

ついで、「法華経世界」の構築にとって不可欠な条件としては、教判的に右のごとく至上なるものと価値付けられた『法華経』[著者註(47)]を如何に弘通・布教し、如何に『法華経』とその弘通・布教者を守護・擁護するかの両機関の設定が必要となる。ここではその両機関を第二の構成条件とすることにする。

前者の弘通・布教機関として指定されるのは言うまでもなく『法華経』の行者であるが、この行者は『法華験記』にみる『法華経』の修行者＝持経者とは次の点で峻別されるものである。すなわち、「法華経世界」から正法たる『法華経』を日本に弘通する目的で派遣された仏使という一階層を有するとともに、日本から精選されて「法華経世界」に仕えるという強固な使命感を有した、いわば選ばれた人＝日本大使[著者註(48)]なのである。

この仏使＝日本大使の使命感を端的に表現するのが、「三国四師」観という天台宗的系譜であり、上行菩薩の再誕という意識でもある。

後者の機関、つまり『法華経』とその行者＝仏使を守護・擁護する機関に相当するものとして位置付けられるのが、天照太神・八幡大菩薩を筆頭にした日本の神々、日本神祇である。(162)

著書註（47）　ここで使用している「機関」、つまり「個人または団体が行動の目的を達する手段として設置されたもの」には多少の違和感がつきまとうかも知れない。本章では日蓮の世界観を「法華経世界」という、一面では正法の弘通目的の集合体として捉えようとしているので、敢えて「機関」なる語を使用した。

（48）　ここでいう「日本大使」という比喩的表現も、（47）の目的から使用したものである。

次に「如来之使」「上行菩薩の御使」＝再誕、「三国四師」について以下の如く述べる。『得受職人功徳法門鈔』の中では「予雖㆓下賤㆒忝学㆓大乗㆒事㆓諸経王㆒者。釈迦既以㆓妙法之智水㆒灌㆓日蓮之頂㆒令㆓面授口決㆒。（中略）如㆓経文㆒者如来之使」著者註(50)というふうに、如来に直接仕える使者＝「如来之使」という意識にまで燃焼する。この鈔に『四条金吾殿御返事』にいう「日蓮賤しき身なれども、教主釈尊の勅宣を頂戴して此国に来たれり」著者註(51)の一文を重ねて考える時、日蓮の仏教者的立場・役割が如何なるものであるかは、一目瞭然であろう。教主釈尊の居る「法華経世界」著者註(52)の本部から『法華経』を弘通する目的で日本国に派遣されて来た仏使＝日本大使以外の何ものでもないのである。この日本大使として日蓮は、末法の当時にあっては同時に「上行菩薩の御使」著者註(53)＝再誕でもあったのである。

このように仏使意識と上行菩薩の再誕という意識は、『諸法実相鈔』著者註(54)においていよいよ強化・純化されて、ついには『顕仏未来記』著者註(55)の中で「三国四師」観の表明となって結晶するに至る。(163)

著者註（50）『得受職人功徳法門鈔』（定遺、六二九頁）

（51）『四条金吾殿御返事』（定遺、六六四頁）

（52）　ここでいう「法華経世界」の本部として日蓮が想定しているのは霊山であろう。この霊山については小松靖孝「日蓮の霊山往詣思想」（中尾堯編『日蓮宗の諸問題』、雄山閣出版、一九七五年）を参照していただきたい。
(53)『四条金吾殿御返事』（定遺、六三七頁）
(54)『諸法実相鈔』（定遺、七二五頁）
(55)『顕仏未来記』（定遺、七四三頁）

次に**佐藤弘夫氏**の著書中、数箇所を引用する。

　世末代に入て法華経をかりそめにも信ぜん者の人にそねみねたまれん事はおびただしかるべきか。故に法華経に云く、如来の現在すらなお怨嫉多し、況んや滅度の後をやと云々。始に此文を見候し時はさしもやと思候ひしに、今こそ仏の御言は違はざりけるものかなと、殊に身にあたりて思い知られて候へ。（『定遺』二三五頁）

これは伊豆流罪中の作とされる「四恩抄」にみられる言葉である。伊豆流罪ごろから、法難への言及が頻繁にみられるようになる。日蓮は法華経において値難《ちなん》を忍受《にんじゅ》するものがすべて成仏の記《き》別《べつ》（保証）を与えられることから、それを我が身に引き当てて迫害の渦中にあるみずからの成仏を確信し、「死身弘法」（身を捨てて法を広める）の決意を固めていくのである。

日蓮は法華経に説かれた仏の予言を、単に知識として理解するのではなく、身をもって実践しているものこそが自身であるという確信を抱いた。日蓮はそれを、法華経の「色読《しきどく》」とよんだ。法華経ゆえに命に及ぶ迫害を被る日蓮こそは、末法におけるはじめての法華経色読者にほかならなかったのである。[164]

以上の一文は法華経の色読者＝法華経の行者であり、従来の持経者に対するみずからの立場の独自性を鮮明にしている。

更に佐藤弘夫氏は、日蓮聖人の予言能力について以下の如く、述べる。

日蓮は佐渡流罪を機にして、みずからを地涌《じゆ》の菩薩・上行《じょうぎょう》菩薩と規定するようになる。また『聖人知三世事』といった著作を著して、聖人としての自身の洞察力を強調するようになる。しかし、そうした段階に至っても、日蓮は予言を自分だけがなしうる聖なる行為とはみなさなかった。『聖人知三世事』でも自身が三世を見通す聖人であることを自負する一方、その能力の由来については、「日蓮が尊貴なるにあらず。法華経の御力の殊勝なるによる」という言葉を付け加えることを忘れなかった。地涌の菩薩の呼称にしても、特別なカリスマであることを示すものではなく、この世でなすべき使命を自覚したときだれもが地涌にほかならないというのが、日蓮の一貫したスタンスだったのである。(165)

日蓮聖人の、いわゆる「未来記」は、法華経の行者に関係があるので、ここに述べた。

以下を引用する。

法華経の行者

法華独勝の立場を確立した日蓮は、さらに法華経の権威を彼自身に移し替えようと試みた。その媒介となるものが「法華経の行者」の自己規定である。

日蓮は伊豆流罪ごろから、しばしばみずからを法華経の行者と称するようになる。

「末法には法華経の行者必ず出来すべし。」

「大難なくば法華経の行者にはあらじ。」　（「椎地四郎殿御書」『定遺』二二七頁）

末法の悪世には、正しい信仰を貫けば「三類の強敵《ごうてき》」とよばれる敵対者が出現することは必至である。逆にいえば、それが現われないような信心は本物とはいえない。三類の強敵を顕現させ命に及ぶ法難を被った日蓮こそが、法華経の色読者＝法華経の行者の呼称に値するのである。

法華経を信受して、「受持・読・誦・解説・書写」の五種の修行を実践する行者は、すでに平安時代から存在した。彼らはしばしば「持経者」とよばれた。法華経の唱題も持経者《じきょうじゃ》によって行われていた可能性は高い〔高木、73〕。

いま日蓮は法華経の行者を自称することによって、従来の持経者に対するみずからの立場の独自性を鮮明にした。彼はもはや法華経を信奉するただの修行者ではない。迫害にたゆむことなく、命を賭して弘経を推進する法華経の行者だったのである。[166]

次いで日蓮聖人の受ける迫害が過去の重罪＝謗法の行為の故と述べている。

　いままで頸の切ぬこそ本意なく候へ。法華経の御ゆへに過去に頸をうしないたらば、かゝる少身のみ（身）にて候べきか。又数数見擯出と説かれて、度々失にあたりて重罪をけしてこそ仏にもなり候はんずれば、我と苦行をいたす事は心ゆへなり。（『定遺』五〇三頁）

転重軽受

ここで注目されるのは、首を切られるのは本より覚悟の上であり、それによって過去の「重罪」を消すことができるのだ、という主張である。

相次ぐ法難によって、伊豆流罪ごろから日蓮の現状認識に大きな転換が生じたことは先に指摘した。修学期以来の現実世界＝仏国土という楽観的な世界観に変わって、この現実社会を汚辱に満ちた末法辺土とする見方が現われてくるのである。そうした悪世のまっただなかで苦難を克服して法華経を広め、理想の国土を実現するべく奮闘する主役が「法華経の行者」だった。そこでは日蓮が迫害を被る原因は、「五義」に示されるようにもっぱら末法辺土という外在的な条件にもとめられていた。

それに対し、ここでは日蓮が迫害を受ける原因として、それまでとは異なった理由が語られている。それが、日蓮が過去に犯したという「重罪」だった。かつて迫害の原因を末法辺土という当時の日本の客観的条件に求めていた日蓮は、いまそれを自身が過去に犯した罪業の報いであるとして、きわめて主体的・実存的に受け止め直しているのである。

その際、日蓮にとって過去の重罪とは、「謗法《ほうぼう》」の行為だった。(167)

やがて、それは不軽菩薩と重ね合される。

その際興味深いことは、日蓮は不軽菩薩が迫害を被る原因を、不軽が前世に犯した法華経誹謗の罪障にあるとしていたことである。もちろん法華経にはそういったことが書いてあるはずもない。

日蓮独自の解釈である。

日蓮は迫害を受ける我が身を、この不軽菩薩に重ねた。そして受難に堪えた不軽菩薩が最後は仏になったように、彼もまた迫害によって罪障を消滅し悟りに到達することを、自身と門弟に語り聞かせるのである。(168)

さて、佐渡在島中の日蓮聖人を訪れて来た幼な子連れの女人がいることについて以下のように述べる。

日蓮が一谷に移ってまもなく、一人の女性が鎌倉から佐渡を訪れた。日妙尼《にちみょうあま》である。日蓮は、「いまだきかず、女人の仏法をもとめて千里の道をわけし事を」(「日妙聖人御書」『定遺』六四七頁)とその求道心を嘉し、「日本第一の法華経の行者の女人」と称えて日妙聖人という号を与えている。文永一一年には乙御前母《おとごぜんのはは》とよばれる女性が、やはり佐渡の日蓮を訪れた(「乙御前御書」『定遺』七五四頁)。日蓮は彼女に対しても、伝教大師や玄奘三蔵の求法の旅を引き合いに出して、その志を賞賛している。(169)

日蓮聖人が女性に対し初めて「法華経の行者」と呼称し、かつ聖人号を与えていることが挙げられる。

法華経では、釈尊が仏滅後の衆生救済のために、この経を地涌の菩薩に授けたと記されている。とはいっても、能力の劣った末法の衆生が、「五種法師」といわれる伝統的な五種類の修業――受《じゅ》持《じ》・読・誦《じゅ》・解《げ》説《せつ》・書写――に堪えられるわけがないではないか。仏が万人の成仏を期してこの経を授けたとすれば、その内容は必ずやだれもが実践可能な形態であるにちがいない。唱題こそがそれにふさわしい。しかし、そうであるとすれば、法華経の本文とその題目とはいったいどのような関係にあるのだろうか――。

流罪地佐渡の孤独と呻吟の中で、日蓮はこの問題をどこまでも突き詰めるべく思索と唱題を重ねた。その果てに、彼はついに一つの解答を見出した。

――法華経に説かれる虚空会《こくうえ》で、釈迦が大地から涌きだした菩薩たち（地涌の菩薩）に授けた法とは、実は法華経そのものではなく、その題目だったのだ。そして末法のいま、みずから唱題を実践しそれを人に勧める日蓮こそは、経文に説かれた地涌の菩薩にほかならないのだ。

日蓮はそれを記憶から消し去っていた。だが、いまそれは鮮明に呼び覚まされた。彼は遠い過去に、聴衆の一人として法華経の虚空会の座に連なっていた[170]。

以上の引文は、釈尊が地涌の菩薩に授けた法が題目であること、そして日蓮聖人自身がその時の虚空会に在して釈尊から付属を受けたことが実感として記されている。

次いで熱原法難で捕えられた農民たちの強信を次のように述べ、彼等を、法華経の行者と呼称する。

今月一五日酉時御文同じき一七日酉時到来す。彼ら御勘気を蒙るの時、南無妙法蓮華経・南無妙法蓮華経と唱え奉ると、偏に只事にあらず。定めて平の金吾の身に十羅刹の入り易はりて法華経の行者を試みたまふか。例せば、雪山童子・尸毘王等の如し。はたまた悪鬼その身に入る者か。釈迦・多宝・十方の諸仏、梵帝等、五々百歳の法華経の行者を守護すべきの御誓はこれなり、大論に云く、よく毒を変じて薬と為す。天台云く、毒を変じて薬となす云々。妙の字虚しからずんば定めて須臾に賞罰有らんか。（「変毒為薬御書」『定遺』一六八二頁）

これは農民たちが責めを受けたとき、一斉に題目を唱えてそれに堪えたことを伝え聞いた日蓮が、日興らに今後の活動についての指示を与えた書簡の一節である。文中の「法華経の行者」とは、日蓮がかつて法華経の色読を体験した際に自称として用いたものだった。日蓮は熱原の農民たちに対して、その信心を嘉みしてこの至高の呼称を与えた。また日蓮にとって彼らは、みずからの命と引き換えに法をもとめた、釈迦の前生である「雪山童子《せっせんどうじ》」にも等しいものとみえたのである。(171)

さて、再び論稿に戻る。**北川前肇氏**は、日蓮聖人が東条松原の法難を契機として「法華経の行者」の意識から、「日本第一の法華経の行者」という自覚を明確化したと、述べる。

周知の通り、聖人はこの東条松原の法難を契機として、「法華経の行者」の意識から、「日本第一の法華経の行者」という自覚を明確化されるに至った。それは、法華経に説示される悪世末法における信心の困難さ、弘通者に対する迫害の予言の文を、身体に読んだという認識が存したからである。すなわち、法師品「如来現在猶多怨嫉況滅度後」著者註（4）、安楽行品「一切世間多怨難信」著者註（5）等の文を色読したということである。(172)

著者註（4）『大正蔵経』第九巻一二一頁b
（5）岩波本『法華経』㊥二七二頁

次に同氏は、法華最勝と他宗謗法の根源の把捉が日蓮聖人の内面に止まらず、対社会化の実践となる時、迫害は当然の予想として、そしてそれが捨身・殉教を志向するものとして以下の如く述べる。

この法華最勝と他宗謗法の根源の把捉が、聖人自身の内面的な意識、理念に止まらず、対社会化、歴史化される言動となるとき、他宗からの外的な弾圧、迫害は当然予想されるべきものであろう。すなわち、知教、及び謗法の認識を人々に対し言語を持って発表する行為は、意識の世界を現実化することである。同時に、「知る」ことから「発表」への段階に至るまでの精神的煩悶、葛藤を免れることはできないであろう。そのことを聖人は『開目抄』に「日本国に此をしれる者、但日蓮一人なり。これを一言も申し出すならば父母・師匠に国主の王難必来るべし」(『定遺』五五六頁)と述べて、法難の必然的興起を予想し、「二辺の中にはいうべし」(『定遺』五五七頁)という「二者択一」に逢着し、難易二行の難行を選ばれたのである。その時期は、聖人の遺文から類推すると、所謂「立教開宗」の建長五年四月二十八日であったと思われるのである。再説すれば、釈尊の真実義たる法華経に身命を捧げ、生涯を通じて法華経弘通遂行を決断されたのである。それは釈尊に対する誓願であり、宗教的体験における回心であって、その信仰告白が「立教開宗」であったと思われる。その回心は捨身と殉教を志向するもので、聖人が説話としてしばしば引用される捨身の師、雪山童子・常啼菩薩・善財童子・楽法梵士・薬王菩薩・不軽菩薩・師子尊者・提婆菩薩の事蹟は、聖人の法難・受難との関連において把えられるであろう。(173)

この日蓮聖人の受難・色読に対する内省は自身の謗法として述べられ、不軽菩薩と重ね合わされるとして以下の如く述べる。

この聖人の受難・色読が三世に関わるという永遠の問題と関連し、同時に受難に対する内省は自身の罪業、謗法として述べられる。

涅槃経に転重軽受と申す法門あり。先業の重き今生につきずして未来に地獄の苦を受くべきが、今生にかかる重苦に値せ候へば、地獄の苦みはつときへて、死に候へば人・天・三乗・一乗の益をうる事の候。（『定遺』五〇七頁）

と先業の重罪を消滅し、しかもその尽きない罪によって未来に受くべき地獄の苦を今生に招き寄せ、受難によって消滅せんとする忍難の自覚が存するのである。『土木殿御返事』にも、

数数見擯出ととかれて、度々失にあたりて重罪をけしてこそ仏にもなり候はんずれば、我と苦行をいたす事は心ゆへなり。著者註(12)

とその値難の苦行は、罪業消滅によって成仏の大果を得るための覚悟があったことを述べられている。

その重罪とは、不軽菩薩の悪口罵詈、杖木瓦礫の難を過去の誹謗正法にあると釈されるように、著者註(13)聖人自身における過去の謗法罪と同一視されている。そして、「其罪畢已」(174)の文を、不軽菩薩が値難によって過去の罪業が消滅したと受け取られるのである。不軽品には「其罪畢已」を具体的に如何なる罪業であるか説示されていないが、聖人がその罪を謗法罪と規定される処に、聖人独自の罪業観が存していると思われる。聖人は、不軽菩薩の値難、罪業にのみ共通性を見出されるのではなく、法華経の行者として流布すべき教法、及びその時代を同一視されているのである。(175)

著者註(12)『定遺』五〇三頁

(13)『定遺』五〇七頁

日蓮聖人は、不軽菩薩に対し、値難、罪業にのみ共通性を見出されるのではなく、法華経の行者として流布すべき教法と時代を同一視されているという一文は、卓見である。

そして、我々にとって看過できない次の一文がある。

聖人は何故に色読を強調されたのであろうか。その一つとして、我々人間はこの娑婆国土を離れ

ず、この世で苦しみと対決して行かねばならないという認識が存したからであろう。我々は他土に理想の世界を求めても、現実の問題、苦悩を解決したことにはならない。この現実の場所で真に活きることこそ、我々人間の果たすべき義務だと言える。娑婆世界とは悪業煩悩に穢れた世界で、その穢れを耐えて行く忍土という意味がある。その辛くて苦しい現実と対決することこそ、我々の活きるべき道だと思われる。そして、娑婆世界に活きることとは、現実からの逃避を否定し、時間的には、過去の歴史を背負い、現在の一瞬一瞬に対する責任を負い、未来をも責任をもつということである。現実の矛盾、理想との相尅の中で、苦悶し、歯ぎしりをして邁進する姿が菩薩行なのではないだろうか(176)。

さて次に北川前肇氏の著書に移る。同氏の「法華経の行者」に関する省察は非常に内面的である。従って、前述した如き日蓮聖人の業績云々とは、やや異質である点に注目し、以下、数箇所を引用する。

「法華経の行者」と自ら称せられた日蓮聖人にとって、自己の存在を認識し、しかも、行動の規範となるものは「法華経の」と規定されているように、法華経という釈尊の教えであった。聖人における法華経との関わりは、自己存在の本質を本門法華経の世界に看取せられたことであって、法華経・教主釈尊との宗教的永遠の境界に「仏子」として、あるいは「仏使」としての自己を認識されたことだといえよう。そこに本門の教主釈尊と自己との、生命的な源の関わりを認識されている。しかも、仏使として活動される聖人にあっては、聖人の全存在が法華経のなかに生き、同時に、聖人が末法の今時に法華経を法華経たらしめているという、相互の深い結びつきをみるのである。それは、およそ宗教的な本感応妙の世界としか表現しえないものである(177)。

更に、日蓮聖人が虚空会上に在る実感を以下の如く述べる。

さらに、法華経は二処三会にわたって釈尊の説法がなされているが、聖人はその説法の会座にあって、釈尊のみことばを聴聞しているという宗教的実感を強くもたれている。それは、日常的時間を超越した法華経のもつ宗教的永遠の時間に、聖人みずから会入されていることを意味する。すなわち、虚空会上の発迹顕本された世界を、視覚的に尊崇の対象として表現されたと考えられる。『観心本尊抄』の一節には、つぎの説示がみられる。

其本尊ノ為レ体　本師ノ娑婆ノ上ニ宝塔居レシ空ニ　塔中ノ妙法蓮華経ノ左右ニ釈迦牟尼仏・多宝仏・釈尊ノ脇士上行等ノ四菩薩　文殊弥勒等ノ四菩薩ハ眷属トシテ居ニシ末座一ニ　迹化・他方ノ大小ノ諸菩薩ハ万民ノ処ニシテ大地一ニ如レシ見ニルカ雲閣月卿一ヲ。[著者註(8)]

あるいは、『法華取要抄』にも同様の宗教的情景を、

今我等向レテ天ニ見レハ之ヲ生身ノ妙覚ノ仏カ居ニシテ本位一ニ利ニ益スル衆生一ヲ是也。（『定遺』八一四頁）

と述べられている。これらの表現から、聖人は法華経の説法の会座に列している自己の存在を、その説相のなかに確認されていたことが知られるのである。

このように、聖人は法華経を釈尊の人格体として受けとめ、しかも説法の座にあって、釈尊より教法を伝受しているという意識の存することが理解される。[178]

著者註（8）　『定本遺文』七一二頁

次に『守護国家論』から『法華玄義』[179]に及び、末法凡夫の法華経信仰の重要性と易行性を強調する。ところで、『守護国家論』において、聖人は法華経への信仰をさらに具体的に示し、昼夜十二時にわたる持経者の姿を描かれている。すなわち、天台大師の『法華玄義』の経字釈の段を引いて、[著者註(27)]つぎのように述べられている。

天台大師玄義ノ八ニ云ク　手ニ不レトモレ執ラレ巻ヲ常ニ読ミ二是経ラ一　口ニ無レトモ二言声一偏ク誦シ二衆典ヲ一　仏不レトモ二説法セ一恒ニ聞キ二梵音ヲ一　心ニ不レトモ二思惟セ一普ク照ス二法界ヲ一已上。此ノ文ノ意ハ手ニ不レトモレ執ラ二法華経一部八巻ヲ一信スル二是経ヲ一人ハ昼夜十二時ノ持経者也。口ニ不レトモレ出サ二読経ノ声ヲ一信スル二法華経ヲ一者ハ日々時々念々ニ読ム二一切経ヲ一者也。仏ノ入滅ハ既ニ経タリ二二千余年ヲ一。雖レ然ト信スル二法華経ヲ一者ノ許《もと》ニ留メテ二仏ノ音声ヲ一時々刻々念々ニ令ムルナリレ聞カ二我不ルレ死セ由ヲ一。心ニ不レトモレ観セ二一念三千ヲ一偏ク照ス二十方法界ヲ一者也。此等ノ徳ハ偏ニ備ハレルナリ下行スル二法華経ヲ一者ニ上也。著者註(28)

聖人は『法華玄義』巻八の文を受けて、末代凡夫の信行として、法華経への随順、信仰を強調される。すなわち、この法華経を信ずる者は真の持経者であり、読経の声を出さなくても、仏陀釈尊は滅後でありながら、つねにましまして梵音声をもって説法せられる。この信行観に立てば、たとえ一念三千の観法を修さなくても、十方法界が智見できるというのである。しかもこれらの功徳は、法華経に具有されているのであるから、すべて法華経を行ずる人に帰一すると説いて、末代凡夫の法華経信仰の重要性と易行性とを強調し、成仏の道を示されたのである。[180]

著者註(27)『大正蔵経』第三三巻七七七頁c
(28)『定遺』五六〇頁

更に、法華経「法師品」「安楽行品」等での予言の如き迫害の必然性、つまり、法難の予言があり、それを乗り越えて、法華経・釈尊に随われたと述べる。

聖人は、「正直捨二方便一但説二無上道一」[181]の文に明かされる随自意の世界に帰命され、この釈尊の教えを、再び末法の世に顕現することが人間として生命を享けた者の使命だと覚悟された。だが、この法華経は、「法師品」に「而此経者。如来現在猶多二怨嫉一。況滅度後」[182]と予言されているように、釈尊の本懐である法華経という経典、すなわち、仏の魂が開陳されている教えが存在しようとする場合、いつの世も怨嫉が起り、その教えを伝道する者への法難、迫害興起の必然性が説きあかされている。換言すれば、釈尊の随自意の世界が具体的な歴史の場で顕揚されようとするとき、それと同時の存在として怨嫉があり、法難があるということである。このことを「安楽行品」には、「一切世間多怨難信[183]」と記されている。つまり、法華経の流通分には、法難の予言があり、聖人はこの文を正言として受けとめられたのである。

したがって、聖人が難信難解の随自意の教えに帰命され、それを伝道されることは、その代償として、法難がひき起されることを意味した。しかし、それを乗り越えて法華経・釈尊に随われたのである[184]。

そして「未来記」とそれを映し出す自己の行為について以下の如く述べる。

つまり、「未来記」を自覚的に受けとめる主体者は、つねに「未来記」とともに生き、また自己の存在、行動あるいは歴史的な事実を、その文によって照射するとともに、「未来記」を「明鏡」として、自己を映し出すという行為がなされねばならないであろう。換言すれば、「未来記」という「明鏡」を通して自己の全存在を、さらには歴史的現実を鋭く照射し、しかも「明鏡」に映し出される姿を認識するはたらきが、「未来記」を「未来記」として確認する行為なのではないかと思われる[185]。

更に、日蓮聖人は積極的に法華経のなかに自己を投入させ、身命を賭して法華経の「未来記」の文との合一化をはかられたとして、次のように述べる。

日蓮聖人は、「未来記」の文をただ漠然と読まれたのではなく、「法華経のゆへに流罪に及ヒぬ。今死罪に行れぬこそ本意ならず候へ」[著者註25]と死罪を覚悟のうえで法華経へ捨身をされたのである。さらに「すでに年五十に及ヒぬ。余命いくばくならず。いたづらに曠野にすてん身を、同クは一乗法華のかたになげて」[著者註(26)]と、自ら受難覚悟を示して、「未来記」の文を現実に検証するための強義の方策が選択されているのである。

つまり、聖人は積極的に法華経のなかに自己を没入され、身命を賭して法華経の「未来記」の文との合一化をはかろうとされた、といってよいであろう。それ故に、二度の流罪を体験された聖人は、「勧持品」の「数数見擯出」の文が、自己自身の肉体を媒介として歴史の場に真実化されたという認識をもたれるのである。

日蓮法華経のゆへに度々ながされずば数々の二字いかんがせん。此の二字は天台伝教モいまだよみ給はず。況ャ余人をや。末法の始のしるし、恐怖悪世中の金言のあふゆへに、但日蓮一人これをよめり。[著者註(27)]

この「勧持品」の「数数」の二字の「未来記」を聖人は色読され、聖人の身に三類の強敵が興起するのである。そのことが、「日蓮なくば誰をか法華経の行者として仏語をたすけん」[著者註(28)]という自負となり、「経文に我が身普合せり」[著者註(29)]ということばが吐露されてくるのである。ここには、経文のなかに自己が生きると同時に、経文を自己の身に、あるいは現実の歴史の場に引きあてるという行為の具体化がみられるのである。[186]

著者註(25)『定本遺文』四五九頁
(26) 同　右
(27)『定本遺文』五六〇頁
(28) 同　右
(29) 同　右

そして日蓮聖人は、仏の「未来記」を扶け、如来の実語を、この現実の世界に検証することが「法華経の行者」の使命である、と断言されると述べる。

聖人は、仏の「未来記」を扶け、如来の実語を、この現実の世界に検証することが、「法華経の行者」としての使命である、と断言される。仏記を扶けるということは、前述のとおり、仏語に絶対帰命することを出発とするものである。その一語一語の真実を確信されているが故に、聖人は身体をもって現実化しようとされたのである。つまり、法華経色読の本質がここに存在する。(187)

又、三類の強敵という、「未来記」は日蓮聖人の法華色読により日本国当世と合致し、そして、それは日蓮聖人が法華経の行者である証明にとどまらず、釈尊が未来の一切衆生を救済せしめようという本願の真実性も証明するものであるとする。

つまり、「勧持品」に記された法華経の行者にひき起る三類の強敵という「未来記」は、聖人の法華色読によって、日本国の当世とまさに合致するのである。このことによって、仏語が真実語であるという強い自覚を表明される。さらに、聖人が、法難予見の「未来記」を実語として検証されることは、聖人が法華経の行者であるという証明にとどまらず、釈尊が未来の一切衆生を救済せしめようとされる本願もまた真実であることを証明している。(188)

ところで日蓮聖人が、「未来記」を引用される場合、聖人の経典引用の意図を数種に分けることができるとする。

聖人が経文を「未来記」として引用される場合、それは末法という歴史的時間のなかにあって、受難色読の弘通に専念せられている立場からであって、あくまでも末法のいまに重点がおかれている。そこでいえることは、聖人の体験されている事実、あるいは災難等の現象が経文に符合するとき、「未来記」としての意味をもってくるのである。そのような眼で遺文を拝すると、聖人の経典引用の意図を数種に分けることができる。

まず、経文の引用が数量的に多いものは、前節で述べたとおり、法華経弘通による法難予言の文である。わけても「法師品」の「如来現在猶多怨嫉況滅度後」著者註(57)「安楽行品」の「一切世間多怨難信」著者註(58)「勧持品」の二十行の偈文にみられる三類の強敵の文、著者註(59)「数数見擯出遠離於塔寺」著者註(60)「常不軽菩薩品」の「悪口罵詈」著者註(61)「杖木瓦石而打擲之」著者註(62)「譬喩品」の「見有読誦書持経者軽賤憎嫉而懐結恨」著者註(63)の文が、「未来記」として、あるいは法華色読の経証として引用される。(189)

著者註(57) この文の引用頁を列記すると、以下のとおりである。三二七頁、五〇八頁、五一二頁、五五七頁、五九九頁、七一五頁、七一八—九頁、七三九頁、七四〇頁、七四五頁、八一三頁、八七五頁、九二四頁、一〇〇七頁、一一九八頁、一二四五頁、一三〇七頁、一六六七頁、一六七二頁、二三六四頁等。

(58) 三二七頁、五〇八頁、五一二頁、五五七頁、七四〇頁、七四五頁、七九六頁、九二四頁、九七一頁、一〇〇七頁、一一〇七頁、一三三一頁等。

(59) 五一四頁、五五七頁、五五九頁、五六〇頁、五九〇—一頁、五九二頁、五九四頁、五九七頁、六三九頁、七四〇—一頁、七四五頁、八一三頁、一〇〇四頁、一三二四頁、一四六一—二頁、二三〇三頁等。

(60) 一六六頁、二一四頁、五〇八頁、五五七頁、五六〇頁、五九一頁、六〇二頁、七四〇頁、七四四頁、七四五頁、九七一頁、一三二四頁、一三三一頁、一四六二頁、二三〇三頁等。

(61) 二五五頁、五九九頁、七四七頁、八九六頁、一〇〇四頁等。

(62) 二五五頁、五五七頁、五九九頁、一〇〇四頁、一四七七頁等。

(63) 二五五—六頁、五〇八頁、五五七頁、六〇二頁、九一一頁、九三七頁、一〇五八頁、一四七七頁等。

そして釈尊そして天台大師、伝教大師にも難があったこと、そして日蓮聖人の色読によって、法華経の未来記が真実の姿として末法・日本国に示されたと述べる。

ところで、偉大な覚者である釈尊にすら、九横の大難が興起し、釈尊の化道に対する阻止がみられる。それは、釈尊の真実が顕揚されるときには、必ず迫害が起るということである。聖人は、法華経の行者にはつねに法難が惹起されると認識されている。天台大師には南三北七、伝教大師には南都六宗の難が押し寄せ、末法の日蓮には三類の強敵が蜂起すると受けとめ、これらの迫害の文を積極的に「未来記」として顕現しようとされたのである。そこで、聖人の色読によって、法華経の「未来記」が真実の姿として末法の日本国に示されたといえよう[190]。

更に、日蓮聖人が法華経を「未来記」として受けとめる場合、次の四点が確認できる。

又、日蓮聖人が仏の「未来記」として受けとめた経典は法華経以外にも存すると述べる。

聖人が法華経を「未来記」として受けとめられる場合、つぎのことが確認できる。一には聖人自身の法華経色読の文証である場合、二には末法という時代を検証される場合、三に仏使出現の時代を証明される場合、四には広宣流布の真文とみられる場合、などである。もちろん、これらの経証が聖人における「未来記」であるということは、聖人の強烈な個性と、歴史に生きる仏使としての自覚が大きく作用していることは前述のとおりである。

ところで、聖人が仏の「未来記」として受けとめられた経典は、法華経以外にも存する。たとえば、法華経の行者に対する迫害の文として、『涅槃経』[著者註103]や『般泥洹経』[著者註104]が引用されている[191]。

著者註(103)『定本遺文』二一四頁、五九一頁、七四五頁、一八三二頁等。

(104)『定本遺文』五九一―二頁、五九五―六頁等。

そして日蓮聖人は『摩訶止観』[192]の予言通り多くの法難を受けることで、真の法華経の行者としての自覚を高めた。

はたして、『摩訶止観』が予言しているとおり、聖人は多くの法難を受けられるのである。が、これらの法難によって、いよいよ法華経が正法であるという確信を深められた。また、自ら真の法華経の行者であるという自覚が高まったものと推測される。『富木殿御返事』には、末法の時代に

おける法難がいかに盛んなるものであるかを、

止観に三障四魔と申《ス》は権経を行ずる行人の障《リ》にはあらず、今日蓮が時具《サ》に起れり。又天台伝教等の時の三障四魔よりも、いまひとしをまさりたり。

と述べられている[193]。

次に、三類の強敵に及ぶ。

ところで、日蓮聖人が、「勧持品」の二十行[194]の偈文を妙楽大師の注釈によって、具体的に三類の強敵に配釈されたのは、『唱法華題目抄』が初見のようである。そこでは、末法の時代に法華経の精神を失う者は、心では一切経を十分に知っていると思いながら、権実をわきまえない者である、と断ぜられている。しかし、彼らは、三衣一鉢を帯し、世間の人からは尊い智者と思われ、あるいは三明六通を体得した阿羅漢のように貴ばれる人である、という指摘がみえる[195]。

そして、日蓮聖人をただ未来の災難興起を予言した人とするのは妥当ではなく、法華経、釈尊の予言＝「未来記」に符合する仏使、「予言された人」として自己を規定しているのであり、つまり釈尊の「未来記」を現実化し色読する仏使こそ、末法に遣わされた如来使であり「法華経の行者」であると認識されていると述べるのである。

遺文を閲読すると、日蓮聖人を、ただ未来の災難興起のみを予言した人、とみなすことは妥当でないことがわかる。すなわち、聖人は、釈尊は法華経＝妙法五字を滅後末法のために、本化の菩薩に対し付嘱されているが、その付嘱を真実と受けとめ、ご自身を経文に予言された人＝本化の菩薩である、という仏使の自覚をもたれているのである。つまり、法華経、釈尊の予言＝「未来記」に符合する仏使、「予言された人」として自己を規定されているのであって、このことを見のがすことはできない。

では、予言者日蓮に加えて、被予言者日蓮の面を明確化されるのは、聖人の生涯のなかでいつごろの時期であろうか。おそらくそれは、度々の受難を体験され、強烈な仏使自覚、つまり、「師」自覚をもたらすことになった「佐渡流罪」以後ではないだろうか。周知のとおり、その受難色読は、聖人が「勧持品」の「数数見擯出」の文を真実の文として体現されたことを意味する。言いかえれば、聖人が釈尊の「未来記」をこの末法に具現化されることによって、法華経による末法救済の真実を確信されるにいたったのである。すなわち、釈尊の「未来記」を現実化し、色読する仏使こそ、末法に遣わされた如来使であり、「法華経の行者」である、と認識されていたといえよう(196)。

さて、ここで**庵谷行亨氏**の論稿に移ろう。この論稿は短文で凝縮されているため、区切ることが出来ないので全文を引用する。まず、趣意は、日蓮聖人が地涌の菩薩に着目されたのは立教開宗の時期であろうと思われること。そして佐渡期において日蓮聖人は、真実の法華経の行者として生きる自身の立場を、繰り返し問題提起するとともに、地涌菩薩としての自覚を折りにふれ吐露されているとする。

法華経の中にいかなる自己を見い出しうるかが、法華経信仰者の最重要課題である。そのために信仰者は常に法華経に問いかけ。法華経の証を獲得せんことを願う。

法華経の信に生きる者を、法華経は法師・如来使・受持者・行者等と説く。しかし、それは抽象的な信仰者を指すのではなく、在世に増した値難の行者であるという。そしてその信仰者は如来神力品の「付属の大事」において、上行等の四菩薩を中心とした地涌菩薩へと集約されていく。

法華経の教えに立脚すれば、如来滅後の法華経信仰者とは地涌菩薩に集約され、なかでももっとも重要な任を荷うのは上首の第一上行菩薩であることになる。

こうして、真の法華経信仰者は上行菩薩へと特定され、その自覚に立脚して生きることが、法華経信仰を完うすることになるのである。

日蓮聖人が地涌菩薩に着目されたのは立教開宗の時期であろうと思われる。なぜなら、この頃と推定されている蓮長から日蓮への改名は、地涌菩薩として生きようとする聖人の自覚の表明を意味するからである。「日」は如来神力品の「如日月光明」(197)「蓮」は従地涌出品の「如蓮華在水」(198)からとったもので、「日月」も「蓮華」もともに地涌菩薩を譬喩したものである。

早くから地涌菩薩としての自覚を内に秘めた日蓮聖人は、地涌菩薩が釈尊から付属された要法の弘通に邁進されたのである。その結果、経文説示の通り数々の値難体験を経るなかで、自身こそ法華経所説の末法の行者であることの証を得られたのである。日蓮聖人を真実の末法の法華経の行者と確定したものは、文永八年（一二七一）の一連の事件であった。勧持品の「数々見擯出」の文を色読した日蓮聖人は、自他共に認める如説の行者として法華経に立ちあがった。

したがって、佐渡期以降において、日蓮聖人は、真実の法華経の行者として生きる自身の立場を繰り返し問題提起するとともに、地涌菩薩としての自覚を折にふれ吐露されていく。

上行菩薩に特定して五字の付属と末法弘通の必然を述べられたのは文永十一年（一二七四）の『法華取要抄』が最初である。「上行菩薩所伝ノ妙法蓮華経ノ五字」(199)との表現は、自身の五字弘通の身に、上行菩薩の姿を重ね合わせられたものと考えられ、聖人の実践に裏づけられた上行自覚の表明と見ることができる。

文永十二年（一二七五）の『大善大悪御書』『曾谷入道殿許御書』は上行菩薩の末法出現と五字弘通が強調されており、同じく建治元年（一二七五）の『撰時抄』や『高橋入道殿御返事』にも地涌菩薩に対する聖人の意識が上行菩薩に集約されていることがわかる。

そのほか、建治二年（一二七六）の『報恩抄』、建治三年（一二七七）の『下山御消息』『四条金吾殿御返事』、弘安元年（一二七八）の『日女御前御返事』『本尊問答抄』、弘安二年（一二七九）の『日眼女釈迦仏供養事』、弘安三年（一二八〇）の『妙心尼御前御返事』など、一貫して上行菩薩の出現と五字弘通、あるいは行者守護についての言及がみえる。

このように概観してみると、上行自覚についての決定的な意思表明の文章は見当らないけれども、上行菩薩の行儀と自己の弘教とを重ね合わせ、自身を上行菩薩になぞらえていると思われる部分がかなりあることがわかる。

その表出は、文永十年（一二七三）の『観心本尊抄』[200]あたりから始まり、文永十一年（一二七四）の『法華取要抄』[201]ではほぼ確定的な表明にいたったものと思われる。その後も、上行菩薩について言及を続けるなかで、時には相対化した表現を通して、自身と上行菩薩との一体化を、法華経実践のなかに確立していこうとされていたように思われる。[202]

さて、ここで「法華経の行者」観は、更に突きつめて「受持」に当面する。日蓮聖人における「受持」について研鑽の深い庵谷行亨氏の論を引かざるを得ない。以下、要所をピックアップして行く。

法華経（妙法華）における受持の用例は、『大正蔵経』によると、八十有余箇所（二十八品中二十品）であるが、聖人の二十有余箇所に及ぶ用例はその内、譬喩品・安楽行品・神力品（二箇所）・薬王品（二箇所）・陀羅尼品・勧発品[203]（四箇所）の六品十一箇所に限られる。

以下、それぞれの引用の趣意を通して聖人の受持の概念を考察してみたい。

譬喩品の引文（「但楽受＝持大乗経典＝乃至不レ受＝余経一偈＝」[204]）は『守護国家論』・『下山御消息』・『瀧泉寺申状』等に見られる。

『守護国家論』では実経に就くべき十の証文の第一に引用されており、譬喩品の「受持」の語句を他の引文（宝塔品・神力品・薬王品・勧発品・涅槃経如来性品等）に照合すると「持《たも》つ」・「（了義経に）依る」・「護る」・「流布する」・「久しく住せしめる」・「受持読誦解説書写」等の文となる。課題となっている「閣権経就実経」[著者註(1)]の内、「閣権経」は「不受余経一偈」の文、「就実経」は「受持大乗経典」の文が受けている。ゆえに、受持は「就」の意味を有って引用されていると考えられる。

『下山御消息』では法華専修を述べる中で、「不受余経一偈」の否定面に重点を置く引用のしかたがされている。安楽行品の二つの引文と並記されているが、受持の具体的概念については触れられていない。

『瀧泉寺申状』では阿弥陀経読誦の非を証するために、涅槃経等の文と並んで引用されている。「不受余経一偈」の否定面を強調したもので、引用の趣意は『下山御消息』と同様である。

これらの用例から、譬喩品の引文における受持の語句は特別に強調して用いられているわけではないことがわかる。「就実経」を証することも、法華専修を正統と示すことも、阿弥陀経読誦の非を証すことも、共に法華経受持を最要とする主張に変りはない。この主張において、譬喩品以外の諸経論を並記されているのは、譬喩品における受持の語が、他の経論の「持《たも》つ」・「護る」[205]・「流布する」等の語句と共通した概念を有っていることを意味していると考えられるのである。

著者註（1）『大正蔵経』第一二巻六四二頁a・六四三頁a。

次に薬王品の、特に(b)について述べる。

薬王品は二箇所(a)「若復有レ人以二七宝一満二三千大千世界一供二養於仏及大菩薩・辟支仏・阿羅漢一是人所レ得功徳不レ如下受二持此法華経乃至一四句偈一其福最多上」[206]・(b)「有三能受二持是経典一者

亦復如レ是。於二一切衆生中一亦為第一」[207]）から引用されており、(a)は『宝軽法重事』（二箇所）・『乗明聖人御返事』等、(b)は『真言諸宗違目』・『太田殿許御書』・『四条金吾女房御返事』・『撰時抄』・『報恩抄』・『富木殿御返事』（弘安三年）・『秀句十勝鈔』等に見られる。（中略）

つぎに(b)について考察する。『真言諸宗違目』著者註(9)では、法華経の色読をもって、自らを、諸宗の師に勝れる。と述べ、これを受けて、「豈非二慢過慢一」の質疑を出し、さらにこれを受けて、薬王品と『秀句』の文が引用されている。『秀句』は依経の勝劣を論ずる文であるから、経によって自己の立場を最勝と証されているものである。著者註(10)これに対し薬王品は法華最勝の前提に立って受持者の最勝をストレートに説示する。「日蓮当二此経文一」等の文を受けて、「日蓮こそ最勝の師」であることを証される引文であるから、薬王品の「有三能受二持是経典一者」とは「法華経における自己」の立場に立って引用されたものである。つまり、「経文に当る日蓮」こそが「有能受持是経典者」なのである。したがって、この用例における受持は色読の概念を有していると考えられる。

『大田殿許御書』では、何の為に経の勝劣を論ずるのか、という問いに対し、邪師の弘める邪法が「民愁」・「亡国」を招くとして薬王品の文が引用されている。ここで注意しなければならないのは、「有能受持是経典者」の文を受けて、「法華経行者勝二一切之諸人一之由説レ之」著者註(11)と表現されていることである。「法華経受持者」が「法華経の行者」と換言される用例である。

『四条金吾殿女房御返事』では、「薬王品の十喩は法華経と諸経の勝劣を説示しているように見えるが、仏の御心は一切経の行者と法華経の行者の勝劣を示されることにある」（取意）としてこの文を引用されている。引文の後には、「文の心は法華経の行者は日月・大梵王・仏のごとし、大日経の行者は衆星・江河・凡夫のごとしとかれて候経文也」著者註(12)と釈されていることからも、「有能受持是経典者」とは「法華経の行者」を指していると考えられる。[208]

著者註（9）『定遺』六三九頁
（10）『定遺』六三九頁
（11）『定遺』八五四頁―㊢
（12）『定遺』八五六頁

『撰時抄』は「我身はいうにかひなき凡夫なれども、御経を持ちまいらせ候分斉は、当世には日本第一の大人なり[著者註(13)]」の文を証す文章中、法華最勝を証するために薬王品の十喩の内の二喩をあげ、さらに、「持《たも》つ人」の勝劣を証すため、この文を引用されている。前掲の『四条金吾殿女房御返事』の文意に随えば、薬王品の十喩の本意は「受持者」の勝劣を明かすものであるとされるから、この二喩は法華経受持者の正当性を間接的に証するものと考えられよう。ともあれ、この引文は「法華経を持《たも》っている日蓮」は「当世日本第一の大人」であることを証明する為のものである。したがって、「有能受持是経典者」は「御経を持《たも》ちまいらせ候日蓮」を指していると理解されるのである。

『報恩抄』では法華経の行者の「第一」なることを証す文として『秀句』・『依憑集』と共に引用されている。聖人は薬王品の引文の後を受けて、「此経文のごとくならば、法華経の行者は川流江河の中の大海、衆山の中の須弥山、衆星の中の月天、衆明の中の大日天、転輪王・帝釈・諸王の中の大梵王なり[著者註(14)]」と釈されている。さらに、これを『秀句』・『依憑集』の引用によって授証されるのであるが、中でも『秀句』の引文では、薬王品の文を出して、「天台法華宗所持法華経最為第一故能持法華者亦衆生中第一[著者註(15)]」と伝教大師の釈が示される。聖人は薬王品の「受持者」を「法華経の行者」と表現され、伝教大師は「持法華者」と表現されている。[209]

著者註（13）『定遺』一〇五六頁―㊮

（14）『定遺』一二一八頁
（15）『定遺』一二一八頁・『伝全』第三巻二五七頁

以上の如く薬王品では、日蓮聖人は、「受持者」を「法華経の行者」と表現されていることに注目したい。以下、薬王品を総じて以下の如く述べる。

総じて、薬王品の引用例は、「法華経受持者」の最勝を証するものであり、そのゆえに、「受持法華経者」の文が「法華経の行者」と換言されたり、あるいは、「受持法華経者」が「日蓮」と表現されたりするのである。(a)・(b)に共通して見られた供養の称讃も又、その功徳の最勝を証すと共に、「受持法華経者」に繋がるものであると考えられるのである。[210]

次に陀羅罪尼品引文の各遺文を引く。

陀羅尼品の引文（「汝等但能擁㆘護受㆓持法華名㆒者㆖福不㆑可㆑量」[211]）は『守護国家論』・『法華題目鈔』等にみられる。

『守護国家論』では、唱題の功徳を証すため、安楽行品[212]・提婆品[213]・涅槃経名字功徳品と共に引用されている。安楽行品・名字功徳品は「経の名（名字）」を、提婆品は「提婆品」を「聞く」ことに功徳を認めているのに対し、陀羅尼品は「受持法華名者」を「擁護する」ことに功徳があるとする。陀羅尼品は、法華経受持の功徳に対する薬王菩薩の問いから始まり、世尊は、受持者はもとより受持者擁護の者も功徳が多い、と説き示される。したがって、「受持法華名者の擁護」が「福不可量」であることは、「受持法華名者」の「福不可量」はすでにその前提とされていることである。そこに、唱題の経証としての陀羅尼品引用の意味がなければならない。「法華経の題目」を「唱」えることが、「受持法華名」を証文とするということは、唱題が受持の概念の中にあることを意味している。

『法華題目鈔』も同様に、正法華経総持品(214)・添品法華経陀羅尼品(215)と共に唱題の経証として引用されている。正法華経は原文通りの「宣持名号徳不可量」であるが、妙法華と添品法華は原文が「擁護受持法華名者…」であるにもかかわらず、聖人の引用には「擁護」がなく、「受持法華名者…」となっている。「擁護」の省略は文意を全く変化せしめる。本来の意味は「受持法華名者」を「擁護する者」が「福不可量」であるにもかかわらず、「受持法華名者」そのものが「福不可量」の功徳を有すると解釈されるのである。先にみた『守護国家論』では、唱題の経証として「擁護受持法華名者…」をあげながら、『法華題目鈔』では「擁護」を省略して「受持法華名者…」とされているのは、『守護国家論』の引用の趣意も「受持法華名者…」の意味であると考えられよう。唱題の経証としては「擁護」の文を省略された方が適切であるように思われる。経説に随順しつつ、義に随って経を自在に「転ずる」聖人の文章表現の妙味である。ともあれ聖人はこの三経の引文を唱題の経証とされるのであり、そのゆえに妙法華・添品法華の「受持法華名」、「正法華」の「宣持名号」は聖人の解釈においては唱題を意味するものであることは疑いえない(216)。

以上を、総じて以下のように述べ、受持が信であるが故に信の具体的行為として、唱題・法華実践の経意に随順する受持の姿があるとしている。

以上、遺文中における法華経引用例を概観する中に聖人の受持の概念を探ったのであるが、これを整理すれば次のようになるであろう。まず引用されている法華経の文が薬王品の(a)と(b)を境に二分されることである。すなわち、譬喩品(217)・安楽行品(218)・神力品(219)・薬王品(220)(a)は「受持」そのものを問題とし、薬王品(221)(b)・陀羅尼品(222)・勧発品(223)(a)～(d)は「受持者」を問題としている。したがって、前者が、受持そのものを問題としながら行為としての具体性を欠くのに対し、後者は「師」の行為に則して受持の具体的意味を明らかにしている。それらをまとめると「受持」の語句は次のように用いられていることがわかる。(1)他の語句と並記（譬喩品・薬王品(a)）、「持つ」・「譲る」・「流布する」・「五種法師」等に共通した概念を有つ。(2)唱題（神力品・陀羅尼品）。(3)供養の賞讃（薬王品(a)・(b)）、供養も又受持に繋がる。(4)信（勧発品(a)・(b)）。(5)主体的法華経実践（薬王品(b)・勧発品(c)・(d)）、「受持法華経者」が「法華経の行者」と同義に用いられている。

以上から「受持」の語句は「持つ」・「護持」等の語句と共通した概念を有ちつつ、それが、さらに、唱題や主体的法華経実践へと、宗教的深みを有って用いられていることがわかる。受持が信であるゆえに信の具体的行為として、唱題・法華経実践等の経意に随順する受持の姿があるのである[224]。

次は**間宮啓壬氏**稿「日蓮の宗教的自覚に対する一考察」―「法華経の行者」と謗法の者―である。ここで同氏は二つの問題をとり上げる。いわゆる「法華経の行者」としての自覚と、過去世における自己の謗法罪の自覚である。

本稿では、日蓮における二つの宗教的自覚を取り上げる。一つは、「法華経の行者」としての自覚であり、もう一つは、過去世において自己が謗法の罪を犯してきたとの自覚である。[著者註(1)]「法華経の行者」としての自覚は、日蓮四三才に系年される『南條兵衛七郎殿御書』において明確にされ、[著者註(2)]それ以降、根本的な自己規定として日蓮が一貫して表明し続けたものである。その自覚の意味を結論的に述べるならば、久遠仏における衆生救済の意志を自己の実践によって実現していこうとする自覚であるといえる。一方、過去世において謗法の罪を犯してきたとの自覚は、佐渡流罪期に至って頻繁に表出されることになる。[著者註(3)]その自覚の意味をやはり結論的に述べるならば、久遠仏における衆生救済の意志に背いてきたとの自覚であるといえる。

このように、日蓮における二つの宗教的自覚を意味の上で比較する限りでは、全く相容れないものであると言わざるを得ない。しかし、日蓮において実際は、過去世に謗法の罪を犯してきたとの自覚が、「法華経の行者」の自覚を持って実践する動機を与えていたのではないかと考えられるのである[225]。

著書註(1) 本稿における引用は、立正大学日蓮教学研究所編『昭和定本日蓮聖人遺文』(改訂増補版 昭和六三年 総本山身延久遠寺刊 以下『定遺』と略す)に拠った。引用の際、旧漢字は新漢字に改めた。引用する遺文は、文献学的に信頼し得るもの、即ち、(一)真蹟が完全に現存するもの、(二)真蹟の断片が現存するもの、(三)真蹟が曾て存在していたことが証明されるもの、(四)直弟子の写本が現存するものに限った。

(2) この遺文で日蓮は、「日蓮は日本第一の法華経ノ行者也」と明言している(『定遺』三二七頁)。

(3) その代表的な遺文が『開目抄』である。

そして、妙法五字それ自体が久遠仏であるが、そのためには衆生に法華経への「信」が要求されるとして以下の如く述べる。

釈迦仏と法華経の文字とはかはれども、心は一ッ也。然レば法華経の文字を拝見させ給フは、生身の釈迦如来にあひ進《まい》らせたりとおぼしめすべし。(『四條金吾殿御返事』、『定遺』六六六頁)

妙の文字は花のこのみとなるがごとく、半月の満月となるがごとく、変じて仏とならせ給フ文字也。されば経に云ク能持二ツハ此経一ヲ則持二ツナリト仏身一ヲ。天台大師ノ云ク一々文々是真仏ナリ等云云。妙の文字は三十二相八十種好円備せさせ給フ釈迦如来にておはしますを、我等が眼つたなくして文字とはみまいらせ候也。(『妙心尼御前御返事』、『定遺』一七四八頁)

これによれば、日蓮にとっては、衆生の眼に見える法華経の文字、従って妙法五字自体が久遠仏そのものなのである。但し、妙法五字が無条件に久遠仏になるとされるのではなく、そのためには、衆生に法華経への「信」が要求されている。日蓮は『守護国家論』において、

法華経ハ釈迦牟尼仏也。不レル信二セ法華経一人ノ前ニハ釈迦仏取二リ入滅一ヲ信二スル此経一ヲ者ノ前ニハ雖レモ為二リト滅後一仏ノ在世也。（『定遺』一二三頁）

と述べている。即ち、法華経は、それに対する信を俟ってはじめて、久遠仏として活動し、衆生を救済へと導いていくとされるのである。従って、妙法五字の受持が法華経への信を前提とすることは言うまでもない。その信が妙法五字の受持という形で実践される時、妙法五字は久遠仏として受持者に「仏種」を「自然譲与」する働きを持つ、と見ることができるであろう。

このように見てくると、日蓮においては、久遠仏の衆生救済の意志は、衆生における法華経への信を俟って実現していくと見做された、と言うことができる。しかし、日蓮においては、その信は法華経に対する専一なる信でなければならない。法華経と他経との併信を、日蓮が、

法華経をば皆信じたるやうなれども、法華経にてはなきなり。（『開目抄』、『定遺』五四九頁）

と厳しく排斥する理由は、右のような救済の論理にあると言うべきであろう。[226]

次に、謗法に関して、末法の衆生が謗法の者であるというネガティヴな認識から、久遠仏がまさにそのような衆生を救済しようと意志していること、それを日蓮に確信させたのが法華経における「後ノ五百歳於二テ閻浮提一広宣流布セン」という予言であったとして以下のように述べる。

しかるに、「広宣流布」の予言は、それを実際に担う者がない限り虚言と化す。[著者註(17)]周知のように、法華経の見宝塔品では、釈迦滅後の法華経弘通が三度にわたって勧奨されている。日蓮にとってこれは、「三箇の勅宣」[著者註(18)]・「教主釈尊の勅宣」と称され、久遠仏が下した権威ある命令であった。しかも、「後ノ五百歳」、即ち末法における法華経の「広宣流布」の予言と対応して、この「勅宣」は

末法においてこそ奉じられねばならないものであった。日蓮はまさにこの「勅宣」を、自己の法華経弘通の実践によって担おうとするのである。即ち、

日蓮賤《いやしき》身なれども、教主釈尊の勅宣を頂戴して此国に来タれり。(『四條金吾殿御返事』、『定遺』六六四頁)

と言う所以である。

かかる意味では法華弘通の実践を続ける自己を、日蓮は「法華経の行者」と自覚したと考えられる。言い換えるならば、日蓮における「法華経の行者」としての自覚とは、自己の法華弘通の実践によって久遠仏における末法の衆生救済の意志を実現していこうとする自覚であったと考えられるのである。

もっとも、「法華経の行者」として実践は、法華弘通にのみ限られるものではない。それは、謗法の折伏という実践をも伴うものでなければならない。

邪智謗法の者ノ多キ時は折伏を前キとす(『開目抄』、『定遺』六〇六頁)

と日蓮は述べている。先にも見たように、日蓮において末法の衆生は謗法の者として把握される。しかも、末法の衆生は自己の謗法の罪を自覚していないと見做されている。ここに謗法の折伏という実践が要請されてくる。(227)

著書註(17)『開目抄』、『定遺』五八二~五八三頁にその引用がみられる。

(18)『開目抄』、『定遺』五八九頁。

そして日蓮の「法華経の行者」としての行為は法華経によって要求され、受難は「法華経の行者」の証であるとして次のように述べる。

日蓮は自らの現実的な体験を、法華経の記載——絶対の真理と信じられた——と重ね合わせるこ

とにより、自己の行為が恣意的行為ではなく、まさしく法華経によって要求される「法華経の行者」としての行為であると信じるのである。従って、日蓮にとって自己の受難は、自己が「法華経の行者」たる証に他ならなかった。それ故に、

> 誰をか法華経の行者とせん。（中略）抑たれやの人か衆俗に悪口罵詈せらるゝ。誰ノ僧か刀杖を加へらるゝ。誰の僧をか法華経のゆえに公家武家に奏する。誰の僧か数数見擯出と度々ながさるゝ。日蓮より外に日本国に取出サんとするに人なし。（『開目抄』、『定遺』五九八頁）

と敢えて言うのである。

しかしその一方で、日蓮は次のような疑問に突き当らざるを得なかった。

> 世間の疑といゐ、自心の疑ヒと申シ、いかでか天扶ヶ給ハざるらん。諸天等の守護神は仏前の御誓言あり。（中略）其義なきは我身法華経の行者にあらざるか。（『開目抄』、『定遺』五六一頁）

法華経の陀羅尼品では、毘沙門天・持国天・羅刹・鬼子母神といった諸天・守護神が法華経の護持者を守護することを誓っている。日蓮にとってこれは、諸天・守護神による「法華経の行者」守護の誓いを意味するものであった。しかるに、「法華経の行者」と自覚する自己には、あるべき諸天・守護神の守護は何らなく、度重なる受難のみがある、と日蓮は実感した。右の疑問は、日蓮にとって深刻な反省を促すものであったに違いない。

もとより、かかる疑問に陥りながらも、日蓮は自己が「法華経の行者」であるという自覚を捨てようとはしない。日蓮にとってはあくまでも、自己の受難そのものが、自己が「法華経の行者」であることの明確な証に他ならなかったのである。[228]

では、なぜ、あるべき諸天・守護神の加護がなく、ただ受難のみがあるのか。これについて以下の

如く述べる。

前生に法華経誹謗の罪なきもの今生に法華経を行ず。これを世間の失《とが》によせ、或は罪なきを、あだすれば忽に現罰あるか。（中略）不軽菩薩は過去に法華経を謗シ給ふ罪身に有ゆへに、瓦石をかほるとみへたり。（『開目抄』、『定遺』六〇〇頁）

過去世に謗法の罪なき行者であれば、たとえ受難しようとも、難を加える者に現罰を下すという形で諸天・守護神の守護がある。しかし、不軽菩薩のように謗法の罪を過去世に持つ行者は、その罪の報いとしてひたすら受難に耐えねばならない、と言うのである、日蓮は自己の経験を後者の場合に比定し、自己の境遇を納得しようとする。

このように日蓮は、度重なる受難体験の中に、自己の過去世における謗法の罪を自覚したのである。この自覚は、過去世において久遠仏の衆生救済の意志に背いて以来、救済から漏れ続けてきたという反省的自覚を目覚めさせるものであった。『開目抄』において、日蓮は次のように述べている。

此に日蓮案シテ云ク　世すでに末代に入て二百余年、辺土に生をうく。其上ヘ下賤、其上ヘ貧道の身なり。（中略）しらず大通結縁の第三類の在世をもれたるか、久遠五百の退転して今に来ルか。法華経を行ぜし程に、（中略）無量生が間、恒河沙ノ度《たび》すかされて権経に堕チぬ。権経より小乗経に堕ぬ。外典外道に堕ぬ。結句は悪道に堕けりと深ク此をしれり。（『定遺』五五六頁）

この文言の中に、謗法の罪の自覚と共に、救済から漏れ続けてきたという深刻な反省を看取することができるであろう。[229]

それは、まさに過去世の謗法の罪の報いであり、受難こそが滅罪の道なのであると以下の如く述べる。

日蓮にとっては、「法華経の行者」としての実践に必然的に伴う受難は、過去世の謗法の罪の報いに他ならなかった。日蓮は、受難を罪の報いとして引受けていくところに滅罪の道を見出し、不軽菩薩を例に引いて次のように述べている。

不軽菩薩の難に値ゆへに、過去の罪の滅《スル》かとみへはべり。(『転重軽受法門』、『定遺』五〇七頁)

これに対して、「権経を行ぜしには此の重罪いまだをこらず」と日蓮は言う。即ち、法華経以外の諸経典を行ずる限り、謗法の罪ということ自体が自覚され得ない。と言うのである。著者註(21) 従って、そこには決して滅罪の道もあり得ないことになる。逆に言えば、日蓮は「法華経の行者」としての実践のみに、滅罪の道があると見做すのである。このように、過去世に謗法の罪を犯してきたとの自覚は、滅罪という点においても、「法華経の行者」として実践し続ける動機を日蓮に与えていくのである。(230)

著者註(21)　日蓮にとって謗法の罪とは、法華経への絶対的帰依のないところにはそもそも自覚され得ぬことであったといえよう。これを裏返せば、謗法の罪の自覚がないところには法華経への絶対的帰依もあり得ず、従って救済もあり得ない、ということである。日蓮におけるこのような救済の構造については、今後さらに考察を進めてみたい。

以上の如く「法華経の行者」と謗法罪を見事に同化させたことは、注目に価する。

第三節　小　結

第一節「持経者」について

日蓮聖人における持経者に関する諸先学の研究はどれも卓見で錯綜している。

まず山川智應氏は『四恩抄』を引いて、伊豆流罪により、「昼夜十二時の法華経の持経者」たり得たことの悦び、そして流罪の身を、身を以て法華経を読みつつあること即ち「色読」としているとの日蓮聖人の覚悟にもかかわらず、「行者」と言わず、「持経者」とのみ言っているのは深く注意を要するとしている。同氏は、この時点で既に、日蓮聖人を「法華経の行者」と呼称せしめたかったのであろうと推論する。

家永三郎氏は、前時代（奈良、平安時代）における民間の沙弥聖乃至在俗の信徒の間に流通した持経信仰が、日蓮聖人の宗教の最も直系の祖流となっているとする。

次いで同氏は日蓮聖人の経典本尊について、称名念仏の場合は信者と仏との人格的信頼の上に成立するが、この関係を継受して唱題の行を導くためには、仏を一応、経典に代換することを要したとして、経典と仏との等質を説くに至ったとする。

そして、日蓮聖人の専修唱題は称名念仏から示唆されてはいるが、それ以上に、持経者の専持法華の延長であり、更に悪人成仏の思想も、念仏宗の教理から導かれたものであると同時に、持経者の信仰にも同じ要素があったと述べ、法華経の行者の自称以前は持経者と自らを称していたとする。

更に、日蓮聖人が、かつて念仏・謗法を信じていたことが、つまり、以前の念仏者としての専一なる信仰は、今やそのまま法華経専持の熱情として転用されることとなったと述べる。

　又、同氏は、謗法の事実によって印象せられた末法の意識と、この末法悪世を克服する唯一の救済力としての法華経に対する日蓮聖人の憑依の加重と、謗法者側からの反撃すなわち日蓮聖人に加わった大小の迫害が、「有諸無智人悪口罵詈等及加刀杖者云々」の経文によりその信念がますゝゝ確認され、ここに上行菩薩の自覚を産み出すに至ったとする。


　次に川添昭二氏は、まず『法華験記』所載の持経者蓮長法師を挙げて、日蓮聖人が「蓮長」から「日蓮」に改名したことと奇しくも符合しているとする。更に、日蓮聖人が『法華験記』に言及していることにより、同書を読破していたこと、そしてその中の持経者群の行業に励まされ、純粋至上主義の信仰に燃え、その実践的勇気付けによって法華経に対する帰投心を徹魂のものたらしめたとする。

　次いで同氏は、以上のような持経者信仰と日蓮聖人の信仰についての根源的関連について、法華経・薬王菩薩本事品における特に「焼身供養」を特出し、日蓮聖人は、持経者が薬王品信仰を狂信的自虐往生の方向に結晶させたのに対し、大小の迫害を媒介として法華経の色読体験に回施させ、法華経弘通を支える価値観・使命感を深化させる方向に把ったとする。同時に日蓮聖人は持経者の世界を単なるモノマニアとして捨離したのではなく、その信力を法華経弘通の根源的推進力に昇華させたとする。

　更に川添氏は、日蓮聖人の法華経行者の自覚確立が持経者意識といかにからみあっているかを考察し、遺文中の持経者という名称に関連あるものを、正元元年『守護国家論』以降、弘安五年『読誦法華用心鈔』に至る迄の二八例を挙げる。その中には、持経者、持経之人、法華の持者、一乗の持者、持者、法華経の持者を含める。これにより日蓮聖人の遺文における「持経者」なる名辞のもつ比重の程度を知り得るが、用語はかならずしも一定しておらず、同一語でも概念の内容を異にしていたり或は異語同義であったり、取捨に少なからぬ困難を感ずるとする。

そして、元来、持者といい、行者というも、法華経のみに限らず信仰対象の区別に依って呼ばれた一般的な呼称であり、例えば、不動の持者、阿弥陀経の持者、念仏の持者、地蔵の行者等があるとする。日蓮聖人の場合は勿論「法華経」の持者であり行者であると私見する。

次いで同氏は、山川智應氏の持経者から法華経の行者への展開につき、山川氏は『四恩鈔』にあらわれる持経者の言葉を境にして、翌月の著である『教機時国鈔』の末文にはじめて法華経の行者とあり、そこに法華経を単に受持する者と、身口意三業に実行し、国家世界に実行せんとする行者との相違があり、しかも行者は神力別付、勧持修行の上行菩薩の行化に名づけたものであると言っているとする。しかし川添氏は、法華経の行者なる言葉は建長五年の『女人往生鈔』に「法華経を行じて」とあるのを始めとして、成句的には『主師親御書』（建長七年）『総在一念鈔』（正嘉二年）『守護国家論』（『定遺』一三二頁、一三三頁）等にみえ、姉崎正治氏の説の如く、法華経行者の明確な意識は弘長元年の『椎地書』（『定遺』三七頁）のあたりからあらわれ始めており『四恩鈔』を境に、日蓮聖人が持経者との明確な訣別を告げて法華経行者に転進したと段階的に区別する事には難があるようだと述べる。

更に同氏は、日蓮聖人にあっては、法華経の行者と法華経の持者・持経者すなわち法華修行者の汎称とは同一であるという観念が後年までみられるとする。しかし、それかといって首尾全同ではない。山川氏の説の如く、持経者は日蓮聖人にあっては一箇の対立者として思惟されている。その最も対立意識の見えるのは、文永元年の『南條兵衛七郎殿返事書』における「されば日蓮は日本第一の法華経行者也」（『定遺』三二七頁）であり、この文の直前での小松原法難の体験がこの対立意識を際立たせているとする。

　更に同氏は、かかる一方、前述のように後年まで同義同質に日蓮聖人は扱っており、又法華経の行者、或は持経者なる用語に交って「法華経を持つ」という語が、建長五年の『女人往生鈔』を初見として、前二者と交錯しながら、日蓮聖人の法華経色読の体験を表現する重要な一用語となっている、とする。

　更に、日蓮聖人は確かに持経者を天台沙門的立場として法華経色読の体験の深まりにつれて克服していくが、日蓮聖人における持経者と行者、二者の対立乃至蝉脱といわれる意識としては、法華を媒介とした持経者と行者の分別、すなわち本化事行の確立がみられるにもかかわらず現象的には信仰形態として二者の連続・共存がみられるのである。そこに持経者の系譜に立つ、歴史を負うた日蓮の姿がある、とする。又、このような意識のもとに日蓮は、信徒の獲得にあたって持経信仰をすすめ、持経信仰にあった者に対しては、さらにこれを深化するよう教導し、これらの持経者信仰を講的組織に結集する事によって日蓮宗教団の原初的形態が組成されるとみられたのである、とする。

　川添氏の研究は、日蓮聖人遺文の全般・細分に亘り綿密かつ精緻である。

　甚だ尚早ながら（第三章以降において行なうべき日蓮聖人御遺文の一頁・一頁の検証に先立ち）、いささか私見を述べると、日蓮聖人において、持経者と行者との相関関係は、後年までつづき、交錯し、変容し、深化し、統合化されて行くと予測するものである。

　さて、高木豊氏は、法華経自体に溯源し、持経者の呼称を見出し、そして持経者が法華経受持者であることを確認して、〈受持〉の意味を三様に分類する。即ち、『法華経』では例えば「歎美持経者」「供養持経者」などがあるが、持経者よりも、受持者・受持法華経（是経）者などの表現をとることの方が多く、したがって、持経者が法華受持者であることは明瞭である、とする。羅什訳法華経における受持の使用例を検討すると、共通の意味をもちながらも、三様の使い方があったと考えられるとする。

第一は、「法師品」の五種の修行—五種法師—の一つとしての受持であり、読・誦・解説・は口業に、書写は身業に担当されて具体的行為であるのに対して、これは意業に相当されている如く、記憶して忘れないこと＝憶念・憶持が五種法師の一つとしての受持であると、する。又、この受持は「信力の故に受け、念力の故に持つ」と解釈されている如く、信念による経の受持であり、信解と受持とは相即的であり、しかも教説受容の意味が強い、とする。この種の受持は五種の修行を包括するもので、信解受持＝信仰を意味し、これを教説受容の受持と呼び、これが第二の使用例であり、この教説受容の受持により五種行が如説修行として行為化されていくのであると、する。第三は名号受持であり、これは受持の対象を集約していて、例えば「衆生皆応受持観世音菩薩名号……」「仏告諸羅刹女、善哉、善哉、汝等但能擁護受持法華名者、福不可量……」などである、とする。

第一の用例は経典・経文の受持であったが、ここでは受持の意味がそれとほぼ同様でありながら、受持の対象は菩薩の名号と法華経の題名であり、就中法華経の題号を称えるということは称題＝唱題にほかならないのであり、この経文を依りどころとして唱題が導き出されるのは十分予想され、日蓮は、これを文証として唱題の根拠とした、とする。

更に同氏は、唱題が日蓮聖人の創始ではなく、前代平安期にも用例のあること及び、日蓮聖人の唱題が、前代の唱題の大衆化と理論化をなしたことの意義等につき、以下の如く述べる。

古代の法華仏教と中世のそれを分かつメルクマールの一つとしての唱題の有無があげられるが、法華唱題の事実が平安時代の法華仏教のなかにあったこと、そうした平安時代における法華唱題を日蓮がどのように展開させたか、いわば古代法華仏教から中世法華仏教への転換を見たいとして、次にいくつかの事例を挙げる。

第一例は永長元年（一〇九六）没の橘守輔で「毎昏向西二手合掌、唱弥陀宝号、称法華題目」であり、第二例は天仁三年（一一一〇）の法華経百座講説における説話の中で、温州の「無悪不造ナリシウハソク」孫居が乞食沙門を「アザケリワラヒテクチマネセムタメニ、クチヲユガメ、声ヲヒガマシ、妙法蓮華経トタダ其ノ声ヲヒガマシツツ申」したが、その功徳により堕地獄を免れた話（同六月廿六日）などである、とする。

さらに家永氏の挙例―藤原道長が子の頼通の病悩に際し「法花経たすけさせ給へ」と祈ったこと。又、貧女が養子のために「我年来読奉ル所ノ法花経助ケ給ヘト心ヲ至シテ念ジ」たこと等――に高本氏は若干他の唱題重視の例を加えて年代順に以下の如く列挙する。

菅原道真の場合――道真が元慶五年（八八一）に草した「吉祥院法花会願文」にあらわれ、唱題の例として最も古く、橘守輔に先立こと二世紀。この法華会は道真が亡き両親のために修した法会であり、道真は両親の遺命により元慶五年観音像を新造し、この由来を記した願文の末尾に「南無観世音菩薩　南無妙法蓮華経　如所説如所誓　弟子考妣　速証大菩提果……」と記して、この唱題は年次も確かで、最も早い例である、とする。

覚超の場合――十世紀末の例であり、これは近時発見された覚超の『修善講式』（永延三年・九八九）の起草で、この修善講は二年後の正暦二年（九九一）にも行なわれ、覚超はこの『講式』の中で「南無大恩教主釈迦大師七反打　南無一乗妙法蓮華経七反打……」とあり、明らかに唱題したことを示している、とする。十世紀における唯一の唱題の例であり、この唱題の事実が、のちの如法経埋納につらなっていく覚超の法華信仰の表明であった、とする。この事実は覚超を育成した叡山の中にもあり、覚超の師源信と、その源信と比肩をうたわれた檀那院覚運にそれを見ることが出来る、とする。

さて、同氏は、日本仏教において、はじめて唱題について説いたとされる『修禅寺相伝私註』の成立時期と唱題思想を以下のように述べる。同書の成立時期には各説あるが、それが日蓮以前か、日蓮と同時代、またそれ以後の成立とするかにあり、それは日蓮の唱題思想に中古天台の影響を認めるか否かであるが、同氏は中古天台の成立を院政期とする立場に立ち、本書を日蓮以前に成立したとの前提で以下の如く述べる。

『相伝私註』の唱題思想

(一) 臨終之時唱南無妙法蓮華経。由妙法三（法・仏・信）力之功、速成菩提。令不受生死身（後略）。

(二) 臨終一念三千観者、妙法蓮華経是也（後略）。

(三) 和尚深秘行法伝云、図絵十界形象十処安之。毎向一像各一百反可行礼拝。口可唱南無妙法蓮華経（後略）。

(一) にいう、臨終唱題すれば、再び生死の身を受けずとする論拠は妙法三力の功に由来し、三力それぞれの功徳につき、法力は「妙法を釈迦本行菩薩道の行願に依る八万法蔵の最要と釈し」て、これを唱えれば三世の功徳速かに行者の身内において成就し、仏力は悲華経に説く釈迦五百の大願により、信力は行者が聞法して生死を怖れざるを指し、これら法・仏・信の三力の功徳によって菩提を成じ得るとする。

そして島地大等は次の諸点を指摘したとする。

一、行門止観に於て平生と別時と臨終とを分ちたること、

二、特に臨終の行門に於て唱題の事修を容認したること、

三、この唱題は決定無疑の信力を予想すること、

四、唱題は万行円満の勝行なること、
五、大体の意味に於て往生思想に富めること、
六、即事而真を止観の元旨とすること、
七、十界形像を本尊とすること、
さらに一～五は、少くとも『往生要集』を中心とした浄土念仏の思想との関連を暗示し、六は唱題思想の本門思想の高潮に由来すること、七は日蓮の十界大漫荼羅・本門の本尊を連想させるとし、法華唱題の成立は『往生要集』および類本の思想に容易ならざる関係を有することを察すべきだという。

次に同氏は、遺文中の唱題思想に及ぶ。

『守護国家論』の唱題思想

第一期の鎌倉期（建長六年～文永八年）において唱題につき最も体系的にふれているのは文永三年の『法華題目抄』である。しかし『守護国家論』は四百余篇を超える日蓮の遺文のなかで最も正統的な構成をもつ著作であり、その唱題論は、大文第六の「明依法華・唱題思想は、この〈自然〉の観念に到達したことによって、はじめて源空の影響下から脱出」し、これを表出した『開目抄』『観心本尊抄』述作を含む佐渡こそ日蓮の唱題思想確立の時期であり、このことによって日蓮は、平安時代とりわけ平安末期の信仰をうけとめて、その信仰を唱題の行為に凝縮し、唱題の理論化を達成したのであったと述べる。

最後に高木豊氏は別著において、持経者と唱題信仰との関係につき、日蓮聖人が檀越に持経生活を勧めたこと等を指摘し、日蓮聖人の「法華経の行者」の自覚も、こうした持経生活者の指導にあたるものの意識の表れであるとし、静態的・系譜的にみれば日蓮聖人とその門弟の法華信仰は前代のそれを継承するが、その法華信仰が集団のダイナミズムの中心として作用すれば諸宗排撃と専修的行動を

持法華にあったとすれば、その系譜の確認と共に、それぞれの段階で、いかなる動態をとったかを考えることが必要であろう、と結ぶ。

更に浅井円道氏は、高木豊氏の『平安時代法華仏教史研究』中、特に第八章の「法華唱題とその展開」について、教学者の立場から肯定と批判を述べる。

まず法華経は六根懺悔の経として位置づけられてきたという仏教界全般にわたる通念に基づき、又、「往生伝の臨終誦経」「臨終誦文」などの例も、法華経が五欲の罪業を清算する功力を持った経であるところから、そのような風が生じたのではないかと推測して、肯定する。

そして、日蓮聖人の、持経・唱題の先例四類を述べ、更に、天台大師の法華三昧懺悔の中の「一心奉請南無妙法蓮華経中一切諸仏」などは、南無「妙法蓮華経中……」であって、唱題の例ではない、とする。

又、当体義抄等があげる天台の唱題は、例えば第八の「行道法」の段では法華経一部を本尊として行道する際に「南無十方仏　南無十方法　南無十方僧（中略）南無妙法蓮華経（後略）」を一心に称えるのであり、上記のような格において唱題することもあったということに外ならない、とする。

そして日蓮聖人遺文を各書、引用して、これらの遺文により、世間には法華経乃至一品一句を読誦したり書写したりする人は居るが、南無妙法蓮華経と唱える人はいないと、日蓮聖人の目には映っていたと述べる。

又、南岳・天台には法華三昧中に唱題の一齣があると日蓮聖人は認め、しかし自行だけでなく、広く人に唱題を勧め、つまりお題目で仏道修行を包括する南無妙法蓮華経宗を樹立したのは自分を以て嚆矢とすると、日蓮聖人は確信していたと述べる。

そして、恐らく源信が開始したと思われる朝法華夕念仏は、「朝題目」ではなくて六根懺のための朝講法華理であったとする。又、日蓮聖人の開宗に先立つこと四十年の法然房源空は、世間に持経者が多くいたことは知っていたが、遂に唱題する人を見聞しなかった模様であると述べ、つまり日蓮聖人より四十年以前の世界においても唱題する人は稀薄だったのであろう、とする。

次に、修禅寺決成立の年代及び日蓮聖人の唱題の根拠につき、高木氏が修禅寺決を日蓮聖人以前に成立したとの前提に立っているが、それは且く措くとして、更に法然の称名念仏は浄土三部経という経の段階において既に定立されている行であるが、日蓮聖人の唱題は法華経の文上には一切勧められていない行であること、そして法然念仏にしても唱題の先例にしても修禅寺決にしても、それらは題目仏教建立のヒントではあり得ても、厳然たる経文証拠とはなり得ないのであって、それだけで題目仏教を広布するには、日蓮聖人としてはいかにも心もとなかったであろう、とする。

日蓮聖人が題目仏教を確信を以て広布した根拠は、正統の天台学つまり日蓮聖人が「教学」とされたものによって法華経の底意を読んだ結果の所産であると思うと、述べる。

以上、先学諸氏の研究は、それぞれに卓見であるが、大別して次のように考えられる。

まず、日蓮聖人における「持経者」の呼称が、或る時期を隔して「法華経の行者」となり、「持経者」の呼称と訣別したとする説、次は、「持経者」と「法華経の行者」とは後年まで並存し深化していったとする説である。

又、甚だ興味深いのは、「持経者」信仰が日蓮聖人における題目信仰のルーツたり得るということ、更に「持経」が遂に「受持」そのものに及び、「受持」の意味を追求したこと、及び、特に高木氏が鎌倉期前代において唱題が行われていたことを挙げたのに対し、浅井氏が教学者の立場から、それを容認せず、題目信仰は、あくまでも日蓮聖人の創始としていることである。

第二節　「法華経の行者」について

まず『日蓮聖人遺文辞典』教学篇では、冒頭〔法華経の行者〕とは法華経如説修行の者。法華経の教説に随って修行し実践する者。日蓮が法華経の経文（教主釈尊の予言）の通りに修行し実践することの意義を明らかにした言葉、と規定する。そして最後に、日蓮における法華経の行者の自覚と確信とに日蓮の法華経受容における実践的傾向と仏の未来記実現のため歴史的世界形成の担い手たらんとする宗教的主体性をみることができる。……なお「一乗の行者」とみえるのも法華経の修行者、実践者の意で、法華経の行者と同義。そして『開目抄』『種々御振舞御書』では不軽菩薩を『破良観等御書』は日蓮を、『兵衛志殿御返事』では檀越の池上宗仲を、それぞれ「一乗の行者」と呼ぶ。（小松邦彰）

と結んでいる。

就中、法華経の行者という呼称は、早くは建長七年（一二五五）の『主師親御書』にみえること。そして『立正安国論』奏上に端を発し四大法難の度に、これらの体験を経て、平安時代以来の持経者の伝統を継承しながら、持経者とは異なる独自の世界を築き上げていったこと、つまり持経者の世界から法華経の行者への飛躍であったと、述べる。

さて、姉崎正治氏は〃法華経の行者と云ふ意義〃と題して、「日蓮聖人は法華経の生命を自分の身に活現した人即ち法華経の行者であった」とする。そして、日蓮聖人の法華経の行者としての生活は、始めから上行菩薩の自覚や予言者末法導師の覚悟で始まったものではなく、人間としての疑問煩悶で始まっており、清澄山の小僧蓮長は、雑多な仏教経典や宗派の中から真の仏の教を選ぶべく、鎌倉に叡山に道を求め、法華経のみ、仏の真実教であり末法の今から以後世界を支配すべきことを見開いた。この解決が法華経行者の一生の基本となり、やがて立教開宗と迫害により経中の仏説は現前の事実となり、経文は単に文字でなく日蓮が血と肉との事実であることの覚悟であると。

そして法華経の行者に危難が重なるのは、法華経の真理を証明することの自信、特に勧持品での諸菩薩の迫害忍受の誓いを自分の身に実行していること、この覚悟は『教機時国鈔』で明らかになり、その使命を組織的に敍したとする。

又、小松原法難は、法華経加護の信仰をいよいよ深くし、やがて龍口法難で虎口を脱れて再生を得、再び流罪の身となり、佐渡への途次、寺泊での静慮は、法華経行者の精神生活に重大な転機をもたらした――法華経の行者は何故にかくまで多難の生を送るべきか――という問題である。以後、三年間の佐渡流罪生活と八年余の身延隠棲、それに依り山なす大難に逢って自他共に法華経の真理に背き来った謗法罪を知り、滅罪の生活と法華経の真理に依って人間世界に仏国浄土をもたらすべき使命を帯びた聖者の生活と、この二つは表裏相助けて、法華経行者という自覚の内容を作り上げた、とする。

理論を転じて実行事実として活かした事、悲観から大楽観を生み出した事、衆生の生活に異体同心の社会的共同団結を高調したこと、これらは日蓮聖人の法華経主義の特色である、とする。

次いで同氏は、その大著において、前述した如き論稿の内容を敷衍する。以下、要項を特記する。

日蓮聖人は本仏釈尊・法華経を選び、本仏釈尊・法華経に選ばれた比類なき人であった。勿論、状況により年代により、その「法華経行者」認識は深化し、拡大化している。

そして「法華経の行者」であることが、単に折伏、迫害、過去の謗法罪、仏の未来記等にとどまらず、門下の教導、とりわけ日常生活での女性等へのきめ細やかな情愛と激励のことばをも含めての「法華経の行者」なのであると。

そして伊豆流罪中での「法華経の行者」の自覚の発達、小松原難後での、宣明。又、佐渡生活中での法華経の修行の二面性——謗法者に対する折伏と、行者自らの滅罪の行——を述べる。そして折伏は自らの滅罪のみならず、一切衆生の覚醒と仏道精進のためであると。

そして、本尊の顕示に続き、やがて上行菩薩の任命と実現を明かす。

又、身延入山・隠遁の意義については、「法華経の行者」は世を憂えて世を遁れたが、世を遁れることによって世を救おうとしたのであり、内には折伏の烈火を蓄え、国のため、法のために不断の祈祷を凝らしたとする。

そして不軽菩薩の忍受生活と上行菩薩の受けた久遠の使命とは表裏一体である事実。

又、建治三年から翌弘安元年の夏にかけて流行した疫病や飢饉について、悪鬼が法華経の行者を狙うことにつき「観念既にまさる故に、大難又色まさる」と述べる。

次に茂田井教亨氏は、まず法華経の読み方について、口読、心読、色読を述べ『土牢御書』を引いて、弟子たちが法華経のための難に遇い、法華経を身を以て読むこと（色読）の意義を述べ、又、迫害と法華経の行者としての確信、又『勧持品』の「数々」の体験等を述べる。次いで『開目抄』で法華経の行者となりえた日蓮聖人が、その法華経者は何をなすべきかを示したのが『観心本尊抄』であると。又、「法華経を持たん者」について『法師功徳品』を引き、受持が第一条件で、あとの四種（読、誦、解説、書写）を並べているとする。

そして日蓮聖人にとっての不軽品と勧持品が教一であること、及び不軽菩薩の迫害に日蓮聖人自身をなぞらえて「因謗堕悪必因得益」を強調していることを述べる。

又、日蓮聖人は法華経の行者と成り得たことによって、日本国の人々の苦を救うことができたことの悦びを一念三千の実践の回向として語っていると述べ、更に日蓮聖人がきびしい迫害にあいながら法華経の行者たらんとしたことは、まさに法華経を一心に受持することであり「信」であり、又、受持とは実践であると結ぶ。

次いで兜木正亨氏は、要するに日蓮聖人は本師釈迦牟尼仏と自身を法華経を通して直結されたものといい、本化の弟子、上行菩薩の再生、法華経の行者といわれるのも、これによると述べる。法華経を身を以て読んだこと、そして仏滅後の時代観が先例を無視して、新しく踏み切った立場から、「仏使日蓮」の自覚が生れ、「法華経の行者日蓮」の舞台が展開されたのであり、それは多年の修学と修練を重ねた結果の境地である故に、多くの迫害や苦難にもめげず、難の重なることは法華経の行者たることの証としての悦びであったと。又、受難と迫害の増すごとに法華経への信心を深め、安心を得ていると述べる。

又、受持という信があって、教がわかり、行も自然に出てきて悟りもその中に入ってくるのであり、受持とは、常に法華経の心の中に自分がいること即ち法華経の心が自分の中にあるということなのだと。そして日蓮的認識における法華経認識とは、日蓮聖人の肉体と精神に宿った、いわゆる「末法の法華経」であると一線を画していると結ぶ。

次に、田村芳朗・宮崎英修氏編集による『日蓮の生涯と思想』について述べると、まず『開目鈔』は日蓮聖人自身の「法華経の行者」としての自覚の書であるが、「行者の自覚」は「罪の自覚」との二面性の上に成立していること、そして、「法華経の行者」の自覚の確立に至る迄の経緯を逐一、書簡を通して弟子中に語っていること（例、富木氏宛、文永十一年正月十四日付）が特記されている。

次いで田村芳朗氏は、その著書において、まず日蓮聖人が、一介の「民が子」として生れたことは、予言者ないし殉教者日蓮に、まことにふさわしいと述べ、更に『立正安国論』における予言について、日蓮は、正法の消えうせた時には国土に種々の災難がおこることを説いた経文を拾い集め列挙し、他国侵逼と自界叛逆の難がおこることを警告したことで苦難が到来し、その苦難が、日蓮をして警世の予言者から殉教、殉難の使徒へと転換させることになったと述べる。

そして伊豆流罪を契機としての「法華経の持経者」から「法華経の行者」への転換、更に佐渡流罪が、一段と拍車をかけて行くと。

又、釈迦を通しての歴史主義の主張から、教・機・時・国・序の歴史的な教判が小松原法難後の『南條兵衛七郎殿御書』に改めて論じられ、そして有限で苦難に満ちた現実世界での忍難慈勝の実践が説きすすめられてもくると。次に文永六年、三位房日行宛ての『法門可被申様事』に及んで、釈迦によって特別に選ばれ、つかわされた使徒の意識を述べ、『法華経』法師品の「如来使」を自己にあてはめて行き、反権・超俗の法難に身を投じて行くと述べる。

そして佐渡流罪。門下にも迫害が及び「なぜこのような苦難にあわねばならないのか」の疑問に対し、受難こそ「法華経の行者」の証明であるとし、苦難を誇りとし喜びとするに至ったとする。

次に池上潔氏は、日蓮聖人の行動が法華経の予言に合致し、末法を法華経流布の「時」と体験的に認識したことは、自身ほど法華経に忠実であり、法華経を如法に実践した者はいないという意識をもたらし、即ち法華経の行者としての自覚が生れてくる、とする。

日蓮聖人が自己自身を法華経流布時の到来を認識する当体として行動し、数々の法難に遭遇し、法華経流布時としての「現在」という認識が確固たる信念になるに随って、法華経の行者たるの自覚も深化してくるのであり、それは同時により一層の法華経色読の結果であり、「末法」の認識の昂まりを意味すると述べる。自身こそが末法今時における法華経流布の担当者であり、法華経を色読するがための諸難は後五百歳において法華経を伝道するための必然であれば、末法における法華経流布も必然であり、その「時」が「今」であり、その中に自身があることを日蓮聖人に意識せしめるに至ったのであると述べる。

更に川添昭二氏は、「日蓮とはどんな人だったのか、端的に言えといわれたら、ためらわずに「法華経の行者」であったと答えようとし、茂田井教亨氏の言を借りれば「日蓮とは受肉の法華経」なのであり、日蓮聖人の法華経信仰は、諸経教の徹底した比較検討の末に択一された徹魂の帰投から得られたものであると。

次いで川添昭二氏は別著中で、日蓮聖人は受難を宗教的体験の深化としてうけとめ、『法華経』に説く受難の体験のない「持経者」と「法華経の行者」とを峻別すると述べる。

さて、上田本昌氏は、日蓮聖人は法華経に現れた布施行について、これを末法における法華経行者の行として受容され、即ち正法の法施に徹っせられたと述べる。末法濁世にあって法華経を「如説修行」し弘通する「本化の仏使」とは「法華経の行者」の意であり、「不惜身命」の覚悟が要請されてくると。そして末法における法華経受持者をすべて地涌の仏使として同様に扱いつつも、聖人自身の問題としては法華経における勧持品の色読者でなければならないし、不軽品の「持法華経者」、更に神力品の「斯人行世間、能滅衆生闇」の「斯人」でなければならないという厳しい態度であると述べる。

そして同氏は従来の佐前・佐後説にこだわらず、仏使の問題に関する限り、開宗の直前、既に日蓮聖人の心奥には、その覚悟が秘持されていて、それは開宗と同時に行動化され、展開していたということができるであろうと述べる。日蓮聖人の開宗以後における前半は色読法華・如説修行の忍難弘教であり、人間性の中に「仏使上行」としての霊格を秘持し、やがて龍口法難から佐渡において、「経文普合」の自覚と共に、仏使・法華経行者の地位を確立し、表明するに至ったと述べる。

そして本化地涌のさきがけ＝遣使＝上行菩薩＝法華経の行者であり、その弟子檀那も「妙法五字を弘むる者」は流類として本化地涌の一人なのだとする。

次に佐々木馨氏は、いわゆる鎌倉新仏教者と呼ばれる法然……日蓮たちは共通して旧仏教教団の殿堂の比叡山＝天台教学の門を叩いている、そして導く人＝宗祖の誕生。この中で日蓮だけが旧仏教教団に対する捉え方が他と異なり、はなはだ復古的であると。そして時の権力者時頼への『立正安国論』の上呈は体制志向の表象とする。しかし非情な上呈却下と弾圧により、日蓮の体制志向は変容を余儀なくされ、佐渡流罪を一大転機として、その中に「法華経世界」が構築されて行くと。そしてたびたび罪科に処せられることにより「値難忍受」の表明に至り「転重軽受」の意識を表明すると述べる。そして先世の謗法罪を消した「常不軽菩薩」に自らを重ねて行き、又、「従地涌出品」「如来神力品」を通して自らの仏使意識を一層強固なものとし、上行菩薩の御使い＝仏使意識のもと、現実の娑婆世界に『法華経』＝五字の題目の弘通意識を極限にまで燃焼させた思想的結晶が「三国四師」観である、という。

更に佐々木馨氏は、日蓮研究史を思想史の領域に限定して一瞥する時、二つのアプローチの仕方があるとして、一つは「持経者から日蓮へ」という系譜論を軸にして念仏・禅・真言宗排撃の思想史的意味を考えて日蓮の思想形成を把握しようとする場合、もう一つは右の系譜論を基底にしつつも、主として日蓮の思想そのものの特質を、たとえば「国家観」「法華至上主義」という形で探ろうとする場合であると、する。

又、院政期文化の営みである『往生伝』『法華験記』は当時の信仰形態と見るよりも貴族意識の反映の所産として、その中に描かれた模範的持経者は呪術的行為を事とし、学解を否定するアウトローでなければならない。このような持経者に、日蓮を二重写しにしてその思想形成を捉えようとすることは可能性の発見という点では首肯されても、日蓮の全体像の中でどれほどの説得力があるかは疑わしいと述べる。

又、『法華経』の行者は、『法華験記』にみる『法華経』の修行者＝持経者とは次の点で峻別される。即ち「法華経世界」から正法たる『法華経』を日本に弘通するために派遣された仏使であり、日本から精選されて「法華経世界」に仕えるという強固な使命感を有した選ばれた人＝日本大使なのであり、この仏使＝日本大使の使命感を端的に表現するのが「三国四師」観という天台宗的系譜であり、上行菩薩の再誕という意識でもあると。

次に、佐藤弘夫氏は、まず『四恩抄』を引き、日蓮は法華経において値難を忍受するものすべてが成仏の記別を与えられることから、それを我が身に引き当てて迫害の渦中にあるみずからの成仏を確信し、「死身弘法」の決意を固めて行くのであると。そして法華経ゆえに命に及ぶ迫害を被る日蓮こそは、末法におけるはじめての法華経色読者にほかならなかったと述べる。

更に佐藤弘夫氏は、日蓮聖人の予言能力について、佐渡流罪を契機としてみずからを地涌の菩薩・上行菩薩と規定するようになり、又、聖人としての洞察力を強調するようになるが、日蓮聖人は予言を自分だけがなし得る聖なる行為とは見なさず「法華経の御力の殊勝なるによる」とした。地涌の菩薩の呼称にしても特別のカリスマであることを示すものではなく、この世でなすべき使命を自覚した時、誰もが地涌にほかならないというのが、一貫したスタンスだったと述べる。

そして法華経ゆえに命に及ぶ迫害を被る日蓮こそは、末法におけるはじめての法華経色読者＝法華経の行者と規定するのであり、日蓮は法華経の行者を自称することによって、従来の持経者に対するみずからの立場の独自性を鮮明にしたと述べる。

又、かつて迫害の原因を末法辺土という当時の日本の客観的条件に求めていた日蓮は、いま、それを自身が過去に犯した罪業（謗法）の報いであるとし、主体的・実存的に受け止め直しているのであり、迫害を受ける我が身を不軽菩薩に重ねたとする。

そして佐渡在島中に日蓮聖人を訪れて来た幼な子連れの女人に「日本第一の法華経の行者の女人」と称えて日妙聖人という号を与えていることを特記する。

又、佐渡の孤独と呻吟の中で、日蓮は、法華経の本文と題目の関係について一つの解答を見出した——法華経に説かれる虚空会で、釈迦が地涌の菩薩に授けた法とは、実は法華経そのものではなく、その題目だったのだ。そして末法の今、みずから唱題を実践し人に勧める日蓮こそは、地涌の菩薩にほかならないこと、日蓮は消し去っていた記憶を呼び覚ました——自身は遠い過去に、聴衆の一人として法華経の虚空会に連なっていた——ことを。

次に熱原法難で捕えられた農民たちの強信を釈尊の前生での「雪山童子」にもたとえ、彼等を、法華経の行者と呼称すると述べる。

次に北川前肇氏は、日蓮聖人が東條松原の法難を契機として「法華経の行者」の意識から「日本第一の法華経の行者」という自覚を明確化したと述べる。更に同氏は、法華最勝と他宗謗法の根源の把捉が日蓮聖人の内面に止まらず対社会化の実践となる時、迫害は当然の予想であり、「知る」ことから「発表」への段階に至るまでの精神的煩悶を超えて、二者択一の内、難行を選ばれたのであり、その信仰告白が「立教開宗」であったと。

そして、この日蓮聖人の受難・色読に対する内省は、自身の罪業・謗法として述べられ、未来に受くべき地獄の苦を今生に招き寄せ、受難によって消滅せんとする忍難の自覚と苦行は、不軽菩薩に重ね合わされる。そしてその罪を謗法罪と規定され、又、日蓮聖人は、不軽菩薩の値難・罪業にのみ共通性を見出されるのではなく、法華経の行者として流布すべき教法、及びその時代を同一視されているると述べる。

又、日蓮聖人が色読を強調された所以は、我々人間はこの娑婆国土を離れず、この世で苦しみと対決して行かなければならないという認識に立ち、現実からの逃避を否定し、時間的には、過去の歴史を背負い、現実の矛盾、理想との相尅の中で、苦悶し、歯ぎしりして邁進する姿が菩薩行ではないだろうかと。

更に同氏は別著において、「法華経の行者」と自ら称せられた日蓮聖人にとって、聖人における法華経との関わりは、自己存在の本質を本門法華経の世界に看取されたことであって、法華経・教主釈尊との宗教的永遠の境界に「仏子」としてあるいは「仏使」としての自己を認識されたことだといえようと。しかも、仏使として活動される聖人にあっては、聖人の全存在が法華経のなかに生き、同時に、聖人が末法の今時に法華経を法華経たらしめているという相互の深い結びつきは、宗教的な本感妙の世界としか表現しえないと述べる。

更に、聖人は法華経の二処三会にわたって、その説法の会座で釈尊のみことばを聴聞しているという宗教的実感を強くもたれ、即ち虚空会上の発迹顕本された世界を視覚的に尊崇の対象として『観心本尊抄』において表現された。聖人は法華経の会座に列している自己の存在を、その説相のなかに確認されていたとする。

又、『守護国家論』において、聖人は、天台大師の『法華玄義』巻八の経字釈の段を引いて、昼夜十二時にわたる持経者の姿を描かれているのであり、この法華経を信ずる者は真の持経者で、この信行観に立てば、たとえ一念三千の観法を修さなくても、十方世界が智見できるというのであると。しかもこれらの功徳は、法華経に具有されているので、すべて法華経を行ずる人に帰一するのであり、末代凡夫の法華経信仰の重要性と易行性とを強調し、成仏の道を示されたと述べる。

又、釈尊の随自意の世界が具体的な歴史の場で顕揚されようとする時、それと同時の存在として怨嫉があり、法難があり、『安楽行品』等に示される如く、法華経の流通分には、法難の予言があり、聖人は、この文を正言として受けとめられ、しかもその法難を乗り越えて法華経・釈尊に随われたのであると。

更に、日蓮聖人は「未来記」の文をただ漠然と読まれたのではなく、死罪を覚悟のうえで法華経へ捨身され、その中に自己を没入され「未来記」の文との合一化をはかろうとされたと述べる。聖人は、仏の「未来記」を扶け、如来の実語を、この現実の世界に検証することが「法華経の行者」としての使命であると断言されたのだと。そしてそれは聖人が法華経の行者であるという証明にとどまらず、釈尊が未来の一切衆生を救済せしめようとの本願もまた真実であることを証明していると述べる。

ところで日蓮聖人が経文を「未来記」として引用される場合、経典引用の意図を数種に分けることができ、数量的に多いものは法華経弘通による法難予言の文――「法師品」「安楽行品」「勧持品」「常不軽菩薩品」であるとする。聖人は、法華経の行者にはつねに法難が惹起されると認識され、釈尊にすら九横の大難、天台大師には南三北七、伝教大師には南都六宗、末法の日蓮には三類の強敵が蜂起し、そこで聖人の色読によって「未来記」が真実の姿として末法の日本国に示されたとする。

又、聖人が仏の「未来記」として受けとめられた経典は、法華経以外にも存し、法華経の行者への迫害の文としての『涅槃経』や『般泥洹経』であり、特に『摩訶止観』の「三障四魔」の予言は、自ら法華経行者の自覚を高めたのであると。

そして、釈尊は法華経＝妙法五字を滅後末法のために、本化の菩薩に対し付嘱され、聖人はその付嘱を真実と受けとめ、ご自身を経文に予言された人＝本化の菩薩という仏使として自己を規定されているのであり、では予言者日蓮に加えて、被予言者日蓮の面を明確化されるのは、度々の受難を体験され、強烈な仏使自覚、つまり「師」自覚をもたらすことになった「佐渡流罪」以後、とする。

さて、庵谷行亨氏の論稿によると、法華経はその信に生きる者を、法師・如来使・受持者・行者等と説くが、それは抽象的な信仰者を指すのではなく、在世に増した値難の行者であると述べる。如来滅後の法華経信仰とは地涌菩薩に集約され、なかでももっとも重要な任を荷うのは上首の第一上行菩薩であると。

日蓮聖人が地涌菩薩に着目されたのは立教開宗の時期であろうとし、なぜなら、この頃と思われる蓮長から日蓮への改名は、地涌菩薩として生きようとする聖人の自覚の表明であり、地涌菩薩が釈尊から付属された要法の弘通に邁心された結果、経文説示の通り数々の値難体験を経る中で、自身こそ法華経所説の末法の行者と確定したのであると述べる。

佐渡期以降において、日蓮聖人は、真実の法華経の行者として生きる自身の立場を繰り返し問題提起し、地涌菩薩の自覚を折にふれ吐露され、上行菩薩に特定して五字の付属と末法弘通の必然を述べられたのは、文永十一年（一二七四）の『法華取要抄』が最初である、とする。その後、文永十二年（一二七五）の『大善大悪御書』等を経て、地涌菩薩に対する聖人の意識が上行菩薩に集約されて行き、そのほか建治二年（一二七六）の『報恩抄』以下、一貫して上行菩薩の出現と五字弘通、あるいは行者守護についての言及が見え、その表出は文永十年（一二七三）の『観心本尊抄』あたりから始まり、前述の『法華取要抄』では、ほぼ確定的表明に至ったとする。その後も、上行菩薩について言及を続けるなかで、時には相対化した表現を通して、自身と上行菩薩との一体化を、法華経実践のなかに確立していこうとされていたと思われると述べる。

更に庵谷行亨氏は、別著において、「受持」に当面する。

法華経（妙法華）における受持の用例は「大正蔵経」によると、八十有余箇所（二十八品中二十品）であるが、聖人の二十有余箇所に及ぶ用例は、その内、譬喩品以下の六品十一箇所に限られ、これらの用例から、譬喩品の引文における受持の語句は特別に強調して用いられているのではないことがわかると。「就実経」を証すことも、法華専修を正統とすることも、阿弥陀経読誦の非を証すことも、共に法華経受持を最要とする主張に変りはなく、この主張において、譬喩品以外の諸経論を並記されているのは、譬喩品の受持の語が、他の経論の「持《たも》つ」・「護る」・「流布する」等の語句と共通した概念を有っていると考えられるとする。

又、薬王品の引文の内「有㆔能受㆓持是経典㆒者」とは「法華経における自己」の立場に立ち、つまり「経文に当る日蓮」のことであり、この用例における受持は色読の概念を有していると考えられると述べる。又、『四條金吾殿御返事』では「薬王品の十喩は法華経と諸経との勝劣を説示されているように見えるが、仏の御心は一切経の行者と法華経の行者の勝劣をされたことにある」(取意)として「有能受持是経典者」とは「法華経の行者」を指していると考えられるとする。

『撰時抄』は「我身はいうにかひなき凡夫なれども、御経を持ちまいらせ候分斉は、当世には日本第一の大人なり」の文を証す文章中、法華最勝を証すために薬王品の十喩の内の二喩をあげ、さらに「持《たも》つ人」の勝劣を証すため、この文を引用され(中略)、「有能受持是経典者」は「御経を持ちまいらせ候日蓮」を指していると。又、『報恩抄』では、法華経の行者の「第一」なるを証す文として『秀句』・『依憑集』と共に引用され、聖人は薬王品の引文の後を受けて「此経文のごとくならば、法華経の行者は川流江河の中の大海……転輪王・帝釈・諸王の中の大梵天なり」と釈され、更に伝教大師の釈を示し、日蓮聖人は薬王品の「受持者」を「法華経の行者」と表現し、伝教大師は「持法華者」と表現されていると述べる。

次に陀羅尼品の引文(「汝等但能擁下護受二持法華名一者上福不レ可レ量」)は『守護国家論』・『法華題目鈔』に見られ、『守護国家論』では唱題の功徳を証すため、安楽行品・提婆品・涅槃経名字功徳品と共に引用されている。特に陀羅尼品では、世尊は、受持者はもとより受持擁護の者の功徳が多いと説示されている。したがって「受持法華名者の擁護」が「福不可量」であることは、「受持法華名者」の「福不可量」はすでにその前提とされていることであり、そこに唱題の経証としての陀羅尼品引用の意味があり、唱題が受持の概念の中にあることを意味している、と述べる。

『法華題目鈔』も、正法華経総持品・添品法華経陀羅尼品と共に経証として引用されているが、『法華題目鈔』では「擁護」を省略して「受持法華名者……」とされているのは、『守護国家論』の引用の趣意も「受持法華名者……」の意味であると考えられ、唱題の経証としては「擁護」の文を省略された方が適切と思われ、ともあれ聖人はこの三経の引文を唱題の経証とされ、そのゆえに、妙法華・

添品法華の「受持法華名」、正法華の「宣持名号」は、聖人の解釈においては唱題を意味するものである。とする。

これらをまとめると「受持」の語句は、⑴他の語句と並記（譬喩品・薬王品⒜）、「持つ」・「護る」・「流布する」・「五種法師」等に共通した概念を有つ。⑵唱題（神力品・陀羅尼品）。⑶供養の賞賛（薬王品⒜⒝）、供養も又受持に繫がる。⑷信（勧持品⒜⒝）・⑸主体的法華経実践（薬王品⒝・勧持品⒞⒟）、「受持法華経者」が「法華経の行者」と同義に用いられていると述べる。

そして、受持が信であるが故に信の具体的行為として、唱題・法華経実践等の経意に随順する受持の姿があると総じている。

次に間宮啓壬氏の一稿を引くと、同氏は、日蓮聖人における二つの宗教的自覚として、一つは「法華経の行者」としての自覚、もう一つは、過去世における自己が謗法の罪を犯してきたとの自覚であるとする。「法華経の行者」としての自覚は、『南條兵衛七郎殿御書』において明確化され、それ以降、根本的な自己規定として日蓮聖人が一貫して表明し続けたものであり、それは、久遠仏における衆生救済の意志を自己の実践によって実現していこうとする自覚である。過去世での謗法罪の自覚は、佐渡流罪期に頻繁に表出される、それは久遠仏における衆生救済の意志に背いてきたとの自覚である。日蓮聖人において実際は、過去世での謗法罪の自覚が、「法華経の行者」の自覚を持って実践する動機を与えていたのではないかと述べる。

日蓮聖人にとっては、衆生の眼に見える法華経の文字、従って妙法五字自体が久遠仏そのものである。但し、妙法五字が無条件に久遠仏となるのではなく、そのためには、衆生に法華経への「信」が要求される。その信が妙法五字の受持という形で実践される時、妙法五字は久遠仏として受持者に

「仏種」を「自然譲与」する働きを持つのであり、久遠仏の衆生救済の意志は、衆生における法華経への信を俟って実現していくと見なされる。そして日蓮聖人においては、その信は法華経に対する専一なる信でなければならないと。

次に、謗法に関して、末法の衆生が謗法の者であるというネガティヴな認識から、久遠仏がまさにそのような衆生を救済しようと意志していること、それを日蓮聖人に確信させたのは「後ノ五百歳於ニ閻浮提ニ広宣流布セン」という予言であったとする。そして釈尊の見宝塔品での「三箇の勅宣」は、久遠仏が下した権威ある命令であり、末法にこそ奉じられなければならい。日蓮聖人は、この「勅宣」を自己の法華弘通の実践によって担おうとするのであり、法華弘通の実践を続ける自己を日蓮聖人は「法華経の行者」と自覚し、更にその実践は、謗法の折伏という実践を伴うものでなければならないと。更に、末法の衆生は自己の謗法の罪を自覚していないのであるから、謗法の折伏という実践が要請されてくると。

日蓮聖人にとって自己の受難は、自己が「法華経の行者」たる証であった。では、なぜあるべき諸天・守護神の加護がなく、ただ受難のみがあるのか。そして不軽菩薩のように謗法の罪を過去世に持つ行者は、その罪の報いとしてひたすら受難に耐えねばならない。この自覚は、過去世において久遠仏の衆生救済の意志に背いて以来、救済から漏れ続けてきたという反省的自覚を目覚めさせるものであったと述べる。日蓮聖人は、受難を罪の報いとして引受けていくところに滅罪の道を見出し、つまり日蓮聖人は、「法華経の行者」としての実践のみに、滅罪の道があると見做すのであり、過去世に謗法の罪を犯してきたとの自覚は、滅罪という点においても、「法華経の行者」として実践し続ける動機を日蓮聖人に与えていくのであると述べる。

日蓮聖人は、数多の法難を経るごとに、法華経の未来記＝釈尊の予言を、色読する悦びを増し、又、値難が過去の謗法罪によるとの認識に立ち転重軽受の意識を抱き、そして不軽菩薩と自身を重ね合せ、ます〳〵「法華経の行者」の道を邁進した。

又、それは、自身のみのことではなく、釈尊から付属された、末法・謗法衆生の救済を目的とする如来使・仏使・日本大使としての使命なのであった。それは、やがて地涌千界の上首・上行菩薩への自覚として高揚する。

そして、「受持法華名者」とは、平安期持経者とは一線を隔する「真の持経者」であり、「法華経の行者」であると思考する。

【註】

（1）『定遺』二三七頁
（2）山川智應著『日蓮聖人』一五七〜一六〇頁
（3）家永三郎著『中世仏教思想史研究』九三頁
（4）『定遺』七九二頁
（5）『定遺』一七四頁
（6）『定遺』二〇二頁
（7）『定遺』七四〜七五頁
（8）『定遺』一六四頁
（9）家永三郎著『中世仏教思想史研究』九二〜九三頁
（10）『定遺』二三七頁
（11）家永三郎著『中世仏教思想史研究』九四頁
（12）家永三郎著『中世仏教思想史研究』九八頁
（13）『定遺』八一六頁
（14）『定遺』一一六〜一一七頁
（15）『定遺』一六五頁
（16）『定遺』八一三頁
（17）家永三郎著『中世仏教思想史研究』一〇一頁
（18）川添昭二著『日蓮とその時代』四七頁
（19）川添昭二著『日蓮とその時代』四九〜五〇頁
（20）川添昭二著『日蓮とその時代』五二〜五三頁
（21）『正蔵』九巻三一頁ｂ
（22）川添昭二著『日蓮とその時代』五四〜五五頁
（23）『正蔵』九巻三一頁ｂ

(24)『正蔵』九巻五二頁c
(25)『正蔵』九巻三一頁a
(26)『正蔵』九巻三〇頁c
(27)『正蔵』九巻三八頁b
(28)『正蔵』九巻四五頁c
(29)『正蔵』九巻七頁c
(30)『正蔵』九巻三一頁c
(31)『正蔵』九巻五一頁c
(32)『正蔵』九巻五七頁a
(33)『正蔵』九巻五七頁a
(34)『正蔵』九巻五七頁a
(35)『正蔵』九巻五七頁a
(36)『正蔵』九巻五九頁b
(37)『正蔵』九巻六一頁c
(38)高木豊著『平安時代法華仏教史研究』三八〇～三八二頁
(39)高木豊著『平安時代法華仏教史研究』四三〇～四三一頁
(40)『正蔵』十二巻所収
(41)『正蔵』八四巻三三～一〇二頁
(42)高木豊著『平安時代法華仏教史研究』四四八～四五一頁
(43)『定遺』一二七～一二八頁
(44)『正蔵』一巻所収
(45)『定遺』一二七頁
(46)『定遺』一二七頁
(47)『定遺』一二八頁

(48)『定遺』一二八頁
(49)『定遺』一二八頁
(50)高木豊著『平安時代法華仏教史研究』四六五～四六七頁
(51)『定遺』七〇六頁
(52)『定遺』七一一頁
(53)『定遺』七二〇頁
(54)高木豊著『平安時代法華仏教史研究』四七四～四七五頁
(55)高木豊著『平安時代法華仏教史研究』四八一～四八二頁
(56)高木豊著『日蓮とその門弟』三四～三五頁
(57)浅井円道稿「法華唱題の源流と展開」(『大崎学報』一四二号)三～四頁
(58)浅井円道稿「法華唱題の源流と展開」(『大崎学報』一四二号)四～七頁
(59)浅井円道稿「法華唱題の源流と展開」(『大崎学報』一四二号)九～一一頁
(60)浅井円道稿「法華唱題の源流と展開」(『大崎学報』一四二号)一一～一二頁
(61)浅井円道稿「法華唱題の源流と展開」(『大崎学報』一四二号)一五～一六頁
(62)浅井円道稿「法華唱題の源流と展開」(『大崎学報』一四二号)一七～一八頁
(63)『日蓮聖人遺文辞典』教学篇一〇九二～一〇九五頁
(64)姉崎正治稿「法華経行者と云ふ意義」(『法華』五巻四十五号)一六～一七頁
(65)姉崎正治稿「法華経行者と云ふ意義」(『法華』五巻四十五号)一八～一九頁
(66)姉崎正治稿「法華経行者と云ふ意義」(『法華』五巻四十五号)二一～二二頁
(67)姉崎正治著『法華経の行者日蓮』二五頁
(68)姉崎正治著『法華経の行者日蓮』五六頁
(69)『正蔵』九巻五二頁a
(70)『正蔵』九巻五二頁b
(71)姉崎正治著『法華経の行者日蓮』七〇頁

(72) 姉崎正治著『法華経の行者日蓮』七四～五頁
(73) 姉崎正治著『法華経の行者日蓮』九九頁
(74) 姉崎正治著『法華経の行者日蓮』一一六頁
(75) 姉崎正治著『法華経の行者日蓮』一三八頁
(76) 姉崎正治著『法華経の行者日蓮』一四九～一五〇頁
(77) 姉崎正治著『法華経の行者日蓮』一五九頁
(78) 姉崎正治著『法華経の行者日蓮』一八九頁
(79) 『定遺』六一七頁
(80) 姉崎正治著『法華経の行者日蓮』一九七頁
(81) 姉崎正治著『法華経の行者日蓮』二四七頁
(82) 姉崎正治著『法華経の行者日蓮』二六九頁
(83) 姉崎正治著『法華経の行者日蓮』三四二頁
(84) 姉崎正治著『法華経の行者日蓮』三八三～四頁
(85) 『定遺』五〇九～五一〇頁
(86) 茂田井教亨著『法華経者の精神』一六～一七頁
(87) 『正蔵』九巻三六頁c
(88) 茂田井教亨著『法華経者の精神』一八頁
(89) 『定遺』七〇二～七一一頁
(90) 茂田井教亨著『法華経者の精神』一八頁
(91) 『正蔵』九巻四八頁b～五〇頁a
(92) 茂田井教亨著『法華経者の精神』六八～六九頁
(93) 茂田井教亨著『法華経者の精神』九〇頁
(94) 『定遺』五一五頁
(95) 茂田井教亨著『法華経者の精神』一〇〇頁

(96)『定遺』七一九頁
(97)茂田井教亨著『法華経者の精神』一〇五頁
(98)茂田井教亨著『法華経者の精神』一二一頁
(99)『正蔵』九巻五二頁a
(100)『正蔵』九巻四四頁c
(101)茂田井教亨著『法華経者の精神』一六七～一六九頁
(102)『正蔵』九巻五二頁b～c
(103)茂田井教亨著『法華経者の精神』一七六頁
(104)『正蔵』九巻五二頁a
(105)茂田井教亨著『法華経者の精神』一八五頁
(106)茂田井教亨著『法華経者の精神』一八七頁
(107)茂田井教亨著『法華経者の精神』二〇〇～二〇一頁
(108)兜木正亨稿「法華経の行者日蓮の生涯」(『大法輪』二七巻一〇号)九〇頁
(109)兜木正亨稿「法華経の行者日蓮の生涯」(『大法輪』二七巻一〇号)九〇頁
(110)兜木正亨稿「法華経の行者日蓮の生涯」(『大法輪』二七巻一〇号)九一頁
(111)『定遺』五五九頁
(112)兜木正亨稿「法華経の行者日蓮の生涯」(『大法輪』二七巻一〇号)九四～九五頁
(113)『定遺』三二六～三二七頁
(114)『定遺』五九〇頁『開目抄』
(115)兜木正亨稿「法華経の行者日蓮の生涯」(『大法輪』二七巻一〇号)九四～九五頁
(116)坂本日深監修、田村芳朗・宮崎英修編集、『日蓮の生涯と思想』(講座仏教二)一六〇頁
(117)『定遺』六〇二～六〇三頁
(118)『日蓮の生涯と思想』(講座仏教二)一六〇頁
(119)『定遺』七九八頁

(120)『日蓮の生涯と思想』(講座仏教二)一九七〜一九八頁
(121)田村芳朗著『日蓮』殉教の如来使(NHKブックス)一六頁
(122)田村芳朗著『日蓮』殉教の如来使(NHKブックス)四八〜四九頁
(123)田村芳朗著『日蓮』殉教の如来使(NHKブックス)五三頁
(124)『正蔵』九巻三五頁c〜三七頁a
(125)『定遺』二四一〜二四五頁
(126)田村芳朗著『日蓮』殉教の如来使。六〇〜六一頁
(127)『定遺』三一九〜三二八頁
(128)『正蔵』九巻三六頁c
(129)田村芳朗著『日蓮』殉教の如来使。七六頁
(130)『定遺』四四三〜四五六頁
(131)田村芳朗著『日蓮』殉教の如来使。七六頁
(132)『定遺』一六三六頁
(133)『定遺』一一六八〜一一六九頁
(134)田村芳朗著『日蓮』殉教の如来使。八六頁
(135)田村芳朗著『日蓮』殉教の如来使。九八〜九九頁
(136)『正蔵』九巻三〇頁b〜三二頁b
(137)『正蔵』九巻三九頁c〜四三頁a
(138)『正蔵』九巻四二頁a〜四四頁a
(139)田村芳朗著『日蓮』殉教の如来使。一〇四〜一〇五頁
(140)『定遺』三二七頁
(141)『定遺』八一三頁
(142)池上潔稿「日蓮における法華経行者の自覚と末法観の展開」(『立正史学』二一・二二合併号)二八〜二九頁
(143)川添昭二稿「わたしの日蓮」『法華経行者日蓮』佐々木馨編(吉川弘文館)二頁

(144) 川添昭二著『日蓮』その思想・行動と蒙古襲来。四六頁
(145) 上田本昌著『日蓮聖人における法華仏教の展開』(平楽寺書店) 八〇～八一頁
(146) 『正蔵』九巻、「見宝塔品」三四頁a・b
(147) 上田本昌著『日蓮聖人における法華仏教の展開』八四頁
(148) 上田本昌著『日蓮聖人における法華仏教の展開』八五～八六頁
(149) 上田本昌著『日蓮聖人における法華仏教の展開』八五～八六頁
(150) 上田本昌著『日蓮聖人における法華仏教の展開』八七～八八頁
(151) 上田本昌著『日蓮聖人における法華仏教の展開』九六頁
(152) 上田本昌著『日蓮聖人における法華仏教の展開』九八頁
(153) 上田本昌著『日蓮聖人における法華仏教の展開』一〇一頁
(154) 佐々木馨稿「日蓮の生涯」(『法華経の行者日蓮』吉川弘文館) 一九頁
(155) 佐々木馨稿「日蓮の生涯」(『法華経の行者日蓮』吉川弘文館) 二〇頁
(156) 『定遺』二四七～二七三頁
(157) 佐々木馨稿「日蓮の生涯」(『法華経の行者日蓮』吉川弘文館) 二九頁
(158) 『定遺』六一五頁
(159) 佐々木馨稿「日蓮の生涯」(『法華経の行者日蓮』吉川弘文館) 三七頁
(160) 佐々木馨著『日蓮の思想構造』(吉川弘文館) 七七頁
(161) 佐々木馨著『日蓮の思想構造』(吉川弘文館) 七七～七八頁
(162) 佐々木馨著『日蓮の思想構造』(吉川弘文館) 九〇～九一頁
(163) 佐々木馨著『日蓮の思想構造』(吉川弘文館) 九二～九三頁
(164) 佐藤弘夫著『日蓮』一四一頁
(165) 佐藤弘夫稿「予言思想と蒙古襲来」(『法華経の行者日蓮』吉川弘文館　七三頁)
(166) 佐藤弘夫著『日蓮』一四八頁
(167) 佐藤弘夫著『日蓮』二〇四～二〇五頁

(168) 佐藤弘夫著『日蓮』二〇七頁
(169) 佐藤弘夫著『日蓮』二三七頁
(170) 佐藤弘夫著『日蓮』二四一頁
(171) 佐藤弘夫著『日蓮』三〇六～三〇七頁
(172) 北川前肇稿「日蓮聖人における法華経色読の一考察」(『仏教学論集』一〇号　立正大学仏教学研究会) 六三頁
(173) 同右、六六～六七頁
(174) 『正蔵』九巻五一頁b
(175) 北川前肇稿「日蓮聖人における法華経色読の一考察」(『仏教学論集』一〇号) 六三頁
(176) 北川前肇稿「日蓮聖人における法華経色読の一考察」(『仏教学論集』一〇号) 七三頁
(177) 北川前肇著『日蓮教学研究』(平楽寺書店) 一九～二〇頁
(178) 北川前肇著『日蓮教学研究』(平楽寺書店) 二一頁
(179) 『正蔵』第三三巻所収
(180) 北川前肇著『日蓮教学研究』二八～二九頁
(181) 『正蔵』第九巻一〇頁a
(182) 『正蔵』第九巻三一頁b
(183) 『正蔵』第九巻三九頁a
(184) 北川前肇著『日蓮教学研究』八一頁
(185) 北川前肇著『日蓮教学研究』八七頁
(186) 北川前肇著『日蓮教学研究』八九頁
(187) 北川前肇著『日蓮教学研究』九一頁
(188) 北川前肇著『日蓮教学研究』九二頁
(189) 北川前肇著『日蓮教学の研究』一〇二～一〇三頁
(190) 北川前肇著『日蓮教学の研究』一〇三頁
(191) 北川前肇著『日蓮教学の研究』一一一頁

(192) 『正蔵』四六巻一～一四〇頁
(193) 北川前肇著『日蓮教学の研究』一二一頁
(194) 『正蔵』九巻三六頁b～三七頁a
(195) 北川前肇著『日蓮教学の研究』一三〇頁
(196) 北川前肇著『日蓮教学の研究』一六八～一六九頁
(197) 『正蔵』九巻五二頁b
(198) 『正蔵』九巻四二頁a
(199) 『定遺』八一六頁
(200) 『定遺』七〇二～七二一頁
(201) 『定遺』八一〇～八一六頁
(202) 庵谷行亨稿「日蓮聖人における上行自覚の表明」(『宗教研究』六九巻四輯　二三九～二四〇頁)
(203) 『正蔵』九巻六一頁a～六二頁b
(204) 『正蔵』九巻一六頁a
(205) 庵谷行亨著『日蓮聖人教学研究』一〇五～一〇六頁
(206) 『正蔵』九巻五四頁a
(207) 『正蔵』九巻五四頁b
(208) 庵谷行亨著『日蓮聖人教学研究』一〇八～一一二頁
(209) 庵谷行亨著『日蓮聖人教学研究』一一一～一一二頁
(210) 庵谷行亨著『日蓮聖人教学研究』一一二～一一三頁
(211) 『正蔵』九巻五九頁b
(212) 『正蔵』九巻三七頁a～三九頁c
(213) 『正蔵』九巻三四頁b～三五頁c
(214) 『正蔵』九巻一二九頁c～一三二頁c
(215) 『正蔵』九巻一八六頁c～一八七頁c

(216) 庵谷行亨著『日蓮聖人教学研究』一一三～一一四頁
(217) 『正蔵』九巻五二頁a～五五頁a
(218) 『正蔵』九巻一〇頁b～一六頁b
(219) 『正蔵』九巻三七頁a～三九頁c
(220) 『正蔵』九巻五一頁c～五二頁a
(221) 『正蔵』九巻五二頁a～五五頁a
(222) 『正蔵』九巻五八頁b～五九頁b
(223) 『正蔵』九巻六一頁a～六二頁b
(224) 庵谷行亨著『日蓮聖人教学研究』一一七～一一八頁
(225) 間宮啓壬稿「日蓮の宗教的自覚に対する一考察」―「法華経の行者」と謗法の者――『論集』第一六号　印度学宗教学会（一九八九）四一～四二頁
(226) 同右、四七～四八頁
(227) 同右、五二～五三頁
(228) 同右、五四頁
(229) 同右、五五頁
(230) 同右、五七頁

第三章　鎌倉期の日蓮聖人における「持経者」および「法華経の行者」について

第一節　伊豆流罪を中心として

　周知の如く、日蓮聖人は、建長五年（一二五三）四月二十八日、清澄山において立教開宗された。この立教開宗の時を、日蓮聖人における「法華経の行者」自覚の出発点とすれば、それ以前の時期を立願・求道・修学期と見なすことができる。その結果として、聖人が選びとられた法華唯一至上主義がこの立教開宗であり、その後の展開は聖人がすでに予見されたとおり、度重なる法難を招くこととなった。そして、その法華経弘通の立場を聖人は終生貫かれ、「仏使日蓮」「上行菩薩」の確信へとつながるのである。

　立教開宗以前において、あるいは立教開宗時において聖人が「持経者」と自称されていることは確認できないが、その内実においては、「持経者」という歴史的系譜を継承されていたのではないかと考えたい。そこで、この章においては、建長五年の立教開宗以降、文永八年の龍口法難を経られるまで、日蓮聖人の遺文を拝察すると、法華経を弘通する宗教者を「持経者」と表記されている箇所が見られるのである。その初見は『守護国家論』であるが、たとえば「小松原法難」を体験されたのち、南條氏に宛てられた手紙に「日本国の持経者は」（『定遺』三二七頁）と表記されていることからも、法華経に深く関わっていた人々の存在があったことが知られる。

　さて、宗門の伝承に従えば立教開宗当日、地頭景信による殺害の企てをからくも逃れ、清澄から下山されたのである。

鎌倉に入られた日蓮聖人は、名越の松葉ヶ谷に草庵を構え、弘教と著述の多忙な日々を過ごされた。そして同様に宗門の伝承を記すならば、聖人は、小町の辻に立って念仏と禅とを攻撃されたと伝えられている。

やがて叡山の学僧だった日昭が、聖人に帰依し弟子と成った。日蓮聖人の法戦は、ますます激しさを増していった。又、いっぽう富木氏、(1) 四條氏、南條氏などが聖人に帰信したのである。

鎌倉での布教が展開される建長五年以降、弘長三年の伊豆流罪赦免に至る迄の著述の中で、(A)持経者ならびに(B)法華経の行者関連の語句を擁する遺文がある。即ち『守護国家論』『災難対治鈔』『立正安国論』『顕謗法鈔』である。本節における累計は(A)一二例、(B)一九例である。

(一)『守護国家論』について

正元元年（一二五九）聖寿三十八歳の著述である。

本書は、法然浄土教・『選擇集』を根底から批判し、末法の時代における衆生救済と国土の安穏は法華経のみに限られていることを明かす。法然の『選擇集』が正法を破壊し衆生を悪道に導き入れ、国土に災害をもたらす謗法の悪書であるとして告発し、糾弾する。

特に第四段では、このような謗法者を対治しなければならない経文として『仁王経』『大集経』『涅槃経』『金光明経』等を挙げ、謗法対治の任に当るべき者として国主を想定している。

本書の浄土教批判で注目されるのは、曇鸞・道綽・善導の三人を肯定し、又、源信の立場を念仏往生を説いた『往生要集』よりも法華一乗を明かした『一乗要決』にあったと力説し、浄土教批判を法然一人に集中していることであり、又、日蓮聖人は末法救済の論理として唱題成仏論を展開している。

なお特記すべきは、本書には法華経の一一の文字に一切経・一切の諸仏が具足していると説かれていることである。

では、本書中、上述の関連語句を含む引用文から(A)持経者、(B)法華経の行者関連語句を分類する。

(A)法華経「法師品」中の持経者、持者、『法華玄義』中の（昼夜十二時の）持経者、『金光明経』中の持経之人。以上、計四例。

(B)依ル二法華涅槃ニ一行者、二例、法華経を行ずる人、法華経を行ずる者、実経の行者、法華経修行者、信スル二法華涅槃ヲ一行者、法華経の行者。以上、計八例が挙げられる。

(A)又は(B)を擁する引用文を遺文に沿って標挙していく。

予歎クニ二此事ヲ一間造テ二一巻ノ書ヲ一題シ二選擇集ノ謗法ノ縁起ヲ一名テ號ス二守護國家論ト一。願クハ一切ノ道俗止テ二一時ノ世事ヲ一種ヘヨ二永劫ノ善苗ヲ一。今以テ二經論ヲ一直ス二邪正ヲ一。信謗ハ任セ二佛説ニ一敢テ無シレ存スルコト二自義ヲ一。分テ爲ス二七門ト一。一ニハ明シ下於テ二如來ノ經教ニ一定ムルコトヲ中權實二教ヲ上。二ニハ明シ二正像末ノ興廢ヲ一。三ニハ明シ二選擇集ノ謗法ノ縁起ヲ一。四ニハ明シレ出スコトヲ下可キレ對二治ス謗法ノ者ヲ一證文ヲ上。五ニハ明シレ難キコトヲレ値ヒ二善知識並ニ眞實ノ法ニハ一。六ニハ明シ下依ル二法華涅槃ニ一行者ノ用心ヲ上。七ニハ明ス二隨テレ問ニ而答ヲ一矣。[2]

ここでは、『選擇集』の謗法の縁起を顕すために『守護国家論』を造ったことを顕わし、本書を七門に分つ中で、六に「明シ下依ル二法華涅槃ニ一行者ノ用心ヲ上」とのべられている。

即ち、

(B)依ル二法華涅槃ニ一行者　一例が挙げられる。ここでは法華・涅槃経が同列に扱われている。

次に、

當ニレ知ル往生要集ノ意[3]ハ以テ二爾前最上ノ念佛ヲ一對シテ二法華最下ノ功德ニ一爲ニレ令カ三人ヲシテ入ラ二法華經ニ一所ノレ造ル書也。故ニ往生要集ノ後ニ造テ二一乘要決[4]ヲ一述ル二自身ノ内證ヲ一時以テ二法華經ヲ一爲ス二本意ト一。而ルニ源空並ニ所化ノ衆不ルカレ知ラ二此義ヲ一故ニ　以テ二法華・眞言ヲ一三師並ニ源信ノ所破ノ入レテ二難聖雜並ニ往生要集ノ序ノ顯密之中ニ一三師並ニ源信ヲ作ス二法華・眞言ノ謗法ノ人ト一。其上化シ二日本國ノ一切之道俗ヲ一於テ二法華・

眞言ニ令シテ習ハ時機不相應之旨ヲ於テ在家出家ノ諸人ニ留ム法華・眞言ノ結縁ヲ。豈ニ非スヤ佛ノ所ノ記シタマフ惡世中比丘邪智心諂曲ノ人ニ乎。亦可キヤ免ル則斷一切世間佛種ノ失ヲ乎。其上山門・寺門・東寺・天台竝ニ日本國中習フ法華・眞言等ヲ諸人ヲ譬フル群賊・惡衆・惡見ノ人等ニ源空カ重罪何レノ劫ニカ可キヤ經盡ス其苦果ヲ乎。法華經法師品(5)ニ説テ罵ル持經者ヲ罪ヲ云ク　若有リテ惡人以テ不善ノ心ヲ於テ一劫ノ中ニ現ニ於テ佛前ニ常ニ毀罵セン佛ヲ。其罪尚輕シ。若人以テ一ツノ惡言ヲ毀訾セン在家出家ノ讀誦スル法華經ヲ者ヲ　其罪甚タ重シ已上經文。罵ル一人ノ持者ヲ罪スラ尚如シ是。況ヤ造リ書ヲ令ム罵ラ日本國ノ諸人ニ罪ヲヤ乎。何ニ況ヤ此經ヲ定メ千中無一ト行スル法華經ヲ人ニ令ム生セ疑ヲ罪ヲヤ乎。何ニ況ヤ捨テ此經ヲ令ム遷ナ觀經等ノ權經ニ謗法ノ罪ヲヤ乎。願クハ一切ノ源空カ所化ノ四衆頓《とみ》ニ捨テ選擇集ノ邪法ヲ忽ニ遷リ法華經ニ今度脱レヨ阿鼻ノ炎ヲ。(6)

ここでは、源信の『往生要集』の真意と『一乗要決』が法華経を以て本意となしているのに、法然等はその義を知らないで、日本国一切の道俗に法華・真言の結縁を留むことの重罪を述べ、更に法華経「法師品」の「罵ル持経者ヲ罪」の甚大さを述べる。更に「罵ル一人ノ持者ヲ罪」さえ重いことを記す。即ち謗法の罪である。

即ち、

(A)法華経「法師品」中の、持経者、持者　計二例であり、これらは平安期の一般的持経者（法華経を専持し、読誦する者）の意と思われる。

(B)法華経を行ずる人　一例

が挙げられる。

又、本書の時点では、浄土教批判の中で、源信を天台系の先徳として源空（法然）から切り離していることに留意する。

次に、

天台大師玄義(7)八云　手不執卷常讀是經　口無言聲偏誦衆典　佛不説法恒聞梵音　心不思惟普照法界已。此文意手不執法華經一部八卷信是經人晝夜十二時持經者也。口不出讀經聲信法華經者日々時々念々讀一切經者也。佛入滅既經二千餘年。雖然信法華經者許《もと》留佛音聲時々刻々念々令聞我不死由。心不觀一念三千偏照十方法界者也。此等德偏備行法華經者也。是故信法華經者設臨終時　心不念佛　口不誦經　不入道場　無心照法界　無音《こえ》誦一切經　不取卷軸拳《にぎ》法華經八卷德有之。是豈非權教念佛者期臨終正念欲唱十念念佛者勝、百千萬倍之易行乎。(8)

ここでは、天台大師の『法華玄義』の経字釈文を引き、その意は「手不執法華經一部八卷信是經人晝夜十二時持經者也。（略）此等德偏備行法華經者云々」であるとする。

即ち、

(A)（昼夜十二時の）持経者　一例。この場合、法華経への「信」が必須条件となる。

(B)法華経を行ずる者　一例。ここでは、当然ながらまだ色読のニュアンスは表れていない。

以上、が挙げられる。

次に、

不輕輕毀之衆千劫墮阿鼻地獄。信權師弘實經者作誹謗故也。而源空我身非唯捨、實經入權經。勸人令捨、實經入權經　亦不令權人入實經

剰ヘ罵二ル實經ノ行者一ヲ之罪永劫ニモ難レカラン浮キ歟(9)。

ここでは、不軽軽毀の衆の堕阿鼻獄に相応して「実経の行者を罵る罪」の重さを述べている。

即ち、

(B)実経の行者＝法華経の行者　一例

が挙げられる。

次に、

亦金光明經第六(10)ニ云ク　若有レテ人於二テ其國土一ニ雖レモ有二リト此經一未二タ嘗テ流布一セ　生二シ捨離ノ心一ヲ不レ樂《ねが》二ハ聽聞一ヲ　亦不二供養シ尊重シ讃歎一セ　見二テ四部ノ衆・持經之人一ヲ亦復不レ能二ハ尊重シ乃至供養一スルコト遂ニ當下ニ以二テ是大乘大涅槃經一ヲ勸レメテ之ヲ令上ム讀マ(11)。

ここでは金光明経第六の文を引き、その国土に法華経が未だ流布せず、聴聞も供養等もせず、四部の衆・持経之人を見て尊重・供養もしないならば、大乗大涅槃経を勧めて読ましむべしとしている。即ち、法華・涅槃同列の感がある。但し、金光明経には「涅槃経云々」は記されていない。

そして、

(A)持経之人　一例

が挙げられるが、あくまでも『金光明経』中の引用であり、文字通りの「持経者」である。

次に、

大文ノ第六ニ明下サハ依二ル法華・涅槃一ニ行者ノ用心上ヲ者。於二テハ一代教門ノ勝劣・淺深・難易等一ニ者先ノ段ニ既ニ出レス之ヲ。於二テハ此一段一ニ一向ニ念二フ後世一ヲ爲二ニ末代常沒ノ五逆・謗法・一闡提等ノ愚人一ノ注レス之ヲ。略シテ有レリ三。一ニハ明下シ在家ノ諸人以レテ護二持スルヲ正法一ヲ可レク離二ル生死一ヲ　依レテ持二ツニ惡法一ヲ墮中スルコトヲ三惡道上ニ。二ニハ明下シ但唱二ヘテ法華經ノ名字一ヲ可上キコトヲ離二ル三惡道一ヲ。三ニハ明下ス涅槃經ハ爲二ノ法華經一ノ成

中ルコトヲ流通上ト。(12)

ここでは、涅槃経は法華経の流通であるとしている。

そして、

(B)依二ル法華・涅槃一ニ行者　一例

が挙げられる。

次に、

問フテ云ク　法華經修行ノ者可レキャ期二ス何レノ淨土一ヲ耶。答テ曰ク　法華經二十八品ノ肝心タル壽量品ニ云ク　我常在此娑婆世界ト。亦云ク　我常住於此ト。亦云ク　我此土安穏文。如二ンハ此文一ノ者本地久成ノ圓佛ハ在二セリ此世界一ニ。捨二テ此土一ヲ可レキャ願二フ何レノ土一ヲ乎。故ニ法華經修行ノ者ノ所住之處ヲ可レシ思二フ淨土一ト。何ソ煩シク求二ンヤ他處一ヲ乎。故ニ神力品ニ云ク　若ハ經巻所住之處　若ハ於二テモ園ノ中一ニ　若ハ於二テモ林ノ中一ニ　若ハ於二テモ樹ノ下一ニ　若ハ於二テモ僧坊一ニ　若ハ白衣ノ舎ニテモ　若ハ在二テモ殿堂一ニ　若ハ山谷曠野ニテモ　乃至當レニ知ル是處ハ即是道場ナリト。涅槃經ニ云ク　若善男子　是大涅槃微妙ノ經典所二ら流布一セ處ハ當レニ知ル其地ハ即是金剛ナリト。是中ノ諸人モ亦如二シ金剛一ノ上巳。信二スル法華涅槃一ヲ行者ハ非レス可レキニ求二ム餘處一ヲ。信二スル此經一ヲ人ノ所住ノ處ハ即淨土也。(13)

ここでは、法華経修行者の期すべき浄土とは寿量品に述べる如く、此土であり、法華経修行者所住の処は浄土として、法華・涅槃を信ずる行者は浄土を餘処に求むべきでなく、法華経を信ずる人が所住する処が浄土であるとしている。

ここでも、法華・涅槃は同列に扱われている。

即ち、

(B)法華経修行者　二例

(B)信二スル法華涅槃一ヲ行者　一例（前述と同例）

が挙げられる。

次に、

若末代ノ愚人依二テ上ノ六門一ニ萬カ一モ信二セハ法華經一ヲ者　權宗ノ諸人或ハ依二リ自ラ惑一ヘルニ或ハ依二テ偏執一ニ爲レニ破二センカ法華經ノ行者一ヲ多ク引二テ四十餘年竝ニ涅槃等ノ諸經一ヲ難レセン之ヲ。而ルニ信二スル權教一ヲ人ハ多レク之或ハ依二リ威勢一ニ　或ハ依二リ世間ノ資縁《しえん》一ニ　隨二テ人ノ意一ニ爲レニシ互二ランカ世路一ヲ　或ハ權教ニハ多二ク學者一　實教ニハ少二シ智者一。就二テ是非一ニ萬カ一モ不レ可ラ有下ル信二スル實教一ヲ者上。是故ニ撰二シテ此一段一ヲ防二カン權人ノ邪難一ヲ。(14)

末代の愚人が萬が一にも法華経を信ずるなら、権宗の諸人は自ら惑えるに依り、又、偏執に依て、法華経の行者を破るために、四十餘年竝に涅槃等の諸経を多く引いて難じるであろう。権教を信ずる人は多く、又、権教学者は多く、実教には智者が少ない。実教を信ずる者は、無いに等しいとして、法華経の行者であることの難しさを述べる。

即ち、孤立無援の

(B)法華経の行者　一例

を挙げている。

次に、

此等ノ諸宗ノ難非レ一ニ。如何ソ可レシャ不レル壞二ラ法華經ノ信心一ヲ乎。答テ云ク　法華經ノ行者ハ心中ニ存二シテ四十餘年巳今當・皆是眞實・依法不依人等之文一ヲ　而モ外ニ語ニ不レ出レサ之ヲ。隨レテ難ニ問レフヘシ之ヲ。抑所立ノ宗義依二ルャ何ノ經一ニ乎ト。彼引カハ經ヲ隨レテ引クニ亦尋レネヨ之ヲ。一代五十年之間ノ説之中ニ自二リ法華經一先《さき》歟。後《のち》歟。同時ナル歟。亦先後不定ナル歟ト。若答ヘハ先ト　以二テ未顕眞實之文一ヲ責レメヨ之ヲ。敢テ勿レ尋二ヌルコト彼經ノ説相一ヲ。答ヘハ後ト　以二テ當説ノ文一ヲ責レメヨ之ヲ。答二ヘハ同時一ナリト　以二テ今説之文一ヲ責レメヨ之ヲ。答ヘハ二不定ト一不定ノ經ハ非ス二大部ノ經ニ一。一時一會ノ説ニシテ亦非ス二物ノ數ニ一。其上雖モ二不定ノ經ト一不レ出テ二三説ヲ一。設ヒ雖モレ立ルト二百千萬之義ヲ一載セテ二四十餘年等ノ文ヲ一自リレ不レル稱セ二虚妄ト一外ハ不レ可レ用フ。佛ノ遺言ニ云フカ二不依不了義經ト一故也。亦引テ二智儼・嘉祥・慈恩・善導等ヲ一立テレ德ヲ雖モレ難スト違スル二法華涅槃ニ一於テハ二人師ニ一者不レ可レ用フ。仰クカ二依法不依人ノ金言ヲ一故也。亦爲ニ下信セン二法華經ヲ一愚者ノ上立ツ二二種ノ信心ヲ一。一ニハ就テレ佛ニ立テレ信ヲ　二ニハ就テレ經ニ立ツレ信ヲ。就テレ佛ニ　立ツトハレ信ヲ者　權宗ノ學者來リ難シテ云ハン　善導和尚ハ三昧發得ノ人師　本地ハ彌陀ノ化身也。慈恩大師ハ十一面觀音ノ化身　亦自リ二筆端一雨ス二舍利ヲ一。此等ノ諸人ハ皆依テ二彼々ノ經々ニ一皆有リレ證。何ソ汝不レ依ラ二彼經ニ一　亦不ルヤレ用ヒ二彼師ノ義ヲ一。答テ曰ク　汝聞ケ　一切ノ權宗ノ大師先德竝ニ舍利佛・目連・普賢・文殊・觀音乃至阿彌陀・藥師・釋迦如來集リテ二我等ノ前ニ一説テ云ン　法華經ハ不レ叶ハ二汝等ノ機ニ一　修シテ二念佛等ノ權經ノ行ヲ一遂ケテ二往生ヲ一後ニ覺レト二　法華經ヲ一。雖モレ聞クト二如キレ是説ヲ一敢テ不レ可レ用フ。其故ハ四十餘年ノ諸經ニハ不レ呼ハ二法華經ノ名字ヲ一。何レノ處ニカ論セン二機ノ堪不堪ヲ一。於テハ二法華經ニ一者多宝・釋迦十方諸佛集リテ二一處ニ一撰定シテ云ク　令ム二法ヲシテ久ク住セ一。於テ二如來ノ滅後ニ一閻浮提ノ内ニ廣ク令メ二流布セ一使ムトレ不ラ二斷絶セ一。(15)

ここでは、法華経の行者が諸宗から難問を以て責められた時の応答の方法が述べられている。その基本は、法華経の行者は、心中に「四十餘年巳今当・皆是真実・依法不依人等」の文を深く存していることである。即ち、それらの難問に対して堂々と答えて行かねばならぬことを要求される。

(B)法華経の行者　一例

が挙げられている。

以上、本書における該当語句について述べるなら、

(A)持経者関連は薄く、(B)法華経の行者関連は多いが、いずれも、汎称もしくは概念的である。就中、法華・涅槃の行者は、この時点で、日蓮聖人が、涅槃経を法華経の流通分として同列化していることに留意したい。

尚、本書撰述の二年前、正嘉元年(一二五七)八月二十三日に大地震がおこっている。

(二)『災難対治鈔』について

正元二年(一二六〇)二月、聖寿三十九歳の述作である。

本書は『立正安国論』上奏に先立つこと五ヶ月前の撰述である。

本書冒頭に「国土に起こる大地震・非時の大風・大飢饉・大疫病・大兵乱等の種々の災難の根源を知りて対治を加ふべき勘文」とある。

建長から正嘉・正元のころに、鎌倉を中心として全国各地に地震・大風・飢饉・疫病等の天災地変が続出し、人々は塗炭の苦しみにあえいでいた。これに疑問を抱いた日蓮聖人は、改めて法華経を中心に一切経を調べ直して災厄の原因をきわめ、その起るべき必然性を探られ、これを実証する歴史的現象を広く求められたのである。その結果、一つの確信をつかまれた。すなわち、これらの連続する災厄は禅・念仏等の邪法が流行し、正法の流布が止められたために、日本を守護すべき天照・八幡等の神々や、仏法守護の諸天善神が守護の力を失い、この国を捨て去ったことによるのであるから、この災厄を止める方法は禅・念仏の邪義、特に法然浄土教の謗法を禁断するにある、というのである。

本書は『守護国家論』『災難興起由来』(正元二年、一二六〇)と一連の遺文であり、その論旨は『立正安国論』に集約されて行く。

本書は『立正安国論』述作の草案と見るべきものである。

さて、上述の、(A)持経者及び(B)法華経の行者関連の語句は、

(A)『金光明経』中の持経之人、一例である。

金光明經ニ云ク(16)　若有ニテ人王一於ニテ其國土一雖レモ有リト此經一未ダ嘗テ流布一セ。生ニシテ捨離ノ心一ヲ不レ樂ハ聽聞一センコトヲ。亦不ニ供養シ尊重シ讚歎一セ。見ニテ四部ノ衆持經之人一ヲ亦復不レ能ニ尊重シ乃至供養一スルコト。遂ニ令下ム我等及ヒ餘ノ眷屬無量ノ諸天ヲシテ不レ得レ聞ニクコトヲ此甚深ノ妙法一ヲ背ニキ甘露ノ味一ニ失ニヒ正法ノ流一ヲ無上ラ有ニルコト威光及以ヒ勢力一。增ニ長シ惡趣一ヲ損ニ滅シ人天一ヲ墜ニチテ生死ノ河一ニ乘ニカン涅槃ノ路一ニ。世尊我等四王竝ニ諸ノ眷屬及ヒ藥叉《やしゃ》等見ニテ如レキ斯事一ヲ捨ニテ、其國土一ヲ無ニケン擁護ノ心一。非ニス但我等捨ニ棄スルニ是王一ヲ必有下ランモ無量ノ守ニ護スル國土一ヲ諸大善神上皆悉捨去セン。既ニ捨離シ已レハ其國ニ當下ニ有ニテ種種ノ災禍一喪中失ス國位上ヲ。一切ノ人衆皆無ニク善心一唯有ニテ繫縛殺害瞋諍一ノミ　互ニ相讒諂シ枉テ及レン無レキニ辜。疫病流行シ　彗星數出テ　兩日竝ヒ現シ　薄蝕無レク恆　黒白ノ二虹表ニハシ不祥ノ相一ヲ　星流レ　地動キ井ノ内ニ發レシ聲ヲ　暴雨惡風不レ依ニラ時節一ニ　常ニ遭ニヒ飢饉一ニ苗實モ不レ成《みのら》　多ク有ニテ他方ノ怨賊一侵ニ掠シ國内一ヲ　人民受ニケ諸ノ苦惱一ヲ土地ニ無レケント有ニルコト樂之處(17)一。

即ち、『金光明経』の文を引用して、

人王が、その国土に法華経があっても、流布していないで、捨離の心を生じ、聴聞することを楽わず、供養・尊重・讃歎せず、四部の衆持経之人を見て、又、尊重し供養することができないでいると、四王や国土守護の諸大善神諸天は甚深の妙法を聞くことができず、甘露の味に背き、威光・勢力を失い、ついにはその国土を捨ててしまう。そのために種々の災禍が起きて国位を失い、疫病・地震・彗星・両日・黒白の二虹が不祥の相を表はし暴雨悪風・飢饉等、又、他方の怨賊が国内を侵掠し、人民は諸の苦悩を受けると述べる。

ここでも、前書と同じく『金光明経』中の

(A)持経之人　一例

が挙げられる。

(三)『立正安国論』について

本書は、文應元年（一二六〇）[18]聖寿三十九歳の著述である。

まず『安国論御勘由来』によると、

正嘉元年太歳丁巳八月二十三日戌亥ノ時超二エタル於前代一ニ大地震。同二年戊午八月一日大風。同三年己未大飢饉。正元元年己未大疫病。同二年庚申亙二テ四季一ニ大疫不レ已マ。萬民既ニ超二エテ大半一ニ招レキ死ヲ了ンヌ。而ル間國主驚レキ之ニ仰二セ付テ内外典一ニ有二リ種種ノ御祈禱一。雖レモ爾リト無二ク一分ノ驗一シモ還テ增二長ス飢疫等一ヲ。日蓮見二テ世間ノ體一ヲ粗勘二ルニ一切經一ヲ御祈請無レク驗シ還テ增二長スル凶惡一ヲ之由道理文證得レ之ヲ了ンヌ。終ニ無レク止ムコト造二リ作シ勘文一通一ヲ其名ヲ號二ス立正安國論一ト。文應元年庚申七月十六日辰時付二シ屋戸野《やどや》入道一ニ奏進シテ申二シ古最明寺入道殿一ニ了ンヌ。此レ偏ニ爲レ報二セン カ國土ノ恩一ヲ也。[19]

の如く、正嘉元年（一二五七）八月二十三日の大地震に端を発した種々の災厄を起因として勘文となし、上奏したものである。

又、『安国論奥書』[20]によると、

文應元年太歳庚申勘レフ之ヲ。從二リ正嘉一始レメ之ヲ文應元年ニ勘ヘ畢ル。

去《いぬ》ル見二テ正嘉元年太歳丁巳八月廿三日戌亥之尅ノ大地震一ヲ勘レフ之ヲ。其後以二テ文應元年太歳庚申七月十六日一ヲ付二テ宿谷禪門一ニ奉レリ獻二シ最明寺入道殿一ニ。其後文永元年太歳甲子七月五日大明星之時彌彌知二ル此災ノ根源一ヲ自二リ文應元年一太歳庚申至二ルマテ文永五年太歳戊辰後ノ正月十八日一ニ經二テ于九ケ年一ヲ自二西方大蒙古國一可レキ襲二フ我朝一ヲ之由牒状渡レス之ヲ。又同六年重テ牒状渡レス之ヲ。既ニ勘文叶レフ之ニ準レシテ之ニ思レフニ之ヲ未來亦可レキ然ル歟。此書ハ有レル徴《しるし》文也。是偏ニ非ニス日蓮之力一ニ法華經之眞文ノ所レノ至ス感應歟。

文永六年太歳己巳十二月八日寫レス之ヲ。[21]

が明らかである。

『立正安国論』述作の動機と時期が明らかであり、蒙古来牒が、本書を再び手写した要因であることである。

この時、手写された真筆の『立正安国論』が中山法華経寺に現存所蔵されている経緯は以下の如くである。

まず、文永六年（一二六九）、矢木式部大夫胤家が、この真筆を面授され、そして弘安三年（一二八〇）、沙弥道正（千葉氏一族）が相承していたものを、中山法華経寺二代目貫首・日高に、嘉元四年（一三〇六）正月十三日、授与状を以て授けたのである。[22]

この『立正安国論』が『昭和定本日蓮聖人遺文』の底本となっている。

さて『立正安国論』の要旨は以下の如くである。

旅客と主人との十段の問答により、災難の由来や、謗法の原因などを追究し、法華経信仰が人生の根本に置かれなければならないことを導き出す。最後の第十段は、旅客が主人の教えに納得し理解をした点を述べていることから、厳密には九段の問答と一段の旅客の領解である。第一段から第八段までは序分であり、第一段から第五段までは、打ちつづく天変地異等の災難は主として法然の念仏の邪法の興隆に起因することを経文を証拠として論断し、第六段から第八段までは、念仏の邪法を禁断することにより、これらの災害を防ぐことができる旨を経文を証拠に論証する。

第九段は未起の災難たる他国侵逼難・自界叛逆難の続起、末世の堕地獄を予言して、法華への捨邪帰正を勧める正宗分である。有名な「汝早く信仰の寸心を改めて、速やかに実乗の一善に帰せよ（後略）」（『定遺』二二六頁）の六四文字の結文により、本書の標題たる「立正安国」の名義は成立する。

第十段は、客の領解と入信の告白と化他の誓約とを述べ、流通分に当る。もしこの建白書によって、幕府が聖人を召喚することがあれば、その場において、仏教の根本教義を開陳されることになるのであるから、正宗分が極少であったものと推測される。

ところで『立正安国論』は漢文体であるが、鎌倉時代特有の文体であり、又、国家への奏上書として、対句の修辞に心を配られ、四字と六字との対句を用いる、いわゆる四六駢儷体になぞらえている。しかし、日蓮聖人が国家のため、人々のために執筆し上奏された本書は黙殺され、その代償として国土を救い、人々を救いたいという菩薩としての誓いを捨てられることなく、この『立正安国論』以後、聖人は種々の法難を受けられることになる。だが、聖人は永遠なる釈尊の教え—大慈悲によっての精神は、聖人の生涯を貫徹するものであり、聖人の法華経弘通の態度に、末法における釈尊の使いとして、法華経の行者としての姿を見出すものである。

本書本文中、上述の如き関連語句は、

(A)『金光明最勝王経』中の持経之人、一例である。

即ち、

金光明經(23)ニ云ク 於テ二其國土ニ一雖レ有リト二此經一未タ二嘗テ流布セ一。生シテ二捨離ノ心ヲ一不レ樂ハ二聽聞センコトヲ一。亦不二供養シ尊重シ讃歎セ一。見テ二四部ノ衆持經之人ヲ一亦復不レ能二尊重シ乃至供養スルコト一。遂ニ令ム下我等及ヒ餘ノ眷屬無量ノ諸天ヲシテ不レ得レ聞クコトヲ二此甚深ノ妙法ヲ一 背キ二甘露ノ味ニ一失ヒ二正法ノ流ヲ一 無ラ上有ルコト二威光及《および》以勢力一。增二長シ惡趣ヲ一損二減シ人天ヲ一墜チテ二生死ノ河ニ一乖カン二涅槃ノ路ニ一。世尊 我等四王竝ニ諸ノ眷屬及ヒ藥叉等見テ二如キレ斯事ヲ一 捨テ二、其國土ヲ一無ケン二擁護ノ心一。非ス三但我等ノミ捨二棄スルニ是王ヲ一必有ランモ下無量ノ守二護スル國土ヲ一諸大善神上皆悉ク捨去セン。既ニ捨離シ巳リナハ其國當ニ下有テ二種種ノ災禍一喪中失ス國位ヲ上。一切ノ人衆皆無ク二善心一 唯有リ二繫縛殺害瞋諍ノミ一 互ニ相讒諂シ枉ケテ 及ンレ無キニレ辜《つみ》。

疫病流行シ 彗星數《しば》〳〵出テ 兩日竝ヒ現シ 薄蝕無レク恒 黒白ノ二虹表シ二不祥ノ相一ヲ 星流レ地動キ 井ノ内ニ
發シレ聲ヲ 暴雨悪風不レ依ラ二時節一ニ 常ニ遭テ二飢饉一ニ苗實不レ成《みのら》 多ク有テ二他方ノ怨賊一侵二掠シ國内一ヲ 人民
受ケ二諸ノ苦惱一ヲ土地無レケン有ルコト二所樂之處一上已。[24]

本文は、前述した『災難対治鈔』と全く同じ、『金光明最勝王経』を引用している。第二段の答に当る。即ち四部の衆（比丘・比丘尼・優婆塞・優婆夷）と「持経之人」を見て尊重し供養することができないと、無量の諸天等が妙法を聞くことができない云々とあり、四部の衆及び持経之人に供養することが肝要であるとの趣旨である。

即ち、『金光明最勝王経』中の

(A)持経之人　一例

が挙げられる。

この『立正安国論』の上奏は、日蓮聖人の伝道の転換期である。今迄、地方的個人的であったものが、『立正安国論』上奏以後は対国家の運動となったのである。又、この奏上によって公私のあらゆる迫害が聖人の身辺を襲うこととなる。この上奏は、その口火となっている。

『立正安国論』は黙殺された。しかし、それを聞き及んだ念仏宗徒の怒りは爆発した。『安国論』奏上から四十日目、即ち文応元年（一二六〇）八月二十七日の夜、群集は大挙して松葉ヶ谷の草庵を襲った。この群集の黒幕には幕府の重役がいることを聖人は看破されている。[25]この時、庵室は焼かれ、聖人は身を以て難を避け、下総の富木氏の許へ一時赴かれた。この法難こそ、『安国論』奏上の第一の反応である。

松葉ヶ谷の暗打を逃れて下総の富木氏の館に滞在すること約半年、この間、この地方を巡教して曽谷教信、太田乗明等の豪族が帰伏した。翌弘長元年（一二六一）の春、再び鎌倉の名越に帰り、焼跡に草庵を再建して伝道の本拠とされた。

しかし、弘長元年（一二六一）五月十二日、聖人は逮捕され問註所の吟味もなく、理不尽にも由比の浜から舟に乗せられ、相模灘を横断して、伊豆伊東の海岸へ流されたのである。(26)伝に依ると、護送の役人は聖人を浜へ上陸させず、海中の孤岩に置き、引き返してしまったが、伊東の川奈の漁夫、弥三郎は、そこを通り合せ、聖人を漁舟の中に救い、家にて一ヶ月間、その妻と共に供養をささげたという。

やがて、伊東の地頭朝高の病気祈願を、聖人は依頼され、その結果その病は快癒して、布施として伊東の海中から出現の釈尊立像を聖人に贈った。しかし後に朝高は聖人に背いてしまったのである。(27)

さて、松葉ヶ谷焼打及び伊豆流罪中における上述の語句を擁する遺文は少ない（『四恩鈔』、『教機時国鈔』は依用できないため）。但し先学の研究中、山川智應氏は『四恩抄』中の「昼夜十二時の法華経の持経者」（『定遺』二三七頁）を挙げ、聖人の「持経者」自称の嚆矢としている。

ここでは唯一、伊東での著述の『顕謗法鈔』がある。

（四）『顕謗法鈔』について

弘長二年（一二六二）聖寿四十一歳の述作である。

本書は、釈尊の教説の結論である法華経を誹謗する罪が謗法であるとする。謗法とは法に背くこと、正法を人に捨てさせること、すぐれた経を破することであり、末代の状況を予見された釈尊は、末法にあっては順縁の者にも逆縁の者にも法華経を説けと付属されているのであると述べられる。

では上述の如き語句を、引用文の中で標挙して行く。

法華經第七(28)ニ云ク　四衆之中ニ有下リ生二シ瞋恚一ヲ心不淨ナル者上　惡口罵詈シテ言ク　是無智ノ比丘ト。或ハ以二テ杖木瓦石㆒ヲ而打㆓擲ス之㆒。乃至　千劫於㆓ニ阿鼻獄㆒ニ受㆓ク大苦悩㆒ヲ等ト云云。此經文の心は行者を悪口し、及ヒ杖ヲ以テ打擲せるもの、其後に懺悔せりといえども、罪いまだ滅セずして、千劫阿鼻地獄に堕チたりと見えぬ。懺悔せる謗法の罪すら五逆罪に千倍せり。況や懺悔せざらん謗法にをいては阿鼻地獄を出る期かたかるべし。(29)

ここでは、『常不軽菩薩品』を引いて、この経文の心は法華経の行者を悪口等するものは懺悔しても罪が滅せず千劫阿鼻地獄に堕すという。

即ち、

(B)（法華経の）行者　一例

が挙げられている。ここでは、法難を経られた後の、実感が伺える。

そして流罪から一年九ヶ月後、弘長三年（一二六四）二月二十二日、赦免状が下り(30)、聖人は再び折伏戦斗の場に向うことになった。

第二節　小松原法難を中心として

伊豆流罪赦免の弘長三年、十一月には幕府の柱石時頼の死、翌文永元年には一大彗星、そして日蓮聖人は、やがて安房へ向われた。

鈴木一成氏は、この間の事情を、つぎのように述べている。

弘長《こうちよう》三年《ねん》は幕府《ばくふ》の柱石時頼《ちうせきときより》の死《し》に暮《く》れ、翌文永元年《よくぶんねいぐわんねん》七月《ぐわつ》には一大彗星《だいすゐせい》が東方《とうはう》の空《そら》に現《あらは》れて、人心《じんしん》を極度《きよくど》に脅《おびやか》した、人々《ひと〳〵》はたゞ驚《おどろ》き騒《さわ》ぐのみで未《いま》だ凶兆《けうてう》の示《しめ》す所《ところ》を知《し》らうとしない。聖人《しやうにん》はこの彗《すゐ》星《せい》の出現《しゆつげん》に依《よ》つてます〳〵安國論《あんこくろん》の豫言《よげん》の正《たゞ》しきを知《し》つた。他國侵逼《たこくしんぴつ》、自界叛逆《じかいほんぎやく》の二つの戦禍《せんくわ》はいよ〳〵日本《にほん》を襲《おそ》うであらう。この戦禍《せんくわ》を動機《どうき》として再《ふたゝ》び立正安國論《りつしやうあんこくろん》の主張《しゆちやう》を徹底《てつてい》せねばならぬ。八年前《ねんぜん》、正嘉《しやうか》の地震《ぢしん》を動機《どうき》として奏上《そうじやう》した安國論《あんこくろん》の主張《しゆちやう》は暗殺《あんさつ》と流罪《るざい》の二難《なん》を被《かうむ》つた。今度再《こんどふたゝ》びこの奏上《そうじやう》を繰返《くりかへ》すならば死罪《しざい》は必定《ひつぢやう》である。死《し》ぬ前《まへ》に一度《ど》故郷《こきやう》を見《み》たい。慈父《じふ》の墓《はか》を展《てん》し、悲《ひ》母《も》を訪《と》ひ、恩師《おんし》を導《みちび》きたい。かうした心《こゝろ》を持《も》つて聖人《しやうにん》は文永元年《ぶんねいぐわんねん》の秋《あき》八月《ぐわつ》、海《うみ》を渡《わた》つて故郷《こきやう》安房《あは》へ向《むか》はれた。(31)

聖人が故郷の生家を訪れられた時、悲母は今病のために息絶えたという。聖人は祈り誦経した結果、母は生き、四ヶ年の寿命を延べた。(32)

日蓮聖人は帰省中、主として西條華房の蓮華寺を宿坊とされたらしい。

同年十一月十四日に清澄の道善房が老躯をもってこの華房の蓮華寺を訪れ、聖人は言葉を尽くして恩師に捨邪帰正を勧めた。この時の勧めにより、道善房は後に法華経を読み、釈尊を拝むようになった。(33)

聖人は華房の蓮華寺を拠点として、故郷の人々に向って、さかんに教線を布かれた。

この時期に、著作類が少ないのは、弘道活動の多忙さのためであったろう。

又、聖人の故郷の人々への教化の様子を聞いて、地頭景信は怒りの焔を燃やし、機会を狙っていた。

文永元年（一二六四）十一月十一日、聖人は工藤吉隆に請われて華房の蓮華寺から、天津の館へ赴かれた途次、景信は路地に当る東條の小松原において、聖人の一行を待ち伏せしたのである。

「申酉の時」と言えば午後五時頃で、既に夜の闇の中である。一行が通りかかるや、たちまち箭は雨の如く降りそそぎ、弟子二人は重傷、鏡忍坊は討死、聖人も眉間を斬られ、腕を折られた。工藤吉隆は急を聞いて駆けつけたが殉死してしまったのである。日蓮聖人は不思議にも、この重囲の中で命を全うされた。「いよいよ法華経の信心こそまさり候へ」と述懐される所以である。(34)

さて、本節中、(A)持経者、(B)法華経の行者関連語句を擁する遺文は『南條兵衛七郎殿御書』『法華題目鈔』『善無畏鈔』である。

累計は(A)四例、(B)二例である。

（一）『南條兵衛七郎殿御書』について

本書は、文永元年（一二六四）十二月十三日、聖寿四十三歳の消息である。

要旨は、駿河国富士郡上方上野郷在住の南條七郎に宛てた書状で、七郎の病気にふれて後世を思い定むべきことを勧め、そのためには釈尊の教えを本とすべきことの強調からはじめて、五義を説いていく。そしてこの年の十一月十一日に起こった小松原法難を述べ、これにより「いよいよ法華経の信心まさり候へ」といい、法師品「而此経者如来現在猶多怨嫉況滅度後」、安楽行品「一切世間多怨難[35]信」の文を色読したのは日蓮一人、日蓮は「日本第一の法華経の行者」であることを表明する。七郎がもし先立ち死ぬことがあれば、梵・帝・四天王・閻魔王等に日本第一の法華経の行者日蓮の弟子と名乗れという。しかしまた、法華経はこの世に生きていくための祈りの依拠となるから、生きながらえるなら、なお申し聞かせようと述べられる。

本書中、(A)又は(B)の分類は(A)（日本国の）持経者、一例。(B)日本第一の「法華経の行者」二例である。

以下の引文を用いる。

第四ノ巻ニ云ク　而モ此經ハ者如來ノ現在スラ猶多シ二怨嫉一況ヤ滅度ノ後ヲヤ。第五ノ巻ニ云ク　一切世間多クシテレ怨難シレ信シ等云云。日本国に法華經よみ學する人これ多シ。人のめ（妻）をねらひ、ぬすみ等にて打はらるゝ人は多けれども、法華經の故にあやまたるゝ人は一人モなし。されば日本國の持經者はいまだ此經文にはあわせ給はず。唯日蓮一人こそよみはべれ。我不愛身命但惜無上道是也。されば日蓮は日本第一の法華經ノ行者也。もしさきにたゝせ給はば、梵天・帝釋・四大天王・閻魔大王等にも申させ給べし、日本第一の法華經の行者日蓮房の弟子也、となのらせ給へ。よもはうしん（芳心）なき事は候はじ。但一度は念佛一度は法華經となへつ、二心ましまし、人の聞《きく》にはばかりなんどだにも候はば、よも日蓮が弟子と申スとも御用ゐ候はじ。後にうらみさせ給フな。但シ又法華經は今生のいのりともなり候なれば、もしやとしていきさせ給候はば、あはれとくとく見參して、みづから申シひらかばや。（『定遺』三二七頁）

まず「日本国の持経者はいまだ此経文にはあわせ給はず。唯日蓮一人こそよみはべれ。我不愛身命但惜無上道是也。[36]」とは、日蓮聖人は、日本に「持経者」なるものが存していることを周知し、更に聖人は『法華験記』を読破されていたとされている。

しかも彼等従来の「持経者」は、法華経に説く「況滅度後」「多怨難信」の仏の未来記を色読していない。自身のみが、それを実証した者であり、法華経の未来記を身に読んだ者は、「法華経の行者」ということである。

しかも（日本第一の）「法華経の行者」の自称は、管見では本書が初見である。

即ち、小松原法難を経られて、日蓮聖人は、仏の未来記である法華経を身命を惜しまず実現したことにより「日本第一の」と表記する程の「法華経の行者」たることの自信の高揚と、それを宣言したことで、一大転機を画したのである。ここに於て、平安期以来の持経者（彼等がいかに苦修練行したとしても）とは、大きな一線を画したのである。

聖人は終生、特に寒期には、この疵跡が、うずかれたことであろう。この疵は日蓮聖人が稀有なる「法華経の行者」であることの証左であると思われる。

そして、その後の数年間は、聖人にとって奇しくも暫くの静謐の時期であった。

㈡『法華題目鈔』について

文永三年（一二六六）正月六日、於清澄、聖寿四十五歳の述作である。

本書は、女人成仏の法門が説示されていることから女性宛ての著述であると思われる。文永元年の小松原法難後、二年目正月に清澄寺において本抄を撰述されたことは、念仏信者の勢力が弱体化していたものと思われる。題号の下に「根本大師門人日蓮撰」と署名し、自己の思想的系譜を最澄に求められている。聖人は法華経中心の信仰に立脚していた最澄の法脈を継承する正統的弟子として自己を規定されたのである。まず、唱題の功徳が説かれ、末代の凡夫、但信無解の者も唱題することによって、悪道を離れ、不退の位に入るという広大な功徳を得ることが示される。そして女人成仏について末代女人の成仏は唯だ法華経に限られるのであるから、速やかに念仏することを止めて、法華経の題目を唱えて成仏を期すべきであると勧められている。

上掲の関連語句は、(A)持経者、二例である。

即ち、

當世の女人は一期の間彌陀の名號をばしきりにとなへ、念佛の佛事をばひまなくをこなひ、法華經をばつやつや唱へず供養せず、或はわづかに法華經を持經者によますれども、念佛者をば父母兄弟なんどのやうにをもひなし、持經者をば所從眷屬よりもかろくをもへり。かくしてしかも法華經を信ずる由をなのるなり。(37)

ここに挙げられた「持経者」は、他から依頼されて法華経を読誦する、いわゆる巷間の「経読み」であり、职業的持経者である。当世の女性は念仏を唱え念仏の仏事を行ない、法華経を自らは唱えず供養せず、「経読み」に依頼して法華経を、わずかに読ませ、しかもその「持経者」を低く見ていながら、あたかも自分が法華経を信ずる由をなのっていることが誤りであるから、早く心をひるがえしなさいと述べられている。

(三)『善無畏鈔』について

文永三年(一二六六)聖寿四十五歳の述作である。

本書は、善無畏三蔵の堕獄の例を挙げて、彼の堕獄の原因は法華経誹謗の科によるもので、その地獄の苦から蘇生したのは法華経帰依の功徳によるものであるとする。又、女人成仏は法華経に限られていることを述べられる。この時期、女人成仏を説く女人への述作がなされており、本書もその系列の中に加わるべきものと考えられる。

分類上は、(A)(此経を)持つ女人、一例である。

即ち、

謗法無久之天此經於持ッ女人は十方虚空仁充滿せる慳貪・嫉妬・瞋恚・十惡・五逆なりとも、草木乃露乃大風にあへるなる可シ。三冬乃氷乃夏乃日仁滅スル加如之。但難レキ滅シ者は法華經謗法乃罪也。譬ば三千大千世界乃草木於薪と爲スとも、須彌山は一分も難レシ損シ。縦令ヒ七ツノ日出テ百千日照スとも、大海乃中をばかわかしがたし。設トヒ八萬聖教を讀ミ、大地微塵能塔婆を立テ、大小乘乃戒行を盡シ、十方世界能衆生於一子乃如久仁爲すとも、法華經謗法能罪はきゆべからず。我等過去現在未來乃三世乃間仁佛仁不レシテ成ラ六道乃苦於受るは偏に法華經誹謗能罪なるべし。女人と生レ百惡身仁備ふるも、根本此經誹謗能罪より起れり。然者《されば》此經仁値ヒ奉らむ女人は皮於はいで紙土爲志、血於切リ天墨と爲し、骨於折リ天筆土爲志、血乃涙《なみだ》於硯ノ水土爲志天雖レ奉レルト書キ不レ可レ有ニル飽ク期一。(38)

ここでは、「謗法無久之天《クシテ》」という条件が付けられている。そして、かかる女人は嫉妬・五逆等も消える程である。但し滅することのできないのは謗法罪であり、すべての苦はそれに起因する。であるから、この法華経に値い奉らむ女人は、皮をはいで紙となし、血を切って墨となす（中略）とも足りないほどである。

そして小松原法難から三年後の文永五年（一二六八）正月十八日、蒙古の国書が到来した。表は修交の辞令だが、裏は来貢の催促であった。朝廷も幕府も武士も民衆も国を挙げて恐慌に沸きかえったのである。(39)

第三節　龍口法難に遭遇されて

ここで龍口法難までのプロセスと、さらに佐渡流罪途次の依智までを一つの範囲として、検討を加えてみよう。そもそも龍口法難は外的要因（社会的状勢）及び聖人の内的要因（諸処への積極的働きかけ等）によって必然的に起こったものである。いわば招き寄せたと言っても過言ではなく、このことを一大契機として聖人の「法華経の行者」自覚が確立されたと見ることができよう。

①外的要因

そのことは、まず蒙古来牒である。又『問註得意抄』に依るように、富木氏ほか二名の問註所への召喚であり、三類の強敵の裏面策動と良観の祈雨。やがて聖人断罪の評定と訊問を受けられ、聖人は召し捕られ、龍口の頸の座に及ぶ。この時の気象上の異常現象。そして依智における、執権時宗からの命令書の到着と、続く殿中の怪異により佐渡流罪が決定された。そして門下にも迫害が及び、門徒は動揺し、聖人の弘教方法への疑念が生じ退転者が続出し、教団は危機的状況となったのである。(40)

②内的要因

まず『立正安国論』に基づく、聖人の諸処への働きかけである。更に八木式部太夫の要請に応えて『立正安国論』を文永六年十二月四日手写された(41)。又、門徒に対しては死を決すべしとの警告をたびたび発し、ご自身は捨身の覚悟を示されている。そして問註所に召喚された三人に対し、言語・態度等に綿密な注意を与え、三位房への教誡もある。そして良観の祈雨に対する挑戦状、又、聖人はご自身が召喚された翌々日(文永八年九月十二日)に平左衛門に『立正安国論』と『一昨日御書』を届けられた。そして龍口への途次の八幡諫暁、四條金吾への遺誡、又、依智での明月に向っての呵責、土籠に入れられた弟子たちへの激励、そして「転重軽受」の自覚に至り(42)、不軽菩薩との同一性が述べられる。

以上の主な事項をピックアップして述べる。

○蒙古来牒・『立正安国論』の予言の的中

文永五年(一二六八)正月、蒙古の使者は大宰府に到着したのである。国書は直ちに鎌倉に送られ、二月七日幕府は朝廷に奉上し、評定の結果、蒙古の国書に従わず、武力を以て異国の侵略を撃退する方策は幕府にゆだねられた。

この蒙古来牒は、日蓮聖人が文応元年(一二六〇)に上申した『立正安国論』において警告、予言した「他国侵逼難」が的中したことになる。蒙古来牒は、聖人にとって内的な一つの勝利であった。日蓮聖人は、あらためて激しく活動を開始された。

○『立正安国論』に基づく聖人の諸処への働きかけ

最明寺入道はすでに死去していたので、日蓮聖人は、かねて『立正安国論』で示した予見が正しかったことを認識させるために『安国論副状(43)』を北條時宗宛に進呈し、さらに前述した如く『安国論御勘由来(44)』を書かれて法鑒房に送られたのである。本書は『立正安国論』の意図を述べ、法然・大日らが日本国の人々をして念仏者とし、禅宗に帰依せしめ、そのために法華・真言の伝統が失われたことを述べ、悪い現況が生じるのは、仏神が瞋恚をなすためであるとする。これに対応した解決方法を知っているのは比叡山の仏教以外には日蓮のみであるとし、このことを再度三度、宿屋入道に対面した時に述べた通りであることを明らかにしている。

更に文永五年八月二十一日、宿屋入道光則に書を送り、安国論に対する幕府の返答を迫ったことは『宿屋入道再御状』[45]に依って知ることができる。又、光則に面会して直言もされたというが、何等の反応もなかったという。

そこで更に各所各寺に書状を送り、予言の的中を指示し、外患の原因は念仏禅律等の邪法の横行にあり、外患を払うべき良策は、法華の正法が広布することであり、それらの諸宗の僧との公場対決を求めたが黙殺されたという。

○『立正安国論』手与及び門下への警告と聖人の捨身の覚悟

そして文永六年（一二六九）十二月八日、日蓮聖人は、『立正安国論』を手写され、その奥書末尾に「既ニ勘文叶レフ之ニ準レシテ之ニ思レフニ之ヲ未来亦可レキ然ル歟。此書ハ有レル徴文也。是偏ニ非ニス日蓮之力一ニ法華經之真文ノ所レノ至ニ感応一歟」[46]と記されていることに、聖人の法華経への絶対憑依が伺える。

日蓮聖人は、前述した書状と共に、門徒に対しては死を決すべしという警告書を廻されたという。又、『金吾殿御返事』[47]の、文中初めの「去年方々に」とは文永五年の警告であり、次の「今年十一月之比方々へ」とは文永六年の警告であり、これほどの避事に対し今まで死罪に行なわれないのは「不思議」であり「本意ならず」と極言されている。聖人の捨身の覚悟が伺える。

○問註所への召喚

『問註得意鈔』文永六年（一二六九）五月九日、富木外二人へ

文永六年五月、幕府が富木五郎入道ほか二名を問注所に召喚したことにより、日蓮聖人は、この三人に対し問注所における対決について、言語・態度・動作・について綿密な注意を与えている。富木氏及び太田・曽谷両氏が、この三人といわれ、仏法上の問題がその訴訟の裏面に介在しているようである。又、此の書によって、幕府の追求が門徒に迄及んでいたことが伺える。

○三類の強敵の裏面策動と良観の祈雨

さて、前述の日蓮聖人の諸処への警告に対し、表面的には、何ら応答はなかったが、裏面では種々な策動が行なわれ、さかんに聖人への怒嫉の声が放たれた。第一回の諫暁に対する迫害の元凶は極楽寺重時であったが、今回の警告に対する迫害は、三類の強敵中、僭聖増上慢たる極楽寺の忍性房良観が主であった。

文永八年（一二七一）の夏は旱魃がつづいた。幕府は良観に雨乞の祈を命じた。六月十八日から七日間、極楽寺に雨の祈りが修された。日蓮聖人は良観に挑戦状を送った。「七日の間に雨が降れば日蓮の負けである。もし降らなかったら良観房の負けとしよう」と申し入れたのである。結果は、全く効験なく良観の負けであった(48)。

○聖人断罪の評定と訊問

復讐の第一番として翌七月八日、良観は浄光明寺行敏の名を以て、聖人に法論を申し込んだ(49)。それに対して聖人は、同十三日、幕府を審判者としての対決なら応じるが、私ごとは断ると返答された(50)。

そこで彼等（良観房忍性・然阿良忠・道阿道教(51)）は、聖人が宗教上の異端者である旨をしたため、又、政治上の叛逆者である旨を暗示した訴状を問註所へ提出した(52)。問註所ではこれを聖人に下して、その陳状を促した。聖人は直ちに陳状をしたため提出した。それは又、彼等へ下げられた。しかし、これに対して再び反論する論理を、彼等は持たなかった。

公訴に沈黙した彼等は裏面から幕府の大奥である「上臈尼御前」に取りついて種々に構え、ついに彼女等は執権をはじめとした幕府の有司を動かして聖人断罪の評定を開かしめたのである[53]。その結果「日蓮の罪科まぬがれがたし」と決定された。但し一往召喚して、調査すべしとして、九月十日、聖人は評定所に呼び出され、執権の執事であり侍所司である平左衛門頼綱の訊問を受けられた[54]。

聖人は、訊問の際の答弁にも、後の書翰（『一昨日御書』[55]）にも共に予言の的中をあげ、諸宗との対決を求め、幕府の反省を強く求められている。

○聖人の召捕

幕府は、その不敵の言動をにくみ、十二日（召喚された翌々日）に聖人が平左衛門に『立正安国論』と共に宛てた『一昨日御書』が届かない内に、評定所の決議に従って平左衛門は聖人の召捕に向ったのである。その召捕の様子は只事ではなく、特に聖人の懐中の法華経第五ノ巻を以て少輔房が聖人を打ち挫えたことは聖人にとって深い感慨であった[56]。

○八幡諫暁

九月十二日の夜、聖人を馬に乗せ、松火をかかげ、武士達にとり囲まれて、龍口で頸を切るべく鎌倉を出て行くことになった。鶴ヶ丘八幡の社前にさしかかると、聖人は馬から下り、八幡に向って大音を以て諫暁された。このことは、後年の記述として諸書に述べられているが、就中『種々御振舞御書』[57]中の「今日蓮は日本第一の法華経の行者なり。其上身に一分のあやまちなし。日本国の一切衆生ノ法華経を謗じて無間大城におつべきを、たすけんがために申ス法門なり」とは、聖人が八幡大菩薩に対して、確固たる己れを声明したことである。

又、法華経会上で、諸天善神聖人たちに各々「法華経の行者にをろかなるまじき誓状」を釈尊が促された時、「一々に御誓状を立てられしぞかし」として、「いそぎいそぎ誓状の宿願をとげさせ給フべきに、いかに此処にはをちあわせ給ハぬぞ」と、聖人は八幡大菩薩を痛罵された。捕われの身でありながら、聖人の余りに堂々たる自信に満ちた不敵な態度に、警固の役人たちは畏怖の念を抱いたであろう。

○四條金吾への遺誡と情愛

やがて一行は進んで由比ヶ浜に出た。御霊の宮の前に来ると、聖人は、この付近に住んでいる四條金吾の許へ使を出して呼び寄せた。馳せ参じた金吾と弟たちは聖人の馬の口に取り付いて泣き悲しんだが、聖人は「今夜頸切ラれへまかるなり。（中略）これほどの悦ヒをばわらへかし」と淳々と遺誡された。[58]

又、『崇峻天皇御書』には、四條金吾の忠誠と信仰心に対し、泌々した情愛を表出されている。

尚、『四條金吾殿御消息』は、写本が朝師本で依用不可であるが、四條金吾に対し「かかる日蓮にともないて、法華経の行者として腹を切らんとの給フ事云々」の語句が捨てがたいため、註として、あえて依用する。[59]

○龍口の頸の座

やがて一行は龍口に到着した。「ここにてぞあらんずらんと思ひし処に案の如く」とは佐渡流罪という宣告で、ひそかにここで処刑しようとする幕府の計画を指されている。

この時「只今也」と泣いた金吾の悲歎。「是程の悦を笑ひかし」と叱咤された聖人の覚悟。つづいて起こった不思議な天変。平左衛門等の恐慌。[60]

かくて幕府の計画は奇蹟の出現によって実行できなかったのである。

又、後年の述懐であるが、聖人は、この頸の座を脱れたことを「必仮二テ心ノ固一キニ神ノ守リ即テ強シ」として、神の守護を確信されている。[61]

○依智から寺泊へ

頸が切れなければ公に宣告したように佐渡流罪とすることになる。そこでこの事件の預りである武蔵守宣時の家人、佐渡の守護代である、相模の依智の本間六郎左衛門重連の館へ行くこととなった。四條金吾をはじめ供奉の弟子たちを従え、不思議の出現に畏れおののく護送の武士たちを率いて、十三日の正午に依智の館に入られたのである。(62)

その日の戌の時（午後九時頃）、急使を以て執権時宗の命令書が依智へ来た。「やがて赦免される人である。あやまち（殺して）してならぬ」という命令である。(63)

九月十三日の夜は晩秋の明月であった。聖人は明月に向って何故に法華経の行者を守護せざるかと責められた。これに答える如く、星が降って庭の梅の枝にかかり、やがて天かき曇り大風が吹いてただならぬ様子を見せた。(64)

その翌十四日早朝、十郎入道という者が来て幕府の評定を告げた。殿中に怪異が起り、陰陽師にうらなわせたところ、直ちに許すか、しばらく様子を見て許すかの二説に分かれ、結局、後説にしたがって一先づ佐渡へ流すべしと決定したという。(65)

さて、本節における(A)持経者、(B)法華経の行者関連語句を擁する遺文は『問註得意鈔』『法門可被申様事』『十章鈔』『土木殿御返事』『五人土籠御書』『転重軽受法門』である。又、(A)(B)関連語句は以下の通りである。

(A)持経者関連　ゼロ例

(B)法華経の行者関連　九例

(一)『問註得意鈔』について

本書は、文永六年（一二六九）五月九日、富木氏外二人への書状である。

文永六年五月、幕府が富木五郎入道ほか二人を問註所へ召喚したことにより、聖人は、この三人に対し問注所における対決について、言語・態度・動作・について綿密な注意を与えていることを示す。富木氏及び太田・曽谷両氏が、この三人といわれ、仏法上の問題がその訴訟の裏面に介在しているようである。

今日召シ合セ御問注之由承リ候。如二クナラハ各々御所念一ノ者三千年ニ一度花サキ菓ナル値二ヘル優曇華一ニ之身歟。西王母之薗ノ桃 九千年三度得レル之ヲ東方朔カ心歟。一期ノ幸何事カ如レン之ニ。御成敗ノ甲乙ハ且ラク置レク之ヲ。前キ立テ開二發セン鬱念一ヲ歟。但シ兼日雖レ有二リト御存知一鞭二ウツ千駿馬一ニモ之理有レリ之。今日御出仕 望二ンテ於公庭一ニ之後ハ設ヒ雖レ爲二リト知音一向二傍輩一ニ可レシ被レ止二メ雜言一ヲ。兩方召シ合セ之時 御奉行人訴陳之状讀レム之ヲ之尅《きざみ》付二ケテモ何事一ニ御奉行人無二ラン御尋一之外不レルカ可レ出二ス一言一ヲ歟。設ヒ敵人等雖レ吐二クト惡口一ヲ 各々當身之事一二度マテハ可レシ如レクス不レルカ聞。及二フ三度一ニ之時 不レ變二セ顔貌一ヲ 不レ出二サ麤言一ヲ 以二テ耎語一ヲ可レシ申ス。各々ハ一處ノ同輩也。於レテハ私ニ者全ク無二キ違恨一之由可レキカ被レル申レサ之ヲ歟。又御供雜人等ニ能々加二ヘ禁止一ヲ不レル可レ出二ス喧嘩一ヲ歟。如レキ是事難レシ盡二シ書札一ニ。以レテ心ヲ可レキ有二御斟酌一歟。出二ス此等ノ嬌言一ヲ事恐ヲ雖レ存スト佛經ト行者ト檀那ト三事相應シテ爲レ成二ンカ一事一ヲ出二ス愚言一ヲ處也。恐恐謹言。(66)

即ち、

(B)行者（法華経の）一例

「仏経ト行者ト檀那ト三事相応シテ爲レ成二ンカ一事一ヲ……」

文中の「行者」は「法華経の行者」たる聖人自身であると思われる。

が挙げられる。

(二)『法門可被申様之事』について

文永六年　三位房へ、聖寿四十八歳の述作である。

本書は、京都遊学中の弟子三位房に与えたもので念仏対破の法門を教え、法華経の行者としての権威と自覚をうながし、当時の念仏・禅宗の信仰に蚕食された叡山の現状を批判し、開祖伝教大師の法華正信の正統信仰に復帰するよう勧告しなければならないと教えられている。又、三位房が都会の脆弱、軽佻の風にそまったことをいましめて質実剛健の東国の気質を失ってはならぬと教誡されている。

　天台宗の人々は我宗は實義とも知ラざるゆへに、我宗のほろび、我身のかるくなるをはしらずして、他宗を助ケて我宗を失フなるべし。法華宗の人が法華經の題目南無妙法蓮華經とはとなえずして、南無阿弥陀佛と常に唱ヘば、法華經を失フなるべし。例せば外道は三寶を立て、其中に佛寶と申ス南無摩醯脩羅天と唱ヘしかば、佛弟子は翻邪の三歸と申シて南無釈迦牟尼佛と申せしなり。此をもつて内外のしるしとす。南無阿弥陀佛とは浄土宗の依經の題目なり。心には法華經の行者と存スとも南無阿弥陀佛と申サば傍輩は念佛者としりぬ。法華經をすてたる人とをもうべし。叡山の三千人は此旨を辧ヘずして王法にもすてられ叡山をもほろぼさんとするゆへに、自然に三寶に申ス事叶ず等と申シ給フべし。[67]

文中「心には法華経の行者と存スとも南無阿弥陀仏と申サば傍輩は念仏者としりぬ。法華経をすてたる人とをもうべし」とあるのは、心中で法華経の行者だと思っていても、行動・形で表わさず、あまつさえ南無阿弥陀仏などと申すなら、仲間たちは念仏者と知り、法華経を捨てた人と思うと述べられる。三位房への叱咤である。

即ち、

(B)法華経の行者　一例

が挙げられるが、意趣は甚だ弱い。

次に、

先ッ世間の上下萬人云ク、八幡大菩薩は正直の頂《かうべ》にやどり給フ、別のすみかなし等云云。世間に正直の人なければ大菩薩のすみかましまさず、又佛法の中に法華經計リこそ正直の御經にてはをはしませ。法華經の行者なければ大菩薩の御すみかをはせざるか。但シ日本國には日蓮一人計リこそ世間・出世正直の者にては候へ。其故は故最明寺入道に向て、禅宗は天魔のそい（所爲）なるべし。のちに勘文もてこれをつげしらしむ。日本國の皆人無間地獄に堕ッべし。これほど有ル事を正直に申スものは先代にもありがたくこそ。[68]

文中「法華経の行者なければ（八幡）大菩薩の御すみかをはせざるか。但シ日本国には日蓮一人計リこそ世間・出世正直の者にては候へ」とあるのは、日蓮聖人自身が「法華経の行者」たることを示している。そして日本国守護の善神にとって「法華経の行者」の存在の可否が、いかに重要かを述べられている。

即ち、

(B)法華経の行者　一例

が挙げられる。

本書の関連語句の累計は、

(B)法華経の行者　二例である。

㈢『十章鈔』について

文永八年（一二七一）五月、三位房へ　聖寿五十歳の述作である。

南無阿彌陀佛は爾前にかぎる。法華經にをいては往生の行にあらず。開會後佛因となるべし。南無妙法蓮華經は四十餘年にわたらず、但法華八箇年にかぎる。南無阿彌陀佛に開會せられず。法華經は能開、念佛は所開ナリ。法華經の行者は一期南無阿彌陀佛と申サずとも、南無阿彌陀佛並に十方の諸佛の功德を備へたり。譬ハ如ニシ如意寶珠ノ。金銀等の財を備へたるか。念佛は一期申スとも法華經の功德をすぐべからず。譬ば金銀等の如意寶珠をかねざるがごとし(69)。

本書は、二段に分けられ、第一段は『摩訶止観』の正意と正行を明かし、第二段は訴訟に関する報告である。まず第一段は『摩訶止観』の正意を明かし、その組織や法華経本迹を論じ、止観の正行を明かして天台・真言の念仏を破している。論点は、法華経の円と尓前の円の同異に関するもの、四種三昧の真意は法華経にあること、一念三千の説処と本迹の関連、法華経の正行は唱題にあること等で、法華経本門の立場から『摩訶止観』をとらえ、天台宗の学者の誤謬を指摘する。

引用文は第一段に当る。

「法華経は能開、念仏は所開ナリ。法華経の行者は一期南無阿弥陀仏と申サずとも、南無阿弥陀仏並に十方の諸仏の功徳を備へたり」として叡山の教風に染まりがちな三位房への教誡である。

即ち、法華経は能開であるから、法華経の行者は十方諸仏の功徳を備えている。そして、が挙げられる。

次に、

(B)法華経の行者　一例

設トヒ開會をさとれる念佛なりとも、猶體內の權なり。體內の實に及ハず。何ニ況ヤ當世に開會を心得たる智者も少なくこそをはすらめ。設トヒさる人ありとも、弟子・眷屬・所従なんどはいかんがあるべかるらん。愚者ハ知者の念佛を申シ給フをみては念佛者とぞ見候らん。法華經の行者とはよも候はじ。又南無妙法蓮華經と申ス人をば、いかなる愚者も法華經の行者とぞ申シ候はんずらん。當世に父母を殺ス人よりも、謀反ヲをこす人よりも、天台・真言の學者と云はれて、善公が禮讃をうたひ、然公が念佛をさいづる人々はをそろしく候なり。この文《ふみ》を止観よみあげさせ給て後、ふみのざ（文座）の人にひろめてわたらせ給べし。止観よみあげさせ給はば、すみやかに御わたり候へ[70]。

この文は、前掲の引用文につづいている。

念仏を申す人を法華経の行者とは見る人がいないように、南無妙法蓮華経と申す人を、どんな愚者も法華経の行者と申すであろうとして、題目を唱える者を法華経の行者としている。ここには「色読」などの規定は、ない。

即ち、

(B)法華経の行者　二例

が挙げられる。

又、末文にあるように三位房に「ふみの座」の人々への法華経弘教を勧めている。更に三位房の「信」に対する危惧感を含めた、弟子への情愛が示されている。

以上、本書の関連語句は、

(B)法華経の行者　三例

である。

さて、龍口法難後の聖人の第一書は、

(四)『土木殿御返事』について

本書は、文永八年九月十四日、聖寿五十歳、依智での消息である。

上のせめさせ給ッにこそ法華經を信シたる色もあらわれ候へ。月はかけてみち、しを（潮）はひ（干）てみつ事疑なし。此も罰あり必徳あるべし。なにしにかなげかん。

此十二日酉ノ時御勘氣。武蔵守殿御あづかりにて、十三日丑ノ時にかまくらをいでゝ、佐土の國へながされ候が、たうじはほんま（本間）のえちと申スところに、えちの六郎左衛門尉殿ノ代官右馬太郎と申ス者あづかりて候が、いま四五日はあるべげに候。御歎キはさる事に候へども、これには一定と本よりご（期）して候へばなげかず候。いままで頸の切レぬこそ本意なく候へ。法華經の御ゆへに過去に頸をうしないたらば、かゝる少身のみ（身）にて候べきか。又數數見擯出ととかれて、度々失《とが》にあたりて重罪をけしてこそ佛にもなり候はんずれば、我と苦行をいたす事は心ゆへなり。

九月十四日　　　日　蓮　花押

土木殿御返事(71)

以上が全文であるが、この書簡は、龍口法難を知った富木氏が直ちに、聖人の身を案じて送った書状に対する御返事であろう。

即ち王難に値うことによって、法華経への信が具体化することを、まず述べられる。

特に末文の、

(B)我と苦行をいたす事＝法華経の行者　一例

と看取することができよう。勿論、前代の「持経者」にも苦行性は多く見られた。しかしそれは、自行のための苦行であった。

聖人の法難は、国のため、衆生のため、そして法華経の未来記「数々見擯出」等を実証するためのものである。

そして依智に滞在すること二十余日、その間、鎌倉に於ては良観や念仏者の一味が苦肉の策をめぐらし、自ら放火殺人を犯し、それらを日蓮残党の所為と流言したのである。(72)

㈤『五人土籠御書』について

本書は、文永八年十月三日、依智からの消息である。

龍口法難は、周知の如く弟子、門下にも迫害が及んだ。本書簡は土籠に幽閉された日朗等弟子五人に対しての情愛溢れる一書である。(73) 就中、

(B)各々は法華経一部づつあそばして候へば＝法華経の行者　一例

ということが出来よう。即ち、法華経一部を実践・色読し、かかる難に値っているのである。

㈥『転重軽受法門』について

本書は、文永八年十月五日、於依智、太田左衛門尉・蘇谷入道・金原法橋宛である。

まず『涅槃経』の「転重軽受」の法門(74)を挙げ、先業が重くて今生に尽きず未来に地獄の苦を受くべきであるのに、今生に法難という重苦に値うことにより、地獄の苦は消えて、死後は人・天・三乗・一乗の益を得ると述べる。そして不軽菩薩の悪口罵詈され、杖木瓦礫を被ったのは過去の誹謗正法の為であるが、「其罪畢已」の如く、不軽菩薩の値難により過去の罪が滅すると述べられる。(75)

更に、

法華經は紙付に音をあげてよめども、彼の經文のごとくふれまう事かたく候か。譬喩品ニ云ク 見テ下有ン四讀ニ踊シ書三持スルコト經ヲ一者ヲ上 輕賤憎嫉シテ而懷カン二結恨ヲ一。法師品ニ云ク 如來ノ現在スラ猶多シ二怨嫉一 況ャ滅度ノ後ヲヤ。勸持品ニ云ク 加ヘ二刀杖ヲ一乃至數數《しばしば》見レン二擯出セ一。安樂行品ニ云ク 一切世間多シテレ怨《あだ》難シトレ信シ。此等は經文には候へども何世《いつのよ》にかゝるべしともしられず。過去の不輕菩薩・覺徳比丘なんどこそ、身にあたりてよみまいらせて候けるとみへはんべれ。現在には正像二千年はさてをきぬ。末法に入ては此日本國には當時は日蓮一人みへ候か。昔の惡王の御時、多クの聖僧の難に値ヒ候けるには、又所從眷屬等・弟子檀那等いくぞばくかなげき候ヒけんと、今をもち

てをしはかり候。今日蓮法華經一部よみて候。一句一偈に猶受記をかほれり。何ニ況ャ一部をやと、いよ／＼たのもし。(76)

の如く述べられる。就中、

(B)法華経は紙付に音をあげてよめ（従来の持経者）ども、彼の経文のごとくふれまう（行為・実践）事かたく候か。（中略）今日蓮法華経一部よみて候（色読）＝法華経の行者（傍点、論者）

一例が挙げられる。

そして、十月十日、相模の依智を立って越後の寺泊の港に着かれたのは十月二十一日である。その翌日、富木氏の命を受けて佐渡まで供すべしという入道に書状を持たせて無理に帰した。それが『寺泊御書』である。

第四節　『寺泊御書』にみる法華経の行者自覚

日蓮聖人は、文永八年十月十日、相模の依智を発って佐渡へと向かわれた。その夜は武蔵国久目河の宿に着き、かくて上野の野路を横切り信濃の山路を越え、越後の寺泊の港へ着かれたのは十月二十一日である。その道程は、難路であったことが伺われる。(77)その翌日、富木氏の厳命を受けて佐渡まで供すべしという入道を無理に帰して、託された手紙が本書である。

眼前には初冬の日本海の荒々しい波濤、打ちつける強風、見渡せば孤島佐渡は海上遥かにあり、暗澹たる空と海は、まさに、これからの聖人の在り様を示すようにさえ見える。

本節には、(A)持経者及び(B)法華経の行者関連語句は無い。即ち、

(A)持経者関連語句　ゼロ例

(B)法華経の行者関連語句　ゼロ例

である。

にもかかわらず、この『寺泊御書』には、聖人が内・外からの、聖人の弘教方法についての疑問に対し、心奥からこれに答える形式を以って、法華経の行者自覚が表出されている。

本書は、聖人の立教開宗以降の活動の一つの帰結点・集大成であり、又、佐渡期の『開目抄』『如来滅後五五百歳始観心本尊抄』両抄に架橋する重要な書である。

『寺泊御書』文永八年十月二十二日、於越後寺泊、富木氏へ、聖寿五十歳

第一項　法華経の行者への批判

冒頭、法華経第四・法師品の「而モ此経ハ者　如来ノ現在スラ　猶多二シ怨嫉一　況ヤ滅度ノ後ヲヤ」[78]及び第五巻・安楽行品の「一切世間多レクシテ怨難レシ信シ」[79]を挙げられ、仏滅後における法華経修行に難の伴うべきことを明す経証を示される。

次いで涅槃経三十八の「尓ノ時一切ノ外道ノ衆　咸ク作二ク是言一ヲ　大王〇今者唯有二リ一リノ大悪人一　瞿曇沙門ナリ〇一切世間ノ悪人　為二ノ利養一ノ故ニ　往二キ集リテ其所一ニ　而為二テ眷属一ト　不レ能ハ修レヌルコト善ヲ。呪術力ノ故ニ調二伏ス迦葉及舎利弗・目犍連等一ヲ云云」[80]を引用され、一切の外道が阿闍世王に向かって、瞿曇沙門即ち釈迦が大悪人であること、そして世間のあらゆる悪人は利欲のために釈迦の所に集まってその配下となり、少しも善いことはしない。また釈迦は怪しい呪術力で、迦葉や舎利弗や目連等を帰伏させて

弟子としていると讒言するとの意である。迦葉等は、釈尊の弟子となる以前は皆、外道の中の肝要な人々であった故に、その遺恨は並々ではないと思われる。

この涅槃経の文は、一切の外道が、自分等の本師である二天（摩醯首羅天と毘紐天）、三仙（迦毘羅、傴樓僧佉、勒婆婆）の説いた教え（四圍陀等）を、釈尊から痛撃されたことを残念に思い、国王の前に讒訴する折に吐いた悪口である。(81)

更に、つぎのように述べられる。

法華經ノ文ハ　佛ヲ非レス爲レスニハ怨《あだ》ト。　經文天台ノ意ニ云ク　一切ノ聲聞・縁覺並ヒニ樂二フ近成一ヲ菩薩等云云。不レ欲レセ聞ント　不レ欲レセ信ント　不ルハ當《あた》二其機一ニ　出レシテ言ヲ莫レキモ謗ルコト皆定二メ怨嫉ノ者一ト了ンヌ。　以二テ在世一ヲ推二スニ滅後一ヲ　一切諸宗ノ學者等ハ皆如二シ外道一ノ。　彼等カ云フ　一大惡人トハ者當二レリ日蓮一ニ。　一切ノ惡人集レマルト之ニ者　日蓮カ弟子等是也。　彼外道ハ先佛ノ説教流傳之後　謬レテ之ヲ後佛ヲ爲レセリ怨ト。　今諸宗ノ學者等モ亦復如レシ是ノ。　所詮依二テ佛教一ニ起二ス邪見一ヲ。　轉レスル目ノ者欲《おもふ》レ轉二スト大山一。(82)

即ち、法華経の文にある「怨嫉」とか「多怨」とかいう怨なるものは、涅槃経のように外道が釈尊を怨敵としているのとは異なり、(83)釈尊の弟子の中に法華経に怨する者が少くないことを説かれた文なのである。天台の解釈にも、小乗に執著する声聞・縁覚、ならびに迹門の始覚を好んで久遠実成を信じない菩薩等が怨であるとする。また法華経を聞こうともせず、信じようともしない人々は、たとえ口に出して公然と誇らないまでも、それらはすべて法華経の怨であると断定している。(84)

そして、在世を以て仏滅後の今に推し当てて考えると、現在の諸宗の学者等は、釈尊在世の外道に相当するとする。

ここで肝要なのは、彼の外道等が釈尊を一人の大悪人と指したのは、今日でいえば日蓮のことであるとして、釈尊と自身とを、他から讒言され悪口された者として同一化されていることである。

したがって、一切の悪人が釈尊の所に集まって眷属となっているといったのは、日蓮の弟子たちに当っていることになる。

又、彼の外道等は、過去世における先仏の説かれた教えを習い謬って邪見をおこし、後から出現された釈尊を怨として種々の迫害を加えたのである。今、諸宗の学者も又、その通りで、詮ずる所は釈尊の説かれた教えを習い謬り、それによって、邪見を起こしているのであり、あたかも自分の目の廻る者が、向うの山が転じると思うようなものであると述べられている。

第二項 「贖命重宝」について

注目すべきは、涅槃経第十八の「贖命重宝」[85]の法門を以て、八宗・十宗[86]を一網打尽となして「法華経ノ先後ノ諸経ハ為ニノ法華経一ノ重宝也」(『定遺』五一三頁)として、彼等の迷見を総括して破されていることである。

就中、天台の宗意を挙げて「命トハ法華経也。重宝トハ涅槃経ニ所レ説ク前三教也」[87]とし、又、「玄義ノ三ニ云ク 涅槃ハ贖命ノ重宝ナリ。[88]」など、天台の説は諸宗評破の基準として尊重されている。

しかし、諸宗の学者等は、法華前後の諸経は、法華経の命を贖うための重宝であるということは天台一宗に限られた見方であり、天台以外の諸宗では、その義を用いないとして反撥するのである。

更に、

日蓮案レシテ之ヲ云ク 八宗十宗等皆自二佛滅後一起レシ之ヲ 論師人師立レツ之ヲ。以二テ滅後ノ宗一ヲ不レ可レ計二ル現在ノ經一ヲ。天台ノ所判ハ依レテ叶二フニ一切經一ニ 屬二シテ於一宗一ニ 不レ可レ弃《すつ》レ之ヲ。諸宗ノ學者等執二スル自師ノ誤一ヲ故ニ 或ハ事ヲ寄レセ機ニ 或ハ讓二リ前師一ニ 或ハ語二ラヒ賢王一ヲ 結句最後ニハ惡心強盛ニシテ起二シ闘諍一ヲ 無レキ失《とが》者ヲ 損《そこなふ》レテ之ヲ爲レス樂ト。[89]

の如く述べられる。

即ち、八宗・十宗はいずれも仏滅後に起こったもので、論師・人師がこれを立てている。滅後の宗を以て釈尊在世の経を推し計ることはできない。ただ天台大師の所判は一切経に叶っているのであるから、それを単に天台一宗に限られた見解として捨ててはならないのである。そして、諸宗の学者は自師の誤りを執するため、諸経中王の法華経に対して、或は末法の下根の衆生には相当しないと言ってこれを排し、或は、自分より前の祖師たちの説だからと云って譲りつけ、或は賢王を語らって味方につけ、その揚句は悪人が盛になり、徒らなる諍論（あらそい）を起し、何の失もない正法の行者を傷つけたり斬らせたり流させたりして楽しみにしているとする。(90)

日蓮聖人が、天台宗に対する態度には、これを破する場合と許す場合があり、即ち天台大師から妙楽大師までと、日本天台宗を立てた伝教大師とは、深く釈尊の意に徹するとして、これを許し、それ以後の末師は法華の真髄を忘れて邪路に走れるものとしてこれを破す。いいかえれば正統天台は許し、雑乱天台は破折するのである。(91)

そして上述した諸宗の中でも、真言宗は特別に邪まな考えを持っていると述べられる。

その理由は、真言宗の祖師の善無畏や金剛智等は、法華経の一念三千は天台の極理であり釈尊一代の説法の肝心であるが、この「一念三千」は、しばらく措いて、この外に、真言密教には印契と真言があり、それが仏教の肝要であると。

その後の真言師等も同様で、祖師等の説に寄せて印・真言のない経々を卑めて外道の法の如くし、仏教の筋道をも得ないで、限りなき邪見を起こしている。(92)

真言師等に対し、聖人は、もし大日経等の真言の経が法華以前の説であるなら、華厳経と同じであり、もし法華以後の説であるならば、涅槃経と同じ、いずれにしても法華経の命を贖うための重宝に過ぎないと述べられる。

又、

佛ノ滅後　於テ二天竺ニ一得タルハ二此詮ヲ一龍樹菩薩。於テ二漢土ニ一始テ得タルハレ之ヲ天台智者大師也。眞言宗ノ善無畏等・華嚴宗ノ澄觀等・三論宗ノ嘉祥等・法相宗ノ慈恩等　名ハ依レトモ二自宗ニ一其心落タリ二天台宗ニ一。

其門弟等不レ知二此事ヲ一。如何ソ免レンヤ二謗法ノ失ヲ一乎(93)。

と述べられる。

即ち、釈尊の滅後において、法華経と諸経との価値(94)を正しく知り得た人は、印度では龍樹菩薩、支那では天台智者大師である。

真言宗の善無畏等、華厳宗の澄観等、三論宗の嘉祥等、法相宗の慈恩等の諸師は、名だけは、それぞれの宗旨(95)の祖師として一宗を立てているが、その内心は天台宗に帰伏して、法華経の真価を認めていたのであるとする。

第三項　勧持品の色読と常不軽菩薩との同一化

本項は、聖人の折伏弘通に対する批判に対し、法華経の行者としての立場から特に答えられたものである。

次の句々は、本書の重大なポイントである。

或人《あるひと》難ジテ二日蓮ヲ一云ク　不シテレ知レ機ヲ　立テ二麤《あらき》義ヲ一　値フトレ難ニ。

或人云ク　如キハ二勧持品ノ一者　深位ノ菩薩ノ義也。違スト二安樂行品ニ一。

或人云ク　我モ存レトモ二此義(96)ヲ一不レト言ハ云云。

或人云ク　唯教門計リ也。

即ち、四つの非難が挙げられている。そしてこの四難は、詮ずるところ聖人の折伏に対する正しい認識の欠乏に由来する。このような疑難が、他宗及び門下の教団から猛然と発せられ、そのために教団は興亡の岐路に立ち、これらの疑難を一掃することは、聖人にとっての急務であった。この種の疑難に対して、折伏の正義を広く顕揚されたのが『開目抄』である。(97)

(一) 第一の人は、聖人が相手の機根を見分けずに、只々、荒々しい折伏を行なうから、そのために、法難に値うのだと非難する。

即ち、教えを受ける人の宗教的機根を知らないで、折伏を実践しているから、法難に値うのだと。しかし、聖人においては、「機」ではなく、時代・世相・歴史を踏まえた「時」に依ることが最要なのである。「機」を主体とするのではなく、末法の今の「時」を見据えての、聖人の弘教活動であり、選びとった「教」＝法華経に依ることこそが必至なのである。(98)

しかも、その「時」とは、『如来滅後五五百歳始観心本尊抄』の題号の示す通り、『大方等大集経』(99)に記す如く、釈尊滅後の仏法の在り様を①解脱堅固、五百年②禅定堅固、五百年（以上、正法時代一千年）③読誦多聞堅固、五百年④多造塔寺堅固、五百年（以上、像法時代一千年）を経て、⑤闘諍堅固・白法隠没を末法一万年とする。この中の第五の五百歳即ち仏滅後二千二百二十余年(100)に当る〝今〟を以て、大白法たる南無妙法蓮華経が広宣流布すべき「選ばれた時」と、聖人は把握され、実行されたのである。

従って、第一難の「機を知らずして云々」は、まったく的を得ていない非難として、聖人は受け取られたのである。

勿論、聖人は、末法の衆生が「下根下機」であることを承知されている。だからこそ、「末法の今」に大白法たる法華経を揚げて、折伏逆化の方法を以て、一切衆生を救済しなければならない必然性がある。

（二）第二の人は、勧持品に説かれている折伏という方法は、深位後心の菩薩のすることである。日蓮のような浅位初心の者は、安楽行品に説かれている摂受という修行によるべきであるのに、日蓮はこれに背いていると非難する。これは、非常に聖人を侮蔑したものである。

即ち、大乗の菩薩の発心から悟りを得るまでの修行の階位を五十二位即ち五十二の段階とする(101)考えからすると、聖人の階位は、大変低い位置と見なされている。この非難は、おそらく「三類の強敵」中、他宗の僣聖増上慢たる、世間では高僧と見なされている人々から発せられたものと思われる。聖人の考え方は、妙法五字の題目受持により五十二位の階位を経ずして即身成仏するのである(102)。しかし、それには〝信〟が必須条件である。

（三）第三の人は、自分も内心においては折伏の義を知っているけれども、言えば人々の嘲笑を買うから言わないのであるという。非常に卑怯で臆病な人の言い分である。

（四）第四の人は、日蓮の説く法門は、教相門（教義・理論）ばかりで、観心門（仏法の行往坐臥の実践・修行）において無知であると非難する。

この非難は、まったく当を得ていない。これより約一年半後、聖人が佐渡において、「当身の大事」たる観心の法門を、堂々と註されたのが『如来滅後五五百歳始観心本尊抄』一篇である。

さて、以下の各文は、折伏の正義を示されている。前述の四人の疑難は、折伏に対する正しい理解がないことに由来する。したがって、それらの疑難に回答を与えることが、折伏の正義を顕すことになるのであり、四人の疑難に対配して述べられていく。

雖㆓具ニ我存㆒スト之ヲ㆑ 卞和ハ切ラル㆑足ヲ。清丸ハ給㆓テ于穢丸《けがれまる》ト云フ名ヲ㆒欲㆑ス及㆓ント死罪㆒ニ。時ノ人咲㆑フ之ヲ。

雖レ然リト其人未タレ流サ二善名《よきな》ヲ一。汝等カ邪難モ亦可シレ爾ル。(103)

即ち、以上の引用文は、まず第三人の疑難に答えて、折伏の義を承知していながら、世人の笑いを恐れている卑屈な考えであるから、和漢の例を示して、さとされていく。

即ち、こうした諸人の非難は自分もよく承知している。昔、支那の卞和《べんか》という人は、珠の問題で国王に足を切られ(104)我が国の清丸は忠義のために穢丸という名をつけられた上、死罪にさえ行なわれようとした。当時の人々は、この有様を見て咲ったが、咲われた人々は後の世までもその名をとどめ、嘲った人々は、その名を残していない。今、日蓮を非難する人々も、後の世まで善き名を流すことはできないであろうと述べられる。

勧持品ニ云ク有テ二諸ノ無智ノ人一悪口罵詈ス等云云。(105)日蓮當レリ二此經文一ニ。汝等何ソ不ルレ入ラ二此經文一ニ。及加刀杖者等ト云云。(106)日蓮ハ讀メリ二此經文一ヲ。汝等何ソ不ルレ讀マ二此經文一ヲ。常在ノ大衆中欲毀我等過等云云。(107)向國王大臣婆羅門居士等云云。(108)悪口而顰蹙　數數見擯出。(109)數々トハ者度々也。日蓮擯出衆度《たびたび》。流罪ハ二度也。(110)

以上の引用文は、四人の中の第二人の難詰に答えられている。勧持品の経文を口で読み心で読んだばかりでなく、日蓮は更に色《からだ》で読んでいると答え、又、その半面において、汝等は、勧持品に説かれた上慢の怨敵に属する者だと警告されたのである。

勧持品は、長行と偈頌から成り、この偈頌は、「二十行の偈」として重視されている。なぜなら、この二十行の偈は、八十万億那由他の諸菩薩が、仏滅後の悪世において、三類の強敵中、特に僭聖増上慢が利養に貪著する故に、さまざまな迫害を以て法華経を広宣する者に難事を為すが、自分たちは身命を愛するのではなく、ただ無上道たる法華経を惜しむ者で、どんな誹謗や迫害をも忍受して弘教すると仏前で誓言したものであるからである。

即ち「諸《もろもろ》の無智の人が、正法の行者に悪口を加えたり罵詈したりする」とある。日蓮はたしかにこの経文のように侮蔑されている。汝等はこの経文にいう所の「無知の人」ではないのか。又「正法の行者を刀で斬り、杖で打つ者がある」と説かれているが、日蓮は、この経文の通り刀杖の迫害を受けた。だとしたら汝等は「刀杖を加うる者」ではないのか。

また「常に大衆の中で、正法の行者を毀ろうとする」とも「国王や大臣、婆羅門居士等の権勢家に向って、正法の行者を誹謗する」とも「正法の行者を悪口し、軽蔑して、そのために正法の行者は度々、その処を遂い出されたり、流されたりする」ともある。この経文に「数々《さくさく》」というのは度々ということである。日蓮は、法華経のために度々、その処を遂われ、また二度まで流されたと述べられる(111)。

この勧持品「二十行の偈」が、聖人の法華色読と完全に一致し、殊に今度の佐渡流罪は、以前の伊豆流罪と相まって「数々」の二字を色読したのであり、釈尊によって予言された「法華経の行者」としての条件は、ここに聖人の上に具現したのである。

法華經ハ三世説法ノ儀式也。過去ノ不輕品ハ今ノ勸持品。今ノ勸持品ハ過去ノ不輕品也。今ノ勸持品ハ未來可レシ爲《たる》二不輕品一。其時ハ日蓮ハ即可レシ爲ル二不輕菩薩一(112)。

上記の引用文は、四人の中の第一人の難詰に答えられたものである。第一人の疑難は、聖人の折伏弘通の態度を非難して、相手の機根を見分けずに、一向に折伏の方軌によることが法難を余分に増すことになるのだという。

そこで聖人は、常不軽菩薩品第二十の経説によって、過去の不軽菩薩が、相手が法を聞くと否とにかかわらず、ただ一筋に「但行礼拝」して正法を弘通し、そのために刀杖瓦石の種々の難を受けたが、少しも憶することなくますます正法の弘通に専心した。いま日蓮は、末法現代の不軽菩薩であるから、また不軽菩薩の通りに正法法華の弘通に当るのであると答えられたのである。

又、三世説法の儀式とは、法華經の方便品によると、三世十方の諸仏は、まず権教を説いて機類を誘引し、最後に法華経を説いて実教の悟りに入らしめる。この教化示導は三世を一貫して変ることなく、無窮の化益を施すのは不変の方法であるから「儀式」という[113]。

即ち三世の諸仏の説法は前権後実で、これは三世を一貫する不変の教化示道の方法であり、尓前を権とし法華を実とすることは三世諸仏の定判であるということである[114]。

法華経『方便品』に「如三世諸仏　説法之儀式　我今亦如是　説無分別法[115]」とある如くである。

正像二千年の権教が前に馳せ、法華実教の真実道が後に開くという壮観である。

したがって過去の威音王仏の時の不軽品は、今の釈尊の勧持品の教えであり、同時に今の釈尊の勧持品は、未来の仏の時は過去の不軽品となって、正法弘通の手本となるのである。今の釈尊の勧持品が、未来の世において過去の不軽品と仰がれる時になると、日蓮は過去の不軽菩薩として、正法弘通の手本と仰がれるであろうと述べられる。そのことは、今の世に、過去の不軽菩薩が折伏修行の聖者として仰がれるのと同じであるとされる[116]。

聖人は、本迹両門共に、法華経の流通分は、釈尊が滅後の衆生のために説かれたとして重要視されていることに注目したい。

一部八巻二十八品　天竺ノ御經ハ布クト二一須臾ニ一承ハル。定テ可シレ有ル二數品一。今漢土日本ノ二十八品ハ略之中ノ要也。正宗ハ置クレ之ヲ。至テ二流通ニ一寶塔品ノ三箇ノ勅宣ハ令ムレ被ラ二靈山虚空ノ大衆ニ一。勸持品ノ二萬・八萬・八十萬億等ノ大菩薩ノ御誓言ハ不レトモレ及ハ二日蓮カ淺智ニ一但シ恐怖惡世中ノ經文ハ指ス二末法ノ始ヲ一也。此恐怖惡世中ノ次下ノ安樂行品等ニ云ク　於末世等云云。同本異譯ノ正法華經ニ云ク　然後末世。又云ク　然後來末世。添品法華經ニ云ク　恐怖惡世中等云云[117]。

以上の引用文は、四人の中の第二人の難詰に重ねて答えられている。四難の中でも、勧持品の折伏弘通は末法の方軌にあらずとする第二難は最も重大なる疑難であるからである。

この引用文の前半は、折伏は「深位の菩薩の義」とする疑難に対し、「恐怖悪世中」以下の後半は、摂受の依経としての安楽行品の文も、深く究めてみれば、勧持品と同じく、悪世末法の折伏弘通を説かれたと解することが出来るという聖意と思われる。

さて、法華経一部は八巻二十八品であるが、印度の原典は、一由旬の広さに布かれるほどの量があるということである。きっと経本は現在以外に幾品もあることと思われるが、支那や日本に渡った二十八品の経は、できるだけ簡略にして要点だけを取ったものである。

この法華経は、序分・正宗分・流通分の三段に分かれているが、正宗分は、しばらく措くとして、釈尊の滅後に、この経を弘める方法や功徳を説かれた迹門の流通分に至って、宝塔品第十一の三箇の勅宣⑴付属有在[118]、⑵令法久住[119]、⑶六難九易[120]は、霊鷲山や虚空に充ち満ちた一般の大衆に普く被らしめた教えである。

この三箇の勅宣が動機となって、起こり来たった勧持品の二万、八万、八十万億の大菩薩が、釈尊滅後の弘経を誓ったことは、日蓮の浅い智慧では量り知ることはできないが、ただその誓いの中に「恐ろしい悪世の中」とある経文は、末法の初めの今日は、勧持品の折伏弘通によるべしという指南であることは明らかである。

勧持品の次の安楽行品には「末世に於て」とあり、これと同本異訳の正法華経には「後の末世」とも「後来の末世」ともあり、添品法華経には「末世」とあるべきところに「恐ろしい悪世の中」等とある[121]と述べられる。

當時當世三類ノ敵人[122]有レルニ之レ　但シ八十萬億那由他ノ諸菩薩ハ不レ見ニヘタマハ一人一モ　如ニシ乾潮《ひたるうしほ》ノ不レ満

月ノ虧テ不レルカ満チ。清レバ水浮レヘ月ヲ植レハ木ヲ棲レシム鳥ヲ。日蓮ハ八十萬億那由他ノ諸ノ菩薩ノ為《して》二代官一ト申レス之ヲ。彼諸ノ菩薩ノ請二ル加被一ヲ者也。[123]

以上の引用文は、正《まさ》しく第四人の難詰に答えられたもので、第四人の者は、聖人を教門差別の方面に専心して、観心門の平等の半面を忘れたものだと難ずる。そこで聖人は、勧持品の経文を事実の上に修行すること、即ち仏の未来記の色読が、何よりの観心門であると説いて、第四人の蒙を啓《ひら》かれたのである。即ち、現在の世の中を見ると、勧持品に説き示された三類の怨敵は目前に現れている。しかるに、釈尊の御前で弘経の誓を立てた八十万億の諸々の菩薩は一人も見えていない。干《ひ》た潮が満たず、月が虧けたままで円く満月とならないような物足らなさである。水が清く澄んでいれば月は自らその影を浮かべ、木を植えると鳥が飛んで来て棲む。これが摂理である。

したがって、このようにいう日蓮こそが、勧持品の八十万億那田陀の諸菩薩に代って、その誓言を遂げるため、折伏弘通につとめるのである。故に、日蓮は彼の諸菩薩の守護を受けている者であると表明されている。

「日蓮は、八十万億那田陀の諸の菩薩の代官」とあり、「八十万億那田陀の菩薩」が、未だ迹化の菩薩であるところから、その代官を以て自任された聖人は、なお迹化の分域を脱していないとする説があり、佐渡からの第一書たる『富木殿御書』(文永八年十一月二十三日)に「名上行等」[124]とあるため、佐前佐後の分界を、『寺泊御書』を佐前の終り、『富木殿御書』を佐後の初めとなすことは、『祖書綱要』を初め古来の通説たる観がある。

しかし今の「八十万億」云々の文によって『寺泊御書』を佐前の終篇とすることが、はたして妥当であろうか。本書に「数々見擯出」と言い、勧持品即不軽品の活断を下された点からみれば「八十万億」云々は迹化のそれでなくて不軽菩薩の「八十万億」だと解するのが、むしろ妥当であろう。

又、『開目抄』に「日蓮といひし者は、去年九月十二日子丑の時に頸刎ねられぬ[125]」との明文があり、頸の座は凡僧日蓮の死で同時に本化上行の日蓮の誕生であったといえる。しかして、佐前佐後の分界は龍口におくのが最も適正と思われる。[126]とする。

さて、論者は、『寺泊御書』を佐前と佐後の境界線上に位置すると考える。本書において、聖人は、充分に勧持品色読と折伏弘通の意を鮮明にされ、又、不軽菩薩との同一化を以て、本門流通分に入り込んでおられる。

しかしながら、引用の「八十万億那由陀の諸菩薩」は迹化の菩薩の代表であることは明白である。したがって佐前的要素を多分に含んでいるからである。

佐前・佐後の境界線上に位置することに、本書の格別の意義があると考える。それが即ち、鎌倉期から佐渡期への架橋たる所以である。

以上、本章を総括してみると、第一節　伊豆流罪を中心として及び第二節　小松原法難を中心としてにおいて既に聖人の意識・自覚が転換して行かれる様子が伺える。第一節における「持経者」は、主として経典や天台の論書からの引用であり、又、「法華涅槃の行者」の如く、法華・涅槃を同列化している例が多い。

又、具体的事例ではなく、汎称として使用されている。本節で最も重要なのは『立正安国論』の上呈である。

第二節に至って、小松原法難を経られてのち「日本国の持経者はいまだ此経文にはあはせ給はず。

……日本第一の法華経の行者」という、自信と自負に溢れた自称となる。管見では、これが法難を受けられ、仏の未来記たる法華経勧持品を色読された自称の初見である。又、「日本国の持経者云々」の「持経者」とは、平安朝以来、一般に流布していた持経者像を指すと思われる。

又、民間の「経読み」として法華経読誦を代行する、職業的持経者が存在していたことが知られる。

第三節　龍口法難に遭遇されてでは、まず蒙古来牒により、『立正安国論』で予言・警告した「他国侵逼難」が的中したことであり、これは聖人にとって一つの勝利である。

聖人は、再び『立正安国論』を上奏されたが、結果は黙殺であった。しかし裏面では、三類の敵人中、特に僭聖増上慢たる良観等が種々に策動し、聖人を宗教上の異端者及び政治上の叛逆者として聖人断罪の評定を開かしめ、聖人は評定所で尽問され、ついに九月十二日、召捕られ、由比ヶ浜に向われた。

この間、門徒には「死を決すべし」と警告され、聖人自身は「法華経の行者」として、首尾一貫している。特に龍口の頸の座への途次の八幡諫暁では、法華経の行者としての堂々の宣明をされる。頸の座において「是程の悦びを笑ひかし」と四條金吾に叱咤された聖人の覚悟。つづいて起こった不思議な天変により、幕府の計画は実行できず、佐渡流罪が決定された。

そして、法難は「転重軽受」へと発展し、不軽菩薩の値難と重ね合わされる。

又、龍口法難以後、聖人の教団は多くの迫害を蒙り、聖人の折伏という方法への疑念も生じ、門徒は動揺、退転者が続出して、教団は危機的状況にあった。

この内外からの疑難と切迫した状況下で『寺泊御書』は、それらに答えるべく生まれたのである。即ち、第四節『寺泊御書』にみる法華経の行者自覚と不軽菩薩との同一化は、聖人が諸疑難に対して、折伏の正義と、それにより自身が法華経の行者たる自覚を、必死に述べられた一書であり、佐渡期の本地開顕への導火線であるといえよう。

就中、第二難に対しては、勧持品二十行の偈は、仏滅後の悪世において、法華経を弘通する者に迫害・法難が起こることは必至であるという、仏の未来記を、聖人自身が色読されたことを強調され、法華経の行者自覚が宣揚される。特に「数々見擯出」の「数々」こそ聖人のみ体現された処である。そして勧持品と常不軽菩薩品との教一を述べられ、「法華経は三世説法の儀式」であるから、未来には聖人は過去の不軽菩薩として正法弘通の手本と仰がれることを確信され、不軽菩薩と自身との法華経の行者としての同一化を述べられる。

次に第四難は、聖人を教相門に専心して、観心門という半面を忘れたものとして難詰する。聖人は、勧持品の経文を事実の上に修行すること、即ち仏の未来記の色読が何よりの観心門であるとして、第四人の難に答えられている。

更に、第二難への答えは、佐渡初期の『開目抄』として結実し、「法華経の行者日蓮」が内外に亙り確立・宣明されている。

又、第四難への答えは、聖人畢生の著である『如来滅後五五百歳始観心本尊抄』として開顕される。そして、第一難への答えは、やがて身延期の『撰時抄』として開陳されるのである。

第五節　小　結

第三章における(A)持経者、(B)法華経の行者関連語句を累計すると、

(A)持経者関連語句　一六例

(B)法華経の行者関連語句　三〇例

となる。

この内訳は、次のようである。

第一節　伊豆流罪を中心として

(A)　十二例

(B)　十九例

以上を図表化してみる。

第一表（第一節　伊豆流罪を中心として）

	持経者	法華経の行者
守護国家論	8	18
災難対治鈔	2	0
立正安国論	2	0
顕謗法鈔	0	1
累計	12	19

(A)では、法華経「法師品」中の「持経者」を罵る罪の重さを挙げ、一人の「持者」を罵る罪さえ深重であるのに、『選擇集』が法華経に入らしむ人を「千中無一」と定めて疑を生ぜしむる罪が謗法であるとしていることを特記したい。

更に、『法華玄義』の引文中の「手ニ不レトモ執二法華経一部八巻一ヲ信二スル是経一ヲ人ハ昼夜十二時ノ持経者也」を特出していることは、この時期における聖人が、『玄義』の、かかる「昼夜十二時の持経者」に強く魅かれておられたと推察できる。

又、『金光明経』第六の中の「持経之人」の引用が三例あり、「持経之人」への尊重、供養を為さないと、国土守護の諸大善神が威光・勢力を消失し、その国土を捨去して、さまざまの災害・天変等が起こるとする。

以上、経典等からの引用が多く、汎称的ニュアンスが大きい。

(B)で、際立つのは「依二ル法華涅槃一ニ行者」など法華経・涅槃経を同列として述べられていることである。又、「実経の行者」と記されていることが特徴的である。

唯一、伊豆流罪中、法華経「常不軽菩薩品」の引文を釈して、「法華経の行者への悪口・打擲する者は懺悔してさえその謗法罪は五逆罪に千倍する」と述べられ、法難後の実感が伺えるが、色読的であるとはいえない。

第二節　小松原法難を中心として

(A)　四例

(B)　二例

以上を図表化してみる。

第二表（第二節　小松原法難を中心として）

	持経者	法華経の行者
南條兵衛七郎御書	1	2
法華題目鈔	2	0
善無畏鈔	1	0
累計	4	2

(A)では『南條書』中の「日本国の持経者はいまだ此経文にはあわせ給はず。唯日蓮一人こそよみはべれ」との記述は、聖人が「持経者」の存在を、かなり意識されていたことをあらわしている。又、巻間の経読みとしての職業的持経者が、依頼されて法華経読誦を代行していたことが伺える。しかもその持経者の社会的地位は低い。

更に、「謗法無《久之天》」という条件つきで「此経《於》持《ッ》女人」一例は、聖人当時の現実にいた檀越か信者の一人であろう。謗法罪の重さを強調し、法華経に値うことのできた女人の命がけの信心を勧奨されている。

(B)では、『南條書』で初めて「日蓮は日本第一の法華経《ノ》行者也」と自称・宣明されていることを特記したい。即ち、小松原法難を経られて、聖人は、仏の未来記である法華経中の法難の予言を身命を賭して実現したことで、自信の高揚と、それを宣言したことで、一大転機を画されたのである。ここにおいて、平安期以来の持経者とは、大きな一線を画されたといえよう。

しかも、病いの床にある南條氏に対し「もしさきにたたせ給はば、梵天（中略）・閻魔大王にも申させ給べし。日本第一の法華経の行者日蓮房の弟子也、となのらせ給へ」と強言しておられる。

第三節　龍口法難に遭遇されて

(A)　ゼロ例

(B)　九例

以上を図表化してみる。

第三表（第三節　龍口法難に遭遇されて）

	持経者	法華経の行者
問註得意鈔	0	1
法門可被申様事	0	2
十章鈔	0	3
土木殿御返事	0	1
五人土籠御書	0	1
転重軽受法門	0	1
累計	0	9

(A)持経者関連語句は、本節では見当らなかった。
(B)が非常に多い。

まず『問注得意鈔』では「仏経ト行者ト檀那ト三事相応シテ為レ成二ンカ一事ヲ一」の如く、文中の行者は「法華経の行者」としての己れを確立した聖人自身である。

本節における、以下の「法華経の行者」の意を分類してみると、

(1)南無妙法蓮華経と唱ふる人＝法華経の行者
(2)「法華経の行者」への加護の要請と必然性（『諫暁八幡抄』など）
(3)「法華経の行者」の苦行性＝法華経の未来記の実証のため
(4)法華経一部の実践・色読＝法華経の行者
(5)法華経の未来記たる法難の実証・色読＝法華経の行者

特に⑷・⑸は、龍口法難後に頻出する。

⑹転重軽受＝法難という重苦により、過去の謗法罪の消滅＝不軽菩薩との同一化＝法華経の行者たることに依る

この⑹も又、龍口法難後にあらわれる。

以上、第三章の全体の流れを概観すると、

(A)持経者関連語句

第一節では概念的或は汎称であったが、第二節では、聖人の「持経者」への意識が多かったこと及び、現実の檀越への信心の勧奨である。しかし、第三節に至って、持経者関連語句は、ゼロ例となっている。

(B)法華経の行者関連語句

第一節での「依二ル法華涅槃一ニ行者」が多いが、第二節以降では、法華・涅槃同列の例は完全に払拭されている。

第二節以降では「日本第一の法華経の行者」の自称を筆頭に、法華経の行者意識が、より濃厚となり、過去の謗法罪の転重軽受に迄、至っていることが着目される。

第四節『寺泊御書』にみる法華経の行者自覚

本節では、(A)持経者及び、(B)法華経の行者関連語句は、(A)、(B)共にゼロ例である。

しかし、本節には日蓮聖人の法華経の行者自覚及び、法華経の行者たらねばならぬ所以が、切々と述べられている。

冒頭、法師品の「如来現在　猶多怨嫉　況滅度後」及び安楽行品の「一切世間多怨難信」を挙げら

れ、仏滅後の法華経修行・弘経には怨嫉が多く、多大な艱難の件うべき経証を挙げられる。

又、釈尊が教団内外特に内部から釈尊を怨敵として讒言・悪口されたことを、聖人自身に引き当て、釈尊と自身とを法華経弘通者の値難の必然性において同一化されている。

注目すべきは、涅槃経第十八の「贖命重宝」の法門を以て、八宗・十宗を一網打尽となして「法華経ノ先後ノ諸経ハ為二ノ法華経一ノ重宝也」として、彼等の迷見を破されていることである。

龍口法難以後、聖人の教団は多くの迫害を蒙り、聖人の折伏という方法への疑念も生じ、門徒は動揺し退転者が続出して、教団は危機的状況にあった。又、外部からの疑難。

この内外からの疑難と切迫した状況下で、聖人はそれらに答えねばならなかったのである。本節の重要なポイントは、四人の難詰である。この四難は、詮ずるところ聖人の折伏に対して正しい認識の欠乏に由来する。

(一) 第一の人は、聖人が相手の機根を見分けずに、只々、荒々しい折伏を行なうから、そのために法難に値うのだと非難する。

勿論、聖人は、末法の衆生が「下根下機」であることを承知されている。だからこそ「末法の今」に大白法たる法華経を揚げて、折伏逆化の方法を以て、一切衆生を救済しなければならない必然性がある。

(二) 第二の人は、勧持品の折伏という方法は深位後心の菩薩のすることで、日蓮のような浅位初心の者は、安楽行品の摂受という修行に依るべきであるのに、日蓮はこれに背いていると非難する。

聖人の答えは、自分は勧持品の経文(特に二十行の偈)を口や心で読んだばかりでなく、色(からだ)で読んだのであり、半面、自分を非難する者たちは、勧持品の上慢の怨敵であると警告されている。

勧持品二十行の偈は、八十万億那田陀の諸菩薩が仏前の誓言を以て、仏滅後の悪世中、三類の敵人中、特に僭聖増上慢が、さまざまな迫害を以て法華を広宣する者に難事を為すが、自分たちは身命を愛せず但無上道たる法華経のために、どんな誹謗や迫害をも忍受して弘教するとしたものである。聖人は、経文の予言通り、悪口・罵詈され、刀杖の迫害を受け……特に、正法の行者を「数々見擯出」として度々、その処を追われ、二度まで流罪にされている。

即ち、この勧持品二十行の偈が聖人の法華色読と完全に一致し、釈尊によって予言された「法華経の行者」としての条件は、聖人の上に具現したのである。

又、「法華経ハ三世説法の儀式」であるから、常不軽菩薩品第二十の経説によって、過去の不軽菩薩が、相手が法を聞くと否とにかかわらず、ただ一筋に「但行礼拝」して正法を弘通し、そのために刀杖瓦石の難を受けながら臆することなく正法の仏通に専心した。いま日蓮は末法現代の不軽菩薩である。したがって過去の威音王仏の時の不軽品は、今の釈尊の勧持品の教えであり、同時に今の釈尊の勧持品は、未来の仏の時は過去の不軽品となって正法弘通の手本となるのである。今の釈尊の勧持品が、未来の世において過去の不軽品となる時は、日蓮は過去の不軽菩薩として正法弘通の手本と仰がれるであろうと述べられる。そのことは、今の世に過去の不軽菩薩が折伏の聖者として仰がれるのと同じであるとされる。以上は、第一人の難に重ねて答えられたのである。

更に、四人の疑難の内、勧持品の折伏弘通は末法の方軌にあらずとする第二難は最も重大なため、重ねて答えられる。即ち、折伏は「深位の菩薩の義」とする疑難に対し、摂受の依経とされる安楽行品も、深く究めて見れば、勧持品と同じく悪世末法の折伏弘通を説かれたと解することができるとされる。

(三) 第三の人は、自分も折伏の義を知っているが、言えば嘲笑されるから言わない、とする。聖人は支那の卞和や和気清麻呂の故事を挙げ、咲った人は善き名を残さず、咲われた人は善き名を残しているとして、その卑怯・臆病さに答えられている。

（四）最後に、第四の疑難として、聖人を教門差別の方面に専心して観心門の平等の半面を忘れたものとするに答えられる。即ち、聖人は、勧持品の経文を事実の上に修行すること、仏の未来記の色読が、何よりの観心門であると説かれて第四人の蒙を啓いている。

このことは、やがて佐渡期の『如来滅後五五百歳始観心本尊抄』として結実する。

【註】

（1）『富木殿御返事』（『定遺』一五頁、建長五年十二月九日）
（2）『定遺』九〇頁
（3）『往生要集』三巻。源信（九四二～一〇一七）撰。（寛和元年（九八五）著述。『正蔵』八四巻所収）
（4）『一乗要決』三巻。源信（九四二～一〇一七）著。寛弘三年（一〇〇六）撰述。天台教学に立脚して法華の一乗思想を強調し、一切衆生悉有仏性の義を明らかにし、法相宗の五性各別説を破斥している。巻頭序文に「諸経の権実は古来の諍なり。（中略）爰に経論の文義、賢哲の章疏、或は人をして尋ねしめ、或は自ら思択す。全く自宗他宗の偏党を捨て、専ら権智実智深奥を探るに、遂に一乗は真実の理、五乗は方便の説を得」といい、インド・中国・日本の三国にわたって展開されてきた三一権実仏性論争に終止符を打ったのである。
　日蓮聖人は『守護国家論』において、源信が観想の念仏を説いた『往生要集』と法華一乗を明確にした『一乗要決』とを比較して「日本国の源信僧都（略）多くの書を造れども皆法華を弘めんが為なり。（略）往生要集の意は尓前最上の念仏を以て法華最大の功徳に対して、人をして法華に入らしめんが為に造る所の書なり。故に往生要集の後に一乗要決を造て自身の内証を述る時、法華経を以て本意と為す」（『定遺』一〇四頁）と評し、源信の両書撰述の意図を「先権後実」と解して、『要集』を法華誘引の書と規定し、『要決』にこそ源信の真意があると見ている。（『恵信僧都全集』巻二、『国訳一切経』巻一八所収）
（5）『正蔵』第九巻、三〇頁c～三一頁a
（6）『定遺』一〇四頁～一〇五頁
（7）『法華玄義』詳しくは『妙法蓮華経玄義』、略称して『法華玄義』『法華玄』『妙玄』『玄義』『玄』ともいう。天台智者大師（智顗、五三八～九七）説、章安灌頂（五六一～六三二）記。一〇巻、上下分冊して二十巻。開講年代については、大建元年（五六九）三二歳の時にも講説された（『仏相統紀』巻六）が、灌頂は聴講せず。正しく灌頂が聴聞筆録したのは隋開皇十三年（五九三）智顗五六歳の時、江陵玉泉寺での開講である。（『国清百録』巻末の戒応の年譜、『仏祖統紀』巻六）
　本書は法華経題の解説書であると共に法華経中心の仏教概論でもある。（『正蔵』三十三巻、七七頁c）
（8）『定遺』一一一頁

(9) 『定遺』一一二頁
(10) 『正蔵』第十六巻『金光明最勝王経』巻六、四二九頁c
(11) 『定遺』一一五～六頁
(12) 『定遺』一二五頁
(13) 『定遺』一二九頁
(14) 『定遺』一三二頁
(15) 『定遺』一三三～四頁
(16) 『正蔵』第十六巻『金光明最勝王経』巻六、四二九頁c～四三〇頁a
(17) 『定遺』一六三頁
(18) 文永五年（一二六八）四月五日、聖寿四十七歳。
(19) 『定遺』四二一～四二二頁
(20) 文永六年（一二六九）十二月八日、日蓮聖人が手写した『立正安国論』の奥に書き加えられたものである。その所以は、文永五年（一二六八）及び文永六年の蒙古の来牒を見て、安国論の予言の符合したことにあり、現在、安国論の予言が符合したことに準じて、未来も又、教法の邪悪によって外寇内乱等の国難が起るであろうとしている。
『立正安国論』上奏後、九ヶ年のことである。
(21) 『定遺』四四二～四四三頁
(22) 『中山法華経寺史料』（吉川弘文館、昭和四十三年十月十五日初版）二八～二九頁
(23) 『正蔵』第十六巻、『金光明最勝王経』巻六、四二九頁c
(24) 『定遺』二一〇頁
(25) 先ッ大地震に付て去ル正嘉元年に書を一巻注シたりしを、故《こ》最明寺の入道殿に奉る。御尋ネもなく御用ヒもなかりしかば、國主の御用ヒなき法師なればあやまちたりとも科《とが》あらじとやおもひけん。念佛者竝に檀那等、又さるべき人々も同意したるとぞ聞へし。夜中に日蓮が小庵に数千人押シ寄セて殺害せんとせしかども、いかんがしたりけん、其の夜の害もまぬかれぬ。然レども心を合セたる事なれば、寄セたる者も科なくて、大事の政道を破る。

(『下山殿御消息』『定遺』一三三〇頁)

「さるべき人」とは極楽寺重時を指すという。「大事の政道を破る」と、幕府の暗い処置を非難されている。

(26) 日蓮が生《いき》たる不思議なりとて伊豆ノ國へ流シぬ。されば人のあまりににくきには、我がほろぶべきとがをもかへりみざる歟。御式目をも破らるゝ歟。(『下山殿御消息』『定遺』一三三〇頁)

(27) 伊東の八郎ざゑもん、今はしなの(信濃)のかみ(守)はげん(現)にしに(死)たりしを、いのりいけ(活)て、念佛者等になるまじきよし明性房にをくりたりしが、かへりて念佛者眞言師になりて無間地獄に堕チぬ。(『辨殿御消息』『定遺』一一九〇～一頁)

(28) 『正蔵』第九巻、五〇頁c～五一頁a

(29) 『定遺』二二五五頁

(30) 然ルるに事しづまりぬれば、科なき事は恥かしき歟の故に、ほどなく召シ返されしかども、故《こ》最明寺の入道殿も又早クかくれさせ給ヒぬ。(『下山御消息』『定遺』一三三一頁)

(31) 鈴木一成著『日蓮聖人正伝』六六頁

(32) されば日蓮悲母《はゝ》をいのりて候ヒしかば、現身に病をいやすのみならず、四箇年の壽命をのべたり。(『可延定業書』『定遺』八六二頁)

兼テ又此經文は二十八字、法華經の七ノ巻薬王品の文にて候。然ルに聖人の御乳母のひとゝせ(一年)御所労御大事にならせ給い候て、やがて死ナせ給いて候し時、此經文をあそばし候て、浄水をもつてまいらせ給いて候しかば、時をかへずいきかへらせ給いて候經文也。(『伯耆御房御消息』『定遺』一九〇九頁)

(33) 鈴木一成著『日蓮聖人正伝』六八頁、取意

(34) 今年も十一月十一日、安房國東條ノ松原と申ス大路にして、申酉の時、數百人の念佛等にまちかけられ候て、日蓮は唯一人、十人ばかり、ものゝ要にあふものはわづかに三四人也。いるやはふるあめのごとし、うつたちはいなづまのごとし。弟子一人は當座にうちとられ、二人は大事のてにて候。自身もきられ、打タれ、結句にて候し程に、いかが候けん、うちもらされていままでいきてはべり。いよいよ法華經こそ信心まさり候へ。(『南條兵衛七郎殿御書』『定遺』三二六頁)

文永元年甲子十一月十一日頭にきず(疵)をかほり左の手を打チをらる。(『聖人御難事』『定遺』一六七三頁)

(35)『正蔵』第九巻、三九頁 a
(36)『正蔵』第九巻、三六頁 c『勧持品』
(37)『定遺』四〇四～五頁
(38)『定遺』四一三頁
(39) 而ルニ捧二ケテ勘文一ヲ巳後經二九ケ年一ヲ　今年後ノ正月見二ル大蒙古國ノ國書一ヲ。相二叶フコト日蓮カ勘文一ニ宛カモ如二シ符契一ノ。
(『安国論御勘由来』『定遺』四二三頁)
(40)『日蓮聖人正伝』鈴木一成著　七四～一三〇頁（取意）
(41) この写本は文永六年十二月四日矢木式部太夫に面授し、弘安三年沙弥道正が相承したものを、嘉元四年正月十三日、中山の日高に授けたもので、『昭和定本日蓮聖人遺文』は、これに依る。（昭和21年度大学院「宗学演習」北川前肇教授講義）
(42)『定遺』五〇七～九頁
(43)『定遺』四二一頁　系年文永五年
(44)『定遺』四二一頁　系年文永五年四月五日、聖寿四十七歳
(45) 去八月之比令レル□二愚礼一ヲ之後　至二ルモ于今月一ニ付二ケ是非一ニ不レ給二ラ返報一ヲ。難レシ散二シ欝念一。怱々之故ニ令二ル想亡一歟。被二輕略一之故ニ慳二ム□一行一ヲ歟。本文ニ云ク　師子ハ不レ蔑二ラ少兎一ヲ不レ畏二レ大象一ヲ等。若又萬一他國之兵襲二フ此國一ヲ□出來セハ　知テ而不レル奏セ之失偏ニ可レシ懸二ル貴邊一ニ。學二フ佛法一ヲ之法ハ捨二テ於身命一ヲ爲レ報二セン國恩一ヲ也。全ク非レス爲二ニ自身一ノ。本文ニ云ク　見レテ雨ヲ知レリ龍ヲ　見レテ蓮ヲ知レル池ヲ等云云。災難見レル急ヲ之故度々驚レカス之ヲ。不レルニ用ヒ而モ諌レム之ヲ。
(文永五年九月、『定遺』四二五頁)
(46) 文永六年（一二六九）十二月八日　聖寿四十八歳『定遺』四四二～三頁
(47) 此法門之事　勘文ノ依二テ有無一ニ可レキカ弘ル不レル弘レマラ之歟。去年方々に申シて候しかども、いなせ（否應）の返事候はず候。今年十一月之比、方々へ申シて候へば少々返事あるかたも候。をほかた人の心もやわらぎて、さもやとをぼしたりげに候。又上のけさん（見参）にも入て候やらむ。これほどの僻事《ひがごと》申シて候へば、流死の二罪の内は一定と存セしが、いまゝでなにと申ス事も候はぬは不思議とをぼへ候。いたれる道理にて候やらむ。又自界叛逆の難の經文も値フべきにて候やらむ。山門なんどもいにしへにも百千萬億倍すぎて動搖とうけ給リ候。

それならず子細ども候やらん。震旦高麗すでに禅門念佛になりて、守護ノ善神の去ルかの間、彼ノ蒙古に聳《したがひ》候。我朝又此邪法弘リて、天台法華宗を忽諸《ゆるがせ》のゆへに、山門安穏ならず、師檀違叛の國と成リ候ぬれば、十が八九はいかんがとみへ候。人身すでにうけぬ。邪師又まぬがれぬ。法華經のゆへに流罪に及ヒぬ。今死罪に行れぬこそ本意ならず候へ。あわれさる事の出來し候へかしとこそはげみ候て、方々に強言《がうげん》をかきて擧ゲをき候なり。すでに年五十に及びぬ。餘命いくばくならず。いたづらに曠野にすてん身を、同クは一乘法華のかたになげて、雪山童子・藥王菩薩の跡をおひ、仙豫・有得の名を後代に留て、法華涅槃經に説キ入レられまいらせんと願フところ也。南無妙法蓮華經。（文永七年十一月二十八日、太田氏（『金吾殿御返事』『定遺』四五八頁〜九頁）

（48）此に兩火房祈雨あり。去《いぬる》文永八年六月十八日より二十四日也。此に使を極樂寺へ遣す。年來《としごろ》の御歎きこれなり。七日が間に若一雨も下《ふら》ば、御弟子となりて二百五十戒具サに持タン上に、念佛無間地獄と申ス事ひがよみなりけりと申スべし。余だにも歸伏し奉ラば、我弟子等をはじめて日本國大體かたぶき候なんと云云。七日が間に三度の使をつかはす。然レどもいかんがしたりけむ、一雨も不レル下ラ之上《うへ》、頽風《たいふう》・颰《へう》風・旋《せん》風・暴風等の八風十二時にやむ事なし。剩サヘ二七日まで一雨も不レ下ラ。風もやむ事なし。されば此事は何事ぞ。和泉式部と云ヒし色好み、能因法師と申せし無戒の者、此は彼の兩火房がいむところの三十一字《みそひともじ》ぞかし。彼月氏の大盗賊　南無佛と稱せしかば天頭を得たり。彼兩火房竝に諸僧等の二百五十戒、眞言法華の小法大法の數百人の佛法の霊驗、いかなれば婬女等之誑言　大盗人が稱佛には劣らんとあやしき事也。此を以て彼等が大科をばしらるべきに、さはなくして還て讒言をもちゐらるゝは、實とはおぼへず。（『下山御消息』『定遺』一三二二頁）

六月十八日より七月四日まで、良觀が雨のいのりして、日蓮にかゝれてふらしかね、あせ（汗）をながし、なんだ（涙）のみ下シて、雨ふらざりし上、逆風ひまなくてありし事。三度までつかひ（使者）をつかわして、一丈のほり（堀）をこへぬもの十丈二十丈のほりをこうべきか。いずみしきぶ（和泉式部）、いろごのみの身にして八斎戒にせいせるうた（和歌）をよみて雨をふらし、能因法師が破戒の身としてうたをよみて天雨を下ラせしに、いかに二百五十戒の人々百千人あつまりて、七日二十七日せめさせ給ッに雨の下らざる上ニ大風は吹キ候ぞ。これをもつて存ぜさせ給へ。各々の往生は叶ッまじきぞとせめられて、良觀がなきし事、人々につきて讒せし事、（『種々御振舞御書』『定遺』九六四頁〜五頁）

（49）行敏初度ノ難状

雖レ未レタ入ニ見參一ニ以ニテ事ノ次《ついで》一ヲ申シ承ルハ常ノ習ニ候歟。抑如ニンハ風聞一ノ者所立之義尤モ以テ不審ナリ。法華ノ前ニ説ケル一切ノ諸經ハ皆是妄語ニシテ非ニスト出離ノ法一ニ是。大小ノ戒律ハ誑ニ惑シテ世間一ヲ令レムルノ墮ニセ惡道一ニ法ト二是。念佛ハ爲《たり》ニト無間地獄ノ業一三是。禪宗ハ天魔ノ説若シ依テ行スル者ハ增ニ長スト惡見一ヲ四是。事若實ナラハ者佛法ノ怨敵也。仍テ遂ニテ對面一ヲ欲レス破ニント惡見一ヲ。將タ又無ニンハ其義一者爭テカ不レン被ニ惡名一ヲ。痛哉。付ニキ于是非一ニ委ク可ニキ示シ給一ハル也。恐恐謹言。

七月八日　　僧行敏　在判

日蓮阿闍梨御房（『定遺』四九六頁『行敏御返事』）

（50）條々御不審ノ事私ノ問答ハ難ニ△ク事行一ヒ候歟。然レハ者被レ經ニ上奏一ヲ　隨下テ被ニル、仰セ下一之趣上ニ　可レク被レ糺ニ明セ是非一ヲ候歟。如レク此蒙レリ仰セヲ候條尤モ所ニ庶幾一スル候。恐恐謹言。

七月十三日　　日　蓮　花押

行敏御房御返事（『定遺』四九七頁）

（51）『行敏訴状御会通』『定遺』四九七頁

（52）爲ニノ法華經守護一ノ弓箭兵杖ハ佛法ノ定ムル法也。例セハ如下シ国王爲ニ守護一ノ集中ムルカ刀杖上ヲ。但良觀上人等所ニノ弘通一スル法日蓮カ難難レキ脱レ之間既ニ可レキ令ニ露顯一セ歟。故ニ爲レニ隱ニサンカ彼ノ邪義一ヲ相ニ語ラヒテ諸國ノ守護・地頭・雜人等一ヲ言ク日蓮竝ヒニ弟子等ハ阿彌陀佛ヲ入レレ火ニ流レス水ニ。汝等カ大怨敵也ト云云。切レレ頸ヲ　追ニヒ出セ所領一ヲ等ト勸進スルカ故ニ日蓮之身ニ被レリ疵ヲ　弟子等ヲ及ニフコト殺害一ニ數百人也。此レ偏ニ良觀・念阿・道阿等ノ上人ノ出ニタリ大妄語一ヨリ。有レン心人ハ可レシ驚ク可レシ怖ル云云。（『行敏訴状御会通』『定遺』五〇〇頁）

（53）禪僧數百人、念佛者數千人、眞言師百千人、或は奉行につき、或はきり人（權家）につき、或はきり女房（權閨）につき、或は後家尼御前等につきて無盡のざんげんをなせし程に、最後には天下第一の大事日本國を失ハンと呪《しゅ》そ（咀）する法師なり。故《こ》最明寺殿・極樂寺殿を無間地獄に墮チタリと申ス法師なり。御尋ネあるまでもなし。但須臾に頸ヲめせ。弟子等をば又或は頸を切リ、或は遠國につかはし、或は籠《ろう》に入レよと、尼《あま》ごぜんたちいからせ給ヒしかば、そのまゝ行ハレけり。（『報恩抄』『定遺』一二三八頁）

念佛者・持齋・眞言師等、自身の智は及ばず、訴状も叶ハざれば、上郎《じゃうろう》尼ごぜんたちにとりつきて、種々にかま（構）へ申ス。故最明寺入道殿・極樂寺入道殿を無間地獄に墮チたりと申シ、建長寺・壽福寺・長樂寺・大佛寺等をやきはらへと申シ、道隆上人・良觀上人等を頸をはねよと申ス。御評定になにとなくとも日蓮が罪禍

まぬかれがたし。(『種々御振舞御書』『定遺』九六二頁)

(54) 但し上件《かみくだん》の事一定《じょう》申スかと、召シ出タシてたづねらるべし、とて召シ出されぬ。奉行人の云ク上《かみ》へのをほせかくのごとしと申せしかば、上件《かみくだん》の事一言もたがはず申ス。但シ最明寺殿・極樂寺殿を地獄という事はそらごとなり。此法門は最明寺殿・極樂寺殿存生の時より申せし事なり。詮するところ、上ミ件の事どもは此國ををもひて申ス事なれば、世を安穩にたもたんとをぼさば、彼法師ばらを召シ合セてきこしめせ。さなくして彼等にかわりて理不盡に失《とが》に行ハるるほどならば、國に後悔ありて、日蓮御勘氣をかほらば佛の御使ヒを用ヒぬになるべし。梵天・帝釋・日月・四天の御とがめありて、遠流死罪の後、百日・一年・三年・七年が内に自界叛逆難とて此御一門どしうち（同士打）はじまるべし。其後は他國侵逼難とて四方より、ことには西方よりせめられさせ給フべし。其時後悔あるべし平ノ左衛門ノ尉と、申シ付ケしかども、太政の入道のくるひ（狂）しやうに、すこしもはばかる事なく物にくるう。(『種々御振舞御書』『定遺』九六二～三頁)

(55) 一昨日罷《まかり》二入《いり》見參一ニ候之條悦ヒ入リ候。抑モ人之在レル世ニ誰カ不レラン思二ハ後世一ヲ。佛之出世ハ專ラ爲レ救二ハンカ衆生一ヲ也。爰ニ日蓮自レ成二テ比丘一ト旁《かた〱》開二キ法門一ヲ已ニ覺二リ諸佛之本意一ヲ早ク得二タリ出離之大要一ヲ。其要ハ者妙法蓮華經是也。一乘之崇重三國之繁昌　儀流二ル眼前一ニ。誰カ貽《のこさん》二ヤ疑網一ヲ哉。而ルニ專ラ背二テ正路一ニ偏ニ行二ス邪途一ヲ。然ル間聖人捨レテ國ヲ善神成レシ瞋ヲ、七難竝ニ起テ四海不レ閑カナラ。方今世悉歸二シ關東一ニ人皆貴二フ士風一ヲ。就レ中日蓮得二リ生ヲ於此土一ニ。豈ニ不レンヤ思二ハ吾國一ヲ哉。仍テ造二テ立正安國論一ヲ　故最明寺入道殿之御時以二テ宿屋ノ入道一ヲ入二レ見參一ニ畢ンヌ。而ルニ近年之間多日之程　犬戎亂レシ浪ヲ夷敵伺レフ國ヲ。先年所二勘ヘ申一ス近日令二ムル普合一セ者也。彼太公之入二リシハ殷國一ニ也　依二ル西伯之禮一ニ。張良之量二リシハ秦朝一ヲ也　感二スレハナリ漢王之誠一ヲ。是皆當二テ于時一ニ得二於賞一ヲ。回二ラシ謀ヲ於帷帳之中一ニ　決二セシ勝ツコトヲ於千里之外一ニ者也。夫知二ル未萠一ヲ者ハ六正ノ聖臣也。弘二ムル法華一ヲ者ハ諸佛之使者也。而ルニ日蓮忝クモ開二テ鷲嶺鶴林之文一ヲ覺二ル鵝王烏瑟之志一ヲ。剰ヘ勘二タルニ將來一ヲ粗得二タリ普合一スルコトヲ。雖レ不レト及二先哲一ニ定ンテ可レキ希二ナル後人一ニハ者也。知レリ法ヲ思レフノ國ヲ志シ尤モ可レキ被レ賞セ之處　邪法邪教之輩讒奏讒言スル之間　久ク懷二イチ大忠一ヲ而未レタ達二セ微望一ヲ。剰サヘ罷二リ入ルコト不快ノ之見參一ニ　偏ニ愁二フル難治之次第一ヲ者也。伏シテ惟レハ不レンハ昇二泰山一ニ者不レ知二天ノ高一キヲ。不レンハ入二ラ深谷一ニ者不レ知二地ノ厚一キヲ。仍テ爲二御存知一ノ立正安國論一巻進二覽ス之一ヲ。所二ノ勘ヘ載一スル之文九牛之一毛也。未レタ盡二サ微志一ヲ耳。抑モ貴邊ハ者當時天下之棟梁也。何ソ損二セン國中之良材一ヲ哉。早ク回二ラシテ賢慮一ヲ須レク退二ク異敵一ヲ。安レシ世ヲ安レスルヲ國ヲ爲レシ忠ト爲レス孝ト矣。是偏ヘニ爲レニ身ノ不レ述レヘ之ヲ。爲レ君ノ爲レ神ノ爲二ニ一切衆生一ノ所レ令二ムル言上一セ也。

恐恐謹言。

文永八年九月十二日　　日　蓮　花押

謹上　平左衛門尉殿

（『定遺』五〇一～二頁、本書は真蹟とは示されていないが、『中山法華経寺史料』吉川弘文館中の『中山法華経文書』1所載の「日高申状案」正安四年三月、との類似点が多いため、依用したい。

（56）　去《いぬる》文永八年太歳辛未九月十二日御勘氣をかほる。其時の御勘氣のやうも常ならず法にすぎてみゆ。了行《れうかう》が謀反ををこし、大夫ノ律師が世をみださんとせしを、めしとられしにもこえたり、平ノ左衛門ノ尉大將として數百人の兵者《つはもの》にどうまろ（胴丸）きせて、ゑぼうし（烏帽子）かけして、眼《まなこ》をいからし聲をあらうす。大體事の心を案ずるに、太政入道の世をとりながら國をやぶらんとせしにに（似）たり。ただ事ともみへず。日蓮これを見てをもうやう。日《ひ》ごろ月《つき》ごろをもひまうけたりつる事はこれなり。さいわひなるかな、法華經のために身をすてん事よ。くさきかうべ（臭頭）をはなたれば、沙《いさご》に金をかへ、石に珠をあき（貿）なへるがごとし。さて平ノ左衛門ノ尉が一の郎従少輔房《せふばう》と申ス者はしりよりて、日蓮が懐中せる法華經の第五ノ巻を取リ出して、おもて（面）を三度さいなみて、さんざんとうちちらす。又九巻の法華經を兵者《つはもの》ども打チちらして、あるいは足にふみ、あるいは身にまとひ、あるいはいたじき（板敷）たゝみ（畳）等家の二三間にちらさぬ所もなし。日蓮大高聲を放チて申ス。あらをもしろや平ノ左衛門ノ尉がものにくるうを見よ。とのばら（殿原）、但今ぞ日本國の柱をたをす、とよばはりしかば上下萬人あわてて見ヘし。日蓮こそ御勘氣をかほれば、をく（臆）して見ゆべかりしに、さはなくして、これはひが（僻）ことなりとやをもひけん。兵者どものいろ（色）こそへんじて見へしか。（『種々御振舞御書』『定遺』九六三～四頁）

法華經の敵となり、教主釋尊より大事なる行者を、法華經の第五ノ巻を以て日蓮が頭を打チ、十巻共に引キ散《ちらし》て散々に踴《ふみ》たりし大禍は、現當二世にのがれがたくこそ候はんずらめ。日本守護の天照太神・正八幡等もいかでかかゝる國をばたすけ給ッべき。いそぎ〳〵治罰を加ヘて、自ラノ科を脱がれんとこそはげみ給ッらめ。をそ（遅）く科に行ッ間、日本國の諸神ども四天大王にいましめられてやあるらん。（『下山御消息』『定遺』一三四三頁）

（57）　さては十二日の夜、武藏ノ守殿のあづか（預）りにて、夜半に及ヒ頸を切ランがために鎌倉をいでしに、わかみやこうぢ（若宮小路）にうち出て四方に兵《つはもの》のうちつゝみてありしかども、日蓮云ク各々さわがせ給ッな。べち

（別）の事はなし。八幡大菩薩に最後に申スべき事あり、とて馬よりさしをりて高聲に申スやう。いかに八幡大菩薩はまことの神か。和氣の清丸が頸を刎られんとせし時は長《たけ》一丈の月と顯ハれさせ給ヒ、傳敎大師の法華經をかう（講）ぜさせ給ヒし時はむらさきの袈裟を御布施にさづけさせ給ヒき。今日蓮は日本第一の法華經の行者なり。其上身に一分のあやまちなし。日本國の一切衆生ノ法華經を謗じて無間大城におつべきを、たすけんがために申ス法門なり、又大蒙古國よりこの國をせむるならば、天照太神・正八幡とても安穏におはすべきか。其上、釋迦佛、法華經を説キ給ヒしかば、多寶佛・十方の諸佛・菩薩あつまりて、日と日と、月と月と、星と星と、鏡と鏡とをならべたるがごとくなりし時、無量の諸天並に天竺・漢土・日本國等の善神聖人あつまりたりし時、各々法華經の行者にをろか（疎略）なるまじき由の誓状まいらせよとせめられしかば、一一に御誓状を立テられしぞかし。さるにては日蓮が申スまでもなし、いそぎ（急）いそぎこそ誓状の宿願をとげさせ給フべきに、いかに此處にはをちあわせ給ハぬぞ、とたかだか（高々）と申ス。さて最後には、日蓮今夜頸切ラレて靈山浄土へまいりてあらん時は、まづ天照太神・正八幡こそ起請を用ヒぬかみにて候けれと、さしきりて敎主釋尊に申シ上候はんずるぞ。いた（痛）しとおぼさば、いそぎいそぎ御計ラヒあるべし、とて又馬にのりぬ。

（『種々御振舞御書』『定遺』九六五〜六頁）

（58）
又去ヌル文永八年九月の十二日に日蓮一分の失《とが》なくして、南無妙法蓮華経と申ス大科に、國主のはからいとして八幡大菩薩の御前にひきはらせて、一國の謗法の者どもにわらわせ給ヒしは、あに八幡大菩薩の大科にあらずや。其のいましめとをぼしきは、ただどしうちばかりなり。日本國の賢王たりし上《うへ》、第一第二の御神なれば八幡ニ勝レたる神はよもをはせじ。又偏頗はよも有ラじとはをもへども、一切經並に法華經のをきてのごときんば、この神は大科ノ神也。（『諫暁八幡抄』『定遺』一八四〇〜一頁）

ゆい（由比）のはまにうちいでて、御りやう（靈）のまへにいたりて又云ク、しばしとのばら、これにつ（告）ぐべき人ありとて、中務三郎左衞門ノ尉と申ス者のもとへ熊王と申ス童子をつかわしたりしかば、いそぎいでぬ。今夜頸切ラれへまかるなり。この數年が間願ヒつる事これなり。此娑婆世界にしてきじ（雉）となりし時はたか（鷹）につかまれ、ねずみとなりし時はねこにくらわれき。或はめ（妻）に、こ（子）に、かたきに身を失ヒし事大地微塵より多し。法華經の御ためには一度モ失フことなし。されば日蓮貧道の身と生レて、父母の孝養心にたらず、國の恩を報ずべき力なし。今度頸を法華經に奉リて其功德を父母に回向せん。其あまりは弟子檀那等にはぶく（配當）べしと申せし事これなり、と申せしかば、左衛門ノ尉兄弟四人、馬の口にとりつきて、こしごへ（腰越）たつ（龍）の口にゆきぬ。此《ここ》にてぞ有ラんずらんとをもうところに、案にたがはず兵士《つはもの》どもうちまはりさわぎしかば、左衛門ノ尉申スやう。只今なりとな（泣）く。日蓮申スやう。不かくのとのばらかな。これほどの悦ヒをばわらへかし。（『種々御振舞御書』『定遺』九六六～七頁）

（59）返ス返ス今に忘れぬ事は頸切《くびきら》れんとせし時、殿はとも（供）して馬の口に付キて、なきかなし（泣悲）み給ヒしをば、いかなる世にか忘レなん。設ヒ殿の罪ふかくして地獄に入リ給はば、日蓮をいかに佛になれと釋迦佛こしら（誘）へさせ給フにも、用ひまいらせ候べからず。同シク地獄なるべし。日蓮と殿と共に地獄に入ルならば釋迦佛・法華經も地獄にこそをはしまさずらめ。（『崇峻天皇御書』『定遺』一三九四～五頁）

日蓮過去に妻子所領眷屬等の故に身命を捨し所いくそばくかありけむ。或は山にすて、海にすて、或は河、或はいそ等、路のほとりか。然ども法華經のゆへ、題目の難にあらざれば、捨し身も蒙る難等も成佛のためならず。成佛のためならざれば、捨し海河も佛土にもあらざるか。今度法華經の行者として流罪死罪に及ぶ。流罪は伊東、死罪はたつのくち。相州ノたつのくちこそ日蓮が命《いのち》を捨たる處なれ。佛土におとる（劣）べしや。其故はすでに法華經の故なるがゆへなり。（中略）かゝる日蓮にともなひて、法華經の行者として腹を切らんとの給フ事、かの弘演《こうえん》が腹をさいて主の懿公がきも（肝）を入レたるよりも、百千萬倍すぐれたる事也。日蓮靈山にまいりてまづ四條金吾こそ、法華經の御故に日蓮とをなじく腹切んと申候なり、と申上候べきぞ。（『四條金吾殿御消息』『定遺』五〇四～五頁）

（60）左衛門ノ尉兄弟四人、馬の口にとりつきて、こしごへ（腰越）たつ（龍）の口にゆきぬ。此《ここ》にてぞ有ラんずらんとをもうところに、案にたがはず兵士《つはもの》どもうちまはりさわぎしかば、左衛門ノ尉申スやう。只今なりとな（泣）く。日蓮申スやう。不かくのとのばらかな。これほどの悦ヒをばわらへかし。いかにやくそく（約束）をばたがへらるるぞ、と申せし時、江のしま（島）のかたより月のごとくひかりたる物、まり（鞠）のやうにて辰巳のかたより戌亥のかたへひかりわたる。十二日の夜のあけぐれ（味爽）、人の面《おもて》もみへざりしが、物のひかり月よ（夜）のやうにて、人々の面もみなみゆ。太刀取目くらみたふれ臥し、兵共《つはものども》おぢ怖れ、けうさめ（興醒）て一町計リはせのき、或は馬よりをりてかしこまり、或は馬ノ上にてうずくまれるもあり。日蓮申スやう。いかにとのばら、かゝる大に禍なる召人《めしうど》にはとを（遠）のくぞ。近ク打チよれや、打チよれや、とたかだかとよばわれども、いそぎよる人もなし。さてよ（夜）あけばいかに〳〵。頸切ルべくわいそぎ切ルべし。夜明ケなばみぐるし（見苦）かりなん、とすゝめ（勸）しかども、とかくのへんじもなし。（『種々御振舞御書』『定遺』九六七頁）

（61）去年《いぬる》九月十二日ノ夜中ニハ脱レタル二虎口ヲ一歟。必假テ二心ノ固キ一ニ神ノ守リ即チ強シ等トハ是也。汝等努努《ゆめゆめ》勿レレ疑フコト決定シテ無レ有レ疑者也。（『真言諸宗遺目』『定遺』六四一頁）

（62）去ヌル文永八年辛未《かのとノひつじ》九月十二日の夜は相模ノ國たつの口《くち》にて切ラるべかりしが、いかにしてやありけん、其夜はのびて依智《えち》というところへつきぬ。（『報恩抄』『定遺』一二三八頁）

（63）（『種々御振舞御書』『定遺』九六八頁）

（64）其夜は十三日、兵士ども數十人坊の邊り並に大庭になみゐ（並居）て候き。九月十三日の夜なれば月大にはれてありしに、夜中に大庭に立チ出でて月に向ひ奉リて、自我偈少少よみ奉り、諸宗の勝劣、法華經の文あら〳〵申シて、抑モ今の月天は法華經の御座に列《つらな》りまします名月天子ぞかし。寶塔品にして佛勅をうけ給ヒ囑累品にして佛に頂《いたゞき》をなでられまいらせ、如ク二世尊ノ勅ノ一シ當ニ具サニ二奉行一スと誓状をたてし天ぞかし。佛前の誓は日蓮なくば虚《むなし》くてこそをはすべけれ。今かゝる事出來せば、いそぎ悦ヒをなして法華經の行者にもかはり、佛勅をもはたして、誓言のしるし（驗）をばとげさせ給フべし。いかに、今しるしのなきは不思議に候ものかな。何《いか》なる事も國になくしては鎌倉へもかへらんとも思はず。しるしこそなくとも、うれしがをにて澄ミ渡らせ給フはいかに。大集經には日月不レ現レセ明ヲとかかれ、仁王經には日月失レフ度ヲとかかれ、最勝王經には三十三天各生ス二瞋恨ヲ一とこそ見え侍ルに、いかに月天いかに月天、とせめしかば、其しるしにや、天《そら》より明星の如クなる大星下リて前の梅の木の枝にかかりてありしかば、ものゝふども皆ゑん（椽）よりとびをり、或は大庭にひれふし、或は家のうしろ（後）へにげぬ。やがて即チ天《そら》かきくもりて大風吹キ來リて、江の島のなるとて空《そら》のひびく事、大なるつゞみを打ツがごとし。（『種々御振舞御書』『定遺』九六九～九七〇頁）

（65）夜明クれば十四日、卯ノ時に十郎入道と申スもの來リて云ク、昨日の夜の戌の時計リにかうどの（守殿）に大なるさわぎあり。陰陽師を召シて御うらなひ候へば、申せしは大に國みだれ候べし。此御房御勘氣のゆへなり。いそぎいそぎ召シかえさずんば世中いかが候べかるらんと申せば、ゆりさせ給へ候と申ス人もあり、又百日の内に軍《いくさ》あるべしと申シつれば、それを待ツべしとも申す。（『種々御振舞御書』『定遺』九七〇頁）

(66)『定遺』四三九頁

(67)『定遺』四五〇頁

(68)『定遺』四五五頁

(69)『定遺』四九一頁

(70)『定遺』四九二頁

(71)『定遺』五〇三頁

(72)依智にして二十餘日、其間鎌倉に或は火をつくる事七八度、或は人をころす事ひまなし。讒言の者共の云ク、日蓮が弟子共の火をつくるなりと。さもあるらんとて日蓮が弟子等を鎌倉に置クべからずとて、二百六十餘人にしる（記）さる。皆遠島へ遣すべし。ろう（牢）にある弟子共をば頸をはねらるべしと聞ふ。さる程に火をつくる者は持齋・念佛者が計リ事なり。（『種々御振舞御書』『定遺』九七〇頁）

(73)各々は法華經一部づつあそばして候へば我身竝ヒニ父母兄弟存亡等に回向しましまし候らん。今夜のかんずるにつけて、いよ／＼我身より心くるしさ申スばかりなし。ろう（牢）をいでさせ給なば明年のはるかならずきたり給ヘ。みみへまいらすべし。（『定遺』五〇六頁）

(74)『涅槃経』第二十九巻師子吼品（『正蔵』第十二巻　七九五頁c）

(75)『定遺』五〇七頁

(76)『定遺』五〇八頁

(77)今月十月也十日起《たつて》二相州愛京《あいかう》郡依智《えち》ノ郷《がう》一ヲ付二キ武藏ノ國久目河《くめがは》ノ宿《しゆく》一ニ經二テ于十二日一ヲ付二キヌ越後ノ國寺泊ノ津一ニ。自レ此亙二テ大海一ヲ欲レス至二ラント佐渡ノ國一ニ。順風不レ定ラ不レ知二其ノ期《ご》一ヲ。道ノ間ノ事心モ莫レク及フコト又不レ及レ筆ニモ。但暗《あん》ニ可二シ推シ度一ル。又自レ本存知之上ナレハ始テ非レスト可レキニ歎ク。止レム之ヲ。（『定遺』五一二頁）

(78)『正蔵』第九巻、三十一頁b

(79)『正蔵』第九巻、三十一頁a

(80)『正蔵』第十二巻、五九二頁a

(81)『日蓮聖人御遺文講義』第二巻、石川海典著　三六三頁

(82)『定遺』五一二～三頁

(83) 妙楽『法華文句記』
(84) 『日蓮聖人御遺文講義』第二巻、石川海典著　三六三頁
(85) 『正蔵』第十二巻、四七二頁b
(86) 倶舎宗・成実宗・律宗の小乗三宗と、法相宗・三論集・華厳宗の大乗三宗とを合せた南都六宗に、天台・真言の平安の二宗を加えて八宗。この八宗に鎌倉時代の浄土・禅の二宗を加えて十宗という。
(87) 『定遺』五一三頁
(88) 『定遺』五一三頁
(89) 『定遺』五一三頁
(90) 『定遺』五一三頁
(91) 『日蓮聖人御遺文講義』第二巻、石川海典著　三七三頁
(92) 『日蓮聖人御遺文講義』第二巻、石川海典著　三七五～六頁
(93) 『定遺』五一四頁
(94) 前述している「贖命重宝」の文旨を指す。
(95) 『日蓮聖人御遺文講義』第二巻、石川海典著　三八三頁
(96) 『定遺』五一四頁
(97) 『日蓮聖人御遺文講義』第二巻、石川海典著　三八四頁
(98) 平成二十二年度、北川前肇教授、『観心本尊抄』講義に依る。
(99) 『正蔵』第十三巻、月蔵分第十二「分布閻浮提品」第十七
(100) 『観心本尊抄副状』、『定遺』七二一頁
(101) 天台大師智顗『四教儀』巻九（『正蔵』四六巻七五二頁b）
(102) 『法華題目鈔』（『定遺』三九二頁）、『小乗大乗分別鈔』（『定遺』七七〇頁）
(103) 『定遺』五一四頁
(104) 卞和は支那の楚の人。曽て璞《ぼく》玉を楚山に得て武王に献上したが、玉人はこれを石なりと答えたため、武王は怒って卞和の左足を切った。その後、成王が位に即き卞和は又、これを献じたが、玉人は、又石であると相したた

めに右足を切られた。やがて文王が位に即くと、両足のない卞和は璞を抱いて楚山の下に哭していた。文王は、これを召して両足を切られた理由を問うと、卞和は事の仔細を述べ、足を切られたことは怨まないが、ただ珠玉を以て瓦石と断ぜられ、忠節が容れられないことで哭すと答えた。そこで文王は、卞和の奉ずる石を剖《さ》かしたところ、中から真玉が出たので「卞和の璧《たま》」と名づけたと伝えられる。「文選」第二十四の梨善の註。「祖庭事苑」第三に出づ（『日蓮聖人御遺文講義』第二巻、石川海典著　三八七頁）

又、清丸は有名な和気の清麿のこと。かつて僧道鏡が皇位を窺い、天皇は清麿を召して神託を聴かしめた。清麿は大命を果たして帰り、道鏡の侍する御前に伺候して「我が国は開闢以来君臣の分定まる。臣を以て君となすこと未だ曽て之あらず。天の日嗣は必ず皇緒に立つべく、無道の人は早く掃除すべし」との神託を、ありのままに奏聞した。道鏡は怒り、清麿は己が心を以て勝手に神託を詐りたるに相違なしとして、死罪に処すべしと主張したが、天皇はこれを許さず、怒れる道鏡は清麿が名を穢麿と更め、足の筋を切って大隅に流した。途中、道鏡は清麿を殺そうと計ったが、勅使になだめられて中止したと。「續日本記」巻三十、「神社考」巻一、「王代一覧」巻二等に出づ。（『日蓮聖人御遺文講義』三八七～八頁）

(105)　『正蔵』第九巻、三六頁b
(106)　『正蔵』第九巻、三六頁b
(107)　『正蔵』第九巻、三六頁c
(108)　『正蔵』第九巻、三六頁c
(109)　『正蔵』第九巻、三六頁c
(110)　『定遺』五一四～五頁
(111)　『日蓮聖人御遺文講義』第二巻、石川海典著　三八八～九頁
(112)　『定遺』五一五頁
(113)　『日蓮聖人御遺文講義』第二巻、石川海典著　三九〇～一頁（取意）
(114)　『日蓮聖人遺文辞典』教学篇　三九八頁
(115)　『正蔵』第九巻、一〇頁a
(116)　『日蓮聖人御遺文講義』第二巻、石川海典著　三九〇～一頁

(117)『定遺』五一五頁
(118)『正蔵』第九巻、三三頁c
(119)『正蔵』第九巻、三三頁c、三四頁a
(120)『正蔵』第九巻、三四頁a、b
(121)『日蓮聖人御遺文講義』第二巻、石川海典著　三九一～二頁
(122) 俗衆増上慢、道門増上慢、僣聖増上慢の三類。この内、妙楽大師は「第三最甚」とされている。（平成二十二年度、北川前肇教授『観心本尊抄』講義）『正蔵』第九巻、三六頁b、c
(123)『定遺』五一五頁
(124)『定遺』五一七頁
(125)『定遺』五九〇頁
(126)『日蓮聖人御遺文講義』第二巻、石川海典著　三九六頁

第四章　佐渡期の日蓮聖人における「持経者」および「法華経の行者」について

本章は、日蓮聖人の生涯において、佐渡流謫という窮乏と切迫した状況下、「一期の大事」・「当身の大事」としての『開目抄』・『如来滅後五五百歳始観心本尊抄』を著述されることに依って、聖人独自の宗教的高揚期すなわち「本化教学の確立期」として最高潮期に当るものといえよう。

日蓮聖人は、寺泊に風待ちすること六日、文永八年十月二十七日、寺泊を出帆され、翌二十八日、佐渡の東南岸、松ヶ崎に漂着された。二十九日に新穂の重連の館に入り、佐渡の第一夜を過ごされた。翌十一月一日、重連の館の後にある塚原（墓場）の中に建てられた一間四面の三昧堂が、その住居と定められ、ここに入られたのである。かくて翌年の四月迄、氷雪に肌をさらされながら、この最悪の状況の中で、法華経色読の法悦を味わいながら過ごされたのである。(1)

就中、翌年二月には、天を突くほどの気概と迫力に満ちた膨大な『開目抄』一篇を著されている。但し、日蓮聖人の謫居の場所は、佐渡に三郡（羽《は》茂《もち》郡＝南部、雑太《さわた》郡＝中西部、賀茂郡＝東北部）ある中の中西部の雑太郡に位置し、(2)まして武蔵守大仏宣時に仕える、地頭・本間六郎左衛門重連の住居の後側であるから、いわゆる僻地ではないと考えられる。

さて、本章における(A)持経者および(B)法華経の行者関連語句の累計は、

(A)　七例

(B)　六九例

である。

第一節　『開目抄』述作期を中心として

聖人が、この塚原三昧堂に住まわれて二ヶ月ほど後、一つの事件が起った。佐渡の住僧等は聖人が佐渡に着かれると「どうせ生きて帰れぬ流人だから、殺しても咎はあるまい。仏法のためだ、我々の手で殺そう」と相談一決して重連に申し出た。重連は、この乱暴な計画をさえぎり、「法門にて攻めよかし」と諭した。そこで文永九年正月十六日、十七日、彼らは塚原に集り、守護代重連立ち合いのもとに聖人と法戦を交えたのである。この法戦は佐渡の持斉・念仏者の唯阿弥陀仏・生喩房・印性房・慈道房等を筆頭に、越後・越中・出羽・奥州・信濃の国々より集まった法師等、又、六郎左衛門ノ尉兄弟一家、更に百姓の入道等数百人、かずを知らぬほどの大勢が塚原の堂の大庭山野に結集したのである。

しかし、鎌倉の真言師・禅宗・念仏者・天台者よりも、はかなき者たちで、その法論は聖人の一方的な勝ちとなり、中には当座に袈裟平念珠を捨てて念仏申すまじき由の誓状を立てる者もある程であった(3)。

そして皆が立ち帰り、六郎左衛門尉も帰ろうとする時、聖人は六郎左衛門尉（重連）を呼び返し、内乱を予告して、重連に早く鎌倉へ赴くよう提言したのである(4)。

案に違わず、鎌倉では北条一門の同士討たる内乱が、実は二月十六日の塚原問答の時には、その前日に勃発していたのである。十八日に鎌倉から戦乱の報知をもたらした船が着き、重連は聖人の予言の的中に驚き、聖人を訪れて掌を合わせ「永く念仏申し候ふまじ」と誓って救いを乞うた。聖人は強い折伏的教訓を申し含められた。これは直接重連を対告とするよりも、間接に重連を通して幕府への強言であろう。重連は、急ぎ船をととのえて島を発った。

この予言の的中を見聞して島の住民は感歎し、心を寄せる者もあった。島の住僧たちは、聖人を「謀反に組みした者であろう」(5)と言いふらした。鎌倉幕府も、この予言の的中に驚いて土牢に入れた弟子たちを赦免したのである。

又、塚原問答の経緯は『法華浄土問答鈔』(6)に記録されている。

このように、佐渡に着かれて以降、聖人の周辺には、聖人への悪意が充満し、その身を狙われる日々であった。

阿仏房も強盛な念仏の信者であり、阿弥陀仏の怨敵なりとして聖人を悪《にく》み、ひそかに聖人を刺さんとしたのであった。阿仏房は順徳院の佐渡配流に供奉した北面の武士、遠藤盛遠である。仁治三年、順徳院崩御の後は入道して阿仏房と名乗り、妻も千日尼として院の菩提を弔っていた。聖人が佐渡へ渡られた時は、すでに八十余歳の高齢である。

しかし、聖人の人格に打たれ、その所説に動かされて、遂に夫婦共に絶対の帰依を捧げるに至ったとされる。聖人在島三ヶ年の間は妻千日尼と共に島人の怨嫉を事ともせず、食を給し、敵を防ぎ、専心一意、聖人に仕えたのである。特に、阿仏房にひつをしおわせ、夜中に度々、聖人の三昧堂を訪れている。(7)

このような、寒さと飢えと、不穏な状況の中で、塚原問答の後、日蓮聖人は、佐渡に着かれた直後から『開目抄』述作にとりかかっておられたことを述べられている。(8)

このことは、想像を絶するほどの気概と、切迫感を、聖人が抱いておられたことを意味する。

第一項　『開目抄』について

本抄は、文永九年（一二七二）二月、於佐渡塚原、聖寿五十一歳である。

1　題号と主題

まず題号の「開目」については、古来種々の説があるが、要は「法の眼目は法華経」、「人の眼目は本化上行の応現日蓮」ということに帰する。人々はこの人法に対する正しい眼目を有せず、習学すべき仏法の何たるかを知らず、尊敬すべき導師の何人たるかに盲目である。この盲目を開いて法華一乗の智眼を開かしむる御書であるが故に、『開目抄』と名づけられたのである。この人法の中に傍正本末があり、全抄の趣旨から見て、主とするところは人にある。即ち、法華経の行者の確定が本抄の骨子だからである(9)。

「我が身法華経の行者にあらざるか、この疑は此の書の肝心一期の大事」（『定遺』五六一頁）とは本抄の中に度々述べられる類文の一つである。「法華経の行者」―末法の今における妙法弘通の法華経の行者は、はたして誰であろうか。この疑問の解決のために本抄は生れ、この疑問の解決を以て本抄は終る。

聖人の法華経の行者としての御資格が理論・実際の各方面から論証されているのである。

又、本抄の使命は、外的には門下の動揺を鎮静して確固不動の安心に住せしむるにある。更に、かかる門下の動揺の理由は、師と仰ぐ聖人が末法における唯一無二の法華経の行者たることの認識の不足にある。そもそも「法華経の行者とは何か」という理解の不徹底が門下一同の惑乱の根源であった。このような内外からの疑問は、『寺泊御書』の「四人の難詰」に象徴され、これに答えることは、眼前の急務であった。一方、聖人自身の立場からすると、仏勅を奉ずる本化上行の応現は、日蓮なりとの宣言を公表すべき時期にある。本抄一篇の旨帰が、ただこの「師徳顕彰」の一点にあることは論をまたない(10)。

2　主・師・親の三徳と三大誓願

本抄の冒頭に「夫レ一切衆生の尊敬すべき者三ッあり。所謂主・師・親これなり」(11)と述べられる。即ち仏在世にあっては、この三徳具備は大恩教主釈尊であり、末法の今にあっては、聖人自身であるということに帰する。

しかし、仏在世のみならず、本師釈尊として発迹顕本され、久遠実成を顕わされた釈尊は、永遠に三徳具備である。

即ち、発迹顕本がなければ、二乗作仏も、まことの一念三千もあらわれない。本門にいたって始成正覚をやぶったことで、尓前迹門の十界の因果を打ちやぶって本門十界の因果を説きあらわした。これが本因本果の法門である。(12)

釈尊の久成が顕れたことで、聖人は地涌の久成の弟子となる。

しかし、釈尊滅後二千二百二十餘年の今、この末法恐怖世中において、末法の導師として現実の衆生を導いて行くのは、歴史を背負い、釈尊の出世の本懐であり、釈尊の梵音声をとどめている法華経の明鏡に自己を照らし合わせ、その金言の未来記を体現・色読した聖人自身である。

ここで、法華経に、すべてが帰結することは、本抄の冒頭の先述の文につづき、「又習学すべき物三ッあり。所謂儒・外・内これなり」(13)と述べられ、三道を従浅至深して内道たる仏法を選び、更にこれを五重相対して、迹門より本門が勝れ、本門の肝心たる一念三千の法門は「但だ法華経の本門寿量品の文の底に沈めたり」(14)と結ばれる。勝劣の判定の基準が「主・師・親」に対する知恩報恩の問題に置かれていることに留意したい。

主・師・親の三徳中、特に師徳を顕彰され、このことは、釈尊に天台・伝教と聖人自身を加えられた「三国四師」観へと、やがて集約されていくのである。

さて、聖人の三大誓願たる「我レ日本の柱とならむ、我レ日本の眼目とならむ、我レ日本の大船とならむ(15)」は、立教開宗に臨み、聖人が寿量品の仏たる本師釈尊に対して立てられた大誓願である。「日本の柱」は主徳に、「日本の眼目」は師徳に、「日本の大船」は親徳に配当され、特に本抄は、師徳即ち、「法華経の行者」としての聖人自身を確定されていくのである。

特に主・師・親に即する師徳に重点を置かれることは「法華経の行者は誰なるらむ。求めて師とすべし(16)」に明らかである。

本抄の中心眼目は、人法の中、特に「法華経の行者は誰か」という点にあるのであり、度重なる法難と種々の要因を兼備されて、法華経の行者として成った聖人自身が、末法の今における「師」であることを、弟子門下一同、一切衆生に向けて明らかにされたのである。本抄の肝心が「一期の大事(17)」・人開顕にあるとされる所以である。

3　勧持品の色読と法華経の行者としての検証

日蓮聖人は、立教開宗に先立ち、法華経唯一至上主義を選びとられ、そのことを初めて公表された立教開宗当日、既に法難の来るべきことを予期し覚悟されていた。

> いわずば慈悲なきににたりと思惟するに、法華經・涅槃經に此二邊を合セ見るに、いわずわ今生は事なくとも、後生は必無間地獄に堕べし。いうならば三障四魔必競《きそひ》起るべしとし（知）ぬ。二邊の中にはいうべし(18)。

即ち、どんなことが起こり迫ろうが、〃慈悲〃の故に「二辺の中にはいうべし」との固い決意を持って法華経弘通の道を出発されたのである。

> 今度強盛の菩提心ををこして退轉せじと願しぬ。既に二十餘年が間此法門を申スに、日々月々年々に難かさなる。少々の難はかずしらず。大事の難四度なり。二度はしばらくをく、王難すで

に二度にをよぶ。今度はすでに我カ身命に及フ。其上ヘ弟子といひ、檀那といひ、わづかの聴聞の俗人なんど來て重科に行ハる。謀反なんどの者のごとし。法華經ノ第四ニ云ク而モ此經ハ者如來現在スラ猶多シ怨嫉ヲ況ヤ滅度ノ後ヲヤ等云云。[19] 第二ニ云ク見テ有ラン讀誦シ書持スルコト經ヲ者ヲ輕賤憎嫉シテ而懷カン結恨ヲ等云云。[20] 第五ニ云ク一切世間多クシテ怨《あだ》難シ信シ等云云。[21] 又云ク有ン諸ノ無智ノ人ノ惡口罵詈スル等。[22] 又云ク向テ國王大臣婆羅門居士ニ誹謗シテ説テ我惡ヲ謂ハン是邪見ノ人ナリト。[23] 又云ク數數見レン擯出セ等云云。[24] 又云ク杖木瓦石モテ而打擲セン之ヲ等云云。[25][26]

(A)法華経中の持経者　一例である。

以上は、聖人の今生の不退転の覚悟により、立教開宗以来、法華経を強義に弘めたこと特に『立正安国論』上呈を引き金として換起された大難四度の内、王難は二度に及び、今度は身命に及び、弟子・檀那等も重科に行われた。それは法華経の未来記、就中『勧持品』二十行の偈の如くであると述べられている。就中「数々見擯出」は、聖人のみが、「色読」されたとする肝要な一句である。

但し、聖人は、この引用文の中で勧持品以外に法師品・譬喩品・安楽行品・常不軽品を挙げられる。特に安楽行品の「一切世間多怨難信」は『寺泊御書』の第二の難詰である「安楽行品の如く、やわらかに弘教すべき」に対する答えとして、安楽行品も委しく読むなら、末法における強義の弘通を説いたものとされているといえよう。

そして、以下の引用文中の「法華経の行者」が、本抄における、この語句の初見となる。

今末法の始メ二百餘年なり。況滅度後のしるし（兆）に闘諍の序《ついで》となるべきゆへに、非理を前《さき》として、濁世のしるし（驗）に、召シ合せられずして流罪乃至壽《いのち》にもをよばんとするなり。されば日蓮が法華經の智解は天台傳教には千萬が一分も及フ事なけれども、難を忍び慈悲ノすぐれたる事ハをそれをもいだきぬべし。定で天の御計ヒにもあづかるべしと存ずれども、一分のしるし

（驗）もなし。いよ〳〵重科に沈ム。還て此事ヲ計リみれば我身の法華經の行者にあらざるか。又諸天善神等の此國をすてゝ去リ給ヘるか。かた〴〵疑はし。而ルに法華經の第五の巻勸持品の二十行の偈は、日蓮だにも此國に生レずは、ほとをど（殆）世尊は大妄語の人、八十萬億那由陀の菩薩は提婆が虚誑罪にも堕ぬべし。經に云ク　有諸無智人惡口罵詈等、加刀杖瓦石等云云。今の世を見るに、日蓮より外の諸僧、たれの人か法華經につけて諸人に惡口罵詈せられ、刀杖等を加ラルる者ある。日蓮なくば此一偈の未來記ハ妄語となりぬ。惡世中比丘邪智心諂曲。又云ク　與白衣説法爲世所恭敬如六通羅漢[27]、此等ノ經文は今の世の念佛者・禪宗・律宗等の法師なくば世尊ハ又大妄語の人、常在大衆中乃至向國王大臣婆羅門居士等[28]、今の世の僧等日蓮を讒奏して流罪せずば此經文むなし。又云ク　數々見擯出等云云、日蓮法華經のゆへに度々ながされずば數々の二字いかんがせん。此の二字は天台傳教モいまだよみ給はず。況ヤ餘人をや。末法の始のしるし、恐怖惡世中の金言のあふゆへに、但日蓮一人これをよめり[29]。

即ち、(B)法華経の行者　一例である。

ここに一つの前提がある。即ち「日蓮が法華経の智解は天台伝教には、とても及ばないが難を忍び慈悲のすぐれていることは、勝るとも劣らない」という自負である。度重なる法難を忍ぶことができるのは、聖人自身が、それらによって一切衆生を救わんという慈悲心があるからであると述べられている。即ち聖人にとっての法難とは、自己自身のものではなく、一切衆生のために受けられているのである。これは限りなく有難く尊い捨身である。

だが、実際は天の御計らいにもあずからず、いよいよ重科に沈むのであり、これを計りみれば「我が身の法華経の行者にあらざるか」と反問される。しかし、『勧持品』二十行の偈の仏の未来記は、聖人がこの国に生れて実証しないなら、釈尊は大妄語の人となってしまう。

当世をかんがみるに、聖人より外の諸僧の誰が、法華経の故に諸人に悪口罵詈されたり、刀杖を加えられる者がいるだろうか。聖人なくば、二十行の偈の未来記は成立しない。

又、同じく『勧持品』に三類の強敵を挙げている。

勧持品ニ云ク　唯願クハ不レ為レ慮《べからうらおもひシタマウ》。於二テ佛滅度ノ後恐怖惡世ノ中一ニ我等當二ニ廣ク説一ク。有下ン諸ノ無智ノ人ノ惡口罵詈等シ及加二フル刀杖一ヲ者上。我等皆當レニ忍フ。惡世ノ中ノ比丘ハ邪智ニシテ心諂曲ニ未レタ得謂《おも》二ヒ為《これ》得一タリト我慢ノ心充滿セン。或ハ有下ン阿練若ニ納衣ニシテ在二テ空閑一ニ自謂レテ行二スト眞ノ道一ヲ輕二賤スル人間一ヲ者上。貪二著スルカ利養一ニ故ニ與《ため》二ニ白衣一ノ説レテ法ヲ為《うる》三コト世ニ所二ル、コトヲ恭敬一如二ナラン六通ノ羅漢一ノ。是ノ人懐二キ惡心一ヲ常ニ念二ヒ世俗ノ事一ヲ假二テ名ヲ阿練若一ニ好テ出二サン我等カ過《とが》一ヲ。常ニ在二テ大衆ノ中一ニ欲レスルカ毀二ラント我等一ヲ故ニ向二テ國王・大臣・婆羅門居士及餘ノ比丘衆一ニ誹謗シテ説二テ我カ惡一ヲ謂三ハン是邪見ノ人説二クト外道ノ論議一ヲ。濁劫惡世ノ中ニハ多ク有二ン諸ノ恐怖一。惡鬼入二テ其身一ニ罵二詈毀三辱セン我一ヲ〇濁世ノ惡比丘ハ不レ知二ラ佛ノ方便隨宜所説ノ法一ヲ惡口シテ而顰蹙シ數數見《られ》二ン擯出一セ等云云。記ノ八ニ云ク(30)　文ニ三。初ニ一行ハ通シテ明二ス邪人一ヲ。即俗衆也。次テ一行ハ明二ス道門増上慢ノ者一ヲ。三ニ七行ハ明二ス僭聖増上慢ノ者一ヲ。此三ノ中ニ初メハ者可レシ忍フ。次ノハ者過レタリ前ニ。第三最甚タシ　以二テノ後々ノ者ハ轉タ難レキヲ識リ故ニ等云云(31)。

以上の如く『勧持品』二十行の偈の中に、当世、仏の未来記の如く、いわゆる三類の強敵中、特に第三の僭聖増上慢、具体的には良観房忍性・念阿良忠を筆頭とする彼等が、聖人を讒奏して流罪としたのである。「数々見擯出」は、聖人が伊東・佐渡と度々流罪となったことで検証されたのでる。

而ルニ佛、恐怖惡世・然後未來世・末世・法滅時・後五百歳なんど正妙ノ二本に正シク時を定メタマフ。當世法華の三類の強敵なくば誰か佛説を信受せん。日蓮なくば誰をか法華經の行者として佛語をたすけん。南三北七々大寺等猶像法の法華経の敵の内、何ニ況ヤ當世の禪・律・念佛者等ハ脱《のがる》べしや。經文に我が身普合せり。御勘氣をかほ（蒙）ればいよ〳〵悦ヒをますべし。(32)

以上、(B)法華経の行者　一例である。

仏は、『正法華経』『妙法蓮華経』の二本に「恐怖悪世中……後五百歳」と正しく法華経流布と法華経の行者出現の〝時〟を定められている。当世、三類の強敵があるのに、日蓮がいなかったら、当然出現する筈の法華経の行者として仏語を証明する者はいない。自身こそが経文に普号しているのであるから、法難は、かえって悦びとなると述べられる。

聖人は、仏の未来記たる〝時〟に当って、ますます法華経の行者たること更に仏使たることを宣明される。

又、像法の天台には南三北七が法華経の敵となっている。当世の禅・律・念仏者等は、三類の強敵たることを脱れることはできないと述べられる。

次に、

法華經ノ第四ニ云ク 而モ此經ハ者如來現在スラ猶多シ二怨嫉一況ヤ滅度ノ後ヲヤ等云云。(33) 第二ニ云ク 見テ下有ラン四讀二誦シ書三持スルコト經一ヲ者上ヲ輕賤憎嫉シテ而懷カン二結恨一ヲ等云云。(34) 第五ニ云ク 一切世間多クシテレ怨《あだ》難シレ信シ等云云。(35) 又云ク 有ン二諸ノ無智ノ人ノ惡口罵詈スル一等。(36) 又云ク 向テ二國王大臣婆羅門居士ニ一誹謗シテ説テ二我惡ヲ一謂ハン二是邪見ノ人ナリ一。(37) 又云ク 數數見レン二擯出セ一等云云。(38) 又云ク 杖木瓦石モテ而打二擲セン之ヲ一等云云。(39)

涅槃經ニ云ク 爾ノ時ニ多ク有テ二無量ノ外道一和合シテ共ニ往二摩訶陀ノ國王阿闍世ノ所《もと》ニ一。今ハ者唯有リ二一ノ大惡人一瞿曇沙門ナリ。一切世間ノ惡人爲ノ二利養一ノ故ニ往二集シ其所ニ一而爲テ二眷屬一ト不二能修セレ善ヲ。呪術ノ力ノ故ニ調二伏ス迦葉及舍利佛目犍連一ヲ等云云。(40)(41)

以上、(A)法華経中の持経者　一例である。

法華経の『法師品』・『譬喩品』・『安楽行品』・『勧持品』・『常不軽品』の各文を引用されて、仏滅後の法華経弘通者（法華経の行者）に怨嫉・結恨・誹謗等が予言されていることを就中「数々見擯出」を以て検証される。更に、釈尊が在世に、一大悪人として無量の外道から讒奏されたことを述べられる。そして釈尊にも九横の大難[42]、天台には南三北七の詰難、伝教には南都六宗が法華経の敵となったのであることを以下の引用文に委しく述べられ、在世、像法さえ、かくの如き難に値うのだから、末来・末世は尚更であることを強調される。

天台云ク 何ニ況ヤ未來ヲヤ。 理在レ難レキニ化シ也等云云。 妙樂云ク 障リ未レタ除カ者ヲ為レシ怨ト不レル喜レハ聞ヲ者ヲ名レク嫉ト等云云。 南三北七之十師・漢土無量ノ學者、天台を怨敵とす。 得一云ク 咄哉《とつさい》 智公 汝ハ是誰カ弟子ソ。 以下テ不レル足二三寸一ニ舌根上ヲ而謗二スル 襲《ふ》面舌《めんぜつ》之所説一ヲ等云云。 東春ニ云ク 問フ在世ノ時許多ノ怨嫉アリ。 佛滅度ノ後説二ク此經一ヲ時何カ故ソ亦多二キ留難一耶。 答テ云ク 如二キハ俗ニ言一フカ良藥苦レシト口ニ。[43]

重病の者ニ良藥をあたうれば定テ口に苦シとうれう。在世猶をしかり、乃至像末邊土をや。山に山をかさね、波に波をたゝみ、難に難をかへ、非に非をますべし。像法の中には天台一人、法華經一切經をよめり。南北これをあだみしかども、陳隋二代の聖主眼前に是非を明めしかば敵ついに盡キヌ。像の末に傳教一人、法華經一切經を佛説のごとく讀ミ給へり。南都七大寺蜂起せしかども、桓武乃至嵯峨等の賢主我と明ラメ給しかば又事なし。[44]

貪二著スルカ利養一ニ故ニ與《ため》二ニ白衣一ノ説レテ法ヲ為《うる》三コト世ニ所二ル、コトヲ恭敬一如二ナラン六通ノ羅漢一ノ。 是ノ人懷二キ惡心一ヲ常ニ念二ヒ世俗ノ事一ヲ假二テ名ヲ阿練若一ニ好テ出二サン我等カ過《とが》一ヲ。 常ニ在二テ大衆ノ中一ニ欲レスルカ毀二ラント我等一ヲ故ニ向二テ國王・大臣・婆羅門居士及餘ノ比丘衆一ニ誹謗シテ説二テ我カ惡一ヲ謂三ハン是邪見ノ人説二クト外道ノ論議一ヲ。 濁劫惡世ノ中ニハ多ク有二ン諸ノ恐怖一。 惡鬼入二テ其身一ニ罵二詈毀三辱セン我一ヲ○濁世ノ惡比丘ハ不レ知二ラ佛ノ方便隨宜所説ノ法一ヲ惡口シテ而顰蹙シ數數見《られ》二ン擯出一セ等云云。 記ノ八ニ云ク 文ニ三。 初ニ一行ハ通シテ明二ス邪人一ヲ。 即俗衆也。 次テ一行ハ明二ス道門增上慢ノ者一ヲ。 三ニ七行ハ明二ス僭聖增上慢ノ者一ヲ。 此三ノ中ニ初メハ者可シレ忍フ。次ノハ者過タリレ前ニ。第三最甚タシ以テノ二後々ノ者ハ轉タ難キヲレ識リ故ニ等云云。東春ニ智度法師云ク初ニ有諸ヨリ下ノ五行ハ第一ニ一偈ハ忍フ二三業ノ惡一ヲ。是外惡ノ人ナリ。次ニ惡世ノ下ノ一偈ハ是上慢出家ノ人ナリ。第三ニ或有阿練若ヨリ下ノ三偈ハ即是出家ノ處ニ攝ス二一切ノ惡人一ヲ等云云。又云ク常在大衆ヨリ下ノ兩行ハ向テ二公處ニ一毀リレ法ヲ謗スレ人ヲ等云云。[45]

即ち、三類の強敵こそが、聖人をして法華経の行者たらしめる必須条件といえよう。

但し、三類の強敵については、佐渡以前の著述である『唱法華題目鈔』にも、すでに詳説されている。[46]しかし、『唱法華題目鈔』は本抄に比して、まだ勧持品色読、特に「数々見擯出」を体現していないため、非常に教相的であることに留意したい。

本抄での「三類の強敵」は実証的である。

今の世に法華経の行者が出現することは、今の世に三類の強敵が出現することであり、それは法華経の経文によって証明されているのであり、このことは法華経の行者の出現によって一切衆生の救済が可能ならしめられるという仏の未来記たる経文によって検証されているのである。

『勧持品』二十行の偈には、法華経の行者の迫害・法難と、三類の強敵がセッティングされて仏の未来記となっているのである。

しかし、聖人は度重ねて、「三類の怨敵」と「法華経の行者」との不可離の関係を述べられ、「誰人か法華経の行者なりとさされたるらん」と設問される。

此は教主釋尊・多寶佛、寶塔の中に日月の竝ブがごとく、十方分身の諸佛樹下に星を列ネたりし中にして、正法一千年・像法一千年、二千年すぎて末法の始に、法華經の怨敵三類あるべしと、八十萬億那由陀の諸菩薩の定メ給ヒし、虚妄となるべしや。當世は如來滅後二千二百餘年なり。大地は指《させ》ばはづるとも、春は花はさかずとも、三類の敵人必ス日本國にあるべし。さるにてはたれたれの人々か三類の内なるらん。又誰人か法華經の行者なりとさゝれたるらん。をぼつかなし。彼の三類の怨敵に我等入リてやあるらん。又法華經の行者の内にてやあるらん。をぼつかなし。(47)

即ち、(B)法華経の行者　二例である。

以上の如く、「恐怖悪世中」の金言の通りに、その時こそ法華経の行者が出現する必然の時であるが聖人は、あえて「をぼつかなし」と述べられている。

更に、以下の如く反問をくり返される。

昔の多寶分身の諸佛は法華經の令法久住を證明す。今天台宗の碩徳は理深解微を證伏せり。かるがゆへに日本國に但法華經の名のみあつて得道の人一人モなし。誰をか法華經の行者とせん。寺塔を焼て流罪せらるゝ僧侶はかずをしらず。公家武家に諛ッてにくまるゝ高僧これ多シ。此等を法華經の行者というべきか。佛語むなしからざれば三類の怨敵すでに國中に充滿せり。金言のやぶるべきかのゆへに法華經の行者なし。いかんがせん／＼。抑たれやの人か衆俗に惡口罵詈せらるゝ。誰ノ僧か刀杖を加へらるゝ。誰の僧をか法華經のゆへに公家武家に奏する。誰の僧か數數見擯出と度々ながさるゝ。日蓮より外に日本國に取出サんとするに人なし。日蓮は法華經の行者にあらず、天これをすて給ゆへに。誰をか當世の法華經の行者として佛語を實語とせん。佛と提婆とは身と影とのごとし。生々にはなれず。聖徳太子と守屋とは蓮華の花菓同時なるがごとし。法華經の行者あらば必三類の怨敵あるべし。三類はすでにあり。法華經の行者は誰なるらむ。求メて師とすべし。一眼の龜の浮木に値ッなるべし。(48)

以上、(B)法華経の行者　七例である。

ここで注目すべきは、天台宗の碩徳は、浄土宗の云う法華経の「理深解微」を証伏してしまい、日本国に但法華経の名のみあって得道の一人もなしとする、聖人の嘆きである。

次いで「誰をか法華経の行者とせん」と続く。三類の怨敵は国中に充満している。まるで金言を破るかのように「法華経の行者なし」と否定され、聖人が受けられたさまざまな迫害、特に「数々見擯出」は「日蓮より外に日本国に取リ出サんとするに人なし」と決定される。

しかし、ひるがえって「日蓮は法華經の行者にあらず、天これをすて給ゆへに。」と再び否定された直後、「誰をか法華経の行者として仏語を実語とせん」と強く述べられる。

法華経の行者が、当世出現しないなら、仏語は妄語となる。これは非常事態である。

「三類はすでにあり。法華経の行者は誰なるらむ。求めて師とすべし」とは、聖人が血を吐く思いの一言である。しかし、これは一方、全面肯定ともいえるであろう。

このように反問をくり返されるのは、日本国の人々の多くが「生盲の者・邪眼の者・一眼の者・無眼の者」(49)であるからであり、彼等の迷妄を開かしめんがための『開目抄』である。

4　諸天善神の守護・不守護について

聖人は、諸天等の守護がないことにつき、再三再四、反問をくり返される。

――我が身、法華経の行者にあらざるかと。

但シ世間の疑といゐ、自心の疑ヒと申シ、いかでか天扶ケ給ハざるらん。諸天等の守護神は佛前の御誓言あり。法華經の行者にはさる（猨）になりとも法華經の行者とがう（號）して、早々に佛前の御誓言をとげんとこそをぼすべきに、其義なきは我身法華經の行者にあらざるか。此疑は此書ノ肝心、一期の大事なれば、處々にこれをかく上《うへ》、疑を強くして答をかまうべし。季《き》札《さつ》といゐし者は心のやくそくをたがへじと、王の重寶たる劍《つるぎ》を徐《じよ》君が墓にかく。王壽と云ヒシ人は河の水を飲て金の鵞目《ぜに》を水に入レ、公胤《いん》といゐし人は腹をさいて君主の肝を入ル。此等は賢人なり。恩をほうずるなるべし。況ャ舎利弗・迦葉等の大聖は二百五十戒三千の威儀一ッもかけず、見思を斷じ三界を離レたる聖人也。梵帝諸天の導師、一切衆生の眼目なり。而ルに四十餘年が間、永不成佛と嫌ヒすてはてられてありしが、法華經の不死の良薬をなめて燋種の生《おひ》、破石の合《あひ》、枯木ノ華菓なんどせるがごとく、佛になるべしと許サレていまだ八相をとなえ（唱）ず、いかでか此の經の重恩をばほうぜざらん。若ほうぜずば彼々の賢人にもをとりて、不知恩の畜生なるべし。[50]

以上、(B)法華経の行者　三例である。

即ち、世間が聖人を法華経の行者か否かと疑い、自身も又疑うのは、何故に天の加護がないのかということである。諸天等の法華経の守護神は、仏前で法華経の行者守護の誓言をしているのであるから、法華経の行者に対しては何になっても、仏前の誓言を遂ぐべきであるのに、そうでないのは、我が身が法華経の行者でないためであろうか、と強く反問される。そしてこのことは「一期の大事」である。「此疑は此書ノ肝心、一期の大事なれば、処々にこれをかく上、疑を強くして答をかまうべし」と、きびしい態度で臨まれる。

又、支那の季札・王寿・公胤などは約束を守って恩を報じた。まして舎利弗・迦葉などは大聖であり一切衆生の眼目といえるのに、四十餘年間、尓前経において永不成仏と嫌い捨てられていたが、法華経に至って成仏の記莂を与えられたのであるから、法華経の重恩を報じなければ不知恩の畜生であると述べられる。

諸の聲聞、法華をはなれさせ給なれば、魚の水をはなれ、猿の木をはなれ、小兒の乳をはなれ、民の王をはなれたるがごとし。いかでか法華經の行者をすて給べき。諸の聲聞は爾前の經々にては肉眼の上に天眼慧眼をう（得）。法華經にして法眼佛眼備ハれり。十方世界すら猶照見し給らん。何ニ況ャ此の娑婆世界の中、法華經の行者を知見せられざるべしや。設日《たとひ》蓮惡人にて一言二言、一年二年、一劫二劫、乃至百千萬億劫此等の聲聞を惡口罵詈し奉、刀杖を加ヘまいらする色なりとも、法華經をだにも信仰したる行者ならばすて給べからず。譬へば幼稚《おさなきもの》の父母をのる、父母これをすつるや。梟鳥《けうちやう》ヵ母を食ッ、母これをすてず。破鏡《はけい》父をがいす、父これにしたがふ。畜生すら猶かくのごとし。大聖法華經の行者を捨ッべしや。(51)

以上、(B)法華経の行者　四例である。

更に、諸の声聞は法華経を離れるならば、魚の水を離れ……小児の乳を離れたる如く、致命的なものとなる。そして諸の声聞は、法華経に至って法眼・仏眼を備わったのであるから、十方世界でさえ照見する。ましてこの娑婆世界の中の法華経の行者を知見しないことがあろうか。もし日蓮自身が悪人で、此等の声聞を百千万億劫の間、悪口罵詈し刀杖を加えたとしても、法華経をさえ信仰したる行者ならば捨てることはない。例えば梟鳥が母を食べても、母はこれを捨てない。畜生さえこのようであるから、諸の声聞が法華経の行者を見捨てる筈がないと述べられる。

以下、二乗が釈尊の法華経により蒙った恩恵を思うならば、法華経の行者を守護すべきことの必然性を、くり返し述べられる。

而ルに四十餘年の經々をば東春の大日輪寒氷を消滅するがごとく、無量の草露を大風の零落するがごとく、一言一時に未顯眞實と打けし、大風の黒雲をまき、太虚に滿月の處スルがごとく、青天に日輪の懸リ給フがごとく、世尊法久後要當説眞實と照させ給ヒて、華光如來・光明如來等と舍利弗・迦葉等を赫々たる日輪明々たる月輪のごとく、鳳文《ほうもん》にしるし龜鏡に浮べられて候へばこそ、如來滅後の人天の諸檀那等には佛陀のごとくは仰ヵれ給ヒしか。水すまば月影ををしむべからず。風ふかば草木なびかざるべしや。法華經の行者あるならば、此等の聖者は大火の中をすぎても、大石の中をとをりても、とぶらはせ給ッべし。迦葉の入定もことにこそよれ。いかにとなりぬるぞ。いぶかしとも申スばかりなし。後五百歳のあたらさるか。廣宣流布の妄語となるべきか。日蓮が法華經の行者ならざるか。法華經を教内と下タシて別傳と稱する大妄語の者をまほり給フべきか。捨閉閣抛と定て法華經の門をとぢよ巻をなげすてよとゑりつけ（彫付）て、法華堂を失ヘる者を守護し給フべきか。(52)

以上、(B)法華経の行者　二例である。

即ち、法華経の行者あるならば、此等の声聞・聖者は、どんな困難の中でもとぶらうべきであるのに、それがないとは不思議である。後五百歳という〝時〟が当っていないのか。仏勅たる広宣流布が妄語なのか。日蓮が法華経の行者でないのか。それとも、法華経を教内と低く見て教外別伝を立てる大妄語の禅宗を守るのか。或は、法華経を捨閉閣抛と定めて法華経を失える浄土宗の者を守護するのかと、逆説を構えられる。

さて、諸経の諸仏・菩薩等の法華経の行者への守護の必然性を述べられるに当り、ここで釈尊の久遠実成が前提となっている。

仏ハ久遠の仏なれば迹化他方の大菩薩も教主釈尊の御弟子なり。一切経の中に此寿量品ましまさずば天ニ無ク二日月一国ニ無ク二大王一山河ニ無レク珠人に神《たましひ》のなからんがごとくしてあるべきを（後略）(53)

の如く、寿量品における釈尊の発迹顕本の重要性を述べられ、故に、

されば諸經の諸佛・菩薩・人天等は彼々の經々にして佛にならせ給フやうなれども、實には法華經にして正覺なり給へり。釋迦・諸佛の衆生無邊の總願は皆此經にをいて滿足す。今者已滿足の文これなり。予事の由ををし計ルに、華嚴・觀經・大日經等をよみ修行する人をばその經々の佛・菩薩・天等守護し給フらん。疑ヒあるべからず。但シ大日經・觀經等をよむ行者等、法華經の行者に敵對をなさば、彼の行者をすてゝ法華經の行者を守護すべし。例えば孝子、慈父の王敵と

なれば父をすてて王にまいる。孝の至リ也。佛法も又かくのごとし。法華經の諸佛・菩薩・十羅刹、日蓮を守護し給フ上《うへ》、浄土宗の六方ノ諸佛・二十五ノ菩薩、眞言宗の千二百等、七宗の諸尊・守護ノ善神、日蓮を守護し給フべし。例せば七宗の守護神カ傳教大師をまほり給しがごとしとをもう。日蓮案シテ云ク、法華經の二處三會の座にまし／＼し日月等の諸天は、法華經の行者出來せば磁石の鐵を吸フがごとく、月の水に遷ルがごとく、須臾に來て行者に代リ、佛前の御誓をはたさせ給フべしとこそをぼへ候に、いままで日蓮をとふらひ（訪）給わぬは日蓮法華經の行者にあらざるか。されば重て經文を勘ヘて我身にあてゝ身の失《とが》を知るべし。(54)

即ち、(B)法華経の行者　五例である。

以上の如く「今者已満足」の総願を果たした法華経の恩に対し、諸仏・菩薩・人天等は法華経の行者を守護することで報いなければならない。

就中、法華経の諸仏・菩薩・十羅刹は日蓮を守護し給うのであり、更に浄土宗の六方の諸仏・二十五の菩薩・真言宗の千二百等、七宗の守護の善神、即ち余経・余宗の彼等が日蓮を守護し給べしと述べられる。それは「例せば七宗の守護神が伝教大師を護り給いしが如し」と、日蓮聖人は切に思われている。

しかし、いまだに彼等は、日蓮を守護するために訪れてこないのは「日蓮法華経の行者にあらざるか」と反問され、経文を重ねて勘え我が身にあてて、身の失即ち自身の失点を知らねばならぬと述べられる。

つづいて、以下の引用文となる。

疑テ云ク、當世の念佛宗・禪宗等をば何《いか》なる智眼をもつて法華經の敵人、一切衆生の惡知識とはしるべきや。答テ云ク、私の言を出スべからず。經釋の明鏡を出して謗法の醜面《しゅうめん》をうかべ、其失をみせしめん。生盲は力をよばず。法華經の第四寶塔品ニ云ク爾ノ時ニ多寶佛於ニテ寶塔ノ中一ニ分ニテ半座一ヲ與ニヘタマフ釋迦牟尼佛一ニ。爾ノ時ニ大衆見下タテマツル二如來ノ在ニシテ七寶ノ塔ノ中ノ師子ノ座ノ上一ニ結跏趺坐上シタマフヲ。以ニテ大音聲一ヲ普ク告ニハク四衆一ニ。誰カ能於ニテ此娑婆國土一ニ廣ク説ニカン妙法華経一ヲ。今正シク是時ナリ。如來不レシテ久シカラ當レニ入ニ涅槃一ニ。佛欲下ス以ニテ此妙法華經一ヲ付屬シテ有上ラシメントレ在ルコト等云云。(55)第一の敕宣なり。又云ク爾ノ時ニ世尊欲三シテ重テ宣ニント此義一ヲ而説レテ偈ヲ言ハク聖主世尊雖ニトモ久ク滅度スト在ニシテ寶塔ノ中一ニ尚爲レニ法ノ來リタマヘリ。諸人云何ソ不ニル勤メテ爲《むかは》レ法ニ。又我カ分身ノ無量ノ諸佛如ニク恒沙等一ノ來レル欲レス聽レント法ヲ。各捨ニテ、妙ナル土及弟子衆天人龍神ノ諸ノ供養ノ事一ヲ令ニメンカ法ヲシテ久ク住一セ故ニ來ニ至シタマヘリ此一(56)〇譬ハ如三シ大風ノ吹ニクカ小樹ノ枝一ヲ、以ニテ是ノ方便一ヲ令ニム法ヲシテ久ク住一セ。告ニク諸ノ大衆一ニ我滅度ノ後誰カ能護ニ持シ讀三誦セン此經一ヲ。今於ニテ佛前一ニ自説ニケ誓言一ヲ。(57)第二の鳳詔也。多寶如來及《および》與我身所レノ集ムル化佛當レニ知ニル此意一ヲ。(58)〇諸ノ善男子各諦カニ思惟セヨ。此レハ爲《これ》難事ナリ。宜レク發ニコス大願一ヲ。諸餘ノ經典數《かず》如ニシ恒沙一ノ。雖レモ説ニクト此等一ヲ未レタ足ニ爲《これ》難一シトスルニ。若接《とつて》ニ須彌一ヲ擲ニケ置ンモ他方無數ノ佛土一ニ亦未ニタ爲《これ》難一トセ。(59)〇若佛滅後於ニテ惡世ノ中一ニ能説ニカン此經一ヲ。是則爲《これ》難シ。(60)〇假《たとひ》使劫燒ニ擔ニヒ負フテ乾タル草一ヲ入レテ中ニ不レンモ燒亦未ニタ爲《これ》難一シトセ。我滅度ノ後ニ若持ニテ此經一ヲ爲ニニモ一人一ノ説カン。是則爲《これ》難シ。(61)〇諸ノ善男子於ニテ我滅後一ニ誰レカ能護ニ持シ讀三誦セン此經一ヲ。今於ニテ佛前一ニ自説ニケ誓言一ヲ等云云。(62)第三ノ諫敕也。第四第五の二箇の諫曉、提婆品にあり、下にかく（書）べし。此經文の心は眼前也。青天に大日輪の懸《かゝれる》がごとし。白面に黶墨《ほくろ》ノあるにゝたり。而レども生盲の者と邪眼の者と一眼のものと各謂自師の者・邊執《へんしふ》家《か》の者はみがたし。萬難をすてゝ道心あらん者にしるしとどめてみ（見）せん。西王母がそのもゝ、輪王出世の優曇華よりもあいがたく、沛公《はいかう》が高羽と八年漢土をあらそいし、頼朝と宗盛が七年秋津嶋にたゝかひし、脩羅と帝釋と金翅鳥と龍王と阿耨池に諍へるも、此にはすぐべからずとしるべし。日本國に此法顯ル、こと二度なり。傳教大師と日蓮となりとしれ。無眼のものは疑ッべし。力及ッべからず。此經文は日本・漢土・月氏・龍宮・天上・十方世界の一切經の勝劣を釋迦・多寶・十方の佛來集して定メ給ッなるべし。(63)以上、釈尊の三度の鳳詔は、いずれも「我滅度後誰能護持読誦此経」であり、その意は(A)（法華経中の）持経者　三例といい得る。

以上の如く、聖人は、当世の念仏宗・禅宗等が法華経の敵人、一切衆生の悪知識と知るべき智眼は、経釈の明鏡に依るとされて、『宝塔品』の第一・第二・第三の勅宣を述べられる。即ち、虚空会上の多宝塔の中に多宝如来と釈尊が竝座され、釈尊は大音声を以て四衆に、仏滅後の妙法蓮華経の付属を勧奨されて、「今於二テ仏前一ニ自説二ケ誓言一ヲ」と募られるのである。しかし、このことは難事であるから大願を発さなければならない。そして、『見宝塔品』に説く六難よりも、仏滅後での法華経受持・弘教は難事であるから、決意を以て受持・弘教の誓言を果せと述べられる。

そして、日本國にこの法華経が顕れたのは伝教大師と日蓮との二度であり、以上引用した経文は日本・漢土・月氏・龍宮・天上・十方世界の一切経の勝劣を釈迦・多宝・十方の仏が来集して法華経の超勝を定められたのであるから、非常に重要なのであると述べられる。

即ち、法華経が如何に至上であり、それを行じる者と謗る者と対比させ、自身が釈尊の誓言に答えるべき法華経の行者たることを確信される。それに対して諸天等の守護がない筈がないということである。

事実、聖人は幾多の法難の度ごとに命を全うされ、殊に龍口の頸の座では虎口を逃れられている。これ程の守護があろうか。

しかし、人々は迫害や法難があることを以て諸天等の不守護であると思っている。

聖人は、立教開宗の当日にはじまり、『立正安国論』の上呈を引き金として、多くの謗法を責められたのである。

即ち謗法者・三類の強敵を責め、触発することによって法難を招き寄せられたと言い得よう。法難なくして法華経色読なく「我不愛身命但惜無上道」の金言を実践することなくして法華経の行者は存しない。

従って聖人にとっての法難は、仏の未来記に当る己れの実証であり悦びである。

以下の引用文を以て、それを述べられる。

當世日本國に第一に富メル者ハ日蓮なるべし。命は法華經にたてまつる。名をば後代に留《とゞむ》べし。大海の主《ぬし》となれば諸ノ河神皆したがう。須彌山の王に諸ノ山神したがわざるべしや。法華經の六難九易を辨ッれば一切經よまざるにしたがうべし。寶塔品の三箇の敕宣の上ニ提婆品二箇の諫曉あり。[64]

堂々の自負と法悦の極みである。

そして提婆品の二箇の諫曉とは、一闡提たる提婆達多の悪人成仏と龍女の女人成仏である。

已上五ケの鳳詔にをどろきて勧持品の弘經あり。明鏡の經文を出シて當世の禪・律・念佛者・竝ニ諸檀那の謗法をしらしめん。日蓮といゐし者は去年九月十二日子丑の時に頸《くび》はねられぬ。此は魂魄佐土の國にいたりて、返年《かへるとし》の二月雪中にしるして、有縁の弟子へをくれば、をそろしくてをそろしからず。みん人いかにをぢずらむ。此は釋迦・多寶・十方の諸佛の未來日本國當世をうつし給ッ明鏡なり。かたみともみるべし。[65]

五ケの鳳詔のあとに『勧持品』第十三の明鏡があり、その明鏡に照らせば当世の謗法者は明らかである。

そして、この『開目抄』は龍口の頸の座の白刃の下で、聖人の肉体は死し、魂魄を以て、記したもので、釈迦・多宝・十方の諸仏が未来の日本国の当世をうつし出す明鏡であり、聖人自身の〈かたみ〉である。

以上は、龍口の頸の座で凡僧日蓮は死し、同時に本化上行の日蓮の応現を示唆すると思われ、これ程の比類なき守護はあり得ない。

　金光明經ニ云ク修スル二善業一ヲ者ハ日々ニ衰滅ス等云云。惡國惡時これなり。具サには立正安國論にかんがへたるがごとし。詮するところは天もすて給へ、諸難にもあえ、身命を期《ご》とせん。身子が六十劫ノ菩薩ノ行を退《たい》せし、乞眼《こつげん》の婆羅門の責を堪へざるゆへ。久遠大通の者三五の塵《ぢん》をふる、惡知識に値ゆへなり。善に付け惡につけ法華經をすつる、地獄の業なるべし。本ト願を立ッ。日本國の位をゆづらむ、法華經をすてゝ觀經等について後生をご（期）せよ。父母の頸《くび》を刎《はね》ん、念佛申さずわ。なんどの種々の大難出來すとも、智者に我義やぶられずば用ィじとなり。其外の大難、風の前の塵《ちり》なるべし。我レ日本の柱《はしら》とならむ、我レ日本の眼目とならむ、我レ日本の大船とならむ、等とちかいし願《ぐわん》、やぶるべからず。(66)

「詮ずるところ」であるから、これは聖人の究極の本音である。たとえ諸天が聖人を捨てようと、諸難にも値おうと、身命の限り法華経の修行・弘通に突き進もうという、すべてを超えた壮絶な覚悟である。

如何なることがあろうが、法華経を捨てることは地獄の業なのである。

日蓮が智者と認める者に、自分の主義主張を破斥されない限り、断乎として自己を曲げることはしない。従って、その外のどんな大難も風の前の塵の如く軽い、とされる。

そして、立教開宗時に立てられていた三大誓願を、ここであらためて堂々と開陳される。

即ち、聖人は諸天の守護を確信されている。それ以上に、守護・不守護を超越された境地を既に開かれているのである。

又佛になる道は華嚴ノ唯心法界、三論の八不、法相の唯識、眞言の五輪観等も實には叶フべしともみへず。但天台の一念三千こそ佛になるべき道とみゆれ。此一念三千も我等一分の慧解もなし。而ども一代經々の中には此經計リ一念三千の玉をいだけり。餘經の理は玉ににたる黄石なり。沙をしぼるに油なし。石女に子のなきがごとし。諸經は智者猶佛にならず。此經は愚人モ佛因を種《うゆ》べし。不求解脱解脱自至等ト云云。我竝ヒニ我弟子諸難ありとも疑フ心なくわ自然に佛界にいたるべし。天の加護なき事を疑はざれ。現世の安穏ならざる事をなげかざれ。我弟子ニ朝夕敎ヘしかども疑ヒををこして皆すてけん。つたなき者ノならひは約束せし事をまことの時ハわするゝなるべし。妻子を不便とをもうゆへ、現身にわかれん事をなげくらん。多生曠劫にしたしみし妻子には心とはなれしか。佛道のためにはなれしか。いつ（何時）も同シわかれなるべし。我法華經の信心をやぶらずして、靈山にまいりて返てみちびけかし。[67]

以上は、先の引用文より敷衍したものと思われる。

仏に成る道は、但天台の一念三千のみであるが我々にはそれを理解する一分の智解もない。しかし一代経々の中には法華経のみが、この一念三千の玉をいだいている。「此経は愚人モ仏因を種《うゆ》べし。不求解脱解脱自至」である。自身も弟子たちも諸難があっても疑う心なく法華経を信じ切るなら、自然に仏界に至るのであるから、天の加護なきことを疑ってはいけない。現世の安穏でないことを嘆いてはいけない。

ここには、法華経を絶対信し、釈尊の梵音声たる生きた法華経と同一化している聖人の泰然たる姿がある。

以上を弟子たちに常に教えていたのに、守護がないと思い込んで法華経への信を捨ててしまっている。

つたなき者の習性として約束したことを大事の時には忘れてしまうとして弟子たちを叱咤される。

5　受難と謗法の滅罪

以下、法華経の行者には、守護があり、謗者には現罰があることを『安楽行品』『薬草喩品』『普賢品』『不軽品』『法師品』を以て証明される。

そして、釈尊・不軽菩薩・目連・提婆菩薩・師子尊者・竺の道生・法道・北野の天神・白居易等は種々の迫害や大難に値ったのであるから法華経の行者と言い得る。

即ち、前生に法華経誹謗の罪なき者が今生に法華経を行じた場合、これらをあだすれば忽ちに謗者に現罰があるのだと述べられる。

有人云ク、當世の三類はほぼ有ルににたり。但シ法華經の行者なし。汝を法華経の行者といはんとすれば大なる相違あり。此經ニ云ク　天ノ諸ノ童子以テ爲二サン給使一ヲ刀杖モ不レ加ヘ毒モ不レ能ハ害スルコト(68)。又云ク　若人惡罵スレハ　口則閉塞ス等(69)。又云ク　現世ニハ安穩ニシテ　後生二レン善處一ニ等云云(70)。又頭ハ破《わ》レテ作二ナルコト七分一ト如二クナラン阿梨樹ノ枝一ノ(71)。又云ク　亦於二テ現世一ニ得二ン其福報一ヲ等(72)。又云ク　若復見下テ受二持スル是ノ經典一ヲ者上ヲ出二サン其過惡一ヲ若ハ實ニモアレ若ハ不實ニモアレ此人現世ニ得二ン白癩ノ病一ヲ等云云(73)。答テ云ク　汝が疑ヒ大に吉シ。ついでに不審を晴サン。不輕品ニ云ク　惡口罵詈等(74)。又云ク　或ハ以二テ杖木瓦石一ヲ而打二擲ス之一ヲ等云云(75)。涅槃經ニ云ク　若シハ殺若シハ害等云云。法華經ニ云ク　而カモ此經ハ者如來ノ現在スラ猶多二シ怨嫉一等云云(76)。佛は小指を提婆にやぶられ、九横の大難に値ヒ給フ。此は法華經の行者にあらずや。不輕菩薩ハ一乘の行者といわれまじきか。目連ハは竹杖に殺サる。法華經記莂の後なり。付法藏の第十四ノ提婆菩薩・第二十五の師子尊者ノ二人は人に殺サレぬ。此等は法華經の行者にはあらざるか。竺ノ道生は蘇山に流サレぬ。法道は火印《かなやき》を面《かほ》にやいて江南にうつさる。北野ノ天神・白居易等は法華經の行者ならざるか。事の心を案ずるに、前生に法華經誹謗の罪なきもの今生に法華經を行ず。これを世間の失《とが》によせ、或は罪なきを、あだすれば忽に現罰あるか。脩羅が帝釋をいる、金翅鳥の阿耨池に入ル等、必返て一時に損するがごとし。(77)

以上、(A)（法華経中の）「見下テ受二持是ノ經典一ヲ者上ヲ」＝持経者　一例となる。

(B)法華経の行者　六例である。

謗者に現罰があるか否かは、今生の法華経の行者の過去の謗法罪の有無によるのである。更に、天台の『玄義』を引き、現在の苦は過去によるのであり、今生の脩福は報が将来にありとされ、又、『心地観経』には、過去の因を知ろうと思えば現在の果を見、未来の果を知ろうと思えば現在の因を見よ、とされる。

即ち、三世に亙る因果を明かされる。

そして、『不軽菩薩品』の「其罪畢已」の文を引かれ、不軽菩薩が過去に法華経誹謗の罪がある故に現世で瓦石を蒙る難を受け、その難によって来世で、その謗法罪を畢えて仏道を成じたと述べられる。

又、順次生に地獄に堕つべき者は重罪を造るとも現罰がない、それは一闡提人である。

例せば夏の桀股の紂のような悪王の時代には天変がない。余りの重科があって必ず世が亡ぶべき故であろう。

天台云ク　今我疾苦ハ皆由二ル過去一ニ　今生ノ脩福ハ報在二リ將來一ニ等云云。(78)　心地観經ニ云ク　欲レセハ知二ント過去ノ因一ヲ見二ヨ其現在ノ果一ヲ。欲レセハ知二ント未來ノ果一ヲ見二ヨ其現在ノ因一ヲ等云云。不輕品ニ云ク　其罪畢已等云云。(79)　不輕菩薩は過去に法華經を謗シ給ふ罪身に有ゆへに、瓦石をかほるとみへたり。又順次生に必地獄に墮べき者は重罪を造ルとも現罰なし。一闡提人これなり。涅槃經ニ云ク　迦葉菩薩白レシテ佛ニ云ク　世尊如二ク佛ノ所説一ノ大涅槃ノ光入二ル於一切衆生ノ毛孔一ニ等云云。又云ク　迦葉菩薩白レシテ佛ニ言ク　世尊云何ンソ未レタ發二サ菩提心一ヲ者得二ン菩提ノ因一ヲ等云云。佛此問を答テ云ク 佛告二ハク迦葉一ニ 若有レテ聞二クコト是ノ大涅槃經一ヲ言四テ我不三ト用レ發二スコトヲ菩提心一ヲ誹二謗セン正法一ヲ。是ノ人即時ニ於二テ夜夢ノ中一ニ見二テ羅刹ノ像《かたち》一ヲ心中怖畏ス。羅刹語テ言ク 咄《つたなし》 善男子 汝今若不レンハ發二サ菩提心一ヲ當レニ斷二ツ汝カ命一ヲ。是ノ人惶怖シ寤メ巳テ即發二ス菩提之心一ヲ。(80)當レニ知ル是ノ人ハ是レ大菩薩ナリト等云云。いたう（甚）の大惡人ならざる者、正法を誹謗すれば即時に夢みてひるがへる心生ス。又云ク 枯木石山等。又云ク 燋種雖レ遇二フト甘雨一ニ等。又云ク 明珠淤泥等。又云ク 如三シ人ノ手ニ創アルニ捉二ルカ毒藥一ヲ等。又云ク 大雨不レ住レセ空ニ等云云。此等の多クの譬あり。詮するところ上品の一闡提人になりぬれば、順次生に必ス無間獄に墮ッべきゆへに厳罰なし。例せば夏の桀《けつ》・殷の紂《ちう》の世には天變なし。重科有て必世ほろぶべきゆへか。又守護神此國をすつるゆへに現罰なきか。謗法の世をば守護神すてゝ去リ、諸天まほるべからず。かるがゆへに正法を行スルものにしるしなし。還て大難に値べし。金光明經ニ云ク 修二スル善業一ヲ者ハ日々ニ衰減ス等云云。惡國惡時これなり。具サには立正安國論にかんがへたるがごとし。(81)

以上、(B)正法を行ずる者＝法華経の行者　一例である。

更に、守護神が此国を捨てる故に現罰がないのか。謗法の世を守護神は捨て去り、諸天の守護がないので、正法を行ずる者に守護の験しがなく、かえって大難に値うのである。

『金光明経』に記される如く、「善業を修する者は日々に衰滅す」のは、悪国悪時の故である。

特に、聖人の過去の謗法罪につき、以下のように述べられる。

疑テ云ク、いかにとして汝が流罪死罪等、過去の宿習《しくしふ》としらむ。答テ云ク、銅鏡は色形を顯ハす。秦王驗偽の鏡は現在の罪を顯ハす。佛法の鏡は過去の業因を現ず。般泥洹《はつないおん》經ニ云ク 善男子過去ニ曾テ作二ル無量ノ諸罪種種ノ惡業一ヲ。是ノ諸ノ罪報ハ或ハ被二レ輕易一セ 或ハ形状醜陋《しうる》 衣服不レ足ラ 飲食麤疎求レルニ財ヲ不レ利アラ 生二レ貧賤ノ家邪見ノ家一ニ 或ハ遭二ヒ王難一ニ 及餘ノ種々ノ人間ノ苦報アラン。現世ニ輕ク受ルハ斯レ由ルカ二護法ノ功徳力ニ一故ナリ云云。此の經文日蓮が身に宛《あだか》も符契のごとし。狐疑ノ氷《こほり》とけぬ。千萬ノ難モ由《よし》なし。一一の句ヲ我が身にあわせん。或被輕易等云云。法華經ニ云ク 輕賤憎嫉等(82)云云。二十餘年が間の輕慢せらる。或ハ形狀醜陋。又云ク 衣服不足。予カ身也。飲食麤疎。予カ身也。求財不利。予カ身也。生貧賤家。予カ身也。或遭王難等。此經文疑フべしや。法華經ニ云ク 數々見擯出。此經文ニ云ク 種々等云云。斯由護法功德力故等トハ者摩訶止觀ノ第五ニ云ク 散善微弱ナルハ不レ能ハレ令ムルコトレ動セ。今修シテ二止觀ヲ一健病不レハレ虧《かけ》動スニ生死ノ輪ヲ一等云云(83)。又云ク 三障四魔紛然トシテ競ヒ起ル等云云。我無始よりこのかた惡王と生レて、法華經の行者の衣食田畠等を奪とりせしことかずしらず。當世日本國の諸人の法華經の山寺をたうすがごとし。又法華經の行者の頸を刎《はねる》こと其數をしらず。此等の重罪はたせるもあり、いまだはたさゞるもあるらん。果スも餘殘いまだつきず。生死を離ル、時は必此重罪をけしはてゝ出離すべし。功德は淺輕なり。此等の罪は深重なり。權經を行ぜしには此の重罪いまだをこらず。鐵《くろがね》を熱《やく》にいたう(甚)きたわざればきず隱レてみえず。度々せむればきずあらわる。麻子《あさのみ》をしぼるにつよくせめざれば油少キがごとし。今ま日蓮強盛に國土の謗法を責めれば此大難の來ルは、過去の重罪の今生の護法に招キ出せるなるべし。鐵は火に値ハざれば黑し。火と合ヒぬれは赤シ。木をもつて急流をかけば波《なみ》山のごとし。睡レる師子に手をつくれば大に吼ゆ。(84)

以上、(B)法華経の行者 二例である。

まず、聖人が流罪死罪に値われるのは、何故、過去の宿習と知ることができるのかとの疑問に対しての答えである。

即ち、銅鏡は物の色・形を顕わし、秦の始皇の虚偽を照らす鏡は現在の罪を顕わし、仏法の鏡は過去の業因を現わすのである。

『般泥洹経』には、過去の諸罪・悪業の罪報は、或は軽易され、或は形状醜陋・衣服不足……或は王難に遭い、種々の人間の苦報があるが、現世に軽く受くるのは護法の功徳力による故であると。

この一々の経文は、日蓮に符契の如く当っている。

法華経の「数々見擯出」、摩訶止観の「三障四魔」は我が身に顕現している。

そして、過去世での数々の法華経の行者へ迫害を加えた重罪は、はたしたものもあるがいまだはたさざるものあり、その餘残は、まだ尽きていない。自分の行じてきた功徳は浅軽であり、これらの重罪は深重であると、深く反省されるのである。

そして権経を行じていた時には、現世での法難は起こり得ない。鉄を熱するのに強くきたえなければ、そのきずは表れない。……

今、自分が強盛に国土の謗法を責めるので大きな法難が来るのは、過去の謗法罪が今生の護法即ち法華経を強盛に弘めることで、招き出したのである。

即ち、法難は過去の謗法罪の滅罪の行であるとされる。転重軽受といい得よう。

聖人の過去の謗法罪につき、特記すべきは不軽菩薩との教一である。

ここで『寺泊御書』を再説することになる。

法華經ハ三世説法ノ儀式也。過去ノ不輕品ハ今ノ勧持品。今ノ勧持品ハ過去ノ不輕品也。今ノ勧持品ハ未來可レシ爲《たる》二不輕品一。其時ハ日蓮ハ即可レシ爲ニル不輕菩薩一。(85)

上記の引用文は、四人の中の第一人の難詰に答えられたものである。

三世説法の儀式とは、法華経方便品に「如三世諸仏　説法之儀式　我今亦如是　説無分別法」(86)とある如く、三世の諸仏の説法は前権後実で、これは三世を一貫する不変の教化示道の方法であり、尓前を権とし法華経を実とすることは三世諸仏の定法であるということである。これを聖人は三世一貫の因果として受け取られる。

したがって過去の威音王仏の時の不軽品は、今の釈尊の勧持品の教えであり、同時に今の釈尊の勧持品は、未来の仏の時は過去の不軽品となって、正法弘通の手本となるのである。今の釈尊の勧持品が未来の世において過去の不軽品と仰がれる時になると、日蓮は過去の不軽菩薩として正法弘通の手本と仰がれるのである。そのことは、今の世に、過去の不軽菩薩が折伏修行の聖者として仰がれるのと同じであるとされる。

即ち、聖人は現在の受難を過去の不軽菩薩の受難と重ね合せ、未来の自己が現在の不軽菩薩と同一化されることを悦びとされる。

『寺泊御書』が『開目抄』への一つの架橋たる所以である。

6　摂受と折伏

この問題も『寺泊御書』における第一人と第二人の難詰であった。

本抄において聖人は、委細に答えられている。

疑テ云ク、念佛者と禪宗等ヲ無間と申スは諍フ心あり。脩羅道にや墮ツべかるらむ。又法華經の安樂行品ニ云ク 不レ樂三テ説二カ人及經典ノ過《とが》一ヲ。亦不レレ輕二慢セ諸餘ノ法師一ヲ等云云。汝此經文に相違するゆへに天にすてられたるか。答テ云ク 止觀ニ云ク 夫佛ニ兩説アリ。一ニハ攝・二ニハ折。如二キ安樂行ニ不レ稱二長短一トイフ是攝ノ義。大經ニ執二持シ刀杖一ヲ乃至斬レトイフ首ヲ是折ノ義。雖二與奪殊一レニスト 途ヲ倶ニ令二ム利益一セ等云云。弘決ニ云ク 夫佛ニ兩説アリ等トハ者 大經ニ執二持ストハ刀杖一ヲ者 第三ニ云ク 護二ル正法一ヲ者ハ不レ受二ケ五戒一ヲ不レ修二セ威儀一ヲ。乃至 下ノ文 仙豫國王等ノ文 又新醫禁シテ云ク 若有二レハ更ニ爲一スコト當レニ斷ツ其首一ヲ。如レキ是等ノ文 竝ヒニ是折二伏スルナリ破法之人一ヲ。一切ノ經論不レ出二テ此二一ヲ等云云。文句ニ云ク 問フ 大經ハ明下ス親二付シ國王一ニ持レシ弓ヲ帶レシ箭ヲ摧中伏セヨト惡人上ヲ。此經ハ遠二離シ豪勢一ヲ謙下慈善セヨト剛柔碩イニ乖ケリ。云何ソ不レン異ナラ。答フ大經ハ偏ニ論スレトモ二折伏ヲ一住スニ一子地ニ一。何ンソ曾テ無ラン二攝受一。此經ハ偏ニ明セトモ二攝受ヲ一頭破七分トイフ。非スレ無キニ二折伏一。各擧テ二一端ヲ一適フレ時ニ而已等云云。涅槃經ノ疏ニ云ク出家在家護ンニハレ法ヲ取リ二其元心ノ所爲ヲ一棄テレ事存シテレ理ヲ匡《まさに》弘ム二大敎ヲ一。故ニ言フハ二護持正法ト一不レ拘ハラ二小節ニ一。故ニ言フナリ二不修威儀ト一。昔ノ時ハ平ニシテ而法弘マル。應シレ持スレ戒ヲ勿レレ持コトレ杖ヲ。今ノ時ハ嶮ニシテ而法翳《かくる》。應シレ持スレ杖ヲ勿レレ持コトレ戒ヲ。今昔倶ニ嶮ナレハ應シ二倶ニ持ス一レ杖ヲ。今昔倶ニ平ナレハ應シ二倶ニ持ス一レ戒ヲ。取捨得テレ宜キヲ不レ可二一向ニス一等云云。(87)

摂受を可とする者は、聖人が念仏者・禅宗等を無間地獄の業というのは諍う心であり、修羅道に堕ちるであろうとし、『安楽行品』を引いて、聖人がこれらの経文に相違する故に天に捨てられたのかと疑問する。

聖人は『止観』を引かれ、仏に摂・折の両説があり、『安楽行品』に「不称長短」というのは摂の義であり、『大経』に「執持刀杖……」というのは折の義であり、途を異にするが、摂折いずれも利益ありとして肯定される。

そして『大経』には、摂受と折伏の両義が記されているが「各挙二テ一端一適レフ時ニ而已」として摂・折が〝時〟に適うか否かにより取捨すべきことを述べられる。

そして、昔の時は平かであって法が弘まるので戒を持し杖を持す必要がない。しかし、今の時は法が翳《かく》るので、杖を持して戒を持する必要がない。もし今昔ともに嶮しい世であれば倶に杖を持すべきであり、今昔倶に平和な世であれば、倶に戒を持すべきであり、取捨宜しきを得て一向にすべからずという『涅槃経疏』を引かれる。

又、

夫摂受折伏と申ス法門は水火のごとし。火は水をいとう。水は火をにくむ。摂受の者は折伏をわらう。折伏の者は攝受をかなしむ。無智悪人の國土に充満の時は攝受を前キとす。安樂行品のごとし。邪智謗法の者ノ多キ時ハ折伏を前キとす。常不輕品のごとし。譬へば熱キ時に寒水を用ヒ、寒キ時に火をこのむがごとし。草木は日輪の眷屬、寒月に苦をう、諸水は月輪の所從、熱時に本性を失フ。末法に攝受折伏あるべし。所謂悪國・破法の兩國あるべきゆへなり。日本國ノ當世は悪國か破法の國かとしるべし。問テ云ク、攝受の時折伏を行スルと折伏の時攝受を行スルと利益あるべしや。答テ云ク 涅槃經ニ云ク 迦葉菩薩白レシテ佛ニ言ク 如來ノ法身ハ金剛不壞ナリ。而未レタ能レ知二ルコト所因一ヲ云何。佛ノ言ク 迦葉 以下テノ能護二持スル正法一因縁上ヲ故ニ得レタリ成二就スルコトヲ是金剛身一ヲ。迦葉我護持正法ノ因縁ニテ今得レタリ成二就スルコトヲ是金剛身常住不壞一ヲ。善男子 護二持スル正法一ヲ者ハ不レ受ケ二五戒一ヲ不レ修セ二威儀一ヲ應レシ持ス二刀劍弓箭一ヲ。如レク是種々ニ説レクモ法ヲ 然モ故《なを》不レ能ハレ作二スコト師子吼一ヲ。不レ能ハ降二伏スルコト非法ノ悪人一ヲ。如レキ是比丘不レ能ハ三自利シ及利二スルコト衆生一ヲ。當レニ知ル是ノ輩ハ懈怠懶惰ナリ。雖下能レク持テ戒ヲ守中護スト淨行上ヲ當レニ知ル是ノ人ハ無レラン所二能ク爲一ス。乃至時ニ有二テ破戒ノ者一聞二キ是ノ語一ヲ已テ咸共ニ瞋恚シテ害二セン是ノ法師一ヲ。是ノ説法ノ者設ヒ復命終ストモ故《なを》名二ク持戒自利利他一ト等云云。章安ノ云ク 取捨得宜不可一向等。天台云ク 適時而已等云云。譬へば秋ノ終に種子《たね》を下シ田畠をかえ(耕)さんに稲米をうることかたし。(88)(89)

摂折は水火の如く両極にあり、『安楽行品』の如く摂受を行なうのは無智悪人が国土に充満の時である。何よりも折伏を行なわなければならないのは、邪智謗法の者の多い時であり、それは『常不軽品』の如くである。

末法に摂受折伏があるが、どちらを用うべきかは悪国か破法の国かによる。日本国の当世は破法の国であるから、折伏によらなければならない。

又、『涅槃経疏』を引かれて、摂受の時に折伏を行ずると、折伏の時に摂受を行ずるとの利益の可否を答えられる。

そして、章安の「取捨得宣不可一向」及び天台の「適時而已」を引かれ、〃時〃と〃国〃によって選び方を正しくしなければ無効とされる。

以上の摂折論は、まだ概念的といえよう。

しかし、以下は現実的であり、過激となる。

問テ云ク、念佛者・禪宗等を責て彼等にあだまれたる、いかなる利益かあるや。答テ云ク 涅槃經ニ云ク 若善比丘見テ二壊ルレ法ヲ者ヲ一置テ不ンハ二呵責シ駈遣シ擧處セ一當ニレ知ル是ノ人ハ佛法ノ中ノ怨《あだ》ナリ。若能駈遣シ呵責シ擧處セハ是我弟子眞ノ聲聞也等云云。壊ニ亂スルハ佛法ヲ一佛法ノ中ノ怨ナリ。無クシテレ慈詐ハリ親ムハ是彼カ怨ナリ。能糾治セン者ハ是護法ノ聲聞眞ノ我弟子ナリ。爲ニレ彼カ除クレハ惡ヲ即是彼カ親ナリ。能呵責スル者ハ是我弟子。不ン二駈遣セ一者ハ佛法ノ中ノ怨ナリ等云云。夫法華經の寶塔品を拜見するに、釋迦・多寶・十方分身の諸佛の來集はなに心ぞ、令法久住故來至此等云云。三佛の未來に法華經を弘メて、未來の一切の佛子にあたえんとおぼしめす御心《みこゝろ》の中をすいするに、父母の一子の大苦に値フを見るよりも強盛ニこそみへたるを、法然いたわしともおもはで、末法には法華經の門を堅く閉て人を入レじとせき、狂兒をたぼらかして寶をすつるやうに法華經を抛《なげすて》させける心こそ、無慚に見へ候へ。我父母を人の殺スに父母につげざるべしや。惡子ノ醉狂して父母を殺スをせいせざるべしや。惡人寺塔に火を放ンニ、せいせざるべしや。一子の重病を灸《やいと》せざるべしや。日本の禪と念佛者とをみてせいせざる者はかくのごとし。無慈詐親是彼怨等云云。日蓮は日本國の諸人にしたし(親)父母也。一切ノ天台宗の人は彼等が大怨敵なり。爲彼除惡即是彼親等云云。無道心の者、生死をはなるゝ事はなきなり。[90]

即ち『涅槃経』を引用されて、「法を壊る者を呵責・駈遣しない人は仏法中の怨であり、仏法を壊乱する者は怨であり、慈なくして詐わり親しむ者も怨である。壊法者の悪を除くものこそ、その人の親である。」とする。

法華経の『宝塔品』における釈迦・多宝・十方分身諸仏の来集は、令法久住のためである。三仏の未来に法華経を弘めて、未来の一切仏子に与えんという大慈心は、父母が一子の大苦に値うを見るよりも強いのである。

一子の重病を灸しないものがあろうか。日本の禅と念仏者を制しない者は、悪子が酔狂して父母を殺すのを制しないと同じである。

故に、「日蓮は日本国の諸人に親しき父母也」とは、聖人の親徳をあらわし、「一切の天台宗の人は彼等が大怨敵なり」として、禅・念仏にすかされた現在の天台宗を否定される。衆生のために悪を除くこと即ち「呵責謗法」する折伏者こそが、衆生を救う親である。

そして、以下の一文を以て本抄は終る。

教主釋尊の一切の外道に大悪人と罵詈せられさせ給ヒ、天台大師の南北竝ヒニ得一に三寸ノ舌もて五尺の身をたつと、傳教大師の南京の諸人に最澄未レタ見ニ唐都一ヲ等といわれさせ給し、皆法華經のゆへなればはぢならず。愚人にほめられたるは第一のはぢなり。日蓮が御勘氣をかほれは天台・眞言の法師等悦ハシくやをもうらん。かつはむざんなり、かつはきくわいなり。夫釋尊は娑婆に入リ。羅什は秦に入り。傳教ハ尸那ニ入リ。提婆師子は身をすつ。薬王は臂をやく。上宮は手の皮をはぐ。釋迦菩薩は肉をうる。樂法《げうぼう》は骨を筆とす。天台ノ云ク 適時而已等云云。佛法は時によるべし。日蓮が流罪ハ今生ノ小苦なればなげかしからず。後生には大樂をうくべければ大に悦ハし。(91)

教主釈尊、天台大師、伝教大師が、一切の外道や南三北七や南都の諸敵に罵詈され嘲笑されたりしたのは、みな法華経を弘めるためであるから恥ではない。愚人にほめられることこそ第一の恥である。

聖人の勘気を天台・真言の法師等は悦ぶであろうが、それは醜態であり奇怪であるとして両宗を否定される。

まさに釈尊は苦悩に充ちた娑婆世界に来られ、羅什……楽法梵志等が法のために身を尽くした例を挙げられる。そして、仏法は〃時〃によらなければならないことを再度、強調される。

「日蓮が流罪は今生の小苦なればなげかしからず。後生には大楽をうくべければ大いに悦ばし」

聖人は、本抄において、燃え立った筆を、ここで静かに置かれたのである。

本抄における(A)持経者、および(B)法華経の行者関連語句の累計は

(A)持経者関連　六例

(B)法華経の行者　三十四例

である。

法華経の行者に関しては、その大半が「我が身、法華経の行者にあらざるか」という苦渋に充ちた反問であるが、やがて確定となり仏使の自覚となる。そして、のちには、過去に法華経の行者への迫害を為したことが謗法罪として現在の受難となっている。

第二項　『富木殿御返事』について

本書は、文永九年四月十日、聖寿五十一歳、富木氏に宛てられた消息である。

聖人は文永九年四月頃、塚原から一谷へ謫居を移されたが、本書は『開目抄』送付のことに及び、又、聖人が危機感の中におられることが文面から伺えるため、塚原の謫居での書であると推察される。

日蓮臨終一分モ無レシ疑。刎頭之時ハ殊ニ喜悦可レ有ル候。値二テ大賊一ニ大毒ヲ易二フト寶珠一ニ可レキ思歟。

鷲目如二ク於員數一ノ給《たび》候ヒ了ヌ。御志シ難二ク申シ送一リ候。法門之事　先度四條三郎左衞尉殿ニ令二ム書持一セ。

其書能々可レシ有二御覧一。粗勘ヘ二見ルニ經文一ヲ 日蓮爲《たる》ニ法華經ノ行者一事 無レキ疑ヒ歟。但于レ今不レルハ蒙ラ二天ノ加護一ヲ者 一ニハ者 諸天善神去ル二此惡國一ヲ故歟。二ニハ者 善神不レル味ハ二法味一ヲ故ニ 無キ二威光勢力一歟。三ニハ者 大惡鬼入リ二三類之心中一ニ 梵天帝釋モ不レル及ハレ力歟等。一々證文道理 追テ可レク令レム進セ候。但生涯自リレ本思切テ候。于レ今無ク二翻返一 其上又無シ二違恨一。諸ノ惡人ハ又善知識也。攝受折伏ノ二義 依ル二佛説一。敢テ非ス二私曲一ニ。萬事期ス二靈山浄土一ヲ。恐恐謹言。

卯月十日　　日　蓮　花押

土木殿

御返事　　日　蓮(92)

「日蓮臨終一分モ無レシ疑……」との冒頭の文は聖人が危機的状況の中に置かれていることを示している。富木氏からの供類への礼を述べられた後、「法門之事 先度四條三郎左衛尉殿ニ令ム二書持一セ」の「法門」とは『開目抄』を指されていると考えられ、『開目抄』を聖人の「かたみ」・遺書とされた旨が示されている。

「粗勘ヘ二見ルニ経文一ヲ 日蓮為《たる》ニ法華経ノ行者一事 無レキ疑ヒ歟」と宣明され、ここには、もはや、反問はない。

そして、天の加護なき理由を三ツ挙げられる中、「三ニハ 大悪鬼入リ二三類之心中一ニ 梵天帝釈モ不レル及ハレ力歟」とされているのは、三類の敵人が聖人に対して、迫害の大きな位置を占めていることを示されている。しかも「諸ノ悪人ハ又善知識なり」ともされ、更に前説（『開目抄』）されている摂折の義は仏説に依るのであり、敢て私曲に非ずとして、仏の未来記たる法華経への憑依度は増している。

「刎頭之時ハ殊ニ喜悦可レ有ル候」、又「但生涯自リレ本思切テ候。于レ今無ク二翻返一其上又無シ二違恨一」とされ聖人は、至極の境地に達せられている。

聖人は、『開目抄』述作を契機として更なる迫害が起こり得ることを予感されていたのかもしれない。そして『開目抄』末尾の「日蓮が流罪ハ今生ノ小苦なればなげかしからず。後生には大樂をうくべければ大に悦ハし。」、更に本書の末尾の「萬事期ニス霊山浄土ヲ一」の一句は、聖人が後世を期される澄み切った安心の境地を吐露されていると伺える。

本書における(A)持経者、(B)法華経の行者関連語句は、

(A)　ゼロ例
(B)　一例

である。

又、本節における(A)持経者、(B)法華経の行者関連語句は、

(A)　六例
(B)　三五例

である。

さて、次節は、佐渡期における重要な二大著述である『開目抄』を享けての『如来滅後五五百歳始観心本尊抄』を擁している特別な一節である。

第二節　『如来滅後五五百歳始観心本尊抄』述作期を中心として

文永九年の四月頃、聖人は川原田の地頭・本間山城入道の支配下である石田の郷、一の谷の土豪である一谷入道の家へ移された。

理由は、二月の予言的中に驚いての優遇の意味か、或は単に重連が鎌倉在勤のため、監視者が山城

入道に変ったのか定かでない。

山城入道は念仏者であり「公と云ひ私と云ひ、父母の敵よりも悪《にく》げに」(93)とりあつかった。

しかし、宿をした一谷入道は同じく念仏者ではあったが、日夕、聖人の謦咳《けいがい》に接してその人格に感化され、内心ひそかに帰伏した。

山城入道の思惑を恐れて遂に信仰を改めるまでには至らなかったが、入道にならって、その妻も召使も聖人に心を寄せていた(94)。

そして、「飯の二口三口ありしを、或はおしきに分け、或は手に入れて食ヒしに、宅主内々心あて、外にはおそるる様なれども内には不便げにありしこと、何の世にかわすれん」の如く、宅主・一谷入道が聖人等の食の欠乏を補ってくれていることへの感謝は、大きい。

しかし、一谷入道の心は「後世を深く思い」「久しく念仏を申し」「阿弥陀堂を造り」「地頭を又、おそろしなんど思ヒて直チに法華経にはならず」であったが、聖人は約束を果すため、法華経一部十巻を渡されている(95)。

又、後に身延からの『千日尼御前御返事』には、一谷入道のことを心配している旨を、妻の尼御前に伝えて欲しいと述べられている(96)。

したがって塚原三昧堂よりも、生活はやや向上したであろうと推察される。

又、農耕可能な時節でもあり、聖人に伴った人々が自給自足を心がけたことも考えられる。

ただし、危機的状況はつづいていて、『報恩抄』には「今日切ル、あす切ル」という有様であった。

又、四條金吾・富木氏などから金品が送られている。特に四條金吾に対しての聖人の思い入れは激しく「法華経の行者」とも称されているが、写本のため、註として挿入する(97)。

第一項　『如来滅後五五百歳始観心本尊抄』以前の述作について

本項において、(A)持経者および(B)法華経の行者関連語句を擁する遺文は、

（一）『真言諸宗違目』
（二）『日妙聖人御書』
（三）『四條金吾殿御返事』
（四）『祈祷鈔』

である。

（一）『真言諸宗違目』について

本書は、文永九年五月五日、聖寿五十一歳、富木氏宛てである。

本書は、はじめに真言宗等諸宗の宗旨所立の根元と各宗祖の謬解を述べられ、その実体を糺明したのはただ日蓮一人のみであり、『涅槃経』によれば、仏弟子たるものはこの邪義を呵責し、折伏せねばならぬと厳誡されていることを明かされる。

日本ノ法然悞リレ之ヲ 以テ二天台眞言等ヲ一入レ二雜行ニ一 爲シテ二末代不相應ノ思ヲ一誑二惑シテ國中ヲ一迷ハシム二長夜ニ一。明メシレ之ヲ導師但タ日蓮一人ナル耳。涅槃經ニ云 若善比丘見テ二壞ルレ法ヲ者ヲ一 置テ不レハ二訶嘖シ駈遣シ擧處セ一。當ニレ知ル是ノ人ハ佛法ノ中ノ怨《あだ》ナリ等云云。灌頂章安大師云ク 壞二亂スルハ法ヲ一佛法ノ中ノ怨ナリ。無慈詐親スルハ即是彼カ怨ナリ。爲ニレ彼カ除クレハ惡ヲ即是彼カ親ナリ等云云。法然カ捨閉閣抛 禪家《ぜんけ》等カ教外別傳若不ハレ叶ハ二佛意ニ一者日蓮爲ニハ二日本國ノ人ノ一賢父也・聖親也。導師也。不レハレ言ハレ之ヲ爲ニ二一切衆生ノ一無慈詐親即是彼怨ノ重禍難シレ脱レ。日蓮既ニ爲ニハ二日本國ノ王臣等ノ一者 當《あたれり》二為彼除惡即是彼親ニ一。(98)

即ち、日蓮は日本国の人の賢父・聖親であり導師であるとされ、『開目抄』の所説を敷衍されている。次に『法華経』『法滅尽経』を引かれ、末法にこの経を説き邪師、悪義の者を破折すれば必ず悪口罵詈され、刀杖瓦石、流罪死罪に値うと予讖されているが、日蓮は正しくこの経文に当っているのであり「日蓮なくんば釈迦多宝十方諸仏の未来記は当に大妄語」となるとされる。

我滅度ノ後ニ若持チ二此經ヲ一爲ニ二一人ノ一説カン是《これ》則爲難シ等云云。日蓮ハ當ル二此經文ニ一。有テ二諸ノ無智ノ人一惡口罵詈等 及加フル二刀杖一者アラン等云云。佛陀記シテ云 後ノ五百歳ニ有テ二法華經ノ行者一 爲ニ二諸ノ無智ノ者ノ一必被レン二惡口罵詈・刀杖瓦石・流罪死罪セ一等云云。無クハ二日蓮一者釋迦・多寶・十方諸佛ノ未來記ハ當ニ二大妄語ナル一也。[99]

そして、それは後の五百歳に法華経の行者があるという証左でもある。

問テ云ク 汝爲《たら》ハ二法華經ノ行者一何ソ天不ルヤレ守二護セ汝ヲ一乎。答テ云ク 法華經云 惡鬼入其身等云云。首楞嚴經ニ云 有二脩羅王一執二持シテ世界ヲ一 能與二梵王及ヒ天ノ帝釋四天一諍フ權ヲ。此阿脩羅因テ二變化ニ一有リ天趣ノ所攝ナリ等云云。能戰フ二大梵天王・帝釋四天ニ一有リ二大脩羅王一。禪宗・念佛宗・律宗等ノ付二入テ棟梁之心中ニ一 次第ニ遷リ二入テ國主國中ニ一失フ二賢人ヲ一。如キレ是大惡ハ梵釋モ猶難キレ防キ歟。何ニ況ヤ日本守護ノ少神ヲヤ也。但非レハ二地涌千界ノ大菩薩・釋迦・多寶・諸佛之御加護ニ一者難キレ叶ヒ歟。日月ハ四天ノ明鏡也。諸天定テ知タマフカ二日蓮ヲ一歟。日月ハ十方世界ノ明鏡ナリ。諸佛定テ知タマフ二日蓮ヲ一歟。一分モ不レ可レ疑フレ之ヲ。但シ先業未タレ盡キ也。日蓮當レハ二流罪ニ一者 教主釋尊以テレ衣ヲ覆ヒタマハンカレ之歟。去年《いぬる》九月十二日ノ夜中ニハ脱シタル二虎口ヲ一歟。必假テ二心ノ固キニ一神ノ守リ即チ強シ等トハ是也。汝等努努《ゆめゆめ》勿レ疑フコト決定シテ無レ有レ疑者也。恐々謹言。

五月五日　　日蓮　花押

以テ二此書ヲ一觸レ二示シテ諸人ニ一勿レレ殘スコトレ恨ヲ。

土木殿[100]

以上は、日蓮が法華経の行者ならば何故、諸天の守護がないのかとの難に対し、梵天・帝釈と戦う大修羅王が禅宗・念仏宗・律宗等の棟梁の心中に付入って、次第に国王の心にうつって賢人を失ってきている。このような大悪は梵天・帝釈すら防ぎがたい。まして日本守護の少神においておやであり、ただ釈迦・多宝・地涌千界の大菩薩のみがこれに当ることができるとされる。

去年九月十二日、龍口の虎口を脱れることができたのは、このためであり「必ず心の固きによりて神の守り即ち強しとは之也」として、聖人は守護を強く確信されている。

「地涌千界の大菩薩」に着目したい。

本書においては

(B)法華経の行者　二例

があげられる。

(二)『日妙聖人御書』について

文永九年五月廿五日、聖寿五十一歳、乙御前母へ

この書は、寡婦である幼な子連れの一人の女性が、鎌倉から佐渡まで山・海を越えて聖人を訪れて来た後に、彼女に宛てられた消息である。

釈尊の前生譚として、さまざまな身施をなされて法を得られた功徳を、妙の一字におさめて下さり、末代悪世の衆生が一善も修しないのに六度満行を満足する功徳を与えられていることを示される。

法華經の文字は一字は一ノ寶、無量ノ字は無量ノ寶珠なり。妙の一字には二ッの舌まします。釋迦多寶の御舌なり。此二佛の御舌は八葉の蓮華なり。此重る蓮華の上に寶珠あり。妙の一字なり。

此妙の珠は昔釋迦如來の檀波羅蜜と申て、身をうえたる虎にかひ（飼）し功徳、鳩にかひ（買）し功徳、尸羅波羅蜜と申て須陀摩《しゅだま》王としてそらことせざりし功徳等、忍辱《にんにく》仙人として歌梨王《かりわう》に身をまかせし功徳、能施《のうせ》太子・尚闍梨《じゃうじゃり》仙人等の六度の功徳を妙の一字にをさめ給て、末代惡世の我等衆生に一善も修せざれども六度萬行を滿足する功徳をあたへ給フ。今此三界皆是我有其中衆生悉是吾子これなり。我等具縛の凡夫忽に敎主釋尊と功徳ひとし。彼の功徳を全體うけとる故なり。經ニ云ク 如我等無異等云云。法華經を得レ心者は釋尊と齊等なりと申ス文なり。譬ば父母和合して子をうむ。子の身は全體父母の身なり。誰か是を諍べき。牛王《ごわう》の子は牛王也。いまだ師子王とならず。師子王の子は師子王となる。いまだ人王天王等トならず。今法華經の行者は其中衆生悉是吾子と申て敎主釋尊の御子なり。敎主釋尊のごとく法王とならん事難かるべからず。(101)

故に法華経を心得る者は釈尊と斉等であり「今法華経の行者は其中衆生悉是吾子と申して教主釈尊の御子」であるから、教主釈尊のごとく法王とならん事は疑いがないと、教示される。

次に、この女性が、女性に対するさまざまの悪い先見に反して、実語の中の実語である法華経を正直の者として心得る実語の女人として称賛される。

今實語の女人にておはすか。當レ知ル 須彌山をいたゞきて大海をわたる人をば見るとも、此女人をば見るべからず。砂をむして飯となす人をば見るとも、此女人をば見るべからず。當レ知ル 釋迦佛・多寶佛・十方分身の諸佛、上行・無邊行等の大菩薩 大梵天王・帝釋・四王等 此女人をば影の身にそうがごとくまほり給フらん。日本第一の法華經の行者ノ女人なり。故に名を一ツつけたてまつりて不輕菩薩の義になぞらへん。日妙聖人等云云。相州鎌倉より北國佐渡ノ國、其中間一千餘里に及べり。山海はるかにへだて山は嵯峨、海は濤濤。風雨時△にしたがふ事なし。山賊海賊充滿せり。すく／＼（宿々）とまりとまり（泊々）民の心虎ノごとし犬ノごとし。現身に三惡道の苦をふるか。其上當世の亂△世去年より謀叛の者國に充滿し、今年二月十一日合戰。其より今五月のするゐいまだ世間安穏ならず。而ども一《ひとり》の幼子あり。あづくべき父もたのもしからず。離別すでに久し。かたがた筆も及ばず、心辨へがたければとどめ了ヌ。[102]

即ち、釈迦・多宝・十方分身の諸仏に加えて上行・無辺行等の大菩薩、大梵天王・帝釈・四王等が、この女性を影の身に添うごとく守ると約され、「日本第一の法華経の行者の女人なり」とされ、更に「故に名を一ッつけたてまつりて不軽菩薩の義になぞらへん。日妙聖人等云云」とされる。

女性として法華経の行者と称され、聖人号を賜ったことは初見であり、聖人がこの女性を高く評価されていることが伺える。

それは、峨々たる山、涛々たる海を越え、難路にめげず、法華経を信じ切り、日蓮聖人に面奉したい一心の女性への聖人の励ましであり、心からの賜りものである。

法華経の行者たる女性に、男女の差別はあり得ないことを聖人は明かされたのである。

そして、末尾の一文には、聖人が、この女性を思いやる深い情愛が看取される。

日蓮聖人は、剛柔、併せ持った法華経の行者である。

本書には、

(B)法華経の行者　一例

　法華経の行者の女人　一例

計二例があげられる。

(三)『四條金吾殿御返事』について

文永九年、聖寿五十一歳、興師本

まず、各宗の邪義を述べて後、四條金吾からの供養への礼を述べられる。

但シ法華經ニ云ク 若善男子善女人我滅度ノ後ニ能ク竊カニ爲ニモ二一人ノ一説ン二法華經ノ乃至一句ヲ一當ニレ知ル是ノ人ハ則如來ノ使ヒ如來ノ所遣トシテ行スルナリ二如來ノ事ヲ一等云云。法華經を一字一句も唱へ、又人にも語《かたり》申さんものは、教主釋尊の御使ヒ也。然レハ者日蓮賤《いやしき》身なれども、教主釋尊の勅宣を頂戴して此國に來タれり。此を一言もそしらん人々ハ罪を無間に開キ、一字一句も供養せん人は、無數の佛を供養するにもすぎたりと見ェたり。教主釋尊は一代の教主、一切衆生の導師也。八萬法藏ハ皆金言、十二部經ハ皆眞實也。無量億劫より以來、持チ給ヒし不妄語戒の所詮は、一切經是也。いづれも疑フべきにあらず。但是は總相也。別シてたづぬれば、如來の金口より出來して小乘・大乘・顯・密・權經・實經是あり。今この法華經は、佛正直捨方便等乃至世尊法久後要當説眞實と説キ給フ事なれば、誰の人か疑フべき。なれども多寶如來證明を加へ、諸佛舌を梵天に付給フ。されば此御經は一部なれども三部也、一句なれども三句也、一字なれども三字也。此法華經の一字の功德は、釋迦・多寶・十方ノ諸佛の御功德を一字におさめ給フ。[103]

ここで重要なのは、聖人は教主釈尊の勅宣を頂戴してこの国に来たことを宣明されていることである。更に、此の法華経の一字の功徳は、三仏の功徳を一字におさめていることを強調されている。教主釈尊からの勅宣とは、ここですでに聖人は、自らが虚空会上で釈尊から直々に、滅後末法弘教の勅命を受けたと実感されていると思われる。

又、

此等ノ梵音聲成テ二一切經ト一一切衆生を利益す。其中に法華經は釋迦如來の御志を書キ顯ハシて、此音聲を文字と成シ給フ。佛の御心はこの文字に備ハれり。たとへば種子と苗と草と稲とはかはれども心はたがはず。釋迦佛と法華經の文字とはかはれども、心は一ッ也。然レば法華經の文字を拝見せさせ給ッは、生身の釋迦如來にあひ進《まい》らせたりとおぼしめすべし。此志サシ佐渡ノ國までおくりつかはされたる事、すでに釋迦佛知食シ畢ンヌ。實に孝養の詮也。(104)

即ち、聖人にとって法華経は釈尊の梵音声を生々しくあらわし、まさに生身の釈尊そのものなのである。

本書には、(A)持経者関連、(B)法華経の行者関連の語句は、ない。しかし、釈尊と聖人とが生き生きと直結されているために、あえて依用した。

(四)『祈祷鈔』について

本鈔は、文永九年、聖寿五十一歳の述作である。

内容は、三段からなる。第一段では華厳・法相・三論・小乗三宗・真言宗・天台宗の八宗の祈りは叶うか否かの問いに答えて、まず法華経の祈りは必ず叶う理由を明かす。

まず、二乗は法華経を聞いて成仏したのであるから、法華経の行者の祈りを叶うべきことを、以下の如く示される。

問フテ云ク、其所以ハ如何。答テ云ク、二乗は大地微塵劫を經て先四味の經を行ずとも成佛すべからず。法華經は須臾の間此を聞いて佛になれり。若爾ラ者舍利佛・迦葉等の千二百・萬二千、總じて一切ノ二乗界の佛は必ス法華經の行者の祈をかなうべし。又行者の苦にもかわるべし。故に信解品ニ云 世尊ハ大恩マシマス。以テ二希有ノ事一ヲ憐愍教化シテ利二益シタマフ我等一ヲ。無量億劫ニモ誰カ能報スル者アラン。手足ヲモテ供給シ 頭頂ヲモテ禮敬シ 一切ヲモテ供養ストモ皆不レ能レ報スルコト。若ハ以テ頂戴シ兩肩ニ荷負シテ於テ二恒沙劫一ニ盡シテレ心ヲ恭敬シ又以テシ二美膳無量ノ寶衣及諸ノ臥具種種ノ湯藥一ヲ牛頭栴檀 及ヒ諸ノ珍寶以テ起《たて》二塔廟一ヲ寶衣ヲ布キレ地ニ如キレ斯等ノ事以《もって》用供養スルコト 於テストモ二恒沙劫一ニ亦不《じ》レ能レ報スルコト等云云。此經文は四大聲聞ヵ譬諭品を聽聞して佛になるべき由を心得て、佛と法華經の恩の報じがたき事を説けり。されば二乘の御爲には此經を行ずる者をば、父母よりも愛子よりも兩眼よりも身命よりも大事にこそおぼしめすらめ。舎利弗・目連等の諸大聲聞は一代聖教いづれも讃歎せん行者をすておぼす事は有ルべからずとは思へども、爾前の諸經はすこしうらみおぼす事も有らん。於佛法中已如敗種なんどしたゝかにいましめられ給し故也。今の華光如來・名相如來・普明如來なんどならせ給ヒたる事はおもはざる外の幸なり。例せば崐崘山のくづれて寶の山に入リたる心地してこそおはしぬらめ。されば領解の文に云ク無上寶珠不求自得等云云。されば一切の二乘界、法華經の行者をまほり給はん事は疑あるべからず。[105]

即ち、二乘は、仏と法華経への報恩のため法華経の行者の祈りを叶え、守護すべきなのである。

以上、(B)法華経の行者　四例が挙げられる。

次に、菩薩等が法華経を行じて仏と成ったことは法華経の恩徳であることを述べられ、更に、法華経の文字は即釈迦如来の御魂であり、一々の文字が仏の御魂であるから、法華経を行ぜん人を釈迦如来はまほり給うことを、以下のように述べられる。

而リといへども御悟をば法華經と説キをかせ給へば、此經の文字は即釋迦如來の御魂《みたま》也。一一の文字は佛の御魂なれば、此經を行ぜん人をば釋迦如來我御眼《まなこ》の如くまほり給フべし。人の身に影のそへるがごとくそはせ給ッらん。いかでか祈りとならせ給はざるべき。[106]

即ち、此経を行ぜん人＝法華経の行者、一例が挙げられる。

更に、諸天が法華経の行者を捨てることはないことは、たのもしいと述べられる。

されば人間の二千二百餘年は四王天の四十四日也。されば日月竝ヒに毘沙門天王は佛におくれたてまつりて四十四日、いまだ二月にたらず。帝釋梵天なんどは佛におくれ奉リて一月一時にもすきず。わづかの間にいかでか佛前の御誓ヒ、竝ヒに自身成佛の御經の恩をばわすれて、法華經の行者をば捨テさせ給フべき、なんど思ヒつらぬればたのもしき事なり。されば法華經の行者の祈る祈は、響の音に應ずるがごとし。影の體《かたち》にそえるがごとし。すめる水に月のうつるがごとし。方諸の水をまねくがごとし。磁石の鐵をすうがごとし。琥珀の塵をとるがごとし。あきらかなる鏡の物の色をうかぶるがごとし。(107)

以上、(B)法華経の行者　二例である。

法華経の行者の祈る祈りは必ず叶うのである。

次いで、龍女や提婆達多の成仏も又、法華経の恩徳による故に、法華経の行者を捨てず、大切にすることを以下のように述べられる。

龍女は我ヵ佛になれる經なれば佛の御諫《いさめ》なくとも、いかでか法華經の行者を捨テさせ給べき。されば自讃歎佛の偈には、我聞二テ大乘ノ敎一ヲ度二脱セン苦ノ衆生一ヲ等トこそすゝませさせ給しか。龍女の誓は其所從の非口所宣非心所測の一切の龍畜の誓なり。(108)

以上、(B)法華経の行者　一例である。

されば大地微塵劫は過タルとも無間大城をば出ッべからずとこそ思候に、法華經にして天王如來とならせ給けるにこそ不思議に尊けれ。提婆達多、佛になり給はば、語らはれし所の無量の惡人、一業所感なれば皆無間地獄の苦はなれぬらん。是偏に法華經の恩德也。されば提婆達多竝ヒに所從の無量の眷屬は法華經の行者の室宅《いへ》にこそ住マせ給らめとたのもし。(109)

以上は(B)法華経の行者　一例が挙げられる。

又、諸大菩薩が、法華経により妙覚の位に上り、又、釈尊の三度の詔勅にこたえて諸大菩薩が「如二ク世尊ノ敕一ノ當二ニ具ニ奉行一シタテマツル」と三度まで誓ったのであるから、法華経の行者にかわって頂けないことがあろうかと、力強く述べられる。

告二ク諸ノ大衆一ニ 我滅度ノ後誰レカ能護二持シ讀三誦センモノナル此經一ヲ。今於二テ佛前一ニ自説二ケ誓言一ヲと三度まで諫《いさめ》させ給しに、八方四百萬億那由陀の國土に充滿せさせ給し諸大菩薩身を曲《まげ》低頭合掌し、倶に同時に聲をあげて、如二ク世尊ノ敕ノ當二ニ具ニ奉行一シタテマツルと三度まで聲を惜まずよばわりしかば、いかでか法華經の行者にはかわらせ給はざるべき。（中略）まして諸大菩薩は本より大悲代受苦の誓ヒ深し。佛の御諫なしともいかでか法華經の行者を捨テ給べき。其上我成佛の經たる上、佛慇懃に諫メ給しかば、佛前の御誓ヒ丁寧也。行者を助ケタマフ事疑フべからず。[110]

以上、(B)法華経の行者　三例である。

又、「大地はささばはづるるとも……日は西より出ッるとも、法華経の行者の祈のかなはぬ事」はない。「諸の菩薩・人天・八部等、二聖・二天・十羅刹女等が、法華経の行者をまほり給はぬ事」があるならば、「上は釈迦諸仏をあなづり奉り、下は九界をたぼらかす失《とが》あり」と述べられ、行者がもし不実であっても（中略）、南無妙法蓮華経と申すなら、必ず守護し給うのである。

大地はさゝばはづるるとも、虚空をつなぐ者はありとも、潮のみちひぬ事はありとも、日は西より出ッるとも、法華經の行者の祈のかなはぬ事はあるべからず。法華經の行者を諸の菩薩・人天・八部等、二聖・二天・十羅刹等、千に一も來リてまほり給はぬ事侍らば、上《かみ》は釋迦諸佛をあなづり奉り、下《しも》は九界をたぼらかす失《とが》あり。行者は必ズ不實なりとも智慧はをろかなりとも、身は不淨なりとも、戒德は備へずとも南無妙法蓮華經と申さば必ス守護し給べし。袋きたなしとて金を捨ッる事なかれ、伊蘭をにくまば栴檀あるべからず。谷の池を不淨なりと嫌はば蓮を取るべからず。行者を嫌ヒ給はば誓を破り給ヒなん。正像既に過キぬれば持戒は市の中の虎の如し、智者は麟角よりも希ならん。月を待までは燈を憑《たのむ》べし。寶珠のなき處には金銀も寶なり。白烏の恩を

ば黒鳥に報ずべし。聖僧の恩をば凡僧に報ずべし。とくとく利生をさづけ給へと強盛に申ｽなら
ば、いかでか祈のかなはざるべき。(三一)

即ち、法華経の行者が不完全であっても、強盛に祈る祈りは必ず叶うと述べられる。
以上、(B)法華経の行者　四例が挙げられる。
又、以上は『開目抄』の行者への守護・不守護を述べる部分に近似しているが、本抄では、祈りが叶うことを主としている。

以下、第二段は、法華経の行者の祈りが必ず叶うならば、なぜ最近の天台真言の名匠たちの大事の祈りは叶わないのかとの質問に答えて、比叡山の仏教創立の状況から見れば王法と盛衰を共にする運命にある。しかし今や世は関東に移ったのであるから、これを比叡山ではどう受け取っているかという。答えは、これで終る。

第三段は『真言宗調伏秘法還著於本人御書』に相当する部分で、まず承久の乱の時、関東調伏のために隠岐の法王が天台座主慈円等の四一人に宣旨して修せしめた十五壇の秘法の詳細を紹介し、次にその結果は三院が三島に流罪に処された等、これは真言教が亡国の邪法である現実の証拠である。ところが鎌倉幕府は真言教が亡国の邪法であることを知らず、真言教が関東に移動してきたとき、真言行者を諸堂の別当・供僧に任命し、さらに叡山・東寺・園城寺の座主・別当にも任命した。次に空海の真言教が邪法である理由四ヵ条を述べ、ついでに禅宗・念仏宗が未顕真実の権教であり無間地獄の法であることにも触れて彼らの祈りが叶わぬ理由とし、最後に国王に生まれたのは過去の正信によるが、今の国王は、これらの邪法を信じていることの未来に及ぼす影響の恐ろしさについて暗示し、又、

慈覚は夢に日輪を射て吉夢と判断したが、日本では忌むべき夢であると結ばれる。慈覚批判は佐渡在島中数少ない慈覚批判の一である。

本鈔における(A)持経者、(B)法華経行者関連語句は、

(A)　ゼロ例

(B)　一六例

である。

第二項　『如来滅後五五百歳始観心本尊抄』について

本抄は文永十年四月二十五日、聖寿五十二歳、一の谷での述作である。

1　述作の由来

本抄には、(A)持経者、(B)法華経の行者関連の語句は、ない。にもかかわらず、本抄を看過して先に進むことはできない。何故なら、本抄は、日蓮聖人撰述の五大部の最頂点に位置し、本化教学の真髄を述べられている至高の述作だからである。建長五年の立教開宗以降、二十年間の悪戦苦斗の体験が、聖人に鉄石の如き確信を以て王者の如き権威を以て、末法救済の根本所依の聖典として、本抄を発表せしめられたのである。

望月歓厚氏は聖人の生涯を三分し「佐渡流罪以前は実に準備の時代であるから、序分というべく、佐渡三年の生活は、開目抄・本尊抄を撰述し、大曼荼羅を図顕されたのであるから正宗分であり、延山九年の隠棲は、実に後代のため大法を広宣流布せしめんための大鴻業の時代であるから流通分とする。（中略）在島三年を正宗分としたのは、即ち佐渡に入って直ちに上行自覚を宣し、遂に開目抄に自身の資格、法華経の行者、霊格上行菩薩たるを開顕し、佐前未破の真言破を鮮明にし（中略）、本

尊抄を著わして本化妙宗の境観、解行を樹立し、次いで修行の標的本門の大曼荼羅を図顕し、（中略）佐渡の始終は、本化大法開顕の一貫的意匠に過ぎない。[112]」と述べている。

更に北川前肇氏は、「佐渡流罪という逆境にありながらも、聖人の内面においては、法華経本門において開顕されている久遠の釈迦如来の使いとして、いまの日本国に遣わされている人物として自己を認識され、その如来から手渡されている法門が、

事の一念三千の法門＝妙法蓮華経の五字（妙法五字）

であり、これは天台大師も伝教大師もいまだ明らかにされていない法門である、という宗教的境地を披瀝されているのです。このことからも、日蓮聖人の宗教は、法華経信仰を基として、法難を体験されることによって成立したものと言えましょう。すなわち、久遠のみ仏が久遠の弟子（地涌の菩薩）に付属（委任）される最重要法門という自覚のもとに、日蓮聖人は『観心本尊抄』を執筆されていることを知るのです。『観心本尊抄』は、久遠の如来使という自覚をもたれた日蓮聖人と、久遠の釈尊との宗教的感応道交の世界であると言えるのです。[113]」と述べている。

又、茂田井教亨氏は、「日蓮は『開目抄』を書いて後、『観心本尊抄』という書物を書いております。これが日蓮の思想としては最高のものです。そして『観心本尊抄』は、『開目抄』なしではでてこなかったのです。『開目抄』で法華経の行者となりえた日蓮は、その法華経者は何をなすべきかを示したのが『観心本尊抄』なのです。[114]」と述べる。

即ち、本抄は、いわゆる「一大部」と称し得る。

2　述作の動機

さて、本抄述作の動機は、直接の動機として、龍口・佐渡の流罪・死罪の他動的原因による聖人の人間的契機であり、その第一は今度の流罪は身命を期しがたき故である。

即ち『開目抄』『観心本尊抄』において、本化の人法を開顕することが「一期の大事」・「当身の大事」・「かたみ」として必至だったのである。

第二には、公場対決の機を失えるためである。

第三に、門下教団崩壊の危機に遭遇したからである。加重せる迫害が、いよいよ身命にも及ぶを見て、はたして聖人は、法華経の行者なりやの疑いは、教団内部の基礎を危くする所以であり、『開目抄』に人開顕、本抄に法開顕を以て末代応時の大法を宣明されたのである。

又、特記すべきは『寺泊御書』の第四人目の難詰に「唯、教門計りなり」とあるに答えて、本抄に堂々たる観心門をかかげられたのである。

3　題号について

十四字の題号を

（1）「如来滅後」

（2）「五五百歳始」

（3）「観心本尊」

（4）「抄」

の四つに分けて考えてみる。(115)

（1）如来滅後とは、まず如来はインド応現の釈尊であり、その釈尊がクシナガラに於て八十歳で非滅の滅を現じられた時以後の年次を意味する。ついで「五五百歳始」とは『大方等大集経』第五十五巻の「分布閻浮提品」(116)に説示されている「五箇の五百歳説」を選取されている。

即ち、仏滅後の五百年ごとの時代の特徴として、①解脱堅固、②禪定堅固（以上、正法一千年）、③読誦多聞堅固、④多造塔寺堅固（以上、像法一千年）、そして第五の五百年（＝末法のはじめの時代）は「闘諍言訟　白法隠没」の時代、即ち⑤闘諍堅固の時代である。
『観心本尊抄副状』(117)の一節には「未聞ノ之事ナレハ人ノ耳目可レキ驚ニ動ス之一ヲ歟」と記し、又「仏滅後二千二百二十餘年未レタ有ニ此書之心一」と述べられていることは、インド・中国・日本の三国仏教史上、はじめて明かされる法門が本抄であるという自負が、聖人みずから「如来滅後五五百歳始」の九文字に込められているのである(118)。

そして「不レ顧ニミ國難一ヲ期ニシテ五五百歳一ヲ演ニ説ス之一ヲ」の如く聖人は「五箇の五百歳説」を以て、末法の今を、この法門を演説すべき〝時〟と思い定められている。

又、法華経『薬王品』には、「我滅度後後五百歳中、広宣流ニ布於閻浮提一無レ令ニ断絶一(119)」と説いて最後の五百歳を以て法華経流布の時としている。⑤闘諍堅固であり白法隠没の仏教興廃の時としながら、一方では仏教広布の時とする。この表現は、権教としての白法が隠没し、地涌の菩薩に付属された大白法との差違の表れである。即ち法華経と餘他の仏教との興廃を示し、法華経は、末法今時を以て正法流布の時とし、末法の衆生を正機としているのである(120)。

日蓮聖人の生き方は、歴史を背負い社会を見控えていることで一貫している。その故の法華経至上主義の選択であり、弘教であり、『立正安国論』の上呈であり、数々の法難であり、幾多の述作であり、そして本抄の著述である。

即ち、インド・中国・日本の三国仏教史上において、はじめて明かされる法門が本抄であるという自負が、聖人みずから「如来滅後五五百歳始」の九文字に込められているのである。

次に「観心本尊」の四文字は、本抄の教説の内容を示すものである。『観心本尊抄副状』には「観心ノ法門少々注レシ之ヲ奉ニル太田殿教信御房等一ニ」とある。

「観心」の法門とは、伝統的な天台教学の立場からすれば、『摩訶止観』に示される「四種三昧」の実践、あるいは「一念三千の観法」ということになり、実際、本抄のはじめには『摩訶止観』の「一念三千の観法」の文が引用されている。

しかし、本抄に説かれる「観心」の法門は、あくまでも日蓮聖人独自の宗教体験にもとづいたものとして説かれるものであり、それを「前代未聞」であると表現されている。よって従来の天台教学の立場からは乖離するものであると言わなければならない。

換言すれば、聖人独自の「観心」の法門とは、久遠のみ仏の勅命にこたえ、み仏とともにここに在るという信仰を意味し、そしてそれは新たに「本尊」の相貌として展開することを意味する。その意味において、前代未聞の「観心」と「本尊」を開示するのが、本抄の主旨ということになる。

より具体的に述べると、久遠本仏の釈尊が、霊鷲山上の虚空において、末法における「一大秘法」たる妙法五字の教法を、久遠の弟子である「地涌の菩薩」に付属されるという法華経の本門に説かれているその光景を目のあたりに感得し、また自分自身も地涌の菩薩の一人である上行菩薩として妙法五字を釈尊から付属をうけているという、聖人の宗教体験にもとづく法門が、本抄における「観心」なのである。そして、その宗教体験において感得されているみ仏が、妙法五字を付属されているすがたが「本尊」として展開するのであり、これが聖人における「観心」と「本尊」の法門であると理解できる。

その意味において、この『観心本尊抄』という書は、日蓮聖人が如来使（地涌の菩薩）たる上行菩薩のご自覚のもとに明らかにされる「観心」の法門と「本尊」の相貌とが明らかにされている内容の著作であると、領解できる。(121)

ここで再び『寺泊御書』の四人の難詰に戻ると、聖人の特に本抄における教相と観心の関係について、北川前肇氏は次のように述べる。

（一）或人《あるひと》難ジテ二日蓮ヲ一云ク　不シテレ知レ機ヲ立テ二麤《あらき》義ヲ一値フトレ難ニ。
（二）或人云ク　如キハ二勧持品ノ一者　深位ノ菩薩ノ義也。違スト二安楽行品ニ一。
（三）或人云ク　我モ存レトモ二此義ヲ一不トレ言ハ云云。
（四）或人云ク　唯教門計リ也。理具我存レ之。

という四つであった。この四種の非難は、（一）から（三）が、聖人の折伏弘教のあり方に対するもの、（四）は、聖人が天台教学の枢要である教相門、観心門の二門のなかで、教相門に偏重している、という指摘である。

これらの批判に対し、聖人は佐渡流謫中にその解答を示されている。（一）から（三）に対しては、『開目抄』を著すことによってである。そこには、末法における、聖人独自の主体的な法華経弘通の妥当性と、受難検証による法華経の行者、仏使の自覚が明示されている。（四）に対しては、『如来滅後五五百歳始観心本尊抄』を著されて、仏使自覚に立脚した信仰的内面―久遠本仏との本感応妙―を、「観心の法門」として顕されているのである。

ことに、この第四の非難である「唯教門計リ也」ということに注目してみると、その非難は、聖人の信仰の立脚点が、釈尊の一代聖教を判釈して浅深勝劣を論ずる教義理論、つまり、教相門のみであって、釈尊の教えを具体的に実践する一心三観、十境十乗の観法―観心門は稀薄であるということを意味する。つまり、聖人の法華経弘通は、諸経・諸宗の浅深勝劣論が表となり、主体的な観念観法の実践面、あるいは、宗教的な内面の世界への沈潜ということが欠如している、という指摘にほかならない。

しかし、この批判は、皮相的な聖人理解から発せられたものであることは、論ずるまでもない。なぜなら、伝統的な天台教学や、仏教一般の実践論では律することのできない、聖人独自の法華経実践と宗教的救済の論理が存在しているからである。さらに、聖人教学における教相門は、観心門（信心）に裏づけられた、一代聖教の浅深勝劣論であり、法華経の超勝性を明らかにすることによる、釈尊の救いの確認なのである。しかも、聖人教学における観心門は、教相に支えられた釈尊の本懐たる法華経を、具体的に歴史化することであり、釈尊の誓願継承、捨身にほかならない。そこに、聖人教学の、観心に支えられた教相門と、教相を裏にもつ観心門とが看取できるのである[122]。

即ち、聖人教学は、観心に支えられた教相門と、教相を裏にもつ観心門とで成立しているといい得よう。

聖人は、題号の第四字目に「抄」の一字を置かれている。『日本国語大辞典』（小学館）によると、「抄」には多くの中から少しばかり書き写すこと、あるいは抜き書きなどの意味があり、抄本、抄写、抄物等の熟語がみられる。また、むずかしい語句を抜き出して注釈すること、あるいは注釈書、抄物等の意味もある。

聖人が『観心本尊抄副状』に「観心ノ法門少々注レシ之ヲ」と述べられ、本抄のはじめに『摩訶止観』の文を引用されていることからも、それを注釈するという意図のもとに本抄が著わされたものと思われる。又、巻末にも「日蓮註之」と明記されている。

しかし、本抄は、聖人が如来使たる上行菩薩の応現としての自覚の上に展開している教説であり、従来の天台教学を超えた独自の聖人法門であることに留意しなければならない[123]。

4 撰号について

聖人の真筆においては十四字の題号の次の行に、本抄の撰述者を意味する撰号として、「本朝沙門　日蓮撰」の七文字が見られる。

日蓮聖人は当時のインド・中国・日本の三国という地理的世界観の中において、明らかに日本国の出家者という自覚を強くもたれていたのである。

しかし、一方では、釈尊ご誕生のインドを中心とする世界観に立脚する時、日本の地理的位置は、辺国・辺土・そして粟散国というもので、これは、仏教の衰退史観と相俟って日本をみ仏の智慧、即ち仏日の及ばない辺域としてとらえている。このように聖人が日本人としての出家者であることを明示される理由として、聖人は仏弟子としての強い自覚と共に日本人としての土着性あるいは民族性との一体化がなされていると見ることができる。(124)

更に言い得るなら、東漸してきた仏教が、この末法の今の日本を起点として、妙法五字の一大秘法として再び西に還る、否、全世界に向けて広宣流布することの予告だと思われる。即ち「五義」中の「国」への重視である。

次に「日蓮撰す」の語は、本書が日蓮聖人みずからの撰述であることを明示し、又、本書の巻末に「文永十年太才癸酉卯月二十五日　日蓮註之」とあり、流罪の身である聖人が、み仏の弟子たる日蓮＝地涌の菩薩・上行菩薩の応現として、「観心の法門」に対する注釈書として、この『観心本尊抄』が書かれたということを明示されている(125)と述べる。

5　本抄の構成

古来より、仏教典籍を理解する一つの方法としての三段分科によると、

一、序　分―引用文及び第一問答から第十七番問答（『定遺』七〇二頁一行〜七〇七頁一行）

二、正宗分―第十八番問答から第二十番問答（『定遺』七〇七頁一行〜七一三頁五行）

三、流通分―第二十一番問答から第三十番問答（『定遺』七一三頁五行〜七二一頁一行）

となる。

このように、序分は一念三千の名称や理具の一念三千の記述にあたり、正宗分は我等凡夫の凡心に仏界を具していることを具体的信仰の場面で説き明かし、更にそれを本尊として仰ぐことのできる相貌として記述され、最後の流通分では、末法において弘まる妙法蓮華経の教えと、それを末法の世に弘める仏使・如来使（＝地涌の菩薩）について明らかにされている。[126]

又、北川前肇氏は、茂田井教亨氏の『本尊抄講讃』（全三巻・山喜房佛書林）中の「全八章二十三節」の分類を以下の如く引用している。[127]

〔序分〕
第一章　天台教学における一念三千の位置（『定遺』七〇二頁～七〇三頁五行）
　第一節　一念三千名称の出処
　第二節　天台大師を歎じて後世を誡しむ
第二章　観門の意義（『定遺』七〇三頁五行～七〇四頁二行）
　第一節　教門の難信難解
　第二節　観門の難信難解
第三章　法華経の十界互具（『定遺』七〇四頁二行～七〇七頁一行）
　第一節　観心と向鏡
　第二節　法華経における十界互具の明文
　第三節　十界互具の事実
　第四節　人界具仏界の難信難解
〔正宗分〕
第四章　受持の成仏（『定遺』七〇七頁一行～七一二頁八行）

第一節　七大難問
第二節　尓前経の真理性と天台の僻見
第三節　難信難解と覚知の三師
第四節　一念三千の仏種
第五節　受持と譲与
第五章　本尊の相貌（『定遺』七一二頁八行～七一三頁五行）
第一節　不常住の依正
第二節　三千常住と本門の肝心
第三節　本尊の相貌
〔流通分〕
第六章　末法の法華経（『定遺』七一三頁五行～七一六頁十二行）
第一節　五重三段
第二節　末法為正と種脱対判
第三節　起顕竟と下種の必然
第七章　末法の依師（『定遺』七一六頁十二行～七一八頁十行）
第一節　四種の四依
第二節　遺使還告と神力別付
第八章　五義の闡明（『定遺』七一八頁十行～七二一頁一行）
第一節　謗法と五字と地涌
第二節　仏記と現証

さて、本抄の概要については、すでに題号釈等で、ほぼこれを記しているとして、これを措き、以下、最重要なポイントを抽出し、又、特に流通分に注目したい。

まず、本抄冒頭には、天台の『摩訶止観』第五巻、正観章の互具三千(128)の文を引き、一念三千の名目は天台大師の創唱であり、『法華玄義』『法華文句』にもこれを説かず、一念三千の観法の深妙なることを顕わしている。

やがて、正宗分では、第四章に、まず三惑已断の佛、十方世界の国主、一切の主君たる教主釈尊が我等凡夫の己心に在りとすることの信ずべからず等の七大難問を提起する。

そして次第に諸難を会し、最後に第一の難問たる佛界を具すの難に答えて、無量義経の因徳の文、普賢経の果徳の文を引き、略して因行果徳具足を立証し、三千具足とは即ち妙法蓮華経の五字であることを顕わして、

釈尊ノ因行果徳ノ二法ハ妙法蓮華経ノ五字ニ具足ス。我等受二持スレハ此五字ヲ一自然ニ譲リ二与ヘタマフ彼ノ因果ノ功徳ヲ一(129)。

と結ぶ。これを三十三字段・自然譲与の文という。要するに事の一念三千の顕発とは、仏の一切の功徳を具した妙法五字の信唱に、ほかならない。信唱の凡夫の当処が、三千具足の仏境界であるから、理具の三千観ではなく、事のままに具足する三千観成就の相である。

更に、第五章で本尊の相貌を明すに際し、まずその根本たる理体の三千常住を明示して、

今本時ノ娑婆世界ハ離レ二三災ヲ一出タル二四劫ヲ一常住ノ浄土ナリ。佛既ニ過去ニモ不レ滅セ未来ニモ不レ生セ。所化以テ同体ナリ。此レ即己心ノ三千具足三種ノ世間也(130)。

と説かれている。これを四十五字段と称し本因・本果・本国土三妙同体の常住界とする。

さて、これを曼荼羅に図形するに十界円具の本尊相を示して、

其本尊ノ為レ体　本師ノ娑婆ノ上ニ宝塔居レシ空ニ　塔中ノ妙法蓮華経ノ左右ニ釈迦牟尼仏・多宝仏・釈尊ノ脇士上行等ノ四菩薩　文殊弥勒等ノ四菩薩ハ眷属トシテ居二シ末座一ニ迹化・他方ノ大小ノ諸菩薩ハ万民ノ処二シテ大地一ニ如レシ見二ルカ雲閣月卿一ヲ。十方ノ諸仏ハ処二シタマフ大地ノ上一ニ。表二スル迹仏迹土一ヲ故也。(131)

とある。この本尊は在世には霊山虚空会の本門八品に限り、今末法には再びこの仏像が出現するのであると説いて正宗分を終る。

流通分では、特に、末法の凡夫を正機とし、正流布の時とすることを論じて涌出・寿量・分別品の三文を引いて立証し、更に「遺使還告」の文に因んで問起し、四類の四依を説き、まさしく神力品の文に依って本化別付を説く。次いで、以上を受けて正しく時と師とを決するのである。この中にまず題目について、次に本尊について決する。

此時地涌ノ菩薩始メテ出二現シテ世一ニ但以二テ妙法蓮華経ノ五字一ヲ令レム服二セ幼稚一ニ。(132)

此時地涌千界出現シテ本門ノ釈尊ノ為二リテ脇士一ト　一閻浮提第一ノ本尊可レシ立二ツ此国一ニ。(133)

の如くである。時は末法、自界叛逆・他国侵逼の二難到来の時。処は、諸天の守護を失える日本国。能弘の導師は、仏勅を蒙りて大地の下から涌出せる地涌千界の菩薩・就中、上首上行菩薩である。大地震・大彗星等の変動は、まさに時期到来し、地涌大士の出現によって、妙法蓮華経の五字、本門の本尊を此の国に立つべき先兆である。

故に題目の法体、本尊の本体たる一念三千の大法を知らざる末代の幼稚は、必ずや出現の地涌の四大菩薩によって守護され、大利益疑いなきことを勧奨して本抄を終る。

即ち、

不レル識二ラ一念三千一ヲ者ニハ　仏起二シ大慈悲一ヲ　五字ノ内ニ裹二ミ此ノ珠一ヲ令レシメタマフ懸二ケ末代幼稚ノ頸一ニ。四大菩薩ノ守二護シタマハンコト此人一ヲ大公周公ノ摂二扶シ成王一ヲ四皓カ侍二奉セシニ恵帝一ニ不レル異ナラ者也。

以上が、本抄の結文である。

ひるがえって、流通分について、やや特筆する。

流通分とは、正宗分において明らかにされた法門が、未来世即ち具体的には末法悪世の今においていかに弘めらるべきか、また我々がその教えを受けることによってもたらされる功徳の深さ、さらにはその教法の実践方法などが明かされるのである。

佐渡においてまず、文永九年（一二七二）二月には、既に死を覚悟された聖人が『開目抄』を述作され、みずからの身命を法華経のために捧げ、「法華経の行者」として、末法の世に生きている人々を、さらには日本国そのものを、法華経に依って救済することを誓願された。『開目抄』中の三大誓願、就中「我れ日本の大船とならむ」には〝師自覚〟が判然としていることは先述の如くである。

即ち『開目抄』において「法華経の行者」と成り切られた聖人が、『観心本尊抄』において、その「法華経の行者」が何を示し、何を成すべきかを説示されている。

流通分において特記すべきは、上記の〝師自覚〟が本抄において、虚空会上の久遠の釈尊から久遠の弟子として一大秘法を面奉口決された、地涌千界の上首・上行菩薩の応現としての聖人自身を表白されたことである。

そして、冒頭の『摩訶止観』の一文を承け、「一念三千」の珠を妙法五字の袋の内につつみ、末法幼稚の我々がそれを肌身離さず帯することに依って、一切衆生の救済が本尊の相貌顕示と共に成就し、地涌の四大菩薩の守護が確約されて結文となる。

そして、本抄述作の三ヶ月程後、即ち文永十年潤七月八日、本抄に説き示された法門を図様化した大曼荼羅を書き顕して、信行の標的たる本尊を奠定された。

文永八年太歳辛未九月十二日　蒙二御勘気一遠流二佐渡国一。同十年太歳癸酉七月八日　図レ之。此法華経大

曼荼羅　仏滅後二千二百二十餘年間　一閻浮提内、未二曽有レ之一。日蓮始図二上之一。(134)

又、その尊形は、以下の如くである。

其本尊ノ爲レ體　本師ノ娑婆ノ上ニ寶塔居レシ空ニ　塔中ノ妙法蓮華經ノ左右ニ釋迦牟尼佛・多寶佛・釋尊ノ脇士上行等ノ四菩薩　文殊彌勒等ノ四菩薩ハ眷屬トシテ居二シ末座一ニ　迹化・他方ノ大小ノ諸菩薩ハ萬民ノ處二シテ大地一ニ如レシ見二ルカ雲閣月卿一ヲ。十方ノ諸佛ハ處二シタマフ大地ノ上一ニ。表二スル迹佛迹土一ヲ故也。如レキ是ノ本尊ハ在世五十餘年ニ無レシ之。八年之間但タ限二ル八品一ニ。正像二千年之間ハ小乘ノ釋尊ハ迦葉阿難ヲ爲二シ脇士一ト。權大乘竝ヒニ涅槃・法華經ノ迹門等ノ釋尊ハ以二テ文殊普賢等一ヲ爲二ス脇士一ト。此等ノ佛ヲ造二リ畫ケトモ正像一ニ未レタ有二サ壽量ノ佛一。來二入シテ末法一ニ始テ此佛像可レキカ令二ム出現一セ歟。(135)

この引用文の数行前に、四十五字法体段がある。

今本時ノ娑婆世界ハ離二レ三災一ヲ出二タル四劫一ヲ常住ノ浄土ナリ。仏既ニ過去ニモ不レ滅セ未来ニモ不レ生セ。所化以テ同体ナリ。此レ即己心ノ三千具足三種ノ世間也。(136)

この四十五字法体段・観心段と、この前に引用した本尊段とは相即不離の関係にある。即ち、仏国土としての娑婆世界の常住性（本国土妙）と、仏身の常住性（本果妙）と、衆生教化の常住性（本因妙）との三妙が、まさしく行者の己心に具現する本感応妙の世界が、この四十五字法体段といい得る。

従って、大曼荼羅本尊は、聖人が法華経虚空会の説法の場面に直参することで体現された宗教的永遠の姿であり、本門の教主釈尊の救いの姿である。又、十界互具の証明により久遠本仏と我々が一体であることを示されている。

即ち、この本尊は『法華経』虚空会の儀相をそのまま一幅の紙上に影写したものである。

中央には無始の本仏を表現する妙法七字がかかり、それを中心として法界のあらゆる存在が各々の本位を守りつつ聚まっている。中央の七字から放射される光明は、四圍のあらゆる存在に透徹して、各々の存在は法界の中心と交り、法界のすべてと融合している。

我々も、この本尊に向い、無始の本仏より授けられた妙法五字を南無し、即ち信唱受持する時、本仏の光に抱かれてこの曼荼羅界に融け入り、仏の位を紹継することができるのである。

さて、さかのぼって文永九年二月の塚原問答において聖人の意気に感じ、次いで二月騒動の勃発でその神力に驚いた島の人々は、その後、聖人の所説・人格に触れて信仰する者が次第に増えていった。これを見て騒ぎ出した島の法師達は、このままにしておくなら、佐渡は日蓮の信仰に領されるであろうと悲鳴をあげた。合議の結果、念仏宗の唯阿・禅宗の性諭・良観の弟子の律僧道観の三人が代表となって鎌倉にのぼり、佐渡の領主・武蔵守宣時に聖人を訴えた。宣時は執権にも計らず、私の御教書を発して、この三僧に与えた。

又念佛者集りて僉議す。かうてあらんには、我等かつえしぬ（餓死）べし。いかにもして此法師を失はばや。既に國の者も大體つきぬ。いかんがせん。念佛者の長者ノ唯《ゆい》阿彌陀佛・持齋の長者ノ性諭房・良觀が弟子ノ道觀等、鎌倉に走り登リて武藏ノ守殿に申す。此御房島に候ものならば、堂塔一宇も候べからず、僧一人も候まじ。阿彌陀佛をば或は火に入レ、或は河にながす。夜もひるも高き山に登リて、日月に向ッて大音聲を放ッて上《かみ》を呪咀《しゆそ》し奉る。其音聲一國に聞ふと申ス。武藏ノ前司殿是をきき、上《かみ》へ申スまでもあるまじ。先《まづ》國中のもの日蓮房につくならば、或は國をおひ、或はろうに入レよ、と私の下知を下す。又下文《くだしぶみ》下る。かくの如く三度。其間の事申さざるに心をもて計リぬべし。或は其前をとを（通行）れりと云ッてろうに入レ、或は其御房に物をまいらせけりと云ッて國をおひ或は妻子をとる[137]。

さどの國にてもそらみげうそを三度までつくりて候しぞ。これにつけても上と國との御ためあはれなり。木のしたなるむし（蟲）の木をくらひたうし、師子の中のむしの師子を食ラヒうしなふやうに、守殿《かうどの》の御をんにてすぐる人々が、守殿の御威をかりて一切の人々をゝどし、なやまし、わづらはし候うへ、上の仰セとて法華經を失ヒて、國もやぶれ、主をも失ッて、返ッて各々が身をほろぼさんあさましさよ。(138)

この私の御教書は三度発せられた。三度まで発せられたことに依って大した効果のなかったことを裏書きしている。その教書の一は、文永十年十二月七日付のものが『法華行者値難事』にそのまま記載されている。

而ルニ文永十年十二月七日自二リ武藏ノ前司殿一下二ス佐渡ノ國一ヘ状ニ云フ。自判在レリ之。

佐渡ノ國ノ流人ノ僧日蓮引二率シ弟子等一ヲ巧二ム惡行一ヲ之由有二リ其聞一エ所行之企テ甚以テ奇怪也。自レリ今以後、於下テハ相二ヒ隨ハン彼僧一ニ之輩上ニ者可レシ令レム加二ヘ炳誡一ヲ。猶以テ令二メハ違犯一セ者可レキ被レル注二進セ交名一ヲ之由所レ候フ也。仍テ執達如レシ件ノ。

文永十年十二月七日　　　　沙　門　観　恵　上

依智六郎左衛門尉殿(139)

即ち、秘書観恵が宣時の意を承けてこの書をしたためて、同じ家人の依智重連へ送った形式である。この虚御教書を下すについて、極楽寺良観が裏面に策動したと思われる。

第三項　『如来滅後五五百歳始観心本尊抄』以後の述作について

本項において、(A)持経者および(B)法華経の行者関連の語句を擁する遺文は、

(一)『顕仏未来記』

(二)『波木井三郎殿御書』
(三)『辨殿尼御前御書』
(四)『法華行者値難事』
である。

(一)『顕仏未来記』

文永十年閏五月十一日、聖寿五十二歳、於一の谷

本書は、信仰的気迫の充実している点、本書特有の辞句が見られる点等から「五大部」に次ぐ重要遺文の一に目されている。

冒頭、薬王品の「後五百歳中（略）無令断絶」の文を挙げて、聖人自身が後五百歳に生まれてこの真文を拝見する感激を示し、続いて八番の問答を交しつつ仏記を顕す「時」と「師」との予言的・必然的関係を叙述している。

特記すべきは、威音王仏の像法時に不軽菩薩が「我深敬汝等云々」の二十四文字を流布して多くの迫害を招いたことに及び、彼の二十四字と、今、日蓮が流布せしめる妙法蓮華経の五字とは語異意同であるとする。即ち彼の像法の末と、此の末法の初とは全同であり、客観的叙述が次第に日蓮と名ざして主体化することと、不軽の行動と自己の行動とを対比全同させていることである。

又、天台は釈尊に信順して支那に法華経を宣揚し、伝教は天台を承け継いで法華宗を日本に弘通したのであり、日蓮は三師に相承して法華宗を末法に流通する者として、ここに「三国四師」を明言されている。

於二テハ末法一ニ者大小ノ益共ニ無レシ之。小乗ニハ有レテ教ノミ無二シ行證一。大乗ニハ有二テ教行一ノミ冥顯ノ證無レシ之。

其上《うえ》正像之時　所立ノ權小ノ二宗漸漸入二テ末法一ニ執心《しふしん》強盛ニシテ以レテ小ヲ打レチ大ヲ　以レテ權ヲ破レリ實ヲ　國土ニ大體謗法ノ者充滿スル也。　依二テ佛教一ニ墮二スル惡道一ニ者多レク自二リモ大地ノ微塵一　行二シテ正法一ヲ得二ル佛道一ヲ者少二シ於爪上ノ土一ヨリモ。　當二テ此時一ニ諸天善神捨二離シ其國一ヲ　但有二テ邪天邪鬼等一入二住シ王臣比丘比丘尼等ノ身心一ニ　可レキ令四ム罵二詈毀三辱セ法華經ノ行者一ヲ時也。　雖レ爾リト於二テ佛ノ滅後一ニ捨二テ四味三教等ノ邪執一ヲ歸二セハ實大乘ノ法華經一ニ　諸天善神並ヒニ地涌千界等ノ菩薩守二護セン法華ノ行者一ヲ。　此人ハ得二テ守護之力一ヲ以二テ本門ノ本尊妙法蓮華經ノ五字一ヲ令四メン廣二宣流三布セ於閻浮提一ニ歟。　例セハ如下シ威音王佛ノ像法之時不輕菩薩以二テ我深敬等ノ二十四字一ヲ廣二宣流三布シ於彼土一ニ招中キシカ一國ノ杖木等ノ大難上ヲ也。　彼二十四字ト與二此五字一其語雖レ殊ナリト其意同レシ之。　彼像法ノ末ト與二是末法ノ初一全ク同シ。　彼不輕菩薩ハ初隨喜ノ人　日蓮ハ名字ノ凡夫也。　疑テ云ク　以レテ何ヲ知レル之ヲ汝ヲ爲二スコトヲ末法之初ノ法華經ノ行者一ナリト。　答テ云ク　法華經ニ云ク　況ヤ滅度ノ後ヲヤ。　又云ク　有二テ諸ノ無智ノ人一惡口罵詈等シ及加二フル刀杖一ヲ者アラン。　又云ク　數數見二レン擯出一セ。　又云ク　一切ノ世間多レクシテ怨難レシ信シ。　又云ク　杖木瓦石モテ而打二擲ス之一ヲ。　又云ク　惡魔魔民諸天龍夜叉鳩槃荼等得二ン其便一リヲ也等云云。　付二テ此明鏡一ニ爲レニ信二セシメンカ佛語一ヲ　引二向ヘタルニ日本國中ノ王臣四衆ノ面目一ニ　自レ予之外ニハ一人モ無レシ之。　論レスレハ時ヲ末法ノ初メ一定也。　然ル間若無二ンハ日蓮一佛語成二ラン虛妄一ト。　難シテ云ク　汝ハ大慢ノ法師ニシテ過二キ大天一ニ　超二エタリ四禪比丘一ニモ如何。　答テ云ク　汝蔑二如スル日蓮一ヲ之重罪又過二キ提婆達多一ニ　超二エタリ無垢論師一ニモ。　我言ハ似二タレトモ大慢一ニ爲下扶二ケ佛記一ヲ顯中サンカ如來ノ實語上ヲ也。　雖レ然リト日本國中ニ除二キ去テハ日蓮一ヲ者取二リ出シテ誰人一ヲ爲二ン法華經ノ行者一ト。　汝爲レテ謗二ラント日蓮一ヲ虛二妄ニス佛記一ヲ。　豈ニ非二ス大惡人一ニ乎。　疑テ云ク　如來ノ未來記相二當ルトシテ汝一ニ　但シ五天竺並ニ漢土等ニモ法華經ノ行者有レル之歟如何。　答テ云ク　四天下之中ニ全ク無二シ二日一。　四海ノ内豈ニ有二ン兩主一乎。　疑テ云ク　以レテ何ヲ汝知レル之ヲ。　答テ云ク　月ハ自レリ西出テ、照レシ東ヲ　日ハ自レリ東出テ、照レス西ヲ。　佛法モ又以テ如レシ是ノ。　正像ニハ自レリ西向レヒ東ニ　末法ニハ自レリ東往レク西ニ。(140)

以上、

(B)法華経の行者　五例

が挙げられる。

就中、「我言ハ似二タレトモ大慢一ニ為下扶二ケ佛記一ヲ顯中サンカ如來ノ實語上ヲ也。雖レ然リト日本國中ニ除二キ去リテハ日蓮一ヲ者取二リ出シテ誰人一ヲ爲二サン法華經ノ行者一ト」には、固有名詞である「日蓮」を名指して「法華経の行者」を主体化している。

(二)『波木井三郎殿御書』

文永十年八月三日、興師本、於一谷

本書は「甲斐国南部六郎三郎殿御返事」と受取人の名が記されていて、南部三郎が聖人に書を以て法門に関する質問をして来たのに対する返書である。

以下、その質問部分を引用する。

但シ此法門當世ノ人不レ論二セ上下一ヲ難レシ取二リ信心一ヲ。其故ハ修二行スルハ佛法一ヲ現世安穏後生善處等ト云云。而ルニ日蓮法師雖レ稱二スト法華經ノ行者一ト多二シ留《る》難《なん》一。當レニ知ル不レ叶二ハ佛意一ニ歟等云云。(141)

以上、(B)法華経の行者　一例である。

この疑問に対し聖人は、法華経や『涅槃経』の諸文を引かれて答えられている。この問題はすでに『開目抄』の中で答えているのであるが、ここでは再びこれをとり挙げ、迫害を恐れず法を弘むべきことを述べられる。

『開目抄』と共に「行者値難」を扱った重要御書の一つであるといえる。

更に、以下、その答えの一部を引用すると、但シ此邪難先案之内　蒙二ル御勘氣一ヲ之後始テ非レス可レキニ驚ク。其故ハ見二聞スルニ法華經ノ文一ヲ入二テ末法一ニ如レク教ノ修二行スル法華經一ヲ者ハ可レキ多二カル留難一之由　經文赫赫タリ。有レン眼者ハ見レル之ヲ歟。所謂法華經ノ第四ニ云ク　如來ノ現在ニスラ猶多二シ怨嫉一況ヤ滅度ノ後ヲヤ。又五ノ巻ニ云ク　一切世間多レクシテ怨難レシ信シ等云云。又云ク　有下ン諸ノ無智ノ人ノ惡口罵詈等シ加中ル刀杖瓦礫上ヲ等云云。[142]

(B)如レク教ノ修二行スル法華経一者＝法華経の行者　一例といえる。

又、以下も聖人の答えの一部である。

有諸無智人諸凡夫人等トハ者　日本國中ノ上下萬人也。日蓮爲《たる》二凡夫一之故ニ不レ信二セ佛教一ヲ。但シ於二テハ此事一ニ者如二ク水火一ノ當レテ、手ニ知レレリ之ヲ。但シ有二ラハ法華經ノ行者一可レシ被二ル惡口罵詈刀杖擯出等一セ云云。以二テ此經文一ヲ配二當スルニ世間一ニ一人モ無レシ之。以レテカ誰ヲ爲二ン法華經ノ行者一ト。雖レ有二ト敵人一ハ無二シ法華經ノ持者一ハ。譬ヘハ如二シ有レテ東無レク西　有レテ天無レキカ地。佛語成二ルヲ妄説一ト如何。予雖レ似二タリト自讚一ニ勘二ヘ出シテ之一ヲ扶二持ス佛語一ヲ。所謂日蓮法師是也。[143]

以上、(A)法華経の持者　一例、(B)法華経の行者　二例が挙げられる。

法華経の行者と持経者を同趣としていることが特色である。

(三)『辨殿尼御前御書』

文永十年九月十九日、聖寿五十二歳

本書は弁殿日昭の母尼（或は姉とも）へ日昭を通して与えられたものである。この尼は妙一尼と呼ばれ、龍口法難の前後、退転せず法華経に帰依している。加えて下人一人を佐渡まで遣わして聖人を助けられる志は、釈迦・多宝・十方分身の諸仏も知見、賞嘆されるであろうと称えておられる。

貞當は十二年にやぶれぬ。將門は八年にかたぶきぬ。第六天の魔王、十軍のいくさをこして、法華經の行者と生死海の海中にして、同居穢土をとられじ、うばはんとあらそう。日蓮其身にあひあたりて、大兵をおこして二十餘年なり。日蓮一度もしりぞく心なし。しかりといえども、弟子等檀那等の中に臆病のもの、大體或はをち、或は退轉の心あり。尼ごぜんの一文不通の小心に、いままでしりぞかせ給ハぬ事、申スばかりなし。其上、自身のつかうべきところに下人を一人つけられて候事、定メテ釋迦・多寶・十方分身の諸佛も御知見あるか。恐恐謹言。[144]

以上、(B)法華経の行者一例である。

(四)『法華行者値難事』

文永十一年正月十四日、聖寿五十三歳、於一の谷

本書は、富木常忍はじめ鎌倉在住の諸弟子に送られたもので、釈尊は仏道の故に九横の大難その他多くの難に遭われたこと、天台・伝教も法華経のために諸難を受けているが、いまだ仏記に相応する難に遭っていない。今末法に入って必ず仏説に相応する値難、色読の行者が出現するであろうと断言される。

そして、今まさに日蓮は「況滅度後」の経文に符合する人であり、この仏説に該当する日蓮こそ、仏のこし給える本門の本尊と四菩薩、戒壇、南無妙法蓮華経の秘法を弘めるものであると宣言されている。

本書には、先述した偽御教書の第三回目の全文を写し、鎌倉の人々に告げ知らせて、卑劣な謀略を暴露することを命じている。

夫在世ト與二滅後正像二千年一之間ニ法華經ノ行者唯有リ二三人一。所謂佛ト與二天台傳教一也。眞言宗ノ善無畏・不空等　華嚴宗ノ杜順・智儼等　三論法相等ノ人師等ハ會シテ二實經ノ文ヲ一令ムルレ順セ二權ノ義ニ一人々

也。龍樹・天親等ノ論師ハ内ニ鑒ミテ外ニ不ルレ發セ論師也。如クレ經ノ宣傳スルコト正法ノ四依モ不レ如カ二天台傳敎ニハ一。而ルニ如クンハ二佛記ノ一者入テ二末法ニ一可シレ有ル二法華經ノ行者一。其時ノ大難超二過セン在世ニ一云云。佛ニ有リ二九横ノ大難一。所謂孫陀梨ノ謗ト・金鏘《こんず》・馬麥・琉璃ノ殺ストレ釋ヲ・乞食空鉢・旃遮女ノ謗ト・調達カ推ストレ山ヲ・寒風索ムトレ衣ヲ等也。其上一切ノ外道ノ讒奏如シ二上ニ引カ一。如クンハ二記文ノ一者天台傳敎モ不レ及ハ二佛記ニ一。以テレ之ヲ案スルニレ之ヲ末法ノ始ニ如ク二佛説ノ一行者出二現セン於世ニ一歟。[145]

以上、

(B) 法華経の行者　五例

が挙げられる。

但し、天台・伝教も法華経の行者として挙げられているが「不レ及ハ二仏記ニ一」として、「末法ノ始ニ如ク二佛説ノ一行者出二現セン於世ニ一歟」に留意したい。

第三節　佐渡流罪赦免と第三の国諌

正月十四日に出された『法華行者値難事』は正月の末に鎌倉に届き、門下の暴露運動が始められて約半月、二月十四日に赦免状が出されている。無実の罪であったことと、予言が的中したことが赦免の理由である。執権時宗は多くの反対を排して赦免を決定したのである。

文永十一年二月十四日に発した赦免状は三月八日に佐渡に到着し、それから六日目の三月十三日、聖人は真浦の津から出帆して越後の柏崎に着き、三月二十六日、無事に鎌倉へ到着された。

去ヌル文永十一年太歳甲戌二月十四日にゆりて、同シキ三月二十六日に鎌倉に入リ、同シキ四月八日、平ノ左衛尉に見参して、やう／＼の事申シたりし中に、今年は蒙古は一定よすべしと申シぬ。[146]

この赦免は、自界叛逆難の予言の的中がその主なる原因である。幕府は聖人を召し返して、他国侵逼難についてその意見を徴したかったのである。

聖人が鎌倉に着かれてから間もなく、即ち四月八日、平左衛門は時宗の意を承けて聖人に面会した。先年松葉ヶ谷へ召捕に向った時とは、打って変って丁重に待遇し、蒙古襲来の時日を質問した。聖人は、言下に「今年は一定也」と断言され、そして蒙古調伏の祈祷を真言師にさせてはならないことを、承久の乱の例を引いてこまごまと開陳した。これが幕府に向っての第三の諫暁である。

第一は文応元年七月十六日、『安国論』奏上の時、第二は文永八年九月十二日、討手に向った平左衛門に向って「我を失ふは日本の柱を倒すなり。内乱外寇は立処に起る」と告げ、そして今回が第三である。第一と第二は念仏・禅を破し、第三は主として真言を破し、第三は即ち最後の諫暁である。

しかし、幕府は、真言宗第一流の学匠である阿弥陀堂の別当・加賀法印定清に雨の祈りを依頼し、四月十日からその祈りが修せられた。十一日には大雨があったが、翌十二日には大風が吹いて鎌倉附近は非常な損害を蒙った。

この加賀法印の祈雨は、幕府の聖人への不信を表白している。

> 国恩を報ぜんがために三度までは諫暁すべし。用ヒずば山林に身を隠さんと思ひし也。又上古の本文にも、三度のいさめ用ヒずば去レといふ。[147]

聖人は決意され、そして鎌倉を発たれた。

本章における持経者ならびに法華経の行者関連語句の累計は、以下の如くである。

(A)持経者　七例
(B)法華経の行者　六九例

持経者関連語句は微少であり、法華経の行者が頻出していることが注目される。

第四節　小　結

本章では、(A)持経者関連語句は全く少なく、(B)法華経の行者が圧倒的に多い。

即ち、累計すると、
(A)持経者　七例
(B)法華経の行者　六九例
となる。


まず、第一節『開目抄』述作期を中心としてでは、特に『開目抄』において持経者関連語句は法華経の引文が大半であり、「法華経の行者」は、頻度・密度共に非常に高い。

末法の今における如法弘通の法華経の行者は、はたして誰であろうか。この疑問のために『開目抄』は生まれ、この疑問の解決を以て『開目抄』は終る。

以下、第一節における(A)及び(B)を図表化してみる。


第一表（第一節『開目抄』述作期を中心として）

	持経者	法華経の行者
開目抄	6	34
富木殿御返事	0	1
累計	6	35

即ち、度重なる法難と種々の要因を兼備されて、法華経の行者と成った聖人自身が、末法の今における「師」であることを弟子門下一同・一切衆生に向けて明らかにされたのである。

特に『勧持品』二十行の偈の仏の未来記は、聖人がこの国に生れて実証しないなら、釈尊は大妄語の人となってしまう。

又、聖人は、仏の未来記たる〃時〃に当って、ますます法華経の行者たること、更に仏使たることを宣明される。

更に、法華経の『法師品』・『譬喩品』・『安楽行品』・『勧持品』・『常不軽品』の各文を引用されて、仏滅後の法華経の行者に怨嫉・結恨・誹謗等が予言されていることを、就中「数々見擯出」を以て検証される。

三類の強敵こそが、聖人をして法華経の行者たらしめる必須条件といえよう。

「三類はすでにあり。法華経の行者は誰なるらむ。求めて師とすべし」とは、聖人が血を吐く思いの一言である。しかし、これは一方、全面肯定ともいえるであろう。

たびたび反問をくり返されるのは、日本国の多くの人々が「生盲の者・邪眼の者・一眼の者・無眼の者」であるからであり、彼等の迷妄を開かしめんがための『開目抄』である。

法難なくして法華経色読なく、「我不愛身命但惜無上道」の金言を実践することなくして、法華経の行者は存しない。

従って、聖人にとっての法難は、仏の未来記に当る己れの実証であり悦びである。

龍口の頸の座で凡僧日蓮は死し、同時に本化上行の応現たる日蓮が生れた。これ程の比類なき守護はあり得ない。

諸天等の守護・不守護は、最終的に過去の謗法罪に帰する。

即ち、法難は過去の謗法罪の滅罪の行であるとされる。転重軽受といい得よう。

聖人の過去の謗法罪について、特記すべきは不軽菩薩との教一である。聖人は、現在の受難を過去の不軽菩薩の受難と重ね合せ、未来の自己が現在の不軽菩薩と同一化されることを悦びとされる。

最後は、摂折論に及び、衆生のために悪を除くこと即ち「訶責謗法」する折伏者・聖人こそが、衆生を救う親であるとされる。

(二)『富木殿御返事』　文永九年四月十日、聖寿五十一歳

冒頭の「日蓮臨終一分モ無レ疑」の一文は、聖人が尚、危機的状況に置かれていたことを伺わせる。

そして、「日蓮為ル二法華経ノ行者一事無レキ疑歟」と宣明され、ここには既に、反問はない。


第二節『如来滅後五五百歳始観心本尊抄』述作期を中心として

以下、第二節における(A)持経者及び(B)法華経の行者を図表化してみる。

第二表（第二節『如来滅後五五百歳始観心本尊抄』述作期を中心として）

	持経者	法華経の行者
真言諸宗異目	0	2
日妙聖人御書	0	2
祈祷鈔	0	16
観心本尊抄	0	0
顕仏未来記	0	5
波木井三郎殿御書	1	3

辨殿尼御前御書	0	1
法華行者値難事	0	5
累計	1	34

(一)『真言諸宗違目』　文永九年五月五日

土木殿等人々御中

就中、後五百歳に法華経の行者が有るという仏の未来記を「日蓮が証左」したと述べられている。

又、法華経の行者ならば、何故、守護がないのかとの難に対し、ただ釈迦・多宝・地涌千界の大菩薩のみが、守護に当ることができると述べられていることが特記できる。

(二)『日妙聖人御書』　文永九年五月廿五日

本書は、寡婦である幼な子連れの一人の女性が、鎌倉から佐渡迄、山・海を越えて聖人を訪れて来た後に、彼女に宛てられた消息である。

就中「法華経の行者たる女人」に、男女の差別はあり得ないことを明かされている。

そして、末尾の一文には、聖人が、この女性を思いやる、聖人の深い情愛が看取される。

日蓮聖人は、剛柔併せ持った法華経の行者である。

(三)『祈祷鈔』　文永九年

即ち、二乗・菩薩・諸天等が、法華経の行者を捨てることは絶対にないのであり、守護は必ずあることを確信されている。

「大地はささばはづるるとも(中略)日は西より出ッるとも、法華経の行者の祈りのかなはぬことは、あるべからず」の一文に、本鈔の意図は集約されている。

（四）『如来滅後五五百歳始観心本尊抄』　文永十年四月二十五日、聖寿五十二歳

本抄においては、(A)持経者、(B)法華経の行者は、全くない。

しかし、『開目抄』と本抄とは連動していて、『開目抄』で「法華経の行者」に成り切られた聖人が、その法華経の行者は何を示し、何を為すべきかを示されたのが、本抄であり、両抄共に「一期の大事」「当身の大事」と示される重要な書である。

即ち、本抄述作の動機は、第一に、今度の流罪は身命を期しがたい故である。更に第二は、公場対決の機を失えるためである。第三に、門下教団崩壊の危機に遭遇したからである。

本抄は、実に本化教学の頂点に立つもので、「一大部」と称せられる所以である。

本抄に説かれる聖人独自の「観心」の法門とは、久遠の仏の勅命にこたえ、み仏と共にここに在るという信仰を意味し、そしてそれは新たに「本尊」の相貌として展開する。即ち、前代未聞の「観心」と「本尊」を開示するのが、本抄の主旨である。

即ち、久遠本仏の釈尊が、霊鷲山の虚空会上において、末法における「一大秘法」たる妙法五字を、久遠の弟子である「地涌の菩薩」に付属されるという、法華経本門に説かれているその光景を目のあたりに感得し、また自分自身が地涌の菩薩の一人である上行菩薩として妙法五字を釈尊から付属されているという、聖人の宗教体験にもとづく法門が、本抄における「観心」なのである。

そして、その宗教体験において感得されているみ仏が、妙法五字を付属されているすがたが「本尊」として展開するのである。

時は如来滅後五五百歳始の末法の今、自界叛逆・他国侵逼の二難到来の時。処は諸天の守護を失える日本国。能弘の導師は仏勅を蒙りて大地の下から涌出せる地涌千界の菩薩・就中、上首上行菩薩である。大地震・大彗星等の変動は、まさに時期到来し、地涌大士の出現によって、妙法蓮華経の五字、

本門の本尊を此の国に立つべき先兆である。

故に、題目の法体、本尊の本体たる一念三千の大法を知らざる末代の幼稚には、妙法五字の内に一念三千の珠をつつみ、与えるのであり、この末代幼稚は地涌の四大菩薩によって守護され、大利益疑いなきことを勧奨して、本抄は終る。

（五）『顕仏未来記』　文永十年五月十一日

本書は、信仰的気迫の充実している点、本書特有の辞句が見られる点等から、「五大部」に次ぐ重要遺文の一に目されている。

特記すべきは、威音王仏の像法時に不軽菩薩が「我深敬汝等云々」の二十四文字を流布して多くの迫害を招いたことに及び、彼の二十四字と、今、日蓮が流布せしめる妙法五字とは語異意同となし、即ち、彼の像法の末と此の末法の初とは全同であり、客観的叙述が次第に「日蓮」と名ざして主体化することである。

又、天台は釈尊に信順して支那に法華宗を宣揚し、伝教は天台を承け継いで法華宗を日本に弘通し、日蓮は三師に相承して法華宗を末法に流通する者として、ここに「三国四師」を明言されている。

末法において、「法華経の行者」に加えられるべき迫害と諸天や地涌千界の菩薩等の守護を述べられ、「日本国中ニ除キ二去テハ日蓮ヲ一者取リ二出シテ誰人ヲ一為ン二法華経ノ行者一ト」の一文に帰結する。

即ち、固有名詞である「日蓮」を名指して「法華経の行者」を主体化されている。

（六）『波木井三郎殿御書』　文永十年八月三日、興師本

本書は南部（波木井）三郎からの法門に関する質問の返書であり、聖人の法華経の行者たることを、経文等を以て子細に答えられている。

(A)持経者と(B)法華経の行者を同趣に扱われていることが特色となっている。

即ち、(A)持経者　一例、(B)法華経の行者　二例である。

（七）『辨殿尼御前御書』　文永十年九月十九日

本書は辨殿（日昭）の母（姉）尼に日昭を通して与えられた書であり、この妙一尼の退転しなかった信仰を称えておられる。

本書には

(B)法華経の行者　一例がある。

（八）『法華行者値難事』文永十一年正月十四日、聖寿五十三歳

末法に入って必ず仏説に相応する値難、色読の法華経の行者が出現するのであり、今まさに日蓮は「況滅度後」の経文に符合する人であり、この仏説に該当する日蓮こそ、仏ののこし給える本門の本尊と四菩薩、戒壇、南無妙法蓮華経の秘法を弘めるものであると宣言されている。

但し、天台・伝教も法華経の行者として挙げられているが「不レ及二ハ仏記一ニ」として、「末法ノ始ニ如二ク佛説一ノ行者出二現セン於世一ニ歟」に留意したい。

（如二ク佛説一）行者　一例である。

本節においては

(A)持経者　一例

(B)法華経の行者　三四例

が挙げられる。

第三節　佐渡赦免と第三の国諫

本節には、(A)持経者および(B)法華経の行者関連語句はない。

しかし、佐渡赦免につづく第三の国諫は、聖人にとっての大事である。

即ち、文永十一年二月十四日に発した赦免状は三月八日に佐渡に到着し、三月十三日、聖人は真浦の津から出帆され、三月二十六日、鎌倉へ到着された。

そして程なく同四月八日には、平頼綱に対面した。この赦免は、自界叛逆難の予言の的中が、主なる原因である。幕府は聖人を召し返して、他国侵逼難についてその意見を求めたかったのである。

平左衛門は時宗の意を承けて聖人に面会し、丁重に待遇し、蒙古襲来の時日を質問した。

聖人は言下に「今年は一定也」と断言され、そして蒙古調伏の祈祷を真言師にさせてはならないことを、承久の乱の例を引いてこまごまと開陳された。これが幕府に向っての第三の諫暁である。

第一と第二は念仏・禅を破し、第三は主として真言を破し、第三は即ち最後の諫暁である。

しかし、幕府は、真言宗第一流の学匠である加賀法印定清に雨の祈りを依頼し、四月十日からその祈りが修せられた。

この加賀法印の祈雨は、幕府の聖人への不信を表白している。

> 国恩を報ぜんがために三度までは諫暁すべし。用ヒずば山林に身を隠さんと思ひし也。又上古の本文にも、三度いさめ用ヒずば去レといふ。(『定遺』一三三五頁)

聖人は決意され、そして鎌倉を発たれた。

【註】

（1）『種々御振舞御書』（『定遺』九七一頁）
同十月二十八日に佐渡ノ國へ著キぬ。十一月一日に六郎左衛門が家のうしろみの家より塚原と申ス山野の中に、洛陽の蓮臺野のやうに死人を捨る所に一間四面なる堂の佛もなし。上《うへ》はいたま（板間）あはず、四壁はあばらに、雪ふりつもりて消ュる事なし。かゝる所に、しきがは（敷皮）打チしき蓑うちきて、夜をあかし日をくらす。夜は雪《ゆき》雹・雷電《いなづま》ひまなし。晝は日の光もさゝせ給はず。心細かるべきすまゐなり。彼李陵が胡國に入リてがんかうくつ（巌崛）にせめられし、法道三藏の徽宗皇帝にせめられて面《かほ》にかなやき（火印）をさゝれて、江南にはな（放）たれしも只今とおぼゆ。あらうれしや。壇王は阿私仙人にせめられて法華經の功徳を得給ヒき。不輕菩薩は上慢の比丘等の杖にあたりて一乘の行者といはれ給ふ。今日蓮は末法に生レて妙法蓮華經の五字を弘メてかゝるせめ（責）にあへり。佛滅度後二千二百餘年が間、恐ラクは天台智者大師も一切世間多怨難信の經文をば行じ給はず。數數見擯出の明文は但日蓮一人也。一句一偈我皆與授記は我也。阿耨多羅三藐三菩提は疑ヒなし。相模ノ守殿こそ善智識よ。平ノ左衛門こそ提婆達多よ。念佛者は瞿伽《くぎゃ》利尊者、持齋等は善星比丘。在世は今にあり、今は在世なり。

（2）平成二十二年度、北川前肇教授、『如来滅後五々百歳始観心本尊抄』講義に依る。

（3）『種々御振舞御書』（『定遺』九七三〜九七五頁）
いづくも人の心のはかなさは、佐渡の國の持齋・念佛者の唯阿彌陀佛・生喩房・印性房・慈道房等の數百人より合ヒて僉議すと承る。聞ふる阿彌陀佛の大怨敵、一切衆生の惡知識の日蓮房、此國にながされたり。なにとなくとも、此國へ流されたる人の始終いけ（活）らるる事なし。設ひいけらるるとも、かへ（歸）る事なし。又打チころしたれども、御とがめなし。塚原と云ッ所に只一人あり。いかにがう（剛）なりとも、力つよくとも、人なき處なれば集リていころせ（射殺）かし、と云ッものもありけり。又なにとなくとも頸《くび》を切らるべかりけるが、守殿の御臺所の御懐妊なれば、しばらくきられず。終には一定ときく。又云ク、六郎左衛門ノ尉殿に申シて、きらずんばはからうべしと云ッ。多クの義の中にこれについて守護所に數百人集りぬ。六郎左衛門ノ尉の云ク、上《かみ》より殺しまいすまじき副状下リて、あなづ（蔑）るべき流人にはあらず。あやまちあるならば重連が大なる失《とが》なるべし。それよりは只法門にてせめよかしと云ヒければ、念佛者等或は淨土の三部經、或は止觀、或は眞言等を、小法師《こほつし》等が頸にかけさせ、或はわき（腋）にはさ（挟）ませて正月十六日にあつまる。佐渡ノ國のみならず、越後・越中・出羽・奥州・信濃等の國々より集れる法師等なれば、塚原の堂の大庭山野に數百人、六郎左衞門ノ尉兄弟一家、さならぬもの百姓の入道等かずをしらず集マりたり。念佛者ハ口々に惡口をなし、眞言師は面々に色を失ひ、天台宗ぞ勝ッべきよしをのゝしる。在家の者どもは聞コふる阿彌陀佛のかたきよとのゝしり、さわぎひびく事震動雷電の如し。日蓮は暫ラくさはがせて後、各々しづまらせ給へ。法門の御爲にこそ御渡りあるらめ。惡口等よしなしと申せしかば、六郎左衞門を始メて諸人然るべしとて、惡口せし念佛者をばそくび（素首）をつきいだしぬ。さて止觀・眞言・念佛の法門一一にかれが申ス様をでつしあげ（牒揚）て、承伏せさせては、ちやうとはつめ（詰）つめ、一言二言にはすぎず。鎌倉の眞言師・禪宗・念佛者・天台の者よりもはかなきものどもなれば只思ひやらせ給へ。利劍をもてうり（瓜）をきり、大風の草をなびかすが如し。佛法のおろかなるのみならず、或は自語相違し、或は經文をわすれて論と云ひ、釋をわすれて論と云ふ。善導が柳より落チ、弘法大師の三鈷《こ》を投ヶたる、大日如來と現シたる等をば、或は妄語、或は物にくるへる處を、一一にせめたるに、或は惡口し、或は口を閉ぢ、或は色を失ひ、或は念佛ひが（僻）事也けりと云ッものもあり。或は當座に袈裟平念珠をすてて念佛申スまじきよし誓状を立ッる者もあり。

（4）『種々御振舞御書』（『定遺』九七五頁）

皆人立チ歸る程に、六郎左衞門ノ尉も立チ歸る。一家の者も返る。日蓮不思議一《ひとつ》云はんと思ヒて、六郎左衞門ノ尉を大庭よりよび返して云ク、いつか鎌倉へのぼり給ッべき。かれ答テ云ク、下人共に農せさせて七月の比《ころ》と云云。日蓮云、弓箭《ゆみや》とる者はをゝやけの御大事にあひて所領をも給ハり候をこそ。田畠つくるとは申せ。只今いくさ（軍）のあらんずるに、急ぎうちのぼり、高名して所知を給ハらぬか。さすがに和殿原はさがみの國には名ある侍《さむらひ》ぞかし。田舎にて田つくり、いくさにはづれたらんは恥なるべしと申せしかば、いかにや思ヒげにて、あはててものもいはず。念佛者・持齋・在家の者どもも、なにと云ッ事ぞやと恠《あや》しむ。

（5）鈴木一成著『日蓮聖人正伝』一四三〜七頁

（6）『定遺』五一八〜五二一頁

（7）鈴木一成著『日蓮聖人正伝』一七三〜五頁

（8）『種々御振舞御書』（『定遺』九七五頁）

さて皆歸リしかば、去年《こぞ》の十一月より勘ヘたる開目抄と申ス文《ふみ》二巻造リたり。此文の心は、日蓮によりて日本國の有無はあるべし。譬へば宅《いえ》に柱なければたもたず。人に魂なければ死人也。日蓮は日本の人の魂也。平ノ左衞門既に日本の柱をたをしぬ。只今世亂レて、それともなくゆめ（夢）の如クに妄語出來して、此御一門どしうち（同士討）して、後には他國よりせめらるべし。例せば立正安國論に委《くは》しきが如し。かやうに書キ付ケて、中務ノ三郎左衞門ノ尉が使《つかひ》にとらせぬ。

（9）『日蓮聖人御遺文講義』第二巻、石川海典著　一九〜二〇頁

（10）『日蓮聖人御遺文講義』第二巻、石川海典著　二二一〜三頁

（11）『定遺』五三五頁

（12）華厳乃至般若・大日經は二乘作佛を隱スのみならず、久遠實成を説キかくさせ給へり。此等の經々に二ツの失あり。一には存二スル行布一ヲ故ニ仍テ未レタ開レセ權ヲ。迹門の一念三千をかくせり。二には言二フ始成一ヲ故ニ曾テ未レタ發レセ迹ヲ。本門ノ久遠をかくせり。此等の二ツの大法は一代の綱骨・一切經の心隨なり。迹門方便品は一念三千・二乘作佛を説て爾前二種の失一ツを脱《のがれ》たり。しかりといえどもいまだ發迹顯本せざれば、まことの一念三千もあらはれず、二乘作佛も定まらず。水中の月を見るがごとし。根なし草の波上に浮ヘるににたり。本門にいたりて、始成正覺をやぶれば、四教の果をやぶる。四教の果をやぶれば、四教の因やぶれぬ。爾前迹門の十界の因果を打やぶて、本門十界の因果をとき顯ハす。此レ即本因本果の法門なり。九界も無始の佛界に具し、佛界も無始の九界に備《そなはり》て、眞ノ十界互具・百界千如・一念三千なるべし。（『定遺』五五二頁）

（13）『定遺』五三五頁

（14）『定遺』五三九頁

（15）『定遺』六〇一頁

（16）『定遺』五九九頁

（17）『定遺』五六一頁

（18）『定遺』五五六〜七頁

（19）『正蔵』第九巻、三一頁b、『法師品』

(20)『正蔵』第九巻、一五頁b、『譬喩品』
(21)『正蔵』第九巻、三九頁a、『安楽行品』
(22)『正蔵』第九巻、三六頁b、『勧持品』
(23)『正蔵』第九巻、三六頁c、『勧持品』
(24)『正蔵』第九巻、三六頁c、『勧持品』
(25)『正蔵』第九巻、五〇頁c、『常不軽品』
(26)『定遺』五五七頁
(27)『正蔵』第九巻、三六頁b、『勧持品』
(28)『正蔵』第九巻、三六頁b、『勧持品』
(29)『定遺』五五九～五六〇頁
(30)『正蔵』第三四巻、三一五頁a、（妙楽『法華文句記』）
(31)『定遺』五九〇～一頁
(32)『定遺』五六〇頁
(33)『正蔵』第九巻、三一頁b、『法師品』
(34)『正蔵』第九巻、一五頁b、『譬喩品』
(35)『正蔵』第九巻、三九頁a、『安楽行品』
(36)『正蔵』第九巻、三六頁b、『勧持品』
(37)『正蔵』第九巻、三六頁c、『勧持品』
(38)『正蔵』第九巻、三六頁c、『勧持品』
(39)『正蔵』第九巻、五〇頁c、『常不軽品』
(40)『正蔵』第十二巻、五九二頁a（取意）
(41)『定遺』五五七～八頁
(42) 五天四海皆外道の弟子檀那なれば佛すら九横の大難にあひ給ふ。所謂提婆が大石をとばせし、阿闍世王の酔象を放し、阿耆多王《あきた》の馬麥《めみやく》、婆羅門城のこんづ（漿）、せんしや（旃遮）婆羅門女が鉢を腹にふせし、何ニ況ヤ所化の弟子の數難申ス計リなし。無量の釋子は波瑠璃王《はるりわう》に殺サれ、千萬の眷屬ハ醉象にふまれ、華色《けしき》比丘尼ハ提多にがいせられ、迦盧提《かるだい》尊者は馬糞にうづまれ、目犍尊者は竹杖にがいせらる。其上ヘ六師同心して阿闍世・婆斯匿王等に讒奏して云ク、瞿曇ハ閻浮第一の大惡人なり。彼がいたる處は三災七難を前とす。大海の衆流をあつめ、大山の衆木をあつめたるがごとし。瞿曇がところには衆惡をあつめたり。所謂迦葉・舍利弗・目連・須菩提等なり。(『定遺』五六四～五頁)

(43)『定遺』五五八頁

(44)『定遺』五五八～九頁

(45)『定遺』五九〇～一頁貪

(46)『定遺』一九一～三頁

末代に法華經を失フべき者は、心には一代聖教を知リたりと思て而も心には權實二經を辨へず。身には三衣一鉢を帶し、或は阿諌若《あれんにゃ》に身をかくし、或は世間の人にいみじき智者と思はれて、而も法華經をよくよく知ル由を人に知られなんどして、世間の道俗には三明六通の阿羅漢の如く貴ハれて、法華經を失ッべしと見えて候。問テ云ク 其證據如何。答テ云ク 法華經勸持品ニ云ク 有下ン諸ノ無智ノ人惡口罵詈等シ及ヒ加二フル刀杖一ヲ者上ヒ我等皆當レニ忍フ文。妙樂大師此文の心を釋して云ク 初ノ一行ハ通シテ明二ス邪人一ヲ。即俗衆也文。文の心は此一行は在家の俗男俗女が權教の此丘等にかたらはれて敵《あだ》をすべしとなり。經ニ云ク 惡世ノ中ノ比丘ハ邪智ニシテ心諂曲ニ 未レタ得謂二ヒ爲《これ》得一タリト我慢ノ心充滿セン文。妙樂大師此文の心を釋して云ク 次ノ一行ハ明二ス道門增上慢ノ者一ヲルヲ文。文の心は惡世末法の權教の諸の比丘、我れ法を得たりと慢じて法華經を行ずるものゝ敵となるべしといふ事也。經ニ云ク 或ハ有下ン阿練若ニ 納衣ニシテ在二テ空閑一ニ 自謂レテ行二スト眞ノ道一ヲ 輕二賤スル人間一ヲ者上。貪二著スルカ利養一ニ故ニ 與《ため》二ニ白衣一ノ 說レキ法ヲ 爲三ルコト世ニ所二恭敬一セ 如二クナラン六通ノ羅漢一ノ。是人懷二キ惡心一ヲ 常ニ念二ヒ世俗ノ事一ヲ 假二テ名ヲ阿練若一ニ 好テ出二サン我等カ過一ヲ。而モ作二サン如レ是言一ヲ 此諸ノ比丘等ハ 爲《もて》レノ貪二ルヲ利養一ヲ故ニ 說二キ外道ノ論議一ヲ 自作二リテ此經典一ヲ 誑二惑ス世間ノ人一ヲ 爲《もて》レノ求二ルヲ名聞一ヲ故ニ 分別シテ說二クト是經一ヲ。常ニ在二テ大衆ノ中一ニ 欲レスルカ毀二ラント我等一ヲ故ニ 向二テ國王・大臣・婆羅門・居士及餘ノ此丘衆一ニ 誹謗シテ說二テ我惡一ヲ 謂三ハン此邪見ノ人 說二クト外道ノ論議一ヲ上巳。大師此文を釋して云ク 三ニ七行ハ明二ス僭聖增上慢ノ者一ヲ文。經竝に釋の心は、惡世の中に多クの比丘有て、身には三衣一鉢を帶し、阿練若に居して行儀は大迦葉等の三明六通の羅漢のごとく、在家の諸人にあふがれて、一言を吐《はけ》ば如來の金言のごとくをもはれて、法華經を行ずる人をいゐやぶらんがために、國王大臣等に向ひ奉て、此人は邪見の者也、法門は邪法也、なんどいゐうとむるなり。上の三人の中に、第一の俗衆の毀《そしり》よりも、第二の邪智の比丘の毀は猶しのびがたし。又第二の比丘よりも、第三の大衣の阿諌若《あれんにゃ》の僧は甚し。此三人は當世の權教を手本とする文字の法師、並に諸經論の言語道斷の文を信ずる暗禪の法師、並に彼等を信ずる在俗等、四十餘年の諸經と法華經との權實の文義を辨へざる故に、華嚴・方等・般若等の心佛衆生、即心是佛、即往十方西方等の文と、法華經の諸法實相、即往十方西方の文と語の同キを以て義理のかはれるを不レ知、或は諸經の言語道斷、心行所滅の文を見て一代聖教には如來の實事をば宣られざりなんどの邪念をおこす。

(47)『定遺』五九二～三頁
(48)『定遺』五九八～九頁
(49)『定遺』五八三頁
(50)『定遺』五六一頁
(51)『定遺』五六二～三頁
(52)『定遺』五六六～七頁
(53)『定遺』五七六～七頁
(54)『定遺』五八一～二頁
(55)『正蔵』第九巻、三三頁c
(56)『正蔵』第九巻、三三頁c
(57)『正蔵』第九巻、三四頁a
(58)『正蔵』第九巻、三四頁a
(59)『正蔵』第九巻、三四頁a
(60)『正蔵』第九巻、三四頁a
(61)『正蔵』第九巻、三四頁ab
(62)『正蔵』第九巻、三四頁b
(63)『定遺』五八二～三頁

(64)『定遺』五八九頁
(65)『定遺』五九〇頁
(66)『定遺』六〇一頁
(67)『定遺』六〇四〜五頁
(68)『正蔵』第九巻、三九頁b『安楽行品』
(69)『正蔵』第九巻、三九頁b『安楽行品』
(70)『正蔵』第九巻、一九頁b『薬草喩品』
(71)『正蔵』第九巻、五九頁b『陀羅尼品』
(72)『正蔵』第九巻、六二頁a『普賢品』
(73)『正蔵』第九巻、六二頁a、同右
(74)『正蔵』第九巻、五〇頁c『不軽品』
(75)『正蔵』第九巻、五〇頁c、同右
(76)『正蔵』第九巻、三一頁b『法師品』
(77)『定遺』五九九〜六〇〇頁
(78)『正蔵』第三十三巻、七四八頁b『法華玄義』
(79)『正蔵』第九巻、五一頁b
(80)『正蔵』第一二巻、四一七頁c
(81)『定遺』六〇〇〜一頁
(82)『正蔵』第九巻、一五頁b
(83)『正蔵』、第四六巻、四九頁b『摩訶止観』第五巻
(84)『定遺』六〇一〜三頁
(85)『定遺』五一五頁
(86)『正蔵』第九巻、五二頁a
(87)『定遺』六〇五〜六頁

(88)『正蔵』第三十八巻、八四頁c『涅槃経疏』巻八

(89)『定遺』六〇六〜七頁

(90)『定遺』六〇七〜八頁

(91)『定遺』六〇八〜九頁

(92)『定遺』六一九〜二〇頁

(93)『定遺』九九四頁

(94)『定遺』九九四頁『一谷入道御書』

文永九年の夏の比《ころ》、佐渡ノ國石田ノ郷一谷《いちのさわ》と云ヒし處に有リしに、預リたる名主等は公と云ひ、私と云ひ、父母の敵よりも宿世の敵よりも惡げにありしに、宿の入道と云ひ、妻と云ひ、つかう者と云ひ、始メはおぢをそれしかども先世の事にやありけん、内々不便と思ふ心付キぬ。預りよりあづかる食は少し。付ケる弟子は多くありしに、僅の飯の二口三口ありしを、或はおしきに分け、或は手に入レて食ヒしに、宅主内々心あて、外にはをそるる様なれども内には不便げにありし事、何の世にかわすれん。我を生ておはせし父母よりも、當時は大事とこそ思ヒしか。何なる恩をもはげむべし。

(95)まして約束せし事たがうべしや。然れども入道の心は後世を深く思てある者なれば、久く念佛を申シつもりぬ。其上阿彌陀堂を造り、田畠も其佛の物也。地頭も又をそろしなんど思ヒて直チに法華經にはならず。是は彼身には第一の道理ぞかし。然れども又無間大城は無レシ疑ヒ。設ひ是より法華經を遣したりとも、世間もをそろしければ念佛すつべからずなんど思はば、火に水を合せたるが如し。謗法の大水、法華經を信ずる小火をけさん事疑ヒなかるべし。入道地獄に堕るならば還て日蓮が失《とが》になるべし。如何んがせん、如何んがせんと思ヒわづらひて、今まで法華經を渡し奉らず。渡し進せんが爲にまうけまいらせて有リつる法華經をば、鎌倉の燒亡に取失ひ參ラせて候由申ス。旁《かたがた》入道の法華經の縁はなかりけり。約束申シける我心も不思議也。又我とはすゝまざりしを、鎌倉の尼の還りの用途に歎きし故に、口入《くにゅう》有リし事なげかし。本錢《もとせん》に利分を添て返さんとすれば、又弟子が云ク、御約束違ひなんど申ス。旁進退極リて候へども、人の思ハん様は狂惑の様なるべし。力及ばずして法華經を一部十巻渡し奉る。入道よりもうば（祖母）にてありし者は内々心よせなりしかば、是を持ち給へ。（『定遺』九九四〜五頁）

(96) さわ（谷）の入道の事なげくよし尼ごぜんへ申シつたへさせ給ヘ。ただし入道の事は申切り候しかばをもひ合せ給ッらむ。いかに念佛堂ありとも阿彌陀佛は法華經のかたきをばたすけ給ッべからず。かへりて阿彌陀佛の御かたきなり。後生惡道に墮チてくいられ候らむ事あさまし。ただし入道の堂のらう（廊）にていのちをたびたびたすけられたりし事こそ、いかにすべしともをぼへ候はね。（『定遺』一五四七頁）

(97) 『定遺』六三六～七頁『四條金吾殿御返事』
然るに貴邊法華經の行者となり、結句大難にもあひ、日蓮をもたすけ給ッ事、法師品の文に遣化四衆・比丘・比丘尼・優婆塞・優婆夷と説キ給ふ。此中の優婆塞とは、貴邊の事にあらずんばたれをかさゝむ。すでに法を聞て信受して逆《さから》はざればなり。不思議や、不思議や。若然ラば日蓮法華經の法師なる事疑ヒなき歟。則如來使にもにたるらん、行如來事をも行ずるになりなん。多寶塔中にして二佛竝坐《びやうざ》の時、上行菩薩に讓り給ヒし題目の五字を日蓮粗《ほゞ》ひろめ申スなり。此レ即上行菩薩の御使ヒ歟。貴邊又日蓮にしたがひて法華經の行者として諸人にかたり給ふ。是豈ニ流通にあらずや。法華經の信心をとをし給へ。

(98) 『定遺』六三八～九頁
(99) 『定遺』六三九頁
(100) 『定遺』六四〇～一頁
(101) 『定遺』六四四～五頁
(102) 『定遺』六四七頁
(103) 『定遺』六六四～五頁
(104) 『定遺』六六六～七頁
(105) 『定遺』六六七～八頁
(106) 『定遺』六七一頁
(107) 『定遺』六七二～三頁
(108) 『定遺』六七四頁
(109) 『定遺』六七五頁
(110) 『定遺』六七六頁

(111)『定遺』六七九～八〇頁
(112)『日蓮聖人御遺文講義』第三巻　望月歓厚著　四頁
(113)北川前肇著『日蓮聖人『観心本尊抄』を読む』二一頁
(114)茂田井教亨著『法華経の精神』所収
(115)北川前肇著『日蓮聖人『観心本尊抄』を読む』三九頁
(116)『正蔵』第一三巻三六三頁ａ～ｂ
(117)文永十年四月廿六日　富木・太田・曽谷氏等へ。『定遺』七二一頁
(118)北川前肇著『日蓮聖人『観心本尊抄』を読む』四二頁
(119)『正蔵』第九巻五四頁ｃ
(120)『日蓮聖人御遺文講義』第三巻　望月歓厚著　六一頁
(121)北川前肇著『日蓮聖人『観心本尊抄』を読む』四三～四四頁
(122)北川前肇著『日蓮教学研究』二八三～四頁
(123)北川前肇著『日蓮聖人『観心本尊抄』を読む』四五頁
(124)北川前肇著『日蓮聖人『観心本尊抄』を読む』四六～八頁
(125)北川前肇著『日蓮聖人『観心本尊抄』を読む』四八頁
(126)北川前肇著『日蓮聖人『観心本尊抄』を読む』六九頁
(127)北川前肇著『日蓮聖人『観心本尊抄』を読む』七〇～三頁
(128)『正蔵』四六巻、五四頁ａ
(129)『定遺』七一一頁
(130)『定遺』七一二頁
(131)『定遺』七一二～三頁
(132)『定遺』七一九頁
(133)『定遺』七二〇頁
(134)本尊脇書

(135)『定遺』七一二〜三頁
(136)『定遺』七一二頁
(137)『定遺』九七七〜八頁
(138)『定遺』一五〇三頁『窪尼御前御返事』
(139)『定遺』七九八頁
(140)『定遺』七四〇〜一頁
(141)『定遺』七四五頁
(142)『定遺』七四五頁
(143)『定遺』七四六頁
(144)『定遺』七五二頁
(145)『定遺』七九七頁
(146)『定遺』一二三八〜九頁『報恩抄』
(147)『定遺』一三三五頁『下山御消息』

第五章　身延期の日蓮聖人における「持経者」および「法華経の行者」について

第一節　鎌倉出発から身延入山

第一項　身延入山の意味

聖人は、国の恩を報ぜんがために三度の諫曉に及ばれた。三度諫めて用いられなければ去るとは古来の掟である。現在の幕府を動かすことは断念しなければならない。静かに山林に交って世の成行を見、望みを未来に託しよう。以上が、対外的な身延入山の動機である。

又、立教開宗以来の自己の行跡をかえりみれば、仏の諫めを体して、諫曉再三に及べば、経の予言の如く法難が重なった。法華経の行者として役目は果したのであり、仏法中怨の責めは免れたのである。今後は世を避けて、ひたすら自己沈潜の境地に入り、門徒教育に当らねばならない。以上が、内面的な入山の理由である。

本よりごせし事なれば、日本國のほろびんを助ケンがために、三度いさめんに御用ヒなくば、山林にまじわるべきよし存ぜしゆへに、同五月十二日に鎌倉をいでぬ。但シ本國にいたりて今一度、父母のはかをもみんとをもへども、にしきをきて故郷へはかへれといふ事は内外のをきてなり。させる面目もなくして本國へいたりなば、不幸の者にてやあらんずらん。これほどのかた（難）かりし事だにもやぶれて、かまくらへかへり入ル身なれば、又にしきをきるへんもやあらんずらん。[1]

聖人の心情は、複雑である。

以下、関連例文を二箇所、引用する。

本より存知せり、國恩を報ぜんがために三度までは諫曉すべし。用ヒずば山林に身を隠さんとおもひし也。又上古の本文にも、三度のいさめ用ヒずば去レといふ。本文にまかせて且ラく山中に罷リ入リぬ。其上は國主の用ヒ給はざらんに其巳下に法門申シて何かせん。申シたりとも國もたすかるまじ。人も又佛になるべしとおぼへず。(2)

同シキ五月の十二日にかまくら（鎌倉）をいでて、此山に入れり。これはひとへに父母の恩・師匠の恩・三寶の恩・國恩をほう（報）ぜんがために、身をやぶり、命をすつれども、破れざればさてこそ候へ。又賢人の習ヒ、三度《みたび》國をいさむるに用ヒずば、山林にまじわれということは、定マるれい（例）なり。此功徳は定メて上《かみ》三寶、下《しも》梵天・帝釋・日月までもしろしめしぬらん。父母も故《こ》道善房の聖靈も扶カり給ワらん。(3)

第二項　身延入山

五月十二日、鎌倉を出発。聖人一行の旅は難路であった。その夜は相模の酒匂に宿し、十三日は足柄峠を越えて竹の下に泊り、十四日は黄瀬川に沿って車返に泊り、十五日は富士山麓をたどって大宮に至り、十六日は甲斐に入り南部の内房に宿し、十七日は富士川の流れに沿って波木井に着し、波木井氏の館に入られた。

『富木殿御書』には、当時の窮状と、聖人の孤絶した心境を述べられている。

けかち（飢渇）申スばかりなし。米一合もうらず。がし（餓死）しぬべし。此御房たちもみなかへして但一人候べし。このよしを御房たちにもかたりさせ給へ。

十二日さかわ（酒輪）、十三日たけのした（竹ノ下）、十四日くるまがへし（車返）、十五日ををみや（大宮）、十六日なんぶ（南部）、十七日このところ。いまださだまらずといえども、たいし（大旨）はこの山中心中に叶て候へば、しばらくは候はんずらむ。結句は一人になて日本國に流浪すべきみ（身）にて候。又たちとどまるみ（身）ならばけさん（見参）に入候べし。恐々謹言。

十七日　　　　　　　　日蓮花押

ときどの(4)

此の消息が、身延からの第一書である。

又、後年、富木氏が下総から身延を訪れた後に宛てた『忘持経事』には、その行程の厳しさを述べられている。

自リ二下州一至ル二于甲州一ニ。其中間往復及フ二千里一ニ。國々皆飢饉シテ山野ニ充二滿シ盜賊一宿々乏二少ナリ粮米一。我身羸弱所従若レク亡キカ牛馬不二合セ期一ニ。峨々タル大山重々トシテ漫々タル大河多々ナリ。登レハ二高山一ニ頭ヲ捽《うち》レ天ニ下レハ二幽谷一ニ足踏レム雲ヲ。非レハ鳥ニ難レク渡リ非レハ鹿ニ難レシ越エ眼眩《くるめき》足冷ユ羅什三藏ノ葱嶺・役ノ優婆塞ノ大峰モ只今ナリト云云。(5)

聖人が入山された身延山とは、どんな処であろうか。

甲州南巨摩郡のほぼ中央、富士川の西岸に連なる峯々の東南に位置する一峯が身延山である。当時は波木井郷に属し、飯野・御牧と共に南部六郎実長の領地であった。

即ち、北は身延山、南は鷹取山、西は七面山、東は天子山であり、聖人の庵は鷹取山の北麓に身延川を隔てて身延山に対した、山峡の手狭な平地に構築された。

聖人が初めて波木井の館に入られたのが、文永十一年五月十七日であった。その翌六月十七日、即ち一箇月後、草庵が完成して身延の沢へ移られたのである。この一箇月の間、聖人は甲信地方を遊化されたと伝えられている。

『種々御振舞御書』には以下のように述べられている。

此山の體たらくは、西は七面の山、東は天子のたけ（嶽）、北は身延ノ山、南は鷹取の山、四の山高きこと天に付き、さがしきこと飛鳥もとびがたし。中に四の河あり。所謂富士河・早河・大白河・身延河也。其中に一町ばかり間《はざま》の候に庵室を結ヒて候。晝は日をみず、夜は月を拜せず。冬は雪深く、夏は草茂り、問フ人希なれば道をふみわくることかたし。(6)

更に『芋一駄御書』『新尼御前御書』には身延の山の、荒々しい環境を述べられている。

このみのぶのやまと申シ候は、にし（西）はしらねのたけ（嶽）、つねにゆき（雪）をみる。ひんがし（東）にはてんしのたけ、つねにひ（日）をみる。きたはみのぶのたけ、みなみはたかとりのたけ、四山のあひ（間）はこ（箱）のそこのごとし。いぬゐ（戌亥）のすみよりかは（河）はながれて、たつみ（辰巳）のすみにむかう。かゝるいみじきところ、みね（峯）にはせひ（蝉）のこへ、たに（谷）にはさる（猿）のさけび、木はあしのごとし、くさはあめににたり。しかれどもかゝるいもはみへ候ハず。はじかみはをひず候。いし（石）ににて少しまもりやわらかなり。くさ（草）ににてくさよりもあぢあり。(7)

此所をば身延の嶽と申ス。駿河の國は南にあたりたり。彼國の浮島《うきしま》がはらの海ぎはより、此甲斐ノ國波木井《はきり》の郷身延へは百餘に及ぶ。餘の道千里よりもわづらはし。富士河と申ス日本第一のはやき河、北より南へ流レたり。此河は東西は高山なり。谷深く、左右は大石にして高き屏風を立テ並べたるがごとくなり。河ノ水は筒ノ中に強兵が矢を射出したるがごとし。此の河の左右の岸をつたい、或は河を渡り、或ル時は河はやく石多ければ、舟破レて微塵となる。かかる所をすぎゆきて、身延の嶺と申ス大山あり。東は天子の嶺、南は鷹取《たかとり》の嶺、西は七面の嶺、北は身延の嶺なり、高き屏風を四《よつ》ついた（衝立）てたるがごとし。峯に上リてみれば草木森森たり。谷に下リてたづぬれば大石連連たり。大狼《おほかみ》の音《こゑ》山に充満し、猨猴《ましら》のなき谷にひびき、鹿のつまをこうる音《こゑ》あはれしく、蝉のひびきかまびすし。春の花は夏にさき、秋の菓は冬ニなる。たまたま見るものはやまかつ（山人）がたき木をひろうすがた、時時《より〱》とぶらう人は昔なれし同法《ともどち》（朋）也。彼の商山の四皓が世を脱レし心ち、竹林の七賢が跡を隠せし山モかくやありけむ。峯に上リてわかめやを（生）いたると見候へば、さにてはなくしてわらびのみ並ヒ立チたり。谷に下リてあまのりやをいたると尋ヌれば、あやまりてやみるらん、せり（芹）のみしげりふ（茂伏）したり。[8]

聖人は、此地をインドの霊鷲山に模され、窮乏生活の中で、帰依者からの食糧・衣服・金銭・酒等のさまざまな供養に感謝されながら、執筆と門下の教導に心を尽くされて行く。

第二節　『法華取要抄』について

『法華取要抄』　文永十一年五月二十四日、聖寿五十三歳

本抄は五大部に次ぐ代表的著述とされている。

本抄は五段に分けられているが、就中、第三段の逆読法華の説、第四段の捨広略取要の説などは宗学上の術語として有名である。

殊に第五段で妙法五字の広宣流布の必然を説かれたということは、本抄が佐渡で既に起草されていたことを思うとき、その信念の強大さ、不退転さに驚くばかりである。又、同じく第五段で正嘉地

震・文永彗星を上行出現・大法流布の先兆とみる見方は『立正安国論』の邪法流布↓神天上↓災難興起とする見方と相違し、佐渡第一書の『富木入道殿御返事』の「前相已に顕れる」（『定遺』五一六頁）以来、『観心本尊抄』（『定遺』七二〇頁）、『顕仏未来記』（『定遺』七四一～二頁）、『呵責謗法滅罪鈔』（『定遺』七八五頁）と一貫してなされて来た主張である。又、三大秘法に言及したものは、本抄以前に『四條金吾殿御返事』（『定遺』六三五頁）、『義浄房御書』（『定遺』七三〇頁）、『法華行者値難事』（『定遺』七九八頁）の三書に次ぐ第四書である。

以下、逆読法華及び捨広略取要の段を引用する。

問テ曰ク　法華經ハ爲ニ二誰人一ノ説レク之ヲ乎。答テ曰ク　自リ二方便品一至マテノ二于人記品一ニ八品ニ有リ二二意一。自リレ上向テレ下ニ次第ニ讀メハレ之ヲ第一ハ菩薩　第二ハ二乘　第三ハ凡夫也。自リ二安樂行一勸持・提婆・寶塔・法師ト逆次ニ讀メハレ之ヲ以テ二滅後ノ衆生一ヲ爲スレ本ト。在世ノ衆生ハ傍也。以テ二滅後一ヲ論スレハレ之ヲ　正法一千年・像法一千年ハ傍也。以テ二末法一ヲ爲スレ正ト。末法ノ中ニハ以テ二日蓮一ヲ爲スレ正ト也。問テ曰ク　其證據如何。答テ曰ク　況滅度後ノ文是也。疑テ云ク　日蓮ヲ爲スレ正ト正文如何。答テ云ク　有諸無智人惡口罵詈等及加刀杖者等云云。問テ云ク　自讃ハ如何。答テ曰ク　喜ヒ餘レルカ身ニ故ニ難レクシテ堪ヘ自讃スル也。(9)

即ち、逆読法華は滅後の中でも「以テ二末法一ヲ爲スレ正ト」であり就中、「以テ二日蓮一ヲ爲スレ正ト」のである。

疑テ云ク　何ソ捨テ二廣略一ヲ取レル要ヲ乎。答テ曰ク　玄奘三藏ハ捨テレ略ヲ好ムレ廣ヲ。四十卷ノ大品經ヲ成ス二六百卷一ト。羅什三藏ハ捨テレ廣ヲ好ムレ略ヲ。千卷ノ大論ヲ成セリ二百卷一ト。日蓮ハ捨テ二廣略一ヲ好ム二肝要一ヲ。所謂上行菩薩所傳ノ妙法蓮華經ノ五字也。九包淵之相スルレ馬ヲ之法ハ略テ二玄黄一ヲ取ル二駿逸一ヲ。史陶林之講スルレ經ヲニハ捨テ二細科一ヲ取ル二元意一ヲ等云云。佛既ニ入テ二寶塔一ニ二佛竝ヘレ座ヲ　分身來集シ　召シ二出シ地涌一ヲ　取テ二肝要一ヲ當テ二末代一ニ授ニ與セント五字一ヲ當世不レ可レ有ル二異義一。(10)

即ち、「日蓮ハ捨テ二、廣略一ヲ好ム二肝要一ヲ」のであり、肝要とは「上行菩薩所傳ノ妙法蓮華經ノ五字」なのである。

本抄には、(A)持経者および(B)法華経の行者関連の語句はない。

したがって、本節では、

(A)持経者　ゼロ例

(B)法華経の行者　ゼロ例

である。

第三節　『撰時抄』述作期を中心として

第一項　『撰時抄』以前の述作について

本項において、(A)持経者および(B)法華経の行者関連語句を擁する遺文は、以下の如くである。

(一)『別当御房御返事』
(二)『上野殿御返事』
(三)『聖人知三世事』
(四)『太田殿許御書』
(五)『四條金吾殿女房御返事』
(六)『春之祝御書』
(七)『可延定業御書』
(八)『新尼御前御返事』

(九)『神国王御書』
(十)『曽谷入道殿許御書』
(十一)『王舎城事』
(十二)『兄弟鈔』
(十三)『法蓮鈔』
(十四)『種々御振舞御書』
(十五)『一谷入道御書』
(十六)『さじき女房御返事』

以上、大半が門下への消息類である。

(一)『別当御房御返事』

文永十一年五・六月頃、清澄寺別当へ、聖寿五十三歳

本書の内容から推すに、清澄の別当は聖人を同山の後継者として招請したようであるが、聖人はこれを断り、聖密房を推されている。

又、清澄は東條の郷、ここは自身の生まれた処であり、どこよりも大切に思っているが「閻浮第一の法華経の行者日蓮」に、天の付与し給うべき処でないと、以下のように述べられている。

但シ東条、日蓮心ざす事ハ生處なり。日本國よりも大切にをもひ候。例せば漢王の沛郡をもくをぼしめししがごとし。かれ生處なるゆへなり。聖智が跡の主となるをもんてしろしめせ。日本國の山寺の主ともなるべし。日蓮は閻浮第一の法華經の行者なり。天のあたへ給ッべきことわりなるべし。(11)

「閻浮第一」に着目したい。

(B)法華経の行者　一例である。

(二)『上野殿御返事』

文永十一年十一月十一日

上野殿よりのさまざまの供養の品々に対しての功徳を説かれている。

法華經の第四ニ云ク、有レテ人求ニテ佛道一ヲ而於ニテ一劫ノ中一ニ合掌シテ在ニテ我前一ニ以ニテ無數ノ偈一ヲ讃メン。由ニルカ彼讃佛一ニ故ニ得ニン無量ノ功德一ヲ。歎ニ美センハ持經者一ヲ其福復過レキン彼ニ等云云。[12]文の心は、佛を一劫が間供養したてまつるより、末代悪世の中に人のあながちににくむ法華經の行者を供養する功徳はすぐれたりととかせ給フ。[13]

法華経『法師品』の「歎美持経者」の福を引用され、即ち仏を一劫の間供養したてまつるよりも「末代悪世の中に人のあながちにくむ法華経の行者を供養する功徳」がすぐれていることを述べられる。

ここでは、「持経者」と「法華経の行者」は同意の如くである。

(A)持経者（法華経中の）一例である。

(B)法華経の行者　一例である。

又、故親父の信心に及び、その跡を継いだ息子である上野殿も法華経を持っているので、同じ霊山にまいりあわすことを以下のように述べられている。

故《こ》親父は武士なりしかども、あながちに法華經を尊ミ給ヒしかば、臨終正念なりけるよしうけ給ハリき。其親の跡をつがせ給ヒて、又此經を御信用あれば、故《こ》聖靈いかに草のかげにても喜びおぼすらん。あわれいき（活）てをはさば、いかにうれしかるべき。此經を持ッ人々は他人なれども同シ靈山へまいりあはせ給フ也。いかにいはんや故聖靈も殿も同ク法華經を信シさせ給へば、同シところに生レさせ給フべし。[14]

以上、(A)法華経を持つ人々　一例である

（三）『聖人知三世事』

文永十一年、聖寿五十三歳、富木氏へ

委細に三世を知るを聖人と云う。そして教主釈尊は、遠くは後五百歳の広宣流布を約束されている。そして、聖人自身が法華経の行者であり聖人であることを、現証を引いて以下の如く述べられる。

後五百歳ニハ以テ二誰人ヲ一法華經ノ行者ト可キヤレ知ルレ之ヲ。予ハ未タレ信セ二我智慧ヲ一。雖モレ然リト自他ノ返逆侵逼以テレ之ヲ信ス二我智ヲ一。敢テ非スレ爲ニ二他人ノ一。又我弟子等存二知セヨ之ヲ一。日蓮ハ是法華經ノ行者也。紹二繼スル不輕ノ跡ヲ一之故ニ。輕毀スル人ハ頭破《われ》二七分ニ一。信スル者ハ積マン二福ヲ安明ニ一。問テ云ク何ソ毀《そし》ルレ汝ヲ人無キヤ二頭破七分一乎。答テ云ク古昔ノ聖人ハ除テレ佛ヲ已外毀ルレ之ヲ人頭破但タ一人二人也。今毀二皆スル日蓮ヲ一事ハ但不レ可レ限ル二一人二人ニ一。日本一國一同ニ同ク破《わる》ル也。所謂正嘉ノ大地震文永ノ長星ハ誰カ故ソ。日蓮ハ一閻浮提第一ノ聖人也。上ミ自リ二一人一下モ至ルマテ二于萬民ニ一輕二毀シテ之ヲ一加ヘ二刀杖ヲ一處スルカ二流罪ニ一故ニ梵ト與レ釋日月四天ト仰セ二付ケテ隣國ニ一逼二責スル之ヲ一也。大集經ニ云ク仁王經ニ云ク涅槃經ニ云ク法華經ニ云ク。設ヒ作《なす》トモ二萬祈ヲ一不ハレ用ヒ二日蓮ヲ一必此國今ノ如クナラン二壹岐對馬ノ一。我カ弟子仰テ見ヨレ之ヲ。此偏ニ日蓮カ非ス二尊實ナルニ一。法華經ノ御力ノ依ル二殊勝ナルニ一也。擧レハレ身ヲ想ヒレ慢スト下セハレ身ヲ蔑トルレ經ヲ。松高ケレハ藤長ク源深ケレハ流遠シ。幸ヒ哉樂イ哉於テ二穢土ニ一受ルハ二喜樂ヲ一但日蓮一人ナル而已。[15]

以上

(B)法華経の行者　二例である。

(四)『大田殿許御書』

文永十二年正月廿四日、聖寿五十四歳、大田金吾へ

法華経と大日経との勝劣を述べ、更に法華経の行者と大日経の行者を対比される。

所詮如二クナラハ佛ノ意一ノ者非レス詮二トスルニ經之勝劣一ヲ。法華經ノ行者ハ勝二タル一切之諸人一ニ之由説レク之ヲ。大日經等ノ行者ハ諸山・衆星・江河・諸民也。法華經ノ行者ハ須彌山・日月・大海・大王等也。而ルニ今ノ世ハ輕二蔑スルコト法華經一ヲ如レク土ノ如レシ民ノ。重二崇シテ眞言ノ僻人等一ヲ爲二ルコト國師一ト如レク金ノ如レシ王ノ。依レテ之レニ增上慢ノ者充二滿ス國中一ニ。青天爲レシ瞋ヲ黄地至《いた》二ス夭孽一ヲ。如三ク涓聚リテ破二カ墉塹《ようせん》一ヲ 民ノ愁ヒ積テ亡レス國ヲ等是也。(16)

以上、(B)法華経の行者　二例である。

本節において、「真言破」が際立ってきている。

(五)『四條金吾殿女房御返事』

文永十二年正月廿七日

本書も「真言破」に始まる。更に法華経の「有能受持是経典者」の「者」の文字を、仏は「若有女人」と説かれている。ここでも、持経者と法華経の行者は同趣に扱われている。

一切経の行者と法華経の行者とをならべて、法華経の行者は日月等のごとし、諸経の行者は衆星燈炬のごとしと申ス事を、詮と被二レ思食一候。なにをもてこれをしるとならば、第八の譬の下に最

大事の文あり。所謂此經文ニ云ク有三ン能受二持スルコト是ノ經典一ヲ者モ亦復如レシ是ノ。於二テ一切衆生ノ中一ニ亦爲《これ》第一ナリ等云云。此二十二字は一經第一の肝心也。一切衆生の眼目也。文の心は法華經の行者は日月・大梵王・佛のごとし、大日經の行者は衆星・江河・凡夫のごとしととかれて候經文也。されば此世の中の男女僧尼は不レ可レ嫌フ法華經を持タせ給フ人は一切衆生のしう（主）とこそ、佛は御らん候らめ、梵王・帝釋はあをがせ給フらめとうれしさ申スばかりなし。又この經文を書夜に案じ朝夕によみ候へば、常の法華經の行者にては候はぬにはんべり。是經典者とて者《しゃ》の文字はひととよみ候へば、此世の中の比丘・比丘尼・うば塞・うばいの中に、法華經を信じまいらせ候人々かと見まいらせ候へばさにては候はず。次キ下の經文に、此の者《しゃ》ノ文字を佛かさねてとかせ給ウて候には、若有女人ととかれて候。日蓮法華經より外の一切經をみ候には、女人とはなりたくも候はず。或經には女人をば地獄の使と定メられ、或經には大蛇ととかれ、或經にはまがれ木のごとし、或經には佛種をい（熬）れる者とこそとかれて候へ。[17]

(A)　法華経を持給人＝持経者　一例、法華経中の「能受持是経典者」＝持経者　一例

(B)　法華経の行者　二例である。

但し、信心のよわき者は、法華経を持つ女人であっても捨てると述べられ、以下の引用文中「日本第一の女人」とは法華経の行者の意と思われる。

但し信心のよはきものをば、法華經を持つ女人なれどもすつるとみえて候。例せば大將軍よはければしたがうものもかひなし。弓よはければ絃ゆるし。風ゆるければ波ちゐさきは自然の道理也。是《これ》而ルにさえもん（左衞門）殿は俗の中日本には、かたをならぶべき物もなき法華經の信者也。是にあひつ（連）れさせ給ヒぬるは日本第一の女人也。法華經の御ためには龍女とこそ佛はをぼしめされ候らめ。[18]

(A)法華経を持つ女人＝持経者　一例

(B)日本第一の女人＝法華経の行者　一例である。

(六)『春之祝御書』

文永十二年正月下旬、南條氏へ

まず新春の祝いを述べ、往時、時光の故父　兵衛七郎の墓に詣でたことにふれ、身延入山の途次に訪問しようとしたが果たせなかったので、この僧を正月の内に兵衛七郎の墓前に自我偈一巻を読誦させるために遣わしたと述べられる。時光が、法華経の行者であるこの僧と共に墓参すれば、故父の喜びはいかばかりかと以下の如く述べられている。「この御房」とは日興と思われる。

さては故《こ》なんでうどの（南條殿）はひさしき事には候はざりしかども、よろづ事にふれてなつかしき心ありしかば、をろかならずをもひしに、よわひ盛ンなりしに、はかなかりし事、わかれかなしかりしかば、わざとかまくら（鎌倉）よりうちくだかり、御はかをば見候ぬ。それよりのちはするが（駿河）のびん（便）にはとをもひしに、このたびくだしには人にしのびてこれへきたりしかば、にしやま（西山）の入道殿にもしられ候はざりし上は力をよばず、とをりて候ヒしが心にかゝりて候。その心をとげんがために、此御房は正月の内につかわして、御はかにて自我偈一巻よませんとをもひてまいらせ候。御とのゝ御かたみもなし、なんどなげきて候へば、とのをとどめをかれける事よろこび入テ候。故殿《こどの》は木のもと、くさむらのかげ、かよう（通）人もなし。佛法をも聴聞せんず、いかにつれ〲なるらん。をもひやり候へばなんだもとどまらず。との（殿）の法華經の行者うちぐ（具）して御はかにむかわせ給ッには、いかにうれしかるらん〲。[19]

以上、(B)法華経の行者　一例である。

（七）『可延定業御書』

文永十二年二月七日、富木尼へ

富木尼の病を励まされ、善医である四條金吾を法華経の行者と称されている。

其上、不輕菩薩ハ更増壽命ととかれて、法華經を行じて定業をのべ給ヒき。彼等ハ皆男子也。女人にはあらざれども、法華經を行じて壽をのぶ。又陳臣は後五百歳にもあたらず。冬の稲米・夏ノ菊花のごとし。當時の女人の法華經を行じて定業を轉スルことは秋の稲米・冬ノ菊花、誰かをどろくべき。されば日蓮悲母《はゝ》をいのりて候ヒしかば、現身に病をいやすのみならず、四箇年の壽命をのべたり。今女人の御身として病を身にうけさせ給フ。心みに法華經の信心を立テて御らむあるべし。しかも善醫あり。中務三郎左衛門尉殿は法華經の行者なり。命と申ス物は一身第一の珍寶也。一日なりともこれをのぶるならば千萬兩の金《こかね》にもすぎたり。法華經の一代の聖教に超過していみじきと申スは壽量品のゆへぞかし。閻浮第一の太子なれども短命なれば草よりもかろし。日輪のごとくなる智者なれども夭死《わかじに》あれば生犬《いけるいぬ》に劣ル。早く心ざしの財ヲかさねて、いそぎ／＼御對治あるべし。[20]

以上、(B)法華経の行者　一例である。

（八）『新尼御前御返事』

文永十二年二月十六日

本書は、安房東條郷の領家の新尼と大尼から海苔の供養と、本尊授与を願い出たことに対する新尼への返書である。

大尼への本尊授与は、拒絶されている。この五字の大曼荼羅を身に帯し心に存ずるなら、諸王は国を扶け、万民は難をのがれ、後生は大火炎を脱れるとの仏記があり、聖人は上行菩薩の御計らいで二十余年の間、この法門を弘通している。しかし、この法門を弘通するにはさまざまの難があることを以下に述べられる。

此二十餘年が間此を申ス。此法門弘通せんには如來現在猶多怨嫉況滅度後一切世間多怨難信と申シて、第一のかたきは國王竝ヒニ郡鄉等ノ地頭領家萬民等也。此レ又第二第三の僧侶がうつたへについて、行者を或ハ惡口し、或ハ罵詈し、或ハ刀杖等云云。[21]

この引用文中の「行者」は、法華経の行者の意と思われる。

以上、(B)（法華経の）行者　一例である。

（九）『神国王御書』

文永十二年二月

本書は、まず日本国の地理的状況の説明に始まり、次いで日本の国主について天神七代・地神五代の神代一二代から人王歴代へと進み、併せて諸宗諸経の日本への伝播の経緯について述べられている。そして、一国謗法が国土衰微の原因と指摘され、聖人自身は、このような諸宗の誤りを糺そうと折伏弘教したことで法難が連続し、その法難を乗り越えた真の法華経の行者であることが示される。更に、法華経の行者を守護すべき諸天善神の加護を促し、以下のように諫暁されている。

若シ百千にも一つ日蓮法華經の行者にて候ならば、日本國の諸人後生の無間地獄はしばらくをく、現身には國を失ヒ他國に取ラれん事、彼徽宗欽宗のごとく優陀延王・訖利多王等にことならず。又其外は或は其身は白癩黒癩、或は諸惡重病疑ヒなかるべきか。もし其義なくば又日蓮法華經の行者にあらじ。此の身現身には白癩黒癩の諸惡重病を受取リ、後生には提婆瞿伽利等がごとく無間

大城に堕ッべし。(22)

以上、(B)法華経の行者　二例である。

釋尊は御入滅ならせ給ヒてほど久クなりぬれば、末代邊國に法華經の行者有リとも、梵釋日月等御誓をうちわすれて守護し給フ事なくば、日蓮がためには一旦のなげきなり。無始巳來鷹の前のきじ、蛇の前のかへる、猫の前のねずみ、犬の前のさると有リし時もありき。ゆめの代《よ》なれば佛菩薩諸天にすかされまいらせたりける者にてこそ候わめ。なによりもなげかしき事は、梵と帝と日月と四天等の南無妙法蓮華經の法華經の行者の大難に値フをすてさせ給ヒて、現身に天の果報も盡キて花の大風に散ルがごとく、雨の空より下ルごとく、其人命終入阿鼻獄と無間大城に堕チ給はん事こそ、あはれにはをぼへ候へ。設ヒ彼人々三世十方の諸佛をかたうどとして知ラぬよしのべ申し給フとも、日蓮は其人々には強キかたきなり。若佛のへんぱをはせずば梵釋日月四天をば無間大城には必ずつけたてまつるべし。日蓮が眼をそろしくばいそぎ／＼佛前の誓ヒをばはたし給へ。(23)

以上、(B)法華経の行者　二例である。

(十)『曽谷入道殿許御書』

文永十二年三月十日

本書は、経典章疏蒐集の依頼によせて、五義の奥旨を示したもので、五大部に次ぐ重要な位置を占める。

冒頭に、重病を療治するには良薬を構索し逆謗を救助するには要法のほかはないと述べ、それは釈尊の留め置かれた妙法五字に限ることを明かされる。即ち、弘通すべき法を釈尊の意志として、聖人の現在に明瞭に提示したものである。

次に救助されるべき末法の機と救助する末法の師を論じて、南無妙法蓮華経の五字七字こそ衆生済度の一大良薬であることを明かし、その要法の流布すべき時代と国土について言及される。又、要法弘通に身命を捧げる自己の責任を語るなかで上行菩薩としての自覚を暗示される。そして、本書は『撰時抄』の準備として著わされたとも考えられ、聖人の説く法華経の歴史の必然性が、文永十一年十月の蒙古来襲という証を得たことに関わっていると考えられる。

以下の引用文は、「後五百歳中広宣流布於閻浮提之鳳詔」は日本国であることを明かす中での法華経の「分別功徳品」の一節である。

雖レ然リト法華經ノ涌出品之時 見二テ於地涌ノ菩薩一ヲ疑二フ於近成一ヲ之間 佛赴二テ於請一ニ演二説シ壽量品一ヲ 至二テ於分別功徳品一ニ勸二將シテ地涌ノ菩薩一ヲ云ク 惡世末法ノ時能ク持二ツ是ノ經一ヲ者ト。[24] 彌勒菩薩非二レハ於自身之付屬一ニ雖レ不レスト弘レメ之ヲ 親タリ於二テ靈山會上一ニ惡世末法時ノ聽二聞セシ金言一ヲ故ニ 説二ク瑜伽論一ヲ之時末法ニ於二テ日本國一ニ地涌ノ菩薩可レキ令レム流二布セ法華經ノ肝心一ヲ之由兼テ示レス之ヲ也。 肇公之翻經ノ記ニ云ク 大師須梨耶蘇摩左ノ手ニ持二シ法華經一ヲ右ノ手ニ摩二テ鳩摩羅什《くまらじふ》ノ頂一キヲ授與シテ云ク 佛日西ニ入テ遺耀將レニ及レント東ニ。 此經典有レリ縁二於東北一ニ。 汝愼ンテ傳弘セヨ云云。 予拜二見シテ此記文一ヲ兩眼如レク瀧ノ一身徧レス悦ヲ。 此經典有レリ縁二於東北一ニ云云。 西天ノ月支國ハ未申ノ方 東方ノ日本國ハ丑寅ノ方也。 於二テ天竺一ニ有レリトハ縁二於東北一ニ 豈ニ非二ス日本國一ニ哉。[25]

又、正法弘通者の福報と、軽賤憎嫉者の得る悪報とを、法華経の引用文を以て、以下に示される。

國主弘二通スレハ正法一ヲ必備二フ此德一ヲ。 臣民等守二護センニ此法一ヲ豈ニ不レンヤ拂二ハ家內之大難一ヲ。 又法華經ノ第八ニ云ク 所願不レ虛カラ 亦於二テ現世一ニ得二ン其福報一ヲ。 又云ク 當下ニ於二テ今世一ニ得中現ノ果報上ヲ云云。 又云ク 此人現世ニ得二ン白癩ノ病一ヲ。 又云ク 頭破テ作二ル七分一ト。 又第二卷ニ云ク 見下テ有四ン讀二誦シ書三持スルコト經一ヲ者上ヲ輕賤憎嫉シテ而懷二カン結恨一ヲ乃至其人命終シテ入二ン阿鼻獄一ニ云云。[26] 第五卷ニ云ク 若人惡ミ罵ラハ口則閉塞セン云云。傳敎大師ノ云ク 讃スル者ハ積二ミ福ヲ於安明一ニ 謗スル者ハ開二クト罪ヲ於無間一ニ等云云。安明トハ者須彌山之名也。無間トハ者阿鼻ノ別名也。國主誹二謗セハ於持者一ヲ失レヒ位ヲ 臣民毀二呰スレハ於行者一ヲ喪レホス身ヲ。[27]

以上、

(A)（法華経中の）持経者　二例及び持者　一例

(B)（法華経の）行者　一例

が挙げられる。

（十一）『王舎城事』

文永十二年四月十二日、四條金吾へ

本書は四條氏が鎌倉の極楽寺および御所の焼失を報告したことに対する返書である。火災について王舎城不焼の故事を引かれ、鎌倉の二所焼失は極楽寺良観の謗法によるとし、謗国日本の果報の尽きる前兆と指摘される。又、良観が現世には国を焼き、未来は無間地獄に堕ちて業火に焼かれるから、両火房の名がふさわしいと、良観の邪義を論難される。

更に、四條氏女房の信仰を激励し、最後に法華経に敵対する者は、たとえ父母、主君であろうとも随うべきでないと、法華経信仰者の真の孝養のあり方を教示されている。

最後の段で、聖人が法華経の行者たることを以下の如く明示される。

日本國に國主・父母・師匠の申ス事を用ヒずして、ついに天のたすけをかほる人は、日蓮より外は出タしがたくや候はんずらん。是より後も御覧あれ。日蓮をそしる法師原が、日本國を祈らば彌彌國亡ッべし。結句せめの重からん時、上一人より下萬民までもとどり（髻）をわかつやつこ（奴僕）となり、ほぞをくうためしあるべし。後生はさてをきぬ、今生に法華經の敵となりし人をば、梵天・帝釋・日月・四天罰し給ヒて皆人にみこり（見懲）させ給へと申シつけて候。日蓮法華經の行者にてあるなしは是にて御覧あるべし。かう申せば國主等は此法師のをど（威）すと思へるか。あへてにくみては申さず。大慈大悲の力、無間地獄の大苦を今生にけ（消）さしめんとなり。[28]

以上、

(B)法華経の行者　一例

が挙げられる。

（十二）『兄弟鈔』

文永十二年四月十六日、池上兄弟へ

本鈔は、池上兄弟とその女房達に与えられたものである。兄弟の父左衛門大夫康光は極楽寺良観の熱心な信者であった。兄弟は康元元年（一二五六）頃、鎌倉において聖人に帰依したが、当然、父の怒りをかうことになり、文永十二年、兄宗仲を勘当した。この報を受けた聖人が、兄弟夫婦が力を合せて法華経信仰を貫き、父の信仰をも正しく導くように教示したのが本鈔である。

冒頭に、法華経は一切経の肝心であることの論証と法華経誹謗の罪について述べ、次に法華経の行者には値い難いことを善無畏三蔵らの謗法を指摘しつつ述べられる。

又此經を經《せつ》のごとくにとく人に値ッことが難にて候。設トヒ一眼の龜は浮木には値ッとも、はちすのいとをもつて須彌山をば虚空にかくとも、法華經を經のごとく説ク人にあひがたし。されば慈恩大師と申せし人は、玄奘三藏の御弟子太宗皇帝の御師なり。梵漢ヲ空《そら》にうかべ、一切經ヲ胸にたゝへ、佛舍利を筆のさきより雨ラし、牙《きば》より光を放《はな》チ給ヒし聖人なり。時ノ人も日月のごとく恭敬し、後ノ人も眼目《げんもく》とこそ渇仰せしかども、傳教大師これをせめ給フには雖讃法華經還死法華心等云云。言《いふ》は彼人の心には法華經をほむとをもへども、理のさすところは法華經をころす人になりぬ。善無畏三藏は月支國うぢやうな國の國王なり。位をすて出家して天竺五十餘の國を修行して顯密二道をきわめ、後には漢土にわたりて玄宗皇帝の御師となる。尸那日本の眞言師、誰か此人のながれにあらざる。かゝるたうとき人なれども一時に頓死して閻魔のせめにあはせ給フ。いかなりけるゆへとも人しらず、日蓮此をかんがへたるに本は法華經の行者なりしが、大日經を見て法華經にまされりといゐしゆへなり。されば舍利弗・目連等が三五の塵點を經しことは十惡五逆の罪にもあらず、謀反八虐の失《とが》にてもあらず。但タ惡知識に値ウて法華經の信心をやぶりて權經にうつりしゆへなり。天台大師釋シテ云ク 若値ニヘハ惡友一ニ則失ニフ本心一ヲ云云。本心と申スは法華經を信ずる心なり。失フと申スは法華經の信心を引キかへて餘經へうつる心なり。されば經文ニ云ク、然與良藥而不肯服等云云。天台ノ云ク 其レ失レフ心ヲ者ハ雖レモ與ニフト良藥一ヲ而カモ不ニ肯テ服一セ流ニ浪シ生死一ニ逃ニ逝ス他國一ニ云云。されば法華經を信ずる人のをそるべきものは、賊人・強盜・夜打・虎・狼・師子等よりも、當時の蒙古《むこ》のせめよりも法華經の行者をなやます人々なり。(29)

更に、法華経信奉者の、恐るべき悪知識について述べられる。

又觀經へすかしをとす惡友は、善導・法然是也。此は第六天の魔王が智者の身に入ッて善人をたぼらかす也。法華經第五ノ卷に惡鬼入ニル其身一ニと説れて候は是也。設《たと》ひ等覺の菩薩なれども元品の無明と申す大惡鬼身に入ッて、法華経と申ス妙覺の功德を障へ候也。何ニ況ヤ其已下の人人にをいてをや。又第六天の魔王或は妻子の身に入ッて親や夫をたぼらかし、或は國王の身に入ッて法華経

の行者ををどし、或は父母の身に入ッて孝養の子をせむる事あり。(30)

以上、本鈔には、

(B)法華経の行者　二例

が挙げられる。

(十三)『法蓮鈔』

建治元年四月、聖寿五十四歳

本鈔は曽谷法蓮が父の十三回忌にあたって法華経五部を転読し、慈父閉眼の日より十三回忌の命日にいたるまで毎日自我偈一巻を読誦して回向してきたことを述べられ、更に諷誦文を製して身延へ報じてきたのに対して、末代の法華経の行者を供養するのは仏を供養する功徳に勝ると述べられる。

そして、釈迦仏を罵詈打杖し嫉妬した提婆達多の大罪よりも、末代の法華経の行者を怨める者の罪が重いことを以下の如く述べられる。

此提婆達多ほどの大悪人、三業相應して一中劫が間、釋迦佛を罵詈打杖し嫉妬し候はん大罪はいくらほどか重ク候べきや。此大地は厚サ十六萬八千由旬なり。されば四大海の水をも、九山の土石をも、三千の草木をも、一切衆生をも頂戴して候へども、落ちもせず、かたぶかず、破レずして候ぞかし。しかれども提婆達多が身は既に五尺の人身なり。わづかに三逆罪に及ヒしかば大地破れて地獄に入リぬ。此穴天竺にいまだ候。玄奘三藏漢土より月支に修行して此をみる。西域記と申ス文《ふみ》に載セられたり。而ルに法華經の末代の行者を心にもをもはず、色にもそねまず、只たわふれて(戯)のり(罵)て候が、上の提婆達多がごとく三業相應して一中劫、佛を罵詈し奉ルにすぎて候ととかれて候。何ニ況や當世の人の提婆達多がごとく三業相應しての大悪心をもて、多年が間法華經の行者を罵詈・毀辱・嫉妬・打擲・讒死・歿死に當てんをや。問テ云ク、末代の法華經の行者を怨《あだ》める者は何《いか》なる地獄に堕るや。答テ云ク 法華經ノ第二ニ云ク 見下テ有四ン讀二誦シ書三持スルコト經一ヲ者上ヲ輕賤憎嫉シテ而懷二カン結恨一ヲ。乃至其人命終シテ入二ン阿鼻獄一ニ。[31]

即ち、本鈔において、

(A)（法華経中の）持経者　一例

(B)法華経の行者　三例

が挙げられる。

（十四）『種々御振舞御書』

建治元年、聖寿五十四歳

本書は、まず文永五年（一二六八）閏正月大蒙古国より牒状がもたらされたが、これは九年前、文応元年（一二六〇）『立正安国論』を上奏した時に予言したことが的中したものであると説きおこし、以下、文永八年九月、草庵での召捕の状況、鶴岡八幡社頭諫言、龍口刑場の始末から依智の奇瑞等に及ぶ。

やがて佐渡での塚原問答、偽御教書による日蓮門下の弾圧の様子、文永十一年三月の赦免から鎌倉での最後の諫言と、阿弥陀仏堂法印の祈雨の顚末を記され、五月十二日鎌倉を去って身延山に入り、法華誹謗の罪に及び国難の重来は真言諸師の謗法によることを述べられる。

やがて一転して、自身の内観に及び、正法の行者は必ず迫害を受ける所以を明かされ、この身延山に隠棲するに至った心境を述べられ、この山の地勢や、枯淡な生活が語られている。

就中、末法の始の題目の行者について以下の如く述べられる。

佛記シテ云ク　我滅後正像二千年すぎて、末法の始に此法華經の肝心題目の五字計リ弘めんもの出來すべし。其時惡王・惡比丘等、大地微塵より多クして、或は小乗等をもてきそはんほどに、此題目の行者にせめられて在家の檀那等をかたらひて、或はのり、或はうち、或はろうに入レ、或は所領を召シ、或は流罪、或は頸をはぬべし、などいふとも退轉なくひろむるほどならば、あだをなすものは國主はどし打チをはじめ、餓鬼のごとく身をくらひ、後には他國よりせめらるべし。これひとへに梵天・帝釋・日月・四天等、法華經の敵なる國を他國より責メさせ給フなるべしととかれて候ぞ。各各我弟子となのらん人々は一人もをく（臆）しをもはるべからず。[32]

以上、

(B) 題目の行者＝法華経の行者　一例

を挙げ得る。

次に、八幡社頭諫暁の際の自身の呼称である。

八幡大菩薩に最後に申スべき事あり、とて馬よりさしをりて高聲に申スやう。いかに八幡大菩薩はまことの神か。和氣の清丸が頸を刎られんとせし時は長《たけ》一丈の月と顯ハれさせ給ヒ、傳教大師の法華經をかう（講）ぜさせ給ヒし時はむらさきの袈裟を御布施にさづけさせ給ヒき。今日蓮は日本第一の法華經の行者なり。其上身に一分のあやまちなし。日本國の一切衆生ノ法華經を謗じて無間大城におつべきを、たすけんがために申ス法門なり。又大蒙古國よりこの國をせむるならば、天照太神・正八幡とても安穩におはすべきか。[33]

以上、

(B) （日本第一の）法華経の行者　一例

が挙げられる。

次の一文も、八幡社頭諫暁の際に、諸天善神聖人が法華経会上で立てた、法華経の行者守護の誓状をとげさえ給えと述べられる。

日と日と、月と月と、星と星と、鏡と鏡とをならべたるがごとくなりし時、無量の諸天竝に天竺・漢土・日本國等の善神聖人あつまりたりし時、各々法華經の行者にをろか（疎略）なるまじき由の誓状まいらせよとせめられしかば、一一に御誓状を立テられしぞかし。さるにては日蓮が申スまでもなし、いそぎ（急）いそぎこそ誓状の宿願をとげさせ給フべきに、いかに此處にはをちあわせ給ハぬぞ、とたかだか（高々）と申ス。(34)

以上、

(B)法華経の行者　一例

が挙げられる。

次は、九月十三日の夜、依智での月天への法華経の行者守護の要請の一文である。

其夜は十三日、兵士ども數十人坊の邊り竝に大庭になみゐ（並居）て候き。九月十三日の夜なれば月大にはれてありしに、夜中に大庭に立チ出でて月に向ひ奉リて、自我偈少少よみ奉り、諸宗の勝劣、法華經の文あら〳〵申シて、抑モ今の月天は法華經の御座に列《つらな》りまします名月天子ぞかし。寶塔品にして佛勅をうけ給ヒ囑累品にして佛に頂《いたゞき》をなでられまいらせ、如二ク世尊ノ勅一ノ當二ニ具サニ奉行一スと誓状をたてし天ぞかし。佛前の誓は日蓮なくば虚《むなし》くてこそをはすべけれ。今かゝる事出來せば、いそぎ悦ヒをなして法華經の行者にもかはり、佛勅をもはたして、誓言のしるし（驗）をばとげさせ給フべし。いかに、今しるしのなきは不思議に候ものかな。(35)

以上、

(B)法華経の行者　一例である。

次の一文は、佐渡塚原での述懐である。

今の世間を見るに、人をよくなす（成）ものはかたうど（方人）よりも強敵が人をばよくなしけるなり。眼前に見えたり。此鎌倉の御一門の御繁昌は義盛と隠岐ノ法皇ましまさずんば、争か日本の主となり給フべき。されば此人々は此御一門の御ためには第一のかたうどなり。日蓮が佛にならん第一のかたうどは景信、法師には良觀・道隆・道阿彌陀佛、平ノ左衞門ノ尉・守殿ましまさずんば、争か法華經の行者とはなるべきと悦フ。[36]

以上、

(B)法華経の行者　一例である。

次は、塚原問答後の一文である。

法華經の行者をば梵・釋左右に侍《はんべ》り日月前後を照し給ふ。かゝる日蓮を用ヒぬるとも、あしくうやま（敬）はば国亡ぶべし。何カニ況ャ數百人ににくませ、二度まで流しぬ。此國の亡ヒん事疑ヒなかるべけれども、且ラく禁《とゞめ》をなして國をたすけ給へと、日蓮がひかうればこそ、今までは安穏にありつれども、はう（法）に過クれば罰あたりぬるなり。又此度モ用ひずば大蒙古國より打手を向ケて日本國ほろぼさるべし。[37]

(B)法華経の行者　一例である。

以下は、法華経の行者をあだむ者の「頭破作七分」について述べられる。

疑テ云ク、法華經の行者をあだむ者は頭破作七分ととかれて候に、日蓮房をそしれども頭もわれぬは、日蓮房は法華經の行者にあらざるかと申スは、道理也とをぼへ候はいかん。答テ云ク、日蓮を法華經の行者にてなしと申さば、法華經をなげすてよとかける法然等、無明の邊域としるせる弘法大師、理同事勝と宣《のべ》たる善無畏・慈覺等が法華經の行者にてあるべきか、又頭破作七分と申ス事はいかなる事ぞ。刀をもてきるやうにわるるとしれるか。經文には如阿梨樹枝とこそとかれたれ。人の頭《かうべ》に七滴あり。七鬼神ありて一滴食《くら》へば頭をいたむ。三滴を食ラへば壽《いのち》絶ンとす。七滴皆食ラへば死するなり。今の世の人々は皆頭阿梨樹の枝のごとくにわれたれども、悪業ふかくしてしらざるなり。[38]

即ち、

(B) 法華経の行者　四例である。

次は、法華経を持つ者（人）は第六天の魔王に嫉まれ、又、この魔王は国主・父母・妻子に付いて法華経の行者を嫉むと述べられる。

法華經を持つ者は必ス成佛し候。故に第六天の魔王と申ス三界の主、此經を持つ人をば強《あながち》に嫉み候也。此魔王、疫病の神の目にも見えずして人に付キ候やうに、古酒《こしゅ》に人の酔候如く、國主・父母・妻子に付キて法華經の行者を嫉むべしと見えて候。少シも不レ違ハ當時の世にて候。日蓮は南無妙法蓮華經と唱フる故に、二十餘年所を追はれ、二度まで御勘氣を蒙り、最後には此山にこもる。[39]

ここでは、法華経を持つ者と法華経の行者とが同義に扱われていることに留意したい。

以上、

(A)法華経を持つ者（人）＝持経者　二例
(B)法華経の行者　一例

が挙げられる。

本書における(A)持経者、(B)法華経の行者関連語句は、

(A)　二例
(B)　一一例

である。

（十五）『一谷入道御書』

建治元年五月四日、聖寿五十四歳

本書は、佐渡の一谷入道に、以前約束した法華経一部を渡す際の消息である。

以下は、法難に寄せて、日本国中の者は全て三逆罪の者であり、「釈迦仏の御使・法華経の行者」と名乗る聖人を用いないから、国が破れんとしていると述べられる。

前に申シつるが如く、此國の者は一人もなく三逆罪の者也。是は梵天・帝釋・日月・四天の、彼蒙古國の大王の身に入ラせ給ヒて責メ給フ也。日蓮は愚なれども、釋迦佛の御使・法華經の行者也となのり候を、用ヒざらんだにも不思議なるべし。其失《とが》に依て國破れなんとす。況や或は國々を追ひ、或は引はり、或は打擲し、或は流罪し、或は弟子を殺し、或は所領を取る。現の父母の使をかくせん人々よかるべしや。日蓮は日本國の人々の父母ぞかし、主君ぞかし、明師ぞかし。是

を背ヵん事よ。(40)

以上、

(B)（釈迦仏の御使）法華経の行者　一例

が挙げられる。

（十六）『さじき女房御返事』

建治元年五月二十五日、聖寿五十四歳

本書は、さじき女房から、かたびらを送られたのに対しての御礼の消息である。

女人は水のごとし、うつは物にしたがう。女人は矢のごとし、弓につがはさる。女人はふねのごとし、かぢ（楫）のまかするによるべし。しかるに女人はをとこ（夫）ぬす人なれば、女人ぬす人となる。をとこ王なれば、女人きさきとなる。をとこ善人なれば、女人佛になる。今生のみならず、後生もをとこによるなり。しかるに兵衛のさゑもんどの（左衞門殿）は法華經の行者なり。たとひいかなる事ありとも、をとこのめ（妻）なれば、法華經の女人とこそ、佛はしろしめされて候らんに、又我とこゝろをおこ（發）して、法華經の御ために御かたびらをくりたびて候。(41)

即ち、夫である兵衛左衛門殿は法華経の行者であるから、その妻のさじき女房も法華経の女人（法華経の行者）である。しかも自ら心を発して法華経のために、かたびらを送ってくれたと述べられる。在家の夫、そしてその妻である女人を法華経の行者と見なしていることに留意したい。

以上、

(B)法華経の行者　一例

法華経の女人（行者）一例

が挙げられる。

次は、法華経の行者の様相に聖人と凡夫との二つがあることを述べられる。

法華經の行者に二人あり。聖人は皮をはいで文字をうつす。凡夫はただひとつきて候かたびらなどを、法華經の行者に供養すれば、皮をはぐうちに佛をさめさせ給フなり。此人のかたびらは法華經の六萬九千三百八十四の文字の佛にまいらせさせ給ヒぬれば、六萬九千三百八十四のかたびら也。又六万九千三百八十四の佛、一々六万九千三百八十四の文字なれば、此かたびらも又かくのごとし。たとへばはるの野の千里ばかりにくさのみちて候はんに、すこしきの豆ばかりの火をくさひとつにはなちたれば、一時に無量無邊の火となる。このかたびらも又かくのごとし。ひとつのかたびらなれども法華經の一切の文字ノ佛ニたてまつるべし。この功徳ハ父母・祖父母乃至無邊の衆生にもをよぼしてん。まして我いとをしとをもふをとこごは申スに及ばずと、おぼしめすべし　おぼしめすべし。(42)

即ち、聖人である法華経の行者は皮をはいで文字をうつし、凡夫は自分が身に付けていたかたびらなどを法華経の行者に供養するのであり、それは法華経の六万九千三百八十四の一切の文字の仏に奉るのであって、非常に尊く、多くの功徳があると説かれる。

以上、

(B) 法華経の行者　二例である。

以下、第三節第二項『撰時抄』以前の述作についてにおける(A)持経者、(B)法華経の行者を図表化してみる。

第一表（第一項『撰時抄』以前の述作について）

	持経者	法華経の行者
別当御房御返事	0	1
上野殿御返事	2	1
聖人知三世事	0	2
太田殿許御書	0	2
四條金吾殿女房御返事	3	3
春之祝御書	0	1
可延定業御書	0	1
新尼御前御書	0	1
神国王御書	0	4
曽谷入道殿許御書	3	1
王舎城事	0	1
兄弟鈔	0	2
法蓮鈔	1	3
種々御振舞御書	2	11
一谷入道御書	0	1
さじき女房御返事	0	4
累計	11	39

以上、法華経の行者が圧倒的に多いが、一方、佐渡期には皆無であった持経者が復活している。特に、法華経を持つ者＝持経者と法華経の行者が同義に扱われていることが際立っている。

第二項　『撰時抄』について

建治元年六月、聖寿五十四歳

タイトルの左下には「釈子日蓮述」と表記されている。この表記は三国仏教の諸師を超えて、釈尊に直参する日蓮聖人の信仰の純粋性・正統性を表明されている。

本抄は、仏法の弘通には「時」が不可分の関わりをもつことを論じ、末法今時は念仏・禅・真言等の邪法を廃し、天台大師・伝教大師未弘の大法である法華経の肝心南無妙法蓮華経の五字七字の弘まるべき「時」であることを明かされている。

文永元年（一二六〇）七月十六日に上呈の『立正安国論』の予見的省察は、文永四年（一二六七）から七年にかけての蒙古の国書到来と対馬侵略によって積極化した。又、文永九年（一二七二）二月、京において北條時輔の乱が起こり、同十一年三月佐渡赦免された聖人は四月八日、幕府の召喚を受け蒙古来襲の近いことを述べ三度目の諌暁を行なわれた。

同年十月五日、蒙古と高麗の連合軍は対馬・壱岐を侵略して、大宰府に迫り、他国侵逼難の予見は的中したのである。

歴史を予言した聖人は、法華経の歴史に生きることによって、予言された仏使としての自己をみつめることになった。聖人は現実の歴史社会に具現されるべき法華経をになう行者として師の自覚に達せられたのである。

本抄は、このような背景をうけて、法華経によって選ばれた時（法華経の時）に、法華経によって選ばれた師（法華経の師）が、法華経を選んで出現するという、聖人の主体的な法華経実践のなかで撰述されたのである。

本抄の大意は、国難の現状に即して仏法の邪正を糺し、自身こそ釈尊の使命をになって衆生を救済する末法今時の法華経弘通の使であることを明かされる。冒頭に「夫れ仏法を学せん法は必ず先づ時をならうべし」と述べられ、以下、五義における「時」の問題を「教」「機」「国」「師」との関連の中で論述される。

聖人は、仏滅後から末法の今時にいたる仏法流布の歴史を述べられ、正像末三時のなかでも末法の今時こそ法華経流布必然の時であることを証明され、法華経の歴史と現実の歴史の符号に自己の立場を表明されている。

本抄では浄土・禅・真言の諸宗を批判され、特に真言宗の邪義を厳しく追及される。蒙古の来襲と謗法充満という世間出世間に亙る日本国の危機を救済し得るのは、久遠釈尊の留め置かれた大良薬たる妙法蓮華経以外にはないという確信と、その弘通の使としての自覚に燃えた聖人は不惜身命の法華信仰を表白されると共に、これを門下に勧奨されたのである。

抄末近くに見られる「此が第一の大事なるべしとみへて候。此事は今の日蓮が身に当れり」（『定遺』一〇六〇頁）の文は、『観心本尊抄副状』の「この事日蓮身に当っての大事也」（『定遺』七二一頁）に照応している。

以下の引用文は、『大集経』の五々百歳説を述べて、第五の五百歳は当世であり、白法隠没の次に南無妙法蓮華経の大白法が広宣流布することを述べられる。その証文として『法華経』の各文を引かれている。

彼の大集經の白法隱没の時は第五の五百歳當世《とうせい》なる事は疑ひなし。但し彼の白法隱没の次には法華經の肝心たる南無妙法蓮華經の大白法の、一閻浮提の内八萬の國あり、其の國々に八萬の王あり、王々ごとに臣下竝に萬民までも、今日本國に彌陀稱名を四衆の口々に唱フルがごとく廣宣流布せさせ給フべきなり。問テ云ク 其證文如何。答テ云ク 法華經の第七ニ云ク 我滅度ノ後 後ノ五百歳ノ中ニ 廣宣流布シテ 於二テ閻浮提一ニ 無レン令ニルコト断絶一セ等云云。經文は大集經の白法隱没の次の時をとかせ給フに、廣宣流布と云云。同第六の巻ニ云ク 惡世末法ノ時 能持ニツ是ノ經ヲ一者等云云。又第五の巻ニ云ク 於二テ後ノ末世ノ法欲レン滅セント時ニ一等。又第四の巻ニ云ク 而モ此經ハ者如來現在ニスラ猶多ニシ怨嫉一況ンヤ滅度ノ後ヲヤ。又第五の巻云ク 一切世間多レクシテ怨難レシ信シ。又第七ノ巻に第五の五百歳闘諍堅固の時を説て云ク 惡魔魔民諸ノ天龍夜叉鳩槃茶等得ニン其便一ヲ也。大集經ニ云ク 於二テ我法ノ中一ニ闘諍言訟セン等云云。法華經ノ第五ニ云ク 惡世ノ中ノ比丘。又云ク 或ハ有ニリ阿蘭若一ニ等云云。又云ク 惡鬼入ニル其身一ニ等云云。文の心は第五の五百歳の時、惡鬼の身に入る大僧等國中に充滿せん。其時に智人一人出現せん。(43)

即ち、法華経中の

(A)能持是経者＝持経者　一例

が挙げ得る。

そして「法華経をひろむる者は一切衆生の父母なり」と述べられ、更に章安大師の「爲ニレ彼ガ除レカハ惡ヲ即彼ガ親ナリ等」を引かれて「日蓮は当帝の父母、念仏者・禅衆・真言師等が師範なり、又主君なり」とされ、かかる聖人に仇をなすなら日本国の一切衆生は兵難に値うと述べられる。これを以て聖人が法華経の行者たることの証とされる。

必ス日本國の一切衆生兵難に値フベし。されば日蓮が法華經の行者にてあるなきかはこれにて見ルべし。教主釋尊記シテ云ク、末代悪世に法華經を弘通するものを悪口罵詈等せん人は、我を一劫が間あだせん者の罪にも百千萬億倍すぎたるべしととかせ給へり。而ルを今の日本國の國主萬民等雅《が》（我）意《い》にまかせて、父母宿世の敵よりもいたくにくみ、謀反殺害の者よりもつよくせめぬるは、現身にも大地われて入り、天雷も身をさかざるは不審なり。日蓮が法華經の行者にてあらざるか。もししからばをゝきになげかし。今生には萬人にせめられて片時もやすからず、後生には悪道に墮シ事あさましとも申すばかりなし。又日蓮法華經の行者ならずば、いかなる者の一乘の持者にてはあるべきぞ。法然が法華經をなげすてよ、善導が千中無一、道綽が未有一人得者と申スが法華經の行者にて候か。又弘法大師の云ク、法華經を行ずるは戲《け》論《ろん》なりとかゝれたるが法華經の行者なるべきか。經文には能持是經、能説此經なんどこそとかれて候へ。よくとくと申スはいかなるぞと申スに、於諸經中最在其上と申シて大日經・華嚴經・涅槃經・般若經等に法華經はすぐれて候なりと申ス者をこそ、經文には法華經の行者とはとかれて候へ。もし經文のごとくならば日本國に佛法わたて七百餘年、傳教大師と日蓮とが外は一人も法華經の行者はなきぞかし。いかに〳〵とをもうところに、頭破作七分口則閉塞のなかりけるは道理にて候けるなり。此等は淺き罰なり。但一人二人等のことなり。日蓮は閻浮第一の法華經の行者なり。此をそしり此をあだむ人を結構せん人は閻浮第一の大難にあうべし。[44]

即ち、法華経の経文の如くならば、日本国に仏法渡って以来、「伝教大師と日蓮とが外は一人も法華経の行者はなきぞかし」なのであり、更に「日蓮は閻浮第一の法華経の行者なり」と堂々と宣明される。

以上、

(A)一乗の持者＝持経者　一例

(B)法華経の行者　八例

である。

一乗の持者と法華経の行者が同列であることに留意したい。

更に、以下には、如来滅後一千八百年の間天台大師と伝教大師の二人こそ法華経の行者であると述べられる。しかし、これは、この二人が、仏説に相似して法華経を説かせ給いたからである。

摠じては如來御入滅ノ後一千八百年が間、此二人こそ法華經の行者にてはをはすれ。故ニ秀句ニ云ク若シ接《こつ》テ須彌ヲ擲ケ置カンモ他方無數ノ佛土ニ亦未タ爲《これ》難シトセ。乃至若シ佛ノ滅後於テ惡世ノ中ニ能ク説ン此經ヲ是則爲《これ》難シ等云云。釋シテ此經ヲ云ク　淺ハ易ク深ハ難シトハ釋迦ノ所判ナリ。去テ淺ヲ就クハ深ニ丈夫之心也。天台大師ハ信ニ順シ釋迦ニ助ケテ法華宗ヲ敷ニ揚シ震旦ニ　叡山ノ一家ハ相ニ承シ天台ニ助ケテ法華宗ヲ弘ニ通ス日本ニ云云。　釋の心は　賢劫《げんがう》第九の減《げん》、人壽百歳ノ時より、如來在世五十年、滅後一千八百餘年が中間に、高サ十六萬八千由旬六百六千十二萬里の金山を、有人《あるひと》五尺の小身の手をもつて方一寸二寸等の瓦礫をにぎりて一丁二丁までなぐるがごとく、雀《すゞめ》鳥のとぶよりもはやく鐵圍山の外へなぐる者はありとも、法華經を佛のとかせ給ヒしやうに説かん人は末法にはまれなるべし。天台大師・傳教大師こそ佛説に相似《さうじ》してとかせ給ヒたる人にてをはすれとなり。天竺の論師はいまだ法華經へゆきつき給はず。漢土の天台已前の人師は或はすぎ或はたらず。(45)

以上、聖人自身ではなく、

(B)法華経の行者　二例である。

しかし、更に詮じつめるなら、「日蓮ほど法華経のかたうどして、国土に強敵多くまうけたる者はない」のであり、「日蓮は閻浮第一の者」なのである。

漢土・日本に智慧すぐれ才能いみじき聖人は度々ありしかども、いまだ日蓮ほど法華經のかたうど（方人）して、國土に強敵多くまうけたる者なきなり。まづ眼前の事をもつて日蓮は閻浮提第一の者としるべし。佛法日本にわたて七百餘年、一切經は五千七千、宗は八宗十宗、智人は稲麻のごとし、弘通は竹葦ににたり。しかれども佛には阿彌陀佛、諸佛の名號には彌陀の名號ほどひろまりてをはするは候はず。(46)

そして、仏教流布の順序からいえば、実経が流布すれば権教はとどまり、智人が南無妙法蓮華経と唱えば愚人が此に随うのであり、「日蓮は日本第一の法華経の行者」であり一閻浮提の内に肩をならぶる者はないと、断言される。

權經流布せば實經流布すべし。權經の題目流布せば實經の題目モ又流布すべし、欽明より當帝にいたるまで七百餘年、いまだきかず、いまだ見ず、南無妙法蓮華經と唱ヘよと他人をすゝめ、我と唱ヘたる智人なし。日出テぬれば星かくる。賢王來れば愚王ほろぶ。實經流布せば權經のとどまり、智人南無妙法蓮華經と唱えば愚人の此に随はんこと、影と身と聲と響とのごとくならん。日蓮は日本第一の法華經の行者なる事あえて疑ひなし。これをもつてすいせよ。漢土・月支にも一閻浮提の内にも肩をならぶる者は有ルべからず。(47)

これらの根底にあるものは、「撰時」即ち「撰ばれた時」たる所以である。

以上、

(B)（日本第一の）法華経の行者　一例

と言い得よう。

次は、龍口法難の際、捕われて小路をわたされた時、日月に対し、聖人が難にあうをかわされ給わないのは「日蓮が法華経の行者ならざるか」と反問され、又「若日蓮が法華経の行者ならば忽に国にしるしを見せ給え」と述べられた時の一文である。

日蓮が身には今生にはさせる失《とが》なし。但國をたすけんがため、生國《しやうこく》の恩をほうぜんと申せしを、御用ヒなからんこそ本意にあらざるに、あまさへ（剰）召シ出て法華經の第五の巻を懐中せるをとりいだしてさん〴〵とさいなみ、結句はこうぢ（小路）をわたしなんどせしかば、申シたりしなり。日月天に處し給ヒながら、日蓮が大難にあうを今度かわらせ給はずは、一には日蓮が法華經の行者ならざるか、忽に邪見をあらたむべし。若《もし》日蓮法華經の行者ならば忽に國にしるしを見せ給へ。若しからずは今の日月等は釋迦多寶十方の佛をたぶらかし奉ル大妄語の人なり。(48)

即ち、

(B) 法華経の行者　二例である。

又、抄末近く、法華経の行者が心うべきこととして、法華経中等の「持二法華経一ヲ者」が第一であるという類文が各所に引用されている。

されば今法華經の行者は心うべし。譬ヘハ如二ク一切ノ川流江河ノ諸水之中ニ海爲《これ》第一一ナルカ持二ツ法華經一ヲ者モ亦復如レシ是。又如二ク衆星之中ニ月天子最爲《これ》第一一ナルカ持二ツ法華經一ヲ者モ亦復如レシ是等と御心えあるべし。當世日本國の智人等は衆星のごとし、日蓮は満月のごとし。問テ云ク、古へかくのごとくいえる人ありや。答テ云ク　傳教大師の云ク　當レニ知ル他宗所依ノ經ハ未二タ最爲第一一ナラ　其能持レツ經ヲ者モ亦未二タ第一一ナラ。天台法華宗ハ所持ノ經最爲第一一ナルカ故ニ能ク持二ツ法華一ヲ者モ亦衆生ノ中ノ第一。已ニ據二ル佛説一ニ豈ニ自歎ナラン哉等云云。夫驥麟《きりん》の尾につけるだに（蝱）の一日に千里を飛フといゐ、輪王に隨ヘる劣夫の須臾に四天下をめぐるというをば難ずべしや、疑フべしや。豈自歎哉の釋は肝にめいずるか。若シ爾ラハ者、法華經を經のごとくに持つ人は梵王にもすぐれ、帝釋にもこえたり。脩羅を随へば須彌山をもになひぬべし。龍をせめつかはば大海をもくみほしぬべし。傳敎大師云ク讃ムル者ハ積二ミ福ヲ於安明一ニ。謗ル者ハ開二ク罪ヲ於無間一ニ等云云。法華經ニ云ク見下テ有四ン讀二誦シ書三持スルコト經一ヲ者上ヲ輕賤憎嫉シテ而壞二カン結恨一ヲ。乃至其人命終シテ入二ン阿鼻獄一ニ等云云。敎主釋尊の金言まことならば、多寶佛の證明たがわずば、十方の諸佛の舌相一定ならば、今日本國の一切衆生無間地獄に堕チン事疑フべしや。法華經の八ノ巻ニ云ク若於二テ後ノ世一ニ受二持シ讀三誦セン是ノ經典一ヲ者ハ乃至所願不レ虚シカラ亦於二テ現世一ニ得二ン其福報一ヲ。又云ク若シ有四ン供二養シ讃三歎スルコト之一ヲ者ハ當下ニ於二テ今世一ニ得中現ノ果報上ヲ等云云。此の二ツの文の中に亦於現世得其福報の八字、當於今世得現果報の八字、已上十六字の文むなしくして日蓮今生に大果報なくば、如來の金言は提婆が虚言に同シく、多寶の證明は倶伽利が妄語に異ならじ。一切衆生も阿鼻地獄に堕ッべからず。三世の諸佛もましまさざるか。されば我弟子等心みに法華經のごとく身命もおしまず修行して、此度佛法を心みよ。南無妙法蓮華經南無妙法蓮華經。(49)

即ち、所持の法華経が諸経の中で最大一であることが最肝要であり、故に「法華経を経のごとくに持つ人」は何よりもすぐれているのである。

以上、

(A)持二法華経一者、能持経者、能持法華者、法華経を経のごとくに持つ人、読誦書持経者、受持読誦是経典者＝持経者　六例

(B)法華経の行者　一例

が挙げ得る。

ここに至って「持経者」と「法華経の行者」とは同格であるといい得よう。但し、それは、歴史上

の持経者ではなく、経典等中にある「法華経の行者」が範とすべき「持経者」である。
即ち、経典等中の持経者を実践する者が、撰時された法華経の行者である。

更に次の一文を加える。

法華經第七ニ云ク　衆山之中ニ須彌山爲《これ》第一ナリ。此法華經モ亦復如レシ是ノ。於二テ諸經ノ中一ニ最モ爲《これ》其上等云云。此經文は巳説ノ華嚴・般若・大日經等、今説の無量義經、當説の涅槃經等の五千七千、月支・龍宮・四王天・忉利天・日月ノ中の一切經、盡十方界の諸經は土山・黑山・小鐵圍山・大鐵圍山のごとし。日本國にわたらせ給ヘる法華經は須彌山のごとし。又云ク　有三ン能ク受二持スルコト、是ノ經典ヲ者モ亦復如レシ是ノ。於二テ一切衆生ノ中一ニ亦爲《これ》第一ナリ等云云。此の經文をもつて案ずるに華嚴經を持《たもて》る普賢菩薩・解脱月菩薩等、龍樹菩薩・馬鳴菩薩・法藏大師・清涼國師・則天皇后・審祥大德・良辨僧正・聖武天皇、深密・般若經を持る勝義生菩薩・須菩提尊者・嘉祥大師・玄奘三藏・太宗・高宗・觀勒・道昭・孝德天皇、眞言宗ノ大日經を持る金剛薩埵・龍猛菩薩・龍智菩薩・印生王・善無畏三藏・金剛智三藏・不空三藏・玄宗・代宗・惠《けい》果・弘法大師・慈覺大師、涅槃經を持チし迦葉童子菩薩・五十二類・曇無讖三藏・光宅寺の法雲・南三北七の十師等よりも、末代惡世の凡夫の一戒も持たず、一闡提のごとくに人には思ハレたれども、經文のごとく巳今當にすぐれて法華經より外は佛になる道なしと強盛に信じて、而も一分の解《げ》なからん人々は、彼等の大聖には百千萬億倍のまさりなりと申ス經文なり。(50)

即ち、他経を持つ者と法華経を持つ者との格段の差異である。

(A)能受持是経典者＝持経者　一例である。

本項には、持経者が法華経が最上たる故に尊いという、原点が述べられている。

以下は、抄末に法華経の行者は、法華経が一切経の頂点であるという者であるとされる。

法華経の第五の巻ニ云ク　此法華經ハ諸佛如來ノ祕密之藏ナリ。於テ諸經ノ中ニ最在リ其上ニ等云云。(51)　此經文に最在其上の四字あり。されば此經文のごときんば、法華經を一切經の頂《いたゞき》にありと申スが法華經の行者にてはあるべきか。而ルを又國に尊重せらるる人々あまたありて、法華經にまさりてをはする經々ましますと申ス人にせめあひ（責合）候はん時、かの人は王臣等御歸依あり、法華經の行者は貧道なるゆへに國《くに》こぞつてこれをいやしみ候はん時、不輕菩薩のごとく、賢愛論師がごとく、申シつをら（強）ば身命に及フべし。此が第一の大事なるべしとみへて候。此事は今の日蓮が身にあたれり。予が分齊として弘法大師・慈覺大師・善無畏三藏・金剛智三藏・不空三藏なんどを法華經の強敵なり、經文まことならば無間地獄は疑ヒなし、なんど申スは　裸形にして大火に入ルはやすし、須彌山を手にとてなげんはやすし、大石を負て大海をわたらんはやすし、日本國にして此法門を立テンは大事なるべし云云。靈山淨土ノ教主釋尊・寶淨世界の多寶佛・十方分身ノ諸佛・地涌千界の菩薩等、梵釋・日月・四天等、冥に加し顯に助ケ給はずば、一時一日も安穩なるべしや。(52)

(B)法華経の行者　二例である。

そして抄末の一文は、教主釈尊・諸菩薩・諸天等の法華経の行者への守護を確信されている。

以上、第三節第二項『撰時抄』について(A)持経者、(B)法華経の行者を図表化してみる。

第二表（『撰時抄』について）

	持経者	法華経の行者
撰時抄	9	16

本項で顕著なのは、法華経中の「能持是経者」等が多く引用されていることである。

しかも、このような持経者と法華経の行者とが同格であり、即ち法華経中の「持経者」は「法華経の行者」が範とすべきものとされている。

又、「一乗の持者」なる用句がある。

更に、天台・伝教両師を法華経の行者とされながら、聖人自身を「閻浮第一の者」とされている点である。

第三項　『撰時抄』以後の述作について

本項において、(A)持経者、(B)法華経の行者関連の語句を擁する遺文は以下の如くである。

(一)『国府尼御前御書』
(二)『浄蓮房御書』
(三)『南條殿御書』
(四)『高橋入道殿御返事』
(五)『高橋殿御返事』
(六)『清澄寺大衆中』
(七)『南條殿御返事』
(八)『松野殿御消息』
(九)『富木尼御前御書』
(十)『忘持経事』
(十一)『光日房御書』

(十二)『宝軽法重事』
(十三)『四條金吾釈迦仏供養事』
　以上も又、門下への消息類が大半である。

(二)『国府尼御前御書』
　建治元年六月十六日、聖寿五十四歳、佐渡国府入道尼へ
　本書は、国府尼より送られた單衣の礼を述べられ、法師品の文及び妙樂の釈を引いて末代の法華経の行者を供養することの功徳の甚大さを明かされ、日蓮は日本国を助けようとして法華経を弘め、そのために人々にあだをなされたが「しかるに尼ごぜん並に入道殿は彼の国に有シ時は人めをそれて夜中に食ををくり、或時は国のせめをもはばからず、身にもかわらんとせし人々なり」と、佐渡在島中での恩に深い感謝をされている。

　法華經第四法師品ニ云ク、有レテ人求二メテ佛道一ヲ 而シテ於二テ一劫ノ中一ニ 合掌シテ在二テ我前一ニ 以二テ無數ノ偈一ヲ 讃メン 由二ルカ是ノ讃佛一ニ故ニ 得二ン無量ノ功德一ヲ 歎二美センハ持經者一ヲ 其福復過レキン彼ニ等云云。(53) 文の心は、釋尊ほどの佛を三業相應して一中劫が間ねんごろに供養し奉ルよりも、末代惡世の世に法華經の行者を供養せん功德はすぐれたりととかれて候。まことしからぬ事にては候へども、佛の金言にて候へば疑フべきにあらず。其上妙樂大師と申ス人、此の經文を重ネてやわらげて云ク、若毀謗セン者ハ 頭破レ二七分一ニ 若供養セン者ハ 福過二キン十號一ニ等云云。釋の心は、末代の法華經の行者を供養するは十號具足しまします如來を供養したてまつるにも其功德すぎたり。又濁世に法華經の行者のあらんを留難《るなん》をなさん人々は頭《かうべ》七分にわるべしと云云。(54)

法華経の『法師品』中の「歎美持経者」の福の大きさは、末代悪世の法華経の行者を供養する功徳

に匹敵すると述べられる。
更に妙楽の釈・十双歎を引かれ陀羅尼品を引用されている。(『正蔵』第三十四巻二三四頁a)
ここでは、法華経中の持経者が法華経の行者の文証となっているが如くである。
以上、
(A)(法師品中の)持経者　一例
(B)法華経の行者　三例である。

(二)『浄蓮房御書』
建治元年六月二十七日、興師本
本書は、浄蓮房からの供養の品への返礼状の中で、主として善導の浄土の法門を挙げ、『観無量寿経』と『法華経』、阿弥陀仏と釈迦仏の相違を説いて、浄土の法門の邪義謗法を明示される。そして、浄蓮房が法華経を受持する功徳が、その親父の功徳となると説かれる。

　淨蓮上人の法華經を持チ給フ御功徳は慈父の御力也。提婆達多は阿鼻地獄に堕チしかども天王如來の記を送リ給き。彼は佛と提婆と同姓一家なる故也。此は又慈父也、子息也。淨蓮上人の所持の法華經いかでか彼の故聖靈の功徳とならざるべき。[55]

以上、
(A)法華経を持ち給ふ淨蓮上人＝持経者　一例を挙げ得る。

(三)『南條殿御返事』
建治元年七月二日

本書は、南條氏からの供養の麦は、「山中にうえしにゆべき法華経の行者」にとっては金であり法華経の文字であるとされている。

その上、上《かみ》一人より下《しも》萬民までににくまれて、山中にうえしに（餓死）ゆべき法華經の行者なり。これをふびんとをぼして山河をこえわたり、をくりたびて候御心ざしは、麥にはあらず金《こがね》なり、金にはあらず法華經の文字なり。我等が眼にはむぎなり。十らせつ（羅刹）には此むぎをば佛のたねとこそ御らん候らめ。(56)

(B)法華経の行者　一例である。

（四）『高橋入道殿御返事』

建治元年七月十二日、聖寿五十四歳

本書は、まず大覚世尊が一切衆生のために一代聖教を説かれ、その中心眼目たる妙法蓮華経の五字は、仏が特に上行菩薩に付属されたものであるとされる。そしてこの妙法五字の弘法には迫害が伴い、まさに不軽菩薩・覚徳比丘の如くである。このように法華経の題目を弘める者には強敵が現れ法難を加えてくるが、その時、大いなる天変地夭が起り、自界叛逆と他国侵逼の二難が生起し、万民は大苦に値うが、これは法華経の行者に迫害を加えたためであると述べられる。

所謂日月蝕し、大なる彗星天にわたり、大地震動して水上の輪のごとくなるべし。其の後は自界叛逆難と申シて國主兄弟並に國中の大人をうちころし、後には他國侵逼難と申シて鄰国よりせめられて、或はいけどりとなり、或は自殺をし、國中の上下萬民大苦に値ッべし。此ひとへに上行菩薩のかびをかをほりて法華經の題目をひろむる者を、或はのり、或はうちはり、或ハ流罪し、或は命をたちなんどするゆへに、佛前にちかひをなせし梵天・帝釋・日月・四天等の法華經の座にて誓状を立てゝ、法華經の行者をあだまん人をば、父母のかたきよりもなをつよくいましむべしと、ちかうゆへなりとみへて候に、今日蓮日本國に生レて一切經並に法華經の明鏡をもて、日本國の一切衆生の面に引向たるに寸分もたがわぬ上、佛の記シ給ヒし天變あり、地夭あり。(57)

又、『立正安国論』で予言した二難が的中したことについても「仏の記文すこしもたがわず。日蓮が法華経の行者なる事も疑はず」であり、『開目抄』の趣旨と共通している。

申シ始メ上は又ひきさすべきにもあらざれば、いよいよつより申せしかば、佛の記文のごとく、國主もあだみ、萬民もせめき、あだなせしかば、天もいかりて日月に大變あり。大すいせい（彗星）も出現しぬ。大地もふりかへしぬべくなりぬ。どしうちもはじまり、他國よりもせめたり。佛の記文すこしもたがわず。日蓮が法華經の行者なる事も疑はず。(58)

以上、二処の引用文中、

(B)法華経の行者　二例である。

(五)『高橋殿御返事』

建治元年七月二十六日、興師本

本書は、高橋入道の妻の尼への供養の品々への返書であり、「一劫が間釈迦仏を種々に供養せる人の功徳」よりも、末代の法華経の行者を須臾も供養する功徳がすぐれていると説かれる。

法華經の法師品には而於一劫中と申シて、一劫が間釋迦佛を種々に供養せる人ノ功徳と、末代の法華經の行者を須臾モ供養せる功徳とたくらべ候に、其福復過レク彼ニと申シて、法華經の行者を供養する功徳すぐれたり。これを妙樂大師釋シテ云ク有ン二供養スルコト一者ハ福過ク二十號ニ一と云云。されば佛を供養する功徳よりもすぐれて候なれば、佛にならせ給はん事疑ヒなし。(59)

即ち、(B)法華経の行者　二例である。
この引用文の「法華経の行者」は、聖人自身の代名詞の如き感がある。

(六)『清澄寺大衆中』
建治二年正月十一日、聖寿五十五歳
本書は、はじめに新春の慶賀を述べられ、清澄寺僧某が身延に参詣するならば、伊勢公所持の空海の『十住心論』等、観智房所持の『宗要集』を借りてもってくるよう依頼される。
次いで、日蓮が流刑され、殺害されようとしたことは、世間の科ではなかったことを説明されていく。又、生身の虚空蔵菩薩からの智慧の大宝珠により八宗や一切経の勝劣を知ることができたこと、更に立教開宗の経緯、つづく迫害・弾圧を述べられる。
就中、次の引用文は、本書の終り近く、釈尊は久遠実成の仏、舎利佛らは未来に成仏するということで、これを信じない者は堕地獄であり、逆に地涌千界の菩薩等は法華経の行者を守護すると説かれている。

地涌千界・文殊・観音・梵天・帝釋・日・月・四天・十羅刹、法華經の行者を守護し給はんと説カれたり。されば佛になる道は別のやうなし。過去の事、未來の事を申シあてて候がまことの法華經にては候なり。(60)

以上、(B)法華経の行者　一例が確固としている。

(七)『南條殿御返事』
建治二年正月十九日、興師本

そらごとのない法華経であるから、苦境にある一人の法華経の行者を供養する人の功徳は、生身の教主釈尊を一劫の間、三業相応して供養する功徳にすぐれていると述べられる。

いわうや法華經と申スは、佛、我と要當説眞實となのらせ給ヒし上、多寶佛十方の諸佛あつまらせ給ヒて、日月衆星のならばせ給ッがごとくに候しざせき（座席）也。法華經にそら事あるならば、なに事をか人信スべき。かゝる御經に一華一香をも供養する人は、過去に十萬億の佛を供養する人也。又釋迦如來の末法に世のみだれたらん時、王臣萬民心を一にして一人の法華經の行者をあだまん時、此行者かんぱち（旱魃）の少水に魚のすみ、萬人にかこ（圍）まれたる鹿のごとくならん時、一人ありてとぶらはん人は生身の教主釋尊を、一劫が間、三業相應して供養しまいらせたらんよりなを功徳すぐるべきよし、如來の金言分明也。[61]

以上、前書と同趣の、

(B)法華経の行者　二例である。

(八)『松野殿御消息』

建治二年二月十七日

本書は、まず供養の品々への礼を述べられて後、法華経『薬王品』を引いて、法華経が最大一であると述べられる。

又、聖人が建長五年、立教開宗以来南無妙法蓮華経と唱えて来て二十餘年、多くの迫害に値われたことに及ぶ。

そして、以下の引文となる。

法華經の第四法師品ニ云ク　有レテ人求ニテ佛道一ヲ而於ニテ一劫ノ中一ニ合掌シテ在ニテ我前一ニ以ニテ無數ノ偈一ヲ讃メン。

由二ルカ是ノ讃佛一ニ故ニ得二ン無量ノ功徳一ヲ。歎二美センハ持經者一ヲ其福復過レキン彼ニ等云云。文の意は一劫が間教主釋尊を供養し奉るよりも、末代の淺智なる法華經の行者の、上下萬人にあだまれて餓死すべき比丘等を供養せん功徳は勝るべしとの經文なり。一劫と申スは八萬里なんど候はん青めの石を、やすりを以て無量劫が間する（磨）ともつきまじきを、梵天三銖の衣《ころも》と申シて、きはめてほそくうつくしきあまの羽衣を以て、三年に一度下《くだり》てなづるに、なでつくしたるを一劫と申す。此間無量の財を以て供養しまいらせんよりも、濁世の法華經の行者を供養したらん功徳はまさるべきと申ス文也。(62)

即ち、

(A)法華経『法師品』の歎美持経者（一例）を引用されて後、教主釈尊を一劫の間供養したてまつるよりも、末代・濁世の、

(B)法華経の行者（二例）を供養する功徳はまさるのである。

以下は、法華経竝に法華経の行者を用いないことによって起る災難と、法華経の行者あれば日天は歓喜するが、行者をにくむ国があればその国は破れると述べられる。

此ノ法華經竝ニ行者を用ひずして、身をそんじ、家をうしない、國をほろぼす人人、月支・震旦に其數をしらず。第一には日天朝に東に出テ給フに、大光明を放ち天眼を開て南閻浮提を見給フに、法華經の行者あれば心に歡喜し、行者をにくむ國あれば天眼をいからして其國をにらみ給フ。始終用ヒずして國の人にくめば、其故と無くいくさをこり、他國より其國を破るべしと見へて候。(63)

以上、

(B)法華経の行者　三例である。

（九）『富木尼御前御書』

建治二年三月二十七日

本書は、富木入道が建治二年二月、九十歳で没した母の遺骨を奉じ身延に納骨するために登山したが、その帰途、入道に託して送られた書状である。

はじめに供養物に対しての礼を言われ、尼が富木入道をよくたすけ、母尼によく仕え、臨終もよく看取った辛労をいたわり功をほめられている。また、法華経の行者日蓮を迫害した人々が、いま蒙古の責めを受けている有様を述べられ、これは十羅刹女の罰を蒙っているのであり、法華経は未来の成仏疑いないと述べ一層の信心を勧められている。そして尼の病気を気付かわれる情愛に充ちている。

富木尼を法華経の行者とされている。

なによりもをぼつかなき事は御所労なり。かまへてさもと三年、はじめのごとくに、きうぢ（灸治）せさせ給へ。病なき人も無常まぬがれがたし。但シとしのはてにはあらず。法華經の行者なり。非業の死にはあるべからず。よも業病にては候はじ。設ヒ業病なりとも、法華經の御力たのもし。阿闍世王は法華經を持チて四十年の命をのべ、陳臣は十五年の命をのべたり。尼ごぜん又法華經の行者なり。御信心月のまさるがごとく、しを（潮）のみつがごとし。いかでか病も失《うせ》、壽ものびざるべきと強盛にをぼしめし、身を持し、心に物をなげかざれ。[64]

即ち、

(B)法華経の行者　二例である。

次は、蒙古が攻めてきて人々が憂き目を見るのは、「日本国の一切衆生の父母たる法華経の行者日蓮」を迫害したため、十羅刹の責めを蒙るのであると述べられる。

かくなげかんほどに、もうこのつわものせめきたらば、山か海もいけどりか、ふねの内か、かうらい（高麗）かにてうきめにあはん、これひとへに失《とが》もなくて日本國の一切衆生の父母たる法華經の行者日蓮を、ゆへもなく、或はのり、或は打チ、或はこうぢ（街路）をわたし、ものにくるいしが、十羅刹のせめをかほりてなれる事なり。(65)

即ち、

(B)法華経の行者　一例である。

（十）『忘持経事』

建治二年三月、富木入道へ

本書は、富木入道が母の遺骨を奉じ、身延に埋葬したが、その帰りに持経を忘れたので使を以て持経を届けさせた時に付けた書である。

注目すべきは、「今ノ世ノ天台宗ノ学者等ト與二ノ持経者等一誹二謗シ日蓮一ヲ扶二助スル念仏者等一ヲ是也」として、当時の歴史上の持経者が聖人に敵対する者とされていることである。かかる用例は初見と思われる。

今眞言宗・念佛宗・禪宗・律宗等ノ學者等ハ忘二失シ佛陀ノ本位一ヲ經二歴シテ未來無數劫一ヲ沈二淪セン阿鼻ノ火坑一ニ。自レリ此第一ノ好ク忘ル、者アリ。所謂今ノ世ノ天台宗ノ學者等ト與二ノ持經者等一誹二謗シ日蓮一ヲ扶二助スル念佛者等一ヲ是也。背レテ親ニ付レキ敵ニ　持レチ刀ヲ破レル自ヲ。(66)

以上、

(A)持経者（従来と異なる）一例である。

（十一）『光日房御書』

建治二年三月

本書状は、安房天津の光日房が、その子弥四郎の死去を報じたことに対する弔問の意と教えを述べられている。

就中、文永八年九月以降の佐渡流罪と赦免後の行動を語られ、三度諫めて容れられなければ山林にまじわるとして身延入山したことを述べられた後、諸天諸神が法華経の行者を守護せずして捨て給うならば、その失は大きいと述べられる。

日蓮はかまくらへは還るべからず。但し法華經のまことにおはしまし、日月我をすて給はずば、かへり入リテ又父母のはかをもみるへんもありなんと、心づよくをもひて、梵天・帝釋・日月・四天はいかになり給ヒぬるやらん。天照大神・正八幡宮は此國にをはせぬか。佛前の御起請はむなしくて、法華經の行者をばすて給フか。もし此事叶ハずば、日蓮が身のなにともならん事はをしからず。各々現に教主釋尊と多寶如來と十方ノ諸佛の御寶前にして誓状を立テ給ヒしが、今日蓮を守護せずして捨テ給フならば、正直捨方便の法華經に大妄語を加へ給へるか、十方三世の諸佛をたぼらかし奉れる御失《とが》は、提婆達多が大妄語にもこへ、瞿伽利《くぎやり》尊者が虚誑罪にもまされたり。(67)

即ち、

(B)法華経の行者　一例である。

（十二）『宝軽法重事』

建治二年五月十一日、西山入道へ

さまざまな供養の品への返礼状である。

内容は供養の品を列記したあと、薬王品を引用して、三千大千世界に満ち溢れる程の七宝をもって仏・菩薩を供養するよりも、法華経の一句一偈を受持することの方がはるかに勝れ、福は量り知れないと述べられる。

「法重と申すは法華経なり」とあり、一切経の中でも特に法華経を以て最も福の重い経典とされ、此の経の行者の勝れていることを示される。

人輕と申スは佛を人と申ス。法重と申スは法華經なり。夫レ法華已前ノ諸經並に諸論は佛の功德をほめて候、佛のごとし。此法華經は經の功德をほめたり、佛の父母のごとし。華嚴經・大日經等の法華經に劣ル事は一毛と大山と三銖と大地とのごとし。乃至法華經の最下の行者と華嚴・眞言の最上の僧とくらぶれば、帝釋と獼猴《さる》と師子と兎との勝劣なり。而ルをたみが王をのゝしればかならず命となる。諸經の行者が法華經の行者に勝レたりと申せば、必ス國もほろび、地獄へ入リ候なり[68]。

以上、

(B)法華経の最下の行者　一例

法華経の行者　一例である。

「最下の行者」に注目したい。

(十三)『四條金吾釈迦仏供養事』

建治二年七月十五日

本書は四條氏が木像の釈迦仏一体を造立し、その開眼供養をお願いし、近況を報告して来たことに対する訓戒の返書である。

就中、この書の終り近く、四條氏が主君江馬氏の不興を買い、家臣を辞めたいとの心境を吐露したのに対して、聖人はその不可なることを説かれ、四條氏の日蓮外護の功徳も源は主君江馬氏の恩恵より出たものであるから、決して主君を捨離してはならないと教諭され自重を促されている。又、四條氏は「日蓮が功徳をたすけたる人なり」であるから、悪人にやぶられることはないが、もし万一のことがあるなら、それは先生に法華経の行者をあだみたためであるとして、四條氏にはあり得ないこととして励まされている。

日蓮がさどの國にてもかつえしなず、又これまで山中にして法華經をよみまいらせ候は、たれがたすけぞ、ひとへにとのの御たすけなり。又殿の御たすけはなにゆへぞとたづぬれば、入道殿の御故ぞかし。あらわにはしろしめさねども、定メて御いのりともなるらん。かうあるならばかへりて又とのの御いのりとなるべし。父母の孝養も又彼人の御恩ぞかし。かゝる人の御内《みうち》を如何なる事有ればとて、すてさせ給ッべきや。かれより度度すてられんずらんはいかがすべき。又いかなる命《いのち》になる事なりとも、すてまいらせ給ッべからず。(中略)殿《との》は日蓮が功徳をたすけたる人なり。悪人にやぶらるる事かたし。もしやの事あらば、先生《せんしやう》に法華經の行者をあだみたりけるが今生にむくふなるべし。[69]

以上、

(B)法華経の行者　一例である。

以上、第三節第三項『撰時抄』以後の述作について(A)持経者、(B)法華経の行者を図表化する。

第三表（『撰時抄』以後の述作について）

	持経者	法華経の行者
国府尼御前御書	1	3
浄蓮房御書	1	0
南條殿御書	0	1
高橋入道殿御返事	0	2
高橋殿御返事	0	2
清澄寺大衆中	0	1
南條殿御返事	0	2
松野殿御消息	1	5
富木尼御前御書	0	3
忘持経事	1	0
光日房御書	0	1
宝軽法重事	0	2
四條金吾釈迦仏供養事	0	1
累計	4	23

以上、特に法華経の行者を供養することの功徳の甚大さを多く述べられている。この場合、「法華経の行者」は勿論、聖人自身である。

そして、それは『法華経』が勝れているためなのである。即ち「法重」である。

又、女人である富木尼を「法華経の行者」とされている。
更に、持経者の用例で初見のものとして、今の世の持経者即ち聖人当時、「持経者」といわれていた人々が聖人を誹謗していると述べられている。

第三節中、(A)持経者および(B)法華経の行者関連語句は、
まず、第一項では、
(A)持経者　一一例
(B)法華経の行者　三九例である。
次に第二項では、
(A)持経者　九例
(B)法華経の行者　一六例である。
更に第三項では、
(A)持経者　四例
(B)法華経の行者　二三例である。
即ち、本節における累計は、
(A)持経者　二四例
(B)法華経の行者　七八例となる。

際立つのは、「持経者」特に法華経中の引文であり、持経者の復活といい得よう。

第四節　『報恩抄』述作期を中心として

第一項　『報恩抄』について

建治二年七月二十一日　聖寿五十五歳　浄顕房・義浄房に宛てられている。しかし、直接の対象は旧師道善房であることは、巻末の「奉送」という表現から推知しうる。

旧師道善房は、聖人の報恩の念からの厳しい諫暁により（『善無畏三蔵鈔』『定遺』四七四頁）、法華信仰に帰したたに見えたが、龍口法難によって退転し、遂に法華信仰を決定出来なかったのである。

このように臆病な性格の師であった。そこで生前には遂に法華経に帰入することの出来なかった師であったからこそ、聖人はいよいよその報恩の至誠を捧げつくされたのである。生涯法華経入信を拒んだ旧師道善房の謗法を批判しつつも、法華経の行者の高い立場から、亡き師の聖霊を回向し救済せんとして成ったのが『報恩抄』であり、五大部の一である。

本抄（『日蓮聖人遺文辞典』歴史篇一〇〇一～三頁）は、全四段という科段のもとに、その概要を記してみると、第一段の冒頭には人間の根本道徳として知恩報恩を標榜し、仏教における報恩とは「棄恩入無為」であり、真実の報恩は法華経の肝要たる妙法五字の弘通にあることを明らかにされる。そして自伝的に、聖人の求道修学の基本理念が報恩にあったとされ、「依法不依人」を以て仏教の真実を追及した結果、法華経こそが釈尊の真実出世の本懐の経典であり、法華経以外に出離生死の道はないことを信解把握したことを述べられる。更に「一切世間多怨難信」を覚悟されて弘通に立たれた決意が示されている。

第二段では、インド・中国・日本の仏教史が概観される。釈尊こそが法華経の行者であり、その滅後は仏在世以上の値難弘教が約束されているのであり「況滅度後」を「彼にもすぐるべく候なれば、小失なくとも大難に度々値う人をこそ滅後の法華経の行者とこそしり候わめ」と述べられている。そして三国仏教史を通じて、釈尊・天台・伝教の三師のみを法華経の行者と規定される。

第三段は、聖人独自の歴史観に立たれて三国仏教史が重点的批判的に再述される。就中、密教を厳しく批判し、承久の乱の三上皇流罪はどうして生じたかと問いを発し「此事、日本国の中に但日蓮一人計りしれり」という知教者の自覚の表明となる。

そして「ひとへにおもひ切りて申し始め」たものであるから、予想通りに法難が続出し、「これはひとへに父母の恩・師匠の恩・三宝の恩・国恩を報ぜんがために、身をやぶり、命をすつれども（略）此功徳は定めて上三宝、下梵天・帝釈・日月までもしろしめしぬらん。父母も故道善房の聖霊も扶かり給ふあらん」と述べられ、ここに本抄執筆の主旨があり、三国法華経弘通史の略述を、聖人自身の行実をもって結論したところに、末法の導師としての聖人の史的地位を決定するものがある。

第四段は、数番の問答を列ねて重要な教義が明かされる。

第一に妙法蓮華経の五字が法華経の肝心であるとする。第二にインド・中国・日本の三国と正像末三時の法華経弘通史を略述され、正像末と従浅至深することを述べ、末法の日蓮が天台・伝教に超勝するとされる。第三に正像末弘の三大秘法が開顕される。

そしてさらに「日蓮が慈悲拡大ならば、南無妙法蓮華経は万年の外未来までもながるべし。日本国の一切衆生の盲目をひらける功徳あり。無間地獄の道をふさぎぬ。此功徳は伝教天台にも超へ、龍樹迦葉にもすぐれたり」と、自己の末法における法華経の行者としての歴史的立場を明示され、法華経の行者日蓮の歩んできた道が、即ち報恩の大道の実践にほかならないのであって、日蓮こそが報恩の体現者であるとされる。

最後に「此功徳は故道善房の聖霊の御身にあつまるべし」と述べられて、聖人の得られた宗教的功徳のすべてが恩師への報恩感謝をもって回向されると、結ばれている。

以下は、第二段中、「況滅度後」を強調される中で、釈尊が出生の時から蒙られた大難は、釈尊に法華経を説かせまいらせじとたばかりし「如来現在猶多怨嫉」の大難であるが、それにも過ぎた大難に度々値う人こそ、滅後の法華経の行者とされる。

佛だにも忍びがたかりける大難をば凡夫はいかでか忍ぶべき。いわうや在世より大なる大難にてあるべかんなり。いかなる大難か提婆が長サ三丈廣サ一丈六尺の大石、阿闍世王の醉象《すいぞう》にはすぐべきとはおもへど、彼にもすぐるべく候なれば、小失なくとも大難に度々値フ人をこそ滅後の法華經の行者としり候わめ。[70]

以上、

(B) 法華経の行者　一例である。

次に、法華経中の「有能受持是経典者亦復如是。於一切衆生中亦爲第一」を挙げられて、法華経の行者を、すべての中の第一とされる。即ち法華経中の「持経者」が「法華経の行者」の文証となっている。

法華經の第七ニ云ク　有三ン能受二持スルコト是ノ經典一ヲ者モ亦復如レシ是ノ。於二テ一切衆生ノ中一ニ亦爲《これ》第一ナリ等云云。此經文のごとくならば、法華經の行者は川流江河の中の大海、衆山の中の須彌山、衆星の中の月天、衆明の中の大日天、轉輪王・帝釋・諸王の中の大梵王なり。傳教大師の秀句と申ス書ニ云ク　此經モ亦復如レシ是　乃至諸ノ經法ノ中ニ最爲《これ》第一ナリ。有三ン能受二持スルコト是ノ經典一ヲ者モ亦復如レシ是。於二テ一切衆生ノ中一ニ亦爲《これ》第一ナリ。已上經文なりと引キ入レさせ給ヒて次キ下ニ云ク　天台法華玄ニ云ク等云云。已上玄文とかかせ給ヒて上の心を釋シテ云ク當レニ知ル。他宗所依ノ經ハ未ダ二最爲《これ》第一一ナラ。其能持ツレ經ヲ者モ亦未ダ二第一一ナラ。天台法華宗所持ノ法華經ハ最爲《これ》第一ナル故ニ能持ツ二法華ヲ一者亦衆生ノ中ノ第一ナリ。已ニ據ル二佛説ニ一豈ニ自歎ナラン哉等云云。[71]

以上、

(A)（法華経中の）受持是経典者＝持経者　二例

能持法華者　一例

(B)法華経の行者　一例である。

更に、仏滅後一千八百余年の間に漢土には天台大師、日本には伝教大師已上二人に釈尊を加え奉りて三人が法華経の行者であると述べられる。

佛滅後一千八百餘年が間に法華經の行者漢土に一人、日本に一人、已上二人。釋尊を加ヘ奉リテ已上三人なり。外典ニ云ク、聖人は一千年に一出《ひとたび》テ、賢人は五百年に一出《ひとたび》ッ。黄河《くわうが》は涇《けい》・渭《い》ながれをわけて、五百年には半河すみ、千年は共に清ム、と申スは一定《いちぢやう》にて候けり。然ルに日本國は叡山計リに、傳教大師の御時、法華經の行者ましましけり。[72]

即ち、(B)法華経の行者　三例である。

更に、善無畏三蔵を破し、はじめは殊勝・招提の二人にあって法華経を受け、百千の石の塔を立てたので法華経の行者と見えたが、のちに天台宗をそねみ、頓死して閻魔王宮にいたったと述べられる。

されば善無畏三藏は中天の國主なり。位をすてて他國にいたり、殊勝・招提の二人にあひて法華經をうけ、百千の石の塔ヲ立テしかば、法華經の行者とこそみへしか。しかれども大日經を習シよりこのかた、法華經を大日經に劣ルとやをもひけん。始はいたう其義もなかりけるが、漢土にわたりて玄宗皇帝の師となりぬ。天台宗をそねみ思ッ心つき給ヒけるかのゆへに、忽に頓死して、二人の獄卒に鐵の繩七《なゝつ》つけられて、閻魔王宮にいたりぬ。(73)

即ち、善無畏は、

(B)（偽の）法華経の行者　一例である。

そして、以下の如き抄末となる。

されば花は根にかへり、眞味は土にとどまる。此功德は故道善房の聖靈の御身にあつまるべし。南無妙法蓮華經。南無妙法蓮華經。(74)

ここに、報恩の一念が籠められる。

以上、第四節第一項『報恩抄』における、(A)持経者、(B)法華経の行者を図表化する。

第四表（『報恩抄』について）

	持経者	法華経の行者
報恩抄	3	6

注目すべきは、仏滅後一千八百余年の間に漢土には天台大師、日本には伝教大師已上二人に釈尊を加え奉りて、法華経の行者は三人とされていることである。

敷衍すれば、聖人自身を加えて三国四師であり四人の法華経の行者となる。

又、法華経中の「持経者」が「法華経の行者」の文証となっている例がある。

第二項　『報恩抄』以後の述作について

本項において、(A)持経者および(B)法華経の行者関連語句を擁する遺文は以下の如くである。

(一)『四信五品鈔』
(二)『乗明聖人御返事』
(三)『上野殿御返事』
(四)『下山御消息』
(五)『頼基陳状』
(六)『四條金吾殿御返事』
(七)『富木殿御書』
(八)『崇峻天皇御書』
(九)『兵衛志殿御返事』
(十)『松野殿御返事』
(十一)『三澤鈔』
(十二)『上野殿御返事』
(十三)『立正安国論』(廣本)
(十四)『檀越某御返事』

(一)『四信五品鈔』

建治三年四月十日、聖寿五十六歳

本鈔は、富木常忍からの日常生活のなかでの信仰の実践についての質問に対し、聖人が法華経修行の根本的問題について答えられたものである。本鈔（『日蓮聖人遺文辞典』歴史篇四五五～六頁）は全四段という科文をもとにその概要を記してみる。

第一段は末代の法華経の修行者の位階、第二段は末代の法華経修行の用心、第三段は仏教と国家の興亡を論じられている。

まず第一段は、戒定慧の三学について近来の学者の説を破し、末代の行者の信解を問題として法華経分別品の四信五品について論及し、如来現在の四信の初信（一念信解）と如来滅後の五品の初品（随喜品）を法華経修行者の亀鏡とし、これを六即に配すると名字即に当るとされる。そして末代の行者にとって「信」がもっとも肝要であることを強調される。

第二段は三学・六度に対する末代の行者の心得を明かすもので、「檀戒等の五度を制止して、一向に南無妙法蓮華経と称せしむるを一念信解初随喜の気分と為す」（『定遺』一二九六頁）ことこそが法華経の正意であるとされる。

第三段は国家と仏教の関係を論じ、仏教渡来して以来の日本の歴史、とくに伝教の功績と弘法・慈覚・智証の邪義による国家の衰滅を指摘される。

以下、第一段中の引用文である。

問フ 入二テ末法一ニ初心ノ行者必ス具二スルヤ圓ノ三學一ヲ不ヤ。答テ曰ク 此義爲《たり》二大事一。故ニ勘二ヘ出シテ經文一ヲ迭二付ス貴邊一ニ。所謂五品之初二三品ニハ 佛正シク制二止シテ戒定ノ二法一ヲ一向ニ限二ル慧ノ一分一ニ。慧又不レレハ堪ヘ以レテ信ヲ代レフ慧ニ。信ノ一字ヲ爲レス詮ト。不信ハ一闡提謗法ノ因 信ハ慧ノ因 名字即ノ位也。[75]

問テ云ク　末代初心ノ行者制二止スル何物一ヲカ乎。答テ曰ク　制二止シテ檀戒等ノ五度一ヲ一向ニ令レルヲ稱二セ南無妙法蓮華經一ト爲二ス一念信解初隨喜之氣分一ト也。是則此經ノ本意也。疑テ云ク　此義未ニタ見聞一セ。驚レカシ心ヲ迷ハス耳ヲ。明カニ引二テ證文一ヲ　請フ　苦《ねんごろ》ニ示レセ之ヲ。答テ曰ク　經ニ云ク　不レ須《もちひ》下爲レニ我カ復起二テ塔寺一ヲ及作二リ僧坊一ヲ以二テ四事一ヲ供中養スルコトヲ衆僧上ヲ。此經文明カニ初心ノ行者ニ制二止スル檀戒等ノ五度一ヲ文也(76)。

以上、

(B)（初心の）行者＝法華経の行者　三例である。

即ち、「以信代慧」であり「名字即ノ位」であるため、更に檀戒等の五度を制止して「一向ニ令レルヲ称二セ南無妙法蓮華経一ト為二ス一念信解初随喜之気分」であるために、例え「初心」であっても法華経の行者たると云い得ると考える。

以下の引用文も又、「初心ノ行者」が南無妙法蓮華経と一分の解もなくて称する信は、四味三教の極位に超過する等と述べられる。

濁水無レトモ心得レテ月自清《すめり》。草木得レテ雨ヲ豈ニ有レテ覺花サクナランヤ。妙法蓮華經ノ五字ハ非二ス經文一ニ　非二ス其義一ニ　唯一部ノ意耳。初心ノ行者不レトモ知二ラ其心一ヲ　而モ行レスルニ之ヲ自然ニ當レル意ニ也。問フ　汝ノ弟子無二クシテ一分ノ解一但一口ニ稱二スル南無妙法蓮華經一ト其位如何。答フ　此人ハ但非レス超二過スルノミニ四味三教ノ極位竝ニ爾前ノ圓人一ニ　將タ又勝二出スルコト眞言等ノ諸宗ノ元祖・畏・嚴・恩・藏・宣・摩・導等一ニ百千萬億倍也(77)。

即ち、(B)初心の（法華経の）行者　一例である。

更に、法華経中の「受持経典者」の過悪を出す者の受ける罰を述べられる。

經ニ云ク　若復見下テ受二持スル是ノ經典一ヲ者上ヲ出二サン其過惡一ヲ　若ハ實ニモアレ若ハ不實ニモアレ此人現世ニ得二ン白

癩病一ヲ乃至諸悪重病アルヘシ。又云ク　當二世世ニ無レル眼等云云。明心ト與二ハ圓智一現ニ得二白癩一ヲ。道阿彌ハ成二ヌ無眼ノ者一ト。國中ノ疫病ハ頭破七分也。以レテ罰ヲ推レスルニ徳ヲ　我門人等ハ福過十號無レキ疑ヒ者也。(78)

即ち、(A)受持経典者＝持経者　一例である。

(二)『乘明上人御返事』
建治三年四月十二日

本書は、銅銭二千枚を法華経に供養したことの礼を述べられ、「経ハ師也、仏ハ弟子也」として、法華経を受持する功徳の甚大さを述べられる。

法華經第七ニ云ク　若復有レテ人以二テ七寶一ヲ滿二テ、三千大千世界一ニ　供二養セン於佛及大菩薩・辟支佛・阿羅漢一ヲ　是ノ人ノ所レノ得ル功徳ハ不レ如《しか》下受二持スル此法華經ノ乃至一四句偈一ヲ其福ノ最多上キニ。(79)　夫レ供二養スル劣ル佛一ヲ尚爲二リヌ九十一劫ニ金色ノ身一ト。供二養スル勝レタル經一ヲ施主一生ニ不レンヤ入二ラ佛位一ニ。

即ち、
(A)受持此法華経（者）＝持経者　一例である。

(三)『上野殿御返事』
建治三年五月十五日

供養のいもの返礼につづき、釈尊が提婆達多により種々の大難に値われたことを述べられて後に、大難に値うのが法華経の行者であるが天台・伝教大師には在世の如き法難がないとされる。

佛、法華經をとかせ給ヒて今にいたるまでは二千二百二十餘年になり候へども、いまだ法華經を佛のごとくよみたる人は候はぬ歟。大難をもちてこそ、法華經しりたる人とは申スべきに、天台大師・傳教大師こそ法華經の行者とはみへて候ヒしかども、在世のごとくの大難なし。ただ南三・北七・南都七大寺の小難也。いまだ國主かたきとならず、萬民つるぎをにぎらず、一國悪口をはかず。滅後に法華經を信セン人は在世の大難よりもすぐべく候なるに、同シほどの難だにも來らず、何ニ況やすぐれたる大難多難をや。[80]

以上、(B)法華経の行者　一例である。

本書で注目すべきは、上野殿とその周辺に信仰上の葛藤が生じていたのではないかと思える次の一文である。

さるにては、殿は法華經の行者にさせ給へりとうけ給はれば、もつてのほかに人のしたしきもうときも、日蓮房を信シてはよもまどいなん。上《かみ》の御氣色もあしかりなんと、かたうど（方人）なるやうにて御けうくむ候なれば、賢人までも人のたばかりはをそろしき事なれば、一定法華經すて給ヒなん。なか／＼色みへてありせばよかりなん。大魔のつきたる者どもは、一人をけうくんし、をとしつれば、それをひつかけにして多クの人をせめをとすなり。[81]

即ち、上野殿を「法華経の行者にさせ給へりとうけ給はれば云々」の如く、そのようなことは聞き捨てるよう誡められている。

(B)法華経の行者　一例であるが、この用法は異例といえよう。

(四)『下山御消息』

建治三年六月

本書は、聖人が日永に代わって下山兵庫五郎に提出した弁明書である。

下山氏は甲斐国下山在住の武士で、日永も下山で父親や己れのために阿弥陀経を読誦してきたが、近傍の身延に聖人が在住されていることを知り、身延に詣で改信して聖人の弟子となり、父である下山兵衛五郎にとがめられたため、聖人が日永に代り陳弁して、実経たる法華経への信仰を持つべきことを諭されている。

法華經には正直ニ捨二テ方便一ヲ　但説二ク無上道一ヲ云云。涅槃經には邪見之人等云云。邪見方便と申スは華嚴・大日經・般若經・阿彌陀經等の四十餘年の經經也。捨トハ者天台ノ云ク　廢《すてる》也。又云ク　謗トハ者背《そむく》也。正直ノ初心の行者の法華經を修行する法は、上に擧るところの經々宗々を擲《なげうち》て、一向に法華經を行ずるが眞の正直の行者にては候也。而ルを初心の行者深位の菩薩の様に、彼々の經々と法華經とを竝ヘて行ずれば不正直の者となる。[82]

ここでも、

(B) 初心の行者＝法華経の行者　二例の用心を述べられている。

真の正直の行者＝法華経の行者　一例

以下の文は、三類の強敵たる両火房（良観）と聖人自身が法華経の行者たることを対比されている。

涅槃經ニ云ク　有二テ一闡提一　作二シ羅漢ノ像一ヲ　住二シ於空處一ニ　誹二謗ス方等大乘經典一ヲ　諸ノ凡夫人　見已テ皆謂二ヘリ眞ノ阿羅漢是大菩薩一ナリト等云云。今予法華經と涅槃經との佛鏡をもつて、當時の日本國を浮ヘて其影をみるに、誰の僧か國主に六通の羅漢の如くたとまれて、而も法華經の行者を讒言して頸をきらせんとせし。又いづれの僧か萬民に大菩薩とあをがれたる。誰の智者か法華經の故に度《たび》々處々を追はれ、頸《くび》をきられ、弟子を殺され、兩度まで流罪せられて最後に頸に及ばんとせし。無レク眼無レキ耳の人は除く。有レリ眼有レラン耳人は經文を見聞せよ。今の人々は人毎とに、經文を我もよむ、我も信じたりといふ。只にくむところは日蓮計リ也。經文を信ずるならば、慥カにのせたる強敵を取リ出して、經文を信じてよむしるしとせよ。若不レンハ爾ラ者、經文の如く讀誦する日蓮をいかれるは、經文をいかれるにあらずや。佛ノ使をかろしむる也。今の代の兩火房カ法華經の第三の強敵とならずば、釋尊は大妄語の佛、多寶十方の諸佛は不實の證明也。(83)

以上、

(B)法華経の行者　一例は、聖人の代名詞の如くである。

以下は、仏前で誓言した梵・釈等に守護を促されている。

經文の如く父母師匠朝敵、宿世の敵の如く、散々に責ムるならば、定メて萬人もいかり、國主も讒言を收《い》レて、流罪し頸にも及ばんずらん。其時佛前にして誓状せし梵・釋・日月・四天の願をもはたさせたてまつり、法華經の行者をあだまんものを須臾ものがさじと、起請せしを身にあてて心みん。釋尊・多寶・十方分身ノ諸佛の或は共に宿し、或は衣を覆はれ、或は守護せんと、ねんごろに説カせ給ヒしをも、實歟虚言歟と知リて信心をも増長せんと退轉なくはげみし程に、案にたがはず、去ヌル文永八年九月十二日に都《すべ△》て一分の科もなくして佐土ノ國へ流罪せらる。外《そと》には遠流と聞ヘしかども、内には頸を切ルと定メぬ。余又兼ネて此事を推せし故に弟子に向ッて云ク、我願既に遂ケぬ。悦ヒ身に餘れり。人身は受ケがたくして破れやすし。過去遠々劫より由なき事には失ヒしかども、法華經のために命をすてたる事はなし。(84)

即ち、(B)法華経の行者　一例である。

以下は、法華経中の「見下有三ン読誦シ書二持スルコト経一ヲ者上ヲ軽賤憎嫉シテ而モ懐二カン結恨一ヲ。其人命終シテ入ン二阿鼻獄一ニ」を引かれ、このように持経者を憎嫉などする者と、法華経の行者を恥辱する者とを並べて述べられる。即ち、持経者及び法華経の行者を害する者は同じく堕地獄なのである。

　然シテ後實義を定メテ云ク、今此三界ハ皆是我有ナリ其中ノ衆生ハ悉ク是吾子ナリ。而モ今此處ハ多ニシ諸ノ患難一。唯我一人ノミ能爲ニス救護一ヲ。雖ニ復教詔一スト而カモ不ニ信受一セ乃至見下テ有ン四讀ニ誦シ書三持スルコト經一ヲ者上ヲ輕賤憎嫉シテ而モ懷ニカン結恨一ヲ。其人命終シテ入ン二阿鼻獄一ニ等云云。經文の次第普通の性相《せいぞう》の法には似ず。常には五逆七逆の罪人こそ阿鼻地獄とは定メて候に、此はさにては候はず。在世滅後の一切衆生、阿彌陀經等の四十餘年の經々を堅く執《しふ》シて法華經へうつらざらむと、假令法華經へ入ルとも本執を捨テずして彼々の經々を法華經に並て修行せん人と、又自執の經々を法華經に勝レたりといはん人と、法華經を法の如く修行すとも法華經の行者を恥辱せん者と、此等の諸人を指シつめて其人命終入阿鼻獄と定メさせ給ヒし也。[85]

以上、

(A)（法華経中の）持経者　一例

(B)法華経の行者　一例

である。

次は、釈尊等の「広長舌」は、要して言えば、釈尊の本土たる此土に釈尊は住されて法華経の行者を守護するためであると述べられる。

　實には釋迦・多寶・十方ノ諸佛、壽量品の肝要たる南無妙法蓮華經の五字を信ぜしめんが爲也と出シ給フ廣長舌也。我等と釋迦佛とは同シ程の佛也。釋迦佛は天月の如し、我等は水中の影ノ月也。釋迦佛の本土は實には娑婆世界也。天月動キ給はずば我等もうつるべからず。此土に居住して法

華經の行者を守護せん事、臣下が主上を仰キ奉らんが如く、父母の一子を愛するが如くならんと出シ給フ舌也。(86)

以上、(B)法華経の行者　一例である。

以下は、法華経において「一名阿弥陀」と名をあげているので阿弥陀仏の脇侍であった観音菩薩は、法華経「観音品」に「遊於娑婆世界」として、此土の法華経の行者を守護すると申し、更に阿弥陀仏も西方世界には還らず、娑婆世界に留まりて、法華経の行者を守護せんといわれたのである。

即ち、阿弥陀仏も観音菩薩も、法華経の中に摂取されて、法華経の行者の守護を約しているのである。

観音菩薩は本土に還リて何かせんとて、八萬二萬の菩薩のうちに入リ、或は観音品に遊於娑婆世界と申シて、此土の法華經の行者を守護せんとねんごろに申せしかば、日本國より近き一閻浮提の内、南方補陀《ふだ》落《らく》山と申ス小所を釋迦佛より給ヒて宿所と定メ給ふ。阿彌陀佛は左右の臣下たる観音・勢至に捨テられて、西方世界へは還リ給はず。此世界に留リて法華經の行者を守護せんとありしかば、此世界の内、欲界第四の兜《と》率《そつ》天、彌勒菩薩の所領の内、四十九院の一院を給ヒて、阿彌陀院と額を打ッておはするとこそうけ給はれ。(87)

以上、

(B)法華経の行者　二例である。

以下は、道綽・善導・法然等を信じて、一向に念仏を申す者もあり、或は念仏を本として助けに法華経を持つ者がある。

今の日本國の人々、道綽が未有一人得者、善導が千中無一、慧心が往生要集の序、永観が十因、法然が捨閉閣擲等を堅く信シて、或は法華經を擲チて一向ニ念佛を申ス者もあり、或は念佛を本として助ケに法華經を持ツ者もあり、或は彌陀念佛と法華經とを鼻を並ヘて左右に念じて二行と行ずる者もあり、或は念佛と法華經と一法ノ二名也と思ヒて行ずる者もあり。(88)

即ち、聖人当時、念仏を唱えながら、助として法華経を持つ兼修者が実際に多くあったことを推測させる。

以上、(A)法華経ヲ持ツ者＝持経者　一例である。（但し、兼修者）

又、禅宗の三階信行禅師は、法華経等の一代聖教を別教と下し、我が作れる経をば普経と崇重したので、法華経の持者の優婆夷にせめられて、現身に大蛇となった。

又禪宗の三階信行禪師は法華經等の一代聖教をば別教と下タす。我が作レる經をば普經と崇重せし故に、四依の大士の如くなりしかども、法華經の持者の優婆夷にせめられてこえを失ひ、現身に大虵となり、數十人の弟子を呑ミ食フ。今日本國の人々はたとひ法華經を持チ釋尊を釋尊と崇重し奉ルとも、眞言宗・禪宗・念佛者をあがむるならば、無間地獄はまぬがれがたし。(89)

以上、在家の女人の法華経の持者にせめられて現罰を受けたことが印象的である。

(A)法華経の持者の優婆夷＝持経者　一例である。

以下の引用文は、涅槃経（巻第三十三　迦葉菩薩品）に末法には法華経誹謗者は大地微尽より多いと記されているが、今、法華経の行者が出現すれば、身を肉橋となして支えても、法華経誹謗の重罪は滅しがたい。しかるに当世の人々は念仏・戒等の誤った信仰に執している。

佛の涅槃經に記して、末法には法華經誹謗の者は大地微塵よりもおほかるべしと記シ給し是也。

而ルに今法華經の行者出現せば、一國萬人皆法華經ノ讀誦を止メて、吉藏大師の天台大師に隨フが如く身を肉橋となし、不輕輕毀の還ッて不輕菩薩に信伏隨従せしが如く仕フるとも、一日二日、一月二月、一年二年、一生二生が間には法華經誹謗の重罪は尚なをし滅シがたかるべきに、其義はなくして當世の人々は四衆倶に一慢をおこせり。所謂念佛者は法華經をすてゝ念佛を申ス。日蓮は法華經を持《たも》ッといへども念佛を持タず。我等は念佛をも持ち法華經をも信ず。戒をも持チ一切の善を行ず等云云。此等は野兎《やと》が跡《あと》を隠し、金鳥が頭を穴に入レ、魯人《ろひと》が孔子をあなづり、善星が佛ををどせしにことならず。[90]

以上、

(B) 法華経の行者　一例となる。

以下は、教主釈尊より大事なる法華経の行者を法華経の敵となって捐じた大禍は現当二世にのがれがたく、日本守護の天照大神・正八幡も、かかる国を助けがたいので、急いで治罰を加えて、自ラの科を脱れんと励むべきであると述べられる。

「教主釈尊よりも大事なる行者」に注目したい。これは、あくまでも『法華経』が最尊であるためであろう。

眞の天のせめにてだにもあるならば、たとひ鐵《てつち》圍《せん》山を日本國に引回《ひきめぐら》し、須彌山を蓋《をほひ》として、十方世界の四天王を集メて、波際《なぎさ》に立チ並ヘてふせがするとも、法華經の敵となり、教主釋尊より大事なる行者を、法華經の第五ノ巻を以て日蓮が頭を打チ、十巻共に引キ散《ちらし》て散々に蹋《ふ》ミたりし大禍は、現當二世にのがれがたくこそ候はんずらめ。日本守護の天照太神・正八幡等もいかでかかゝる國をばたすけ給フべき。いそぎ〳〵治罰を加ヘて、自ラノ科を脱がれんとこそはげみ給フらめ。[91]

(B)教主釈尊より大事なる行者＝法華経の行者　一例である。

（五）『頼基陳状』

建治三年六月二十五日、興師本

本書は「桑ヶ谷問答」について、四條頼基の主君江馬光時が、建治三年六月二十三日付の下文を二十五日に、使者を遣して頼基に持参したことに端を発する。下文の内容は、今日以後、法華経と日蓮房とを捨てるという起請文を差出せ、さもなくば二ヶ所の所領を没収するというものであった。

桑ヶ谷問答とは、建治三年の春、比叡山の学僧龍象房が鎌倉へ来て、極楽寺良観と黙約の下に桑ヶ谷に住して日夜説法していた。日蓮門下の三位房はこれと法論して仏法の邪正を糾さんと決意して六月九日桑ヶ谷に趣いた。頼基は同行を求められたが公務のため遅れて到着すると、説法は終り質疑応答となった。

三位房と龍象房との法論は、論難数次にして三位房のために龍象房は沈黙させられ、その日の中に逐電してしまった。

このことが江馬光時の耳に入り、上記の下文となったのである。頼基は直ちに事の次第と詰問状と、決して起請文は書かないとの決意を身延の聖人に急報。聖人は頼基の覚悟に対し、江馬氏への陳状一通（本書）を代作され鎌倉に届けさせたのである。

この時は陳状は提出されず、この年九月、江馬氏は悪疫にかかり、謹慎中の頼基を召し出して治療してもらうに至り、遂に陳状は提出されずに終ったようである。

本書は、江馬氏からの詰問条々に対し、逐条答弁する形式となっている。

一、頼基が武器をたずさえた徒党を引き連れて説法の場に来たことは不穏便であり、目撃者が異口同音に申立てるところである。

これに対して、それは誰人かの虚構であると述べられ、対面して実否を糾明せよと迫り、当日の論法の内容を述べて、真言・法相・華厳・三論・浄土・禅等の教義を批判され、龍象房敗北の始末を記され、法華経を信じる者が法座にて悪行悪口するはずがないと弁明され、対決を希望される。
二、世尊の再来と仰がれている極楽寺良観を非難することは不都合である。
これに対しては、良観は祈雨に関して聖人に負け、約束通り聖人の弟子になるべきに、かえって讒言を加えて上行菩薩の再来たる聖人を幕府に訴え流罪死罪に行なわしめようとしたが、それは不殺生戒を守るという持戒精神に背くものであるとして、江馬氏の良観に対する認識不足を指摘し、君命に従い難い理由を述べられる。
三、釈尊と弥陀のように尊信している良観と龍象房とを非難攻撃するのはけしからぬとの詰問に対しては、龍象房が人肉を食することを挙げられ、かかる悪逆の人を仏菩薩と尊信する主君の誤りを臣下として黙視できないと諫める。
四、是非善悪に拘わらず、主・親に従うのが忠臣孝子の道であり、仏神の御心に叶い、世間の礼であるとの難に対しては、『孝経』や伝教の『守護章』等の文を挙げられ、諫臣争子こそが忠臣孝子であり、主君の信仰の誤りを見て諫めもせず、詐り親しむのは主君にとって怨敵であると説かれる。そして念仏信仰の誤りを指摘し、更に頼基が父子二代にわたって身命を賭して主家に忠誠を尽くした事実を回顧し後生までも主君に随従するとして、聖人に従って法華経信仰を励んでいると述べられる。
最後に、良観の小乗戒は叡山の円頓大戒壇建立と共にその救済力を失っているので、これらの小法を信じて、「法華経と日蓮聖人」とを捨てる起請文を書くことはできないと断言し、讒言の者との対決を重ねて要求される。

以下は、良観に関する一節である。

又被㆓ル仰セ下㆒サ状ニ云ク、極樂寺の長老は世尊の出世と奉㆑ルト仰キ。此條難《なん》かむ（堪）の次第に覺ヘ候。其故は、日蓮聖人は御經にとかれてましますが如くば、久成如來の御使、上行菩薩の垂迹、法華本門の行者、五五百歳の大導師にて御座候聖人を、頸をはねらるべき由の申シ状を書キ、殺罪に申シ行はれ候しが、いかが候けむ死罪を止《やめ》て佐渡の島まで遠流せられ候ヒしは、良觀上人の所行に候はずや。其訴状は別紙に有㆑リ之。抑モ生草《いきぐさ》をだに伐ルべからずと六齋日夜ノ説法に被《れ》㆑給ハながら、法華正法を弘むる僧を斷罪に可㆑キ被㆑行ハ旨被㆓ルハ申シ立㆒テ者、自語相違に候はずや如何。此僧豈ニ天魔の入れる僧に候はずや。(92)

即ち、頼基の信奉する日蓮聖人は、久成如来の御使、上行菩薩の垂迹、法華本門の行者、五五百歳の大導師である。

以上、

(B)法華本門の行者＝法華経の行者　一例となる。

（六）『四條金吾殿御返事』

建治三年七月、聖寿五十六歳

前書の『頼基陳状』に連なる一書である。

四條金吾の、たとえ所領を没収されようとも法華経は捨てないとの、金剛不壊の信念に基づく誓状を見た聖人の喜びが、切々たる温情を込めて述べられている。

去月二十五日の御文《ふみ》、同月の二十七日の酉の時に來リて候。仰セ下さるる状と又起請かくまじきよしの御せいじやう（誓状）とを見候へば、優曇華のさきたるをみるか、赤栴檀のふたばになるをえたるか、めづらし、かうばし。三明六通を得給フ上《う》へ、法華經にて初地初住にのぼらせ給へる證果の大阿羅漢、得無生忍の菩薩なりし舍利弗・目連・迦葉等だにも、娑婆世界の末法に法華經を弘通せん事の大難こらへかねければ、かなふまじき由辭退候き。まして三惑未斷の末代の凡夫いかでか此經の行者となるべき。設ヒ日蓮一人は杖木瓦石悪口王難をもしのぶとも、妻子を帯せる無智の俗なんどは爭か可レキ叶フ。(93)

即ち、末代の凡夫である四條金吾を、法華経の行者と等しいとされている意趣である。

(B)此経の行者＝法華経の行者　一例である。

（七）『富木殿御書』

建治三年八月二十三日

本書は、法華経等の諸経を引いて謗法の罪を論ぜられ、天親・馬鳴・伝教等は法門の邪正を明らかにするために忍難求法したにもかかわらず、真言の弘法・慈覚・智証は法華経を戯論の法と下し、人々を無間地獄に導く謗法者とされる。最後に「我が門下は夜は眠を断ち、昼は暇を止めてこれを案ぜよ。一生空しく過ごして万歳悔ゆることなかれ」と結んで弟子・檀越を諫誨激励されている。

妙法蓮華經第二ニ云ク　若人不レシテ信セ　毀ニ謗シ此經一ヲ　見下テ有ン讀ニ誦シ書三持スルコト經一ヲ者上ヲ　輕賤憎嫉シテ　而懷ニカン結恨一ヲ　其人命終シテ　入ニン阿鼻獄一ニ　乃至如レク是ノ展轉シテ至ニン無數劫一ニ。(94)　第七ニ云ク　千劫於ニテス阿鼻地獄一ニ。第三ニ云ク　三千塵點。第六ニ云ク　五百塵點劫等云云。(95)

即ち、「法華経」中の「読ニ誦書ニ持経一者」を軽賤憎嫉する者の罪報を引かれている。

(A)持経者　一例とすることができる。

（八）『崇峻天皇御書』

建治三年九月十一日、四條金吾宛

本書は、種々の供養の品々に富木氏からの書状を添え送られてきたのに対する返書である。四條氏は聖人の教訓を守って長谷の自宅に蟄居していたが、当時流行の疫病に主君江馬入道も倒れ、治療依頼のため、閉門謹慎中の四條氏を召し出すことになった。四條氏は、さっそく事の次第を聖人に報じ、聖人は、これに対して事細かな注意を与えられている。

又、龍口法難に際して四條氏が身命を賭して示した絶対の信仰に対して、「殿が地獄へ行くならば日蓮も共に地獄へ行こう」と絶大な感謝を示されている。

最後に、崇峻天皇の例を挙げて四條氏の短気を誡め、法華経の修行の肝心は不軽品たることを述べられている。

　一代の肝心は法華經、法華經の修行の肝心は不輕品にて候なり。不輕菩薩の人を敬ヒしはいかなる事ぞ。教主釋尊の出世の本懐は人の振舞にて候けるぞ。[96]

ここに直接に「法華経の行者」の語句はない。「人の振舞」＝行動であるから、四條氏を暗に法華経の行者と呼称せしめんとの意図が伺える。

(B)法華経の行者　一例と言えよう。

（九）『兵衛志殿御返事』

建治三年十一月二十日

池上家の信仰上の衝突は、一旦は父の改心によって平和に帰し、宗仲の勘当も許されたが、建治三年の頃、極楽寺良観が信者に百万遍の念仏を勧めたので、池上家の信仰上の衝突は再燃し、宗仲は再び勘当された。弟宗長に動揺の色が見えたので、特に書状を送って宗長を訓誡し激励したのが本書である。

初めに末法に入れば世乱れ三災七難起り、君臣・父子・師弟が互いに背きあう中で、悪しき事を諫めれば孝養となると訓誡される。

就中、第四の訓誡は、恩愛のきずなを断ち、兄宗仲と一心同体となって親を諫めることは真の孝養であると激励される。

又、最後に、念仏者の有様を見よ、たとえ兄を捨てて跡目を譲られても千万年栄えることは出来ない。それより法華経の行者たる兄宗仲について後世を期せよと訓誡・激励されている。

　さゑもんの大夫殿は今度法華經のかたきになりさだまり給フとみへて候。ゑもんのたいうの志殿《さくわん》は今度法華經の行者になり候はんずらん。とのは現前の計ラヒなれば親につき給はんずらむ。ものぐるわしき人々はこれをほめ候べし。宗盛が親父入道の惡事に随ヒてしのわら（篠原）にて頸を切ラレし、重盛が随ハずして先に死せし、いづれか親の孝人なる。法華經のかたきになる親に随ヒて、一乗の行者なる兄をすてば、親の孝養となりなんや。せんするところ、ひとすぢにをもひ切ッて、兄と同し佛道をなり（成）給へ。[97]

即ち、親に従う弟宗長に対し兄宗仲は法華経の行者となるであろう。法華経のかたきたる親に随って、一乗の行者たる兄を捨てることは真の孝養ではない。決意して兄と同じ仏道を成り給えと述べられている。

以上、兄宗仲を、

(B)法華経の行者　一例

一乗の行者　一例　と称している。

計二例となる。

以下、法華経・常不軽菩薩品の一節を引用され、（法華経の）行者が疑惑を生ずることのないようにと述べられる。

經ニ云ク 億億萬劫ヨリ至二ル不可議一ニ 時ニ乃シ得レ聞二コトヲ是ノ法華經一ヲ。億億萬劫ヨリ至二ル不可議一ニ 諸佛世尊時ニ説二キタマフ是ノ經一ニ。是ノ故ニ行者於二テ佛ノ滅後一ニ 聞二テ如レキ是ノ經一ヲ勿レレ生二スルコト疑惑一ヲ等云云。[98] 此經文は法華經二十八品の中にことにめづらし。序品より法師品にいたるまでは等覺已下人天・四衆・八部そのかずありしかども、佛は但釋迦如來一佛なり。重クてかろきへんもあり。寶塔品より囑累品にいたるまでの十二品は殊に重キが中の重きなり。其故は釋迦佛の御前に多寶の寶塔涌現せり。月の前に日の出テたるがごとし。又十方の諸佛は樹下に御はします。十方世界の草木の上ニ火をともせるがごとし。此御前にてせん（選）せられたる文なり。[99]

即ち、

(B)（法華経の）行者　一例である。

（十）『松野殿御返事』

建治四年二月十三日、聖寿五十七歳

本書は松野六郎左衛門の種々の供養と雪中身延訪問に対しての礼状である。

就中、法華経の「三界無安　猶如火宅　衆苦充満　甚可怖畏」の文を引かれ、当世の飢饉・疫病の衆苦充満の姿は、日本が謗法の国となった結果であり、法華経の行者日蓮を迫害したために、経文の予言が現象となったのであると、聖人自身が法華経の行者たることの確信を記されて、聖人を信ずる松野氏の未来成仏は疑いないとさとされる。

以下が、その引文である。


日蓮何なる大科有リとも法華經の行者なるべし。南無阿彌陀佛と申さば何なる大科有リとも念佛者にて無シとは申シがたし。南無妙法蓮華經と我口にも唱へ候故に、罵られ、打チはられ、流され、命《いのち》に及びしかども、勸め申せば法華經の行者ならずや。法華經には行者を怨む者は阿鼻地獄の人と定む。四ノ巻には佛を一中劫罵るよりも末代の法華經の行者を惡む罪深し[100]とれ説カたり。七ノ巻には行者を輕シめし人々、千劫阿鼻地獄に入ると説キ給へり。五ノ巻には我末世末法に入ッて法華經の行者有ルべし。其時其國に持戒破戒等の無量無邊の僧等集リて國主に讒言して、流し失ふべしと説カかれたり。然るにかゝる經文かたがた符合し候了ンヌ。未來に佛に成リ候はん事疑ヒなく覺え候[101]。


以上、(B)法華経の行者　六例である。

就中、法華経中の法華経の行者四例であるが、管見では『法華経』中に「法華経の行者」なる語句は見出せない。そのすべてが、例えば「読二誦法華経一者」の如き、いわゆる「持経者」に属する。

即ち、聖人は、法華経中の持経者を以て、法華経の行者に該当されているといい得よう。

(十一)『三澤鈔』
建治四年二月二十三日
冒頭、「かへす〴〵。するが（駿河）の人々みな同シ御心と申サせ給ヒ候へ。」の一節には、すでにこの頃、熱原法難の前兆があったことが伺える。
本鈔は、まず仏法を学ぶことの困難さを教示され、釈尊の大難から釈尊滅後の大難におよび、聖人の値難忍受の体験を述べられて、法華経法師品の「況滅度後」の仏の未来記の如くに大難を受けたのは「日蓮ただ一人である」と明言され、末法の法華経の行者としての自己を開顕されている。

次に身延入山の動機を「不審なきゆへに此山林には栖候なり」と述べられている。

そして聖人自身の化導に佐前・佐後の相異があることを教示され「法門の事は、さどの国へながされ候し已前の法門は、ただ仏の尓前経とをぼしめせ」と述べられる。

次に内房尼との対面を謝絶したのは、尼が氏神への参詣のついでに身延へ詣でたことが、仏と神との秩序を乱したからであると、信仰的節義の問題が語られる。


第七の大難は天子魔と申ス物なり。設ヒ末代の凡夫一代聖教の御心をさとり、摩訶止観と申ス大事の御文《ふみ》の心を心えて、佛になるべきになり候ぬれば、第六天の魔王此事を見て驚キテ云ク、あらあさましや、此者此國に跡《あと》を止《とむる》ならば、かれが我身の生死をいづるかはさてをきぬ。又人を導くべし。又此國土ををさへと（押取）りて我土を淨土となす。いかんがせんとて、欲・色・無色ノ三界の一切の眷屬をもよを（催）し仰セ下《くだし》テ云ク、各々ののう／＼（能々）に随て、かの行者をなやま（悩）してみよ。それにかなわずば、かれが弟子だんな並に國土の人の心の内に入リかわりて、あるひはいさめ、或はをどし（威）てみよ。それに叶はずば、我みづからうちくだりて、國主の身心に入リかわりてをどして見むに、いかでかとど（止）めざるべきと、せんぎ（僉議）し候なり。[102]

以上は、第六天の魔王が、仏になるべき行者をなやます理由は、その行者が人を導き、此国土を浄土となすことで、魔王が窮地におちいるためであると述べられている。

(B)（法華経の）行者　一例が挙げられる。

而ルに日蓮は聖人にあらざれども、日本國の今の代にあたりて此國亡亡たるべき事をかねて知リて候しに、此こそ佛のとかせ給ヒて候況滅度後の經文にあたりて候へ。此を申シいだすならば、佛の指サせ給ヒて候未來の法華經の行者なり。(103)

以上は、聖人が「況滅度後」の経文にあたる、仏の指させ給う未来の法華経の行者たることを明かされている。

(B)法華経の行者　一例である。

關東は此惡法惡人を對治せしゆへに、十八代をつぎて百王にて候べく候つるを、又かの惡法の者どもを御歸依有ルゆへに、一國には主なければ、梵釋・日月・四天の御計ヒとして他國にをほせつけてをどして御らむあり。又法華經の行者をつかわして御いさめあるをあやめずして、彼の法師等に心をあわせて世間出世の政道をやぶり、法にすぎて法華經の御かたきにならせ給フ。(104)

以上は、承久の乱で法皇が真言を以て修したため関東に破れたのに、関東も又、悪法たる真言を帰依しているため、他国に攻められ、又、法華経の行者をつかわして、いさめたのに、法の敵となっていると述べられる。

即ち、

(B)法華経の行者　一例となる。

以上、本鈔においては、

(B)法華経の行者　三例である。

(十二)『上野殿御返事』
建治四年二月二十五日、興師本
種々の供養の品に対する礼状であり、過去の阿育王が、かつて徳勝童子・無勝童子であった時、土の餅を仏に供養した功徳により、のちに大王と生れたが、まして飢えている今この国における法華経への供養の功徳は大きいと述べられる。

就中、家に「わずらひ」があるのは、十羅刹女が信心の厚薄の程度を試みようとするからで、まことの鬼神ならば法華経の行者をなやまして、かうべをわらんと思うのだと述べられる。

即ち、以下の引用文となる。

いえの内にわづらひの候なるは、よも鬼神のそゐ(所爲)には候はじ。十らせち女の、信心のぶんざいを御心みぞ候らむ。まことの鬼神ならば法華經の行者をなやまして、かうべをわらんとをもふ鬼神の候べき歟。又、釋迦佛・法華經の御そら事の候べきかと、ふかくをぼしめし候へ。恐恐謹言。(105)

この場合、上野氏(南條時光)を、
(B)法華経の行者　一例とされていると思われる。
(十三)『立正安国論』(廣本)
建治弘安の交、聖寿五十七歳
この広本は、東密・台密にも折伏を及ぼそうとする気勢が見えるので、『定遺』は広本を略本の増補と見ている。
本書における(A)持経者および(B)法華経の行者関連語句は、以下の如くである。

法華經ニ云ク 若人不レシテ信セ 毀二謗セハ此經一ヲ 即斷二セント一切世間ノ佛種一ヲ。又云ク 見下テ有四ラン讀二誦シ書三持スル經一ヲ者上ヲ(107) 輕賤憎嫉シテ而懷二カン結恨一ヲ 乃至 其人命終シテ入二ラン阿鼻獄一ニ 已上經文。(106) 夫レ經文顯然ナリ。私ノ詞何ソ加ヘン。

又、以下も法華経「譬喩品」の同文の引用である。

妙法蓮華經ノ第二ニ云ク 若人不レシテ信セ 毀二謗セハ此經一ヲ 則斷二セン一切世間ノ佛種一ヲ。或ハ復顰蹙シテ而懷二キ疑惑一ヲ 乃至 見下テ有四ラン讀二誦シ書三持スルコト經一ヲ者上ヲ 輕賤憎嫉シテ而懷二カン結恨一ヲ。此人ノ罪報ヲ汝今復聽ケ。其人命終シテ入二ラン阿鼻獄一ニ。(108)(109)

即ち、

(A)有四ラン讀二誦シ書持三スルコト経一者＝持経者 二例であり、この箇所は略本には管見では見出せなかった。

（十四）『檀越某御返事』

弘安元年四月十一日、四條金吾へ

このころ、聖人を三たび流罪にしようとする動きがあったらしく、鎌倉の某氏（四條金吾）からその情報が聖人に知らされた。これに対して、聖人はむしろそれが実現して法華経の故に身命を捨て、雪山童子・不軽菩薩の跡を踏みたいものであるとされ、法華経のために我が身を捧げることの悦びを披瀝され、某氏に対しては不退転の決意で主君に仕えるよう申し送られている。

「御みやづかいを法華経とをぼしめせ」の一文は、信仰生活と日常社会生活との一致を教えられた文である。

もしその義候わば、用ヒて候はんには百千萬億倍のさいわいなり。今度ぞ三度になり候。法華經もよも日蓮をばゆるき行者とわをぼせじ。釋迦・多寶・十方の諸佛と地涌千界の御利生、今度みはて（見果）候はん。あわれ〳〵さる事の候へかし。雪山童子の跡ををひ、不輕菩薩の身になり候はん。いたづらにやくびやう（疫病）にやをかされ候はんずらむ。をいじに（老死）にや死ニ候はんずらむ。あらあさまし〳〵。願クは法華經のゆへに國主にあだまれて今度生死をはなれ候ばや。天照太神・正八幡・日月・帝釋・梵天等の佛前の御ちかい、今度心み候ばや。事々さてをき候ぬ。各々の御身の事は此より申シはからうべし。さでをはするこそ、法華經を十二時に行《ぎやう》ぜさせ給フにては候らめ。あなかしこ〳〵。御みやづかい（仕官）を法華經とをぼしめせ。一切世間治生産業ハ皆與二實相一不二スト相違背一セは此レなり。(110)

即ち、

(B)（法華経の）行者　一例、および、四條氏の信仰の在り様を、

(B)法華経を十二時に行ぜさせ給ふ＝法華経の行者、一例とすることが出来よう。

以上、第四節第二項『報恩抄』以後の述作についてにおける、(A)持経者、(B)法華経の行者関連語句を図表化する。

第五表（『報恩抄』以後の述作について）

	持経者	法華経の行者
四信五品鈔	1	4
乗明聖人御返事	1	0
上野殿御返事	0	2

下山御消息	3	10
頼基陳状	0	1
四條金吾殿御返事	0	1
富木殿御書	1	0
崇峻天皇御書	0	1
兵衛志殿御返事	0	3
松野殿御返事	0	6
三澤鈔	0	3
上野殿御返事	0	1
立正安国論（廣本）	2	0
檀越某御返事	0	2
累計	8	34

本項で特徴的なのは、法華経中の「持経者」に相当する語句を「法華経の行者」の意とされている処が多いことである。

管見では、法華経中に「法華経の行者」なる語句は見出せない。

又、初心の行者も又、法華経の行者たることが述べられている。

更に、この時期、門下に父・子、主・従等のトラブルがあったことが伺える。（『上野殿御返事』『下山御消息』『頼基陳状』『四條金吾殿御返事』『崇峻天皇御書』『兵衛志殿御返事』『三澤鈔』『上野殿御返事』）

聖人は、これらに対し、強信と激励をこと細やかに与えられている。尚、上掲の述作中、熱原法難の先兆を示唆されるものがある。

第五節　熱原法難を中心として

第一項　熱原法難について

（一）熱原法難の遠因

それを遡源すれば、聖人と南條兵衛七郎との出合いに行き着く。即ち、聖人と駿河との関係を示す最古のものは、文永元年十二月（小松原法難後一ヶ月）の南條七郎宛ての書状である。[111]七郎は、のちに富士郡最大の檀越となった時光の父で、恐らく鎌倉番役で上番した折、聖人に帰依したと考えられる。しかし右の書状によれば、その関係は必ずしもそれ以前の早くからのものであったとは考えられず、むしろ文永元年に近い時期だと思われる。[112]

しかも七郎は、この後いくばくもなくして死没している。[113]従って、聖人と七郎の子息時光との間には時光が成育し、有力な檀越となる迄に長い空白があったと思われる。この両者の間に介在して重要な人物は、日興である。

聖人と日興との邂逅は、佐渡流罪以前、聖人が七郎との死別を悼んで富士郡上野郷へ「わざとかまくらよりうちくだかり御はかをば見候ぬ」[114]の如く、この墓参のための来駿の時と考えられる。聖人はこの時の往還に、自己と同じ叡山横河の流れを汲む岩本実相寺に立ち寄られ、住僧と論談の機会をもたれた。その際、実相寺に場所も関係も近い天台寺院蒲原四十九院住僧の伯耆房も聖人に会い、その教説に惹かれて聖人の弟子になったと想定することができる。高木豊氏は、聖人と日興との師弟関係の成立時期を、文永初年のころであるという仮説を提出している(115)。

高木豊氏は、この文永初年において天台僧侶日興が、聖人の教説に傾斜していった決断への経緯は以下の如くであると述べる。

> 文永五（六八）年、岩本実相寺衆徒は幕府に「実相寺衆徒愁状著者註(一〇)」を捧げて、幕府の補任した院主の解任を請い、院主には住僧中から撰補することを願った。「愁状」は院主の非法五十一ヶ条を挙げて、速やかに解任することを懇願している。その非法は、(1)院主が寺内の秩序を全く混乱させ、寺の機能が停止したこと、(2)院主の非法はこれにとどまらず、住僧・下人・百姓の生活を脅かしていることの二つに大別される。この「愁状」は二つの注目すべき事実を語っている。すなわち、当時の寺院構成の中堅・中間層とも見られる供僧が団結し、自己の利益とともに百姓農民のそれをも守り、かれらの苦境を払い除けようとしたことがその一つであり、他はこの「愁状」を日興が書いていることである著者註(一一)。「愁状」にも見られるように、供僧が房地・供田をもっていたことは事実であるが、創立当初水田七町の寄進をうけたこと著者註(一二)、北条泰時から若干の寄進をうけたことなどからみて著者註(一三)、その寺領は決して広大なものではなかったことは直ちに想像され、また、これによって、供僧の房地・供田の経営が手作乃至たかだか小地主的性格を帯びざるを得なかったことは注目すべきである。そこに供僧らが百姓農民のためにも起ち上がった理由があるし、日興もまたこのような存在であった。

日興はかかる自己のあり方によって、広汎な被救済者層を設定することができたし、そこに煩瑣な形式をかなぐりすてて「仏道に入る根本は信をもて本とす……たとひさとりなけれども信心あらん者は鈍根も正見の者也著者註(一四)」と強調する日蓮の教説を急速に吸収していった理由があったのである。現実の教団・寺院内部の動揺、被救済者と現実的観念的にも同一の紐帯をもち得たことこそ、日興の決断の条件であった。しかも、このように天台教団内部から日蓮に傾斜していったのは、ひとり日興のみではなかった。当時の日蓮の周囲には多くの天台僧侶を見出すことができるし、天台大師智顗鑽仰の「大師講」も結成されるのであって、その意味でも、日蓮と日興の師弟関係の成立は、実は文永期の日蓮と門弟の動向の一つのあらわれということができるのである。[著者註(一五)] 佐渡流謫以前の日蓮は、むしろ天台教団の改革を企図しているのであり、日興との関係もこの動向にひっかけて考えるべきである。[116]

著者註(一〇)　北山本門寺文書（静岡県史料第二輯・富士宗学要集第十巻所収）

著者註(一一)　堀日亨師の御示教による。

著者註(一二)(一三)　著者註(一〇)に同じ。

著者註(一四)　『法華題目鈔』三九二頁。

著者註(一五)　本書第一章第二節参照。……日蓮の周囲に天台僧侶が集まり、文永初期に初まった大師講は晩年迄続いた。


即ち、岩本実相寺の院主の非法をめぐる「愁状」を日興が書いていること、そしてその内容として当時の寺院構成の中堅・中間層とも見られる供僧が団結し、自己の利益とともに百姓農民のそれをも守り、彼等の苦境を除けようとした。そしてその寺領は決して広大なものではなく、供僧の房地・供田の経営が手作乃至小地主的性格であったことが、供僧らが百姓農民のために起ち上がった理由であり、日興も又、このような存在であった。

日興はかかる自己のあり方によって、広汎な被救済者層を設定することができたのであり、そこに聖人の直截な教説を急速に吸収していった理由があり、現実の教団・寺院内部の動揺、被救済者と現実的観念的にも同一の紐帯をもち得たことこそ、日興の決断の条件であった。

しかも、この傾斜は日興のみでなく、当時の聖人の周囲には多くの天台僧侶を見出すことができ、「大師講」も結成されるのであって、佐渡流謫以前の聖人は、むしろ天台教団の改革を企図しているのであり、日興との関係もこの動向の中で考えるべきであると述べる。(117)

以上のように、文永初年において聖人は、のちの富士郡における教線発展の二つの礎石を置かれた。一つは富士郡の檀越の中枢となった南條氏との関係、他は同地の門弟の総師―富士郡ばかりでなく、甲斐・駿河・伊豆の三国にまたがる―である日興との師弟関係である。

だが、この両者は当初においてはなんらの結びつきをもたなかったから、同地方における聖人の門弟の形成は、この両者の結びつきを出発点としていくことであった。しかし、この礎石はあくまで萌芽的段階にあり、その発展は聖人の身延入山以後をまたなければならなかったのである。

佐渡帰還後の第三の国諌に失意された聖人は、政治権力に向っていた眼を、個々の檀越・弟子に向けられ、自己の教説の伝播をいっそう考えられるようになった。その方策の一つは弟子の育成であり、他の一つは面接や書状による檀越の教導である。かかる聖人の企図と身延の雰囲気の中から教線発展のにない手が輩出した。聖人に替わって、佐渡流罪以前からの檀越を教導する弟子の活動が展開されていった。佐渡で聖人に随従し、その教説を蓄積して佐渡から帰った日興の活動も、かかる門弟形成運動の一環としておこなわれていくのであった。

又、時光も、母尼御前の聖人への信仰、更には、かつての聖人自らの父への墓参を介して、徐々に聖人に近づきつつあったと云い得よう。

（二）日興の弘通活動

聖人の身延入山以後における、日興の駿河での弘通の出発点は南條氏との結びつきであった。文永

十一年七月―入山二ヵ月後―南條時光は身延の聖人に供養の品を届けたのである。聖人は丁重な礼状の中で、

かまくらにてかりそめの御事とこそをもひまいらせ候しに、をもひわすれさせ給《ハ》ざりける事、申《ス》ばかりなし。こうへのどの（故上野殿）だにもをはせしかば、つねに申《シ》うけ給《ハリ》なんと、なげきをもひ候つるに、をんかたみに御み（身）をわか（若）くしてとどめをかれけるか。すがたのたがわせ給《ハ》ぬに、御心さへにられける事いうばかりなし。法華經にて佛にならせ給《ヒ》て候とうけ給《ハリ》て、御はかにまいりて候しなり。又この御心ざし申《ス》ばかりなし。今年のけかち（飢渇）に、はじめたる山中に、木のもとに、このはうちしきたるやうなるすみか、をもひやらせ給《ヘ》。このほどよみ候御經の一分《ヲ》ことの（故殿）へ廻向しまいらし候。あわれ人はよき子はもつべかりけるものかなと、なみだかきあへずこそ候し。妙荘嚴王は二子にみちびかる。かの王は惡人なり。こうへのどのは善人なり。かれにはにるべくもなし。南無妙法蓮華經／＼[118]。

父の遺志を継いで父子二代に亙る信仰の結びつきを非常に喜ばれている。

このようにして、佐渡流罪以前の南條氏と聖人の師檀関係は復活していった。入山の翌年には、日興は聖人の代理として故七郎の墓前に自我偈を読んでいて[119]、これ以後、日興が時光の授法の師となっていることが伺える[120]。

かくて、文永・建治のころには富士郡の教線拡張の基礎は固められ、日興はさらに、南條時光の血縁関係を辿り師説を流伝して行くのである。

以下に述べる檀越は、南條氏及び日興の血縁に当り、新田氏は伊豆に、高橋・由井氏は駿河富士郡下方に、南條・石川氏は同上方に居住していた御家人であり、このうち南條・石川両氏は地頭御家人であった[121]。

日興は佐渡から帰って甲斐・駿河を経廻して聖人の教説を弘めたが、同時に彼は蒲原四十九院の住僧であった。四十九院は彼が年少僧の日持・賢秀・承賢を自己の弟子とし、隣接の岩本実相寺住僧の肥後公・筑前房・豊前房・日仲ら、さらに熱原滝泉寺の日秀・日辨・日禅らをも弟子に転化させ、実相寺・四十九院・滝泉寺等天台寺院内部に聖人の教義を核とする橋頭堡を築いていったのである。これらの弟子が日興を助け、積極的に新しい檀越を獲得していったことは大きな前進であった。(122)

そして、高木豊氏は以下のように述べる。

> 日興の弟子日秀らが実相寺・四十九院・滝泉寺等富士郡下方の寺院の住僧であり、日興・日蓮に師事したのちも、これらの寺院に居住していたことは、自然とかれらの弘通の主力を下方に集中させていった。かくて獲得された下方の檀越は次のとおりである。
>
> 下野房日秀弟子　　越後房日弁弟子
> 熱原六郎吉守　　江美弥次郎
> 熱原新福地神主　　太郎太夫入道一子息弥太郎
> 三郎太郎　　舎弟又次郎
> 　　弥四郎入道
> 　　田中弥三郎
>
> かれら下方の檀越は、富士郡上方の日興・日蓮の檀越である南条氏ら御家人層とは、その社会的地位を異にした農民層であったろうと思われる。日蓮が「彼のあつわらのぐちのものども」著者註(四三)「熱原百姓等」著者註(四四)といっていることや、「本尊分与帳」にこれら下方の檀越の前に「百姓・家人」として上方のものを二、三記載してあり、さらに南条氏ら御家人と「俗弟子分」と一括し、右にあげた上方・下方の百姓らを「在家人弟子分」と括っていることなどを見ても、かれらが「侍」に対する「凡下」の輩であったことは間違いないであろう。しかも、かれらもまた、南条氏らと同じく、日蓮自筆の本尊を分け与えられているのであって、信仰面においては、この上下関係が存在しなかったともいえよう。このように、日興やその弟子

が凡下の輩を包摂することのできたのは、日蓮の教説が内包する庶民性・易行性の故であったことはいうまでもない。

「今末法に入ぬれば、余経も法華経もせんなし、但南無妙法蓮華経なるべし」[著者註(四五)]と、ただ題目にのみ自己の専心帰依すべき対象を設定する態度は、かつての古代仏教の煩瑣な信仰に比べれは、いかに端的直截、かつ純粋であったろう。[123]

以上、日興の教説のにない手となった弟子たちが、供僧という位置によって、帯びざるを得なかった百姓農民との利害関係の共通性もまた、かれらに積極的に働きかけた大きな条件の一つとなっていたであろう。つまり教説の内容と社会的位置によって、弘通対象としての農民が浮かびあがってくるのである。

著者註(四三)『聖人御難事』『定遺』一六七四頁
著者註(四四)『伯耆殿御返事』『定遺』一六七六頁
著者註(四五)『上野殿御返事』『定遺』一四九二頁

(三) 門弟への迫害

聖人の教説は専修性が強く、それ故に政治批判を内包していたから、門弟もまた迫害・弾圧を蒙った。

高木豊氏は以下の如く述べる。

建治年間——恐らく建治二(一二七六)年と思われる——、熱原滝泉寺院主代行智は日興の弟子である三河房頼円・日秀・日弁・日禅らに対して、法華経は不信用の法であるといって、法華読誦を停止し、阿弥陀経読誦や念仏を強要し、それをおこなう起請文と交換に、所職・住房等の安堵を約した。ここにおいて、頼円は行智の強要に屈したが、日禅はこれを容れずして富士郡河合に去り、日秀・日弁もこれに従わず、なお滝泉寺に寄宿したが、のちには、住房を奪い取られた。著者註(一)日秀らが、なお同寺に寄宿できた理由はわからないが、この行智の強要と日秀らの態度においては、弥陀信仰と法華信仰とが対立の軸になっている。確かに日秀らの――ひいては日興↓日蓮の――法華信仰は、系譜的には天台教団本来の面目であったが、院主代の弥陀信仰は当時の天台教団の支配的な風潮をあらわすものであってみれば、むしろ日秀らの法華信仰が当時の天台教団の方向と背反し、その専修性は寺内秩序にとって破壊的なものとうけとられたと考えるべきであろう。まして、日秀らがその信仰を内面的・個人的なものとして、自己の安心のためのものだけでなく、その共鳴や支持、つまり弘通と門弟の創出を意図し、かつそれを小規模ながら実現していたのであるから、かれらの行動の寺内秩序への破壊力は痛感されたであろう。したがって、右にみた院主代の強要は、かれらの行動に終止符をうったものでない。現に、日秀・日弁らは、その強要を聞きいれず、なお同寺に留まっていた。それ故、このことはむしろ前哨戦であったというべきで、対立の爆発が本節の主題である〈熱原法難〉であった。(124)

著者註(一)『滝泉寺申状』『定遺』一八六一頁

又、同氏は以下の如く述べる。

いっぽう、日興の弟子肥後公・豊前公らのいた岩本実相寺にも対立が起こっている。建治四(七八)年、日蓮が豊前公に与えた書状によれば、実相寺住侶尾張阿闍梨と日興の弟子たちの間に、かれらの弘通の態度をめぐって、論争がおこっている。尾張阿闍梨は豊前公らの諸宗批判を非難した。日蓮はこの報告をうけとるや、尾張阿闍梨の所論を批判して、諸宗批判の根拠を、豊前公に教示したのである。著者註(三)実相寺内においても、日蓮の門弟の行動に対する非難と、門弟と他の住僧間に対立のあったことが知られよう。

さらに同じ年——ただし、改元後の弘安元（一二七八）年——日興・日持・賢秀・承賢ら、蒲原四十九院グループにも迫害がおこり、同寺寺務二位律師厳誉は、日興らの住坊・田畠を奪い取り、かれらを寺内から追放した著者註(四)。

同年三月、日興らは厳誉の処置の不当を主張し、かれとの召合せ・対決を願っている。日興らの申状によれば、厳誉が日興らを追放した理由は、「四十九院内日蓮弟子等令二居住一之由有二其聞一、彼党類乍レ学二仏法一同二外道之教一、令下改二正見一住中邪義旨上」むるところにあった。このことを、寺内追放・所職奪取の理由とすれば、かえって、次のことを指摘できよう。第一に、日興の弘通が効果をあげ、〈党類〉とみられるまでに成長したこと、第二に、日興らの弘通するところ＝日蓮の教説が外道邪義との評価をうけていたこと、第三に、それにもかかわらず、弘安元年においても、日蓮の弟子の一部がまだ天台寺院に寄住していたこと、などである。(125)

著者註(三)『実相寺御書』『定遺』一四三三頁
著者註(四)『四十九院申状』宗全興尊集九三頁

これに対し、高木豊氏の所説は以下の如くである。

日興らは「四十九院申状」で、「夫仏法者、依二王法之崇高一増レ威、王法者、依二仏法之擁護一長久」といって、仏法・王法の相即観を示し、かれらの追放によって、「已失二御祈禱便宜之学道一」うといって、寺院のもつ祈禱の役割を否定はしないが、そのあとで、日蓮の法門は「他国来難之刻、一閻浮提之中大合戦起時、国主用二此法一可レ勝二于兵乱一之秘術」であるといって、日蓮の教説から逸脱せず、あくまでも、法門の勝劣権実を強調するのであって、単なる機能の提供は肯定していなかった。

四十九院の供僧日興らの主張や態度が以上のようなものであったことは、かれらの動きが天台教団の革新的動向をあらわすものであったことを示している。

すでに（党類）と見なされるまでに成長し迫害を加えられ、対立を生ずるようになればそれに堪え対抗するため、その結束をいっそう強固なものにしなければならなかった。聖人のこうした点についての教導も、建治年間になると顕著にあらわれてくる。

建治元年六月二十七日の『浄蓮房御書』には「返ス返スするがの人々みな同シ御心と申させ給ヒ候へ」(126)と追申され、同四年にも『三澤鈔』に「かへす〴〵。するがの人々みな同シ御心と申サせ給ヒ候へ」(127)と前書きされ、異体同心を強調されている。

聖人が駿河における教線の伸長に万全の注意を払われているのは、駿河が得宗領であり、北條氏の得宗政治の基盤として、強固な政治権力がおおいかぶさっていたことを熟知されていたからであった。政治権力による弾圧の先例には〈文永八年の法難〉がある。

駿河における門弟たちの緊張関係は建治年間に発散し、弘安二年の熱原法難となって爆発する。そして、高木豊氏は次のように述べる。

弘安二（一二七九）年九月の〈熱原法難〉に先立つこと半歳、四月の熱原浅間社の神事の最中に、行智は富士郡下方政所にすすめて日秀の檀越らに刃傷沙汰になるように仕向けさせ、さらに八月には檀越「弥四郎男」の頸を斬らせた。しかもその斬首は、日秀らの刎頸に擬するものであったという。著者註（一三）ここに注目すべきは、得宗領駿河の在地支配を目的とした下方政所と行智の結託である。このことはまず、行智が権力を利用する側に立っていたことを証するとともに、四月の迫害には、すでに得宗権力の末端機構も参加していたことを示している。行智はその権力を前面に押出し、それによって、この迫害に成功したと結論できるのであって、そのことはさらに、一寺院内部の住僧対院主代との対立を超えて、権力の介入による弾圧がおこなわれようとする段階に突入したことを物語っている。こうして、〈熱原法難〉が惹起されていく。[128]

著者註（一三）『滝泉寺甲状』一六八一頁

ついに熱原法難は起こったのである。

（四）熱原法難

法難は弘安二（七九）年九月から十月にかけて起こった。その経過は十月に聖人が日秀らに代って書かれた『滝泉寺申状』[129]によって知ることができる。又、同月十二日の『伯耆房御返事』にも、法難について述べられている。

大體以二テ此趣一ヲ可二キ書キ上一ク歟。但シ熱原ノ百姓等令二メハ安堵一セ者　日秀等別ニ不レル可レラ有二ル問注一歟。大進房・彌藤次入道等之至二テハ狼籍ノ事一ニ　源ト依二リテ行智之勸一ニ　所二殺害刃傷一スル也。若シ又可レキ及二フ起請文一ニ事　申レサハ之ヲ者全ク不レ可レ書ク。其故ハ者　人ニ被二タル殺害刃傷一セ上　重テ書二キ起請文一ヲ守レラハ失ヲ者　古今未曾有ノ沙汰也。其上　行智之所行如レクナラハ令レル書カ者　容レル、身ヲ處なく　可レキ行フ之罪無レキ方歟。穴賢々々。存二シ此旨一ヲ　問注之時　強々《つよ〲》と申レセ之ヲ。定テ可レキ及二フ上聞一ニ歟。又行智證人を立テ申サハ者　彼等の人々行智と同意して百姓等が田畠數十苅リ取る由申レセ之ヲ。若シ又出二サハ證文一ヲ者　謀書之由申レセ之ヲ。悉ク證人ノ起請文ヲ用フべからず。但現證の殺害刃傷而已。若シ背二ク其義一ニ者は非二ス日蓮之門家一ニ〳〵。恐々。

弘安二年十月十二日　　日蓮花押

伯耆殿

日秀

即ち、大問題を抱える法難である。

尚、高木豊氏は、『滝泉寺申状』は弘安二年十月に書かれたもので、『申状』中には「今月二十一日」とあり、十月に事件が起こったかに思われるが、法難についての日蓮の書状は「十月一日」（聖人御難事）・「十月十二日」（伯耆房御返事）・「十月十七日」（変毒為薬御書）等の日付をもっているから、事件は九月に起こったとすべきであると述べる。(131)

『滝泉寺申状』によれば、行智は次の二ヵ条によって日秀らを訴えたのであり、この二つが法難の契機である。

A日秀・日弁号二日蓮弟子一、自二法華経一外余経真言行人者、皆以今世後世不レ可レ叶レ之由申之。(132)

B今月（九月）二十一日、催二数多人勢一、帯二弓箭一、打二入院主分之御坊内一、下野房（日秀）乗レ馬相二具熱原百姓一、紀次郎男立二点札一苅二取作毛一、取二入日秀住房一畢。(133)

右のBの結果、苅田狼藉の当事者として、百姓二十名が逮捕され、鎌倉に拘引された。この処置の不当を述べ、かれらの釈放を要求したのが『滝泉寺申状』である。弁明も右の二項に集中している。以上二つの訴因の内、Aは聖人の教説伝播のところには常に存在したものであったから、法難の直接の原因がBにあったことはいうまでもない。

前述の『伯耆殿御返事』による如く、事実は全く逆であった。苅田狼藉は実は行智の手によって惹起された事件であった。九月二十一日、行智とその同調者が、日興・日秀らの檀越であった百姓たちの作毛を刈取ろうとしたのに対して、日秀・日弁や百姓がそれを阻止しようとして乱闘となり、この結果、日秀らの檀越の百姓二十名を鎌倉に拘引し、さらに行智が日秀・日弁らを訴えたのである。

百姓農民の利益の蹂躙は、あたかも安房東條郡における地頭景信の非法にも共通し、ひいては当時一般的になっていた在地領主の動向に似通うものである。

行智が入道＝在家沙弥でありながら、院主代たり得たのは、当地におけるかれの勢力によったものであろう。この勢威こそ、下方政所代との結託およびその力の利用を可能にしたものではなかったかと思われる。

かくして、事件の解決は検断沙汰を管掌する侍所々司平頼綱の手に委ねられた。

高木豊氏は次のように述べる。

〈法難〉の二十年後の永仁六（一二九八）年、日興は往時を回想して次のように記した。

　富士下方熱原郷住人　神四郎兄
　富士下方同　郷住人　弥五郎弟
　富士下方熱原郷住人　弥次郎
此三人者、越後房（日弁）・下野房弟子廿人内也。弘安元年奉二信始一処、依二舎兄弥藤次入道訴一被レ召二上鎌倉一、終仁被レ切レ頸畢。平左衛門入道沙汰也。子息飯沼判官十三歳ヒキメヲ以テ散散仁射天、可レ申二念仏一之旨再三雖レ責レ之、更以不レ申之間、張本三人ォ召禁天所レ令二斬罪一也。枝葉十七人者雖レ令二禁獄一、終仁放畢……著者註（二〇）

頼綱・資宗父子の強要に対して、神四郎らは肯んずることなく、再三の責にも屈せず、むしろ題目を唱えて、これに反抗した。「彼等蒙二御勘気一之時、奉レ唱二南無妙法蓮華経、南無妙法蓮華経一、偏非二只事一、定平金吾（頼綱）之身入二易十羅刹一、試二法華経行者一歟……」と、日蓮を感歎させる態度を貫きとおしたのであった。著者註（二一）

このように、念仏を強要されても、それをおこなわなかったのは、神四郎らが強要の無視と唱題をとおして権力にプロテストしたことにほかならない。自己の利益を踏みにじられたものの悲しみ・憤りや、自己の利益を犠牲にすることによってのみ成立する権力へのプロテストが、念仏の強要に対する唱題となって表現されたのである。しかも三人ともに題目を唱え、念仏しなかったことは、かれらが唱題による救済の確信をもっていたことを示している。(134)

著者註(二〇) 「本尊分与帳」宗全興尊集 一一六頁。なお静岡県北山本門寺所蔵日興自筆本尊には「徳治三(一三〇八)年卯月八日、駿河の国富士の下方熱原の住人神四郎、法華衆と号し、平左衛門の為に頸を切らるゝ三人の内なり。左衛門入道法華衆の頸を切るの後、十四年を経て謀叛を謀り誅せられ畢ぬ。其子孫跡形無く滅亡し畢ぬ」の脇書がある(富士宗学要集第八巻所収)。

著者註(二一) 「変毒為薬御書」日興写本 一六八三頁。

そして、苅田狼藉は斬首三名・禁獄十七名という苛酷な処置を以て落着した。

○法難の構造

高木豊氏は以下の如く述べる。

北条氏の執権政治が、武家・公家の二元的世界を一元化する政治的課題を遂行していったことは周知のとおりである。その過程において、御家人の宿老による評定衆の合議制から、北条執権政治、ついで得宗独裁政治という政治形態をとっていった。さらに、総領制の維持発展を以て、北条氏発展の要素とする伝統的見解と、庶子支族の分立的傾向に順応して、同氏発展の基盤を主として得宗被官の上に置こうとする傾向との対立が激化し、段階的には後者が優勢化し、北条氏得宗の独裁・得宗被官本位の中央集権がおこなわれるようになっていった。著者註(二四) かかる傾向のなかで、得宗権力の基盤たる得宗領の在地統制の強化がおこなわれることは当然である。下からの反発は、たとえそれが自分たちの利益を守り、それを侵されまいとするだけの単純な目的しか持たないにしても、それは得宗独裁権力の基礎を動揺させるものとして拒否されなければならなかった。百姓農民の理非はすでに問うところではなく、それが得宗権力を動揺させるかそうでないかが、得宗被官・侍所々司頼綱の熱原の百姓に対する処置を左右させるものであった。些細なものすら自己の側にくみいれ、強化・安定をたすけようとする権力の本質は、些細な反発に対しても鈍感・寛容ではあり得ない。まして、かれらは、政治権力の優位を承認しないで、仏法の下に権力を従属させようとする立場を、絶えず表明・実践してきた日蓮の門弟であった。熱原の百姓が下方政所代と結託した行智に対抗し、鎌倉において頼綱の念仏強要に唱題を以て答えた時、頼綱は日蓮の教説の定着に驚いたであろう。罪科はいっそう重く、苛酷なものにならざるを得ない。(135)

著者註(二四)　佐藤進一「幕府論」(中央公論社版『新日本史講座』所収二五頁以下)、同「鎌倉幕府政治の専制化について」(竹内理三編『日本封建制度成立の研究』所収)等を参照。

いっぽう聖人は、日興・日秀らに百姓たちの救出について指示を与え、鎌倉拘引直後と思われる十月一日には、鎌倉の門弟に書状を送って、百姓たちを激励するよう命じられている。

彼のあつわら(熱原)の愚癡の者どもいゐはげま(言励)してをどす事なかれ。彼等には、ただ一えん(圓)にをもい切れ、よ(善)からんは不思議。わる(悪)からんは一定とをもへ。ひだるしとをもわば餓鬼道ををしへよ。さむしといわば八かん地獄ををしへよ。をそろしといわばたか(鷹)にあへるきじ(雉)、ねこにあへるねずみを他人とをもう事なかれ。(136)

聖人は鎌倉の門弟に百姓たちを激励すべく、その説得のしかたまで教えたのである。先述の神四郎らの唱題の背後には、このような聖人の指示と鎌倉の門弟の応援があったのである。

又、高木豊氏は、

さらに、日蓮はこの書状の中で「一定として平等(平頼綱等)も城等(秋田城介安達泰盛等)もいかりて、此一門をさん／＼となす事も出来せば、眼をひさ（塞）いで観念せよ」と、鎌倉の門弟に教えているように、この〈法難〉をありきたりの迫害としてではなく、門弟全般に拡大して考えている。このころ、駿河の窪尼にも「さてはあつはらの事、こんどをもってをぼしめせ。さきもそら事なり。かうとの（相模守殿）は人のいゐしにつけて、くはしくもたづねずして、此御房をながしける事、あさましとをぼして、ゆるさせ給てのちは、させるとがもなくては、いかんが又あだせらるべき」と我が身にあだせられるものと感知している。著者註（二六）また、富士郡上方の南条時光も〈法難〉後「わづかの小郷にをほくの公事ぜめにあてられて、わが身はのるべき馬なし、妻子はひきかくべき衣なき」状態に追いこまれている。著者註（二七）このように、〈法難〉を、局地的な一部の門弟への弾圧とうけとらずに、日蓮その人への迫害、門弟全般の迫害としてうけとったのは、いかなる理由があったのであろうか。

北条得宗権力の独裁化は、御家人を政治の舞台から後退させ、それに替わる得宗被官の優力化は、必然的に御家人対得宗被官の緊張関係を増大し、ついに弘安八（一二八五）年、霜月騒動という政治史的事件を激発させた。日蓮の活躍期は建長五（五三）年から弘安五（八二）年におよんだから、その活動期は右の政治過程に含まれている。日蓮は革新的天台僧として発足し、次第に新しき宗教者としての活動を展開していった。かれの法華＝仏法至上主義は既成・新興教団の批判と政治批判をともなっていた。この現状批判の態度は、かれの教説を、得宗独裁政治・得宗被官の優力化によって醸成された御家人の反得宗独裁・反得宗被官の心情に浸透することを可能にしたのではなかったろうか。

日蓮は『立正安国論』(137)を北条時頼に上申した。それは、得宗が実権を掌握していることを知悉していたからである。

と述べている。

著者註(二六)『窪尼御前御返事』一五〇二頁。本書状の年次推定は「定本」は弘安元年、山中喜八氏は同三年とするが、「五月三日」付である本書状を、その内容からいって弘安二年四月の刃傷の翌五月に書かれたものと推定する。

著者註(二七)「上野殿御返事」一八三〇頁。

更に同氏は、聖人の危機意識と危懼感を次のように述べる。

文永十一(七四)年、日蓮が身延に向う途上、駿河富士郡在住の檀越高橋氏との再会を望みながら、ついに訪問しなかったこと、「するがの国は守殿の御領、ことに富士なんどは後家尼ごぜんの内の人々」が多いから、往還の弟子に「富士賀島の辺にあなかしこ〳〵立ちよるべからず」と誡めたことなどは、著者註(三三)得宗被官と檀越である御家人の緊張を慮ったからであった。日蓮が〈熱原法難〉を局地的紛争としてではなく、自己と門弟の危機としてうけとり、門弟に異躰同心の結束を要請したのは、以上の政治史の動向のなかで、法難が起こったと意識したからにほかならない。頼綱が百姓に苛酷な処置をおこない、日蓮が門弟の危機として重視したのは、事件が鎌倉政治史の動向と、日蓮の門弟の性格と動向の結節点であったからである。

かくして、〈熱原法難〉は、(1)滝泉寺院主代と同寺に寄住する日蓮の弟子との対抗関係、(2)院主代＝在地有力者と日蓮の檀越＝百姓との対抗関係、(3)背景としての、得宗権力・得宗被官と日蓮の檀越＝御家人の対抗関係、等の上に織りなされた政治的・社会的・宗教的事件であった。そして、日蓮の門弟に下圧した政治権力のありかたは、在地統制の強化、得宗被官を支柱とする得宗独裁権力という、鎌倉政治史の弘安期を象徴するものであったといえよう。(138)

即ち、聖人は熱原法難は、局地的紛争ではなく自己と門弟の危機として受け取られ、鎌倉政治史の動向の中でとらえられている。

著者註(三二) 「高橋入道殿御返事」一〇八九頁。

熱原法難は、百姓農民の斬首と禁獄、かれらの指導者日秀・日弁の下総亡命を以て、その終末をつげる。禁獄された百姓の釈放された時期は不明である。

高木豊氏は、熱原法難以後の展望を以下のように述べる。

日蓮の仏法＝法華至上主義は二つの内容をもっていた。一つは、政治権力を従属させ、それによる仏国土建設・衆生済度を一挙におこなおうとするものである。二つは、広汎な被救済者層を予想し、その救済を個々の弘通によっておこなおうとするものであった。日興・日持・日秀・日弁たちの弘通は、第二の点を軸にしておこなわれた。そのことは、日蓮――日興(六老僧)という段階を設定しなければならないことを示している。のちに六老僧と呼称された弟子たちは、この〈門流〉の基礎が築かれていくのは、このためである。日蓮の晩年・没後において、各地に〈門流〉形成の推進者であり、かれらが、地方に教線を伸張していくためには、第二の点を前面に出さざるを得なかった。しかし、いずれかの偏重は時にはあったが、右の二つが交錯しながら現われるところに、日蓮教団の展開があった。ごく限られた小規模な地域で在地領主の権力をバックに、法華至上主義を貫徹させた例もあったのである[139]。

即ち、聖人滅後の門流の形成の必然性についての卓見と思われる。

(五) 熱原法難中の遺文

さて、熱原法難中、(A)持経者、(B)法華経の行者関連の語句を擁する遺文は、『聖人御難事』、『滝泉寺申状』、『変毒為薬御書』、『上野殿御返事』である。

（一）『聖人御難事』　弘安二年十月一日、聖寿五十八歳

本書は宛名が「人々御中」とあるように、日蓮教団の危機的状況に際し、四條金吾を介して門下一同を誡め励ました書状である。

本書述作の背景には熱原法難があり、聖人は、この法難勃発を契機として門下一同を激励し教誡したものである。本文中では、熱原の信徒たちに対して十分に教化と勧信を行なうよう念告されている。就中、今は鎌倉でも駿河でも日蓮門下に対する弾圧は厳しいが、たとえ何人といえども日蓮の一門を害することは出来ないから、獅子王の如き心をもって強盛の信心に住せよと誡め、法難に対する覚悟を要請している。

又、題号は、聖人が四度の法難に値われたことを挙げ、聖人が法華経の行者であることを明記されていることから、後人が付している。

況滅度後の大難は龍樹・天親・天台・傳教いまだ値ヒ給はず。法華經の行者ならずといわばいかでか行者にてをはせざるべき。又行者といはんとすれば佛のごとく身より血をあや（滴）されず。何カニ況や佛に過キたる大難なし。經文むなしきがごとし。佛説すでに大虚妄となりぬ。而ルニ日蓮二十七年が間、弘長元年辛酉五月十二日には伊豆ノ國へ流罪。文永元年甲子十一月十一日頭にきず（疵）をかほり左の手を打チをらる。同シキ文永八年辛未九月十二日佐渡の國へ配《はいる》流、又頭《くび》の座に望《のぞむ》。其外に弟子を殺サれ、切ラれ、追ヒ出サレ、くわれう（過料）等かずをしらず。佛の大難には及フか勝レたるか其は知ラず。龍樹・天親・天台・傳教は余に肩を竝ヘがたし。日蓮末法に出テずば佛は大妄語ノ人、多寶十方の諸佛は大虚妄の證明なり。佛滅後二千二百二十餘年が間、一閻浮提の内に佛の御言を助ケたる人但日蓮一人なり。過去現在の末法の法華經の行者を輕賤する王臣萬民、始は事なきやうにて終《つひに》ほろびざるは候はず。[140]

以上、(B)法華経の行者　四例があげられるが、前三例は龍樹・天親・天台・伝教は況滅度後の大難に値っていないので、法華経の行者とは言い得ず、後一例は聖人一人が末法の法華経の行者たることを明かされている。

(二)『滝泉寺申状』　弘安二年十月

熱原法難に関する最重要書である。

本状は、既述の如く、駿河国富士下方滝泉寺院首代平左近入道行智が弘安二年（一二七九）同寺大衆下野房日秀・越後房日弁らを訴えた訴状に対する弁明で、訴状に対する陳状であり「日秀・日弁等陳状」とよぶべきものである。

就中、以下の一文は行智の非法の一部に及び、法華経の行者たる日秀・日弁等の住房を奪い取り、謀案を構えて、種々の不実、申付けたと述べられる。

行智ハ乍レラ補ニシ當寺靈地之院主代一ニ　仰ニセテ于寺家三河房頼圓・竝ニ少輔房日禪・日秀・日辨等一ニ　行智於ニテハ法華經一ニ者不信用之法也。速ニ停ニ止シ法華經ノ讀誦一ヲ　一向ニ讀ニミ阿彌陀經一ヲ　可レキ申ニス念佛一ヲ之由　書ニケハ起請文一ヲ　可ニキ安堵一ス之旨　令ニムルノ下知一セ之間　頼圓ハ者　随ニテ下知一ニ書ニテ起請一ヲ　雖レ令ニト安堵一セ　日禪等ハ者　依レテ不レルニ書ニカ起請一ヲ　奪ニヒ取ルノ所職ノ住房一ヲ之時　日禪ハ者　即令ニメ離散一セ畢ンヌ。日秀・日辨ハ者　依レテ爲ニルニ無頼之身一　相ニヒ憑ミ所縁一ニ猶令レムル寄ニ宿セ寺中一ニ之間　此四ケ年之程　奪ニヒ取リ日秀等之所職ノ住房一ヲ　打ニチ止ムル嚴重ニ御祈禱一ヲ之餘リ　惡行猶以テ不ニシテ飽キ足一ヲ　爲レニ削ニンカ法華經行者ノ跡一ヲ　構ニヘテ謀案一ヲ　申ニシ付クル種々ノ不實一ヲ之條　豈ニ非ニスヤ在世之調達一ニ哉。[141]

即ち、(B)法華経の行者　一例が挙げられる。

(三)『変毒為薬御書』　弘安二年十月十七日　興師本

宛名の「聖人等」とは日興・日秀・日弁らを指す。

内容は、熱原の百姓たちが投獄された時、ひたすら南無妙法蓮華経と唱え奉ったことはただごとではない。さだめて取り調べの平頼綱の身に十羅刹女が入りかわって彼らの強信をためされたのであろうと、述べられる。

彼等蒙二ル御勘氣一ヲ之時　奉レルト唱二ヘ南無妙法蓮華經　南無妙法蓮華經一ト。偏ニ非二ス只事一ニ。定メテ平ノ金吾之身ニ入二リ易ハリテ十羅刹一ノ　試ミタマフ法華經ノ行者一ヲ歟。例セハ如二シ雪山童子尸毘王等一ノ。將タ又惡鬼入二ル其身一ニ者歟。釋迦・多寶・十方ノ諸佛・梵帝等　可レキ為レス守二護五々百歳之法華經ノ行者一ヲ之御誓ハ是也。大論ニ云ク　能ク變レシテ毒ヲ為ス藥レト。天台云ク　變レシテ毒ヲ為レス藥ト云云。妙ノ字不レンハ虚ラ　定メテ須與ニ有二ラン賞罰一歟。(142)

即ち、熱原の百姓たち二十名が、捕われの身であり、恐らく辛い仕打を蒙っているだろうが、平頼綱に対し、唱題を口々に行なうことで命がけの抵抗を示したのである。それは頼綱の身に十羅刹女が入って法華経の行者を試したのである。したがって禁獄された全員の一人々々を法華経の行者として、その強信を賞されたのである。

又、釈迦・多宝・十方ノ諸仏等は五々百歳の法華経の行者を守護する御誓いは、ここにあらわれたのであると述べられる。

以上、(B)法華経の行者　二例が挙げられる。

(四)『上野殿御返事』　弘安二年十一月六日

本消息は、同年起きた熱原法難にかかわって書かれた。宛名の「上野賢人殿」は南條時光である。

佛になる道が難関であることを述べられ、信仰に殉ずることを勧められる。そしてこのように書くのは「あつわらの事のありがたさに申す御返事なり」と追伸され、時光が熱原法難に際し退転しなかったことを讃えられている。

佛になるみちこれにをとるべからず。いをの龍門をのぼり、地下《ちげ》の者のでんじやうへまいるがごとし。身子《しんじ》と申せし人は佛にならむとて六十劫が間、菩薩の行をみてしかども、こらへかねて二乘の道に入リにき。大通結縁の者ハ三千塵點劫、久遠下種の人の五百塵點劫、生死にしづみし。此等は法華經を行ぜし程に第六天の魔王・國主等の身に入リてとかうわづらはせしかば、たい(退)してすてしゆへに、そこばくの劫に六道にはめぐりしぞかし。かれは人の上とこそみしかども、今は我等み(身)にかかれり。願くは我弟子等、大願ををこせ。去年去々年のやくびやうに死ニし人々のかずにも入ラず。又當時蒙古のせめにまぬかるべしともみへず。とにかくに死は一定なり。其時のなげきはたうじ(當時)のごとし。をなじくはかりにも法華經のゆへに命をすてよ。つゆ大海にあつらへ、ちりを大地にうづむとをもへ。法華經ノ第三ニ云ク 願クハ以ニテ此功德ヲ一普ク及ニシ於一切ニ一 我等ト與ニ衆生一皆共ニ成ニセン佛道ヲ一云云。恐々謹言。

十一月六日　　　　　　日　蓮　花押

上野賢人殿　御返事

此はあつわら(熱原)の事のありがたさに申御返事なり。(143)

就中「法華経を行ぜし程に云々」の一文に留意し、

(B)法華経の行者　一例としたい。

以上、第五節第一項『熱原法難』についてにおける、(A)持経者、(B)法華経の行者関連の語句を図表化する。

第五表（第五節第一項　熱原法難について）

	持経者	法華経の行者
聖人御難事	0	4
滝泉寺申状	0	1
変毒為薬御書	0	2（20）
上野殿御返事	0	1
累計	0	8（26）

(A)持経者　ゼロ例、(B)法華経の行者　八（二六）例である。

熱原法難は、駿河という一地方に起こった局地的法難ではなかった。そのルーツは遠く文永年間での聖人と南條七郎との出会いに始まり、聖人と日興との師弟関係の成立が、大きな要素となっている。

そのきっかけは、聖人の故七郎の墓参のための来駿であった。天台僧侶として蒲原四十九院の供僧である日興は、寺院構成の中間層たる供僧が団結し、自己の利益とともに百姓農民のそれをも守り、かれらの苦境を払い除けようとするための「実相寺衆徒愁状」を書いている。

日興は、かかる自己の在り方によって、広汎な被救済者層を設定することができ、そこに聖人の「信をもて本とす」と強調される、直截な教説を急速に吸収していったのである。

このように天台教団内部から聖人に傾斜していったのは日興のみではなく、佐渡流謫以前の聖人は、むしろ天台教団の改革を企図しているのであった。

以上のように、文永初年において聖人は、のちの富士郡における教線発展の二つの礎石を置かれたのである。しかし、その発展は聖人の身延入山以後をまたなければならなかった。

佐渡帰還後の第三の国諌に失意された聖人は、政治権力に向っていた眼を、個々の檀越・弟子に向けられ、その方策の一つは弟子の育成であり、他の一つは面接や書状による檀越の教導である。佐渡から帰った日興の活動も、かかる門弟形成運動の一環としておこなわれていくのであった。

聖人の身延入山以後における、日興の駿河での弘通の出発点は南條氏との結びつきであった。文永十一年七月（入山二ヵ月後）、南條時光は、聖人に供養の品を届けた。聖人は父子二代に亘る信仰の結びつきを賞され、入山の翌年には、日興は聖人の代理として故七郎の墓前に自我偈を読んでいて、これ以後、日興が時光の授法の師となっていることが伺える。

日興はさらに、南條時光と自身の血縁関係を辿り、御家人層を檀越にしていった。

日興は佐渡から帰って甲斐・駿河を経廻して、聖人の教説を弘めたが、同時に彼は四十九院の住僧であり、同院供僧の日持・賢秀・承賢を自己の弟子とし、隣接の岩本実相寺住僧の肥後公・筑前房・豊前房・日仲ら、さらに熱原滝泉寺の日秀・日弁・日静らをも弟子に転化させ、これらの寺院内部に聖人の教義を核とする橋頭堡を築いていったのである。

これらの弟子が日興を扶け、新しい檀越を獲得していったのである。

そして日興の教説のにない手となった弟子たちが、供僧という位置によって帯びざるを得なかった百姓農民との利害関係の共通性によって弘通対象としての農民が浮かびあがってくるのである。

熱原法難の前哨戦として、建治二年頃、熱原滝泉寺院主代行智は、日興の弟子である三河房頼円・

日秀・日弁・日禅らに対して法華信仰の停止と念仏等を強要してきた。しかし、日秀・日弁らは、その強要を聞きいれず、同寺に留まっていた。

更に、岩本実相寺にも対立が起こっている。建治四年、聖人が豊前公に与えた書状（『実相寺御書』）によれば、実相寺住侶尾張阿闍梨と日興の弟子たちの間に、かれらの弘通の態度をめぐって、論争が起きている。聖人は、尾張阿闍梨の所論を批判して、諸宗批判の根拠を豊前公に教示されている。

さらに同年（但し、改元後の弘安元年）、日興・日持・賢秀・承賢ら、蒲原四十九院グループにも迫害が起こり、同寺寺務二位律師厳誉は、日興らの住房・田畠を奪い取り、かれらを寺内から追放した。同年三月、日興らは厳誉の処置の不当を主張し、かれとの召合せ、対決を願っている。日興らの申状によれば、厳誉が日興らを追放した理由は「四十九院内日蓮弟子等令二居住一之由有二其聞一、彼党類作レ学二仏法一同二外道之教一云々」である。日興の弘通により、その弟子たちが（党類）とみられるまでに成長したのである。日興らは「四十九院申状」で、仏法・王法の相即観を示し、あくまでも、法門の勝劣権実を強調するのであり、かれらの動きが天台教団の革新的動向を示すものである。

聖人が駿河における教線の伸長に万全の注意を払われているのは、駿河が得宗領であり、北條氏の得宗政治の基盤として、強固な政治権力がおおいかぶさっていたことを熟知されていたからであった。

更に、弘安二年九月の熱原法難に先立つこと半年、四月の熱原浅間社の神事の最中に、行智は富士郡下方政所にすすめて日秀の檀越らに刃傷沙汰になるよう仕向けさせ、さらに八月には檀越「弥四郎男」の頸を切らせた。しかもその斬首は、日秀らの刎頸に擬するものであったという。このことは、行智が権力を利用する側にあったことを証し、更に四月の迫害には、すでに得宗権力の末端機構も参加していたことを示している。

熱原法難は弘安二年九月から十月にかけて起こった。その経過は十月に聖人が日秀らに代って書かれた『滝泉寺申状』『伯耆房御返事』等によって知ることができる。

行智は次の二ヵ条によって日秀らを訴えたのであり、この二つが法難の契機である。

A日秀・日弁号二日蓮弟子一、自二法華経一外余経真言行人者、皆以今世後世不レ可レ叶レ之由申レ之。

B今月（九月）二十一日、催二数多人勢一、帯二弓箭一、打二入院主分之御坊内一、下野房（日秀）乗レ馬相二具熱原百姓一、紀次郎男立二点札一苅二取作毛一、取二入日秀住房一畢。

右のBの結果、苅田狼藉の当事者として、百姓二十名が逮捕され、鎌倉に拘引された。

この処置の不当を述べ、かれらの釈放を要求したのが『滝泉寺申状』である。

事実は全く逆であった。九月二十一日、行智とその同調者が、日興・日秀らの檀越であった百姓たちの作毛を苅取ろうとしたのに対して、日秀・日弁や百姓がそれを阻止しようとして乱闘となり、この結果、日秀らの檀越の百姓二十名を鎌倉に拘引し、さらに行智が日秀・日弁らを訴えたのである。

かくして、事件の解決は検断沙汰を管掌する侍所々同平頼綱の手に委ねられた。

頼綱・資宗父子の念仏の強要に対し、神四郎らは肯んずることなく、再三の責にも屈せず、むしろ題目を唱えてこれに反抗し、権力にプロテストしたのである。

そして、苅田狼藉は斬首三名、禁獄十七名という苛酷な処置を以て落着したのである。

聖人は、鎌倉の門弟に百姓たちを激励すべく、その説得の仕方まで教示されている。前述の神四郎らの唱題の背後には、このような聖人の指示と鎌倉の門弟たちの応援があったのである。

又、聖人は熱原法難は局地的紛争ではなく自己と門弟の危機として受けとられ、鎌倉政治史の動向の中でとらえられている。

事実、この時期、門弟中に権力を介しての信仰上のトラブルが続出している。

池上父子、四條金吾の主従関係、又、南條時光も例外ではなかった。

熱原法難は、このような底辺の上に得宗権力が勢威を示した大きな法難であった。

尚、第五表中『変毒為薬書』における法華経の行者のカッコ内の数字は、聖人が禁獄された二十名の各々を法華経の行者として賞讃されていることに依る。

第二項　熱原法難以前の述作について

本項における、(A)持経者および(B)法華経の行者関連語句を擁する遺文は、以下の如くである。

(一)『兵衛志殿御返事』
(二)『日女御前御返事』
(三)『富木入道殿御返事』
(四)『千日尼御前御返事』
(五)『本尊問答鈔』
(六)『富木入道殿御返事』
(七)『上野殿御返事』
(八)『妙法尼御前御返事』
(九)『師子王御書』
(十)『随自意御書』
(十一)『四條金吾殿御返事』

(一)『兵衛志殿御返事』

弘安元年五月、聖寿五十七歳

池上宗長への書状である。

前年、兄宗仲は再度の勘当を受けたが、兄弟同心して善処した甲斐あって勘当も許され、父子兄弟女房一同に法華信仰に生きるに至ったことを喜ばれている。

以下の一文は、宗仲を法華経の行者とされている。

とのばら二人は上下こそありとも、とのだにもよくふかく、心まがり、道りをだにもしらせ給はずば、ゑもんの大夫志殿はいかなる事ありとも、をやのかんだうゆるべからず。ゑもんのたいうは法華經を信シて佛になるとも、をやは法華經の行者なる子をかんだうして、地獄に墮ッべし。とのはあにとをやとをそんずる人になりて、提婆達多がやうにをはすべかりしが、末代なれども、かしこき上、欲なき身と生レて、三人ともに佛になり給ヒ、ちゝかた、はゝかたのるい（類）をもすくい給ヒ人となり候ぬ。(144)

(B)法華経の行者　一例である。

(二)『日女御前御返事』

弘安元年六月二十五日

内容は日女が布施七貫文を送って来たのに対しての返報として、法華経の属累品から勧発品迄の品々の大要を説かれ、特に陀羅尼品を詳説して現今の疫病の淵由は法華経の行者を迫害するため、十羅刹女の責めを蒙っている総罰であることを明かされている。

就中、鬼子母を母、十羅刹女をその子とされていることが際立っている。

善鬼が法華經の怨《あだ》を食ふことは、官兵の朝敵を罰するがごとし。惡鬼が法華經の行者を食ふは、強盜夜討等が官兵を殺すがごとし。例せば日本國に佛法の渡リてありし時、佛法の敵たりし物部ノ大連・守屋等も疫病をやみき。蘇我ノ宿禰・馬子等もやみき。欽明・敏達・用明の三代の國王は心には佛法・釋迦如來を信じまいらせ給ヒてありしかども、外には國の禮にまかせて天照太神・熊野山等を仰ぎまいらせさせ給ひしかども、佛と法との信はうすく、神の信はあつかりしかば、強きにひかれて三代の國王疫病疱瘡にして崩御ならせ給ヒき。此をもて上の二鬼をも、今の代の世間の人人の疫病をも、日蓮が方のやみしぬをも心うべし。されば身をすてて信ぜん人々はやまぬへんもあるべし。又やむともたすかるへんもあるべし。[145]

即ち、(B)法華経の行者　一例が挙げられる。

而ルに十羅刹女は總じて法華經の行者を守護すべしと誓はせ給ヒて候へば、一切ノ法華經を持ッ人々をば守護せさせ給ッらんと思ヒ候に、法華經を持ッ人々も或は大日經はまされりなど申して、眞言師が法華經を讀誦し候はかへりてそしるにて候也。又餘の宗々も此を以て押シ計るべし。又法華經をば經のごとく持ッ人々も、法華經の行者を或は貪瞋癡により、或は世間の事により、或はしなじなのふるまひによて憎む人あり。此は法華經を信ずれども信ずる功德なし。かへりて罰をかほるなり。例せば父母なんどには謀反等より外は、子息等の身として此に背けば不孝也。[146]

即ち、十羅刹女は法華経の行者守護を誓われているので、法華経を持つ人々を守護してくださると思われる。しかし法華経を持ちながら、大日経が勝るという真言師が法華経を読誦するのは、謗法であるとされる。又、法華経を経のごとくに持つ人々も法華経の行者を、さまざまの理由で憎む人には功徳はないのであり、かえって罰を蒙ると述べられる。

以上、

(A)法華経を持つ人々＝持経者　三例

(B)法華経の行者　二例である。

そして、末代の法華経の行者に値いがたいことを以下の如く述べられる。

聖人は千年に一度出ッる也。佛は無量劫に一度出世し給ふ。彼には値ッといへども法華經には値ヒがたし。設ひ法華經に値ヒ奉るとも、末代の凡夫法華經の行者には値ヒがたし。何ぞなれば末代の法華經の行者は、法華經を説ヵざる華嚴・阿含・方等・般若・大日經等の千二百餘尊よりも、末代に法華經を説く行者は勝レて候なるを、妙樂大師釋シテ云ク有二ル供養一スルコト者ハ福過二キ十號一ニ若悩亂スル者ハ頭破二レン七分一ニ云云。今日本國の者去年今年《こぞことし》の疫病と、去ヌル正嘉の疫病とは人王始マリて九十餘代に竝ヒなき疫病也。(147)

以上、(B)法華経の行者　三例となる。

次は、「勧発品」における普賢菩薩の法華経の行者守護について述べられる。

又普賢・文殊と申スは一切の菩薩多しといへども、教主釋尊の左右の臣也。而ルに一代超過の法華經八箇年が間、十方の諸佛菩薩等、大地微塵よりも多く集マり候しに、左右の臣たる普賢菩薩のおはせざりしは不思議なりし事也。而れども妙荘嚴王品をとかれてさておはりぬべかりしに、東方寶威德淨王佛の國より萬億の伎樂を奏し、無數の八部衆を引卒して、おくればせして參ラせ給ヒしかば、佛の御きそく（氣色）やあしからんずらんと思ひし故にや、色かへて末代に法華經の行者を守護すべきやうをねんごろに申シ上られしかば、佛も法華經を閻浮に流布せんこと、ことにねんごろなるべきと申スにやめでさせ給ヒけん。返ッて上《かみ》の上位よりも、ことにねんごろに佛ほめさせ給へり。(148)

(B)法華経の行者　一例である。

以下は、聖人自身が二度の大科（流罪）に行なわれた法華経の行者であることを述べられ、日女の信仰を勧奨されている。

此人々の御僻案には念佛者等は法華經にちいん（知音）也。日蓮は念佛の敵也。我等は何レをも信じたりと云云。日蓮つめて云ク、代に大禍なくば古にすぎたる疫病・飢饉・大兵亂はいかに。召《めし》も決せずして法華經の行者を二度まで△大科に行ひしはいかに。不便不便。而ルに女人の御身として法華經の御命をつがせ給フハ釋迦・多寶・十方の諸佛の御父母の御命をつがせ給フなり。此功徳をもてる人一閻浮提の内に有ルべしや。[149]

(B) 法華経の行者　一例である。

(三)『富木入道殿御返事』

弘安元年六月二十六日

本書は、富木氏が、四條金吾の身延登山の便宜に帷子等の供養を聖人に贈り、あわせて、当時流行していた疫病の祈祷を要請したことへの返書である。

以下は、実経を謗じ、実経の行者をあだむために、疫病や三災七難が起こるとされる。

今末法に入ッて本門のひろまらせ給ッべきには、小乘・權大乘・迹門の人々、設ヒ科《とが》なくとも彼々の法にては驗シ有ルべからず。譬へば春の藥は秋ノ藥とならず。設ヒなれども春夏のごとくならず。何カニ況ヤ彼の小乘・權大乘・法華經の迹門の人々、或は大小權實に迷ヘる上、上代の國主彼々の經々に付キて寺を立テ田畠を寄進せる故に、彼の法を下《くだ》せば申シ延ヘがたき上、依怙《えこ》すでに失《うせ》ルかの故に、大瞋恚を起シて、或は實經を謗シ、或は行者をあだむ。國主も又一には多人につき、或は上代の國主の崇重の法をあらため難き故、或は自身の愚癡の故、或は實教の行者を賤シムゆへ等の故、彼誑人等の語をさめて實教の行者をあだめば、實教の守護神の梵釋・日月・四天等其國を罰する故ニ、先代未聞の三災七難起るべし。所謂去今年、去ヌル正嘉等の疫病等也。[150]

以上、

(B)行者＝法華経の行者　一例

実教の行者＝法華経の行者　二例

が挙げられる。

以下は、此国が法華経の行者をあだむ故に、善神が此国を治罰するための疫病ならば、何故に聖人の弟子たちが病み死ぬのかという疑に対して答えられる。

疑テ云ク、汝が申スがごとくならば、此國法華經の行者をあだむ故ニ善神此國を治罰する等ならば諸人の疫病なるべし。何ソ汝カ弟子等又やみ死ヌルや。答テ云ク、汝カ不審最も其謂《いわれ》有ルか。但シ一方を知て一方を知ラざるか。善と惡とは無始よりの左右の法也。權教竝ニ諸宗の心は善惡は等覺に限る。若シ爾《しからば》者等覺までは互に失《とが》有ルべし。法華宗の心は一念三千、性惡性善ハ妙覺の位に猶備ハれり。元品ノ法性は梵天・帝釋等と顯れ、元品の無明は第六天の魔王と顯レたり。善神は惡人をあだむ、惡鬼は善人をあだむ。末法に入リぬれば自然に惡鬼は國中に充滿せり。瓦石草木の竝び滋《しげき》がごとし。善鬼は天下に少《すくな》し。聖賢まれなる故也。此疫病は念佛者・眞言師・禪宗・律僧等よりも、日蓮が方にこそ多くやみ死スべきにて候か。いかにとして候やらん、彼等よりもすくなくやみ、すくなく死ニ候は不思議にをぼへ候。人のすくなき故か。又御信心の強盛なるか。[151]

以上、(B)法華経の行者　一例である。

三十余年来の三災七難は、日本一同が聖人を大瞋恚するためである。「但シ法華経の本門をば法華経の行者につけて除キ奉る」に留意したい。

> 而ルニ此三十餘年の三災七難等は一向に他事を雑ヘず。日本一同に日蓮をあだみて、國々郡々郷々村々人ごとに上一人より下萬民にいたるまで、前代未聞の大瞋恚を起せり。見思未斷の凡夫の元品の無明を起す事此レ始なり。神と佛と法華經にいのり奉ラばいよ／＼増長すべし。但シ法華經の本門をば法華經の行者につけて除キ奉る。結句は勝負を決せざらん外は此災難止ミ難カるべし。[152]

(B)法華経の行者　一例である。

(四)『千日尼御前御返事』

弘安元年七月二十八日

本書は、佐渡阿仏房の妻・千日尼への返書である。千日尼が夫の阿仏房を三度、身延に遣わして聖人の安否を問い、合せて尼の父の十三回忌の追善供養の品と、女人成仏に関する質問の書状に対した、聖人の感動にあふれた書状である。

以下は、釈迦・多宝・十方諸仏・菩薩・二乗・梵釋・四天等の守護、特に日月天は仏前にて、法華経の行者をあだむ者を罰すると誓われていることを述べられている。

> こゝに日蓮願テ云ク　日蓮は全悞《またくあやまり》なし。設ヒ僻事なりとも日本國の一切の女人を扶ンと願せる志はすてがたかるべし。何カニ況ヤ法華經のまゝに申ス。而ルを一切ノ女人等信ぜずばさてこそ有ルべきに、かへりて日蓮をうたする、日蓮が僻事か。釋迦・多寶・十方ノ諸佛・菩薩・二乗・梵釋・四天等いかに計ラヒ給フぞ。日蓮僻事ならば其義を示し給へ。ことには日月天ハ眼前の境界なり。又佛前にしてきかせ給へる上、法華經の行者をあだまんものをば頭破七分等と誓ハせ給ヒて候へばい

かんが候べきと、日蓮強盛にせめまいらせ候ゆへに天此國を罰ス。ゆへに此疫病出現せり。(153)

(B)法華経の行者　一例である。

(五)『本尊問答鈔』

弘安元年九月、浄顕房へ

本鈔は、浄顕房が本尊の授与を請い、本尊に関する疑問を呈したのに対し、聖人は本尊を図され、同時に本鈔を送って十数番の問答によって本尊の本義を教示され、その本尊は仏滅後未曽有であることを述べられている。

冒頭にまず、末代悪世の凡夫が本尊とすべきものは法華経の題目であると標示され、法華経法師品・『涅槃経』等の経釈を引用してこれを証され、「上に挙ぐる所の本尊は釈迦・多宝・十方の諸仏の御本尊、法華経の行者の正意也」と断言されている。

即ち、以下の一文である。

上に擧クる所の本尊は釋迦・多寶・十方の諸佛の御本尊、法華經の行者の正意也。問テ云ク、日本國に十宗あり。所謂倶舎・成實・律・法相・三論・華嚴・眞言・淨土・禪・法華宗也。此宗は皆本尊まち／＼なり。(中略)問テ云ク、然ラハ者汝云何ソ釋迦を以て本尊とせずして、法華經の題目を本尊とするや。答フ、上に擧クるところの經釋を見給へ。私の義にはあらず。釋尊と天台とは法華經を本尊と定メ給へり。末代今の日蓮も佛と天台との如く、法華經を以て本尊とする也。(154)

(B)法華経の行者　一例が挙げられる。

次は、真言宗に対し鋭く破斥されている。

然ラば日本國中に數十萬の寺社あり。皆眞言宗也。たま／＼法華宗を並ブとも眞言は主の如く法華は所従の如ク也。若ハ兼學ノ人も心中は一同に眞言也。座主・長吏・檢校・別當、一向に眞言たるうへ、上に好ムところ下皆したがふ事なれば一人ももれず眞言師也。されば日本國或は口には法華經最第一とはよめども、心は最第二最第三也。或は身口意共に最第二三也。三業相應して最第一と讀メる法華經の行者は四百餘年が間一人もなし。まして能持此經の行者はあるべしともおぼへず。如來現在猶多怨嫉況滅度後の衆生は上一人より下萬民にいたるまで法華經の大怨敵也。(155)

「三業相応して最大一と読める法華経の行者」は聖人一人のみであり、まして「能持此経の行者」は、他にはいない。

(B)法華経の行者　一例

(B)能持此経の行者＝法華経の行者　一例

特に「能持此経の行者」は初見であり、聖人が「法華経を持つ者」＝法華経の行者とされていると思われる。

(六)『富木入道殿御返事』

弘安元年十月一日

富木氏が、天台宗の学頭である了性房と法論したことについて聖人に報告し、かつ法門に関する指南を仰いだことに対する返書である。

聖人は、就中、「不信謗法」「止観の行者の持戒」について法門を教示され、特に、今末法に弘通する聖人の法門は天台・妙楽・伝教未弘の「第三の法門」であるとされる。

以下、引用する。

第三ノ法門は天台・妙樂・傳教も粗示セトモレ之ヲ未タ二事了ヘ一。所詮譲リ二与ヘシ末法之今ニ一也。五々百歳は是也。但此法門ノ御論談は余は不レ承ハラ候。彼は廣學多聞の者也。はばかり〳〵み（見）た〳〵と候しかば、此方のまけなんども申シつけられなばいかんがし候べき。但彼法師等が彼の釋を知リ候はぬはさてをき候ぬ。六十卷になしなんど申スは天のせめなり。謗法の科《とが》の法華經の御使に値フて顯ハれ候なり。(156)

文中の「法華経の御使」は法華経の行者と同義と思われる。

(B) 法華経の御使＝法華経の行者　一例

として扱いたい。

（七）『上野殿御返事』

弘安元年閏十月十三日、興師本

南條時光が芋の頭一駄・柑子一籠・御座筵十枚（銭六百文の替わり）を送り届けたことに対する礼状である。

八・九月の大風で五穀が不熟であり、一方自界叛逆・他国侵逼の難も現実化し、諸天もこの国土を擁護せず、人々が邪見を抱くので三宝にも捨てられ、疫病も再び盛んになって行くこのような時期における時光の法華経の行者供養は、ありがたきことと感謝されている。

次の一文を引用する。

民の心不孝にして父母を見ル事他人のごとく、僧尼は邪見にして狗犬と猨猴とのあへるがごとし。慈悲なければ天も此國をまほらず、邪見なれば三寶にもすてられたり。又、疫病もしばらくはやみてみえしかども、鬼神かへり入ルかのゆへに、北國も、東國も、西國も、南國も、一同にやみなげ（病歎）くよしきこへ候。かゝるよにいかなる宿善にか、法華經の行者をやしなわせ給ッ事、ありがたく候〳〵。事々見參の時申スべし。恐々謹言。[157]

(B)法華経の行者　一例である。

（八）『妙法尼御前御返事』

弘安元年十月十四日

本書は妙法尼が夫の臨終の有様を報じてきたことへの返書である。

しかるに今の御消息に云ク、いきて候し時よりもなをいろしろく、かたちもそむせずと云云。天台云ク白白ハ譬フレ天ニ。大論ニ云ク赤白端正ナル者ハ得ル二天上ヲ一云云。天台大師御臨終ノ記ニ云ク色白シ。玄奘三藏御臨終を記シテ云ク色白シ。一代聖教を定ムる名目ニ云ク黒業は六道にとどまり、白業は四聖となる。此等の文證と現證をもんてかんがへて候に、此人は天に生ずるか、はた又法華經の名號を臨終に二反となうと云云。法華經の第七の巻ニ云ク於テ二我滅度ノ後ニ一應レ受二持ス此經ヲ一是ノ人於テ二佛道ニ一決定シテ無ケンレ有ルコトレ疑ヒ云云。[158][159]

以上、「神力品」末尾の文中、「応受持此経是人」は(A)持経者　一例に相当する。

又、次のように述べられる。

法華經の實語なるのみならず、一代妄語の經々すら法華經の大海に入リぬれば、法華經の御力にせめられて實語となり候。いわうや法華經の題目をや。白粉の力は漆を變して雪のごとく白くなす。須彌山に近づく衆色は皆金色なり。法華經の名號を持ッ人は、一生乃至過去遠々劫の黒業の漆變じて白業の大善となる。いわうや無始の善根皆變じて金色となり候なり。[160]

「法華経の名号を持《ッ》人」は、聖人独自の、

(A)持経者　一例と云い得る。

(九)『師子王御書』

弘安元年

本書は、教主釈尊を信じない者に失があるように、法華経の行者日蓮に仇をなす人と国には禍が起こる。

そして師子王日蓮の弟子檀越は不惜身命の勇気を持てと誡められる。

但し、本書には「法華経の行者」なる語句はなく、該当する部分は、以下の引用文の如く「日蓮」なる固有名詞である。

　釋迦佛を申《シ》隠すとが〇念佛者等善光寺の阿彌陀佛云云。上《ミ》一人より下《モ》萬民にいたるまで皆人〇此をあらわす。日蓮にあだをなす人は、總て日蓮を犯す。天は總て此國を〇二《ニ》云《ク》見《テ》下有《ラン》四讀二誦《シ》書三持《スルコト》經一《ヲ》者上《ヲ》輕賤憎嫉《シテ》而懷《カン》二結恨一《ヲ》等云々。[161]

そして法華経中の「持経者」を含む一句が、聖人を軽賤憎嫉することの文証となっている。

以上、(A)(法華経中の)持経者　一例である。

(十)『隨自意御書』

弘安元年

本書は、まず、仏の経説には大別して随他意の経と随自意の経とがあることを述べられて「法華経と申すは随自意と申して仏の御心をとかせ給ふ。仏の御心はよき心なるゆへに、たといしらざる人も此経をよみたてまつれば利益はかりなし」と仏意を開顕した法華経の功徳を述べられる。
就中、随自意経である法華経の「巳今当説最為難信難解」（法師品）の教えを正直に実践する人、および法華経の行者を供養する人々は、釈尊の深大なる功徳を具足することができると、述べられる。
以下の一文を引用する。

まことに巳今當の經文を知ラぬ人の有ル時は先の人々の邪義はひろまりて失《とが》なきやうにてはありとも、此經文をつよく立ッて退轉せざるこわ（強）物出來しなば大事出來すべし。いやしみて或はのり、或は打チ、或はながし、或は命をたゝんほどに、梵王・帝釋・日月・四天をこりあひて此行者のかたうどをせんほどに、存外に天のせめ來て民もほろび國もやぶれんか。法華經の行者はいやしけれども、守護する天こわし。例せば脩羅が日月をのめば頭七分にわる、犬は師子をほゆればはらわたくさる。今予みるに日本國かくのごとし。又此を供養せん人々は法華經供養の功徳あるべし。(162)

以上、(B)法華経の行者　二例となる。

（十一）『四條金吾殿御返事』
弘安二年九月十五日、聖寿五十八歳
本書は、久しく主君の勘気を蒙っていた四條氏が、迫害に耐えて遂に主君の信用を回復し、再び領地を給わったと報じてきたことに対する返書である。聖人は四條氏の信用回復は法華信仰の結果であるとその信仰を激励し、聖人自身の滅後末法の導師、如来使としての立場を宣明され、聖人に信順し供養する四條氏の未来成仏は疑いないと教示されている。

釋迦佛は淨飯王の嫡子、一閻浮提を知行する事、八萬四千二百一十の大王なり。一閻浮提の諸王頭をかたぶけん上、御内に召シつかいし人十萬億人なりしかども、十九の御年、浄飯王宮を出テさせ給ヒて檀特山に入リて十二年。其間御とも（伴）の人五人なり。所謂拘鄰《くりん》と頞鞞《あび》と跋提《ばつたい》と十力迦葉ト拘《く》利《り》太子となり。此五人も六年と申せしに二人は去リぬ。殘リの三人も後の六年にすて奉リて去リぬ。但一人殘リ給ヒてこそ佛にはならせ給ヒしか。法華經は又此にもすぎて人信じがたかるべし。難信難解此レ也。又佛ノ在世よりも末法は大難かさなるべし。此をこらへん行者は、我が功徳にはすぐれたる事、一劫とこそ説カれて候へ。(163)

即ち、釈尊が成道までの間に五人の伴人に去られて、但一人残って成道されたが、法華経は更に難信難解であり、又、仏の在世よりも末法は大難がかさなるが、これをこらへる行者は、釈尊の功徳に一劫もすぐれている。

以上、(B)（法華経の）行者　一例である。

又、

末代の法華經の聖人をば何を用ッてかしるべき。經ニ云ク　能説此經　能持此經の人、則如來の使なり。八巻一巻一品一偈の人乃至題目を唱フる人、如來の使ヒなり。始中終すてずして大難をとをす人、如來の使なり。日蓮が心は全く如來の使にはあらず、凡夫なる故也。但シ三類の大怨敵にあだまれて、二度の流難に値へば、如來の御使に似たり。心は三毒ふかく、一身凡夫にて候へども、口に南無妙法蓮華經と申セば如來の使に似たり。過去を尋ヌれば不輕菩薩に似たり。現在をとぶらうに加刀杖瓦石にたがう事なし。未來は當詣道場疑ヒなからん歟。これをやしなはせ給フ人々は豈同ニ居スル淨土一ニ人にあらずや。(164)

以上の引用文に「法華経の行者」はない。

但し、(B)法華経の聖人＝法華経の行者と見得る。又、(A)法華経中の「能持此経の人」＝持経者、則如来使と述べられているのが特記される。

(A)持経者　一例

(B)法華経の行者　一例となし得よう。

以上、第五節第二項　熱原法難以前の述作についてにおける、(A)持経者および(B)法華経の行者関連語句を図表化する。

第七表（第五節第二項　熱原法難以前の述作について）

	持経者	法華経の行者
兵衛志殿御返事	0	1
日女御前御返事	3	7
富木入道殿御返事	0	5
千日尼御前御返事	0	1
本尊問答鈔	0	3
富木入道殿御返事	0	1
上野殿御返事	0	1
妙法尼御前御返事	2	0
師子王御書	1	0
隨自意御書	0	2
四條金吾殿御返事	1	2
累計	7	23

即ち、本項においては

(A)持経者　七例

(B)法華経の行者　二三例である。

本項で顕著なのは、池上父子の葛藤が治まり父子兄弟女房一同に法華信仰に生きるに至ったことであり、特に兄宗仲を「法華経の行者」とされていることである。

又、十羅刹女が、法華経の行者守護と法華経を持つ人々を守護すると誓われているのは(A)(B)を同義のように扱っていると思われる。

更に、三十余年来の三災七難は、日本一国が聖人を大瞋恚するためであると述べられ、「但《シ》法華経の本門をば法華経の行者につけて除《キ》奉る」とされて、「結句は勝負を決せざらん外は此災難止《ミ》難《カ》るべし」に留意したい。

そして「法華経の名号を持《ッ》人」は、聖人独自の持経者といい得、初見である。

次に「能持此経の行者」も初見であり、聖人が「法華経を持つ者」＝「法華経の行者」とされていることが伺える。

更に、「見《テ》下有《ラン》四讀二誦《シ》書三持《スルコト》經一《ヲ》者上《ヲ》輕賤憎嫉《シテ》而懷《カン》二結恨一《ヲ》等云々」の法華経中の一句が、聖人を軽賤憎嫉することの文証となっていることに留意したい。

又、法華経中の「能持此経の人」＝「如来使」と述べられているのが特記される。

即ち、法華経中の「持経者」が「法華経の行者」と同趣とされていることが伺い得る。

そして、恐らく熱原法難中と思われる弘安二年九月十二日付の『四條金吾殿御返事』に四條氏が、主君江馬光時の勘気を許され、主君の信用を回復し、再び領地を給わったとの朗報がある。

第三項　熱原法難以後の述作について

本項において、(A)持経者および(B)法華経の行者関連の語句を擁する遺文は、以下の如くである。

(一)『新田殿御書』
(二)『千日尼御返事』
(三)『盂蘭盆御書』
(四)『上野殿母尼御前御返事』
(五)『富木殿御返事』
(六)『上野殿御返事』
(七)『諫暁八幡抄』
(八)『大夫志殿御返事』
(九)『光日上人御返事』
(十)『法華證明鈔』

(一)『新田殿御書』

弘安三年五月二十九日、聖寿五十九歳、新田四郎へ

本書は、まず供養に対する礼を述べられ、経と仏と行者の三事が相応するところ「檀那の一願必ず成就せん」とされている。伊豆の新田氏は駿河南條氏と婚戚関係にあったようで、聖人は南條氏に「にいた（新田）殿の事、まことにてや候らん（『上野殿御返事』『定遺』一三一〇頁）と、新田氏の何事かをたずねている。

使ノ御志無レキ限リ者歟。經ハ法華經 顯密第一ノ大法也。佛ハ釈迦佛 諸佛第一ノ上佛也。行者ハ相ニ二
似タリ法華經ノ行者ニ一 三事既ニ相應セリ。檀那ノ一願必ス成就セン歟。恐々謹言。

五月二十九日　　　　日　蓮　花押(165)

法華経と釈迦仏と法華経の行者との三事相応である。

(B)法華経の行者　一例である。

(二)『千日尼御返事』

弘安三年七月二日

本書は、阿仏房の遺子藤九郎守綱が、その前年阿仏房の遺骨を首にかけ身延に参詣し父の墓を造ったのに続いて、再び身延に来たって、聖人に供養の品々を奉じ、父の墓参を果したのに対し、藤九郎に託してその母千日尼に与えられた弔慰の書である。

そして故阿仏房の成仏を絶対に疑いないものとして教示し、千日尼の悲しみを慰め、藤九郎の孝養を讃嘆して、孝子をもった母を力づけるのである。

而ルに故阿佛聖靈は日本國北海の島のえびすのみ（身）なりしかども、後生ををそれて出家して後生を願ヒしが、流人日蓮に値ヒて法華經を持チ、去年の春 佛になりぬ。尸陀山の野干は佛法に値ヒて、生をいとひ死を願ヒて帝釋と生レたり。阿佛上人は濁世の身を猒ヒて佛になり給ヒぬ。其子藤九郎守綱は此の跡をつぎて、一向 法華經の行者となりて、去年は七月二日、父の舍利を頸に懸ケ、一千里の山海を經て甲州波木井《はきり》身延山に登て法華經の道場に此をおさめ、今年は又七月一日身延山に登て慈父のはかを拜見す。子にすぎたる財《たから》なし／＼。南無妙法蓮華經／＼。(166)

即ち、父の遺志を継いだ藤九郎を「法華経の行者」と称されている。

(B)法華経の行者　一例である。

(三)『盂蘭盆御書』

弘安三年七月十三日

本書は、駿河の治部房の祖母に与えられた消息である。

中老僧治部房日位は、はじめ天台宗・蒲原四十九院の住侶であったが、日興・日持の教導によって改宗し、聖人の門に参じた。

そして、治部房の法華経信仰の功徳は、必ず祖母にも及ぶゆえんを述べられ、法華経は成仏の大法であるから、この大法を信じることによって、父母・祖父母ないし七代の末までも霊を弔い成仏させることができると説かれて結んでいる。

次の一文である。

藤は松にかゝりて千尋《ちひろ》をよぢ、鶴は羽を恃ミて萬里をかける。此は自身の力にはあらず。治部房も又かくのごとし。我が身は藤のことくなれども、法華經の松にかゝりて妙覺の山にものぼりなん。一乘の羽をたのみて寂光の空をもかけりぬべし。此の羽をもて父母・祖父・祖母・乃至七代の末までもとぶらうべき僧なり。あわれいみじき御たからはもたせ給ヒてをはしります女人かな。彼の龍女は珠をさゝげて佛となり給ふ。此女人は孫を法華經の行者となしてみちびかれさせ給フべし。事々そう〳〵（忽々）にて候へばくはしくは申さず、又々申スべく候。恐々謹言。

七月十三日　　日蓮花押(167)

治部殿うばごぜん　御返事

法華経が何よりも頼りになることを述べられ、治部房（孫）を法華経の行者と称されている。その法華経の行者に「みちびかれさせ給《ッ》べし」と祖母に告げられている。

(B)法華経の行者　一例である。

(四)『上野殿母尼御前御返事』

弘安三年十月二十四日

花も蕾の内に逝った子息・七郎五郎の四十九日の追善菩提のために、母尼が銭二結その多種々の供養の品々を送り届けたことに対する書状である。まず故五郎のために法華経一部・自我偈数度を読み、「題目百千返」唱えたことを告げ、この法華経について解説される。

就中、母も我が子が恋しくば、唱題して夫兵衛七郎・子の五郎と一つ所に生まれるように願われよと勧められている。

抑《モ》此法華經を開《ィ》て拝見仕り候へば、如來則爲《ニ》以《レテ》衣《ヲ》覆《レヒタマフ》之《ヲ》　又爲《三ラン》他方現在《ノ》諸佛之所《二ト》護念《一スル》等云云。經文の心は東西南北八方、竝に三千大千世界の外、四百萬億那由陀の國土に十方の諸佛ぞく／＼と充滿せさせ給《ッ》。天には星の如く、地には稲麻のやうに竝居《なみゐ》させ給ひ、法華經の行者を守護せさせ給ふ事、譬ば大王の太子の諸の臣下の守護するが如し。但四天王一類のまほり給はん事のかたじけなく候に、一切の四天王・一切の星宿・一切の日月・帝釋・梵天等の守護せさせ給《ッ》に足るべき事也。其上一切の二乘・一切の菩薩・兜率内院の彌勒菩薩・迦羅陀山の地藏・補陀落山の觀世音・清涼山の文殊師利菩薩等、各々眷屬を具足して法華經の行者を守護せさせ給《ッ》に足るべき事に候に、又かたじけなくも釋迦多寶十方の諸佛のてづからみづから來り給《ヒ》て、晝夜十二時に守らせ給はん事のかたじけなさ申《ス》計りなし。かゝるめでたき御經を故五郎殿は御信用ありて佛にならせ給《ヒ》て、今日は四十九日にならせ給へば、一切の諸佛靈山淨土に

　集マラせ給ヒて、或は手にすへ、或は頂をなで、或はいだき、或は悦び、月の始て出テたるが如く、花の始てさけるが如く、いかに愛しまいらせ給らん。(168)

以上は、十方の諸仏・一切の四天王……帝釈・梵天等、一切の二乗・菩薩等に加えて釈迦多宝十方の諸仏が、昼夜十二時に法華経の行者を守らせ給うことのかたじけなさを述べられ、かかるめでたき法華経を故五郎殿は信用して仏となったのであると説かれる。

即ち、法華経の行者が守護されるのは、法華経が無上に尊いためである。

以上、(B)法華経の行者　二例が挙げられる。

　佛も又かくの如く、多寶佛と申ス佛は此經にあひ給はざれば御入滅、此經をよむ代には出現し給フ。釋迦佛十方の諸佛も亦復かくの如し。かゝる不思議の徳まします經なれば此經を持ッ人をば、いかでか天照太神・八幡大菩薩・富士千眼大菩薩すてさせ給フべきとたのもしき事也。又此經にあだをなす國をばいかに正直に祈り候へども、必ず其國に七難起リて他國に破られて亡國となり候事、大海の中の大船の大風に値フが如く、大旱魃の草木を枯すが如しとをぼしめせ。當時日本國のいかなるいのり候とも、日蓮が一門法華經の行者をあなづらせ給へば、さまざまの御いのり叶はずして、大蒙古國にせめられてすでにほろびんとするが如し。(169)

多宝仏は、この法華経にあわなければ入滅したままであり、法華経を読む世に出現されるのであり、釈迦仏・十方の諸仏も同様である。法華経は、このように不思議な徳をもっているので、法華経を持つ人を天照大神等が必ず守護されるのである。

逆に、この法華経にあだをなす国には七難起こり亡国となる。当時、日本国のいかなる祈りなりとも、日蓮が一門の法華経の行者をあなづるなら、どんな祈りも叶わず亡国となると述べられる。

即ち、法華経を持つ人と法華経の行者が同義とされ、信・謗が相対的に扱われている。
以上、
(A)此経を持ッ人＝持経者　一例
(B)法華経の行者　一例である。

（五）『富木殿御返事』
弘安三年十一月二十九日
本書は、霜月会の天台大師講の供養に銭一結を送ってきたのに対する礼状である。

經ニ云ク　法華最第一ナリト。又云ク　有三ン能受二スルコト持是ノ經典一ヲ者モ亦復如レシ是。於二テ一切衆生ノ中一ニ亦爲《これ》第一ナリト。又云ク　其福復過レク彼ニ。妙樂云ク　若惱亂スル者ハ頭破二レ七分一ニ有二ン供養一スルコト者ハ福過二ク十號一ニ。傳敎大師モ　讃者ハ積二ミ福ヲ於安明一ニ謗者ハ開二ク罪ヲ於無間一ニ等云云。記ノ十ニ云ク　居二ル方便ノ極位一ニ菩薩猶《なほ》尚不レ及二ハ第五十ノ人一ニ等云云。華嚴經ノ法慧功德林・大日經ノ金剛薩埵等尚不レ及二ハ法華經ノ博地一ニ。何カニ況ヤ其宗ノ元祖等於二テヲヤ法藏・善無畏等一。是ハ且ク置レク之ヲ。尼ごぜんの御所勞の御事、我身一身の上《うへ》とをもひ候へば晝夜に天に申シ候也。此尼ごぜん法華經の行者をやしなう事、燈に油をそへ、木の根に土をかさぬるがごとし。[170]一切経の中に法華経最第一であるから、「有三ン能受二スルコト持是ノ経典一ヲ者」も、一切衆生の中で第一なのである。

又、富木尼御前の病について、聖人が祈られていることを述べられ、この尼御前は、法華経の行者たる聖人への供養の誠を捧げてきたと述べられる。

即ち、

(A)（法華経中の）受持是経典者＝持経者　一例
(B)法華経の行者　一例である。

（六）『上野殿御返事』
弘安三年十二月二十七日、興師本

時光が銭一貫文を送り届けたことに対する書状である。この供養に時光の志が見えると述べられ、容易に仏に成り得る道を教えようとされる。仏に成り易きことは渇者に水、凍えている者に火を与えるようであり、二つとないものを人に与えたり、飢えて絶命しそうな人が施しにあうようでもあると述べられる。

就中、次の一文を引用する。

貴邊はすでに法華經の行者に似させ給へる事、さる（猨）の人に似、もちゐ（餅）の月に似たるがごとし。あつはら（熱原）のものどものかくをしませ給へる事は、承平の將門《まさかど》、天喜の貞任《さだたふ》のやうに、此國のものどもはおもひて候ぞ。これひとへに法華經に命をすつるゆへ也。またく主君にそむく人とは、天御覽あらじ。其上わづかの小郷にをほくの公事《くじ》せめにあてられて、わが身はのるべき馬なし、妻子はひきかくべき衣《きぬ》なし。か〻る身なれども、法華經の行者の山中の雪にせめられ、食ともしかるらんとおもひやらせ給ヒて、ぜに一貫をく（送）らせ給へるは、貧女がめおとこ二人して一ッの衣《きぬ》をきたりしを乞食にあたへ、りだ（利唾）が合子《がふし》の中なりしひえ（稗）を、辟支佛にあたへたりしがとごし。たうとし〳〵。くはしくは又々申スべし。恐々謹言。(171)

即ち、時光が法華経の行者に似ているのは猿が人に、餅が満月の円いことに似たようであり、熱原法難の関係者をかくまっていることにより朝敵・謀反人のように思われているが、それは法華経のために命を捨てようとしているからで、主君に叛くとは、天も見ていないだろうと述べられる。

そして、わずかの所領に多く課税されて、乗るべき馬、妻子の衣もない窮状の中で、法華経の行者日蓮のことを思いやって供養したことの功徳を讃えられている。

以上、(B)法華経の行者　二例である。

尚、熱原法難の影響については、同年七月二日の『上野殿御返事』(『定遺』一七六六頁)にも記されている。法難後の余波といえよう。

(七)『諫暁八幡抄』
弘安三年十二月
本書は、まず当代の人々が天神や日本の諸神に法楽しないことを指摘され、そのため神の威光を増長すべき法味が違ってしまい、神が国の災いを払い氏子を守護することができなくなったばかりでなく、仏前における経の弘通者守護の起請にも背き、法華経の行者を迫害弾圧する者に対治を加えず過ごしてきたために、鎌倉の鶴岡八幡は火災に値われたかと述べられる。鶴岡八幡炎上は、弘安三年十一月十四日であり、ここに本書述作の契機があると考えられる。
以下の一文を引用する。
今日本國を案ずるに代始マリて已に久シく成リぬ。舊《ふる》き守護の善神は定メて福も盡き壽も減じ、威光勢力も衰ヘぬらん。佛法の味をなめてこそ威光勢力も増長すべきに佛法の味は皆たがひ（違）ぬ、齢はたけぬ、爭テか國の災を拂ヒ、氏子をも守護すべき。其上、謗法の國にて候を、氏神なればとて大科をいましめずして守護し候へば、佛前の起請を毀ッ神也。しかれども氏子なれば、愛子の失《とが》のやうにすてずして守護し給ヒぬる程に、法華經の行者をあだむ國主國人等を對治を加ヘずして、守護する失に依リて、梵釋等のためには八幡等は罰せられ給ヒぬるか。[172]

以上、(B)法華経の行者　一例である。

更に、次の一文を引用する。

此大菩薩は法華經の御座にして行者を守護すべき由の起請をかきながら、數年が間、法華經の大怨敵を治罰せざる事不思議なる上、たま／＼法華經の行者の出現せるを來て守護こそなさざらめ。我前にして国主等の怨する事、犬の猿をかみ、蛇の蝦をのみ、鷹の雉を、師子王の兎を殺スがごとくするを、一度もいましめず。設ヒいましむるやうなれども、いつわりをろかなるゆへに、梵釋・日月・四天等のせめを、八幡大菩薩かほり給ヒぬるにや。[173]

即ち、八幡大菩薩は行者守護を起請しながら、法華経の大怨敵を治罰せず、法華経の行者を守護しないために梵釈・日月・四天等の責めを蒙るのであると述べられる。

以上、(B)法華経の行者　二例である。

八幡大菩薩への批判は、更につづく。

日蓮が法華經の肝心たる題目を日本國ニ弘通し候は諸天世間の眼にあらずや。眼には五あり。所謂肉眼・天眼・慧眼・法眼・佛眼也。此の五眼は法華經より出生せさせ給フ。故に普賢經ニ云ク此方等經ハ是諸佛ノ眼ナリ。諸佛因レテ是ニ得タマフレ具スルコトヲ二五眼ヲ一等云云。此方等經と申スは法華經を申ス也。又此經ニ云ク人天ノ福田應供ノ中ノ最ナリ等云云。此等の經文のごとくば妙法蓮華經は人天の眼《まなこ》・二乘菩薩の眼・諸佛の御眼也。而ルに法華經の行者を怨む人は人天の眼をくじる者也。其人を罰せざる守護神は、一切の人天の眼をくじる者を結構し給フ神也。而ルに弘法・慈覺・智證等は正シく書を作リて、法華經を無明ノ邊域ニシテ非ニス明ノ分位一ニ。望レハ後ニ作ニル戯論一ト。力者に及ばず履《はき》者とりにたらずとかきつけて四百餘年。日本國の上一人より下萬民にいたるまで法華經をあなづらせ、一切衆生の眼をくじる者を守護し給フは、あに八幡大菩薩の結構にあらずや。(174)

即ち、妙法蓮華経は人天の眼・二乗菩薩の眼・諸仏の御眼である。而るに法華経の行者を怨む人は人天の眼をくじる者である。そして日本国の上一人より下万民にいたるまで法華経をあなづらせ、一切衆生の眼をくじる者を守護する八幡大菩薩を責められている。

以上、(B)法華経の行者　一例である。

更に、以下を引用する。

今八幡大菩薩は本地ハ月氏の不妄語の法華經を、迹に日本國にして正直の二字となして賢人の頂にやどらむと云云。若爾ラハ者此大菩薩は寶殿をやきて天にのぼり給フとも、法華經の行者日本國に有ルならば其所に栖ミ給フべし。法華經ノ第五ニ云ク　諸天晝夜ニ常ニ爲レノ法ノ故ニ而モ衞ニ護ス之一ヲ文。經文の如クば南無妙法蓮華經と申ス人をば大梵天・帝釋・日月・四天等　晝夜に守護すべしと見えたり。又第六ノ巻ニ云ク　或ハ説ニキ己身一ヲ或ハ説ニク他身一ヲ或ハ示ニシ己身一ヲ或ハ示ニス他身一ヲ或ハ示ニシ己事一ヲ或ハ示ニス他事一ヲ文。　觀音尚三十三身を現じ、妙音又三十四身を現じ給ふ。教主釋尊何ぞ八幡大菩薩と現じ給はざらんや。(175)

即ち、八幡大菩薩は宝殿をやかれて天に登るといえども、正直の頂たる法華経の行者があるならば、そこに栖むだろうとされ、更に教主釈尊が、どうして八幡大菩薩として現じ給わんことがあろうかと述べられる。

聖人は、八幡大菩薩の守護を期待され、信じられている。

以上、(B)法華経の行者　一例である。

尚、以上の引用文にも顕著な如く、仏本神迹の思想があらわされている。

(八)『大夫志殿御返事』

弘安三年

池上宗仲から小袖・直垂等を供養されたことへの礼状である。

此三千大千世界を一《ひとつ》にして、四百萬億那由陀國の六道の衆生を八十年やしなひ、法華經より外の已今當の一切經を一々の衆生に讀誦せさせて、三明六通の阿羅漢・辟支佛・等覺の菩薩となせる一人の檀那と、世間出世の財《たから》ヲ一分も施さぬ人の法華經計りを一字一句一偈持《たも》つ人と、相對して功徳を論ずるに、法華經の行者の功徳勝れたる事百千萬億倍なり。天台大師此レに勝れたる事五倍也。かゝる人を供養すれば福を須彌山につみ給フ也と傳敎大師ことはらせ給ひて候。此由を女房には申させ給へ。恐々謹言。[176]

この三千大千世界中の四百萬那由陀の六道すべての衆生を八十年養い、法華経以外の已今当の一切経を一々の衆生に読誦させて、三明六通の阿羅漢・辟支仏・等覚の菩薩となせる一人の檀那と、世間出世間の財を一分も施さないで、只法華経だけを一字一句一偈持つ人と、その功徳を相対・比較するなら、法華だけを持つ人＝法華経の行者の功徳が勝れていることは百千万倍である。そして天台大師は、これより五倍も勝れていると述べられる。

即ち、法華経計りを一字一句一偈持つ人と法華経の行者が同義とされていることに留意したい。

以上、

(A)法華経を一字一句一偈持つ人＝持経者　一例

(B)法華経の行者　一例である。
但し、この(A)・(B)はイコールである。

(九)『光日上人御返事』
弘安四年八月八日、聖寿六〇歳
本書は、地獄の苦しみを述べられ、蒙古襲来にふれられて法華経誹謗・日蓮軽賎・三宝誹謗の科によって、この国の人々は現生には修羅道、後生には無間地獄に堕ちるであろうと述べられる。これに反して、法華経を信じる光日尼は子を思うあまりに法華経の行者と成ったとされている。

子を思《フ》金鳥は火の中に入《リ》にき。子を思《ヒ》し貧女は恒河に沈《ミ》き。彼金鳥は今の彌勒菩薩也。彼河に沈《ミ》し女人は大梵天王と生《マ》れ給《フ》。何《カニ》況《ヤ》今の光日上人は子を思《フ》あまりに、法華經の行者と成《リ》給ふ。母と子と倶に靈山淨土へ參り給《フ》べし。其時御對面いかにうれしかるべき。いかにうれしかるべき。(177)

以上、(B)法華経の行者　一例である。

(十)『法華證明鈔』
弘安五年二月二十八日
本書は、昨年再発した持病を療養しつつ年を越された聖人は、南條時光の病が重くなったことを聞かれ、二月二十五日、日朗に命じて時光の病気平癒のため護法の作法を教え、時光の看病をしている日興に送られた。そして二月二十八日自ら病中に筆をとられ、時光を悩ます病魔を呵責し信心堅固に病悩を克服するよう励まされている。

注目すべきは、撰号に「法華経の行者　日蓮」と記されていることであり、初見である。

法華經の行者　日　蓮　花押

末代惡世に法華經を經のごとく信シまいらせ候者をば、法華經の御鏡にはいかんがうかべさせ給ッと拜見つかまつり候へば、過去に十萬億の佛を供養せる人なりとたしかに釋迦佛の金口の御口より出テさせ給ヒて候を、一佛なれば末代の凡夫はうたがいやせんずらんとて、此より東方にはるかの國をすぎさせ給ヒておはします寶淨世界の多寶佛、わざ／＼と行幸ならせ給ヒて釋迦佛にをり向ヒまいらせて、妙法華經皆是眞實と證明せさせ給ヒき。[178]

以上、(B)法華経の行者　一例である。

以上、第五節第三項　熱原法難以後の述作についてにおける、(A)持経者および(B)法華経の行者関連語句を図表化する。

第八表（第五節第三項　熱原法難以後の述作について）

	持経者	法華経の行者
新田殿御書	0	1
千日尼御返事	0	1
盂蘭盆御書	0	1
上野殿母尼御前御返事	1	3
富木殿御返事	1	1

上野殿御返事	0	2
諫暁八幡抄	0	5
太夫志殿御返事	1	1
光日上人御返事	0	1
法華證明鈔	0	1
累計	3	17

即ち、本項では

(A)持経者　三例

(B)法華経の行者　一七例

となる。

本項で際立つのは、①在家の人及び門下の僧尼を、法華経の行者と称されていることが四例である。②法華経の行者が守護されるのは、法華経そのものが無上に尊いためである。この例は、聖人自身が法華経の行者である場合であり、又、聖人への供養は、法華経への供養とされている。③此経を持つ人＝持経者と法華経の行者が同義とされている例が二例ある。

その他、熱原法難の影響が、特に南條時光に伺えること、又、聖人の病が一進一退しながら次第に悪化されて行くことが伺える（後述）。

第六節　身延出山と池上入滅

日蓮聖人の肉体はその意志と同じように強健であられた。しかし三度の国諫に心を費され、四度の法難に身をいためられ、殊に佐渡の氷雪から身延の窮乏生活は、聖人の肉体を蝕んだに相違ない。わけても身延では、門下の教導に力を入れられ、就中、門下の信仰上のトラブルについての心労、更に身延の気候は身に沁みられたであろう。

『中務左衛門尉殿御返事』（弘安元年六月二十六日）によれば、

將タ又日蓮カ下痢　去年《こぞ》十二月卅日事起リ、今年六月三日・四日、日々に度をまし月々ニ倍増す。定業かと存スル處に貴邊の良藥を服シてより已來《このかた》、日々月々に減じて今百分の一となれり。しらず、教主釋尊の入リかわりまいらせて日蓮を扶け給フか。地涌の菩薩の妙法蓮華經の良藥をさづけ給ヘるかと疑ヒ候なり。(179)

去年（建治三年。建治四年は二月に弘安と改元）十二月三十日に、この病が起り、今年（弘安元年）六月に日々に悪化されているが、四條金吾の投薬により、小康を得られたとされて感謝されている。

又、同月同日『兵衛志殿御返事』には、

みそをけ一《ひとつ》給ヒ畢ンヌ。はらのけ（下痢）はさゑもん殿の御藥になをりて候。又このみそをなめて、いよ／＼心ちなをり候ぬ。あはれ／＼今年御つゝがなき事をこそ、法華經に申シまいらせ候へ。

恐々謹言。

六月廿六日　　日　蓮　花押

兵衛志殿　御返事(180)

みそをけ一つを供養されたことへの礼状に、四條金吾の薬により快復されたと述べられている。

鈴木一成氏によれば「弘安元年の夏から秋にかけての長雨は、再び全快しきらない聖人の肉体を侵した。金吾の投薬によって又一時は快方に向ったが、その年の冬の稀有の大雪は、衰弱した聖人をいやが上にも苦しめた。そのためか、翌弘安二年の春夏は風邪のために体調がはっきりしないと言われている。しかし弘安四年までは、とにかく無事に過ごされた。（取意）」(181)

この間の状況を、『兵衛志殿御返事』（弘安元年十一月二十九日）に以下の如く述べられている。

かんいよ／＼かさなり候へば、きものうすく食ともしくして、さしいづるものもなし。坊ははんさくにて、かぜゆきたまらず。しきものはなし。木はさしいづるものもなければ火もたかず。ふるきあかづきなんどして候こそで一《ひとつ》なんどきたるものは、其身のいろ紅蓮大紅蓮のごとし。こへははゝ（波々）大ばゝ地獄にことならず。手足かんじてきれさけ、人死ヌことかぎりなし。俗のひげをみれば、やうらくをかけたり。僧のはなをみれば、すゞをつらぬきかけて候。かゝるふしぎ候はず候に、去年の十二月の卅日よりはらのけの候しが、春夏やむことなし。あきすぎて十月のころ大事になりて候しが、すこしく平愈つかまつりて候へども、やゝもすればをこり候に、兄弟二人のふたつの小袖、わた四十両をきて候が、なつのかたびらのやうにかろく候ぞ。(182)

又、『富木入道殿御返事』弘安四年十月には、

今月十四日ノ御札　同シキ十七日到來ス。又去ヌル後ノ七月十五日ノ御消息　同キ二十比《はつかごろ》到來セリ。其外雖レ賜二フト度度ノ貴札一ヲ　為《た》二ル老病一之上《うへ》　又不食氣ニ候間　未レタ奉二ラ返報一ヲ候條　其恐レ不レ少カラ候。(183)

不調のため、返報ができなかったことを述べられる。

次いで『老病御書』弘安四年十一月比

には、「老病の上、不食気いまだ心よからざるゆへに、法門なんどもかきつけて申サずして」と述べられている。(184)

更に『上野殿母尼御前御返事』弘安四年十二月八日には、八年間に亙る〈やせやまい〉に身心共に衰え、特に今年は春から再発し、この十餘日は食もとどまり、身が冷えて耐えがたいことを切々と述べられている。そして母尼の供養の酒と、かっこうに暖められたことを感謝されている。

さては去ヌル文永十一年六月十七日この山に入リ候て今年十二月八日にいたるまで、此の山出ツル事一歩も候はず。ただし八年が間やせやまいと申シ、とし（齢）と申シ、とし〳〵に身ゆわく、心をぼれ（耄）候つるほどに、今年は春よりこのやまいをこりて、秋すぎ冬にいたるまで、日々にをとろへ、夜々にまさり候つるが、この十餘日はすでに食もほとをど（殆）とゞまりて候上、ゆき（雪）はかさなり、かん（寒）はせめ候。身のひゆる事石のごとし。胸のつめたき事氷のごとし。しかるにこのさけ（酒）はたゝかにさしわかして、かつかうをはたとくい切て、一度のみて候へば、火を胸にたくがごとし、ゆに入ルににたり。あせ（汗）にあかあらい、しづくに足をすゝぐ。此御志ざしはいかんがせんとうれしくをもひ候ところに、両眼よりひとつのなんだをうかべて候。(185)

そして、子息五郎の死去からすでに二ヶ年十六月四百余日過ぎたことに及び、五郎を偲び母尼を入念に慰められている。

鈴木一成氏は、以上を次のように述べる。

「弘安四年の正月から病は重々しく聖人を襲うて、死期の迫れることを告げられた。その年の冬は又稀有の大雪で、寒気は病み衰えた聖人の肉体にひしひしと迫って行く。上野殿から贈られた酒を沸かしてわずかに寒を防がれた。病める聖者にとっては身延の冬営は耐えがたきものであったろうと思はれる。(186)」

やがて、身延出山について、鈴木一成氏は次のように述べる。

弘安五年の晩秋、主上上皇の御召でも出ないと覚悟された身延の山を聖人は遂に出られた。帰省と入湯、それが出山の理由であろうか。身延の寒さは病める聖人にとって耐へがたいものであろう。冬の間、温泉に浸ってその肉体を休養させること、恋しき故郷の風物にその心を慰めることは、なすべきことをなし終へた聖人に取って人間らしい一つの希望であったかも知れぬ。

九月八日、波木井氏から贈られた栗鹿毛の馬に跨り、その公達や多くの門徒に守られて、九箇年も住みなれた身延の澤を立って、晩秋の朗らかな空の下、あざやかな富士を右手に眺めつつ、入山の時とは反対に病める聖人は甲州路を下って行く。その夜は下山に泊り、九日は鰍澤、十日は曽根、十一日は黒駒、十二日は三坂峠を越えて河口湖の畔、十三日は呉地、十四日は足柄山下の竹の下、十五日は相州関本、十六日は平塚、十七日は瀬谷、かく泊りを重ねて十八日の午頃、武州池上の右衛門大夫宗仲の館へ着いた。

その翌日、聖人は身延の波木井氏へ池上安着の報知を送られた。さうして旅に死んでも墓は身延に建てたいこと、馬がいたはしいから身延へ帰るまでずっと舎人を借りたいことが、いともこまごまと述べられている。[187]

波木井殿御報　　弘安五年九月十九日

畏《かしこみ》申ㇱ候。みちのほど（道程）べち（別）事候はで、いけがみ（池上）までつきて候。みちの間、山と申ㇱ、かわ（河）と申ㇱ、そこばく大事にて候けるを、きうだち（公達）にす（守）護せられまいらせ候て、難もなくこれまでつきて候事、をそれ入候ㇼながら悦存ㇶ候ㇱ。さてはやがてかへりまいり候はんずる道にて候へども、所らう（労）のみ（身）にて候へば、不ぢやう（定）なる事も候はんずらん。さりながらも日本國にそこばくもてあつかうて候みを、九年まで御きえ候ぬる御心ざし申スばかりなく候へば、いづくにて死ニ候とも、はか（墓）をばみのぶさわ（澤）にせさせ候べく候。又くりかげの御馬はあまりをもしろくをぼへ候程に、いつまでもうしなふまじく候。ひたち（常陸）のゆ（湯）へひかせ候はんと思ヒ候が、もし人にもぞとられ候はん。又そのほかいたはしくをぼへば、ゆ（湯）よりかへり候はんほど、かづさ（上總）のもばら殿ノもとにあづけをきたてまつるべく候に、しらぬとねり（舎人）をつけて候てはをぼつかなくをぼへ候。まかりかへり候はんまで、此とねりをつけをき候はんとぞんじ候。そのやうを御ぞんぢのために申シ候。恐々謹言。

九月十九日　　　　日　蓮

進上　波木井殿　御侍

所らうのあひだ、はんぎやうをくはへず候事、恐レ入リ候。[188]

本書簡は、興師代筆正本身延曽存であるが、此の書簡が、聖人の絶筆となる。末尾の「所らうのあひだ、はんぎやうをくはへず候事、恐レ入リ候」の一文が、痛々しい。聖人は再び身延に帰られることを期されている。

そして、聖人の入滅までの経緯を、鈴木一成氏は次のように述べる。

池上の館へ入られた聖人は最早、故郷の安房へも、常陸の温泉へも往ける身ではなかった。身延山より艮に当る武蔵国、その渺茫たる武蔵野の一角、洋々たる多摩川の畔を円満常寂の涅槃を示す場所と定められた。

鎌倉からも、下総からも、駿河からも、甲斐からも、安房からも門徒の人々は馳せ集ってくる。十月八日に六老僧を定め、滅後の弘通についての遺誡があった。十日には遺物の分配があり、かくして十三日の辰の時、御自筆の曼荼羅と髄身の釈迦仏の御前、長老日昭上人の打ち鳴らす臨滅度時の鐘と一会の大衆の誦経の声に圍繞されて、六十一歳を一期として円満寂静の涅槃の相を示された。この時、大地にはかに震ひ、満山の櫻が一時に返り咲きしたと伝えてゐる。(189)かくして日蓮聖人の現身は、力強い法華経の行者としての苦難と法悦に満ちた生涯を、悠容として閉じられたのである。

第七節　小　結

本章において、(A)持経者および(B)法華経の行者関連語句の累計は、

(A)四五例

(B)一八四例

となる。

驚くべきことは、九箇年の長きに亙るとはいえ、本章・身延期における著述と消息類の膨大なことである。特に消息類において、供養の品々への感謝と共に、綿密な教導を与えられていることである。また、特記すべきことは、前章・佐渡期において姿を消していた持経者の復活である。しかし、それは全く異ったニュアンスで出現する。

以下、各節ごとに、まとめて見る。

第一節　鎌倉出発から身延入山

第一項　身延入山の意味

○対外的動機

聖人は、国恩を報ぜんがために三度の国諫に及ばれた。三度諫めて用いられなければ去るとは古来の掟である。公場対決の機は失われた。この上は、静かに山林に交って世の成行を見、望みを将来に託そうとされたのである。

○内面的理由

立教開宗以来の自己の行跡をかえりみれば、仏の諫めを体して諫暁再三に及べば、経の予言の如く法難が重なり、法華経の行者としての役目は果たしたのであり、仏法中怨の責めは免れたのである。今後は世を避けて、ひたすら自己沈潜と門下教導に当らねばならないと決せられたのである。

第二項　身延入山

五月十二日、鎌倉を出発。聖人一行の旅は難路であった。そしてようやく五月十七日、富士川の流れに沿って波木井に着し、波木井氏の館に入られた。この当日『富木殿御書』が身延からの第一書であり、当時の窮状と聖人の弧絶した心境を述べられている。

身延山は、甲州南巨摩郡のほぼ中央、富士川の西岸に位置する峯々の東南に位置する一峯である。当時は波木井郷に属し、飯野・御牧と共に南部六郎実長の領地であった。

即ち、北は身延山、南は鷹取山、西は七面山、東は天子山であり、聖人の庵は鷹取山の北麓に身延川を隔てて身延山に対した、山峡の手狭な平地に構築された。

聖人が波木井の館に入られた五月十七日から一箇月後の六月十七日、草庵が完成して身延の沢に移られたのである。この一箇月の間、聖人は甲信地方を遊化されたと伝えられている。

そして、聖人は、荒々しい身延の環境を、インドの霊鷲山に模され、窮乏生活の中で、帰依者からの食糧・衣服・金銭・酒等のさまざまな供養に感謝されながら、執筆と門下の教導に心を尽くされていくのである。


本節には、(A)持経者および(B)法華経の行者関連語句は、ない。

第二節 『法華取要抄』について

本抄は、身延到着後、程なくおそらく、波木井氏の館においての著作と思われる。系年は、文永十一年五月二十四日である。

本抄には、(A)持経者および(B)法華経の行者関連の語句は、ない。

しかし、本抄は五大部に次ぐ代表的著述とされていて身延初期における貴重な一作である。

本抄は五段に分けられているが、就中、第三段の逆読法華の説、第四段の捨広略取要の説などは宗学上の術後として有名である。

殊に第五段で、妙法五字の広宣流布の必然を説かれたということは、本抄が佐渡で既に起草されていたことを思うとき、その信念の強大さ、不退転さに驚くばかりである。又、同じく第五段で、正嘉地震・文永彗星を上行出現・大法流布の先兆とみる見方は、『立正安国論』の邪法流布↓神天上↓災難興起とする見方と相違し、佐渡第一書の『富木入道殿御返事』の「前相已に顕れぬ」以来、『観心本尊抄』『顕仏未来記』『呵責謗法滅罪鈔』と一貫してなされて来た主張である。

又、三大秘法に言及されたものは、本抄以前の三書に次ぐ第四書である。

第三節　『撰時抄』述作期を中心として

第一項　『撰時抄』以前の述作について

内訳は、

(A)持経者　一一例

(B)法華経の行者　三九例である。

『上野殿御返事』には、持経者は、法華経中の「歎美持経者」或は「有能受持経典者」等が引用され、「法華経の行者」と同義とされていることが注目される。

又、日興を法華経の行者としている一例がある。

更に、法華経の行者を供養するのは、仏を供養する功徳にまさるのであり、それは法華経が最大一の経だからである。その反対に、釈迦仏を罵詈打杖した提婆の大罪よりも、末代の法華経の行者を怨む罪が重いのである。

『種々御振舞御書』中の「題目の行者」は初見である。

そして、法華経を持つ者（持経者）及び法華経の行者は共に第六天の魔王に嫉まれ、(A)と(B)は同義に扱われている。

又、『さじき女房御返事』では、在家の夫と、その妻である女人を法華経の行者とされている。

際立つのは、法華経の行者の様相に聖人と凡夫との二つがあるとして、聖人は皮をはいで文字をうつし、凡夫は自分が身に付けているかたびらなどを法華経の行者に供養するのであり、それは法華経の六万九千三百八十四の一切の文字の仏に奉るのであって、非常に尊く多くの功徳があるのである。

即ち、凡夫は法華経の行者への供養により、法華経の行者たり得るのである。

第二項　『撰時抄』について

内訳は

(A)持経者　九例

(B)法華経の行者　一六例である。

「一乗の持者」は初見であり、しかも一乗の持者と法華経の行者とが同格である。

「日蓮は日本第一の法華経の行者であり「閻浮第一の者」であると宣示され、この根底にあるものは「撰時」即ち「撰ばれた時」たる所以である。

特に、所持の法華経が諸経の中で最大一であることが最肝要であり、故に「法華経を経のごとくに持つ人」が何よりもすぐれているのである。

類文として、

(A)持法華経者、能持経者、読誦書持経者、受持読誦是経典者、等が挙げられる。

即ち、法華経の行者が範とすべきは、法華経中の「持経者」なのであり、経典中の持経者を実践する者が、撰時された法華経の行者である。

第三項　『撰時抄』以後の述作について

内訳は、

(A)持経者　四例

(B)法華経の行者　二三例である。

本項でも、法華経中の持経者が、法華経の行者の文証となっている如くである。

又、「一劫が間釈迦仏を種々に供養せる人の功徳よりも、末代の法華経の行者を須臾も供養する功徳がすぐれているとされている。

同様な類文として、そらごとのない法華経であるから、苦境にある一人の法華経の行者を供養する人の功徳は、生身の教主釈尊を一劫の間、三業相応して供養する功徳にすぐれているとされる。ここでも、法華経が真実の経であることが前提となっている。

又、富木尼を法華経の行者と称されている。

注目すべきは「今ノ世ノ天台宗ノ学者等ト與二持経者等一誹二謗シ日蓮一ヲ扶二助スル念仏者等一ヲ是也」として、当時の歴史上の実在の持経者が聖人に敵対し、念仏者等を助ける者とされていることであり、かかる用例は初見である。

又、『宝軽法重事』には、「人軽と申スは仏を人と申ス。法重と申スは法華経なり」とあり、一切経の中でも特に法華経が最も福の重い経典とされ、法華経の行者の勝れていることを示される。

第四節　『報恩抄』述作期を中心として

第一項　『報恩抄』について

本項における(A)持経者および(B)法華経の行者関連語句の内訳は、

(A)　三例

(B)　六例である。

仏滅後一千八百余年の間に、漢土には天台大師、日本には伝教大師已上二人に釈尊を加え奉りて三人が法華経の行者であるとされる。

敷衍すれば、聖人自身を加えて三国四師であり、四人の法華経の行者となる。

次に、法華経中の「有能受持是経典者亦復如是。於一切衆生中亦為第一」を挙げられて、法華経の行者をすべての中の第一とされる。即ち、法華経中の「持経者」が「法華経の行者」の文証となっているのは、前項と同趣である。

第二項　『報恩抄』以後の述作について

(A)持経者および(B)法華経の行者の内訳は、

(A)　八例

(B)　三四例である。

『四信五品鈔』において際立つのは、「以信代慧」であり「名字即位」であるために、「一向ニ令レルヲ称セ二南無妙法蓮華経一ト為ス二一念信解初随喜之気分一」とされて、例え初心であっても法華経の行者たり得ることである。「初心の行者」は初見である。

又、『乗明上人御返事』には「経ハ師也、仏ハ弟子也」として、法華経を受持する功徳の甚大さを述べられる。

更に、南條時光を法華経の行者とされる二例がある。

又、持経者及び法華経の行者を害する者は同じく堕地獄とされる。

そして、聖人当時、念仏を唱えながら助として法華経を持つ兼修者が実際に多くあったことが推測される。

又、禅宗の三階信行禅師は、法華経等の一代聖教を別教と下し、自分が作った経を普経と尊重したので、法華経の持者の在家の女人にせめられて現罰を受けたことが印象的である。

更に「教主釈尊より大事なる行者」なる一句がある。

次に、聖人を「法華本門の行者」とされていることが際立っている。

又、池上父子の信仰上の対立に際し、親に従う弟宗長に対して兄宗仲を一乗の行者とされている。

第五節　熱原法難を中心として

第一項　熱原法難中の述作について

内訳は、

(A)持経者　ゼロ例

(B)法華経の行者　八例（二六例）カッコ内の数字は、聖人が、捕らえられた熱原の百姓二〇人すべてを法華経の行者とされていると伺えることによる。

本項で特記すべきは、『変毒為薬御書』に、投獄され、恐らく辛い仕打ちを受けたであろう熱原の百姓たち二十名が、平頼綱に対し、唱題を口々に行なうことで命がけの抵抗を示したことに対し、聖人は、禁獄された全員の一人々々を法華経の行者として、その強信を賞されていることである。

聖人は、熱原法難を局地的紛争ではなく自己と門弟の危機として受けとられ、鎌倉政治史の動向の中でとらえられている。

事実、この時期、門弟中に権力を介しての信仰上のトラブルが続出している。池上父子、四條金吾の主従関係、又南條時光も例外ではなかった。

熱原法難は、このような底辺の上に、得宗権力が勢威を示した大きな法難であった。

第二項　熱原法難以前の述作について

内訳は、

(A)持経者　七例

(B)法華経の行者　二三例である。

『兵衛志殿御返事』では、前年、兄宗仲は再度の勘当を受けたが、兄弟同心して善処した甲斐あって勘当を許され父子兄弟女房一同に法華信仰に生きるに至った。宗仲を法華経の行者とされている。

『日女御前御返事』では、法華経を経の如くに持つ人々も、法華経の行者をさまざまな理由で憎む人には功徳はないのであり、かえって罰を蒙るとされる。即ち、恐らく当時の持経者と法華経の行者とを相対されている。

『妙法尼御前御返事』では、「法華経の名号を持つ人」となり、聖人独自の持経者であり初見である。

『本尊問答鈔』では、「能持此経の行者」一例があり、初見である。即ち「法華経を持つ者」＝「法華経の行者」とされている。

『四條金吾殿御返事』には、久しく主君の勘気を蒙っていた四條氏が迫害に耐えて遂に主君の信用を回復し、再び領地を給わったことを報じてきたことへの返書である。就中、法華経中の「能持此経の人」＝持経者を即如来使とされていることが特記できる。

第三項　熱原法難以後の述作について

内訳は、

(A)持経者　三例

(B)法華経の行者　一七例である。

『千日尼御返事』では、阿仏房の遺子・藤九郎を、父の遺志を継いだ法華経の行者とされている。

『盂蘭盆御書』は、治部房日位の祖母への消息だが、孫の治部房を法華経の行者と称され、その法華経の行者に「みちびかれさせ給ッべし」と祖母に告げられている。

『上野殿母尼御前御返事』には、「法華経を持つ人」への守護と、「法華経の行者をあなずる者の罰」が述べられ、両者が同義として信謗が相対的に扱われている。

又、南條時光を法華経の行者に似ていると述べられていることに留意する。時光が、熱原法難の関係者をかくまっていることで難儀しているのは、法華経のために命を捨てようとしているからであると賞されている。

『大夫志殿御返事』では、「法華経計りを一字一句一偈持つ人」と「法華経の行者」が同義とされている。概して本項には、この用例が二例あるのが際立つ。

『法華證明鈔』では、撰号に「法華経の行者　日蓮」とあり初見である。

第六節　身延出山と池上入滅

日蓮聖人の肉体はその意志と同じように強健であられた。しかし三度の国諫に心を費され、四度の法難に身をいためられ、殊に佐渡の氷雪から身延の窮乏生活は、聖人の肉体を蝕んだに相違ない。わけても身延では、門下の教導に力を入れられ、就中、門下の信仰上の葛藤について心労された。実に身延期は、檀信徒にとっての試練の時であり、又、聖人が「法華経の行者」を檀信徒に伝播して行かれた重要な時であった。そして、身延の厳しい気候は聖人の身に沁みられたであろう。

建治三年十二月三十日に発病された聖人の下痢は、翌弘安元年の夏から秋にかけての長雨により悪化された。四條金吾の投薬により小康を得られたが、その年の冬の希有の大雪は、衰弱された聖人を苦しめた。そのためか、翌弘安二年の春夏は風邪のために体調がはっきりしないといわれている。

そして『富木入道殿御返事』（弘安四年十月）には、不調のため返報ができなかったことを述べられ、同年十一月の『老病御書』には「老病の上、不食気いまだ心よからざるゆへに、法門なんどもかきつけて申サずして……」と述べられている。

更に『上野殿母尼御前御返事』（弘安四年十二月八日）には、八年間に亙る〈やせやまい〉に心身共に衰え、特に今年は春から再発され、この十余日は食もとどまり、身が冷えて耐えがたいことを切々と述べられている。そして母尼の供養の酒と、かっこうに暖められたことを感謝されている。

やがて、弘安五年の晩秋、入山以来、一歩も出られることのなかった身延山を、聖人は遂に出られたのである。帰省と入湯、それが出山の理由であろう。

九月八日、波木井氏から贈られた栗鹿毛の馬に跨り、その公達や多くの門徒に守られて、九箇年も住みなれた身延の澤を立たれた。

入山の時とは反対に、病める聖人は甲州路を下って行かれた。泊りを重ねて、九月十八日の午頃、武州池上の右衛門大夫宗仲の館に着かれたのである。

その翌日、聖人は身延の波木井氏へ池上安着の報知を送られた（『波木井殿御報』）。そして旅に死んでも墓は身延に建てたいこと、馬がいたわしいから身延へ帰るまで、ずっと舎人を借りたいことが、こまごまと述べられている。本書簡は興師代筆身延曽存であるが、この書簡が聖人の絶筆となる。池上の館に入られた聖人は、もはや故郷の安房へも常陸の温泉へも往ける身ではなかった。身延山より良に当る武蔵の国の一角、洋々たる多摩川の畔を円満常寂の涅槃を示す場所と定められたのである。

鎌倉からも、下総からも、駿河からも、甲斐からも、安房からも門徒の人々は馳せ集って来た。

十月八日に六老僧を定められ、滅後の弘通について遺誡され、十日には遺物の分配があった。かくして十三日の辰の時、御自筆の曼荼羅と随身の釈迦仏の御前、長老日昭上人の打ち鳴らす臨滅度時の鐘と一会の大衆の誦経の声に圍繞されて、六十一歳を一期として、涅槃の相を示されたのである。

ここに、日蓮聖人の現身は、力強い法華経の行者としての苦難と法悦に満ちた生涯を、悠容として閉じられたのである。

【註】

（1）『定遺』一一五五頁『光日房御書』
（2）『定遺』一三三五頁『下山御消息』
（3）『定遺』一二三九頁『報恩抄』
（4）『定遺』八〇九頁
（5）『定遺』一一五一頁
（6）『定遺』九八六頁
（7）『定遺』一五五〇頁
（8）『定遺』八六四〜五頁
（9）『定遺』八一三頁
（10）『定遺』八十六頁
（11）『定遺』八二八頁
（12）『正蔵』第九巻三一頁b
（13）『定遺』八三五頁
（14）『定遺』八三六頁
（15）『定遺』八四三頁
（16）『定遺』八五四頁
（17）『定遺』八五六頁
（18）『定遺』八五七〜八頁
（19）『定遺』八五九頁
（20）『定遺』八六二頁
（21）『定遺』八六八頁
（22）『定遺』八九一頁
（23）『定遺』八九二〜三頁

(24)『正蔵』第九巻四六頁a
(25)『定遺』九〇九頁
(26)『正蔵』第九巻一五頁b
(27)『定遺』九一〇～一頁
(28)『定遺』九一七頁
(29)『定遺』九二一～二頁
(30)『定遺』九二三頁
(31)『定遺』九三六～七頁
(32)『定遺』九六一頁
(33)『定遺』九六五頁
(34)『定遺』九六六頁
(35)『定遺』九六九頁
(36)『定遺』九六二～三頁
(37)『定遺』九七七頁
(38)『定遺』九八四～五頁
(39)『定遺』九八五～六頁
(40)『定遺』九九六頁
(41)『定遺』九九七頁
(42)『定遺』九九七～八頁
(43)『定遺』一〇〇七頁
(44)『定遺』一〇一八～九頁
(45)『定遺』一〇二七頁
(46)『定遺』一〇四七頁
(47)『定遺』一〇四八頁

(48)『定遺』一〇五五頁
(49)『定遺』一〇五八～九頁
(50)『定遺』一〇五六～七頁
(51)『正蔵』第九巻三九頁a
(52)『定遺』一〇六〇～一頁
(53)『正蔵』第九巻三一頁b
(54)『定遺』一〇六二頁
(55)『定遺』一〇七八頁
(56)『定遺』一〇七九頁
(57)『定遺』一〇八六頁
(58)『定遺』一〇八七頁
(59)『定遺』一〇九三頁
(60)『定遺』一一三六頁
(61)『定遺』一一三八頁
(62)『定遺』一一四一頁
(63)『定遺』一一四二頁
(64)『定遺』一一四八頁
(65)『定遺』一一四八～九頁
(66)『定遺』一一五〇頁
(67)『定遺』一一五四頁
(68)『定遺』一一七九頁
(69)『定遺』一一八七頁
(70)『定遺』一一九九頁
(71)『定遺』一二一八頁

(72)『定遺』一二一九頁
(73)『定遺』一二二七頁
(74)『定遺』一二四九頁
(75)『定遺』一二九六頁
(76)『定遺』一二九六〜七頁
(77)『定遺』一二九八頁
(78)『定遺』一二九九頁
(79)『定遺』一三〇〇頁
(80)『定遺』一三〇七〜八頁
(81)『定遺』一三〇八〜九頁
(82)『定遺』一三一五頁
(83)『定遺』一三二四〜五頁
(84)『定遺』一三三二頁
(85)『定遺』一三三六頁
(86)『定遺』一三三七頁
(87)『定遺』一三三八頁
(88)『定遺』一三三九頁
(89)『定遺』一三四〇頁
(90)『定遺』一三四一頁
(91)『定遺』一三四三頁
(92)『定遺』一三五二頁
(93)『定遺』一三六一頁
(94)『正蔵』第九巻一五頁b「譬喩品」
(95)『定遺』一三七二頁

(96)『定遺』一三九七頁
(97)『定遺』一四〇二～三頁
(98)『正蔵』第九巻五一頁c「常不軽菩薩品」
(99)『定遺』一四〇四頁
(100)『正蔵』第九巻三一頁a「法師品」
(101)『定遺』一四四二～三頁
(102)『定遺』一四四四～五頁
(103)『定遺』一四四五頁
(104)『定遺』一四四九頁
(105)『定遺』一四五一頁
(106)『正蔵』第九巻一五頁b
(107)『定遺』一四七一頁
(108)『正蔵』第九巻一五頁b
(109)『定遺』一四七七頁
(110)『定遺』一四九三頁
(111)『定遺』三一九頁
(112)高木豊著『日蓮とその門弟』弘文堂　一九四頁
(113)『上野母尼御前御返事』(『定遺』一八一〇頁以下）によれば文永二、三年ころの没年である。
(114)『春之祝御書』(『定遺』八五九頁）
(115)高木豊著『日蓮とその門弟』一九四頁
(116)高木豊著『日蓮とその門弟』一九四～五頁
(117)高木豊著『日蓮とその門弟』一九五頁
(118)『上野殿御返事』『定遺』八一九頁
(119)『春之祝御書』『定遺』八五九頁

(120)『上野尼御前御返事』『定遺』一八九四頁
(121)高木豊著『日蓮とその門弟』一九八～九頁
(122)高木豊著『日蓮とその門弟』一九九頁
(123)高木豊著『日蓮とその門弟』二〇〇～一頁
(124)高木豊著『日蓮とその門弟』二〇四～五頁
(125)高木豊著『日蓮とその門弟』二〇六頁
(126)『定遺』一〇七八頁
(127)『定遺』一四四三頁
(128)高木豊著『日蓮とその門弟』二一〇頁
(129)『定遺』一六七七～八二頁
(130)『定遺』一六七六～七頁
(131)高木豊著『日蓮とその門弟』二一九頁・著者註(一四)
(132)『定遺』一六七七頁
(133)『定遺』一六八〇頁
(134)高木豊著『日蓮とその門弟』二一二～三頁
(135)高木豊著『日蓮とその門弟』二一四～五頁
(136)『定遺』一六七四～五頁『聖人御難事』
(137)高木豊著『日蓮とその門弟』二一五～六頁
(138)高木豊著『日蓮とその門弟』二一七頁
(139)高木豊著『日蓮とその門弟』二一八頁
(140)『定遺』一六七二～三頁
(141)『定遺』一六八一頁
(142)『定遺』一六八三頁
(143)『定遺』一七〇八～九頁

(144)『定遺』一五〇六～七頁
(145)『定遺』一五一〇～一頁
(146)『定遺』一五一一～二頁
(147)『定遺』一五一二頁
(148)『定遺』一五一四～五頁
(149)『定遺』一五一六頁
(150)『定遺』一五一九～二〇頁
(151)『定遺』一五二〇頁
(152)『定遺』一五二二頁
(153)『定遺』一五四四頁
(154)『定遺』一五七四頁
(155)『定遺』一五八〇頁
(156)『定遺』一五九〇頁
(157)『定遺』一五九六頁
(158)『定遺』一五三六頁
(159)『正蔵』第九巻五二頁c
(160)『定遺』一五三七頁
(161)『定遺』一六〇八頁
(162)『定遺』一六一七～八頁
(163)『定遺』一六六六～七頁
(164)『定遺』一六六八頁
(165)『定遺』一七五二頁
(166)『定遺』一七六五頁
(167)『定遺』一七七六頁

(168)『定遺』一八一三〜四頁
(169)『定遺』一八一六頁
(170)『定遺』一八一八頁
(171)『定遺』一八二九〜三〇頁
(172)『定遺』一八三四頁
(173)『定遺』一八三八頁
(174)『定遺』一八四〇頁
(175)『定遺』一八四九頁
(176)『定遺』一八五二頁
(177)『定遺』一八八〇頁
(178)『定遺』一九一〇〜一頁
(179)『定遺』一五二四頁
(180)『定遺』一五二五頁
(181)鈴木一成著『日蓮聖人正伝』平楽寺書店　三〇五〜六頁
(182)『定遺』一六〇六頁
(183)『定遺』一八八六頁
(184)『定遺』一八九六頁
(185)『定遺』一八九六〜七頁
(186)鈴木一成著『日蓮聖人正伝』平楽寺書店　三〇八頁
(187)鈴木一成著『日蓮聖人正伝』平楽寺書店　三〇九〜一〇頁
(188)『定遺』一九二四〜五頁
(189)鈴木一成著『日蓮聖人正伝』平楽寺書店　三一二〜三頁

終　章

以上、日蓮聖人における「法華経の行者」の研究をテーマとして、序章以下全五章に亙って考察を進めてきた。

まず序章では、本研究の動機、そして本研究の視点と方法を述べ、次いで平安期持経者の様相について、平安期持経者に関する先学の研究及び『大日本国法華経験記』における持経者像を概説した。次に、日蓮聖人における「持経者」の研究と、「法華経の行者」の先学の研究を述べた。

そして、第一章で平安期持経者の様相を、第二章で日蓮聖人における「持経者」および「法華経の行者」に関する先学の研究を、詳説した。

第三章から第五章は、日蓮聖人の生涯を、鎌倉期・佐渡期・身延期の三期に分け、各期の日蓮聖人における「持経者」および「法華経の行者」について、『昭和定本　日蓮聖人遺文』を基に、分類し判別した。

以下、各章ごとに検証し確認していきたい。

第一章　平安期持経者の様相

ここでは、以下のことが明らかとなった。

第一節　平安期持経者に関する研究

持経者の「経」とは『法華経』である。正確には鳩摩羅什訳『妙法蓮華経』である。

(一)　わが国において、持経者は、すでに奈良時代より存在し、平安時代・院政期におよんで漸次増大した。

「専持法華」等を旨とする法華専修者と、真言・念仏などの兼修者とがあり、雑修性が際立っている。

持経者には「読誦法華」が必須條件であり、持経者から法華読誦行を捨象することはできない。

又、日蓮聖人の宗教成立の原因として持経者信仰があったこと、就中、民間の沙弥・聖乃至在俗の間に流通していた持経者信仰が、日蓮聖人の唱題の直系の祖流となっているとの説は注目される。

さらに日蓮聖人の戒律否定、悪人成仏の思想が念仏宗から影響されたものであると同時に持経者信仰の方にもそれと同じ要素が存在したとされる。

(二) 又、持経信仰の様相として「智解の否定」「験徳の論理」「数量的信仰と苦行」「後世利益」「験力・経力・信力」があり、鎌倉仏教の特色である信力の強調が『験記』には、すでにあらわれていることを明かす。

『験記』において持経者と呼称される者は正式出家僧の階梯を踏みながら本寺を離去する様相が顕著である。一つには叡山の腐敗・堕落、二つには荘園制度の没落化が背景にあり、つまり彼らは出世栄華の道とは、かけ離れた者たちであり、自らが発心し、自らが持経生活を選び、新しい道を切り拓こうとする者たちであった。

『験記』持経者の存在形態として、寺院定住、山林定住、山林修行、遊行の四つのタイプがあり、なかでも叡山三塔に散在した天台系の特に横川系の持経者が多い。

更に、法華経では、受持法華経者は比丘＝僧に限られていない。したがって、比丘に限って持経者の呼称を使用した鎮源(『験記』撰者)よりも在家の女性(後白河法皇の妹・上西門院)をも持経者と称した慈円（『愚管抄』）の方が法華経の用例に適合しているといえる。また、藤原道長も持経者と称されている。

（三）また、平安末鎌倉初期における、日蓮聖人出世の地である東国地方にも、苦行性・実践性に裏づけられたストイックな持経者が存在し、それら東国持経者群の信仰が、日蓮聖人に架橋するとされていることに注目する。

（四）次に持経者・聖・聖人については関連性が深い。初期の聖たちの宗教行業の内容は、『験記』に見られる如き法華経の持者と前代已来の念仏行者の系譜を引き、元来、持経者的な験徳が優位していて、その中から念仏的なものが分化してきたともいわれる。そして初期聖の苦行的性格をそのまま直授継承していったのが法華の持者たちであるとされている。

（五）また、山岳信仰ないし自然物崇拝という人々の信仰習俗や宗教観は、仏教における浄土教＝阿弥陀信仰と、法華経＝経典信仰と、密教＝修験との三によって意義づけられ、平安中期から後期にかけての仏教は、このような伝統的世界と深くかかわり始めたのであって、その旗手をつとめたのが「聖」「持経者」「上人」などと称される聖者たちであった。

以上、（一）から（五）にわたる研究の成果によって、平安期持経者が、日蓮聖人の宗教に架橋する点が、最重要であることが知られる。

第二節　『大日本国法華経験記』における持経者像（以下、『験記』と略）

『験記』各條の標目は一二九條であるが、八四條は欠文のため、実際にとり上げたのは一二八標目である。

第一項　「持経者」について

『験記』所載者のなかから、標目或は本文中に「持経者」と呼称されている一群（二四名）について、その構成要素を分析表示した結果、以下のことが明らかとなった。

「持経者」は、比丘に限られている。

現状では出典を見出せず、『験記』以後の諸伝の原拠となったと思われる者は多い。往生伝に転用された六例は、そこでは「持経者」の呼称を削除されている。

（一）行業についてでは、法華専修者と記された例が多く、兼修者四例は「顕密学習」「受学真言」等と記されて学文と名づくべきものを主としている。

専修、兼修者に通じて読誦行具備が通例で、「持経者」に法華読誦行は不可欠である。

（二）行相（行処、姿勢）について

1　山林定住・廻峯者は深山において苦修練行する者と山中寺院に定住する者および山林又は山中寺院を廻行する者に分けられる。以上には、本寺を離去・絶縁した者が多い。

2　世路経営・遊行者は、本寺から巷間に出て行った形態である。これらには読誦行と共に利他行が顕著であると見える。

（三）結縁（行用）について

「持経者」の誦経を媒体として結縁させる場合と、可視的徳行を媒体とする場合がある。

（四）異事（行力）について

1　守護・給仕・讃歎・供養

「持経者」に働きかけて、これらをなすものは、「持経者」の自行としての持経の完遂を助発するために顕現する。普賢菩薩によって守護される者が最も多く、ほかに文殊・観世音……十羅刹女・天童など、又、神人・神女などがある。

2　験力・自在力

これらは、持経という行為と経力との相応の上に発現され、この内、験力は主に世間においての治病・悪霊邪気の降伏を内容とする。

3　往生瑞相

夢相と臨終瑞相とがこれに当り、専修者にこれが多いことから持経が往生のための一大善根とされていたことが考えられる。

(五)その他の要素について

1　所居の土には、浄土・都卒天が少数あるが、「持経者」には特定の土とは限らないが、得果を来世に期待する傾向が見える。

2　聖・聖人の呼称は、特に行相と異事の超絶性を記された者への尊称と考えられる。聖・聖人の呼称を記されない「持経者」は多い。

第二項　「持経」者について

「持経」者とは、『験記』所載者中、「持経者」以外で、「持経」を行業とするか或は経巻として所持すると記される一群（四十名）である。

「持経」者は、比丘、沙弥、優婆塞、優婆夷に亘っている。

「持経」者には、『日本往生極楽記』を出典とする者が一例ある。『験記』がそれ以後の諸伝の原拠となっている者が多い。

(一) 行業としての「持経」

読誦行と併記されるのが通例であり、しかも「持経」が特記される所以は、法華経に則る行為と、法華経専修の態度を総括している。

(二) 所持品としての「持経」

該当者すべてが、読誦行を含む行業としての「持経」と併記されている。しかも所持経(法華経の経巻)が特記される所以は、

1 来世へ。臨終に際し、或は往生瑞相たる夢相の中で所持すると記される場合であり、来世に関する場合の経巻は、現世の行業としての「持経」功徳と経力との相応によって仏果に至る証拠とされている。

2 宿因を示す証拠となる場合。先世所持の経巻に現世でめぐり遇うか、宿因を告げる夢相中の姿が経巻を執っている。該当者は比丘のみである。

3 現世での不断念誦を示す場合。

以上、所持品としての「持経」の三類は、三世に亘る法華経との念の相続を示している。

(三) 行相以下の要素について

1 比丘について

愛宕山での修行者が顕著であること、誦経結縁が比丘に限られていること、験力、自在力及び聖・聖人の呼称も比丘のみである。

2 在俗者について

行相の内、外相は世路経営者であるが、内相として出家を志向する者が大半であること。結縁・異

事では、他に結縁させる媒体は、往生瑞相と加護であり、誦経を媒体としない。

第三項　「持経者」・「持経」者以外について

（一）標目者とは別人の持経者を内容中に含む『験記』所載者は一二名であり、いずれも法華経関係行業をもっている。以下、標目者と内容中の持経者との関係を述べる。

1　標目者が比丘の場合

㋑紀伊国完背山法華経死骸は誦経と自己の本縁を語ることで、熊野参詣途次の持経者を随喜結縁せしめている。

㋺先世に、内容中の持経者によって結縁せしめられたと記する者（七名）。

2　標目者が比丘以外の者

㋑現世で持経者に値遇結縁し、持経者供養を以て抜苦・昇天する者。

㋺持経者を誹謗したことで現悪報を受け、後世の受苦を約される者。

㋩越後国乙寺猿は、前世から現世に亘って同一持経者と値遇し、人身を得た現世の法華経書写供養によって来世の得果を約されている。

（二）その他の『験記』所載者（五六名）

1　比丘について

㋑「持経者」に準ずると思われる者は、読誦行を有し、それが他行業を凌賀している（一七名）。

㋺「持経者」に準じないと考えられる比丘（一七名）には、慧解と講経を主とした者が多い。西方願生者と悪行者で、わずかの法華経行業をもつものもある。

2　比丘以外のものについて

ここでの二二例の大半が往生・上生者とされている。ただし、『霊異記』→『三宝絵詞』→『験記』

という記載経路をとった者は、現報譚としてとらえられる。又、法華経読誦と弥陀念仏が全く併修されている。

以上、第一項から第三項までを総括して、『験記』には、〃狭義の持経者像〃と〃広義の持経者像〃があることが確認できた。

〃狭義の持経者像〃とは、「持経者」に見た持経者の塑像にあてはめることの出来る者たちで、その出典を『験記』以前の諸伝に見出し難かった。

〃広義の持経者像〃とは、法華経関係の行業（五種法師）のいずれかを自ら行じたことのある真俗の男女といえる。

そして、法華・弥陀信仰が牽引しながら分離して行く一ポイントに『験記』を置いてみることが可能であると考えられる。

第二章　日蓮聖人における「持経者」および「法華経の行者」に関する研究

ここでは、以下のことが明らかとなった。

第一節　「持経者」について

(一)『四恩抄』における「昼夜十二時の法華経の持経者」の自称（私註『四恩抄』を依用するのは、山川智応氏・家永三郎氏である)。

(二)　日蓮聖人の宗教が、前時代の持経者の専持法華の延長であり、そして唱題が念仏の形式から示唆を受けているが、その中間に経典本尊の思想があること。更に悪人成仏の思想も、念仏宗の教理から導かれたものであると同時に、持経者の信仰にも同じ要素があったこと。

(三) 日蓮聖人が遺文中に、『験記』に言及していて、その中の持経者群の行業に励まされて、純粋至上主義の信仰に燃えたこと。そして、持経者が薬王品を狂信的自虐往生の方向に結晶させたのに対し、聖人は大小の法難を媒介として法華経の色読体験に回施させ持経者の信力を法華経弘通の根源的推進力に昇華させたこと。

又、遺文中の持経者という名称に関連あるものを三三例挙げ、日蓮聖人にあっては、持経者と法華経の行者との交錯・共在性・同一性が後年まで見られること。特に法師品の「歎美持経者」を以て、聖人が持経者と法華経の行者を同義語としている例を挙げている。

更に、遺文中に「対立者としての持経者」があり、ここにいう持経者は法華経の色読体験なく、余業をも併修する者を指すこと。

そして、聖人は信徒の獲得にあたって持経信仰をすすめ、深化させ、これらの持経者的信仰者を講的組織に結集させることで日蓮宗教団の原初的形態が組成されたと見えること。

(四) 法華経自体に遡源し、持経者の呼称を見出し、そして持経者が法華受持者であることを確認する。就中、法華経には持経者よりも受持者・受持法華経(是経)などの表現をとることが多い。従って〈受持〉の意味を考えることが必要であり、第一が五種法師の一つとしての憶念・憶持であること。第二は、それを踏まえた上での教説受容の受持、第三は名号受持である。第三から唱題が導き出されている。

そして、法華唱題の事実が、平安時代の法華仏教のなかにあったこと、日蓮聖人は、その法華唱題の理論化を達成しようとしたこと。

更に、平安時代の法華唱題の事例を枚挙している。

又、〝受持と功徳の自然譲与〟とは、佐渡以前の唱題とは一線を画し、聖人の唱題思想は、この〝自然〃の観念に到達したことで、源空の影響下から脱却し、聖人は『開目抄』『観心本尊抄』述作を含む佐渡期において、平安時代の法華信仰をうけとめて、その信仰を唱題の行為に凝縮し、唱題の理論化を達成したのであるとする。

(五)日蓮聖人の法華唱題の独自性について、(四)に挙げられた「前時代における唱題の例」に対して、以下の如く明らかにしている。

即ち、天台宗先学の例としては、法華三昧を修するとき、行道の際に三宝を南無する一環として唱題があり、又講経開始のときに唱題する例もあることを日蓮聖人は示している。

更に天親・龍樹にも微少な唱題の事例があり、南岳・天台には法華三昧中に唱題の一齣があると、聖人は認めている。しかし、自行ばかりでなく、広く人に唱題を勧める、つまりお題目で仏道修行を包括する南無妙法蓮華経宗を樹立したのは、自分を以て嚆矢とすると聖人は確信していたこと。

そして叡山の朝題目夕念仏は、朝題目ではなくて六根懺のための朝講法華理であり、又、法然は世間に持経者が多くいたことは知っていたが、唱題する人を見聞きしなかったこと。

更に法然念仏にしても、修禅寺決にしても、題目仏教建立のヒントではあり得るが、聖人が題目仏教を確信を以て広布した根拠は、正統の天台学つまり日蓮聖人が「教学」とされたものによって、法華経の底意を読んだ結果の所産であることを明らかにしている。

日蓮聖人における持経者の研究が、遂に「唱題」に迄及んだことに留意する。

第二節　「法華経の行者」について

(一)法華経の行者という呼称は、建長七年の『主師親御書』にみえること。

但し、小松原法難後の『南條書』においての「日本第一の法華経の行者」の宣明を、聖人の法華経の行者の自称の嚆矢とすることは多くの先学が述べるところである。

ひるがえって、日蓮聖人は誕生の当初から「法華経の行者」たるべき素質と才能と強靭な体力と鋭敏な感覚を内包したといえること。

そして、多年の勉学の結果、法華経のみが仏の真実教であり、末法の今から以後世界を支配すべき教であることを見開いたこと。この解決が法華経行者の一生の基本となったのである。

やがて『立正安国論』の上呈↓却下を契機として、迫害・法難が相次ぎ、聖人は、ますます逆化折伏の戦斗に向った。このことは、立教開宗の当時、難易二行の内、難行を選ばれ「二辺の中には言うべし」との決意に基づいていること。

迫害・法難の必然性は、法華経「法師品」「安楽行品」等での予言・仏の未来記の実証であることを、聖人は「法華経の行者」の当為として忍受している。

更に、聖人は法華経の中に自己を投入し、身命を賭して法華経の「未来記」との合一化をはかり、伊豆・佐渡と二度の流罪を体験して、『勧持品』の「数々見擯出」の文が、自己自身の肉体を媒介として歴史の場に真実化されたという認識つまり色読の実証を果たしたのである。

(二)『開目抄』と『観心本尊抄』

『開目抄』で、日蓮聖人は自分は本当の法華経の行者か否かの問いつめを行ない、経文の明鏡に自己を照らしあわせながら、自分は法華経の行者にまちがいないとの確信に到達すること。又、もし自分がちがっていたら「命をもめしとられかし」との決死の覚悟の書であること。

そして『開目抄』で法華経の行者と成り得た聖人が、その法華経者は何をなすべきかを示したのが『観心本尊抄』であることを明かす。

(三)不軽菩薩との教一と時代の同一視、受持

日蓮聖人の受難・色読に対する内省は自身の謗法として述べられ、不軽菩薩と重ね合わされる。涅槃経の転重軽受即ち先業の重罪によって未来に受くべき地獄の苦を今生に招き寄せ、受難によって消滅せんとする忍難の自覚であり、その重罪とは、不軽菩薩と同じく聖人自身の過去の謗法罪であること。そして、聖人は法華経の行者として流布すべき教法及びその時代を同一視されている。

聖人にとっての不軽品と勧持品が教一であることは『寺泊御書』の「現在の勧持品は過去の不軽品、過去の不軽品は現在の勧持品、現在の勧持品は未来不軽品たるべし」にも示されている。

次に日蓮聖人が迫害の中で法華経の行者たらんとしたことは、法華経を一心に受持することであり信であり、又、聖人の折伏は「因謗墮悪必因得益」の末法の下種であること。

(四)法華経に現れた布施行＝正法の法施の実践者

聖人は、本化仏使としての自覚に立ち、末法の導師としての道を歩まれ、法・財の両施にわたって、法華経所説の布施行を実践色読した。即ち、身命を捨て法を求め(財施)、身命を惜しまず法を弘通(法施)したこと。

「仏使」とは、法華経所説の「如来使」であり、「能持是経者」を意味し、末法における「法華経の行者」の意味であり、「行者」とは弘教を使命とした本仏の特使であること。それは更に、勧持品の色読者、不軽品の「持法華経者」、神力品の「斯人行世間……」の斯人でなくてはならない。即ち如説修行の「法華経の行者」であることを明かしている。

(五)「波乱万丈の行者」＝日本大使＝上行菩薩の再誕、三国四師

日蓮聖人は、教主釈尊の居る「法華経世界」の本部から『法華経』を弘通する目的で日本国に派遣されて来た仏使＝日本大使であり、末法の当時にあっては同時に「上行菩薩の御使」＝再誕であるこ

と。この仏使意識と上行菩薩の再誕意識は、『諸法実相鈔』においていよいよ強化・純化されて、ついに『顕仏未来記』の中で「三国四師」観の表明となって結晶する。

（六）値難と成仏、釈尊からの題目付属

日蓮聖人は、法華経ゆえに命に及ぶ迫害を蒙る自身こそは、末法におけるはじめての法華経色読者＝法華経の行者であり、従来の持経者に対する自らの独自性を鮮明にしている。

そしてそれには三類の強敵の出現が必至であること。更に、釈尊が地涌の菩薩に授けた法が題目であること、自身がその時の虚空会に在して付属を受けたこと。

又、熱原法難で捕えられた農民たちが唱題し乍ら刑に処せられた強信に対し「法華経の行者」と呼称し雪山童子になぞらえている。

（七）本門の教主釈尊と自己との、生命的な源の関わりの認識

仏使として活動される聖人にとって、聖人の全存在が法華経のなかに生き、同時に、聖人が末法の今時に法華経を法華経たらしめているという相互の深い結びつきは、宗教的な本感応妙の世界としか表現しえない。

又、聖人は『法華玄義』巻八の文を受けて、この法華経を信ずる者は真の持経者であり、読経の声は出さなくても、仏陀釈尊は滅後でありながら、つねにましまして梵音声を以て説法されていること。

そして聖人は、仏の「未来記」を扶け、如来の実語を、この現実世界に検証することが「法華経の行者」の使命だと断言すること。

（八）「有能受持是経典者」＝法華経の行者と同義、唱題が受持の概念中に入ること

「法華経の行者」観は、突きつめて「受持」に当面する。

法華経（妙法華）における受持の用例は八十有余箇所であるが、聖人の二十有箇所に及ぶ用例は、

譬喩品・安楽行品・神力品・薬王品・陀羅尼品・勧発品の六品十一箇所に限られる。特に『真言諸宗違目』では、経文に当る日蓮こそが「有能受持是経典者」であり、この用例における受持は色読の概念を有していることを明かす。又、『太田殿許御書』では「有能受持是経典者」の文を受けて「法華経行者勝二一切諸人一之由説レ之」と表現し、「法華受持者」が「法華経の行者」と換言される用例である。

総じて「受持」の語句は「持つ」「唱題」「供養」「信」「主体的法華経実践」の意味を有し、陀羅尼品の「受持法華名者」が「法華経の行者」と同義に用いられていることを明らかにしている。

以上、(一)から(八)までの内、特に「受持是経典者」等の法華経中の持経者の用例が、真の持経者即ち法華経の行者たることを注記する。

第三章　鎌倉期の日蓮聖人における「持経者」および「法華経の行者」について

本章における(A)持経者、(B)法華経の行者関連語句は、

(A)持経者関連語句　一六例

(B)法華経の行者関連語句　三〇例

である。

第一節　伊豆流罪を中心として

ここでは、

(A)持経者関連語句　一二例

(B)法華経の行者関連語句　一九例

である。

即ち、鎌倉期における(A)持経者関連語句はここに集中していることが明らかとなった。そして、その内容は、法華経「法師品」中の「持経者」を詈る罪の重さを挙げ、一人の「持者」を罵る罪さえ深重であるのに、『選擇集』が法華経に入らしむ人を「千中無一」と定めて疑を生ぜしむる罪が謗法であるとして、『選擇集』批判が強く表れていることが明らかとなっている。

更に、『法華玄義』の引文中の「手ニ不レトモ執レ法華経一部八巻一ヲ信二スル是経一ヲ人ハ昼夜十二時ノ持経者也」を特出していることとは、この時期における聖人が、『玄義』の、かかる「昼夜十二時の持経者」に強く魅かれておられたと推察できる。

又、『金光明経』第六の中の「持経之人」の引用が三例あり、「持経之人」への尊重、供養を為さないと、国土守護の諸天善神が威光・勢力を消失し、その国土を捨去して、さまざまの災害・天変等が起ることが明らかである。

以上、経典等からの引用が多く、汎称的ニュアンスが大きいことが明かされている。

(B)で、際立つのは「依二ル法華涅槃一ニ行者」であり、法華経・涅槃経を同列とされていること、又、「実経の行者」と記されていることが特徴的であることが明らかとなっている。

唯一、伊豆流罪中、法華経「常不軽菩薩品」の引文を釈して、「法華経の行者への悪口・打擲する者は懺悔してさえ、その謗法罪は五逆罪に千倍する」と述べられ、法難後の実感が伺えるが、色読的であるとはいえないことが明らかとなった。

第二節　小松原法難を中心として

(A)持経者関連語句　四例

(B)法華経の行者関連語句　二例

である。

(A)では、『南條書』中の「日本国の持経者はいまだ此経文にあわせ給はず。唯日蓮一人こそよみはべれ」との記述は、聖人が「持経者」の存在を、かなり意識され、そして従来の「持経者」と自己とに一線を画されたことが明かされている。

又、巷間の経読みとしての職業的持経者が、依頼されて法華経読誦を代行していたこと、しかもその持経者の社会的地位が低いことが明らかである。

更に、「謗法無久之天」という条件つきで「此経於持ッ女人」一例は、聖人当時の現実にいた檀越か信者の女性の一人に対し、謗法罪の重さを強調し、法華経に値うことのできた女人の命がけの信心を勧奨されていることが特記される。

(B)では、『南條書』で初めて「日蓮は日本第一の法華経ノ行者也」と自称・宣明されていること、即ち、小松原法難を経られて、聖人は仏の未来記である法華経中の法難の予言を身命を賭して実現したことで、自信の高揚と、それを宣言したことで、一大転機を画されたことが明らかとなった。

しかも、病の床にある南條氏に対し「もしさきにたたせ給はば、梵天（中略）・閻魔大王にも申させ給べし。日本第一の法華経の行者日蓮房の弟子也、となのらせ給へ」との強言に、聖人の自信の程が明かされている。

第三節　龍口法難に遭遇されて

ここでは、

(A)持経者関連語句　ゼロ例

(B)法華経の行者関連語句　九例

が挙げ得る。

(A)が皆無であり、(B)が多いことに注目する。

(B)法華経の行者関連語句

まず『問注得意鈔』では「仏経ト行者ト檀那ト三事相応シテ為レ成ニンカ一事ヲ一」の如く、文中の「行者」は「法華経の行者」としての己れを確立した聖人自身であることが明らかである。

本節における、以下の「法華経の行者」の意を分類してみると、

(1)南無妙法蓮華経と唱ふる人＝法華経の行者

(2)「法華経の行者」への加護の要請と必然性（『諫暁八幡抄』など）

(3)「法華経の行者」の苦行性＝法華経の未来記の実証のため

(4)法華経一部の実践・色読＝法華経の行者

(5)法華経の未来記たる法難の実証・色読＝法華経の行者

特に(4)・(5)は、龍口法難後に頻出することが明らかである。

(6)転重軽受＝法難という重苦により、過去の謗法罪の消滅＝不軽菩薩との同一化＝法華経の行者たることに依る。

この(6)も又、龍口法難後にあらわれることが明らかである。

以上、第三章鎌倉期全体の流れを概観すると、

(A)持経者関連語句　一六例

第一節　伊豆流罪を中心としてでは、概念的或は汎称であったが、第二節小松原法難を中心としてでは、聖人の「持経者」への関心が多かったこと及び、現実の檀越への信心の勧奨が際立っている。

しかし、第三節　龍口法難に遭遇されてに至って、持経者関連語句は、皆無となっていることが注目される。

(B)法華経の行者関連語句　三〇例

第一節　伊豆流罪を中心としてでは、「依二ル法華涅槃一ニ行者」が多いが、第二節小松原法難を中心として以降では、法華・涅槃同列の例は完全に払拭されている。又、小松原法難以降では「日本第一の法華経の行者」の自称を筆頭に、法華経の行者意識が、より濃厚となり、過去の謗法罪の転重軽受に迄、至っていることが着目される。

第四節　『寺泊御書』にみる法華経の行者自覚

ここでは、(A)持経者及び(B)法華経の行者関連語句は、(A)、(B)共にゼロ例である。

しかし、ここでは日蓮聖人の法華経の行者自覚及び、法華経の行者たらねばならぬ所以が切々と明かされている。

冒頭、法師品の「如来現在　猶多怨嫉　況滅度後」及び安楽行品の「一切世間多怨難信」を挙げられ、仏滅後の法華経修行・弘経には怨嫉が多く、多大な艱難の伴うべき経証を挙げられる。

又、釈尊が教団内外特に内部から釈尊を怨敵として讒言・悪口されたことを、聖人自身に引き当て、釈尊と自身とを法華経弘通者の値難の必然性において同一化されている。

注目すべきは、涅槃経第十八の「贖命重宝」の法門を以て、八宗・十宗を一網打尽となして「法華経ノ先後ノ諸経ハ為二ノ法華経一ノ重宝也」として、彼等の迷見を破されていることである。

龍口法難以後、聖人の教団は多くの迫害を蒙り、聖人の折伏という方法への疑念も生じ、門徒は動揺し退転者が続出して、危機的状況にあった。又、外部からの疑難。

この内外からの疑難と切迫した状況下で、聖人はそれらに答えねばならなかったのである。

そして、重要なポイントは、四人の難詰と、それに対する聖人の答えである。この四難は詮ずるところ、聖人の折伏に対して正しい認識の欠乏に由来する。

第一の人は、聖人が相手の機根を見分けずに、只々、荒々しい折伏を行なうから、そのために法難に値うのだと非難する。

聖人は、勿論、末法の衆生が「下根下機」であることを承知されている。だからこそ「末法の今」に大白法たる法華経を揚げて、折伏逆化の方法を以て、一切衆生を救済しなければならない必然性があると答えられる。

第二の人は、勧持品の折伏という方法は深位後心の菩薩のすることで、日蓮のような浅位初心の者は、安楽行品の摂受という修行に依るべきであるのに、日蓮はこれに背いていると非難する。

聖人の答えは、自分は勧持品の経文（特に二十行の偈）を口や心で読んだばかりでなく、色（からだ）で読んだのであり、半面、自分を非難する者たちは、勧持品に説く上慢の怨敵であると警告される。勧持品二十行の偈は、八十万億那由陀の諸菩薩が仏前の誓言を以て、仏滅後の悪世中、三類の敵人中、特に僭聖増上慢が、さまざまな迫害を以て法華を広宣する者に難事を為すが、自分たちは身命を愛せず但無上道たる法華経のために、どんな誹謗や迫害をも忍受して弘教するとしたものである。聖人は、経文の予言通り、悪口・罵詈され、刀杖の迫害を受け…特に、正法の行者を「数々見擯出」として度々、その処を追われ、二度まで流罪にされている。

即ち、この勧持品二十行の偈が聖人の法華色読と完全に一致し、釈尊によって予言された「法華経の行者」としての条件は、聖人の上に具現したのである。

そして、折伏は「深位の菩薩」の義とする疑難に対し、摂受の依経とされる安楽行品も、深く究めて見れば、勧持品と同じく悪世末法の折伏弘通を説かれたと解することができるのである。

以下は、第一人の難に重ねて答えられている。即ち、「法華経ハ三世説法の儀式」であるから、過去の不軽菩薩が、相手が法を聞くと否とにかかわらず、ただ一筋に「但行礼拝」して、刀杖瓦石の難を受けながら臆することなく正法の弘通に専心した。いま日蓮は末法現代の不軽菩薩である。したがって過去の威音王仏の時の不軽品は、今の釈尊の勧持品の教えであり、同時に今の釈尊の勧持品は、未来の世には過去の不軽品となり、その時は日蓮は過去の不軽菩薩として正法弘通の手本と仰がれるであろうとして、不軽菩薩と自身とを、正法弘通↓法難と同一化されている。

第三の人は、自分も折伏の義を知っているが、言えば嘲笑されるから言わない、とする。聖人は支那の卞和や和気清麻呂の故事を挙げ、咲った人は善き名を残さず、咲われた人は善き名を残しているとして、その卑怯・臆病さに答えられている。

第四の人は、聖人を教門差別の方面に専心して観心門の平等の半面を忘れたものとするに答えられる。即ち、聖人は、勧持品の経文を事実の上に修行すること、仏の未来記の色読が、何よりの観心門であると説かれて第四人の蒙を啓かれている。

このことは、やがて佐渡期の『如来滅後五五百歳始観心本尊抄』として結実する。

又、第二難への答えは、佐渡初期の『開目抄』として結実し、「法華経の行者日蓮」が内外に亙り確立・宣明され、更に第一難への答えは、身延期の『撰時抄』として開陳される。

さて、佐前佐後の分界を、『寺泊御書』を佐前の終り、『富木殿御書』（佐渡第一書）を佐後の初めとする説、又、龍口を分界とする説がある。

論者は、『寺泊御書』を佐前と佐後の境界線上に位置すると考える。本書において、聖人は、充分に勧持品色読と折伏弘通の意を鮮明にされ、又、不軽菩薩との同一化を以て、本門流通分に入りこんでおられる。

しかしながら、引用の「八十万億那由陀の諸菩薩」は迹化の菩薩の代表であることは明白である。したがって佐前的要素が存している。

佐前・佐後の境界線上に位置することに、本書の格別の意義があると考えられる。それが即ち、本書が鎌倉期から佐渡期への架橋たる所以である。

第四章　佐渡期の日蓮聖人における「持経者」および「法華経の行者」について

本章における(A)持経者および(B)法華経の行者関連語句は、

(A)持経者関連語句　七例

(B)法華経の行者関連語句　六九例

である。

第一節　『開目抄』述作期を中心として

ここでは

(A)持経者関連語句　六例

(B)法華経の行者関連語句　三五例

である。

第一項　『開目抄』について

ここでは

である。

(A)持経者関連語句　六例

(B)法華経の行者関連語句　三五例

『開目抄』において、持経者関連語句は、法華経中の引文であり、現実の持経者は皆無である。法華経の行者は、頻度・密度共に非常に高い。

末法の今における如法弘通の法華経の行者は誰か。この疑問のために『開目抄』は生まれ、この疑問の解決を以て『開目抄』は終る。

教団内部の動揺と外部からの疑難に答えねばならぬ切迫した状況下において為された大著である。即ち、度重なる法難と種々の要因を兼備されて、法華経の行者と成った聖人自身が、末法の今における「師」であることを弟子門下一同・一切衆生に向けて明らかにされている。

又、聖人は、仏の未来記たる〝時〟に当って、ますます法華経の行者たること、更に仏使たることを宣明されて行く。

更に、法華経の『法師品』・『譬喩品』・『安楽行品』・『勧持品』・『常不軽品』の各文中、特に『勧持品』二十行の偈中の「数々見擯出」を以て、仏滅後の法華経の行者に怨嫉・迫害・誹謗等が予言されていることを検証される。

又、三類の強敵こそが、聖人をして法華経の行者たらしめる必須条件であると明かす。

たびたび反問をくり返されるのは、日本国の多くの人々が「生盲の者・邪眼の者・一眼の者・無眼の者」であるからであり、彼等の迷妄を開かしめんがための『開目抄』である。

祈伏による法難なくして法華経色読なく、「我不愛身命但惜無上道」の金言を実践することなくして法華経の行者は存しない。

聖人にとっての法難は仏の未来記に当る己れの実証であり悦びである。

龍口の頸の座で凡僧日蓮は死し、同時に本化上行の応現たる日蓮が生れた。

諸天等の守護・不守護は、最終的に過去の謗法罪に帰する。即ち、法難は過去の謗法罪の滅罪の行でもある。転重軽受である。

聖人の過去の謗法罪につき、特記すべきは不軽菩薩との教一である。聖人は、現在の受難を過去の不軽菩薩の受難と重ね合せ、未来の自己が現在の不軽菩薩と同一化されることを悦びとされる。

最後は、摂折論に及び、衆生のために悪を除くこと即ち「訶折謗法」する折伏者・聖人こそが、衆生を救う親であると明かされる。

第二項　『富木殿御返事』について

本書は『開目抄』と一連の書である。

冒頭の「日蓮臨終一分モ無レ疑」の一文は、聖人が尚、危機的状況下に置かれていたことを明かしている。

そして「日蓮為二ル法華経ノ行者一事無レキ疑歟」と宣明され、ここには既に、反問はない。

第二節　『如来滅後五五百歳始観心本尊抄』述作期を中心として

ここでは

(A)持経者関連語句　一例

(B)法華経の行者　三四例

である。

第一項　『如来滅後五五百歳始観心本尊抄』以前の述作について

ここでは、(A)持経者、(B)法華経の行者関連語句は、

(A)持経者　ゼロ例

(B)法華経の行者　一六例である。

特に『日妙書』には「法華経の行者たる女人」とあり、法華経の行者に男女の差別のないことを明かされている。

又、『祈祷鈔』には、(B)法華経の行者一六例があり、「大地はささばはづるとも（中略）法華経の行者の祈りのかなわぬことは、あるべからず」の一文に、本鈔の意図は集約されている。

第二項　『如来滅後五五百歳始観心本尊抄』について

本抄においては、

(A)持経者および(B)法華経の行者関連語句は全くない。

にもかかわらず、本抄を看過して行くことはできない。何故なら、本抄は日蓮聖人撰述の五大部の最頂点に位置し、本化教学の真髄を述べられている、所謂、一大部であるからである。

そして、『開目抄』と本抄とは連動していて、『開目抄』で「法華経の行者」に成り切られた聖人が、その法華経の行者は何を示し、何を為すべきかを示されたのが、本抄であり、両抄共に「一期の大事」「当身の大事」と示される重要な書である。

本抄述作の動機は、第一に、今度の流罪は身命を期しがたい故である。第二は、公場対決の機を失えるためであり、第三に、門下教団崩壊の危機に遭遇したからである。

本抄に説かれる聖人独自の「観心」の法門とは、久遠の仏の勅命にこたえ、み仏と共にここに在る

という信仰を意味し、そしてそれは新たに「本尊」の相貌として展開する。即ち、前代未聞の「観心」と「本尊」を開示するのが、本抄の主旨である。

即ち、久遠本仏の釈尊が、霊鷲山の虚空会上において、末法における「事の一念三千の法門」＝妙法五字・一大秘法を、久遠の弟子である「地涌の菩薩」に付属されるという、その光景を目のあたりに感得し、更に聖人自身が地涌の菩薩の上首上行菩薩として妙法五字を釈尊から面授口決されているという、聖人の宗教体験にもとづく法門が、本抄における「観心」なのである。

そして、自然譲与段に及んで、末法衆生救済のための実践方法即ち事の一念三千の顕発とは、仏の一切の功徳を具した妙法五字の信唱であることを明かす。

更に、本尊の相貌を明かすに際し、四十五字段に、その根本たる理体の三千常住を明示される。これを曼荼羅に図顕するに、十界互具の本尊相を「其本尊ノ為レ体」として示される。

時は如来滅後五五百歳始の末法の今、能弘の導師は仏勅を蒙りて涌出せる地涌千界の上首上行菩薩である。大地震・大彗星等の変動は、まさに時期到来し、地涌大士の出現によって、妙法蓮華経の五字・本門の本尊を此の国に立つべき先兆であると明かす。

故に、題目の法体、本尊の本体たる一念三千の大法を知らざる末代幼稚には、妙法五字の内に一念三千の珠をつつみ、与えるのであり、この末代幼稚は地涌の四大菩薩によって守護され、大利益疑いなきことを勧奨して、本抄は終る。

第三項　『如来滅後五五百歳始観心本尊抄』以後の述作について

本項における(A)持経者および(B)法華経の行者関連語句は、

(A)持経者　一例

(B)法華経の行者　五例

である。

まず、『顕仏未来記』における、不軽菩薩の二十四文字と聖人が流布する妙法五字とが語異意同であること、彼の像法の末と此の末法の初とは全同であり、客観的叙述が次第に「日蓮」と名ざして主体化することが特記される。

『波木井三郎殿御書』では、(A)持経者と(B)法華経の行者を同趣に扱われている。

又、『法華行者値難事』では、天台・伝教を法華経の行者として挙げられるが「不レ及二仏記一」とされている。

第三節　佐渡流罪赦免と第三の国諫

本節には、(A)持経者および(B)法華経の行者関連語句は、ない。

文永十一年二月四日に発した赦免状は三月八日に佐渡に到着し、三月十三日、聖人は真浦の津から出帆され、三月二十六日、鎌倉へ到着された。同四月八日には、平頼綱に対面、蒙古襲来の時日を質問された。聖人は言下に「今年は一定也」と断言され、蒙古調伏の祈祷を真言師にさせてはならないことを、承久の乱を引いてこまごまと開陳された。第三の諫暁である。

第一と第二は念仏・禅を破し、第三は主として真言を破し、第三は最後の諫暁である。

しかし、幕府は、真言宗第一流の加賀法師に、四月十日から雨の祈りを修せしめた。これは、幕府の聖人への不信を表白している。

「三度、いさめ用ヒずば去レ」の如く、聖人は決意され、鎌倉を発たれたのである。

第五章　身延期の日蓮聖人における「持経者」および「法華経の行者」について

本章において、(A)持経者および(B)法華経の行者関連語句は、

(A)持経者　四四例

(B)法華経の行者　一六六例

となる。

驚くべきことは、九箇年の長きに亙るとはいえ、本章・身延期における著述と消息類の膨大なことである。特に消息類において、供養の品々への感謝と共に、綿密な教導を与えられていることである。また、特記すべきは、前章・佐渡期において微少だった持経者の復活である。しかし、それは全く異ったニュアンスで出現する。

第一節　鎌倉出発から身延入山

第一項　身延入山の意味

まず、対外的動機は、聖人の三度に及ぶ国諫が用いられなければ去るとは古来の掟であり、公場対決の機は失なわれた。この上は、静かに山林に交って世の成行を見、望みを将来に託そうとされたのである。

又、内面的理由は、立教開宗以来の自己の行跡をかえりみれば、仏の諫めを体して諫暁再三に及べば、経の予言の如く法難が重なり、仏法中怨の責めは免れたのである。今後は世を避けて、自己沈潜と門下の教導に当ることを決せられたのである。

第二項　身延入山

五月十二日、聖人は鎌倉を出発。ようやく五月十七日、波木井の館に入られた。この当日『富木殿

御書』が身延からの第一書であり、当時の窮状と聖人の孤絶した心境を述べられている。

身延山は、甲州南巨摩郡のほぼ中央、富士川の東南に位置する一峯で、当時は波木井郷に属し、南部六郎実長の領地であった。

聖人の庵は鷹取山の北麓に身延川を隔てて身延山に対した、山峡の手狭な平地に構築された。聖人が波木井の館に入られた一箇月後の六月十七日、草庵が完成して、身延の沢に移られたのである。この間、聖人は甲信地方を遊化されたと伝えられている。

そして、聖人は、荒々しい身延の環境を、インドの霊鷲山に模され、窮乏生活の中で、帰依者からの食糧・衣服・金銭・酒等のさまざまな供養に感謝されながら、執筆と門下の教導に心を尽くされていくのである。

本節には、(A)持経者および(B)法華経の行者関連語句は、ない。

第二節　『法華取要抄』について

本抄には、(A)持経者および(B)法華経の行者関連の語句は、ない。

しかし、本抄は五大部に次ぐ代表的著述とされていて身延初期における貴重な一作である。

本抄は、五段に分けられているが、就中、第三段の逆読法華の説、第四段の捨広略取要の説は宗学上の術語として有名である。

殊に第五段で、妙法五字の広宣流布の必然を説かれたということは、本抄が佐渡で既に起草されていたことを思う時、その信念の強大さ、不退転さに驚くばかりである。又、同じく第五段で、正嘉地震・文永彗星を上行出現・大法流布の先兆とみる見方は、『立正安国論』の邪法流布↓神天上↓災難興起とする見方と相違し、佐渡第一書の「前相已に顕れぬ」以来、『観心本尊抄』『顕仏未来記』『訶責謗法滅罪鈔』と一貫してなされてきた主張である。

第三節　『撰時抄』述作期を中心として

第一項　『撰時抄』以前の述作について

本項における内訳は、

(A)持経者　一〇例

(B)法華経の行者　三九例

である。

際立つのは、法華経中の「歎美持経者」「有能受持経典者」が引用され、それは「法華経の行者」と同義とされていることである。

又、日興を法華経の行者としている一例がある。

更に、法華経の行者を供養するのは、仏を供養する功徳にまさること、それは法華経が最大一の経だからである。その反対に、釈迦仏を罵詈打杖した提婆の大罪よりも、末代の法華経の行者を怨む罪が重いとされる。

『種々御振舞御書』中の「題目の行者」は初見である。

『さじき女房御返事』では、在家の夫と妻である女人を法華経の行者とされている。更に、法華経の行者の様相に聖人と凡夫との二つがあり、聖人は皮をはいで文字をうつし、凡夫は自分が身につけているかたびらなどを法華経の行者に供養することで、法華経の行者たり得るのである。

第二項　『撰時抄』について

本項での内訳は、

(A)持経者　九例
(B)法華経の行者　一六例
である。

「一乗の持者」は初見であり、しかも一乗の持者と法華経の行者とが同格である。

「日蓮は日本第一の法華経の行者」であり「閻浮第一の者」と宣示され、この根底にあるものは「撰時」即ち「撰ばれた時」たる所以である。

又、所持の法華経が諸経の中で最大一であることが最肝要であり、故に「法華経を経のごとくに持つ人」が何よりもすぐれているのである。

類文として、
(A)持法華経者、能持経者、読誦書持経者、受持読誦是経典者、等が挙げられる。
即ち、法華経の行者が範とすべきは、法華経中の「持経者」なのであり、経典中の持経者を実践する者が、撰時された法華経の行者である。

第三項　『撰時抄』以後の述作について

本項での内訳は、
(A)持経者　四例
(B)法華経の行者　二三例
である。

本項でも、法華経中の持経者が、法華経の行者の文証となっている。

又、「一劫が間釈迦仏を種々に供養せる人の功徳よりも、末代の法華経の行者を須臾も供養する功徳がすぐれている」とされている。

同様な類文として、そらごとのない法華経であるから、苦境にある一人の法華経の行者を供養する人の功徳は、生身の教主釈尊を一劫の間、三業相応して供養する功徳にすぐれているとされる。ここでも、法華経が真実の経であることが前提である。

又、富木尼を法華経の行者と称されている。

注目すべきは、「今ノ世ノ天台宗ノ学者等ト与二持経者等一誹二謗シ日蓮ヲ一扶二助スル念仏者等ヲ一是也」として、当時の歴史上の実在の持経者が聖人に敵対し、念仏者等を助ける者とされていることであり、かかる用例は初見である。

又、『宝軽法重事』には、「人軽と申スは仏を人と申ス。法重と申スは法華経なり」とあり、一切経の中でも法華経が最も福の重い経典とされ、法華経の行者の勝れていることを明かされる。

第四節　『報恩抄』述作期を中心として

第一項　『報恩抄』について

本項における内訳は、

(A)持経者　三例

(B)法華経の行者　六例

である。

仏滅後一千八百余年の間に、漢土には天台大師、日本には伝教大師已上二人に釈尊を加え奉りて三人が法華経の行者であるとされる。敷衍すれば、聖人自身を加えて三国四師であり、四人の法華経の行者となる。

次に、法華経中の「有能受持是経典者亦復如是。於一切衆生中亦為第一」を挙げられて、法華経の行者をすべての中の第一とされる。即ち、法華経中の「持経者」が「法華経の行者」の文証となっているのは、前項と同趣である。

第二項　『報恩抄』以後の述作について

本項における内訳は、
(A)持経者　八例
(B)法華経の行者　三四例
である。

『四信五品鈔』において際立つのは、「以信代慧」であり「名字即位」であるために、例え初心であっても法華経の行者たり得ることである。「初心の行者」は初見である。

本項には、南條時光を法華経の行者とされる二例がある。

又、持経者及び法華経の行者を害する者は同じく堕地獄とされる。

そして、聖人当時、念仏を唱えながら助として法華経を持つ兼修者が実際に多くあったことが伺える。

又、禅宗の三階信行禅師は、法華経等の一代聖教を別教と下し、自分が作った経を普経と尊重したので、法華経の行者の女人にせめられて現罰を受けたことが特記されている。

更に「教主釈尊より大事なる行者」なる一句があり、それは法華経が無上だからである。

次に、聖人を「法華本門の行者」とされていることが際立っている。

又、池上父子の信仰上の対立に際し、親に従う弟宗長に対して兄宗仲を「一乗の行者」とされている。

第五節　熱原法難を中心として

第一項　熱原法難中の述作について

内訳は、

(A)持経者　ゼロ例

(B)法華経の行者　八例（二六例）カッコ内の数字は、聖人が、捕えられた熱原の百姓二〇人すべてを法華経の行者とされていると伺えることによる。

『聖人御難事』において、龍樹・天親・天台・伝教は況滅度後の大難に値っていないので、法華経の行者とは言い得ず、聖人一人が末法の法華経の行者たることを明かされている。

特記すべきは『変毒為薬御書』に、投獄され辛い仕打ちを受けたであろう熱原の百姓二十名が、平頼綱に対し、唱題を口々に行なうことで命がけの抵抗を示したことに対し、聖人は、禁獄された全員の一人々々を法華経の行者として、その強信を賞されていることである。

聖人は、熱原法難を局地的紛争ではなく、自己と門弟の危機として受けとられ、鎌倉政治史の動向の中でとらえられている。

事実、この時期、門弟中に権力を介しての信仰上のトラブルが続出している。池上父子、四條金吾の主従関係、又南條時光も例外ではなかった。

熱原法難は、このような底辺の上に、得宗権力が勢威を示した大きな法難であった。

第二項　熱原法難以前の述作について

本項における内訳は、

(A)持経者　七例

(B)法華経の行者　二三例

である。

『兵衛志殿御返事』では、前年、兄宗仲は再度の勘当を受けたが、兄弟同心して善処した甲斐あって勘当を許され父子兄弟女房一同に法華信仰に生きるに至った。宗仲を法華経の行者とされている。

『日女御前御返事』では、法華経を経の如くに持つ人々も、法華経の行者を憎む人には功徳はないのであり、かえって罰を蒙るとされる。即ち、恐らく当時の持経者と法華経の行者とを相対されている。

『富木入道殿御返事』には、実経を謗じ、実経の行者をあだむために、疫病や三災七難が起こるとされ、「実経の行者」二例がある。

『妙法尼御前殿御返事』では、「法華経の名号を持つ人」があり、聖人独自の持経者であり、初見である。

『本尊問答鈔』では「能持此経の行者」一例があり、初見である。即ち「法華経を持つ者」＝「法華経の行者」とされている。

『四條金吾殿御返事』には、久しく主君の勘気を蒙っていた四條氏が迫害に耐えて遂に主君の信用を回復し、再び領地を給わったことを報じてきたことへの返書である。就中、法華経中の「能持此経の人」＝持経者を即如来使とされていることが特記できる。

第三項　熱原法難以後の述作について

本項における内訳は、

(A)持経者　三例

(B)法華経の行者　一七例

である。

本項では、まず『新田殿御返事』における、法華経と釈迦仏と法華経の行者と称されている二例(阿仏房の遺子・藤九郎・南條時光)及び、治部房日位と光日上人を法華経の行者と称されている。

更に、法華経の行者が守護されるのは、法華経そのものが無上に尊いためであり、この例は、聖人自身が法華経の行者である場合であり、聖人への供養は即ち法華経への供養とされている。

次に、此経を持つ人＝持経者と法華経の行者が同義とされている二例がある。

『法華證明鈔』では、撰号に「法華経の行者　日蓮」とあり初見である。

その他、聖人の病の一進一退が伺える。

以上を総じて、日蓮聖人は、平安期持経者の系譜を、或る面で踏んでおられた。それは平安期持経者の中の法華経への専修性と苦行性、更には経力と信力の重視である。

しかし、法難という色読体験により、仏の未来記を実証されて、法華経の行者を確信された聖人は、従来の持経者の自行性と雑信性とは一線を画され、仏使としての自覚と化他行たる折伏に燃えられた。

特に聖人当時に実在した巷間の持経者の兼修性・安易性を否定されている。

但し、ひるがえって鎌倉初期、『守護国家論』に於て、法華玄義八を引用され「手ニ不レレトモ執二法華経一部八巻ヲ一信二スル是経ヲ一人ハ昼夜十二時ノ持経者」には、強く魅かれておられた。

そして、聖人における法華経の行者には、さまざまな要素と多面性と深化が見られるが、その根底は勧持品と不軽品に集約される。

特に、後年の聖人は、「歎美持経者」等、法華経中の真の持経者を法華経の行者と同一化され、文証とされているといっても過言ではない。

従って、聖人は従来の持経者を或時期を限って脱却され、「法華経の行者」と成り切られた。但し、法華経中に真の持経者の原点を見出され、それを法華経の行者の典拠とされているといえよう。これは、聖人における「法華経の行者」の広がりであり深まりであると考える。

第六節　身延出山と池上入滅

日蓮聖人の肉体はその意志と同じように強健であられた。しかし三度の国諫と四度の法難、殊に佐渡の氷雪から身延の窮乏生活は、聖人の肉体を蝕んだに相違ない。就中、身延では門下の教導に力を入れられ、門下の信仰上の葛藤について心労された。実に身延期は、檀信徒にとっての試練の時であり、又、聖人が「法華経の行者」を檀信徒に伝播して行かれる重要な時であった。

建治三年十二月三十日に発病された聖人の下痢は、翌弘安元年の夏から秋にかけての長雨により悪化された。四條金吾の投薬により小康を得られたが、その年の冬の希有の大雪は、衰弱された聖人を苦しめた。そのためか翌弘安二年の春夏は風邪のために体調がはっきりしないといわれている。

その後、病状は一進一退しながら徐々に悪化され、弘安四年十二月八日の『上野殿母尼御前御返事』には、八年間に亙る〈やせやまい〉に心身共に衰え、特にこの十余日は食もとどまり、身が冷えて耐えがたいことを切々と述べられている。

やがて、弘安五年九月八日、入山以来、一歩も出られることのなかった身延山を、聖人は遂に出られたのである。帰省と入湯、それが出山の理由とされる。波木井氏から贈られた栗鹿毛の馬に跨り、その公達や多くの門徒に守られて、九箇年も住みなれた身延の澤を立たれた。

入山の時とは反対に、病める聖人は甲州路を下って行かれた。泊りを重ねて、九月十八日の午頃、武州池上の右衛門大夫宗仲の館に着かれたのである。

その翌日、聖人は身延の波木井氏へ池上安着の報知を送られた（『波木井殿御報』）。そして旅に死んでも墓は身延に建てたいこと、馬がいたわしいから身延へ帰るまで、ずっと舎人を借りたいことがこまごまと述べられている。本書簡は興師代筆身延曽存であるが、この書簡が聖人の絶筆となる。

聖人は、もはや故郷の安房へも常陸の温泉へも往ける身ではなかった。身延山より艮に当る武蔵の国の一角、洋々たる多摩川の畔を円満寂静の涅槃を示す場所と定められたのである。

各地から門徒の人々は馳せ集って来た。

十月八日に六老僧を定められ、滅後の弘通について遺誡され、十日には遺物の分配があった。

かくして十三日の辰の時、御自筆の曼荼羅と随身の釈迦仏の御前、長老日昭上人の打ち鳴らす臨滅度時の鐘と一会の大衆の誦経の声に圍繞されて、六十一歳を一期として、涅槃の相を示されたのである。ここに、日蓮聖人の現身は、力強い法華経の行者としての苦難と法悦に満ちた生涯を、悠容として閉じられたのである。

参考文献

（1）仏教聖典

立正大学日蓮教学研究所編『昭和定本日蓮聖人遺文』全四巻（一九五二年　身延山久遠寺）真蹟曽存、現存、直弟子写本。

高楠順次郎他編『大正新脩大蔵経』（一九九〇年　大蔵出版）

第　九　巻（『妙法蓮華経』）

第一二巻（『涅槃経』『観無量寿経』）

第一三巻（『大方等大集経』）

第一六巻（『金光明最勝王経』）

第三三巻（『法華玄義』智顗説、湛然記）

第三四巻（『法華文句記』湛然）

第三八巻（『涅槃経疏』）

第四六巻（『摩訶止観』『四教義』）

第八四巻（『往生要集』源信撰　九八五）

岩野真雄編『国訳一切経』（一九三八年　大東出版社）

第一八巻（『一乗要決』源信撰　一〇〇六）

（2）仏教史資料

中尾堯編『中山法華経寺史料』（一九六八年　平楽寺書店）
『大日本仏教全書』（一九一三年　仏書刊行会）
第百一冊（『元亨釈書』師錬撰　一三二二）
第百二・百三冊（『本朝高僧伝』師蠻撰　一七〇二）
第百一一冊（『三宝絵詞』源為憲撰　九八三～八四）

（3）古典資料
国史大系（国史大系刊行会　吉川弘文館　一九三〇）
第一四巻（『愚管抄』慈円　一一五五～一二二五）
第一六巻（『今昔物語集』源隆国説、十二世紀前半）
第一六巻（『平家物語』作者不詳　一二四三）
『群書類従』（塙保己一編　一八一九）
雑部二、第四〇四巻（『日本国善悪現報霊異記』薬師寺景戒録　八一〇～二三）
伝部三（『日本往生極楽記』慶滋保胤撰　九八三～九八六）
伝部三（『続本朝往生伝』大江匡房撰　一一〇一～一一）
伝部第八輯上（『拾遺往生伝』三善為康撰　一一一一～三九）
伝部第八輯上（『後拾遺往生伝』三善為康撰　一一一一～三九）
伝部第八輯上（『三外往生記』沙弥連禅撰）
『続群書類従』（塙保己一編　一九二七刊行）
伝部六、第一九四巻（『大日本国法華経験記』鎮源撰　一〇四〇～四）

伝部第八輯（『本朝新修往生伝』藤原宗友撰　一一五一～三）
佐々木信綱編『梁塵秘抄』後白河法皇撰　一一六九（好学社　一九四八）
兜木正亨編（『法華音義類聚』乾坤、本山本満寺　一九七一）

（４）日蓮教学研究
鈴木一成著『日蓮聖人御遺文講義』第一巻（日蓮聖人六百五十遠忌報恩記念会編、日蓮聖人遺文研究会　一九五七）
石川海典著『日蓮聖人御遺文講義』第二巻（日蓮聖人六百五十遠忌報恩記念会編、日蓮聖人遺文研究会　一九五七）
望月歓厚著『日蓮聖人御遺文講義』第三巻（日蓮聖人六百五十遠忌報恩記念会編、日蓮聖人遺文研究会　一九五七）
上田本昌著『日蓮聖人における法華仏教の展開』（平楽寺書店、一九八二）
庵谷行亨著『日蓮聖人教学研究』（山喜房仏書林、一九八四）
北川前肇著『日蓮教学研究』（平楽寺書店、一九八七）
関戸堯海撰『日蓮聖人涅槃経引用集』（山喜房仏書林、一九九〇）
茂田井教亨著『法華経者の精神』（大蔵出版、一九九五）
北川前肇著『日蓮聖人『観心本尊抄』を読む』（大法輪閣、二〇〇八）

（５）日蓮聖人伝及び中世仏教史・日蓮思想史
鈴木一成著『日蓮聖人正伝』（平楽寺書店、一九三五）

坂本日深監修、田村芳朗・宮崎英修編集『日蓮の生涯と思想』（春秋社『講座日蓮』2、一九七二）
佐藤弘夫著『日蓮』（ミネルヴァ書房、二〇〇三）
家永三郎著『中世仏教思想史研究』（法蔵館、一九六三）
高木豊著『平安時代法華仏教史研究』（平楽寺書店、一九七三）
姉崎正治著『法華経の行者日蓮』（ニチレン出版、一九一六）
山川智応著『日蓮聖人』（新潮社、一九四三）
高木豊著『日蓮とその門弟』（弘文堂、一九六五）
田村芳朗著『日蓮』殉教の如来使（NHKブックス、一九七五）
川添昭二著『日蓮』その思想・行動と蒙古襲来（清水書院、一九八一）
川添昭二著『日蓮とその時代』（山喜房仏書林、一九九九）
中尾堯著『日蓮信仰の系譜と儀礼』（吉川弘文館、一九九九）
佐々木馨著『日蓮の思想構造』（吉川弘文館、一九九九）
佐々木馨著『日蓮の思想史研究』（山喜房仏書林、二〇一一）

（6）研究論文

A　日蓮教学

兜木正亨稿「法華経の行者日蓮の生涯」（『大法輪』二七巻一〇号、一九六〇）
浅井円道稿「法華唱題の源流と展開」（『大崎学報』一四二号、一九八六）

渡邊宝陽稿「日蓮の「法華経行者意識」と「地涌菩薩」」（日仏年報51号・『菩薩観』一九八六、平楽寺書店）
北川前肇稿「日蓮聖人における法華経色読の一考察」（『仏教学論集』一〇号、立正大学大学院仏教学研究会、一九七三）
中尾堯稿「題目講の機能と性格」（久保田正文先生古稀記念論文集『宗教社会学とその周辺』日新出版、一九七五）
渡辺彰良稿「日蓮聖人における法華経の行者と持経者」（『日教研紀要』二二号、一九九五）
庵谷行亨稿「日蓮聖人における上行自覚の表明」（『宗教研究』六九巻四輯、一九九六）

B　日蓮思想史

姉崎正治稿「法華経行者と云ふ意義」（『法華』四十五号、一九一八）
家永三郎稿「日蓮の宗教の成立に関する思想史的考察」（『中世仏教思想史研究』法蔵館、一九四七）
池上潔稿「日蓮における法華経行者の自覚と末法観の展開」（『立正史学』二一・二二合併号、一九五八）
川添昭二稿「法華験記とその周辺―持経者から日蓮へ―」（『仏教史学』八巻三号、一九六〇）
間宮啓壬稿「日蓮の宗教的自覚に対する一考察―法華経の行者と謗法の者―」（『論集』第十六号、印度学宗教学会、一九八九）
佐々木馨稿「日蓮の生涯」（『法華経の行者日蓮』吉川弘文館、二〇〇四）
佐藤弘夫稿「予言思想と蒙古襲来」（『法華経の行者日蓮』吉川弘文館、二〇〇四）

（7）辞典

立正大学日蓮教学研究所編『日蓮聖人遺文辞典　歴史篇』（身延山久遠寺、一九八五年）
立正大学日蓮教学研究所編『日蓮聖人遺文辞典　教学篇』（身延山久遠寺、二〇〇三年）
河村孝照・石川教張編『日蓮聖人大事典』（国書刊行会、一九九七年）
中村元著『仏教語辞典』（東京書籍株式会社、一九七五）
田中智学監修『本化聖典大辞林』（図書刊行会、一九二〇）
塚本善隆編『望月仏教大辞典』（世界聖典刊行会、一九三六）
日蓮宗事典刊行委員会編『日蓮宗事典』（日蓮宗宗務院、一九八一）
中村元・福永光司・田村芳朗編『岩波仏教辞典』（岩波書店、一九八九）
国史大辞典編集委員会編『国史大辞典』（吉川弘文館、一九八六）
岩淵悦太郎・水谷静夫編『岩波国語辞典』（岩波書店、二〇〇九）

鈴木隆英略歴

昭和十年　東京深川妙龍山善應院第二十五世鈴木隆純の長女「鈴木治美」として誕生。
昭和二十八年　東京都立白鴎高等学校卒業。
昭和三十八年　立正大学仏教学部宗学科卒業。
昭和四十三年　立正大学大学院文学研究科仏教学専攻博士課程単位取得退学。
昭和五十九年　日蓮宗信行道場修了。
平成六年　千葉県市原市苗鹿山根立寺第三十二世法燈継承。
その間、教誌『正法』企画委員、『日蓮宗事典』執筆、「テレフォン説教」原稿執筆、池上朗子会館「寺庭婦人友の会」御遺文講義の講師を務めるなどの活動に取り組む。
平成十四年　善應院第二十七世法燈継承。
平成十八年　善應院院首
平成二十五年　博士（文学）（立正大学）
平成二十八年　七月三十日　遷化　世寿八十二。

妙龍山善應院第二十七世瑞暎院日治上人の第一周忌に臨み、上人の恩徳に謝し奉る
増円妙道　位隣大覚　若親近法師　速得菩薩道　随順是師学　得見恒沙佛

平成二十九年七月
妙龍山善應院現董第二十八世　鈴木隆泰

日蓮聖人における「法華経の行者」の研究

平成29年８月29日　印刷
平成29年９月１日　発行

著　者　鈴　木　隆　英
発行者　浅　地　康　平
印刷者　小　林　裕　生

発行所　株式会社　山喜房佛書林
〒113-0033　東京都文京区本郷5-28-5
電話(03)3811-5361　振替00100-0-1900

ISBN978-4-7963-0284-5　C3015